Direito Privado Administrativo

Maria Sylvia Zanella Di Pietro
Organizadora

Direito Privado Administrativo

Autores

Maria Sylvia Zanella Di Pietro
Alberto Shinji Higa
Aline Maria Dias Bastos
Amanda Athayde Linhares Martins
Ana Rita de Figueiredo Nery
Andréa Silva Rasga Ueda
Bruno Grego-Santos
Bruno Luís Amorim Pinto
Carlos Vinícius Alves Ribeiro
Dennys Marcelo Antonialli
Diego Franzoni
Emanuel Pedro Fernandes Batista
Fabio Henrique Di Lallo Dias
Fernando Dias Menezes de Almeida
Flávia Moraes Barros Michele Fabre
José Eduardo Figueiredo de Andrade Martins
Lívia Wanderley de Barros Maia Vieira
Marcela de Lima Altale
Marina Fontão Zago
Otávio Henrique Simão e Cucinelli
Patrícia Regina Mendes Mattos Corrêa Gomes
Paula Raccanello Storto
Pedro do Carmo Baumgratz de Paula
Rafael Dias Côrtes
Wassila Caleiro Abbud

SÃO PAULO
EDITORA ATLAS S.A. – 2013

© 2013 by Editora Atlas S.A.

Capa: Nilton Masoni
Composição: Formato Serviços de Editoração Ltda.

Dados Internacionais de Catalogação na Publicação (CIP)
(Câmara Brasileira do Livro, SP, Brasil)

Di Pietro, Maria Sylvia Zanella
Direito privado administrativo / Maria Sylvia Zanella Di Pietro, organizadora. - - São Paulo: Atlas, 2013.

Vários autores.
Bibliografia.
ISBN 978-85-224-8063-0

1. Direito administrativo 2. Direito administrativo – Brasil 3. Direito privado 4. Direito privado – Brasil I. Di Pietro, Maria Sylvia Zanella.
II. Título.

13-06161
CDU-347

Índice para catálogo sistemático:

1. Direito privado   347

TODOS OS DIREITOS RESERVADOS – É proibida a reprodução total ou parcial, de qualquer forma ou por qualquer meio. A violação dos direitos de autor (Lei nº 9.610/98) é crime estabelecido pelo artigo 184 do Código Penal.

Depósito legal na Biblioteca Nacional conforme Lei nº 10.994, de 14 de dezembro de 2004.

Impresso no Brasil/*Printed in Brazil*

Editora Atlas S.A.
Rua Conselheiro Nébias, 1384
Campos Elísios
01203 904 São Paulo SP
011 3357 9144
atlas.com.br

Sumário

Apresentação, xv

1 Introdução: do Direito Privado na Administração Pública (*Maria Sylvia Zanella Di Pietro*), 1
   1 O primado do direito civil, 1
   2 O direito privado na gênese e no desenvolvimento do direito administrativo, 3
   3 Regimes jurídicos público e privado utilizados pela Administração Pública, 5
   4 Influência do direito público sobre o direito civil, 8
   5 Regime jurídico administrativo, 10
   6 Privatização do direito administrativo ou fuga para o direito privado, 12
   7 O regime jurídico de direito privado utilizado pela Administração Pública, 13
   8 Uso abusivo do direito privado pela Administração Pública, 17
   9 Conclusões, 20

2 Notas sobre o Uso da Arbitragem pela Administração Pública (*Alberto Shinji Higa*), 21
   1 Introdução, 21
   2 Evolução histórica da arbitragem, 22
   3 Arbitragem na Lei nº 9.307/96, 24
   4 O uso da arbitragem pela Administração Pública, 29
   5 Conclusão, 49

3 A Lei de Greve Aplicada ao Servidor Público (*Aline Maria Dias Bastos*), 50
   1 Breve introdução e problematização do assunto, 50
   2 Considerações iniciais sobre a greve, 50

3   Direito de greve do servidor público na Constituição Federal de 1988, 52
4   A quem se aplica o artigo 37, VII, da Constituição Federal?, 54
5   A quem cabe a expedição de lei específica?, 55
6   Qual a eficácia da norma do artigo 37, VII, da Constituição Federal?, 56
7   Se não há lei infraconstitucional, como garantir o exercício do direito de greve aos servidores?, 58
8   Algumas questões importantes, 60
9   Projetos de lei em andamento, 62
10 Conclusão, 64

4 Licitação Privada e Licitação Pública: Sigilo do Orçamento no Regime Diferenciado de Contratações Públicas e Prevenção a Cartéis (*Amanda Athayde Linhares Martins*), 65

1   Introdução, 65
2   Licitação privada e licitação pública, 66
3   Licitação pública no regime diferenciado de contratações públicas (RDC), 69
4   Sigilo do orçamento estimado no regime diferenciado de contratações públicas (RDC), 71
5   Prevenção a cartéis em licitações públicas via sigilo do orçamento estimado no regime diferenciado de contratações públicas (RDC), 76
6   Conclusão, 82

5 Consensualismo e Interpretação dos Contratos Administrativos (*Ana Rita de Figueiredo Nery*), 84

1   Introdução, 84
2   O consenso para o direito privado e para o direito administrativo, 85
3   Prescindibilidade de uma política legiferante, 88
    3.1 Insuficiência das hipóteses legais de tipo contratual, 89
    3.2 Prescindibilidade de um exaustivo conteúdo atribuído aos sujeitos de direito, 91
4   Contribuições do consensualismo para a interpretação dos contratos administrativos, 93
    4.1 Entre a lógica da função pública e a lógica contratual, 93
    4.2 Vinculação ao conteúdo contratual, 94
    4.3 Pauta de eticidade, 96
    4.4 Paridade e estabilidade do vínculo contratual, 98
5   Conclusão, 99

6   **Aplicação do Código de Defesa do Consumidor aos Usuários dos Serviços Públicos: Análise das Relações com as Concessionárias de Distribuição de Energia Elétrica** (*Andréa Silva Rasga Ueda*), 101

    1   Introdução, 101

    2   O direito privado como "origem" do direito público, 102

    3   O Código de Defesa do Consumidor e os serviços públicos, 105

    4   As concessionárias de distribuição de energia elétrica e sua relação com os usuários, 112

    5   Conclusões, 120

7   **Nivelamento *Versus* Igualdade: Aspectos Subjetivo e Objetivo do Posicionamento da Administração Pública em Relação ao Particular** (*Bruno Grego-Santos*), 122

    1   Introdução, 122

    2   A questão do posicionamento estatal na utilização de instrumentos privados, 124

        2.1   Regime jurídico de direito público ou privado?, 124

        2.2   Utilização de institutos de direito privado e supremacia estatal, 127

        2.3   Derrogação do regime privatístico e o posicionamento da Administração, 130

    3   Direito e linguagem: o posicionamento da administração sob os vieses objetivo e subjetivo, 139

        3.1   A palavra e a construção do direito: o signo jurídico, 140

        3.2   Os diferentes estratos de referência do nivelamento e da igualdade, 143

    4   Conclusões, 146

8   **Gestão Privada de Serviços Públicos por Organizações Sociais: Eficiência e Responsabilidade** (*Bruno Luís Amorim Pinto*), 148

    1   Introdução, 148

    2   Do regime jurídico, 154

    3   Do controle, 161

    4   Das conclusões, 166

9   **Infraestrutura Aeroportuária Brasileira e o "Monopólio" da Infraero** (*Carlos Vinícius Alves Ribeiro*), 168

    1   O Estado brasileiro e a exploração de atividades econômicas, 168

    2   A criação da Infraero, 169

    3   O Estado subsidiário, 170

    4   Serviços públicos × atividade econômica – uma opção constitucional, 170

    5   A Infraero, 171

        5.1   Exploração de serviço público ou de bem público?, 172

        5.2   O panorama da infraestrutura aeroportuária brasileira, 175

5.3 A luz no fim do túnel, 176

6 Conclusão: a convivência do público e do privado na infraestrutura aeroportuária, 178

10 Uso Privativo de Áreas Destinadas à Exploração Comercial em Aeroportos: Questões Controvertidas nos Processos de Privatização, 180

(Dennys Marcelo Antonialli), 180

1 Introdução, 180
2 O poder concedente, 181
3 Permissão ou concessão?, 182
4 O fenômeno da sub-rogação nos contratos de concessão de uso já existentes, 183
5 Natureza do regime jurídico aplicável aos contratos de concessão de uso vigentes, 187
6 Regime jurídico aplicável aos contratos de cessão de uso celebrados entre a concessionária e o particular, 189
7 Conclusão, 193

11 Nulidades no Direito Administrativo e no Direito Societário: um Breve Estudo Comparativo *(Diego Franzoni)*, 195

1 Introdução, 195
2 Nulidades do ato administrativo, 196
   2.1 Afastamento do regime do Código Civil, 196
   2.2 O regime das nulidades no direito administrativo segundo Seabra Fagundes, 199
   2.3 A catalogação de Celso Antônio Bandeira de Mello e a divergência sobre os atos administrativos inexistentes, 200
3 Nulidades no direito societário, 201
   3.1 Afastamento do regime do direito civil – a nulidade da constituição das sociedades, 201
   3.2 A posição de Pontes de Miranda e a artificialidade da teoria da inexistência, 203
   3.3 Invalidade das deliberações sociais, 205
      3.3.1 Invalidade da assembleia, 205
      3.3.2 Invalidade da deliberação propriamente dita, 206
      3.3.3 Invalidade do voto, 207
4 Considerações conclusivas, 207

12 Apontamentos sobre Greve no Serviço Público Brasileiro *(Emanuel Pedro Fernandes Batista)*, 211

1 Introdução, 211
2 Conceito, natureza jurídica e histórico, 212

3   Regulamentação legislativa, 216
4   Direito de greve e mandado de injunção, 216
5   Projetos de lei em tramitação, 218
6   O Decreto nº 7.777/12, 223
7   Conclusão, 224

13 **Locação de Bens Públicos** (*Fabio Henrique Di Lallo Dias*), 226
   1   Introdução, 226
   2   Bens públicos, 227
   3   Contratos de direito privado na Administração Pública, 228
   4   Contrato de locação, 229
       4.1   Locação de bens da União, 230
       4.2   Locação de bens dos Estados, Municípios e Distrito Federal, 233
   5   Conclusões, 235

14 **A Distinção entre "Público" e "Privado" Aplicada aos Contratos Celebrados pela Administração** (*Fernando Dias Menezes de Almeida*), 236
   1   Apresentação, 236
   2   Público e privado, 236
   3   Direito público e direito privado, 237
   4   Relações jurídicas de direito público e de direito privado, 239
   5   Contratos de direito público e de direito privado, celebrados pela Administração, no Brasil, 242
   6   Sentido relativo da distinção entre contratos de direito público e de direito privado, celebrados pela Administração, 243

15 **Concessão de Uso Especial para Fins de Moradia e Função Social da Propriedade Pública** (*Flávia Moraes Barros Michele Fabre*), 247
   1   Introdução, 247
   2   Fundamento legal e constitucional, 249
   3   Da competência legislativa, 253
   4   Da natureza jurídica da concessão de uso especial para fins de moradia como direito público subjetivo e o cumprimento da função social da propriedade pública, 254
   5   Requisitos legais para outorga da Concessão de Uso Especial para Fins de Moradia (CUEM), 258
   6   Conclusão, 261

16 **A Prescrição Aplicável à Administração Pública nos Casos de Responsabilidade Civil** (*José Eduardo Figueiredo de Andrade Martins*), 262
   1   Introdução, 262

2 Prescrição, 262
　2.1 O desenvolvimento do instituto da prescrição na história, 262
　2.2 Fundamento e conceito de prescrição, 264
3 A prescrição e a Administração Pública: histórico legislativo, 266
4 A prescrição quinquenal e a trienal, 268
　4.1 Argumentos doutrinários e jurisprudenciais favoráveis e contrários, 268
　4.2 A prevalência do prazo prescricional quinquenal, 269
5 Conclusão, 272

17 As Garantias Ofertadas pela Administração Pública nas Parcerias Público-Privadas (*Lívia Wanderley de Barros Maia Vieira*), 273

1 Introdução ao tema, 273
　1.1 A incidência do regime de direito público e do regime de direito privado na atuação da Administração Pública, 273
　1.2 Garantias – uma mudança de paradigmas: a Administração Pública enquanto garantidora do cumprimento de seus deveres contratuais, 274
2 Adentrando ao problema – a inovação das parcerias público-privadas (PPP) *versus* a oferta de garantias pelo Poder Público, 276
3 No liame dos regimes público e privado: as garantias nas parcerias público-privadas e o Fundo Garantidor de Parcerias, 279
4 Conclusões, 288

18 Impenhorabilidade dos Bens Públicos (*Marcela de Lima Altale*), 289

1 Breves noções, 289
2 Bem público. Domínio público e privado do Estado, 290
　2.1 Conceito e classificação de bens públicos, 290
　2.2 Domínio público. Escala de dominialidade, 293
　　2.2.1 Escala de dominialidade, 294
　　　2.2.1.1 Domínio público estatal, 295
　　　2.2.1.2 Domínio público impróprio, 295
　　　2.2.1.3 Domínio privado estatal, 296
　　　2.2.1.4 Domínio particular, 296
3 Impenhorabilidade dos bens públicos, 296
　3.1 Fundamentos para a impenhorabilidade dos bens públicos, 297
　　3.1.1 Regime especial de execução contra a Fazenda Pública, 297
　　3.1.2 Inalienabilidade dos bens públicos, 299
　　3.1.3 Harmonia dos Poderes, 300
　3.2 Tratamento jurisprudencial, 301
4 Considerações finais, 304

19 **Fundações Governamentais na Dicotomia Direito Público e Direito Privado, 306**
(*Marina Fontão Zago*), 306
- 1 Introdução, 306
- 2 Nota prévia: dificuldades terminológicas, 307
- 3 Breve histórico legislativo: as origens das imprecisões, 309
  - 3.1 O Decreto-lei nº 200/67 e suas alterações, 310
  - 3.2 A Constituição Federal de 1988 e a EC nº 19/98, 315
  - 3.3 O Código Civil, 318
- 4 Principais questões, 319
  - 4.1 O público/privado na natureza jurídica, 320
  - 4.2 O público/privado na caracterização das fundações governamentais: o caso das fundações de apoio, 323
  - 4.3 O público/privado no regime jurídico das fundações governamentais: o "regime jurídico administrativo mínimo" e o "regime jurídico privado mínimo", 325
- 5 As propostas de alterações legislativas, 328
  - 5.1 PLP nº 92/2007, 328
  - 5.2 Anteprojeto de Lei Orgânica da Administração Pública, 331
- 6 Conclusões, 332

20 **Vedação da Renovação Compulsória Locatícia de Bens Públicos e sua Atual Extensão para as Empresas Estatais: Sobrevivência do Princípio da Supremacia do Interesse Público Aplicado ao Patrimônio Imobiliário** (*Otávio Henrique Simão e Cucinelli*), 334
- 1 Introdução, 334
- 2 Histórico legislativo da questão, 334
- 3 Considerações gerais sobre a ação renovatória, 336
- 4 Da locação de bens públicos, 338
- 5 Dos bens públicos quanto à sua destinação e características, 339
- 6 Como e quando o Estado sujeita os bens públicos a contratações com os particulares sob regime jurídico privado?, 342
- 7 Retomando a questão relativa à extensão da proscrição de renovação compulsória de bens públicos, 343

21 **O Artigo 187 do Código Civil e a Responsabilidade Civil Extracontratual do Estado** (*Patrícia Regina Mendes Mattos Corrêa Gomes*), 350
- 1 Delimitação do tema: o abuso de Direito e a responsabilidade civil extracontratual do Estado, 350
- 2 A responsabilidade civil extracontratual do Estado no ordenamento jurídico brasileiro, 351
- 3 As regras da responsabilidade civil no direito privado, 353

4   O abuso de direito no ordenamento jurídico pátrio, 355
5   O abuso de direito – ato lícito ou ato ilícito ou uma nova espécie?, 357
6   Abuso de direito – responsabilidade objetiva ou responsabilidade subjetiva?, 358
7   O abuso de direito e a responsabilidade objetiva do Estado, 360
8   Conclusão, 361

22 A Incidência do Direito Público sobre as Organizações da Sociedade Civil sem Fins Lucrativos (*Paula Raccanello Storto*), 362

1   Introdução, 362
2   Dicotomia entre direito público e direito privado, 362
3   A natureza jurídica de direito privado das organizações da sociedade civil, 363
4   Apontamentos sobre a liberdade de associação e de auto-organização das associações como direito fundamental, 367
5   Histórico recente da interação entre as organizações da sociedade civil e o Estado, 369
6   O desafio de regulamentar as relações de contratualização, 371
7   Considerações Finais, 374

23 Bens Privados Afetados à Prestação de Serviços Públicos: Conceitos, Regimes, Modulações e Funções (*Pedro do Carmo Baumgratz de Paula*), 376

1   Introdução, 376
2   O conceito jurídico de serviço público na atualidade – o que é e para que serve?, 377
    2.1   O conceito tradicional e as origens da doutrina clássica, 377
    2.2   As limitações do modelo clássico e a nova realidade, 380
3   Bens públicos e bens privados: critérios legais de distinção, regimes jurídicos e a noção de afetação, 382
    3.1   Critérios legais de distinção e regimes jurídicos, 382
    3.2   Afetação: natureza e consequências jurídicas, 383
4   Análises de casos, 385
    4.1   A aplicação do "regime jurídico de direito público" à ECT, 385
    4.2   A penhorabilidade de bens não diretamente destinados à prestação do serviço público – MetroSP, 386
    4.3   O compartilhamento obrigatório de redes – Lei Geral de Telecomunicações, 387
    4.4   Fundo garantidor e garantias públicas na lei de PPPs, 388
5   Conclusões, 390

24 O Regime da Concorrência no Serviço Público: Exceção ou Regra? (*Rafael Dias Côrtes*), 391

1   Introdução, 391

2 A noção de serviço público no direito brasileiro, 392
  2.1 A imprecisão do conceito e a noção adotada no presente estudo, 392
  2.2 O surgimento da ideia de exclusividade estatal, 393
3 Serviço público e concorrência, 395
  3.1 O serviço público com foco no usuário e não na própria prestação: a busca pela satisfação dos direitos fundamentais, 395
  3.2 O serviço público como obrigação, e não como prerrogativa do Estado, 397
    3.2.1 A ausência de norma constitucional prevendo exclusividade, 398
    3.2.2 A atribuição de exclusividade genérica e automática é incompatível com a busca pela concretização dos direitos fundamentais, 399
4 Considerações finais, 403

25 Contratos da Administração entre os Regimes de Direito Público e de Direito Privado (*Wassila Caleiro Abbud*), 405

1 Introdução, 405
2 O instituto do contrato no direito privado: breves considerações, 407
3 O instituto do contrato no direito público: evolução doutrinária no sistema de base romano-germânica, 407
4 Contratos da administração no direito brasileiro, 412
5 Conclusão, 414

Bibliografia, 417

Apresentação

Em 1988, prestei concurso público para obtenção do título de livre-docente na Faculdade de Direito da Universidade de São Paulo. Para esse fim, apresentei e defendi tese sob o título de *Aplicação do Direito Privado no Direito Administrativo*. Ela foi publicada pela Editora Atlas, em 1989, com o título *Do Direito Privado na Administração Pública*.

O tema me inspirou a oferecer uma disciplina no curso de pós-graduação, no segundo semestre de 2012. Duas grandes razões me levaram a escolher esse tema: de um lado, a importância da matéria na atualidade, tendo em vista a tão falada *"fuga para o direito privado"* e a não menos falada *"privatização do direito público"*, que vem ocorrendo paralelamente à *"publicização do direito privado"*; de outro lado, o interesse em atualizar o livro, que está esgotado desde longa data e não reeditado pela necessidade de atualização. Havia necessidade de meditar novamente sobre determinados assuntos e, para isso, nada melhor do que transmitir as minhas ideias para mestrandos e doutorandos, ouvi-los a respeito dos vários aspectos que o tema suscita e ampliar o estudo da matéria pela inclusão de novos institutos do direito privado.

O fato é que a disciplina atraiu alunos não só da área do direito administrativo, mas também das áreas do direito civil e comercial, além do direito econômico. O semestre foi bom para mim, que tive que rever e ampliar o estudo da matéria, e acredito que tenha sido bem proveitoso para os alunos, num total de 23.

A disciplina foi ministrada com a colaboração preciosa do Professor Fernando Dias Menezes de Almeida, mestre, doutor e livre-docente pela Faculdade de Direito da USP (onde ocupa o cargo de Professor Associado) e que conduziu os seminários com a competência e dedicação que lhe são próprias. Entre os trabalhos publicados, um é de sua autoria e trata da *Distinção entre "público" e "privado" aplicada aos contratos celebrados pela Administração*, um dos aspectos desenvolvidos em sua tese de livre-docência.

Como em ocasiões anteriores, alguns alunos sugeriram a organização de livro com os trabalhos apresentados no final do semestre. É a terceira vez que assumo trabalho dessa natureza: o primeiro foi publicado pela Editora Fórum, em 2003, com o título de *Direito Regulatório – Temas Polêmicos*, estando na segunda edição, de 2004; o segundo foi publicado em 2010, pela Editora Atlas, com o título de *Supremacia do Interesse Público e outros temas relevantes do Direito Administrativo*; agora vem este a público, com o título de *Direito Privado Administrativo*, expressão que designa o direito privado utilizado pela Administração Pública, parcialmente derrogado por normas de direito público.

O excelente nível dos alunos – para não falar do seu entusiasmo contagiante – e a qualidade dos trabalhos apresentados convenceram-se a assumir, mais uma vez, essa tarefa.

Os institutos tratados são bem variados, extraídos do direito civil e comercial, com análise das necessárias adaptações, quando aplicados à Administração Pública. Foram pesquisados no direito positivo, na doutrina e na jurisprudência, e desenvolvidos, dentre outros, temas sobre a *posição da Administração Pública no regime jurídico de direito privado*, os *contratos de direito privado* celebrados pela Administração (dentre eles a *locação* de bens públicos), a *prescrição contra a Fazenda Pública* à luz do novo Código Civil, os *problemas atinentes à formação dos cartéis nas licitações públicas*, o *regime jurídico aplicável na prestação de serviços públicos* por pessoas jurídicas de direito privado, o *regime de competição* na prestação de serviços públicos, as *garantias* prestadas nas parcerias público-privadas, a *aplicação aos servidores públicos das normas do direito de greve* próprias da iniciativa privada, o instituto da *arbitragem* na Administração Pública, os *limites da aplicação do Código de Defesa do Consumidor* na prestação de serviços públicos, o *regime jurídico dos aeroportos*, as *parcerias com organizações da sociedade civil sem fins lucrativos*.

As ideias defendidas pelos autores, neste livro, nem sempre coincidem com as dos dois professores responsáveis pela disciplina. São alunos de pós-graduação, com ideias próprias, muitas delas apreendidas em outras disciplinas ou em decorrência de sua atividade profissional. Alguns são advogados que atuam como profissionais liberais ou como advogados públicos. Outros são membros da Magistratura ou do Ministério Público ou servidores públicos que prestam serviços junto ao Ministério Público. Alguns já exercem o Magistério de nível superior.

Não há dúvida de que os temas tratados neste livro são da maior atualidade. A maior parte deles foi objeto de apresentação e discussão em aulas de seminário, antecedidas de leituras sobre os temas propostos, não só de doutrina, mas também de jurisprudência, com análise de acórdãos do Superior Tribunal de Justiça e do Supremo Tribunal Federal. Por isso mesmo, acredito que o livro certamente se constituirá em importante objeto de consulta pelos estudiosos do direito administrativo e até mesmo para os que, em sua profissão, advogam nessa área ou mesmo nas áreas de direito civil, comercial ou econômico, voltadas para assuntos de interesse da Administração Pública.

Este livro foi por mim organizado com a colaboração de Carlos Vinícius Alves Ribeiro, que é doutorando em Direito do Estado e autor de um dos textos ora publicado. Também foi um dos coordenadores do já referido livro intitulado *Supremacia do Interesse Público e outros temas relevantes do Direito Administrativo*. A ele deixo o meu especial agradecimento.

Maria Sylvia Zanella Di Pietro

1

Introdução: do Direito Privado na Administração Pública

Maria Sylvia Zanella Di Pietro[1]

1 O primado do direito civil

Embora se possa pensar que o direito administrativo, como ramo autônomo do direito, surgiu junto com a jurisdição administração e a criação do Conselho de Estado francês, na realidade ele somente começou a formar-se cerca de 80 anos após a Lei de agosto de 1790 que, na França, deu origem ao sistema de dualidade de jurisdição. Essa lei determinou que

> as funções judiciárias são distintas e permanecerão sempre separadas das funções administrativas. Não poderão os juízes, sob pena de prevaricação, perturbar de qualquer modo as operações dos corpos administrativos, nem citar diante de si os administradores por motivo das funções que estes exercem.

No entanto, somente em 1872, quando o Conselho de Estado – órgão de cúpula da jurisdição administração francesa – começou a exercer função verdadeiramente jurisdicional,[2] é que teve início a formação do direito administrativo, com a criação de princípios e institutos que foram sendo elaborados e lhe deram autonomia.

Além disso, o que se aplicava era o direito civil, cujos institutos serviram de ponto de partida para a formação do direito administrativo. Veja-se que na França o direito administrativo nasceu como ramo autônomo que repudiava em bloco o direito privado. No entanto, mesmo nesse país, em que o regime jurídico, público ou privado, é um dos critérios que separa as competências entre a jurisdição comum e a administrativa, são muito frequen-

---

[1] Mestre, doutora e livre-docente pela Faculdade de Direito da Universidade de São Paulo. Procuradora do Estado de São Paulo aposentada. Professora Titular aposentada da Faculdade de Direito da Universidade de São Paulo, onde continua a ministrar aulas no curso de pós-graduação. Advogada na área de consultoria.

[2] Na fase inicial do Conselho de Estado francês, a sua função era meramente opinativa; quem tomava as decisões era o imperador. Por isso essa fase ficou conhecida como da *justiça retenue* (justiça retida).

tes os casos em que o juiz administrativo aplica o direito privado. Portanto, o repúdio ao direito privado nunca foi inteiramente verdadeiro. Só que, na França, como o juiz administrativo tem importante papel na criação de regras jurídicas, de teorias, de princípios, ele é que decide, em cada caso, se vai aplicar o direito público, o direito privado ou até mesmo alguma regra específica, por ele criada, para o caso concreto que lhe é submetido.

Na realidade, o direito civil sempre ocupou posição de relevo dentro do mundo jurídico, por várias razões:

a) em primeiro lugar, a sua *idade*: quase 20 séculos de existência; o estudo de sua história revela que o direito civil constitui, no decorrer do tempo, o repositório de normas que nele tiveram origem mas que dele se separaram para formar outros ramos do direito;

b) outra razão: o direito civil é o *direito comum* a todos os homens, porque trata o homem como homem desde o nascimento (ou antes, porque trata do nascituro) até a morte (ou após a morte, porque trata das sucessões); não trata do homem como empregador ou empregado, como autoridade ou servidor, como nacional ou estrangeiro; nas palavras de Miguel Reale,[3] "*o Código Civil é, a bem de ver, a Constituição Fundamental. Se do ponto de vista formal, uma Constituição é a lei maior ou primordial, o mesmo não se pode dizer do ponto de vista histórico-constitucional, pois, a essa luz, a Lei Civil surge como o ordenamento mais estável, o menos sujeito a transformações bruscas*";

c) ainda uma terceira razão: nos países, como o Brasil, em que, seguindo orientação de Savigny, foi adotada a divisão do Código Civil em *parte geral* e *parte especial*, verifica-se que a parte geral contém preceitos que se enquadram na teoria geral do direito, irradiando-se para os vários setores da ciência jurídica. É o caso das normas sobre pessoas, bens, fatos jurídicos, prescrição, exercício de direitos e tantas outras. Também a Lei de Introdução ao Código Civil, hoje denominada de Lei das Normas Gerais do Direito, contém verdadeira doutrina sobre a norma jurídica, sua vigência, interpretação, integração, igualmente enquadráveis na teoria geral do direito. Mesmo na parte especial do Código Civil, sobre direito das coisas e direito das obrigações, encontram-se institutos que serviram de base para a criação de institutos paralelos em outros ramos do direito;

d) finalmente: o direito civil serve de fundamento a inúmeras relações jurídicas de que o Estado é parte: propriedade sobre os bens patrimoniais, contratos de direito privado (como locação, compra e venda, comodato, seguro), empresas estatais, fundações etc.

---

[3] *Lições preliminares de direito*. São Paulo: Bushatsky, 1974. p. 398.

2 O direito privado na gênese e no desenvolvimento do direito administrativo

De início, a elaboração do direito administrativo ocorreu pela transposição pura e simples de institutos do direito civil, como os de propriedade, contrato, responsabilidade, nulidade, servidão, fundação.

Muitas vezes, utilizava-se o instituto de direito civil, tal como elaborado nesse ramo do direito, o que se justifica pela sua precedência histórica. Aos poucos, esses institutos, embora ainda utilizados, foram sofrendo alterações com base em teorias e princípios que foram sendo elaborados no âmbito do direito público (especialmente no direito constitucional e administrativo).

Justamente em decorrência dessa transposição de institutos do direito civil, muitos autores, não conseguindo desligar-se da forma pela qual os mesmos eram disciplinados pelo Código Civil, foram levados a negar a existência de institutos análogos no direito administrativo, com características próprias, peculiares às necessidades da Administração Pública e à consecução do interesse público.

Durante muito tempo, alguns autores negaram a existência de contratos administrativos, de fundações públicas, de propriedade pública. E houve a tendência oposta de imprimir autonomia total ao direito administrativo, negando, por exemplo, que a propriedade pública seja verdadeira propriedade, que o contrato administrativo seja realmente um contrato, que o direito real administrativo seja realmente um direito real.

Na posição intermediária ficaram aqueles que entendem possível o estudo do direito administrativo a partir de *categoriais jurídicas*[4] ou de *superconceitos*,[5] não comprometidos com qualquer das duas grandes ramificações do direito em público e privado. Parte-se do instituto tal como tratado pela teoria geral do direito e não pelo direito civil. A noção categorial ou superconceito não se localiza no direito civil nem no direito público: ela encontra-se na teoria geral do direito.

Constrói-se uma noção categorial de contrato, de propriedade, de bens, de direito real, de fundação, de empresa, de responsabilidade, não comprometida nem com o direi-

---

[4] Nas palavras de José Cretella Júnior, categoria jurídica define-se como "*a formulação genérica, in abstracto, com índices essenciais, mas gerais, não comprometida ainda com nenhum ramo do direito*" (Reflexos do direito privado no direito administrativo. *Revista de Direito Civil, Imobiliário, Agrário e Empresarial*, v. 2, p. 118).

[5] Sebastian Retortillo, no trabalho *Il diritto civile nella genesi del diritto amministrativo e dei suoi istituti* (publicado na *Rivista Trimestrale di Diritto Pubblico*, 1959, v. 9, p. 698-735), explica que o superconceito é geral e compreensivo; não concreto, como o conceito simples ou parcial, mas sem por isso converter-se em qualquer coisa de abstrato, ou muito menos de vago: o processo de formação é claro. Não se trata de uma formulação fictícia, mas sim lógica, partindo dos dados que a própria realidade oferece no seu processo de elaboração dos conceitos. Ele exemplifica: partindo de situações concretas, pode-se chegar ao conceito jurídico de compra e venda, de mandato e dos vários contratos; desses conceitos se passa ao conceito geral de contrato, verdadeiro e próprio "conceito dos conceitos".

to público, nem com o direito privado e, a partir dessa noção categorial, os vários ramos do direito vão acrescentando as características que lhes são próprias.

Com essa metodologia, reconhece-se que cada ramo do direito tem, como objeto de estudo, a sua própria realidade, o conjunto de situações, fatos e coisas que, apresentando homogeneidade, permitem a formulação de conceitos gerais, referentes às várias formas do mesmo instituto. Se o direito civil elabora um conceito de contrato que abrange as suas várias modalidades, o mesmo pode ser feito pelo direito do trabalho, pelo direito comercial, pelo direito internacional, pelo direito administrativo. O mesmo se diga com relação às pessoas jurídicas, aos atos jurídicos, aos bens.

O conceito geral traçado dentro de cada ramo do direito tem conotações próprias que permitem distingui-lo do conceito geral dado por outro ramo do direito, pois cada qual se submete a regime jurídico próprio. No entanto, fazendo abstração das diferenças existentes e considerando-se os pontos comuns, pode-se enquadrar um e outro no superconceito ou categoria jurídica, não vinculada a qualquer ramo do direito.

Os autores que negam que o contrato administrativo seja verdadeiramente um contrato, que a propriedade pública seja verdadeiramente propriedade, que a servidão administrativa seja verdadeira servidão ou que a fundação pública seja verdadeira fundação incidem no erro de somente considerar esses institutos à luz do direito civil, como se os conceitos nele formulados fossem compreensivos de toda a realidade que constitui objeto de estudo do direito. Eles colocam o superconceito no direito civil e não na teoria geral do direito. É o que fazem aqueles que pretendem enquadrar, por exemplo, o contrato administrativo no conceito de contrato formulado pelo direito civil, com a consequência inevitável de lhe negarem a existência como tal.

O fato é que, com todas essas tendências, o direito administrativo se constituiu e passou a compreender diferentes tipos de institutos que ainda hoje constituem objeto de estudo:

a) alguns não têm correspondência no direito privado, como os serviços públicos típicos (segurança, justiça, polícia, intervenção, regulação, controle), autarquia, tutela, desapropriação, tombamento, concessão;

b) outros têm paralelo no direito civil, mas se regem pelo direito administrativo, como alguns contratos administrativos (empreitada, por exemplo), propriedade pública, servidão administrativa, fundação de direito público;

c) outros, finalmente, são institutos de direito privado, regidos pelo direito civil ou comercial, mas em que estes aparecem parcialmente derrogados pelo direito público; é o caso dos contratos de direito privado (locação, compra e venda, comodato), da fundação de direito privado, dos bens privados do Estado (bens dominicais), das empresas estatais, das atividades-meio do Estado.

Os da primeira categoria geram menos controvérsia, porque a sua submissão é integralmente ao direito administrativo, aplicando-se o direito privado apenas subsidiariamente.

Os da segunda categoria já produziram muita controvérsia, porque alguns autores não conseguiram desvincular-se da construção privatista do instituto; por isso, negavam a existência de contratos administrativos, de fundações públicas, de servidão administrativa, de propriedade pública. Na realidade, o que se fazia era transpor pura e simplesmente o instituto do direito privado para o âmbito da Administração Pública. O desenvolvimento do direito administrativo levou à ideia de que tais institutos, embora tenham paralelo no direito privado, não podem ser analisados a partir do direito civil, mas a partir da teoria geral do direito. Formou-se uma consciência de que o estudo dos vários ramos do direito deve ser feito a partir dos institutos definidos pela teoria geral do direito e que correspondem às já referidas *categorias jurídicas* ou *superconceitos*.

Nos últimos tempos, revela-se a tendência, por uma parcela da doutrina (apegada aos princípios do neoliberalismo), de voltar à antiga controvérsia e propugnar, por exemplo, pelo fim de alguns traços característicos do direito administrativo, como as prerrogativas da Administração Pública nos contratos administrativos (expressas pelas cláusulas exorbitantes), e pelo fim dos serviços públicos exclusivos do Estado (porque a sua existência seria contrária aos princípios da livre iniciativa e da livre competição). No Brasil, a concretização desses objetivos torna-se difícil sem que produzam alterações profundas no direito positivo, inclusive da própria Constituição. Também há a tendência oposta, de publicizar alguns institutos de direito privado utilizados pela Administração Pública, como os *contratos* (por força do art. 62, § 3º, da Lei nº 8.666, de 21-6-1993, conforme será analisado no item 7), as *fundações* de direito privado (que vêm sendo também erroneamente publicizadas por entendimento jurisprudencial, em especial do Supremo Tribunal Federal), as empresas estatais prestadoras de serviços públicos (que também vêm sendo parcialmente publicizadas sob alguns aspectos, como o da impenhorabilidade dos bens afetados à prestação de serviços públicos e à aplicação do processo dos precatórios).[6]

Quanto aos institutos da terceira categoria – próprios do direito privado e utilizados pela Administração Pública –, a lei combina normas e princípios de direito público com normas e princípios do direito privado. Nesses casos, torna-se menos nítida a distinção entre os dois grandes ramos do direito. O regime jurídico, nessas situações, fica a meio caminho entre o público e o privado.

É dessa terceira categoria que tratamos no livro *Do Direito Privado na Administração Pública*[7] e também neste artigo.

3 Regimes jurídicos público e privado utilizados pela Administração Pública

O direito administrativo tem por *objeto* o estudo da Administração Pública em seus vários aspectos, abrangendo os *sujeitos* que a integram, a *atividade* que exerce, os *bens* de que se utiliza, as *relações jurídicas* de que participa, o *regime jurídico* a que se submete.

---

[6] Conforme decisão do Supremo Tribunal Federal com relação à Empresa de Correios e Telégrafos, levando outras empresas a pleitearem o mesmo privilégio (RE 220906, Rel. Min. Maurício Corrêa, j. 16-11-2000, Tribunal Pleno, *DJ* 14-11-2002, p. 15).

[7] São Paulo: Atlas, 1989.

Ocorre que a Administração Pública nem sempre se sujeita ao direito administrativo. Ela pode sujeitar-se ao *regime jurídico administrativo* e ao *regime jurídico privado*, ainda que parcialmente derrogado pelo direito público.

Daí alguns autores, desde longa data, falarem em dois tipos de regimes jurídicos a que se submete a Administração Pública. É o caso de André de Laubadère,[8] que fala em *direito administrativo em sentido amplo* e *direito administrativo em sentido estrito*; o primeiro é o "direito da Administração", que abrange tanto o direito administrativo propriamente dito, inteiramente exorbitante do direito comum, como o direito administrativo parcialmente derrogatório do direito comum, que abrange os dois tipos de normas aplicáveis à Administração Pública; o *direito administrativo em sentido estrito* compreende apenas as normas que integram o regime jurídico administrativo, subordinado ao direito público. Fala-se também em *direito público administrativo* em oposição a *direito privado administrativo*. Tais expressões são utilizadas, por exemplo, por Jean Lamarque,[9] que fez estudo aprofundado a respeito da aplicação do direito privado aos serviços públicos administrativos; para o autor, o *direito privado administrativo* compreende as regras de direito privado aplicáveis à Administração Pública.

Renato Alessi[10] adota classificação tripartite, falando em *atividade administrativa de direito público*, regida substancialmente pelo direito administrativo; *atividade administrativa de direito privado*, que é *substancialmente* administrativa e visa à consecução de finalidades públicas essenciais da Administração, mas *formalmente* se rege pelo direito privado e pelo direito público; e *atividade privada da Administração Pública*, que não se distingue formalmente da anterior, mas tem finalidade diversa porque exercida pela Administração pelo mesmo modo que um particular na gestão de seu patrimônio; trata-se de atividade acessória em relação à consecução das finalidades essenciais da Administração Pública; pelo fato de ser semelhante à atividade exercida pelo particular, deve reger-se pelas normas a que aquele se submete. Para o autor, a categoria intermediária – atividade administrativa de direito privado –, embora negada por muitos autores, é a que sofre maiores "desvios" ao regime jurídico privado, em decorrência da finalidade de caráter público que caracteriza esse tipo de atividade.

Na realidade, mesmo no direito brasileiro, a Administração Pública utiliza-se de vários tipos de institutos: os regidos unicamente pelo direito administrativo, sem paralelo no direito privado; os que, embora tenham o equivalente no direito civil, constituem uma ramificação da categoria jurídica definida pela teoria geral do direito; e, finalmente, os que são regidos pelo direito privado, com derrogações maiores ou menores impostas pelo direito público. Também se deve ter presente o fato de que, às vezes, a submissão ao direito civil é apenas aparente; isso ocorre quando as leis civis acolhem princípios e institutos da teoria geral do direito, como os contidos na Parte Geral do Código Civil.

---

[8] *Traité de droit administratif*. Paris: Librairie Générale de Droit et de Jurisprudence, 1973. p. 14.

[9] *Recherches sur l'application du droit privé aux services publics administratifs*. Paris: Librairie Générale de Droit et de Jurisprudence, 1960. p. 16.

[10] *Instituciones de derecho administrativo*. Barcelona: Bosch, 1970. t. 1, p. 213-214.

Essa diversidade de regimes jurídicos utilizados pela Administração Pública está presente em vários aspectos:

a) considerada pelo lado *subjetivo*, ou seja, como conjunto de órgãos que exercem as atividades administrativas do Estado, existem, além dos órgãos que compõem a administração direta, as pessoas jurídicas administrativas, com personalidade de direito público (autarquias e fundações públicas), submetidas ao direito administrativo em sentido estrito, e as pessoas jurídicas de direito privado (empresas públicas, sociedades de economia e fundações), sujeitas ao direito privado parcialmente derrogado pelo direito público (ou direito privado administrativo);

b) em *sentido objetivo*, a Administração Pública abrange atividades regidas pelo direito público (como intervenção e poder de polícia) e regidas pelo direito privado (como os serviços públicos comerciais e industriais do Estado), neste último caso, também derrogado, em parte, pelo direito público;

c) o mesmo se pode dizer em relação aos *bens públicos*, dentre os quais duas modalidades (os de uso comum do povo e os de uso especial) têm regime jurídico publicístico, enquanto os dominicais podem submeter-se ao regime jurídico de direito privado com desvios maiores ou menores impostos pelo direito público;

d) também no que diz respeito às *relações jurídicas* de que participa a Administração Pública, a aplicação pode ser do direito administrativo em sua pureza (como nos contratos administrativos de empreitada, fornecimento e nas várias modalidades de concessão) ou do direito privado derrogado parcialmente pelo direito público (como a compra e venda, a locação, o arrendamento).

Em resumo, o regime jurídico privado (ou direito privado administrativo), com as peculiaridades decorrentes do direito administrativo derrogatório do direito comum, é aplicável nas quatro matérias que constituem, basicamente, o objeto do direito administrativo: na Administração Pública como *sujeito*, na Administração Pública como *atividade* (função administrativa do Estado), nas *relações jurídicas* de que é parte e nos *bens* que integram o seu patrimônio.

É evidente que as relações entre direito privado e direito administrativo não ficaram estáticas no tempo. Se quisermos resumir, *grosso modo*, a influência do direito civil sobre o direito administrativo, pode-se partir de uma primeira fase, do primado do direito civil, para uma fase de publicização do direito civil e, agora, para uma fase de duplo movimento: de um lado, a privatização do direito público, em decorrência da busca mais intensa de institutos do direito privado (chamada, por alguns, de *fuga para o direito privado*); de outro lado, a chamada constitucionalização do direito administrativo.

Novas elaborações doutrinárias do direito administrativo começaram a conflitar com antigas construções doutrinárias, em especial no que diz respeito à noção de serviço público, que entrou em crise a partir do momento em que a Administração Pública assumiu novas funções e passou a exercê-las pelos métodos de *gestão privada*, em movimento que se poderia chamar de *privatização do direito administrativo*, que começou talvez na metade do século XX; paralelamente, intensifica-se o movimento oposto de *publicização do direito privado*, também verificado no Brasil, com o Código Civil de 2002 e a própria constitucionalização do direito civil. Os dois movimentos convergem para um ponto comum, em que o princípio inspirador é o da supremacia do interesse público.

Paradoxalmente, os dois movimentos tiveram a mesma inspiração: na perseguição dos interesses da coletividade, a Administração Pública socorre-se do direito privado; com o mesmo objetivo, o Estado intervém, por meio de normas publicísticas, nas relações antes regidas pelo direito privado, imprimindo função social ao contrato e à propriedade, introduzindo a teoria do risco no âmbito do direito civil; até na Constituição encontram-se normas que interferem com o direito civil, a ponto de falar-se, hoje, em direito civil constitucional. É o fenômeno da *hiperconstitucionalização* do direito.

Seria, por isso, justificável falar-se na existência de terceiro ramo do direito ao lado do direito público e do direito privado? Evidentemente não. A convergência do público e do privado realça a universalidade do direito, a sua indivisibilidade em partes estanques, a comunicabilidade de normas, princípios e institutos.

Se fôssemos alinhar todas as normas jurídicas, públicas ou privadas, poderíamos, em uma extremidade, colocar aquelas que disciplinam institutos do direito privado, como a família e as sucessões; de outro lado, no outro extremo, aquelas que regem institutos próprios do direito público, como a polícia administrativa e o controle da Administração Pública; entre uma e outra poderíamos ir acrescentando, a partir de cada extremidade e na mesma direção central, de um lado, as normas de direito privado que sofrem influência do direito público e, de outro, as normas de direito público que se mesclam com as do direito privado. Nos dois extremos, o *regime jurídico de direito privado* e o *regime jurídico de direito público*; nos pontos intermediários, o *regime jurídico híbrido*, em que predomina ora o direito público, ora o direito privado (é o chamado *direito privado administrativo*).

4 Influência do direito público sobre o direito civil

O direito civil, como dito, é de formação milenar. O direito administrativo surgiu, junto com o direito constitucional, em fins do século XVIII, após a Revolução Francesa, com a criação dos princípios da separação de poderes, da isonomia e da legalidade.

Com o crescimento do direito público, este passou a influenciar inúmeros institutos do direito privado, levando a falar-se em *publicização do direito civil*.

Isso provocou grande pessimismo por parte dos civilistas, que previram a morte ou a crise do direito civil, considerado inadequado para alcançar a justiça social. Muitas obras foram escritas no começo e meados do século XX revelando essa preocupação: Joseph Charmont (*Les transformations du droit civil*, 1912), Gaston Morin (*La revolte des faits contre le code*, 1920; *La loi et le contrat – la décadence de la souveraineté*, 1927; *La revolte du droit contre le code*, 1945), Leon Duguit (*Les transformations générales du droit privé depuis le code napoléon*, 1912), Orlando Gomes (*A crise do direito*, 1955; *Transformações gerais do direito das obrigações*, 1967).

O que ocorreu foi que alguns dos postulados elaborados sob influência do *individualismo* que dominou, durante largo período, todos os setores da vida em sociedade (e que esteve presente no Código de Napoleão, de 1912, e no Código Civil Brasileiro de 1916) foram afetados a partir do momento em que se elaborou o princípio da supremacia do interesse público sobre o individual. O direito deixou de ser instrumento de garantia dos direitos individuais e passou a ser visto como meio para consecução da justiça social, do bem comum.

Em praticamente todas as instituições fundamentais do direito civil ocorreram profundas alterações.

Em relação à *propriedade*, definida na Declaração dos Direitos do Homem e do Cidadão, de 1789, como o direito "*o mais absoluto*", tal concepção individualista foi afetada pela ideia de *função social da propriedade*. Além disso, surgem princípios, no plano constitucional, que revelam a interferência crescente do Estado na vida econômica e no direito de propriedade: interferência do Estado no funcionamento e na propriedade das empresas, condicionamento do exercício do direito de propriedade ao bem-estar social, reserva para o Estado da propriedade e exploração de determinados bens, desapropriação para justa distribuição da propriedade.

No campo dos contratos, o *princípio da autonomia da vontade* foi afetado pelo direito público, com a criação de normas imperativas, inderrogáveis pela vontade das partes (Lei da Usura, Lei de Luvas, Lei do Inquilinato). O princípio da *relatividade das convenções* (pelo qual o contrato só obriga os que o pactuaram) quebra-se pela aceitação das convenções coletivas de trabalho. O princípio da *força obrigatória dos contratos* (*pacta sunt servanda*) é afetado pela aplicação da cláusula *rebus sic stantibus*.

No campo da *responsabilidade civil*, surge a responsabilidade sem culpa, em tendência que se fortalece no direito brasileiro a partir do Código Civil de 2001, especialmente pela previsão da responsabilidade quando a atividade normalmente desenvolvida pelo autor do dano implicar, por sua natureza, risco para os direitos de outrem.

A invasão do direito público ainda se manifesta na órbita do *direito de família* e do *direito das sucessões*, com a inclusão, na Constituição, de normas sobre proteção à companheira e aos filhos ilegítimos, ampliação dos direitos e deveres da mulher casada, normas restritivas à ordem de vocação hereditária.

Vale dizer que o direito administrativo criou princípios e institutos que derrogaram grande parte dos postulados básicos do individualismo jurídico.

Anacleto de Oliveira Faria, certamente preocupado com a publicização do direito privado, apresentou e defendeu tese na Faculdade de Direito da Universidade de São Paulo sobre a *Atualidade do Direito Civil* (1965), mostrando os paradoxos do direito civil.

Em primeiro lugar, afirma ele que o direito civil é considerado o *direito comum* a todos, mas, ao mesmo tempo, foi criticado por proteger a classe dominante; justamente por tratar os homens como iguais, quando na realidade eles não são, é que o direito civil gerou desigualdades e acabou sendo o direito que, protegendo a propriedade, protege a classe privilegiada da sociedade.

Com o nascimento do direito público, surge outro paradoxo: o direito civil passou a sofrer invasões por parte do direito público, principalmente com o objetivo de propiciar a intervenção do Estado na propriedade e na ordem econômica; por outro lado, o Estado, quando intervém diretamente na ordem econômica, socorre-se do direito privado, agindo como se fosse um particular.

Outro paradoxo apontado por Anacleto de Oliveira Faria é que o direito civil foi criticado por proteger uma classe, mas as normas de ordem pública, impostas pelo Estado para corrigir as desigualdades, acabaram por proteger outra classe de pessoas: o empregado, o inquilino, o nacional, o devedor etc. Com isso, o direito civil foi deixando de ser o *direito comum*, igual para todos os homens.

Com o crescimento do Estado e o crescimento do direito público, surge outro paradoxo, porque o Estado, ao mesmo tempo em que foi chamado a agir para assegurar a justiça social (Estado Social), passou a pôr em perigo a liberdade individual, pela crescente intervenção que vai desde a simples limitação ao exercício de direitos até a atuação direta no âmbito da atividade privada.

E aí chegamos às duas grandes características do regime jurídico administrativo: prerrogativas e restrições.

5 Regime jurídico administrativo

Se a evolução do direito civil permitiu a ocorrência dos citados paradoxos, também no âmbito do direito administrativo é possível observar determinados paradoxos.

Garrido Falla[11] aponta os paradoxos que resultaram da luta contra o individualismo: de um lado, os próprios indivíduos passaram a exigir a atuação do poder público, não mais para o exercício só de atividades de segurança, polícia e justiça, inerentes à soberania do Estado, mas também a prestação de serviços públicos essenciais ao desenvolvimento da atividade individual, em todos os seus aspectos, pondo fim às injustiças sociais geradas pela aplicação dos princípios incorporados pelo direito civil. Por outro lado, esse novo Estado prestador de serviços trouxe consigo a prerrogativa de limitar o exercício dos direitos individuais em benefício do bem-estar coletivo, pondo em perigo a própria liberdade.

O autor explica o direito administrativo pela relação *"liberdade-prerrogativa"* e acrescenta que "toda instituição administrativa é, em parte, uma consagração da *liberdade* ou da *propriedade* do particular e, ao mesmo tempo, da *prerrogativa* da Administração para limitá-las".

---

[11] *Las transformaciones del régimen jurídico administrativo*. Madri: Instituto de Estudios Políticos, 1962, p. 24-38.

Daí os autores em geral reconhecerem no direito administrativo o binômio *prerrogativas* (que garantem a *autoridade* da Administração) e *restrições* (que garantem a liberdade dos cidadãos).

O direito administrativo nasceu na França como um direito referido a um sujeito – a Administração Pública. Como tal, deveria ser regulado por normas próprias diversas daquelas que disciplinam as relações entre os particulares. Ele surgiu como um direito que derroga as normas do direito privado. Ele construiu conceitos como os de serviço público, potestade administrativa, decisão executória, especialidade de jurisdição.

Quatro ideias fundamentais caracterizaram o direito administrativo francês em suas origens:

a) a separação das autoridades administrativas e judiciárias, não adotada no direito brasileiro;

b) as *decisões executórias*, que reconhecem à Administração a prerrogativa de emitir unilateralmente atos jurídicos que criam obrigações para o particular, independentemente de sua concordância;

c) a *legalidade*;

d) a *responsabilidade* do poder público.

O que houve, de início, foi uma rejeição às normas do direito civil. Foi o que aconteceu no famoso caso Blanco, no qual o Tribunal de Conflitos francês, ao dirimir conflito de competência entre a jurisdição comum e a administrativa, entendeu que, tratando-se de dano provocado na prestação de serviço público (atropelamento da menina Agnes por uma vagonete de empresa do Estado), o tema da responsabilidade não poderia reger-se pelas normas aplicáveis aos particulares.

É um paradoxo que os ideais da Revolução Francesa tenham dado lugar simultaneamente a dois ordenamentos distintos entre si: a *ordem jurídica individualista* e o *regime administrativo*. O regime individualista foi se alojando no direito civil, enquanto o regime administrativo formou a base do direito público administrativo (cf. Garrido Falla).[12]

O fato é que o direito administrativo nasceu e desenvolveu-se baseado em duas ideias opostas: de um lado, a da *proteção aos direitos individuais* diante do Estado, que serve de fundamento ao *princípio da legalidade*, um dos esteios do Estado de Direito (e a outros princípios que se sucederam com o objetivo de limitar a liberdade decisória da Administração Pública). De outro lado, a *necessidade de satisfação do interesse público*, que conduz à outorga de prerrogativas e privilégios para a Administração Pública, quer para limitar o exercício dos direitos individuais em benefício do bem-estar coletivo (pelo poder de polícia e intervenção), quer para conceder benefícios e utilidades para o cidadão (pelo fomento e prestação de serviços públicos).

---

[12] Ob. cit., p. 44-45.

Daí a bipolaridade do direito administrativo: *liberdade do cidadão* e *autoridade da Administração Pública*; *restrições* e *prerrogativas*. Para assegurar-se a liberdade, impõe-se ao Estado a observância da lei; para assegurar-se a autoridade da Administração Pública, necessária à consecução de seus fins, são-lhe outorgadas prerrogativas e privilégios que têm por objetivo assegurar a supremacia do interesse público sobre o particular.

6 Privatização do direito administrativo ou fuga para o direito privado

Atualmente, fala-se muito em privatização do direito administrativo ou em fuga para o direito privado. Não se trata de tendências exclusivas do direito brasileiro, mas de praticamente todos os países que seguiram o sistema europeu continental. Em Portugal, o fato constituiu tema do livro de Maria João Estorninho, publicado com o título de *Fuga para o direito privado. Contributo para o estudo da actividade de direito privado da Administração Pública*.[13] Segundo a autora, a expressão *fuga para o direito privado* deve-se a Fritz Fleiner, sendo utilizada em sua obra "*Institutionen des Deutschen Verwaltungsrechts*" (Ed. Mohr, 8. ed., de 1928, p. 326).

Como se verifica pela data da obra de Fritz Fleiner, a expressão é muito antiga e parece confirmar a assertiva de que o direito civil sempre esteve presente na Administração Pública, desde as origens do direito administrativo e durante toda a sua evolução. Apesar de o direito administrativo francês ter sido definido originariamente como um conjunto de normas do direito civil, na realidade, foi visto, no item 3 deste artigo, que o direito civil nunca foi abandonado. Talvez falar em "fuga" não signifique senão o reconhecimento de que o direito administrativo nunca derrogou inteiramente o direito privado.

E o fato é que nos livros de direito administrativo sempre foram tratados temas como contratos de direito privado firmados pela Administração Pública, gestão privada de atividades administrativas, pessoas jurídicas de direito privado integrantes da administração indireta (empresas estatais e fundações), atos de gestão (praticados pela Administração Pública da mesma forma que o particular na gestão de seus bens, em oposição a atos de império), bens do patrimônio privado das pessoas jurídicas de direito público, regime contratual dos servidores públicos (ao lado do regime estatutário), teorias civilistas da responsabilidade civil do Estado, entre tantas outras matérias regidas pelo direito privado, ainda que parcialmente derrogado por normas de direito público.

No entanto, de uns tempos para cá, intensifica-se a referência e a procura por institutos de direito privado, por modos de atuação próprios da iniciativa privada, por regime jurídico de direito privado. No Brasil, essa tendência intensificou-se a partir da década de 90, com o movimento de Reforma da Administração Pública, influenciado pelo sistema da *common law* e pelo direito comunitário europeu. Em nome da eficiência, do maior apego aos princípios da ordem econômica (em especial a livre iniciativa e a livre competição)

---

[13] Publicado em Coimbra pela Editora Almedina, em 1999.

e da defesa dos direitos fundamentais do homem, procuram-se novos institutos, novas formas de atuação das funções administrativas do Estado, novo regime jurídico (que diminua as prerrogativas do poder público e coloque a Administração Pública no mesmo nível do particular).

Como consequência desse movimento, várias medidas foram sendo adotadas,[14] a saber: a quebra de monopólios; a venda de ações de empresas estatais ao setor privado (privatização em sentido estrito); a adoção de formas privadas de gestão, como a concessão de serviços públicos, as parcerias público-privadas (nos casos da concessão patrocinada e da concessão administrativa), a concessão de obras públicas e as várias formas de parcerias com entidades privadas sem fins lucrativos (por meio de convênios, termos de parceria, contratos de gestão e outros instrumentos análogos); o incremento da terceirização (inclusive a ilícita, em que se dá a contratação de pessoal por meio de interposta pessoa, sem a observância da exigência constitucional de concurso público); a preferência pelo regime contratual para os servidores públicos, reservando-se o regime estatutário para determinadas categorias de agentes públicos; a liberalização de serviços públicos (em movimento inverso ao da *publicatio*), com o objetivo de devolver as atividades de natureza econômica à livre iniciativa e à livre competição; a introdução da ideia de competição na prestação de serviços públicos; a introdução de formas consensuais, como termos de ajustamento de conduta ou instrumentos semelhantes para correção de atividades praticadas por agentes públicos, ao lado da atuação unilateral.

A pergunta que fica é a seguinte: Qual a diferença entre usar o regime jurídico público e o regime jurídico privado? É o que se analisará no item subsequente.

7 O regime jurídico de direito privado utilizado pela Administração Pública

O que acontece quando a Administração Pública utiliza aquela terceira espécie de institutos: os de direito privado, como contratos de locação, compra e venda, empresas privadas (como concessionárias e permissionárias), além de empresas estatais com personalidade de direito privado, fundações de direito privado, entidades paraestatais, entidades do terceiro setor?

Nesses casos, a Administração Pública mantém as suas prerrogativas? E continua sujeita às mesmas restrições? Continua a existir a relação de verticalidade frente ao particular, ou passa a existir igualdade?

---

[14] O assunto foi por nós analisado no livro *Parcerias na Administração Pública. Concessão, permissão, franquia, terceirização, parceria público-privada e outras formas*. 9. ed. São Paulo: Atlas, 2012. p. 5-7, onde utilizamos o vocábulo *privatização* em sentido amplo, para abranger os vários caminhos seguidos na procura pelo direito privado. Também tratamos do assunto em artigo publicado sob o título de *Inovações no direito administrativo* na *Revista Interesse Público*, Porto Alegre: Notadez, ano VI, 2005, nº 30, p. 39-58.

Segundo alguns autores, quando a Administração utiliza institutos do direito privado, ela se equipara ao particular.

Otto Mayer afirmava[15] que "a razão pela qual o direito civil se aplica ao Estado reside simplesmente em que resulta natural e conveniente presumir que tudo o que é igual *por natureza* deve também ser *regulado igualmente*". Ele acrescentava não ser necessário que a lei civil declarasse de forma expressa que se aplicaria ao Estado. Ela o afetará tão logo o Estado se ache nas condições para as quais estabeleceu os seus preceitos.

Também Renato Alessi[16] pensa desse modo. Diz ele que "um mesmo órgão pode encontrar-se investido, ao mesmo tempo, além daqueles poderes de supremacia que integram a soberania, dos poderes jurídicos e direitos subjetivos substancialmente análogos aos poderes e direitos que correspondem a qualquer outro tipo de sujeito jurídico em conformidade com o ordenamento. Poderes e direitos, portanto, em cuja titularidade os órgãos estatais se encontram na *mesma posição* equiparada a dos sujeitos privados, tendo tais poderes e direitos a mesma extensão e os mesmos limites que têm os análogos que o ordenamento atribui a favor de qualquer outro sujeito não estatal".

Mas o autor reconhece que a natureza pública do sujeito que a exerce não deixa de influir sobre o regime de dita atividade, quanto ao *momento* de criação da relação (processo de formação da vontade, escolha do contratante, fixação unilateral), à *vida da relação* (obrigações acessórias para o particular, agravamento dos encargos), à sua *extinção* (anulação de ofício, restrições quanto à compensação, revogação unilateral) e à sua *execução forçada*.

No Brasil, Seabra Fagundes[17] defendeu que "nunca a atividade (do Estado) pode ser perfeitamente assemelhada à do indivíduo, quer na forma por que se exerce, quer na sua finalidade. Ainda mesmo ao revestir o caráter da chamada atividade de gestão". O autor lembra, em abono de seu entendimento, a lição de Mortara, no sentido de que a atividade do indivíduo é sempre *livre* sob o prisma jurídico, condicionando-se apenas ao arbítrio de quem age (*liberdade*), ao passo que a atividade estatal é juridicamente *dependente*, isto é, condicionada ao interesse público (*necessidade*). Donde inferir, Mortara, que, mesmo assemelhando extrinsecamente o seu procedimento ao do particular, a Administração, agindo sempre segundo a *finalidade* inerente a toda a atividade estatal, tem as suas atividades juridicamente distintas das puras relações de indivíduo a indivíduo. Ele exemplifica com o direito de domínio, para mostrar como, em relação ao direito básico da vida patrimonial, se distinguem as situações do Estado e do particular, cada um adquirindo, gerindo e perdendo por modos diversos os bens dele objeto.

Seabra Fagundes ilustra também o seu pensamento, citando Tessier, comissário de Governo na França que, perante o Tribunal de Conflitos, opondo-se à distinção entre atos de império e atos de gestão, defendeu a tese de que jamais o poder público e seus agentes

---

[15] *Derecho administrativo alemán*. Buenos Aires: Depalma, 1949. t. 1, p. 184-185.
[16] *Instituciones de derecho administrativo*. Barcelona: Bosch, 1970. t. 1, p. 212 e 217-220.
[17] *O controle dos atos administrativos pelo Poder Judiciário*. São Paulo: Saraiva, 1984. p. 155-156.

agem nas mesmas condições que os particulares. A polícia e a gestão não poderiam ser separadas; elas se penetram, sem cessar.

Isso ocorre porque, enquanto o particular é *livre* para agir, a atividade estatal é juridicamente *dependente*, isto é, condicionada ao interesse público.

Foi o pensamento que defendi na tese de livre-docência[18] e que venho expondo sinteticamente neste artigo, porque não se alteraram muito com o decurso do tempo, no que diz respeito ao aspecto analisado neste item. Não há como haver inteira igualdade entre o particular e a Administração Pública, porque esta personifica o poder; ela atua em nome do Estado.

Se examinado o direito positivo, verifica-se ser muito frequente que normas de ordem pública, algumas até de natureza constitucional, derroguem o direito comum, para assegurar, mesmo nas relações de direito privado em que a Administração Pública é parte, algumas prerrogativas e privilégios, bem como para impor-lhe uma série de restrições.

A posição de desigualdade pode ser maior ou menor e nem sempre é favorável à Administração Pública; esta é limitada por uma *finalidade* que decorre explícita ou implicitamente da lei; por uma *forma*, nem sempre exigível nas relações entre particulares; por regras de *competência*; por *procedimentos* especiais não obrigatórios para particulares; e por uma série de *princípios* próprios do direito administrativo, como os da legalidade, impessoalidade, razoabilidade, motivação, publicidade, segurança jurídica, interesse público, continuidade. Essas restrições todas não desaparecem pelo fato de a Administração utilizar institutos de direito privado.

Às vezes, os desvios impostos ao direito privado asseguram prerrogativas à Administração, como o juízo privativo, o poder de controle, a autotutela, a autoexecutoriedade.

Enquanto nas relações de direito público as prerrogativas se presumem independentemente de previsão legal, nas relações de direito privado de que a Administração participa o que se presume, no silêncio da lei, é a inexistência de prerrogativas; os desvios ao direito comum são apenas os expressamente estabelecidos em lei.

Às vezes são tantas as derrogações que o instituto praticamente se desvirtua e passa a assumir feição diversa, mais próxima do direito público do que do direito privado. É o que ocorre com a locação de bens públicos, regida pelo Decreto-lei nº 9.760, de 5-9-1946. O seu art. 64 prevê a possibilidade de serem os bens imóveis da União alugados, aforados ou cedidos. Porém, não se trata da locação regida pelo Código Civil, pois o art. 87 do Decreto-lei determina que "a locação de imóveis da União se fará mediante contrato, não ficando sujeita a disposições de outras leis concernentes à locação". Por outras palavras, trata-se de locação regida pelo direito público.

Não há limites a essas derrogações, a não ser que o regime jurídico privado seja imposto pela Constituição, como ocorre com as empresas estatais que atuam no domínio econômico, por força do disposto no art. 173, § 1º, II. As derrogações ao direito privado, nesse caso, somente serão válidas se tiverem fundamento na própria Constituição, sob

---
[18] DI PIETRO, Maria Sylvia Zanella. *Do direito privado na Administração Pública*. São Paulo: Atlas, 1989. p. 97.

pena de inconstitucionalidade. E, na realidade, a Constituição, ao mesmo tempo em que determina, naquele dispositivo, que as referidas empresas subordinam-se ao mesmo regime jurídico das empresas privadas, inclusive quanto aos direitos e obrigações civis, comerciais, trabalhistas e tributárias, em vários outros dispositivos estabelece regras que derrogam o direito privado, como é o caso do art. 37, aplicável a todas as entidades da administração direta e indireta, nos três níveis de governo; com isso, os empregados das empresas estatais estão sujeitos à exigência de concurso público (inciso II), à proibição de acumulação de cargos (salvo nas hipóteses expressamente previstas no inciso XVII), ao teto salarial, só não imposto para as empresas estatais que não dependem de verbas do orçamento do Estado para pagar seus empregados (inciso XI); também é o caso da imposição dos princípios da licitação (art. 21, XXVII, combinado com art. 173, § 1º, III); e ainda das normas sobre controle financeiro e orçamentário (arts. 70 e 71). Disso tudo resulta para as empresas estatais um regime jurídico híbrido, pois, em determinados aspectos, igualam-se às empresas privadas e, em outros, aproximam-se do regime jurídico das pessoas jurídicas de direito público.

Não havendo previsão constitucional que obrigue a Administração Pública a utilizar o direito privado (como em matéria de contratos), as derrogações poderão ser maiores ou menores, segundo critérios de discricionariedade do próprio legislador.

Em algumas hipóteses, a utilização do regime de direito público é obrigatória, porque o legislador constituinte, ao estabelecer esse regime jurídico, já esgotou o exame da conveniência e oportunidade e entendeu ser esse o melhor meio para a consecução do fim imposto à Administração. É o caso do regime estatutário previsto para as carreiras típicas de Estado (Magistratura, Ministério Público, Advocacia Pública, Defensoria Pública, Polícia etc.).

Em outras hipóteses, a lei deixa a critério da Administração Pública a escolha do regime jurídico a ser aplicado. Cite-se o exemplo dos serviços previstos no artigo 21, XI e XII, da Constituição, cuja forma de gestão é de escolha discricionária da União.

Como saber, nos casos concretos em que a Administração Pública utiliza institutos de direito privado, quais as normas do regime jurídico de direito público a adotar?

O entendimento que venho defendendo (desde a elaboração da aludida tese, publicada sob o título *Do direito privado na Administração Pública*) é o de que, não havendo norma expressa derrogando o direito privado, é este que se aplica. Já citamos o exemplo das empresas estatais que atuam no domínio econômico: a regra é a submissão ao direito privado; as exceções são apenas as que constam da própria Constituição.

Outro exemplo é o da gestão privada de serviços públicos por meio de empresas concessionárias ou permissionárias: tais empresas são privadas; no entanto, no que diz respeito ao seu vínculo com o poder concedente, submetem-se ao regime jurídico administrativo, seja quanto à natureza do contrato, seja quanto à observância dos princípios relativos à prestação de serviços públicos, seja quanto a sua sujeição à legislação que disciplina as concessões, inclusive sob o modelo de parcerias público-privadas, seja quanto à responsabilidade por danos causados a terceiros (sujeita à norma do art. 37, § 6º, da Constituição), seja quanto à natureza pública dos bens afetados à prestação de serviços públicos. Vale dizer que as derrogações, rigorosamente, são apenas aquelas que decorrem expressamente de lei, tal como esta é interpretada pela doutrina e jurisprudência.

Nem sempre a legislação adota critérios muito seguros. Em matéria de contratos privados, por exemplo, a Lei nº 8.666, de 21-6-1993, determina que as normas gerais nela contidas aplicam-se, *no que couber*, aos contratos regidos *predominantemente* pelo direito privado (art. 63, § 3º). Pode parecer que a intenção do legislador foi a de publicizar todos os contratos de direito privado firmados pela Administração. Mas essa impressão se desfaz quando se considera que o dispositivo, ao falar em "*contratos regidos predominantemente pelo direito privado*", deixou claro que, no conflito entre a norma do direito privado e o regime jurídico estabelecido pela Lei nº 8.666/93, é o primeiro que prevalece. Essa conclusão é reforçada pelo fato de o dispositivo prever a aplicação do regime dessa lei apenas "*no que couber*". Por exemplo, é difícil conceber a ideia de que em um contrato de locação de bem de propriedade privada a órgãos ou entidades da Administração Pública, estes pudessem figurar com as prerrogativas próprias do regime jurídico administrativo, como o poder de alteração unilateral. As normas gerais da Lei nº 8.666/93 poderão ser aplicadas apenas naquilo que não conflitarem com o direito privado e com a autonomia de vontade do particular; serão especialmente aplicáveis as normas pertinentes à forma, à competência, ao procedimento de contratação, à finalidade pública, mas dificilmente poderão ser aplicadas as normas consagradoras de prerrogativas próprias do poder público.

Em conclusão quanto a este item, é possível afirmar, em síntese, que, quando a Administração Pública utiliza institutos do direito privado, estes sempre aparecem parcialmente derrogados por normas de direito público, o que acaba sujeitando tais institutos a regime jurídico híbrido, que compõe o chamado *direito privado administrativo*, no sentido referido no item 3. Em todas essas situações, havendo dúvida quanto à norma a aplicar, o critério que defendemos é o de que o direito aplicável é o privado, sempre que não derrogado por regra ou princípio de direito público.

8 Uso abusivo do direito privado pela Administração Pública

No direito alemão, fala-se em *abuso das formas jurídicas* nas situações em que se utiliza de um instituto lícito, porém de forma inadequada para o fim a que o mesmo se destina. Tanto pode ocorrer a preferência indevida pelo instituto de direito público como a preferência, também indevida, pelo instituto de direito privado. Trata-se de hipóteses que bem se enquadram no conceito de *desvio de poder*, definido pelo art. 2º, parágrafo único, *e*, da Lei nº 4.717, de 29-6-1965 (Lei da Ação Popular), como aquele que se verifica quando "o agente pratica o ato visando a fim diverso daquele previsto, explícita ou implicitamente, na regra de competência".

Exemplo da primeira hipótese: a Administração quer *comprar* um bem imóvel; o proprietário quer vender. No entanto, a compra direta pode esbarrar na norma legal que exige licitação. Para escapar a essa exigência, o poder público utiliza a *desapropriação*, de comum acordo com o particular. Na realidade, ele simula uma desapropriação, quando na realidade está efetivamente celebrando um contrato de compra, já negociada com o proprietário antes do decreto expropriatório. Os dois institutos têm previsão no direito positivo; mas os procedimentos são diferentes. Se ficar demonstrado que a desapropriação foi feita para fugir às regras sobre licitação, fica caracterizado o desvio de poder e o ato pode ser invalidado, sem prejuízo da responsabilização da autoridade que o praticou.

Situação inversa: ocorre a preferência por instituto de direito privado quando o tipo de atividade exigiria instituto do direito público. Por exemplo: a lei autoriza a criação de empresa estatal para desempenhar atividade típica de Estado, como o poder de polícia.

Situação semelhante ocorreu quando, por meio da Lei nº 9.649/98 (art. 58), foi estabelecido que os serviços de fiscalização das profissões, prestados por autarquias, passassem a ser prestados em caráter privado. O Supremo Tribunal Federal taxou de inconstitucional a medida, porque as corporações profissionais exercem atividade típica de Estado.[19] O mesmo ocorreu quando a lei que dispôs sobre o pessoal das agências reguladoras (Lei nº 9.986, de 18-7-2000) previu o regime da CLT para os empregados; a norma que assim estabeleceu também foi suspensa liminarmente pelo Supremo Tribunal Federal, por inconstitucionalidade, sob o mesmo argumento de que, em se tratando de atividade típica de Estado, que envolve exercício do poder de polícia, o regime dos empregados teria que ser o estatutário.[20]

Tais decisões dão um parâmetro: para as atividades típicas de Estado (assim consideradas as que exigem o uso de prerrogativas públicas, de autoridade, de supremacia sobre o poder público), o regime jurídico tem que ser público. É o caso das atividades de polícia, de controle, de regulação, disciplinares, dentre outras. Para o exercício dessas atividades, o Estado não pode criar entidades de direito privado, não pode valer-se de modelos de gestão privada mediante parceria com entidades privadas, não pode contratar servidores celetistas, não pode terceirizar. Seria abusivo e ilegal o uso do direito privado nessas hipóteses.

Outra modalidade de uso abusivo: aquela em que se apela para institutos de direito privado para fugir ao regime jurídico administrativo, imposto à Administração Pública, como a exigência de concurso público, de licitação, de controle, de limitações salariais, de proibição de acumulação de cargos etc. Como exemplos podem ser citados: o uso indevido de fundações de apoio, de organizações da sociedade civil de interesse público (Oscips), do instituto da terceirização, em hipóteses em que o regime jurídico público seria obrigatório.

Quanto às *fundações de apoio*, são pessoas jurídicas de direito privado, sem fins lucrativos, instituídas por servidores públicos, para a prestação, em caráter privado, de serviços sociais não exclusivos do Estado. Normalmente, elas mantêm vínculo jurídico com entidade da administração indireta, por meio de convênio. Muitas delas atuam nas próprias dependências da entidade pública, utilizando-se de bens públicos e de servidores públicos, para prestar a mesma atividade prestada pela entidade apoiada. Enquanto o ente público exerce a sua atividade como serviço público, gratuito, por meio de servi-

---

[19] ADin 1.717, Tribunal Pleno, j. 7-11-2002, *DJ* de 28-3-2003, p. 61.

[20] ADin 2.310, levando o Governo a promulgar a Lei nº 10.871, de 20-5-2004, para alterar os referidos dispositivos e substituir o regime celetista pelo estatutário.

dores públicos com limitações salariais, a fundação presta a mesma atividade, no mesmo órgão, usando os mesmos recursos humanos e materiais, porém atuando como ente privado, sem sujeição ao regime jurídico da Administração Pública e com a cobrança de remuneração dos usuários.

Qual a justificativa? Em grande parte dos casos que se verificam na prática, o grande objetivo é o de fugir ao regime jurídico administrativo, permitindo que a fundação pratique atos e celebre contratos, sem as limitações impostas à Administração Pública; muitas vezes, o objetivo é o de obter complementação salarial ou admitir pessoal sem a exigência de concurso público. Em alguns casos, os efeitos podem ser altamente maléficos, como acontece, por exemplo, na área dos hospitais públicos, em que a atuação da fundação gera o problema da "dupla fila", em que são privilegiados no atendimento os clientes atendidos mediante remuneração ou por intermédio de planos de saúde.

No que diz respeito às *organizações da sociedade civil de interesse público* – Oscips, a sua disciplina legal consta da Lei nº 9.790, de 23-3-1999. Trata-se de qualificação jurídica outorgada pelo poder público a pessoas jurídicas de direito privado, sem fins lucrativos, instituídas por iniciativa de particulares, para desempenhar serviços sociais não exclusivos do Estado, com incentivo e fiscalização pelo Poder Público. O vínculo jurídico se estabelece por meio de termo de parceria. São entidades do terceiro setor, que não integram a Administração direta ou indireta do Estado.

Quando o modelo foi idealizado pelo legislador, o objetivo era o de disciplinar a forma de atuação desse tipo de entidade, bem como a parceria que estabelece com o poder público. A finalidade do vínculo seria a de *fomentar* a entidade privada que desempenhe uma das atividades de interesse público previstas na lei. Contudo, não demorou muito tempo antes que o uso dessa modalidade de parceria passasse a ser abusivo e ilegal. E isso por diferentes formas: (a) pela celebração, sob a forma simulada de termo de parceria, de verdadeiros contratos de empreitada, com burla à exigência de licitação e demais formalidades previstas na Lei nº 8.666/93; (b) pela celebração, também sob a forma simulada de termo de parceria, de verdadeiros contratos de fornecimento de mão de obra, para fugir à realização de concurso público; (c) pela delegação de serviços públicos à Oscip, que passa a substituir-se à Administração Pública no desempenho de atividades que a esta incumbiria, também com burla às normas legais sobre licitações e contratos administrativos.

A *terceirização* também tem sido utilizada de forma abusiva. No âmbito da Administração Pública, a terceirização possível é a que assume a forma de contrato de obras ou de prestação de serviço, nos termos da Lei nº 8.666/93. No entanto, tem sido utilizada como instrumento de contratação de empregados por meio de interposta pessoa; embora celebrado o contrato sob o título de prestação de serviços, simula verdadeiro contrato de fornecimento de mão de obra, com burla à exigência de concurso público. A consequência é que tais empregados não podem praticar atos administrativos, tomar decisões, celebrar contratos, aplicar penalidades; enfim, não podem praticar qualquer tipo de ato que produza efeitos jurídicos. Só podem prestar atividades puramente materiais. Na realidade, não podem ser considerados servidores públicos e entram na categoria dos chamados *funcionários de fato*.

As hipóteses mencionadas são apenas exemplificativas. Outras existem em que se verifica o uso abusivo do direito privado pela Administração Pública, com o objetivo de fugir ao regime jurídico-administrativo. Em todas elas, os atos praticados são nulos e acarretam a responsabilização do agente que os praticou. Se causarem dados a terceiros, incide a responsabilidade civil da pessoa jurídica, nos termos do art. 37, § 6º, da Constituição.

9 Conclusões

Embora o direito administrativo brasileiro tenha seguido o sistema europeu-continental ao adotar um *regime jurídico administrativo*, de direito público, a que se submete a Administração Pública, nunca foi deixado inteiramente de lado o direito privado. O direito civil, mesmo na França, que constitui o berço do direito administrativo tal como adotado no direito brasileiro, esteve presente na gênese e no desenvolvimento desse ramo do direito público.

Por isso, a Administração Pública utiliza tanto institutos próprios do direito público, como institutos próprios do direito privado. Daí falar-se em direito administrativo em sentido estrito (constituído por normas de direito público) e em direito administrativo em sentido amplo, que abrange também o direito privado aplicado pela Administração Pública, com derrogações maiores ou menores por normas de direito público. É o chamado *direito privado administrativo*.

Quando a Administração utiliza institutos do direito privado, nunca é integral a sua submissão a esse ramo do direito: ela pode nivelar-se ao particular, no sentido de que não exerce sobre ele qualquer prerrogativa de poder público; mas nunca se despe de determinados privilégios, como o juízo privativo, o processo especial de execução, a impenhorabilidade de seus bens; e sempre se submete a restrições que dizem respeito à competência, à finalidade, ao motivo, à forma, ao procedimento e aos princípios da Administração, consagrados no ordenamento jurídico, em especial na Constituição. Por outras palavras, a Administração Pública, mesmo quando se socorre do direito privado, jamais se iguala inteiramente ao particular, seja pela finalidade de interesse público a que está vinculada, seja pelo fato de sempre atuar em nome do Estado, no exercício da função administrativa.

Por essa razão, o direito privado, quando utilizado pela Administração Pública, é sempre parcialmente derrogado por normas de direito público, razão pela qual acabam se mesclando normas dos dois regimes jurídicos. O instituto fica a meio caminho entre o público e o privado.

Não há possibilidade de estabelecer-se, aprioristicamente, todas as hipóteses em que a Administração pode atuar sob regime de direito privado; em geral, a opção é feita pelo próprio legislador, inclusive pela própria Constituição. Nesses casos, em que a opção é por instituto do direito privado, a regra é que este se aplica em tudo o que não seja expressamente derrogado por norma de direito público. Por outras palavras, aplica-se o direito privado, no silêncio da norma de direito público.

2

Notas sobre o Uso da Arbitragem pela Administração Pública

Alberto Shinji Higa[1]

1 Introdução

O presente estudo tem por escopo examinar a questão atinente ao uso da arbitragem pela Administração Pública. Cabe advertir, de início, que o tema é complexo, suscitando vivos e acalorados debates tanto no seio da doutrina como na seara dos Tribunais pátrios. Assim, não há a pretensão de um exame exaustivo da matéria, o que demandaria um trabalho de maior fôlego, a exemplo de uma dissertação de mestrado ou mesmo uma tese de doutorado, mas uma tentativa de expor, neste breve artigo, um panorama atual acerca de tão importante instituto, bem como das cautelas necessárias para sua adoção pela Administração Pública.

O trabalho será dividido em quatro tópicos, a saber: (a) evolução histórica; (b) arbitragem na Lei nº 9.307, de 23-9-1996; (c) o uso da arbitragem pela Administração Pública; e (d) conclusão. O primeiro tópico apenas trará uma rápida evolução histórica do instituto. O segundo será destinado ao exame dos aspectos gerais da arbitragem, tal como disciplinada na legislação em vigor. O terceiro tópico tratará do uso da arbitragem pela Administração Pública, cotejando a legislação em vigor, os argumentos doutrinários e a jurisprudência. Por fim, na conclusão procurar-se-á assentar as considerações entendidas pertinentes acerca de tal temática, com o escopo de evitar o manejo do instituto pelo Poder Público sem as cautelas exigidas para a preservação do interesse público.

---

[1] Doutorando em Direito do Estado pela USP. Mestre em Direito do Estado e Especialista em Direito Tributário pela PUC/SP. Especialista em Direito Empresarial e Bacharel em Direito pela Universidade Presbiteriana Mackenzie. Ex-Assessor de Subprocuradora-Geral da República. Ex-Assessor de Conselheiro do Conselho Nacional do Ministério Público. Procurador do Município de Jundiaí. Professor Universitário.

2 Evolução histórica da arbitragem

É natural a existência de conflitos em uma sociedade. Atualmente, a solução destes pode ser alcançada por distintos meios (*heterocompositivos* ou *autocompositivos*), vale dizer: *jurisdição estatal, arbitragem, conciliação, mediação* e *transação*. Nem sempre foi assim. Antes do surgimento do Estado de Direito, tal como hoje concebido e, portanto, antes da adoção da jurisdição estatal para a resolução dos conflitos (justiça pública), a resolução das controvérsias era obtida por meio da *justiça privada*, ou seja, dirimida pelos próprios litigantes ou pelos grupos a que integravam.

Nesse contexto, pode-se dizer que o instituto da arbitragem é um dos mais antigos na história do direito, previsto na Lei das Doze Tábuas, no *Direito Romano* (Digesto, Livro 4, Título 8, *De receptis, qui arbitrium receerunt, ut sententiam dicant*; Código, Livro 2, Título 56, De receptis arbitris), no *canônico* (decr, Tit. De arbitr., I, 42 – C.14) e em quase todos os *estatutos da Idade Média*,[2] e a sua utilização persiste até os dias atuais, mesmo após a adoção da jurisdição estatal, como meio alternativo para dirimir conflitos.

No Brasil,[3] sob o prisma constitucional, o instituto foi acolhido já na Constituição do Império, de 1824, com a seguinte redação contida no artigo 160: "*Nas causas cíveis e nas penais civilmente intentadas, poderão as partes nomear juízes árbitros. Suas sentenças são executadas sem recurso, se assim o convencionarem as partes*".[4]

No entanto, com o advento da Constituição da República de 1891, não houve a reprodução de preceito análogo. A Constituição Federal de 1934, por seu turno, volta a fazer tímida referência à arbitragem comercial, ao dispor sobre a competência legislativa da União (art. 5º, XIX, c). Nas Constituições subsequentes, de 1937, 1946 e de 1967, a exemplo da Carta Política de 1891, não houve a contemplação do instituto.

A nova ordem constitucional, inaugurada com a Constituição Federal de 1988, retoma a atenção ao modelo arbitral. Logo no preâmbulo faz alusão ao compromisso, na ordem interna e internacional, à *solução pacífica das controvérsias*, constituindo-se ainda em princípio a ser observado pelo Brasil nas suas relações internacionais (art. 4º, VII). No Capítulo "Do Poder Judiciário", ao tratar das competências da Justiça do Trabalho,

---

[2] CASTRO, Andréa Rabelo de. *Fundamentos constitucionais da arbitragem no setor público*. 2008. Monografia apresentada ao Instituto Brasiliense de Direito Público – IDP como exigência parcial para a obtenção do título de especialista em Direito Público. Brasília. No prelo. p. 13.

[3] O presente artigo, em virtude de seu propósito, não abordará a arbitragem internacional, embora seja pertinente o registro acerca da adesão do Estado Brasileiro ao Protocolo de Genebra de 1923, com a edição do Decreto nº 21.187/32, para o fim de reconhecer, internamente, a validade de compromissos e cláusulas compromissórias, bem como a resolução de conflitos por meio da arbitragem. No mesmo sentido, cumpre mencionar o Protocolo de Brasília para a solução de controvérsias por meio da arbitragem no âmbito do MERCOSUL, dentre outros tratados internacionais acerca de tal temática.

[4] José Augusto Delgado, em excelente artigo intitulado *A arbitragem no Brasil – evolução histórica e conceitual*, anota que a doutrina pátria identifica a presença da arbitragem em nosso sistema jurídico desde a época em que o país estava submetido à colonização portuguesa. Disponível em: <http://www.escolamp.org.br/arquivos/22_05.pdf>. Acesso em: 23 nov. 2012.

estabelece a possibilidade de eleição de árbitros, uma vez frustrada a negociação coletiva (art. 114, §§ 1º e 2º). Por fim, o art. 217, § 1º, dispõe que "*o Poder Judiciário só admitirá ações relativas à disciplina e às competições desportivas após esgotarem-se as instâncias da justiça desportiva reguladas em lei*", o que autoriza afirmar a existência de arbitramento obrigatório como pressuposto processual para as demandas indicadas no citado dispositivo constitucional.[5] O instituto encontra, pois, amparo em sede constitucional.

No âmbito da legislação infraconstitucional, já em 1850, o Código Comercial continha a seguinte norma no seu art. 294: "*todas as questões que se suscitarem entre sócios durante a existência da sociedade ou companhia, sua liquidação ou partilha, serão decididas em juízo arbitral*".[6]

De igual modo, em 1916 o instituto foi acolhido pela legislação civil (antes tratado nos arts. 1.037 a 1.048 do Código Civil de 1916 e, atualmente, nos arts. 851 a 853 do NCC) e também pela legislação processual civil (Códigos de Processo Civil de 1939 e de 1973).[7]

Não obstante a previsão legal da arbitragem, o seu desenvolvimento no país encontrou entraves, principalmente, em razão das exigências contidas nas normas processuais civis (*v. g.*, homologação do laudo arbitral pelo Poder Judiciário, a fim de que o mesmo adquirisse força de título executivo), ou ainda, da ausência de normas disciplinando a cláusula compromissória arbitral.[8]

Com o advento da Lei nº 9.307/96, foi instituído um novo modelo de processo arbitral, o qual, de acordo com a exposição de motivos, levou em conta as diretrizes da comunidade internacional, em especial aquelas fixadas pela ONU na Lei-Modelo sobre a Arbitragem Comercial Internacional formulada pela UNCITRAL. O art. 44 do referido diploma legal

---

[5] TEIXEIRA, Sálvio de Figueiredo. A arbitragem no sistema jurídico brasileiro. *A arbitragem na era da globalização*. 2. ed. Rio de Janeiro: Forense, 1999. p. 29.

[6] Frise-se que tal norma restou revogada pela Lei nº 10.406/2002 – Código Civil. Por outro lado, cabe anotar que o Regulamento nº 737/1850 também exigia em seu art. 411 o Juízo Arbitral para a solução de controvérsias comerciais. No entanto, com o advento da Lei nº 1.350/1866 houve a derrogação das normas que estabeleciam o Juízo Arbitral necessário, passando este a ser voluntário, mediante compromisso das partes.

[7] O Código de Processo Civil de 1973 disciplinou a matéria em seus arts. 1.072 a 1.102.

[8] Conforme esclarece Carlos Alberto Carmona: "*Basicamente, eram dois grandes obstáculos que a lei brasileira criava para a utilização da arbitragem: em primeiro, o legislador simplesmente ignorava a cláusula compromissória (o Código Civil de 1916 e o Código de Processo Civil de 1973 não exibiam qualquer dispositivo a esse respeito); ao depois, o diploma processual, seguindo a tradição de nosso direito, exigia a homologação judicial do laudo arbitral. A cláusula arbitral ou cláusula compromissória – dispositivo contratual em que as partes preveem que resolverão eventuais disputas surgidas em determinado negócio jurídico através da arbitragem – foi totalmente desprestigiada no direito interno brasileiro até o advento da Lei 9.307/96, de tal sorte que o Código de Processo Civil não permitia a instauração do juízo arbitral a não ser na presença do compromisso arbitral, único instrumento a autorizar a exceção de que tratava o art. 301, IX, do Estatuto de Processo, em sua versão original. Nessa esteira, entendiam os tribunais pátrios que o desrespeito à cláusula arbitral não permitia a execução específica da obrigação de fazer, resolvendo-se o inadimplemento em perdas e danos, reconhecidamente de difícil liquidação. [...] Quanto à obrigatoriedade de homologação do laudo arbitral para que este passasse a produzir os mesmos efeitos da sentença estatal, alinhava-se o legislador (civil e processual) ao que havia de mais antigo e ultrapassado na matéria* (Arbitragem e Processo. 2. ed. São Paulo: Atlas, 2006. p. 22-23).

revogou os arts. 1.072 a 1.102 do Código de Processo Civil, que disciplinavam a arbitragem, suprimindo-se assim os obstáculos anteriormente apontados. Além disso, os arts. 41 e 42 da lei de arbitragem conferiram nova redação aos arts. 267, VII (extinção sem resolução do mérito por força de convenção de arbitragem), 301, IX (matéria de defesa do réu), 584 (revogado pela Lei nº 11.232/2005) e 520 do CPC (apelação), a fim de alinhar o instituto ao Código de Processo Civil em vigor. Ressalte-se, por fim, que o art. 475-N, do CPC, atribui à sentença arbitral a qualidade de *título executivo judicial*.

Não há dúvidas de que a lei da arbitragem constitui um marco legal, vale dizer, um divisor de águas, no que tange à disciplina para a resolução alternativa de conflitos na ordem interna do país. Passa-se, pois, ao exame dos aspectos gerais da Lei nº 9.307/96, a fim de que se possa demarcar a sua abrangência e, na sequência, passar à análise do uso da arbitragem pela Administração Pública.

3 Arbitragem na Lei nº 9.307/96

Desde a edição da Lei nº 9.307/96 há certa cautela ou até mesmo resistência quase que inconsciente à adoção do instituto da arbitragem, seja porque transmite a falsa impressão de que está se retirando parcela do poder estatal (a de solucionar os conflitos, dizendo o direito aplicável – jurisdição estatal), seja porque a cultura da resolução dos conflitos por meio do Poder Judiciário ainda é predominante no país.[9]

Isso explica em parte o questionamento deduzido perante o Supremo Tribunal Federal, nos autos do Agravo Regimental na Sentença Estrangeira nº 5.206/ESP, de relatoria do eminente Ministro Sepúlveda Pertence (j. 12-12-2001, *DJ* 30-4-2004), quanto à constitucionalidade de parte dos dispositivos do citado diploma legal, o que também contribuiu para a formação de ambiente de insegurança jurídica até a conclusão daquele julgamento.

Embora a declaração da compatibilidade das normas impugnadas com a Constituição Federal tenha se dado *incidentalmente*, o fato é que os pontos sensíveis da Lei nº 9.307/96 acabaram sendo exaustivamente debatidos pelos Ministros no referido precedente, prevalecendo ao final o entendimento, por maioria de votos, de que não havia ofensa à garantia da universalidade da jurisdição do Poder Judiciário (art. 5º, XXXV)[10] e, por unanimidade, de que os arts. 18 e 31, que tratam, respectivamente, da irrecorribilidade e dos

---

[9] Há ainda diversos outros fatores, alguns de caráter estritamente objetivos, como exemplo, a questão relativa ao custo para a instituição da arbitragem.

[10] Deveras, a adoção do Juízo Arbitral não exclui, por completo, a apreciação por parte do Pode Judiciário. O art. 33 da Lei nº 9.307/96 prevê a possibilidade de o Poder Judiciário decretar a nulidade da sentença arbitral nos casos previstos em lei. A parte, por seu turno, poderá ainda arguir, mediante embargos de devedor (hoje, denominada impugnação), a nulidade da sentença arbitral (art. 33, § 3º), nos termos do art. 741 e seguintes do CPC, desde que haja execução judicial. A execução forçada da sentença arbitral também está sujeita à jurisdição estatal.

efeitos da decisão arbitral, não ofendem a Lei Maior.[11] Formou-se, assim, um ambiente mais propício ao desenvolvimento do instituto no país, cabendo, ao menos, o exame dos aspectos gerais da lei da arbitragem antes de analisar a possibilidade de seu uso pela Administração Pública.

De acordo com o art. 1º, *"as pessoas capazes de contratar poderão valer-se da arbitragem para dirimir litígios relativos a direitos patrimoniais disponíveis"*. A partir da disposição legal, inúmeros doutrinadores conceituam tal instituto.

Selma Maria Ferreira Lemes[12] define a arbitragem como sendo *"meio extrajudicial de solução de controvérsias, na qual as partes, ao firmarem um contrato, outorgam a terceiro(s), árbitro(s), a competência para dirimir futuras controvérsias que surgirem e forem decorrentes dessa avença"*.

---

[11] EMENTA: 1. Sentença estrangeira: laudo arbitral que dirimiu conflito entre duas sociedades comerciais sobre direitos inquestionavelmente disponíveis – a existência e o montante de créditos a título de comissão por representação comercial de empresa brasileira no exterior: compromisso firmado pela requerida que, neste processo, presta anuência ao pedido de homologação: ausência de chancela, na origem, de autoridade judiciária ou órgão público equivalente: homologação negada pelo Presidente do STF, nos termos da jurisprudência da Corte, então dominante: agravo regimental a que se dá provimento, por unanimidade, tendo em vista a edição posterior da L. 9.307, de 23-9-96, que dispõe sobre a arbitragem, para que, homologado o laudo, valha no Brasil como título executivo judicial. 2. Laudo arbitral: homologação: Lei da Arbitragem: controle incidental de constitucionalidade e o papel do STF. A constitucionalidade da primeira das inovações da Lei da Arbitragem – a possibilidade de execução específica de compromisso arbitral – não constitui, na espécie, questão prejudicial da homologação do laudo estrangeiro; a essa interessa apenas, como premissa, a extinção, no direito interno, da homologação judicial do laudo (arts. 18 e 31), e sua consequente dispensa, na origem, como requisito de reconhecimento, no Brasil, de sentença arbitral estrangeira (art. 35). A completa assimilação, no direito interno, da decisão arbitral à decisão judicial, pela nova Lei de Arbitragem, já bastaria, a rigor, para autorizar a homologação, no Brasil, do laudo arbitral estrangeiro, independentemente de sua prévia homologação pela Justiça do país de origem. Ainda que não seja essencial à solução do caso concreto, não pode o Tribunal – dado o seu papel de "guarda da Constituição" – se furtar a enfrentar o problema de constitucionalidade suscitado incidentemente (*v. g.* MS 20.505, Néri). 3. Lei de Arbitragem (L. 9.307/96): constitucionalidade, em tese, do juízo arbitral; discussão incidental da constitucionalidade de vários dos tópicos da nova lei, especialmente acerca da compatibilidade, ou não, entre a execução judicial específica para a solução de futuros conflitos da cláusula compromissória e a garantia constitucional da universalidade da jurisdição do Poder Judiciário (CF, art. 5º, XXXV). Constitucionalidade declarada pelo plenário, considerando o Tribunal, por maioria de votos, que a manifestação de vontade da parte na cláusula compromissória, quando da celebração do contrato, e a permissão legal dada ao juiz para que substitua a vontade da parte recalcitrante em firmar o compromisso não ofendem o artigo 5º, XXXV, da CF. Votos vencidos, em parte – incluído o do relator – que entendiam inconstitucionais a cláusula compromissória – dada a indeterminação de seu objeto – e a possibilidade de a outra parte, havendo resistência quanto à instituição da arbitragem, recorrer ao Poder Judiciário para compelir a parte recalcitrante a firmar o compromisso, e, consequentemente, declaravam a inconstitucionalidade de dispositivos da Lei 9.307/96 (art. 6º, parág. único; 7º e seus parágrafos e, no art. 41, das novas redações atribuídas ao art. 267, VII e art. 301, inciso IX do C. Pr. Civil; e art. 42), por violação da garantia da universalidade da jurisdição do Poder Judiciário. Constitucionalidade – aí por decisão unânime, dos dispositivos da Lei de Arbitragem que prescrevem a irrecorribilidade (art. 18) e os efeitos de decisão judiciária da sentença arbitral (art. 31) (STF, Agravo Regimental na Sentença Estrangeira nº 5.206/ESP, Relator Ministro Sepúlveda Pertence, Tribunal Pleno, j. 12-12-2001, *DJ* 30-4-2004).

[12] LEMES, Selma Maria Ferreira. A arbitragem na concessão de serviço público – perspectivas. *Revista de Direito Bancário do Mercado de Capitais e da Arbitragem*. São Paulo: Revista dos Tribunais, ano 5, p. 342, jul./set. 2002.

Luiz Antônio Scavone Junior[13] anota que a "*arbitragem pode ser definida como o meio privado e alternativo de solução de conflitos referentes aos direitos patrimoniais e disponíveis através do árbitro, normalmente um especialista na matéria controvertida, que apresentará uma sentença arbitral*".

Por fim, invoca-se a conceituação elaborada por Carlos Alberto Carmona,[14] para quem a arbitragem consiste em "*meio alternativo de solução de controvérsias através da intervenção de uma ou mais pessoas que recebem seus poderes de uma convenção privada, decidindo com base nela, sem intervenção estatal, sendo a decisão destinada a assumir a mesma eficácia da sentença judicial*".

Se a conceituação do instituto não apresenta maiores divergências, não segue o mesmo rumo a questão referente à identificação da natureza jurídica da arbitragem. Basicamente, há três correntes jurídicas que procuram definir a natureza jurídica do instituto: a *privatista*, a *jurisdicional* e a *publicista*. Para a primeira corrente, deve-se considerar o ato inicial da arbitragem, vale dizer, a convenção da arbitragem: trata-se de ato de direito privado, assim como o árbitro é um ente de direito privado, sendo, portanto, a sua atividade de natureza privada. A segunda corrente leva em consideração a atividade (função jurisdicional) desenvolvida pelo árbitro, o qual, apesar de ser um ente privado, dirime conflitos em caráter definitivo, conforme atribuição conferida por lei, sendo que a sentença arbitral, nos termos da lei, possui eficácia de sentença judicial. Por fim, a terceira corrente entende que a arbitragem constitui uma função pública, porém não uma função jurisdicional. Prova disso é o fato de que o árbitro não possui sequer poder para impor medidas coercitivas. Tratar-se-ia, pois, de um *munus público*.[15] Não obstante o respeito devido aos entendimentos divergentes, parece-me que a corrente publicista revela com maior precisão a natureza jurídica do instituto.[16]

Quanto aos requisitos subjetivos e objetivos da arbitragem, previstos no art. 1º da Lei nº 9.307/06, são denominados, respectivamente, de *arbitralidade subjetiva* (capa-

---

[13] JUNIOR, Luiz Antônio Scavone. *Manual de Arbitragem*. 2. ed. São Paulo: Revista dos Tribunais, 2008. p. 19.

[14] CARMONA, Carlos Alberto. *Arbitragem e Processo*. 2. ed. São Paulo: Atlas, 2006. p. 51.

[15] WOLANIUK, Sílvia de Lima Hilst. *Arbitragem, Administração Pública e parcerias público-privadas*: uma análise sob a perspectiva do direito administrativo econômico. 2009. Dissertação de Mestrado apresentada como exigência parcial para a obtenção do título de Mestre em Direito do Estado pela Universidade Federal do Paraná. Curitiba/PR. No prelo. p. 12-15.

[16] A propósito, aderimos à análise crítica feita por Alexandre Freitas Câmara acerca das correntes privatista e jurisdicional, bem como ao seu posicionamento quanto à natureza publicista da arbitragem. São suas as palavras: "*Em primeiro lugar, deve-se afirmar que, a meu juízo, a função exercida pelos árbitros é pública, por ser função de pacificação social de conflitos, de nítido caráter de colaboração com o Estado na busca de seus objetivos essenciais. De outro lado, parece inegável que a arbitragem se inicia por ato de direito privado, qual seja, a convenção de arbitragem, que será estudada mais adiante. Não se pode, porém, confundir a convenção de arbitragem, ato que institui o procedimento arbitral, com a arbitragem em si. É a natureza desta, e não daquele, que se busca, e tal natureza é, a meu juízo, a de função pública. Pública, mas não estatal, e – por conseguinte – não se poderia considerar que tal função é jurisdicional. Pensar de outra forma, a meu ver, seria infringir o monopólio estatal da jurisdição, o que não me parece possível. Relembre-se agora o que já disse anteriormente: o Estado não possui o monopólio da Justiça, mas possui o da jurisdição*" (*Arbitragem*. 5. ed. Rio de Janeiro: Lumen Juris, 2006. p. 10).

cidade de contratar)[17] e *arbitralidade objetiva* (litígios relativos a direitos patrimoniais disponíveis).[18] A celeuma relativa ao uso da arbitragem pela Administração Pública reside justamente na arbitralidade objetiva,[19] a qual será objeto de atenção de forma mais detida no tópico seguinte.

De acordo com o art. 2º, a arbitragem poderá ser de *direito* ou de *equidade*, a critério das partes. Estas podem livremente escolher as regras de direito que serão aplicadas à solução de seus conflitos pela via arbitral,[20] desde que não haja violação aos bons costumes e à ordem pública, podendo, inclusive, se pautar nos princípios gerais de direito, nos usos e costumes e nas regras internacionais de comércio. No silêncio, observa-se o disposto no art. 9º da Lei de Introdução às Normas do Direito Brasileiro.

A instituição do juízo arbitral está condicionada à existência de *convenção de arbitragem (gênero)*, por meio de *cláusula arbitral* ou *cláusula compromissória (espécie)* ou de *compromisso arbitral (espécie)*, e à aceitação pelo(s) árbitro(s) de sua nomeação (art. 3º c/c art. 19).

Nos termos do art. 4º, "*a cláusula compromissória é a convenção através da qual as partes em um contrato comprometem-se a submeter à arbitragem os litígios que possam vir a surgir, relativamente a tal contrato.*" O § 1º do dispositivo estabelece ainda que tal cláusula deve ser estipulada por escrito, inserta no próprio contrato ou em documento apartado que a ele se refira.[21]

Já o *compromisso arbitral* é a convenção através da qual as partes submetem um litígio à arbitragem de uma ou mais pessoas, podendo ser judicial ou extrajudicial. O judicial será celebrado por termo nos autos, perante o juízo ou tribunal onde tem curso a demanda, e o extrajudicial, por escrito particular, assinado por duas testemunhas, ou por instrumento

---

[17] Cumpre relembrar que a capacidade para contratar está vinculada à personalidade jurídica. Nos termos do art. 1º do Código Civil, personalidade jurídica é a capacidade de ser titular de direitos e obrigações.

[18] Sob o aspecto patrimonial, os direitos podem ser patrimoniais (relações de cunho obrigacional) ou não patrimoniais (vinculados aos direitos da personalidade e ao estado das pessoas). A arbitragem pressupõe direitos patrimoniais disponíveis.

[19] Isso porque, no tocante à arbitralidade subjetiva, não há dúvidas quanto à capacidade do Estado para contratar, a teor do disposto nos arts. 1º e 40 a 52 do Código Civil.

[20] Na hipótese de a Administração Pública integrar um dos polos do processo arbitral, por força do princípio da legalidade, deve ser afastado o critério da equidade.

[21] De acordo com Luiz Antônio Scavone Junior, a "*cláusula arbitral cheia é aquela que contém os requisitos mínimos para que se possa ser instaurado o procedimento arbitral (as condições mínimas do art. 10 da Lei de Arbitragem), como por exemplo, a forma de indicação dos árbitros, o local etc., tornando prescindível o compromisso arbitral. [...] Existem duas formas de cláusula arbitral cheia: a) Cláusula arbitral cheia mediante a qual as partes pactuam todas as condições para a instauração da arbitragem; e b) Cláusula arbitral cheia que se refere às regras de uma entidade especializada. [...] A cláusula arbitral vazia (ou em branco) é aquela em que as partes simplesmente se obrigam a submeter seus conflitos à arbitragem, sem estabelecer, contudo, as regras mínimas para desenvolvimento da solução arbitral e, tampouco, indicar as regras de uma entidade especializada*". Ainda de acordo com o autor, nesta última hipótese, será necessária a celebração do compromisso arbitral e, se houver recusa, a execução específica da cláusula arbitral, nos termos dos arts. 6º e 7º da Lei nº 9.307/96. *Manual de Arbitragem*. 2. ed. São Paulo: Revista dos Tribunais, 2008. p. 84-86.

público (art. 9º e §§). Os elementos obrigatórios e facultativos do compromisso arbitral estão previstos nos arts. 10 e 11, e as causas de sua extinção, no art. 12.

Depreende-se que a distinção entre a *cláusula arbitral ou compromissória* e o *compromisso arbitral*, à luz da legislação de regência da matéria, está no momento de seu surgimento. Na primeira, o nascimento se dá antes da existência do conflito e, no segundo, posteriormente à controvérsia instaurada.

As partes podem eleger uma *arbitragem institucionalizada* ou *árbitros independentes (arbitragem avulsa ou ad hoc)*, podendo na primeira hipótese convencionar o processamento de acordo com as regras da instituição especializada (arts. 5º e 10, inciso II). Para a função de árbitro basta que se trate de pessoa capaz e que tenha a confiança das partes (art. 13). Aos árbitros, no desempenho de suas funções, é imposto o dever de proceder com imparcialidade, independência, competência, diligência e discrição, sendo os mesmos equiparados aos funcionários públicos para os efeitos da legislação penal (arts. 13 e 17). A fim de assegurar o requisito da imparcialidade, a lei da arbitragem estabelece as hipóteses de impedimento ou suspeição do árbitro e o procedimento para sua arguição (arts. 14 e 15).

No que diz respeito ao *processo arbitral*, este será o estabelecido pelas partes na convenção de arbitragem, que poderá reportar-se às regras de um órgão arbitral institucional ou, ainda, ser delegada a competência ao árbitro ou tribunal arbitral para regular o procedimento (art. 21). A lei da arbitragem, por seu turno, confere ao árbitro ou tribunal arbitral competência para tomar depoimentos das partes, ouvir testemunhas, determinar a realização de perícias ou outras provas que entender necessárias, a requerimento da parte ou de ofício (art. 22).

Uma vez concluída a instrução, o árbitro ou o tribunal arbitral proferirá a *sentença arbitral*, no prazo estipulado pelas partes ou no silêncio dos mesmos, no prazo de seis meses contado da instauração do processo arbitral ou da substituição do árbitro, podendo tal prazo ser prorrogado, de comum acordo entre as partes e o(s) árbitro(s) (art. 23). Os requisitos obrigatórios da sentença arbitral estão arrolados no art. 26.

Importante anotar que o processo arbitral poderá ser suspenso na hipótese de sobrevir no curso da arbitragem controvérsia acerca de direitos indisponíveis, a qual deverá ser levada em consideração para o julgamento arbitral. Nessa hipótese, deve o árbitro ou o tribunal arbitral remeter as partes à autoridade competente do Poder Judiciário. Resolvida a questão prejudicial e juntada aos autos da arbitragem a sentença ou acordão transitados em julgado, terá normal prosseguimento o processo arbitral (art. 25).

A sentença poderá ser corrigida em virtude de erro material ou integrada nos casos de obscuridade, dúvida, contradição ou omissão. Encerra-se a arbitragem com a prolação da sentença arbitral, produzindo entre as partes e seus sucessores os mesmos efeitos da sentença proferida pelos órgãos do Poder Judiciário e, sendo condenatória, constitui título executivo (arts. 29 a 31).

Por fim, cabe ressaltar que as hipóteses de nulidade da sentença arbitral estão arroladas no art. 32, podendo a parte interessada pleitear perante o Poder Judiciário a decretação de sua nulidade, nos casos previstos em lei, por meio de ação subordinada ao procedimento comum ou ainda por meio de impugnação, se houver execução judicial (art. 33).

Assentadas as bases relativas ao processo arbitral instituído pela Lei nº 9.307/96, passa-se, a seguir, ao exame do uso da arbitragem pela Administração Pública.

4 O uso da arbitragem pela Administração Pública

O tema referente à submissão da Administração Pública ao processo arbitral comporta exame sob a perspectiva *legislativa*, *doutrinária* e *jurisprudencial*. Consoante já destacado, até hoje, subsistem inúmeros pontos controversos sobre a matéria, suscitando vivos e acalorados debates. Para o melhor desenvolvimento da temática proposta, iniciar-se-á, então, pelo exame dos diplomas legais que contemplaram a arbitragem como meio para resolução de conflitos envolvendo o Poder Público. Sob tal perspectiva, verifica-se uma tendência crescente e favorável à adoção do processo arbitral nas lides administrativas, na medida em que, após a edição da lei da arbitragem, outros diplomas legais foram sendo editados com o escopo de estabelecer a arbitragem como meio para a resolução de conflitos entre a Administração Pública e os particulares, especialmente no que se refere aos contratos de concessão. Veja-se.

Em 1997, foi publicada a Lei nº 9.472 (Lei Geral de Telecomunicações), a qual em seu art. 93, XV, dispõe que o contrato de concessão indicará "*o foro e o modo para solução extrajudicial das divergências contratuais*". No mesmo ano, foi editada a Lei de Petróleo e Gás (Lei nº 9.478/97), que, em seu art. 43, X, prevê, dentre as cláusulas essenciais do contrato, "*as regras sobre solução de controvérsias, relacionadas com o contrato e sua execução, inclusive a conciliação e a arbitragem internacional*".

No setor de transportes aquaviários e terrestres, a Lei nº 10.233/2001, seguindo a mesma orientação, determina a inclusão de "*regras sobre solução de controvérsias relacionadas com o contrato e sua execução, inclusive a conciliação e a arbitragem*", como cláusulas essenciais do contrato (art. 35, XVI).

Na área de energia elétrica, o art. 4º, § 5º, da Lei nº 10.848/04, ao disciplinar a Câmara de Comercialização de Energia Elétrica – CCEE, determina que "*as regras para a resolução das eventuais divergências entre os agentes integrantes da CCEE serão estabelecidas na convenção de comercialização e em seu estatuto social, que deverão tratar do mecanismo e da convenção de arbitragem, nos termos da Lei nº 9.307, de 23 de setembro de 1996*". Por seu turno, o § 6º do citado dispositivo legal dispõe que "*as empresas públicas e as sociedades de economia mista, suas subsidiárias ou controladas, titulares de concessão, permissão e autorização, ficam autorizadas a integrar a CCEE e a aderir ao mecanismo e à convenção de arbitragem previstos no § 5º deste artigo*".

A Lei nº 11.079/04, que disciplinou as parcerias público-privadas – PPPs, também contempla, no seu art. 11, III, norma autorizando que o edital da licitação da PPP preveja "*o emprego dos mecanismos privados de resolução de disputas, inclusive a arbitragem, a ser realizada no Brasil e em língua portuguesa, nos termos da Lei nº 9.307, de 23 de setembro de 1996, para dirimir conflitos decorrentes ou relacionados ao contrato".*

No âmbito das concessões e permissões da prestação de serviços públicos foi publicada a Lei nº 11.196/05, que introduziu na Lei nº 8.987/95 o art. 23-A, cujo teor segue análoga orientação: *"O contrato de concessão poderá prever o emprego de mecanismos privados para resolução de disputas decorrentes ou relacionadas ao contrato, inclusive a arbitragem, a ser realizada no Brasil e em língua portuguesa, nos termos da Lei nº 9.307, de 23 de setembro de 1996".*

Extrai-se da análise da evolução legislativa acima exposta que o legislador pátrio tem prestigiado o uso do processo arbitral pela Administração Pública, especialmente no que tange aos conflitos decorrentes de contratos firmados no âmbito das concessões de serviços públicos.

Não obstante as normas legais acima colacionadas autorizando o uso da arbitragem pela Administração Pública, o fato é que tanto na doutrina pátria como na jurisprudência dos nossos tribunais o tema ainda suscita inúmeras controvérsias, a exemplo das questões relativas à legitimidade das mencionadas leis para aqueles que são contrários à adoção do instituto pelo Poder Público e à extensão das matérias passíveis de sujeição ao processo arbitral para aqueles que sustentam a viabilidade de tal expediente visando a resolução das controvérsias envolvendo a Administração Pública.

Superado o exame sob o prisma legislativo, passa-se, pois, à análise da temática sob a ótica doutrinária. De um lado, não se possa negar o entendimento doutrinário majoritário no sentido da legitimidade da adoção da arbitragem, e de outro, a relevância das ponderações formuladas por aqueles que veem restrições ao seu uso, o que justifica o exame tanto dos argumentos contrários como favoráveis ao instituto.

Na corrente administrativista clássica, há entendimento no sentido da impossibilidade de a Administração Pública submeter-se ao processo arbitral, em virtude da indisponibilidade do interesse público. A propósito, a saudosa professora e eminente magistrada Lúcia Valle Figueiredo,[22] ao tecer considerações sobre o inciso XV do art. 23 da Lei nº 8.987/95, manifestava posicionamento contrário à adoção do instituto, nos seguintes termos:

> *Por força do dispositivo do inciso XV do art. 23 da Lei nº 8.987/95, que dispõe ser necessário constar do contrato o foro e o modo amigável de solução das divergências contratuais, cogitou-se da possibilidade de se utilizar o juízo arbitral.*
>
> *Ocorre que, consoante pensamos, o juízo arbitral, nos termos da Lei nº 9.307, de 23.09.199, estaria, com a vênia devida daqueles que pensam em contrário, absolutamente descartado.*
>
> *A uma, porque se destina aos direitos disponíveis, portanto não poderia servir para dirimir questões em que está envolvido o interesse público.*

---

[22] FIGUEIREDO, Lúcia Valle. *Curso de direito administrativo*. 8. ed. São Paulo: Malheiros, 2006. p. 115-116.

> *Demais disso, nos termos do art. 18 da mencionada Lei nº 9.307/96, "o árbitro é juiz de fato e de direito, e a sentença que proferir não fica sujeita a recurso ou à homologação pelo Poder Judiciário", o que implicaria impossibilidade de haver recurso ao Judiciário, em franco desrespeito às regras constitucionais dos direitos e garantias individuais (art. 5º, incisos XXXV, LXIX, LXX, LXXIII).*
>
> *Além disso, as regras de competência processual no tocante às questões da União são de ordem constitucional, não podendo, à evidência, ser derrogadas por legislação infraconstitucional.*
>
> *Nem se fale que Estados, Municípios e Distrito federal poderiam dispor sobre arbitragem na legislação que fizessem, respeitadas as normas gerais nacionais. Não podem.*
>
> *Evidentemente, as normas de arbitragem caracterizam-se como normas de processo civil, cuja legislação está afeta privativamente à União, nos termos do art. 22, inciso I, da Constituição da República.*

Celso Antônio Bandeira de Mello, em seu prestigiado *Curso de Direito Administrativo*, assevera a impossibilidade da adoção de processo arbitral para a resolução de conflitos nos quais estejam em causa interesses concernentes a serviços públicos. São suas as palavras:[23]

> *Não é aceitável perante a Constituição que particulares, árbitros, como suposto no art. 11, III [Lei das PPP's], possam solver contendas nas quais estejam em causa interesses concernentes a serviços públicos, os quais não se constituem em bens disponíveis, mas indisponíveis, coisas "extra commercium". Tudo que diz respeito ao serviço público, portanto, condições de prestação, instrumentos jurídicos compostos em vista deste desiderato, recursos necessários para bem desempenhá-los, comprometimento destes mesmos recursos, são questões que ultrapassam por completo o âmbito decisório de particulares. Envolvem interesses de elevada estatura, pertinentes à Sociedade como um todo e, bem por isto, quando suscitarem algum quadro conflitivo entre partes só podem ser solutos pelo Poder Judiciário. Permitir que simples árbitros disponham sobre matéria litigiosa que circunde um serviço público e que esteja dessarte com ele embricada ofenderia o papel constitucional do serviço público e a própria dignidade que o envolve.*

Alexandre de Freitas Câmara defende que não seria possível "*a utilização da arbitragem para solucionar controvérsias de direito público interno. Isto porque os interesses aí em conflito não são disponíveis, o que exige a intervenção do Estado-juiz, afastando a incidência do disposto no já citado art. 1º, da Lei de Arbitragem*".[24] O referido doutrinador admite apenas a submissão do Estado ao processo arbitral nos atos negociais em que este assume posição jurídica de igualdade com o particular, sujeitos ao regime de direito privado:

---

[23] BANDEIRA DE MELLO, Celso Antônio. *Curso de direito administrativo*. 21. ed. São Paulo: Malheiros, 2006. p. 751.

[24] CÂMARA, Alexandre de Freitas. Arbitragem nos conflitos envolvendo Agências Reguladoras. *Revista de Direito da Associação dos Procuradores do Novo Estado do Rio de Janeiro*, nº 11, 2002, p. 149.

> *Não se pode também deixar de afirmar que o Estado pode utilizar a arbitragem quando o conflito de interesses diga respeito aos atos negociais que ele pratica. Nestes atos, como se sabe, o Estado assume uma posição de igualdade com o outro sujeito da relação jurídica que se forma, sendo correto que tais atos negociais são regidos pelas normas de direito privado.*
>
> *Assim sendo, torna-se possível levar-se a um árbitro a solução do conflito. O mesmo não se dará, obviamente, quando o litígio se originar em relação jurídica em que o Estado seja sujeito e que provenha de um contrato administrativo. Nesta hipótese, torna-se inviável a arbitragem, em razão da própria natureza da causa.*[25]

Na mesma linha, refutando a submissão da Administração Pública à arbitragem nos conflitos oriundos de contratos administrativos, cita-se, entre outros, Sidney Bittencourt,[26] para quem apenas nos contratos em que a Administração Pública atua como agente privado, ou seja, nos contratos submetidos, predominante, ao direito privado (*v. g.*, contrato de locação), é que se pode adotar a arbitragem.

Neste particular, é sempre pertinente relembrar as precisas lições da ilustre jurista e professora titular de Direito Administrativo da USP, Maria Sylvia Zanella Di Pietro,[27] acerca dos traços distintivos entre o contrato administrativo e o contrato de direito privado:

> *A expressão contratos da Administração é utilizada, em sentido amplo, para abranger todos os contratos celebrados pela Administração Pública, seja sob regime de direito público, seja sob regime de direito privado. E a expressão contrato administrativo é reservada para designar tão somente os ajustes que a Administração, nessa qualidade, celebra com pessoas físicas ou jurídicas, públicas ou privadas, para a consecução de fins públicos, segundo regime jurídico de direito público. Costuma-se dizer que, nos contratos de direito privado, a Administração se nivela ao particular, caracterizando-se a relação jurídica pelo traço da horizontalidade e que, nos contratos administrativos, a Administração age como poder público, como todo o seu poder de império sobre o particular, caracterizando-se a relação jurídica pelo traço da verticalidade. [...] Os contratos celebrados pela Administração compreendem, quanto ao regime jurídico, duas modalidades. 1. os contratos de direito privado, como a compra e venda, a doação, o comodato, regidos pelo Código Civil, parcialmente derrogados por normas publicistas; 2. os contratos administrativos, dentre os quais incluem-se: a) os tipicamente administrativos, sem paralelo no direito privado e inteiramente regidos pelo direito público, como a concessão de serviço público, de obra pública e de uso de bem público; b) os que têm paralelo no direito privado, mas são também regidos pelo direito público, como o mandato, o empréstimo, o depósito, a empreitada.*

---

[25] CÂMARA, Alexandre Freitas. *Arbitragem*: Lei nº 9.307/96. 4. ed. Rio de Janeiro: Lumen Juris, 2005. p. 19.

[26] BITTENCOURT, Sidney. A cláusula de arbitragem nos contratos administrativos. *Direito Administrativo, Contabilidade e Administração Pública – DCAP*. Rio de Janeiro, nº 9, p. 5-12, set. 2000.

[27] DI PIETRO, Maria Sylvia Zanella. *Direito Administrativo*. 23. ed. São Paulo: Atlas, 2010. p. 251.

Cumpre abrir um parêntesis, outrossim, para registrar que, sob a perspectiva da submissão da Administração Pública, em determinadas hipóteses, ao regime jurídico de direito privado, de forma predominante, por força de dispositivo constitucional ou legal, a exemplo do que ocorre com as empresas públicas e sociedades de economia mista exploradoras de atividade econômica, submetidas que são ao regime jurídico próprio das empresas privadas, a teor do disposto no art. 173, § 1º, da Constituição da República,[28] tem sido defendida a possibilidade da via arbitral. Nesse sentido, Selma Lemes[29] observa:

> *Destarte, para o caso vertente, concentrar-no-emos na Empresa Estatal que desenvolve atividade econômica em sentido estrito, a qual a teor do disposto no art. 173, § 1º, "se sujeita ao regime jurídico próprio das empresas privadas, haja vista que estaremos diante de direitos patrimoniais disponíveis", a condição* sine qua non *para o estudo da arbitragem. [...]*
>
> *Assim, "quanto à capacidade pessoal em valer-se da arbitragem é indubitável que a Empresa Estatal a possui". Igualmente, quanto ao critério objetivo, as questões advindas de contratos firmados entre a Empresa Estatal que explora atividade econômica em sentido estrito e particulares dizem respeito a direitos patrimoniais disponíveis. São suscetíveis de transação. Podem, portanto, eleger a instância arbitral para solucionar pendências advindas de contratos celebrados com particulares.*

Por fim, há ainda aqueles que restringem a utilização do instituto no âmbito da Administração Pública, em virtude do óbice contido no art. 55, § 2º, da Lei nº 8.666 e da necessidade de norma legal expressa autorizando tal expediente. Nessa direção, destaca-se o seguinte trecho do trabalho da lavra de Luís Roberto Barroso,[30] o qual afasta, inclusive, a interpretação extensiva do art. 54 da Lei nº 8.666/93:

> *De todo modo, ainda que não houvesse norma em sentido exatamente contrário na mesma lei, seria implausível supor que a aplicação supletiva de "princípios da teoria geral dos contratos", referida no art. 54 da Lei nº 8.666/93, aos quais se deve recor-*

---

[28] Consoante lição da ilustre Professora Titular de Direito Administrativo da Universidade de São Paulo, reproduzida no Acórdão prolatado nos autos do Mandado de Segurança nº 11.308/DF, de Relatoria do Ministro Luiz Fux: "*Uma primeira ilação que se tira do artigo 173, § 1º, é a de que, quando o Estado, por intermédio dessas empresas, exerce atividade econômica, reservada preferencialmente ao particular pelo* caput *do dispositivo, ele obedece, no silêncio da lei, a normas de direito privado. Estas normas são a regra; o direito público é exceção e, como tal, deve ser interpretado restritivamente. Outra conclusão é a de que, se a própria Constituição estabelece o regime jurídico de direito privado, as derrogações a esse regime somente são admissíveis quando delas decorrem implícita ou explicitamente. A lei ordinária não pode derrogar o direito comum, se não admitida essa possibilidade pela Constituição*" (DI PIETRO, Maria Sylvia Zanella. *Direito Administrativo*. 15. ed. São Paulo: Atlas, 2003. p. 382).

[29] LEMES, Selma M. Ferreira. A arbitragem e os novos rumos empreendidos na Administração Pública: a empresa estatal, o Estado e a Concessão de Serviço Público. In: MARTINS, Pedro Batista; LEMES, Selma M. Ferreira; CARMONA, Carlos Alberto. *Aspectos Fundamentais da Lei de Arbitragem*. Rio de Janeiro: Forense, 1999. p. 178 e 183.

[30] BARROSO, Luís Roberto. Sociedade de Economia Mista prestadora de serviço público. Cláusula Arbitral inserida em Contrato Administrativo sem prévia autorização legal. Invalidade. *Temas de direito constitucional*. Rio de Janeiro: Renovar, 2003. t. II, p. 625 e 636.

rer apenas após esgotados o arsenal teórico do direito público, pudesse servir de fundamento legal para o ajuste de arbitragem. A compreender a norma nesse sentido, qualquer instituto de direito privado, e especificamente de teoria geral dos contratos, poderia ser livremente empregado pelo administrador público, em burla evidente ao princípio da legalidade. [...]

A Lei nº 8.666/93 estabelece, em seu art. 55, § 2º, a obrigatoriedade de se incluir, nos contratos firmados pela Administração, cláusula que declare competente o foro da sede da Administração para dirimir qualquer questão contratual. Assim, a referida lei não apenas não autoriza a arbitragem, como veda, logicamente, sua previsão. [...]

Suzana Domingues Medeiros,[31] na mesma direção, assim conclui:

No tocante à arbitrabilidade subjetiva, verificamos que o princípio da legalidade constitui um pressuposto necessário à utilização da arbitragem pelo Estado e entes da Administração Pública. Em razão desse princípio, a Administração, além de só poder fazer aquilo que não é vedado por lei, também só pode fazer o que é expressamente permitido por lei. Ou seja, não basta não haver lei impedindo, deve haver lei expressamente autorizando a prática da arbitragem.

Ao analisarmos a legislação nacional de Direito Administrativo, constatamos que o art. 55, § 2º, da Lei nº 8.666/93, constitui sério obstáculo à utilização da arbitragem nos contratos celebrados pela Administração Pública no âmbito dessa lei e não concordamos com aqueles que veem no art. 54 uma autorização à utilização da arbitragem.

Por seu turno, a corrente doutrinária que defende a possibilidade do uso da arbitragem pela Administração Pública procura refutar todos os argumentos acima expendidos. Sustentam, em síntese, que: (i) não existe correlação entre disponibilidade ou indisponibilidade de direitos patrimoniais e disponibilidade ou indisponibilidade de interesses públicos; (ii) a Administração Pública, quando opta pela arbitragem, não está renunciando a direitos e nem transigindo, mas submetendo a apreciação da controvérsia a um árbitro imparcial; (iii) existe compatibilidade entre a norma contida no art. 55, § 2º, da Lei nº 8.666/93 e o procedimento arbitral, uma vez que aquela diz respeito tão somente ao local para o ajuizamento de ação, em caso de necessidade de se recorrer ao Judiciário (*v. g.*, para tentar anular a sentença arbitral); (iv) a arbitragem não obsta a apreciação judicial nas hipóteses previstas em lei e não obsta a impugnação judicial por terceiros (ministério público, autor popular etc.); (v) nos casos envolvendo serviços públicos, a arbitragem não alcança as questões vinculadas aos atos de império.

Vê-se, pois, que, mesmo entre os estudiosos que se posicionam favoravelmente à adoção do instituto pelo Poder Público, não há uniformidade quanto ao tratamento da matéria e, por conseguinte, quanto ao objeto passível de sujeição à via arbitral.

---

[31] MEDEIROS, Suzana Domingues. Arbitragem envolvendo o Estado no direito brasileiro. *Revista de Direito Administrativo* – RDA. Rio de Janeiro: Renovar, nº 233, p. 71-101, jul./set. 2003.

Isso porque, para identificar o que cabe na cláusula "*direitos patrimoniais disponíveis*", contida no art. 1º da Lei nº 9.307/96, cada qual adota um critério distintivo. Assim, como já dito, para alguns, é relevante a diferenciação entre atos de império e atos de gestão. Para outros, a distinção entre contratos administrativos e contratos de direito privado. Há aqueles que preferem distinguir a natureza das cláusulas do contrato e, por fim, os que se amparam somente na distinção entre direitos disponíveis e direitos indisponíveis e interesses públicos primários e secundários.

Carlos Ari Sundfeld e Jacintho Arruda Câmara[32] destacam a distinção entre atos de império e atos de gestão:[33]

> *É tradicional no Direito Administrativo a distinção entre atos de império e atos de gestão. Os primeiros dizem respeito a matérias inerentes ao Estado, que corresponderiam ao plexo de interesses "indisponíveis" do Poder Público. Os outros envolvem os atos de mera administração. São atos despidos de prerrogativas especiais, cujo objetivo é fixar relações jurídicas normais (de direito comum) entre a Administração e outras pessoas jurídicas. Aproveitando esta vetusta classificação, seria possível afirmar que a intenção da Lei de Arbitragem foi reservar para seu escopo as matérias objeto de atos de gestão. Estariam excluídos de sua abrangência aqueles temas que são objeto de atos de império.*

Sérgio de Andréa Ferreira,[34] por sua vez, defende que os critérios para aferição da disponibilidade ou indisponibilidade de direitos são o da *ordem pública* e o da *negociabilidade*. De acordo com o autor:

> *Os parâmetros da indisponibilidade e da disponibilidade mantêm, pois, em termos de direito público, relação biunívoca com a ordem pública e a negociabilidade. E esta é a distinção que tem que prevalecer na área do* ius publicum, *quer na regulação, em tese, da arbitragem, quer,* in casu, *no tocante à solução do litígio àquela submetido.*

Pedro A. Batista Martins[35] não concorda, no entanto, com a equiparação entre indisponibilidade e ordem pública para fins de definir o conteúdo arbitrável. Diz ele:

> *A patrimonialidade e a disponibilidade são a regra nas relações jurídicas. A extrapatromonialidade aplica-se, notadamente, às pessoas físicas, conquanto trata do direito*

---

[32] SUNDFELD, Carlos Ari; CÂMARA, Jacintho Arruda. O cabimento da arbitragem nos contratos administrativos. In: CARLIN, Volnei Ivo (Org.). *Grandes temas de Direito Administrativo*. Campinas: Millennium, 2009. p. 110-120.

[33] No mesmo sentido: MARTINS, Pedro Batista. O Poder Judiciário e a Arbitragem. Quatro anos da Lei nº 9.307/96 (3ª Parte). *Revista Forense*, nº 359, p. 173.

[34] FERREIRA, Sérgio de Andréa. A arbitragem e a disponibilidade de direitos no *ius publicum* interno. In: MARTINS, Pedro A. Batista; GARCEZ, José Maria Rossani (Coord.). *Reflexões sobre arbitragem*. São Paulo: LTr, 2002. p. 49.

[35] MARTINS, Pedro A. Batista. *Apontamentos sobre a lei de arbitragem*. Rio de Janeiro: Forense, 2008. p. 4.

à naturalidade, à vida, à integridade física e corporal e ao estado das pessoas. São bens insuscetíveis de avaliação em dinheiro.

A indisponibilidade diz com os bens fora do comércio e que, pela sua especificidade, não podem ser apropriados como um todo (v. g. Mar, luz) ou, de alguma forma, não são passíveis de alienação (v. g. bens de família; bens de uso comum do povo – ruas e praças –, ou de uso especial – edifícios e terrenos destinados à administração pública).

Os direitos extrapatrimoniais transitam pela indisponibilidade por se caracterizarem como parte intangível do patrimônio da pessoa. As exceções terminam por se amalgamarem.

É importante não se confundir indisponibilidade com ordem pública. Tudo aquilo que recai na indisponibilidade é de ordem pública mas o contrário não é verdadeiro para os fins e efeitos do direito arbitral.

Equivoca-se quem sustenta que a matéria de ordem pública é inarbitrável. Ao árbitro não é vedado decidir questões que contemplem ordem pública mas, tão somente, conflitos que tenham por objeto direito indisponível.

E, para o direito arbitral, ordem pública e indisponibilidade são institutos distintos que não se comunicam para efeito da exceção de inarbitrabilidade.

Tudo o que é indisponível é de ordem pública. Contudo, nem tudo que é de ordem pública será de cunho indisponível. O árbitro não tem jurisdição para resolver conflitos de direito indisponível. Mas, por certo, tem autoridade e iurisdictio para apreciar e julgar matérias que enfrentem questões de ordem pública. O árbitro não está autorizado, isto sim, a violar normas de ordem pública.

Selma Lemes[36] procura identificar as matérias passíveis de submissão ao Juízo Arbitral a partir da distinção entre *interesse público primário* e *interesse público secundário*:

O Estado, para atingir as atividades-fim, tutela interesses extremamente relevantes para a sociedade, posto que relacionados ao bem-estar, saúde, segurança em que o ordenamento legal os classifica de afetos ao "interesse público". Os interesses que tutelam são considerados supremos e indisponíveis. Mas essa indisponibilidade, apesar de ser regra, comporta relativização. A indisponibilidade pressupõe a inegociabilidade, que só pode ocorrer por vias políticas e na forma legal. Mas para executar as atividades-meio, a indisponibilidade é relativa, pode ser negociada e recai sobre os "interesses públicos derivados", para atuar nesta órbita, a Administração demanda autorização constitucional genérica (arts. 18, 37, caput) e, às vezes, autorização legal (por exemplo, arts. 49, I, XVI e XVII da CF). [...] Podemos classificar os interesses públicos em "primários" e "secundários" (instrumentais ou derivados). Os interesses públicos primários são indisponíveis e, por sua vez, os interesses públicos derivados têm natureza instrumental e existem para operacionalizar aqueles, com característi-

---

[36] LEMES, Selma M. Ferreira. *Arbitragem na Administração Pública*: fundamentos jurídicos e eficiência econômica. São Paulo: Quartier Latin, 2007. p. 130-131, nota 376.

cas patrimoniais e, por isso, são disponíveis e suscetíveis de apreciação arbitral. Esta conclusão, portanto, traz à tona a solução com referência à matéria suscetível de ser submetida à arbitragem: os interesses públicos derivados, de natureza instrumental e com características patrimoniais dispostos em contrato.

Adilson Abreu Dallari,[37] ao sustentar a constitucionalidade da arbitragem, também observa que o "*interesse público não se confunde com o mero interesse da Administração ou da Fazenda Pública; o interesse público está na correta aplicação da lei, e se confunde com a realização concreta da Justiça. Inúmeras vezes, para defender o interesse público, é preciso decidir contra a Administração Pública*".

Eros Roberto Grau,[38] também favorável ao uso do instituto, confere tônica à ausência de vinculação entre disponibilidade ou indisponibilidade de direitos patrimoniais e disponibilidade ou indisponibilidade do interesse público, asseverando que:

> *Assim, é evidente que quando se afirma que a arbitragem se presta a "dirimir litígios relativos a direitos patrimoniais disponíveis" isso não significa não possa, a Administração, socorrer-se dessa via visando ao mesmo fim. Pois não há qualquer correlação entre disponibilidade ou indisponibilidade de direitos patrimoniais e disponibilidade ou indisponibilidade do interesse público.*
>
> *[...]*
>
> *A Administração, para a realização do interesse público, pratica atos, da mais variada ordem, dispondo de determinados direitos patrimoniais, ainda que não possa fazê-lo em relação a outros deles. Por exemplo, não pode dispor dos direitos patrimoniais que detém sobre os bens públicos de uso comum.*

Aline Lúcia Klein,[39] com apoio nas lições de Eduardo Talamini, examina a questão sob o enfoque da disponibilidade:

> *A disponibilidade de que trata o art. 1º da Lei de Arbitragem pode ser avaliada sob dois enfoques distintos. Mais especificamente, é passível de ser analisada na perspectiva de dois grupos de direitos. Um deles diz respeito a abrir mão da submissão da controvérsia à justiça estatal. É essa a disposição que aparece em primeiro plano. Autoriza-se que a controvérsia seja solucionada não pelo aparato judicial estatal mas sim por árbitros, escolhidos de acordo com critérios definidos pelas partes.*

---

[37] DALLARI, Adílson Abreu. Arbitragem na concessão de serviço público. *Revista Trimestral de Direito Público*, nº 13, jan./mar. 1996, p. 5-10.

[38] GRAU, Eros Roberto. Arbitragem e contrato administrativo. *Revista Trimestral de Direito Público*, nº 32, p. 20.

[39] KLEIN, Aline Lúcia. Arbitragem nas Concessões de Serviço Público. In: PEREIRA, Cesar Augusto Guimarães; TALAMINI, Eduardo (Coord.). *Arbitragem e Poder Público*. São Paulo: Saraiva, 2010. p. 71-74.

> *Submeter o litígio a solução arbitral não implica renúncia ao direito material envolvido na controvérsia. Este poderá ou não ser reconhecido à Administração ao final do processo. [...]*
>
> *Assim, a disponibilidade é relacionada com a possibilidade de dispensar a intervenção da justiça estatal para a definição da situação. Nos casos em que a própria Administração poderia definir a questão unilateralmente ou em comum acordo com o particular, opta por submetê-la ao juízo arbitral. [...]*
>
> *Numa segunda acepção, a disponibilidade está associada à possibilidade ou não de renúncia do direito material objeto do litígio. Trata-se de questão diretamente relacionada com o princípio da legalidade administrativa.*
>
> *O princípio é o de que, na ausência de disposição expressa autorizadora, as competências públicas não podem ser alienadas. A Administração não pode renunciar às suas competências nem pode cedê-las a terceiros, particulares ou pessoas públicas.*
>
> *Por isso, com certa frequência invoca-se a inalienabilidade do domínio público, do poder fiscal, do poder de polícia, do poder regulamentar e do poder de exercício da função pública em geral como impeditivos de renúncias a esse respeito. A partir disso, conclui-se pela impossibilidade de litígios que envolvem tais direitos constituírem objeto de compromisso arbitral. [...]*
>
> *Vale mencionar a precisa conclusão de Eduardo Talamini:*
>
> *"Cabe a arbitragem sempre que a matéria envolvida possa ser resolvida pelas próprias partes, independentemente de ingresso em Juízo. Se o conflito entre o particular e a Administração Pública é eminentemente patrimonial e se ele versa sobre matéria que poderia ser solucionada diretamente entre as partes, sem que se fizesse necessária a intervenção jurisdicional, então a arbitragem é cabível."*

Carlos Alberto Carmona[40] identifica o objeto da arbitragem envolvendo a Administração Pública tanto por meio da definição do que se entende por direito disponível como da distinção entre atos de império e atos de gestão:

> *Diz-se que um direito é disponível quando ele pode ser ou não exercido livremente pelo seu titular, sem que haja norma cogente impondo o cumprimento do preceito, sob pena de nulidade ou anulabilidade do ato praticado com sua infringência. Assim, são disponíveis (do latim disponere, dispor, pôr em vários lugares, regular) aqueles bens que podem ser livremente alienados ou negociados, por encontrarem-se desembaraçados, tendo o alienante plena capacidade jurídica para tanto.*
>
> *De maneira geral, não estão no âmbito do direito disponível as questões relativas ao direito de família – e em especial ao estado das pessoas (filiação, pátrio poder, casamento, alimentos) – aquelas atinentes ao direito de sucessão, as que têm por objeto as coisas fora do comércio, as obrigações naturais, as relativas ao direito penal, entre*

---

[40] CARMONA, Carlos Alberto. *Arbitragem e Processo.* 2. ed. São Paulo: Atlas, 2006. p. 56-57.

tantas outras, já que ficam estas matérias todas fora dos limites em que pode atuar a autonomia da vontade dos contendentes.

Estas constatações não são suficientes, porém, para excluir de forma absoluta do âmbito da arbitragem toda e qualquer demanda que tanja o direito de família ou o direito penal, pois as consequências patrimoniais tanto num caso como noutro podem ser objeto de solução extrajudicial. Dizendo de outro modo, se é verdade que uma demanda que verse sobre o direito de prestar e receber alimentos trata de direito indisponível, não é menos verdadeiro que o quantum da pensão pode ser livremente pactuado pelas partes (e isto torna arbitrável esta questão); [...]

São arbitráveis, portanto, as causas que tratem de matérias a respeito das quais o Estado não crie reserva específica por conta do resguardo dos interesses fundamentais da coletividade, e desde que as partes possam livremente dispor acerca do bem sobre que controvertem. Pode-se continuar a dizer, na esteira do que dispunha o Código de Processo Civil (art. 1.072, revogado), que são arbitráveis as controvérsias a cujo respeito os litigantes podem transigir".

[...] Quando o Estado atua fora de sua condição de entidade pública, praticando atos de natureza privada – onde poderia ser substituído por um particular na relação jurídica negocial – não se pode pretender aplicáveis as normas próprias dos contratos administrativos, ancoradas no direito público. Se a premissa desta constatação é de que o Estado pode contratar na ordem privada, a consequência natural é de que pode também firmar um compromisso arbitral para decidir os litígios que possam decorrer da contratação. Em conclusão, quando o Estado pratica atos de gestão, desveste-se da supremacia que caracteriza sua atividade típica (exercício de autoridade, onde a Administração pratica atos impondo aos administrados seu obrigatório atendimento), igualando-se aos particulares: os atos, portanto, "tornam-se vinculantes, geram direitos subjetivos e permanecem imodificáveis pela Administração, salvo quando precários por sua própria natureza".

Por fim, dando destaque ao exame das cláusulas contratuais para o exame da arbitrabilidade objetiva, destacam-se os posicionamentos de Caio Tácito, Mauro Roberto Gomes de Mattos e Gustavo Justino de Oliveira.

Caio Tácito,[41] em artigo que analisou a arbitragem nos litígios administrativos, teceu importantes considerações, cabendo ressaltar o seguinte trecho:

Os contratos administrativos não se confundem com os contratos de direito privado pela finalidade a que se destinam no atendimento do interesse público.

Ressalvadas, porém, suas peculiaridades, são relações bilaterais que têm como requisitos essenciais a natureza comutativa (equivalência entre as prestações das partes) e o caráter sinalagmático (reciprocidade das obrigações).

---

[41] TÁCITO, Caio. A arbitragem nos litígios administrativos. *Revista de Direito Administrativo*, nº 210, out./dez. 1997, p. 111-115.

> *Na medida em que é permitida à Administração Pública, em seus diversos órgãos e organizações, pactuar relações com terceiros, especialmente mediante a estipulação de cláusulas financeiras, a solução amigável é fórmula substitutiva do dever primário de cumprimento da obrigação assumida.*
>
> *Assim como é lícita, nos termos do contrato, a execução espontânea da obrigação, a negociação – e, por via de consequência, a convenção da arbitragem será meio adequado de tornar efetivo o cumprimento obrigacional quando compatível com a disponibilidade de bens.*
>
> *Em suma, nem todos os contratos administrativos envolvem, necessariamente, direitos indisponíveis da Administração.*
>
> *Certamente, haverá casos em que a prestação assumida pelo Estado possa corresponder a interesses públicos de uso de bens públicos ou a fruição de vantagens que não se compadecem com a disponibilidade ou a alienação do patrimônio estatal.*
>
> *Quanto a estes, somente do Poder Judiciário poderá, no exercício de suas prerrogativas, impor à Administração deveres ou obrigações de fazer ou não fazer, de permitir ou de autorizar.*
>
> *Todavia, quando se trata tão somente de cláusulas pelas quais a Administração está submetida a uma contraprestação financeira, não faz sentido ampliar o conceito de indisponibilidade à obrigação de pagar vinculada à obra ou serviço executado ou ao benefício auferido pela Administração em virtude da prestação regular do outro contratante.*
>
> *A convenção de arbitragem será, em tais casos, caminho aberto a que, pelo acordo de vontades, se possa alcançar a plena eficácia da relação contratual.*

Mauro Roberto Gomes de Mattos[42] sustenta a possibilidade do uso da via arbitral nos conflitos oriundos tanto de contratos administrativos como de contratos predominantes ao direito privado, devendo, pois, o exame recair sobre as cláusulas da avença. Para o autor, "todas as cláusulas que impliquem em remissão, transação ou renúncia de direitos de conteúdo público, como as relativas ao exercício do poder de polícia, do poder impositivo, das bases das tarifas, da disposição do domínio público, de controlar a prestação dos serviços concedidos não são admitidos no Juízo Arbitral, por serem enquadrados como direitos indisponíveis e como tal insuscetível da solução extrajudicial".

Gustavo Justino de Oliveira,[43] estudioso do tema, também sustenta a possibilidade do uso da arbitragem tantos nos contratos administrativos como nos contratos de nítida feição privatística:

---

[42] MATTOS, Mauro Roberto Gomes de. *Contrato administrativo e a lei da arbitragem*. Disponível em: <http://www.gomesdemattos.com.br/artigos/o_contrato_administrativo_e_a_lei_de_arbitragem.pdf>. Acesso em: 26 nov. 2012.

[43] OLIVEIRA, Gustavo Justino de. *A arbitragem e a parceria público-privada*. Disponível em: <http://www.justinodeoliveira.com.br/wp-content/uploads/2011/11/18_ArtigoArbitraPPP.pdf>. Acesso em: 16 nov. 2012.

Em primeiro lugar, a Lei de Arbitragem é uma lei geral, e não diz respeito a contratos privados ou a contratos públicos, pois dispõe em seu art. 1º que "as pessoas capazes de contratar poderão valer-se da arbitragem para dirimir litígios relativos a direitos patrimoniais disponíveis". Assim, comprovada a capacidade de contratar e a disponibilidade dos direitos patrimoniais, aberta estará a porta para a utilização da via arbitral. Isso afastaria argumentos que procuram atrair para o campo da arbitragem tão somente os contratos firmados pelas empresas estatais, sob o fundamento de que o inc. III do par. 1º do art. 173 da Lei Maior determina "a sujeição ao regime jurídico próprio das empresas privadas [...]". Tais argumentos partem de premissa equivocada, pois consideram a arbitragem um mecanismo típico de solução de controvérsias que envolvem interesses eminentemente privados, e por isso devem ser afastados.

Em segundo lugar, o que realmente deve ser apreciado nessa temática é a natureza dos interesses, bens e direitos relativos ao contrato firmado pela Administração. Permitida a sua configuração como objeto de contrato a ser firmado pela Administração – objeto lícito e possível, reitere-se – haverá espaço para a eleição do juízo arbitral. Questões envolvendo a Administração como locatária, adquirente de bens e serviços em geral, ou seja, contratos de nítida feição privatística, podem prever em seus instrumentos a convenção arbitral. O que deve ser apreciado é a ocorrência ou não de vedação legal, como acontece no art. 59 do Decreto-lei nº 960/38, o qual estipula que "a cobrança judicial da dívida ativa da Fazenda não poderá ser submetida a juízo arbitral". Ou a referente ao par. 2º do art. 1º da Lei federal nº 9.469/97, que afasta a possibilidade de transação judicial nas causas relativas ao patrimônio imobiliário da União.

Em terceiro lugar, prever-se legislativamente a competência do foro da sede da Administração como aquele que irá dirimir as controvérsias relativas ao contrato não significa a obrigatoriedade de submissão desses litígios unicamente ao Poder Judiciário, pois em verdade trata-se de uma questão de foro de eleição ou foro contratual. Concorda-se com Carlos Alberto CARMONA, para quem "elegendo as partes foro no contrato [...] estarão apenas determinando que o eventual concurso do juiz togado para a realização de atos para os quais o árbitro não tenham competência (atos que impliquem a utilização de coerção, execução da sentença arbitral, execução de medidas cautelares) sejam realizados na comarca escolhida".

Em quarto lugar, a arbitragem não é um método amigável de solução de litígios, e sim, notadamente diante do art. 31 da LA, uma solução criada pelo legislador como alternativa à solução jurisdicional, e por ele equiparada a esta. Por isso, a rigor o inc. XV do art. 23 da Lei federal nº 8.987/95 não refere-se à arbitragem quando alude a "modo amigável de solução das divergências contratuais". Isso reforça a tese aqui defendida, de que não há necessidade de expressa (ainda que genérica) autorização legislativa para a arbitragem ser uma possibilidade nos contratos administrativos. Essa autorização é geral, e, conforme foi ressaltado, encontra-se no art. 1º da LA.

Em síntese, das lições colacionadas, constata-se que a corrente doutrinária majoritária parece não divergir quanto à possibilidade do uso da arbitragem pela Administração Pública no que toca aos contratos submetidos predominante ao regime de direito privado.

Já no que diz respeito aos contratos administrativos, há uma variedade de critérios que buscam diferenciar os direitos patrimoniais disponíveis e os direitos indisponíveis, devido à complexidade de tal tarefa.

Uma vez expostas as principais correntes doutrinárias acerca do tema, cumpre, a seguir, verificar como a matéria tem sido apreciada pelo Tribunal de Contas da União e pelos Tribunais pátrios. No âmbito do TCU, pertinente a compilação de julgados feita por Andréa Rabelo de Castro:[44]

> *a) Decisão nº 286/93* – *Plenário: referiu-se a Consulta dirigida a TCU, pelo Exmo. Senhor Ministro de Minas e Energia, quanto à adoção de juízo arbitral para solucionar pendências relacionadas com preços estabelecidos nos instrumentos contratuais celebrados entre a CHESF e seus fornecedores de materiais e mão de obra. A resposta do TCU foi a de que **o juízo arbitral é inadmissível em contratos administrativos, por falta de expressa autorização legal e por contrariedade a princípios básicos de direito público (princípio da supremacia do interesse público sobre o privado, princípio da vinculação ao instrumento convocatório da licitação e à respectiva proposta vencedora, entre outros)**. Este decisum serviu de fundamento para a Decisão nº 763/94 – TCU – Plenário e Acórdão nº 537/2006 – TCU – 2ª Câmara;*
>
> *b) Decisão nº 188/95* – *Plenário: resultou de acompanhamento da concessão de exploração da Ponte Rio Niterói. **Concluiu pela não inclusão, na parte da arbitragem, de cláusulas que não observem estritamente o princípio da legalidade e a indisponibilidade do interesse público**. Neste mesmo sentido está a Decisão nº 394/95 – TCU – Plenário;*
>
> *c) Acórdão nº 584/03* – *2ª Câmara: tratou de possíveis irregularidades praticadas pela Comercializadora Brasileira de Energia Emergencial – CBEE. Salientou-se que em relação à pretensa autorização contida na própria Lei nº 9.307/96, o seu art. 1º determina que poderão ser objeto de solução via arbitral questões envolvendo direitos patrimoniais disponíveis. Neste caso, **não se poderia falar em direito disponível quando se trata de fornecimento de energia elétrica, com o objetivo de atender boa parte da população brasileira que sofria os efeitos do racionamento de energia. Considerou-se que os serviços de energia elétrica são serviços públicos exclusivos do Estado e que a própria CBEE só foi criada em função do racionamento de energia. Dessa forma, não se poderia admitir, por exemplo, que ela vendesse a energia contratada com os produtores independentes para empresas fora do país, mesmo porque a energia contratada destinava-se a atender à situação de emergência por que passava a sociedade brasileira. Claramente, portanto, não se estava tratando de direitos disponíveis da empresa**. Salientou-se que não existindo autorização legal para que a CBEE pudesse ter estabelecido a via arbitral para solução das controvérsias contratuais, tal previsão não obedeceu a um*

---

[44] CASTRO, Andréa Rabelo de. *Fundamentos constitucionais da arbitragem no setor público*. 2008. Monografia apresentada ao Instituto Brasiliense de Direito Público – IDP como exigência parcial para a obtenção do título de especialista em Direito Público. Brasília. No prelo.

dos princípios fundamentais que regem a administração pública, que é o da legalidade. Determinou-se a Comercializadora Brasileira de Energia Emergencial – CBEE: que celebre termo aditivo aos contratos firmados com os produtores independentes de energia (termo de referência nº 01/2001), no sentido de **excluir, nos termos do art. 58, inciso I da Lei nº 8.666/93, as cláusulas nºˢ 47 e 67, que tratam, respectivamente, de arbitragem e confidencialidade**. Análogo a este caso é o descrito no Acórdão nº 1271/05 – Plenário;

d) **Acórdão nº 587/03** – Plenário: cuidou de Levantamento de Auditoria realizada junto ao Departamento Nacional de Infra-Estrutura de Transportes – DNIT, tendo em vista as obras de Adequação de Trechos Rodoviários no Estado do Rio Grande do Sul – Divisa SC/RS – Osório. Constatou-se a Inclusão de cláusulas no edital que estipulam a arbitragem para a solução de conflitos. **Concluiu-se que o interesse tutelado na relação jurídica que será estabelecida pelo contrato é inquestionavelmente de natureza pública, sendo, portanto, indisponível**. Disso decorre serem nulas as cláusulas do edital que determinam a utilizam de arbitragem para a solução de conflitos entre o DNIT e o contratado;

e) **Acórdão nº 631/03** – TCU – Plenário: tratou de levantamento de auditoria acerca dos serviços e obras de recuperação do Sistema de Trens Urbanos de Salvador. Constatou-se inclusão de cláusula compromissória no Contrato CTS-09/01, para que interpretações e litígios sejam resolvidos por arbitragem, sem que haja exigência do BIRD ou previsão na legislação pátria, portanto não se aplicaria a Lei nº 9.307/96, válida apenas para direitos patrimoniais disponíveis. Neste mesmo sentido está o Acórdão nº 1099/06 – Plenário;

f) **Acórdão 1330/2007** – Plenário: Tratou-se de Projeto de Instrução Normativa que dispõe sobre o controle e fiscalização de procedimentos de licitação, contratação e execução contratual de Parcerias Público-Privadas (PPP), a serem exercidos pelo Tribunal de Contas da União. Este julgado resultou em uma proposta de instrução normativa dentre na qual incluiu:

"Art. 10. [...] III – o emprego de mecanismos privados de resolução de disputas, inclusive a arbitragem, nos termos da Lei nº 9.307, de 23 de setembro de 1996, para dirimir conflitos decorrentes ou relacionados ao contrato." A justificação foi a de que a adequada análise da execução contratual pelo órgão de Controle Externo deve englobar a conduta dos gestores na condução de eventuais divergências entre contratante e contratado. **Desta feita, como o inciso III do art. 11 da Lei nº 11.079/2004 prevê a possibilidade de resolução de disputas mediante arbitragem, entendeu-se adequada a previsão normativa da disponibilização de tais documentos ao TCU**;

g) **Acórdão 391/2008** – Plenário: tratou de relatório de auditoria realizada na Agência Nacional de Transportes Terrestres (ANTT) e na Concessionária da Rodovia Osório-Porto Alegre S.A. (Concepa), com o objetivo de verificar a adequação dos valores de tarifas de pedágio na Rodovia BR 290/RS, trecho Osório-Porto Alegre, bem como acompanhar a execução do contrato de concessão e avaliar seu equilíbrio econômico-financeiro. **Consignou-se que somente em contratos em que a Administração** *se iguala ao particular, como naqueles regidos por normas de direito privado – como contratos de seguro, de financiamento, de locação (em que o poder público seja locatário), conforme o disposto no art. 62, § 3º, inciso I, da Lei nº 8.666/93 – seria defensável a utilização da arbitragem diante da natureza disponível do negócio jurídico. Além disso, ressaltou-se que diante da impossibilidade de o administrador público ter discricionariedade para dispor do interesse público, somente seria cabível, mesmo assim de forma relativa, a utilização da arbitragem em situações envolvendo direitos indisponíveis, caso houvesse autorização legislativa expressa nesse sentido. Somente aos agentes políticos, estes sim formadores da vontade superior do Estado – legitimados na maioria dos casos pelo voto popular – cabe definir quais seriam as situações, em sede de contrato administrativo, a se admitir a utilização da arbitragem, abdicando-se da supremacia do interesse público em troca da celeridade processual nas lides entre o poder concedente e os contratados. Não foi acatada a pretensão da concessionária em recorrer à utilização do instituto da arbitragem em se tratando de direitos patrimoniais ou do interesse público indisponível presente nos contratos de concessão de rodovias federais. Quanto à manutenção ou não da cláusula arbitral nos contratos de concessão considerou-se válida a possibilidade da utilização do juízo arbitral desde que não se inclua na parte de arbitragem situações (cláusulas) que não observem estritamente o princípio da legalidade e da indisponibilidade do interesse público.*

Por oportuno, cabe destacar que, recentemente, o TCU, nos autos do Processo TC 3.499/2011-1, referente ao acompanhamento do processo de outorga para concessão do trecho da rodovia BR-101/ES/BA, prolatou o **Acórdão TCU Plenário 2.573/2012**, de **26 de setembro de 2012**, para o fim de determinar à Agência Nacional de Transportes Terrestres que adote medidas no contrato de concessão a fim de não aplicar a arbitragem para resolução de controvérsias pertinentes a questões econômico-financeiras da concessão.

Depreende-se, pois, que no âmbito do Tribunal de Contas da União, a par das previsões legislativas, tem prevalecido ainda o entendimento no sentido da impossibilidade da Administração Pública de se submeter a processos arbitrais sem a respectiva lei autorizadora, além da necessidade de observância ao princípio da indisponibilidade do interesse público, restringindo, assim, o uso do instituto de forma indiscriminada, ou seja, para solução de todo e qualquer conflito oriundo do contrato administrativo.

No âmbito do Poder Judiciário, o exame dos precedentes firmados revela tendência mais receptiva à adoção do processo arbitral pelos entes públicos. Em estudos doutrinários e também em julgados sobre a matéria, é comum a referência ao julgado do Supremo Tribunal Federal conhecido como "Caso Lage", de relatoria do Ministro Bilac Pinto (AI 52.181, Pleno, j. 14-11-1973, *RTJ* 68/382), em que restou reconhecido o cabimento da arbitragem envolvendo a Administração Pública. No mesmo sentido, cita-se o acórdão prolatado nos autos do Mandado de Segurança 1998.00.2.003066-9, pelo Conselho Especial do Tribunal de Justiça do Distrito Federal, de relatoria da então Desembargadora Nancy Andrighi, j. 18-5-1999, *DJU* 18-8-1999; também o acórdão prolatado nos autos da Apelação 247.646-0, de relatoria do Juiz Lauro Laertes de Oliveira, pela 7ª Câmara Cível do

Tribunal de Alçada do Estado do Paraná, j. 11-2-2004; e o acórdão proferido nos autos do AI 174.874-9, Rel. Juiz Conv. Fernando César Zeni, 1ª CCív., *DJ* 25-11-2005, e do AgRg/ MC 160.213-7/01, Rel. Des. Ruy Fernando Oliveira, 3ª CCív., *DJ* 2-8-2004, ambos do TJPR.

O Superior Tribunal de Justiça, na mesma linha, firmou alguns precedentes a partir de 2006 favoráveis à submissão da Administração Pública ao procedimento arbitral, a saber: Resp 606.345/RS, Rel. Min. João Otávio de Noronha, 2ª Turma, *DJ* 8-6-2007, AgRg no MS nº 11.308/DF, Rel. Min. Luiz Fux, 1ª Seção, *DJ* 14-8-2006, e Resp 612.349, Rel. Min. João Otávio de Noronha, 2ª Turma, *DJ* 14-9-2006. Transcrever-se-á tão somente a ementa do acórdão prolatado nos autos do Mandado de Segurança nº 11.308/DF, de relatoria do Ministro Luiz Fux, que bem elucida o entendimento daquela Corte Superior acerca da matéria, o qual vem sendo consolidado:

> *ADMINISTRATIVO. MANDADO DE SEGURANÇA. PERMISSÃO DE ÁREA PORTUÁRIA. CELEBRAÇÃO DE CLÁUSULA COMPROMISSÓRIA. JUÍZO ARBITRAL. SOCIEDADE DE ECONOMIA MISTA. POSSIBILIDADE. ATENTADO.*
>
> *1. A sociedade de economia mista, quando engendra vínculo de natureza disponível, encartado na mesma cláusula compromissória de submissão do litígio ao Juízo Arbitral, não pode pretender exercer poderes de supremacia contratual previsto na Lei 8.666/93.*
>
> *2. A decisão judicial que confere eficácia à cláusula compromissória e julga extinto o processo pelo "compromisso arbitral", se desrespeitada pela edição de Portaria que eclipsa a medida afastada pelo ato jurisdicional, caracteriza a figura do "atentado" (art. 880 do CPC).*
>
> *3. O atentado, como manifestação consistente na alteração do estado fático da lide influente para o desate da causa, pode ocorrer em qualquer processo. Impõe-se, contudo, esclarecer que, quando a ação é proposta, as partes não se imobilizam em relação ao bem sobre o qual gravita a lide. Nesse sentido, não se vislumbra na fruição normal da coisa ou na continuação de atos anteriores à lide (qui continuat non attentat). Assim, v. g., em ação de usucapião, como posse justificada, o usucapiente pode construir no imóvel; ao revés, há inovação no estado de fato e portanto comete atentado o réu que em ação reivindicatória procura valorizar o imóvel erigindo benfeitorias úteis no bem, ou o demandado que violando liminar deferida aumenta em extensão a sua infringência à posse alheia. De toda sorte, é imperioso assentar-se que só há atentado quando a inovação é prejudicial à apuração da verdade. O atentado pode ocorrer a qualquer tempo, inclusive, após a condenação e na relação de execução. (Luiz Fux, in Curso de Direito Processual Civil, 3ª edição, Editora Forense, páginas 1637/1638).*
>
> *4. Mandado de segurança impetrado contra ato do Ministro de Estado da Ciência e Tecnologia, ante a publicação da Portaria Ministerial nº 782, publicada no dia 07 de dezembro de 2005, que ratificou os termos da rescisão contratual procedida pela Nuclebrás Equipamentos Pesados S/A – NUCLEP, em 14 de junho de 2004, Ato Administrativo nº 01/2005, de 05 de setembro de 2005, do contrato administrativo de arrendamento C-291/AB – 001, celebrado em 16 de dezembro de 1997, com a em-*

presa TMC, terminal Multimodal de Coroa Grande S/A e autorizou tanto a assunção imediata pela NUCLEP, do objeto do contrato de arrendamento C-291/AB 001, conforme permissivo legal expresso no art. 80, inc. I da Lei 8.666/93, como a ocupação e utilização do local, instalações, necessárias à continuidade do objeto do contrato de arrendamento C-291-001, conforme permissivo legal expresso no art. 80, inc. II e § 3º, da Lei nº 8.666/93, em afronta às cláusulas 21.1 e 21.2, do Contrato de Arrendamento para Administração, Exploração e Operação do Terminal Portuário e de Área Retroportuária (Complexo Portuário), lavrado em 16/12/1997 (fls. 31/42), de seguinte teor: Cláusula 21.1 – Para dirimir as controvérsias resultantes deste Contrato e que não tenham podido ser resolvidas por negociações amigáveis, fica eleito o foro da Comarca do Rio de Janeiro, RJ, em detrimento de outro qualquer, por mais privilegiado que seja. Cláusula 21.2 – Antes de ingressar em juízo, as partes recorrerão ao processo de arbitragem previsto na Lei 9.307, de 23.09.06.

5. Questão gravitante sobre ser possível o juízo arbitral em contrato administrativo, posto relacionar-se a direitos indisponíveis.

6. A doutrina do tema sustenta a legalidade da submissão do Poder Público ao juízo arbitral, calcado em precedente do E. STF, in litteris: "Esse fenômeno, até certo ponto paradoxal, pode encontrar inúmeras explicações, e uma delas pode ser o erro, muito comum de relacionar a indisponibilidade de direitos a tudo quanto se puder associar, ainda que ligeiramente, à Administração." Um pesquisador atento e diligente poderá facilmente verificar que não existe qualquer razão que inviabilize o uso dos tribunais arbitrais por agentes do Estado. Aliás, os anais do STF dão conta de precedente muito expressivo, conhecido como "caso Lage", no qual a própria União submeteu-se a um juízo arbitral para resolver questão pendente com a Organização Lage, constituída de empresas privadas que se dedicassem a navegação, estaleiros e portos. A decisão nesse caso unanimemente proferida pelo Plenário do STF é de extrema importância porque reconheceu especificamente 'a legalidade do juízo arbitral, que o nosso direito sempre admitiu e consagrou, até mesmo nas causas contra a Fazenda.' Esse acórdão encampou a tese defendida em parecer da lavra do eminente Castro Nunes e fez honra a acórdão anterior, relatado pela autorizada pena do Min. Amaral Santos. Não só o uso da arbitragem não é defeso aos agentes da administração, como, antes é recomendável, posto que privilegia o interesse público (Da Arbitrabilidade de Litígios Envolvendo Sociedades de Economia Mista e da Interpretação de Cláusula Compromissória, publicado na Revista de Direito Bancário do Mercado de Capitais e da Arbitragem, Editora Revista dos Tribunais, ano 5, outubro-dezembro de 2002, coordenada por Arnold Wald, esclarece às páginas 398/399).

7. Deveras, não é qualquer direito público sindicável na via arbitral, mas somente aqueles cognominados como "disponíveis", porquanto de natureza contratual ou privada.

8. A escorreita exegese da dicção legal impõe a distinção jus-filosófica entre o interesse público primário e o interesse da administração, cognominado "interesse público secundário". Lições de Carnelutti, Renato Alessi, Celso Antônio Bandeira de Mello e Min. Eros Roberto Grau.

9. *O Estado, quando atestada a sua responsabilidade, revela-se tendente ao adimplemento da correspectiva indenização, coloca-se na posição de atendimento ao "interesse público". Ao revés, quando visa a evadir-se de sua responsabilidade no afã de minimizar os seus prejuízos patrimoniais, persegue nítido interesse secundário, subjetivamente pertinente ao aparelho estatal em subtrair-se de despesas, engendrando locupletamento à custa do dano alheio.*

10. *Destarte, é assente na doutrina e na jurisprudência que indisponível é o interesse público, e não o interesse da administração.*

11. *Sob esse enfoque, saliente-se que dentre os diversos atos praticados pela Administração, para a realização do interesse público primário, destacam-se aqueles em que se dispõe de determinados direitos patrimoniais, pragmáticos, cuja disponibilidade, em nome do bem coletivo, justifica a convenção da cláusula de arbitragem em sede de contrato administrativo.*

12. *As sociedades de economia mista, encontram-se em situação paritária em relação às empresas privadas nas suas atividades comerciais, consoante leitura do artigo 173, § 1º, inciso II, da Constituição Federal, evidenciando-se a inocorrência de quaisquer restrições quanto à possibilidade de celebrarem convenções de arbitragem para solução de conflitos de interesses, uma vez legitimadas para tal as suas congêneres.*

13. *Outrossim, a ausência de óbice na estipulação da arbitragem pelo Poder Público encontra supedâneo na doutrina clássica do tema, verbis: [...] Ao optar pela arbitragem o contratante público não está transigindo com o interesse público, nem abrindo mão de instrumentos de defesa de interesses públicos, Está, sim, escolhendo uma forma mais expedita, ou um meio mais hábil, para a defesa do interesse público. Assim como o juiz, no procedimento judicial deve ser imparcial, também o árbitro deve decidir com imparcialidade, O interesse público não se confunde com o mero interesse da Administração ou da Fazenda Pública; o interesse público está na correta aplicação da lei e se confunde com a realização correta da Justiça. (No sentido da conclusão Dalmo Dallari, citado por Arnold Wald, Atlhos Gusmão Carneiro, Miguel Tostes de Alencar e Ruy Janoni Doutrado, em artigo intitulado Da Validade de Convenção de Arbitragem Pactuada por Sociedade de Economia Mista, publicado na* Revista de Direito Bancário do Mercado de Capitais e da Arbitragem, *nº 18, ano 5, outubro-dezembro de 2002, à página 418).*

14. *A aplicabilidade do juízo arbitral em litígios administrativos, quando presentes direitos patrimoniais disponíveis do Estado é fomentada pela lei específica, porquanto mais célere, consoante se colhe do artigo 23 da Lei 8.987/95, que dispõe acerca de concessões e permissões de serviços e obras públicas, e prevê em seu inciso XV, dentre as cláusulas essenciais do contrato de concessão de serviço público, as relativas ao "foro e ao modo amigável de solução de divergências contratuais" (Precedentes do Supremo Tribunal Federal: SE 5206 AgR/EP, de relatoria do Min. SEPÚLVEDA PERTENCE, publicado no DJ de 30-4-2004, e AI. 52.191, Pleno, Rel. Min. Bilac Pinto, RTJ 68/382 – "Caso Lage". Cite-se ainda MS 199800200366-9, Conselho Especial, TJDF, J. 18-5-1999, Relatora Desembargadora Nancy Andrighi, DJ 18-8-1999).*

15. A aplicação da Lei 9.307/96 e do artigo 267, inc. VII do CPC à matéria sub judice, afasta a jurisdição estatal, in casu em obediência ao princípio do juiz natural (artigo 5º, LII, da Constituição Federal de 1988).

16. É cediço que o juízo arbitral não subtrai a garantia constitucional do juiz natural, ao contrário, implica realizá-la, porquanto somente cabível por mútua concessão entre as partes, inaplicável, por isso, de forma coercitiva, tendo em vista que ambas as partes assumem o "risco" de serem derrotadas na arbitragem (Precedente: Resp nº 450881 de relatoria do Ministro Castro Filho, publicado no DJ 26-5-2003).

17. Destarte, uma vez convencionado pelas partes cláusula arbitral, o árbitro vira juiz de fato e de direito da causa, e a decisão que então proferir não ficará sujeita a recurso ou à homologação judicial, segundo dispõe o artigo 18 da Lei 9.307/96, o que significa categorizá-lo como equivalente jurisdicional, porquanto terá os mesmos poderes do juiz togado, não sofrendo restrições na sua competência.

18. Outrossim, vige na jurisdição privada, tal como sucede naquela pública, o princípio do Kompetenz-Kompetenz, que estabelece ser o próprio juiz quem decide a respeito de sua competência.

19. Consequentemente, o fumus boni iuris assenta-se não apenas na cláusula compromissória, como também em decisão judicial que não pode ser infirmada por Portaria ulterior, porquanto a isso corresponderia verdadeiro "atentado" (art. 879 e ss. do CPC) em face da sentença proferida pelo Juízo da 42ª Vara Cível da Comarca do Rio de Janeiro.

20. A título de argumento obiter dictum pretendesse a parte afastar a cláusula compromissória, cumprir-lhe-ia anular o contrato ao invés de sobrejulgá-lo por portaria ilegal.

21. Por fim, conclui com acerto o Ministério Público, verbis: "In casu, por se tratar tão somente de contrato administrativo versando cláusulas pelas quais a Administração está submetida a uma contraprestação financeira, indubitável o cabimento da arbitragem. Não faria sentido ampliar o conceito de indisponibilidade à obrigação de pagar vinculada à obra ou serviço executado a benefício auferido pela Administração em virtude da prestação regular do outro contratante. A arbitragem se revela, portanto, como o mecanismo adequado para a solução da presente controvérsia, haja vista, tratar-se de relação contratual de natureza disponível, conforme dispõe o artigo 1º, da Lei 9.307/96: 'as pessoas capazes de contratar poderão valer-se da arbitragem para dirimir litígios relativos a direitos patrimoniais disponíveis' (fls. 472/473)."

22. Ex positis, concedo a segurança, para confirmar o teor da liminar dantes deferida, em que se determinava a conservação do statu quo ante, face a sentença proferida pelo Juízo da 42ª Vara Cível da Comarca do Rio de Janeiro, porquanto o presente litígio deverá ser conhecido e solucionado por juízo arbitral competente, eleito pelas partes (STJ, MS nº 11.308/DF, Relator Ministro Luiz Fux, 1ª Seção – DJ 19-5-2008).

5 Conclusão

A arbitragem consiste num dos meios mais antigos de solução extrajudicial de conflitos. No Brasil, a partir do advento da Lei nº 9.307/96, instalou-se, entre nós, um novo modelo arbitral, o qual pode servir como importante e poderoso instrumento para a pacificação social, colaborando com o desafogamento do Poder Judiciário, o qual, não obstante o empenho de todos os seus integrantes, não tem conseguido ainda concretizar o princípio constitucional da razoável duração do processo, comprometendo, em algumas situações, a efetiva prestação jurisdicional aos cidadãos.

Especificamente no tocante ao uso do processo arbitral pela Administração Pública, constata-se uma evolução no plano legislativo, com a ampliação das hipóteses legais para a sua implementação, especialmente, no tocante aos setores regulados.

Contudo, à parte a questão legislativa, o fato é que remanescem, seja na doutrina, seja na jurisprudência, entendimentos divergentes acerca da possibilidade de adoção de tal instituto pelo Poder Público, o que demonstra não apenas a complexidade do tema, mas também a necessidade de edição de uma nova lei ou mesmo a inclusão de outros dispositivos legais na Lei nº 9.307/96, a fim de que se possam estabelecer com clareza os limites para o uso da arbitragem pela Administração Pública, levando-se em consideração as suas peculiaridades.

Isso porque, não obstante prevaleça na doutrina o entendimento no sentido da legitimidade da arbitragem em litígios administrativos, remanesce ainda controvérsia na definição das matérias passíveis de resolução pela via arbitral. Para parcela da doutrina, a submissão da Administração Pública ao processo arbitral apenas se dá nos casos de contratos de direito privado e nos casos envolvendo direitos patrimoniais disponíveis das empresas públicas e sociedades de economia mista prestadoras de atividade econômica. Para outra parcela, a arbitragem alcança também os contratos administrativos, devendo, para tanto, haver diferenciação entre disponibilidade, indisponibilidade e interesse público.

Por outro lado, a adoção da lei de arbitragem pelo Poder Público deve ser feita com cautela, a fim de preservar o interesse público. Apenas à guisa de demonstração, existem questões controvertidas, como aquelas relativas ao custo da arbitragem, à execução do laudo arbitral e o regime de precatórios, à publicidade do processo arbitral a fim de assegurar o exercício do controle, ao número de árbitros com o intuito de assegurar uma decisão colegiada, entre outras, que não têm sido objeto de atenção por parte da doutrina pátria. De igual modo, questões de fundo processual, como, por exemplo, aquelas atinentes à propositura de demanda judicial por terceiros, para o fim de questionar o contrato objeto do processo arbitral (autor popular, Ministério Público) e seus efeitos, ou ainda, relacionadas à formação de litisconsórcio, embora já tratadas pela doutrina, ainda carecem de amadurecimento. Por fim, não há dúvidas de que o Poder Judiciário poderá, nos casos previstos em lei, anular a sentença arbitral. Contudo, não há reflexão, por exemplo, quanto à ausência do reexame necessário no processo arbitral. Enfim, a cautela é necessária para que não se comprometa a preservação do interesse público. Em síntese, embora seja inegável a evolução do instituto e de sua aplicação nos litígios administrativos, há ainda um longo caminho a percorrer.

3

A Lei de Greve Aplicada ao Servidor Público

Aline Maria Dias Bastos[1]

1 Breve introdução e problematização do assunto

A greve do servidor público é tema inquietante para o qual não temos soluções prontas e definitivas. O direito à greve é garantido na Constituição Federal de 1988, porém, ainda não há lei específica sobre as condições e limites de seu exercício pelos servidores públicos.

Surgem os seguintes questionamentos: é possível a deflagração de movimento grevista por servidores públicos que atuam em hospitais públicos? Como pode ser assegurado o exercício de tal direito, se ele existe? Há medidas judiciais para garanti-lo? Por outro lado, pode o gestor público, chefe do Executivo, responsável pelos serviços atingidos pela greve, determinar o corte do ponto e do salário respectivo dos servidores grevistas e determinar outras medidas punitivas? Como pode o gestor garantir a continuidade dos serviços e sua prestação adequada aos cidadãos, sobretudo no caso de serviços essenciais, como saúde e segurança públicas? Há direito fundamental à greve? É amplo e geral ou há categorias de trabalhadores que não têm esse direito? Do ponto de vista teórico e histórico, como se caracteriza esse direito?

Essas são algumas questões que procuraremos abordar no presente trabalho.

2 Considerações iniciais sobre a greve

A palavra *greve* tem origem no fato de que havia uma praça em Paris onde os operários faziam suas reuniões quando insatisfeitos com as condições de trabalho ou quando

---

[1] Mestre em Direito do Estado pela Faculdade de Direito da USP. Atualmente doutoranda na mesma Faculdade. Especialista em Direito Tributário pelo Centro de Extensão Universitária. Assessora Jurídica da Procuradoria Regional da República da 3ª Região do Ministério Público Federal.

paralisavam os serviços. Os empregadores, por sua vez, dirigiam-se à praça à procura de mão de obra. Em razão de enchentes do rio Sena, havia uma grande quantidade de gravetos acumulados trazidos pelas águas das enchentes (surgimento do nome greve, originário de graveto).

Na lição de Sergio Pinto Martins, a greve pode ser considerada antes de tudo um fato social e, portanto, não estaria sujeita à regulamentação jurídica. A greve de fome é um comportamento individual, que não tem relação com o trabalho. Mas, é importante observar os efeitos decorrentes da greve que refletem nas relações jurídicas, havendo, assim, necessidade de estudo por parte do Direito.[2]

No mesmo sentido, Raimundo Simão Melo defende que a greve, independentemente de ser um direito, é um fato social, uma liberdade pública consistente na suspensão do trabalho, quer subordinado ou não, com o fim de se obter algum benefício de ordem econômica, social ou humana. É, em suma, o direito de não trabalhar.[3]

A greve não se destina apenas à defesa restrita de direitos trabalhistas, mas também se presta à tutela de outros direitos de natureza social e ambiental, como sustenta com razão e indiscutível autoridade Arnaldo Lopes Süssekind.[4]

O art. 2º da Lei nº 7.783/89 considera legítimo exercício do direito de greve a suspensão coletiva, temporária e pacífica, total ou parcial, de prestação pessoal de serviços a empregador.

Se entendermos a greve como um direito, necessariamente ela terá limites na lei, que irá regulamentá-lo. Não se trata, portanto, de direito absoluto, mas de direito limitado. O Estado deve regular o direito de greve, mas não no sentido de impedir o seu exercício.[5]

Com muita propriedade, Cármen Lúcia Antunes Rocha afirma: "Greve não é um direito absoluto, porque em seu exercício leva-se em consideração o direito da categoria e os direitos da sociedade, que não podem ser deixados ao relento, especialmente aqueles que sejam fundamentais à vida, à segurança de cada um e de todos os membros da sociedade".[6]

Raimundo Simão Melo indica, exemplificativamente, as várias modalidades de greve:

> Quanto à greve propriamente dita, além da forma tradicional de paralisação total ou parcial do trabalho, por prazo indeterminado, são aceitas outras modalidades, como a não-colaboração, o trabalho regimental, a greve de zelo (o capricho do trabalho é a tônica), a greve tartaruga (trabalha-se vagarosamente), a greve de braços cruzados (os trabalhadores adentram o estabelecimento e simplesmente

---

[2] MARTINS, Sergio Pinto. *Direito do trabalho*. 27. ed. São Paulo: Atlas, 2011. p. 867.

[3] MELO, Raimundo Simão. *A greve no direito brasileiro*. 2. ed. São Paulo: LTR, 2009. p. 39-40.

[4] SÜSSEKIND, Arnaldo. Responsabilidade pelo abuso do direito de greve. *Revista da Academia Nacional de Direito do Trabalho*, ano I, nº 1, 1993, p. 37.

[5] MARTINS, Sergio Pinto. *Direito do trabalho.* 27. ed. São Paulo: Atlas, 2011. p. 870-871.

[6] ROCHA, Cármen Lúcia Antunes. *Princípios constitucionais dos servidores públicos*. São Paulo: Saraiva, 1999. p. 359.

cruzam os braços perante os postos de serviço), a greve ativa (consiste em acelerar exageradamente o ritmo de trabalho), a ocupação dos locais de trabalho, que normalmente é utilizada em situações de alta conflitualidade, a greve relâmpago (trabalhadores param por alguns minutos ou horas ou dias e voltam ao trabalho), a greve de advertência (suspensão do trabalho por algumas horas), as miniparalisações, a greve por tempo determinado, a greve intermitente (a cada dia um setor da empresa), a greve nevrálgica ou greve trombose (greve em determinado setor estratégico, cuja inatividade paralisa os demais setores; é o caso, por exemplo, da paralisação do setor de ferramentaria numa metalúrgica).[7]

Entendemos que a greve é um direito fundamental dos trabalhadores no geral e também dos servidores públicos. Certamente, não é um direito absoluto, porque encontra limites nos demais direitos de outras pessoas.

3 Direito de greve do servidor público na Constituição Federal de 1988

O direito à livre associação sindical e o direito de greve são garantidos no art. 37, VI e VII, da Constituição Federal.

No regime anterior, não se podia fazer greve, sendo absoluta a vedação. Além disso, a greve de servidores públicos constituía crime contra a segurança nacional (art. 157, § 7º, da Constituição Federal/67; art. 4º da Lei nº 4.330/64; e art. 37 da Lei nº 6.620/78).

A justificativa para a proibição do direito de greve dos servidores públicos, por um longo período, foi o princípio da continuidade do serviço público.

Atualmente, reconhece-se o direito de greve dos servidores públicos em muitos ordenamentos.

José Afonso da Silva ensina que: "O problema da sindicalização e da greve dos servidores públicos, aqui, como em todo o mundo, foi sempre ardentemente discutido e intensamente controvertido. Na Europa o problema desapareceu há muito tempo. Em geral todos os trabalhadores, privados ou públicos, têm o direito de sindicalização e de greve."[8]

O direito de greve foi uma das grandes modificações trazidas pela Constituição de 1988, porém se observa que há um tratamento diferenciado entre os trabalhadores em geral (art. 7º) e os servidores públicos (art. 37, VII). Cármen Lúcia Antunes Rocha explica: "Considerando-se, portanto, a natureza desse direito, as suas finalidades e as peculiari-

---

[7] MELO, Raimundo Simão. *A greve no direito brasileiro*. 2. ed. São Paulo: LTR, 2009. p. 40-41.
[8] SILVA, José Afonso da. *Curso de direito constitucional positivo*. 33. ed. São Paulo: Malheiros, 2010. p. 699-700.

dades do serviço público, cujo desempenho fica paralisado quando de sua ocorrência, é que há um regime especial para a greve dos servidores públicos."[9]

O art. 39, § 3º, da Constituição Federal enumera quais os direitos dos trabalhadores, previstos no art. 7º, são estendidos aos servidores públicos ocupantes de cargo público. Essa previsão evidencia a distinção entre as categorias, pois, se gozassem do mesmo *status*, não haveria razão para a Constituição estender aos servidores públicos direitos da classe obreira privada.[10]

Assim, foi assegurado o direito de greve aos trabalhadores, competindo a estes decidir sobre a oportunidade de exercê-lo e sobre os interesses que devam defender por meio dele (art. 9º). Os §§ 1º e 2º desse art. 9º estabelecem que a lei definirá os serviços ou atividades essenciais e disporá sobre o atendimento das necessidades inadiáveis da comunidade (§ 1º) e que os abusos cometidos sujeitam os responsáveis às penas da lei (§ 2º).

Para dar cumprimento a esse dispositivo constitucional, foi expedida a Lei federal nº 7.783, de 28-6-1989, que define os serviços ou atividades essenciais, dispõe sobre o atendimento das necessidades inadiáveis da comunidade e, em seu art. 16, deixa clara a sua inaplicabilidade ao setor público, ao estabelecer que "para os fins previstos no artigo 37, VII da Constituição Federal, lei complementar definirá os termos e os limites em que o direito de greve poderá ser exercido".

Em relação aos servidores públicos, ao estabelecer disposições gerais para a Administração Pública, a Constituição consagrou o direito de greve em seu art. 37, VII.

O art. 37, VI e VII, da Constituição Federal, este último com redação alterada pela Emenda Constitucional nº 19/98, garante ao servidor público, respectivamente, o direito à livre associação sindical e o direito de greve, que "será exercido nos termos e nos limites definidos em lei específica". O primeiro é autoaplicável; o segundo depende de lei.

Na redação original do inciso VII do art. 37 da Constituição Federal, exigia-se lei complementar para regulamentar o direito de greve; pela nova redação, exige-se *lei específica*, significando que o legislador ordinário não poderá cuidar do direito de greve no serviço público em diploma que não tenha como único objeto esse tema.

Cármen Lúcia Antunes Rocha sustenta que:

> A razão de ser dessa exigência constitucional parece ser a singularidade da situação criada pela greve no setor público, que tem a obrigação de atender a interesses sociais e direitos dos administrados que são impossíveis de serem protelados ou sujeitos a transferência no tempo. De outra parte, há o dever inquestionável do

---

[9] ROCHA, Cármen Lúcia Antunes. *Princípios constitucionais dos servidores públicos*. São Paulo: Saraiva, 1999. p. 359.

[10] GUIMARÃES, Geraldo Luís Spagno. Servidores públicos: os nortes constitucionais da greve, da sindicalização e da negociação coletiva. In: FORTINI, Cristiana (Org.). *Servidor Público*: estudos em homenagem ao Professor Pedro Paulo de Almeida Dutra. Belo Horizonte: Fórum, 2009. p. 131-132.

Estado de fazer face à demanda social em setores que não podem esperar, pena de perecimento do direito, que é, em alguns casos, fundamental e insubstituível.[11]

Dessa forma, justifica-se tal exigência constitucional pelas finalidades e peculiaridades da situação criada pela greve no setor público, cuja atuação fica prejudicada quando de sua ocorrência, atingindo demandas sociais inadiáveis.

Esperava-se que, com a substituição de exigência de lei complementar (cuja aprovação exige maioria absoluta dos membros da Casa Legislativa, por força do art. 69 da Constituição Federal/88) pela exigência de lei ordinária, realizada pela Emenda Constitucional nº 19/98 (com seu quórum facilitado), fosse mais facilmente aprovada a lei disciplinadora do direito de greve. Ocorre que até hoje isso não ocorreu.

4 A quem se aplica o artigo 37, VII, da Constituição Federal?

Existem diferentes classificações dos agentes públicos. Adotaremos a da professora Maria Sylvia Zanella Di Pietro:[12]

> Agente público é toda pessoa física que presta serviços ao Estado e às pessoas jurídicas da Administração Indireta.
>
> Podem ser divididos em quatro categorias de agentes públicos:
>
> 1 – agentes políticos;
>
> 2 – servidores públicos;
>
> 3 – militares;
>
> 4 – particulares em colaboração com o Poder Público.

Cabe agora verificar quais dessas categorias de agentes públicos se encontram contempladas pelo direito de greve do art. 37, VII, da Constituição Federal.

Em primeiro lugar, observa-se que as disposições da Constituição Federal vigente se circunscrevem aos servidores públicos civis, pois, quanto aos *militares*, há vedação expressa de sindicalização e greve (art. 142, § 3º, IV), por pertencerem a uma instituição com rígida hierarquia, que tem por objetivo a defesa da ordem pública.

Também não estão abrangidos pelo art. 37, VII, da Constituição Federal os *particulares em colaboração com o Poder Público*, ou seja, as pessoas físicas que prestam serviços ao Estado, sem vínculo empregatício, com ou sem remuneração;[13] isso não significa que

---

[11] ROCHA, Cármen Lúcia Antunes. *Princípios constitucionais dos servidores públicos*. São Paulo: Saraiva, 1999. p. 360.

[12] DI PIETRO, Maria Sylvia Zanella. *Direito administrativo*. 25. ed. São Paulo: Atlas, 2012. p. 581-589.

[13] DI PIETRO, Maria Sylvia Zanella. Ob. cit., p. 588-589.

eles não tenham o direito de greve, pois podem estar abrangidos pelo art. 9º da Constituição Federal.

Quanto aos *agentes políticos*, alerta-se que não há uniformidade de pensamento entre os doutrinadores quanto à própria abrangência da expressão. Concordamos com Maria Sylvia Zanella Di Pietro quando afirma que a ideia de agente político liga-se, indissociavelmente, à de Governo e à de função política (ou seja, Presidente da República, Governadores, Prefeitos, Ministros e Secretários de Estado e parlamentares de todos os níveis).[14] Os agentes políticos não podem fazer greve, seja em razão de sua vinculação ao Estado, isto é, de natureza política (e não profissional), seja porque não atuam sob o vínculo de dependência (estando apenas subordinados à Constituição). Cabe sua destituição caso um agente político cesse o exercício da função.

A outra espécie de agente público (gênero) é a dos *servidores públicos*, que se dividem em: estatutários (sujeitos ao regime estatutário e ocupantes de cargos públicos), empregados públicos (contratados sob o regime da legislação trabalhista e ocupantes de emprego público) e servidores temporários (contratados por tempo determinado para atender à necessidade temporária de excepcional interesse público, conforme art. 37, IX, da Constituição; exercem função, sem estarem vinculados a cargo ou emprego público; também os que exercem funções de confiança, nos termos do art. 37, V, da Constituição).[15]

Os empregados públicos não estão contemplados pela liberdade sindical e pelo direito de greve previstos no art. 37, VI e VII, da Constituição Federa, por estarem regidos pela Consolidação das Leis do Trabalho e já abrangidos pelo art. 9º da Constituição Federal e pela Lei nº 7.783/89 (lei de greve).

Sobraram os servidores estatutários (titulares de cargos públicos), que são os únicos contemplados pelas garantias dos incisos VI e VII do art. 37 da Constituição Federal.

5 A quem cabe a expedição de lei específica?

Coloca-se a questão de saber se a lei ordinária específica, que defina os termos e limites do direito de greve, terá de ser de âmbito nacional e, portanto, de competência legislativa da União, ou federal, hipótese em que cada ente federativo tem competência própria para disciplinar a matéria.

Sobre esse assunto, não há unanimidade entre os autores.

Diogenes Gasparini entende que a lei específica referida no inciso VII do art. 37 deve ser federal e que, uma vez editada, será aplicável a todos os entes federados (União, Estados-membros, Distrito Federal e Municípios). Nessa área, salvo a União, nenhum dos

---

[14] DI PIETRO, Maria Sylvia Zanella. Ob. cit., p. 582.

[15] DI PIETRO, Maria Sylvia Zanella. Ob. cit., p. 583-584.

outros partícipes da federação tem igual competência. Sua iniciativa é concorrente, pois cabe tanto ao Presidente da República como a qualquer membro do Congresso Nacional.[16]

José dos Santos Carvalho Filho afirma que: "à lei federal caberá enunciar, de modo uniforme, os termos e condições para o exercício do direito de greve, constituindo-se como parâmetro para toda a Administração".[17]

Para Maria Sylvia Zanella Di Pietro, como a matéria de servidor público não é privativa da União, cada esfera de Governo deverá disciplinar o direito de greve por lei própria.[18] Dinorá Adelaide Musetti Grotti[19] e Jessé Torres Pereira Junior[20] acompanham o entendimento de Maria Sylvia Zanella Di Pietro.

6 Qual a eficácia da norma do artigo 37, VII, da Constituição Federal?

Discute-se muito se o preceito que estabelece o direito de greve para os servidores públicos seria norma constitucional de eficácia limitada ou de eficácia contida. Ou seja, para que os servidores públicos exerçam o direito de greve é necessária a edição de uma lei infraconstitucional específica, de eficácia limitada ou de eficácia contida.

Relembrando o conceito, normas constitucionais de eficácia limitada são aquelas que dependem da edição de lei que venha a complementá-la, dando-lhe eficácia, ou seja, possibilidade de produzir efeitos. Somente quando for editada essa lei, terão eficácia plena.

Na lição de José Afonso da Silva, as normas de eficácia limitada são todas as que "dependem de outras providências para que possam surtir os efeitos essenciais colimados pelo legislador constituinte".[21] Podem ser de dois tipos: (a) as definidoras de princípio institutivo ou organizativo; (b) as definidoras de princípio programático.

As normas constitucionais de eficácia contida são aquelas que independem de lei para sua aplicabilidade plena. São de aplicabilidade imediata e direta. A lei apenas conterá seu alcance. Enquanto essa lei não for editada, a norma pode ser aplicada integralmente.

Abraçando a classificação de José Afonso da Silva, normas de eficácia contida "são aquelas em que o legislador constituinte regulou suficientemente os interesses relativos a determinada matéria, mas deixou margem à atuação restritiva por parte da competência

---

[16] GASPARINI, Diogenes. *Direito administrativo*. 5. ed. São Paulo: Saraiva, 2000. p. 171.

[17] CARVALHO FILHO, José dos Santos. *Manual de direito administrativo*. 18. ed. Rio de Janeiro: Lumen Juris, 2007. p. 656.

[18] DI PIETRO, Maria Sylvia Zanella. *Direito administrativo*. São Paulo: Atlas, 2012. p. 618.

[19] GROTTI, Dinorá Adelaide Musetti. A greve no serviço público. *Revista Interesse Público*, ano 10, nº 49, Belo Horizonte: Fórum, maio/jun. 2008. p. 39.

[20] PEREIRA JUNIOR, Jessé Torres. *Da reforma administrativa constitucional*. Rio de Janeiro: Renovar, 1999. p. 97-98.

[21] SILVA, José Afonso da. *Aplicabilidade das normas constitucionais*. 3. ed. São Paulo: Malheiros, 1998. p. 116-118.

discricionária do Poder Público, nos termos que a lei estabelecer ou nos termos de conceitos gerais nelas enunciados".[22]

É importante ressaltar que, desde a promulgação da Constituição de 1988, há uma grande discussão doutrinária sobre essa questão. De início, o entendimento era de que se tratava de norma de eficácia limitada e exigia a edição de lei complementar (conforme o exigia a Constituição Federal, em sua redação original).

O Superior Tribunal de Justiça, em um dos primeiros posicionamentos, em recurso ordinário em mandado de segurança, declarou tratar-se de norma de eficácia contida (RMS nº 2947-5/SC, 6ª Turma, Min. Adhemar Maciel, j. 30-6-1993, *DJ* 16-8-1993).

Não foi esse o entendimento do Supremo Tribunal Federal, que seguiu a tese de que a norma do art. 37, VII, da Constituição Federal era de eficácia limitada (conforme acórdão proferido, por maioria, pelo Pleno, no Mandado de Injunção 20-DF, de 19-5-1994, Rel. Min. Celso de Mello).

Divergindo, os Ministros Marco Aurélio e Sepúlveda Pertence sustentavam que se tratava de norma de eficácia contida, sendo, portanto, imediatamente aplicável, só podendo ser posteriormente balizada.

O fato é que nunca foi editada uma lei regulamentadora seja complementar (anteriormente à EC 19/98), seja ordinária (após tal Emenda).

A Lei nº 8.112, de 11-12-1990, lei ordinária que instituiu o regime jurídico único de servidores públicos civis da União, não trouxe qualquer disposição sobre greve. Na verdade, nem poderia fazê-lo, em virtude da exigência, à época, de lei complementar. Referida lei, todavia, assegurava aos servidores o direito de negociação coletiva (art. 240, *d*), ao tratar do direito à livre associação sindical. O direito de negociação coletiva teve, porém, curta existência: o Pleno do Supremo Tribunal Federal, na ação direta de inconstitucionalidade proposta em abril de 1991 pela Procuradoria Geral da República, concedeu, em 1º-7-1991, medida cautelar para suspender esse preceito; o julgamento de mérito ocorreu em 12-11-1992, declarando a inconstitucionalidade do dispositivo (Adin 492/DF, Rel. Ministro Carlos Velloso, *DJ* 12-3-1993, p. 3557, *RTJ* 145/68).

Diante da pressão dos servidores, todavia, o Governo tem permitido que, em sendo realizada a greve, haja a compensação das faltas, mas ressaltando o "caráter excepcional" da medida, que fica condicionada ao retorno imediato ao serviço (Decreto nº 3.506, de 13-6-2000; Decreto nº 3.545, de 14-7-2000, Decreto nº 4.225, de 9-5-2002); e também com a exigência de adoção do plano de execução do serviço acumulado na paralisação. Por vezes, também se permite a suspensão dos descontos remuneratórios e a supressão de anotações funcionais relativas à participação na paralisação (Decreto nº 4.816, de 21-8-2003); Decreto nº 5.108, de 17-6-2004; Decreto nº 5.500, de 29-7-2005; Decreto nº 5.594, de 24-11-2005).

---

[22] SILVA, José Afonso da. *Aplicabilidade das normas constitucionais*. 3. ed. São Paulo: Malheiros, 1998. p. 116-118.

Com a demora excessiva na edição da lei, juristas como Celso Antônio Bandeira de Mello e Lucia Valle Figueiredo defendem a dispensa de lei (hipótese em que o dispositivo constitucional teria a natureza de norma de eficácia contida).

Celso Antônio Bandeira de Mello, ao tratar do direito de greve, defende que:

> Entendemos que tal direito existe desde a promulgação da Constituição. Deveras, mesmo à falta da lei, não se lhes pode subtrair um direito constitucionalmente previsto, sob pena de se admitir que o legislativo ordinário tem o poder de, com sua inércia até o presente, paralisar a aplicação da Lei maior, sendo, pois, mais forte do que ela. Entretanto, é claro que, para não decair da legitimidade da greve, os paredistas terão que organizar plantão para atender a determinadas situações: as de urgência ou que, de todo modo, não possam ser genérica e irrestritamente subtraídas à coletividade sem acarretar danos muito graves ou irreparáveis.[23]

Lucia Valle Figueiredo realça a necessidade de regulamentação do direito de greve: "urge, pois, a regulamentação do direito de greve que respeite o texto constitucional; portanto, não o diminua de maneira a torná-lo praticamente inexistente, porém estabeleça parâmetros de molde a se fazer respeitar o direito da coletividade".[24]

Entendemos que se trata realmente de norma de eficácia contida, uma vez que estamos diante de um direito fundamental e, por isso mesmo, de aplicação imediata (art. 5º, § 1º, da Constituição Federal).

7 Se não há lei infraconstitucional, como garantir o exercício do direito de greve aos servidores?

O Supremo Tribunal Federal já enfrentou tal questão em alguns Mandados de Injunção (MI nos 20, 438, 485, 585), reconhecendo a mora do Congresso Nacional. Em alguns precedentes (em especial, no voto do Min. Carlos Velloso, proferido no julgamento do MI nº 631/MS, Rel. Min. Ilmar Galvão, *DJ* 2-8-2002), aventou-se a possibilidade de aplicação, aos servidores públicos civis, da lei que disciplina os movimentos grevistas no âmbito do setor privado (Lei nº 7.783/1989).

Acontece que, apesar do reconhecimento da mora do Congresso Nacional pelo Supremo Tribunal Federal, até hoje não foi editada nenhuma lei específica para regulamentar o direito de greve de servidores públicos civis.

Com tal demora e as greves ocorrendo no país, os Tribunais passaram a entender efetivo o direito de greve dos servidores públicos (TRF – 4ª Região, 4ª Turma, Apelação Cível nº 2000.72.00.007531-6/SC, Juiz Federal Valdemar Capeletti, j. 22-8-2002).

---

[23] MELLO, Celso Antônio Bandeira de. *Curso de direito administrativo*. 22. ed. São Paulo: Malheiros, 2007. p. 272.

[24] FIGUEIREDO, Lucia Valle. *Curso de direito administrativo*. 3. ed. São Paulo: Malheiros, 1988. p. 518.

A situação não poderia continuar como estava, uma vez que o problema se colocava cada vez com mais frequência, levando o Supremo Tribunal Federal a tomar uma atitude que pudesse dar resposta pronta à questão. Assim, nos MI 670/ES, 708/DF e 712/PA, alterou seu posicionamento anterior (de que por meio de mandado de injunção só se poderia notificar o Congresso Nacional de sua mora) e concluiu o julgamento em 25-10-2007, decidindo, por unanimidade, declarar a omissão legislativa quanto ao dever constitucional de editar lei que regulamente o exercício do direito de greve no setor público e, por maioria, decidiu pela aplicação, ao setor público, no que couber, da lei de greve vigente para o setor privado (Lei nº 7.783/89).

Houve divergência parcial dos Ministros Ricardo Lewandowski, Joaquim Barbosa e Marco Aurélio, que estabeleciam condições para a utilização da lei de greve, considerando a especificidade do setor público, já que a norma foi feita visando ao setor privado, e limitavam a decisão às categorias representadas pelos sindicatos requerentes, na tradição de ter o mandado de injunção efeitos apenas *"inter partes"*.

Ocorre que o Supremo Tribunal Federal foi além, determinando as regras aplicáveis a futuros casos semelhantes, ou seja, a aplicação das normas da Lei nº 7.783/89 à greve de servidores públicos.

O Ministro Celso de Mello salientou no julgamento:

> Não mais se pode tolerar, sob pena de fraudar-se a vontade da Constituição, esse estado de continuada, inaceitável, irrazoável e abusiva inércia do Congresso Nacional, cuja omissão, além de lesiva ao direito dos servidores públicos civis – a quem se vem negando, arbitrariamente, o exercício do direito de greve, já assegurado pelo texto constitucional –, traduz um incompreensível sentimento de desapreço pela autoridade, pelo valor e pelo alto significado de que se reveste a Constituição da República.

Ressaltou que a forma como os Ministros Eros Graus e Gilmar Mendes abordaram o tema "não só restitui ao mandado de injunção a sua real destinação constitucional, mas, em posição absolutamente coerente com essa visão, dá eficácia concretizadora ao direito de greve em favor dos servidores públicos civis".

As greves continuaram e o Supremo Tribunal Federal começou a restringir a amplitude do seu entendimento. Na apreciação da Reclamação nº 6.568, relatada pelo Min. Eros Grau (j. em 21-5-2009, *DJe* 181), foi decidido que o direito de greve deve ser restringido para algumas categorias que exercem atividades relacionadas à manutenção da ordem pública. Com relação especificamente aos policiais civis, o Supremo Tribunal Federal considerou as atividades desenvolvidas pelos mesmos "análogas, para esse efeito, às dos militares, em relação aos quais a Constituição expressamente proíbe a greve".

No Recurso Extraordinário nº 456.530-ED, Rel. Min. Joaquim Barbosa, j. em 23-11-2010, 2ª Turma, *DJE* de 1º-2-2011, o Supremo Tribunal Federal entendeu possível, em caso de greve de servidor, o desconto dos dias parados, sem prejuízo da possibilidade de composição em benefício dos grevistas. No mesmo sentido, o RE nº 399.338-AgR, Rel. Min. Cármen Lúcia, j. em 1-2-2011, 1ª Turma, *DJE* de 24-2-2011.

Com muita propriedade Maria Sylvia Zanella Di Pietro afirma:

> Na realidade, não devem ser poucas as dificuldades que o legislador federal enfrentará para regulamentar a greve do servidor público; não é especialmente por se tratar de serviço público, cuja continuidade fica rompida com a paralisação; se fosse essa a dificuldade, poderia ser contornada da mesma forma por que o foi nos artigos 10 a 13 da Lei nº 7.783/89, que cuida dos serviços considerados essenciais (a maior parte deles sendo **serviços públicos**) e estabelece normas que asseguram a sua continuidade em períodos de greve.
>
> A dificuldade está no fato de que, tanto o direito de sindicalização como o direito de greve, cuja importância para os trabalhadores em geral diz respeito a assuntos relacionados com pretensões salariais, não poderão ter esse alcance com relação aos servidores públicos, ressalva feita aos das empresas estatais. Com esse objetivo, o exercício do direito de greve poderá, quando muito, atuar como pressão sobre o Poder Público, mas não poderá levar os servidores a negociações coletivas, com ou sem participação dos sindicatos, com o fito de obter aumento de remuneração.[25]

A questão que se coloca é a utilização de uma lei aplicada ao setor privado (Lei nº 7.783/89) no setor público. É possível a utilização de instrumentos do direito privado no setor público. Há compatibilidade?

Entendemos que, dadas as diferenças entre os setores público e privado, as peculiaridades e regras próprias do serviço público, em especial a exigência de continuidade, a lei de greve não pode ser aplicada para o setor público da mesma forma em que é aplicada para a atividade privada.

A regulamentação do direito de greve dos servidores públicos deve ser feita com bastante cautela, de modo a não impedir o seu exercício, mas, ao mesmo tempo, evitar que seja prejudicada a continuidade e a eficiência de atividades essenciais aos direitos da sociedade.

8 Algumas questões importantes

Sabemos que a realização da greve pelos servidores públicos, por questão salarial, em razão do princípio da legalidade, dificilmente poderá levar à alteração da remuneração ou de qualquer direito que seja definido em lei. Mesmo que União, Estados e Municípios optem pelo regime da CLT para seus servidores, ele terá que ser adotado com todas as derrogações previstas no art. 37 e seguintes da Constituição Federal.[26]

---

[25] DI PIETRO, Maria Sylvia Zanella. *Direito administrativo*. São Paulo: Atlas, 2012. p. 519-620.
[26] DI PIETRO, Maria Sylvia Zanella. Ob. cit., p. 620-621.

Válidas são as lições de Cármen Lúcia Antunes Rocha:

> O servidor público, sujeito ao regime estatutário, que é positivado legalmente e que demanda que qualquer alteração de seus fatores, inclusive o remuneratório, se dê pela via da norma jurídica, não pode pretender que, de uma negociação levada a cabo e exclusivamente com o titular do Poder Executivo, por exemplo, possa-se extrair solução referente a valores, porque o Poder Legislativo terá participação imprescindível no desate do litígio instalado. Mas mesmo o exercício da função legiferante sujeita-se a princípios e regras constitucionais incontornáveis pelo legislador, pelo que há de se ater o movimento e sua solução aos comandos constitucionais, tais como os que se referem a leis orçamentárias, a leis restritivas do reajustamento e do limite de gastos das entidades com o pagamento de seus servidores, etc.[27]

Algumas súmulas do Supremo Tribunal Federal tratam do assunto de greve e vencimento dos servidores públicos: pela Súmula nº 679, firmou-se o entendimento de que "a fixação de vencimentos dos servidores públicos não pode ser objeto de convenção coletiva". A Súmula nº 316 dispõe que a simples adesão à greve não constitui falta grave.

Além disso, não podemos esquecer a existência da lei de responsabilidade fiscal e das leis orçamentárias, como sendo verdadeiros limites para o deslinde da questão.

Dinorá Adelaide Musetti resume dizendo que reina uma situação caótica sobre o tema, não existindo uniformidade de entendimento quanto aos efeitos da deflagração de greve para os servidores, para os usuários, para o Estado e para os sindicatos:[28]

> Quanto aos servidores, os efeitos referem-se: a) à legitimidade do desconto dos dias parados, salvo se a própria Administração ajustar com servidores a paralisação das atividades, ou autorizar a compensação das faltas decorrentes de participação de servidor na paralisação de serviços públicos; b) à suspensão da contagem do período de paralisação como de efetivo exercício do servidor em estágio probatório; c) à suspensão do cômputo, para fins e contagem de tempo de serviço ou de qualquer vantagem que o tenha por base, das faltas decorrentes de participação de servidor em movimento de paralisação de serviços públicos. Para os usuários destacam-se os seguintes efeitos da paralisação: a) a suspensão de prazos processuais; b) liberação de mercadorias; c) renovação de licença médica; d) direito de obter certidão ou de prorrogar a validade de certidão.

> No que tange ao Estado sobressaem os seguintes efeitos: a) responsabilidade por danos produzidos diretamente em razão de movimento paredista; b) utilização de servidores públicos federais em caráter emergencial e provisório mediante convênio.

---

[27] ROCHA, Cármen Lúcia Antunes. *Princípios constitucionais dos servidores públicos*. São Paulo: Saraiva, 1999. p. 364.

[28] GROTTI, Dinorá Adelaide Musetti. A greve no serviço público. *Revista Interesse Público*, ano 10, nº 49, Belo Horizonte: Fórum, maio/jun. 2008. p. 35.

Com relação aos sindicatos sobressaem os seguintes efeitos: a) eventual condenação por abusividade de greve; b) exigência de manutenção em serviços mínimos.

Cármen Lúcia Antunes Rocha observa a situação e conclui:

> É exato que a greve tem um conteúdo político, como o têm quase todos os direitos sociais que respeitam a vida em sociedade ou aqueles cujo exercício se dá como um movimento coletivo, e não mera ação individual. Contudo, mais que os outros, há de se cuidar para que a greve não seja transformada em manifestação puramente política ou, principalmente, político-partidária, devendo-se ater à sua natureza de instrumento profissional de defesa de interesses não resolvidos por outras vias postas à disposição do trabalhador. O direito é elaborado e conquistado para desate racional de questões sociais. Quanto mais racional for o uso de cada qual de seus instrumentos mais fortes serão eles e mais apuradas as vias jurídicas para o cuidado eficaz de problemas que a vida se encarrega de urdir. Mas é bom advertir: greve não é grave. Ou, pelo menos, não é tão grave quanto a carência de serviços públicos apropriados e excelentes de educação para os meninos do Brasil, a carência de serviços públicos adequados e excelentes de saúde para os velhos do Brasil, a carência de segurança pública para todos os cidadãos brasileiros, todas as formas de greve branca do Estado ineficiente e inoperante ou operante segundo interesses de uns poucos que se acham donos do País [...] Greve já não mete medo. O que mete medo é a fome de pão e de Justiça, num país dado a não ter qualquer receio dessas faltas tão pouco humanas e tão melancolicamente frequentes nestes tristes trópicos [...].[29]

Por todos esses problemas, faz-se necessário normatizar o direito de greve; a razoabilidade do tempo de espera já se esgotou.

9 Projetos de lei em andamento

A recente greve de servidores públicos federais, em 2012, envolvendo diversas categorias em várias partes do país, trouxe de volta à discussão a necessidade de regular as paralisações desses trabalhadores. Mas a forma como a regulamentação deve ser feita não é consensual (há diferentes projetos de lei tramitando no Congresso) e gera polêmica entre os parlamentares.

No caso da greve dos servidores, nenhuma lei foi aprovada até hoje, embora se encontre em tramitação no Congresso um projeto da lavra da deputada Rita Camata (PL nº 4.497/2001) que dispõe sobre os termos e limites do exercício do direito de greve pelos servidores públicos, ao qual foram apensadas sete proposições, quais sejam: PL nº 5.662/01, PL nº 6.132/02, PL nº 6.141/02, PL nº 6.668/02, PL nº 6.775/02, PL nº 1.950/03 e PL

---

[29] ROCHA, Cármen Lúcia Antunes. Ob. cit., p. 364.

nº 981/07, bem como o PLS nº 84/07, de autoria do Senador Paulo Paim, que define os serviços ou atividades essenciais, para os efeitos do direito de greve, previsto no art. 37, VII, da Constituição Federal.

Encontra-se, outrossim, tramitando na Câmara o PL nº 401/91, de autoria do então Deputado Paulo Paim, que define os serviços ou atividades essenciais, para os efeitos do direito de greve, previsto no § 1º do art. 9º da Constituição Federal, e dá outras providências, ao qual foram apensados seis outros projetos, a saber: PL nº 1.802/96, PL nº 2.180/96, PL nº 3.190/00, PL nº 424/03, PL nº 1.418/03 (ao qual foi apensado o PL nº 3.879/04) e PL nº 7.350/06.

O governo, por sua vez, não apenas defende a fixação de regras como também cogita de apresentar um projeto.

Entre os projetos de lei que tramitam no Senado destacam-se o PLS nº 710/11, do senador Aloysio Nunes Ferreira (PSDB-SP), o PLS nº 83/07 e o PLS nº 84/07, ambos do senador Paulo Paim (PT-RS).

A proposta de Aloysio Nunes, que conta com relatório favorável do Senador Pedro Taques (PDT-MT), fixa uma série de exigências para que os servidores possam entrar em greve. Uma delas determina que pelo menos 50% dos funcionários têm de continuar trabalhando – percentual que aumenta para 60% nos casos de paralisação em serviços relacionados a saúde, abastecimento de água e energia e transporte coletivo, entre outros, e sobe para 80% quando a greve afeta a segurança pública. Se tais percentuais não forem respeitados, a greve poderá ser considerada ilegal.

Aloysio Nunes também propõe que os grevistas sejam obrigados a comunicar a paralisação com pelo menos 15 dias de antecedência. E determina que, caso a greve seja considerada ilegal pelo Judiciário, o retorno dos servidores ao trabalho deverá ocorrer em até 24 horas – prazo contado a partir da intimação da entidade sindical responsável.

O projeto de Aloysio Nunes estava pronto para ser votado na Comissão de Constituição, Justiça e Cidadania do Senado (CCJ), já com as alterações propostas por Pedro Taques, quando foi retirado de pauta após o senador Paulo Paim (PT-RS) solicitar que a matéria também seja discutida em outras duas comissões – uma delas presidida pelo próprio Paim: a Comissão de Direitos Humanos e Legislação Participativa do Senado (CDH).

O projeto de Aloysio Nunes foi criticado, sendo alegado que a proposta visa amordaçar e restringir o direito de greve dos servidores e que a regulamentação pode acabar se transformando em uma proibição desse direito.

A proibição do direito de greve não pode ocorrer, em obediência ao princípio do não retrocesso.

A proibição do retrocesso (ou efeito *cliquet*) refere-se a direitos já reconhecidos na ordem jurídica que não podem ser suprimidos pelos governantes, pois isso implicaria um retrocesso em detrimento das conquistas históricas da Humanidade.

Com muita propriedade Ingo Wolfgang Sarlet afirma que:

Negar o reconhecimento ao princípio da proibição de retrocesso significaria em última análise, admitir que os órgãos legislativos (assim como o poder público de modo geral), a despeito de estarem inquestionavelmente vinculados aos direitos fundamentais e às normas constitucionais em geral, dispõem do poder de tomar livremente suas decisões mesmo em flagrante desrespeito à vontade expressa do constituinte.[30]

Na lição de Canotilho, a proibição do retrocesso é formulada no seguinte sentido:

> O princípio da proibição de retrocesso [social] pode formular-se assim: o núcleo essencial dos direitos sociais já realizado e efectivado através de medidas legislativas [...] deve considerar-se constitucionalmente garantido, sendo inconstitucionais quaisquer medidas estaduais que, sem a criação de outros esquemas alternativos ou compensatórios, se traduzam, na prática, numa "anulação", "revogação" ou "aniquilação" pura e simples deste núcleo essencial.[31]

Assim, não se pode cogitar de proibição do direito de greve, pois a conquista desse direito é fruto de um processo histórico, direito esse que está consagrado na Constituição Federal de 1988.

10 Conclusão

O posicionamento do Supremo Tribunal Federal sobre o exercício do direito de greve, no silêncio do legislador, certamente vai alterar ou pelo menos fazer com que o Poder Legislativo reflita sobre os assuntos que necessitam ser regulamentados para sua efetiva aplicação.

Não resta dúvida de que cabe ao Poder Legislativo estabelecer os parâmetros da greve dos servidores públicos, sem esquecer que deve haver uma sintonia e compatibilidade entre o exercício do direito de greve e as peculiaridades aplicadas ao serviço público.

Também, não se pode negar que o Supremo Tribunal Federal deu um salto importante, ao tentar solucionar e tornar efetivo um direito consagrado na Constituição Federal. Para esse fim, determinou a aplicação de um instituto de direito privado – o direito de greve disciplinado pela Lei nº 7.783/89 – ao servidor público civil.

---

[30] SARLET, Ingo Wolfgang. *Proibição de retrocesso, dignidade da pessoa humana e direitos sociais*: manifestação de um constitucionalismo dirigente possível. Disponível em: <www.direito do estado.com/revista/RERE-15--SETEMBRO-2008-INGO SARLET.PDF>. Acesso em: 10 abr. 2012.

[31] CANOTILHO, José Joaquim Gomes. *Direito constitucional e teoria da constituição*. 7. ed. Coimbra: Almedina, 2003. p. 339-340.

4 Licitação Privada e Licitação Pública: Sigilo do Orçamento no Regime Diferenciado de Contratações Públicas e Prevenção a Cartéis

Amanda Athayde Linhares Martins[1, 2]

1 Introdução

As fronteiras entre público e privado têm ficado cada vez mais tênues, em decorrência dos movimentos paralelos de publicização do privado e de privatização do público. Por sua vez, a distinção entre o que é uma licitação privada ou uma licitação pública também se torna cada vez menos definitiva. Afinal, o que caracteriza uma licitação como pública ou privada? Será a natureza jurídica do instituidor do procedimento concorrencial? Se sim, como essa regra é adaptável a alguns entes da Administração Pública indireta, dotados de personalidade jurídica de direito privado, mas submetidos às regras de licitação pública?

Ou o que caracteriza uma licitação como pública ou privada seria a natureza jurídica de suas normas? Seria sua materialidade e compatibilidade com os princípios do direito público ou do direito privado? Ou, ainda, o que caracteriza uma licitação pública no Brasil seriam as normas previstas nos estritos termos da Lei nº 8.666, de 21-6-1993? Se sim, e se um ente privado instituísse uma licitação que seguisse o rito idêntico àquele previsto na Lei nº 8.666/93, seria essa uma licitação pública, porque segue as regras da Lei nº 8.666/93, que são de direito público, ou seria uma licitação privada, porque segue o instituidor uma empresa privada?

---

[1] Mestranda em Direito Comercial pela Universidade de São Paulo (USP), sob orientação da Profª Paula A. Forgioni. Graduada em Administração com habilitação em Comércio Exterior pelo Centro Universitário UNA. Intercambista da Universidade de Paris I – Panthéon Sorbonne em 2009/2010. Ex-coordenadora de processos administrativos nos setores de serviços e infraestrutura na Secretaria de Direito Econômico (SDE/MJ).

[2] Agradeço à Profª Maria Sylvia Zanella Di Pietro por ter fomentado a discussão sobre a utilização do direito privado pela Administração Pública, nas aulas ministradas em sede de pós-graduação, da Faculdade de Direito da Universidade de São Paulo (USP), no segundo semestre de 2012. Agradeço também ao Prof. Fernando Dias Menezes de Almeida, pelos questionamentos relativos ao direito administrativo, a Fernanda Garcia Machado, pelos comentários e sugestões em tema de direito da concorrência, e a Laís Inagaki, pela revisão final.

Finalmente, qual o critério para se definir algo como público ou privado e qual a validade/utilidade desse tipo de classificação? Sem o propósito de exaurir o tema, esses questionamentos são postos para suscitar a reflexão acerca da tradicional dicotomia entre o público e o privado, estudada, a seguir, no item 2.

Nesse contexto de influência recíproca entre público e privado, verifica-se a promulgação da Lei nº 12.462, de 4-9-2011, que institui o regime diferenciado de contratações Públicas (RDC). Esse diploma legal estabeleceu um regime excepcional e transitório, aplicável inicialmente apenas às licitações e aos contratos relacionados à realização dos eventos de impacto mundial que o Brasil sediará nos próximos anos (Jogos Olímpicos e Paraolímpicos, Copa das Confederações e Copa do Mundo). Posteriormente, o RDC foi estendido para as ações do Programa de Aceleração do Crescimento – PAC (conforme Lei nº 12.688, de 18-7-2012), às obras e serviços de engenharia no âmbito dos sistemas de ensino público (nos termos da Lei nº 12.722, de 20-10-2012) e às obras e serviços de engenharia celebrados no âmbito do Sistema Único de Saúde – SUS (conforme Lei nº 12.745, de 19-12-2012). O objetivo do RDC foi o de instituir um regime mais ágil e eficaz do que aquele previsto na regra geral de licitações e contratações públicas – Lei nº 8.666/93 –, por meio da incorporação de institutos típicos das licitações privadas. O quadro geral trazido pelo RDC será estudado no item 3.

O instituto típico das licitações privadas incorporado pelo RDC, a ser analisado no presente trabalho, consta do art. 6º da Lei nº 12.462/11, que determina o sigilo temporário e relativo do orçamento estimado pela Administração Pública para a contratação. Sabe-se que o sigilo do valor orçado é verificado na prática das licitações privadas e que tende a reduzir os preços apresentados pelos fornecedores à empresa contratante. No entanto, a regra definida na Lei nº 8.666/1993 é a publicidade desse orçamento estimado para a contratação. As discussões a respeito desse instituto serão analisadas no item 4.

Com efeito, a adoção do sigilo do orçamento estimado para o RDC, com as características peculiares de temporariedade e de relatividade, traz consigo a perspectiva de ser esta uma importante ferramenta de prevenção a cartéis em licitações públicas no Brasil, conforme a abordagem no item 5.

Finalmente, serão apresentadas as conclusões no item 6.

2 Licitação privada e licitação pública

O termo *licitação* é comumente utilizado como sinônimo de procedimento concorrencial público. Em termos técnicos, no entanto, o instituto é comum tanto ao direito privado quanto ao direito público, adaptável aos dois campos da ciência do direito[3] como categoria jurídica.[4]

---

[3] CRETELLA JÚNIOR, José. *Das licitações públicas*. 18. ed. Rio de Janeiro: Forense, 2006. p. 50.

[4] Categorias jurídicas como "a formulação genérica, *in abstracto*, com índices essenciais, mas gerais, não comprometida ainda com nenhum dos ramos do direito" (CRETELLA JÚNIOR, José. As categorias e o direito

José Cretella Júnior ensina que licitação *"é o procedimento prévio concorrencial que uma das partes institui para selecionar seu futuro contratante"*.[5] Desse modo, o autor afirma que, se o instituidor do procedimento licitatório for o particular, a licitação será incluída no campo do direito privado, ao passo que, se o instituidor do procedimento for o Estado, a licitação será pública. Assim, o instituto da licitação seria classificado em *"licitação privada e licitação pública*, ambos procedimentos preliminares, o primeiro dependente da vontade do *dominus*, e o segundo sujeito às leis do Estado, as quais disciplinam o instituto, colocando-o *fora* da alçada da *voluntas* do administrador, mas dentro do campo da competência deste".[6]

Nos dias de hoje, porém, cada vez mais essas fronteiras tradicionais entre o direito público e o direito privado diluem-se e tudo isso se torna misto. Segundo Maria João Estorninho, dois fatores seriam os responsáveis pela diluição das fronteiras tradicionais entre o público e o privado: o movimento de publicização do direito privado e o de privatização de setores administrativos.[7]

Neste último movimento – de privatização do público –, a autora afirma que estaria em curso uma *fuga para o direito privado*,[8] cujo objetivo seria fugir do regime jurídico administrativo, em especial de suas sujeições. Essa fuga seria uma busca pela dinamização das atividades exercidas pela Administração Pública e pela maior eficiência administrativa, por meio da absorção de institutos e práticas tradicionalmente oriundos do setor privado.

Diante dessa dificuldade em se estabelecer um critério estanque entre o que seja uma licitação privada e uma licitação pública, opta-se no presente trabalho por uma diferenciação pragmática, baseada na legislação vigente. Utilizar-se-á, como *critério para considerar que um determinado instituto da licitação é de direito privado ou de direito pública, a verificação da pertença ou não daquele instituto na Lei nº 8.666/93*.

Desse modo, a expressão *licitação pública* será utilizada, neste trabalho, para referir-se ao procedimento concorrencial previsto na Lei nº 8.666/93 e nas leis que expressamente a excepcionam – como é o caso da lei do regime diferenciado de contratações (RDC). Em contrapartida, a expressão *licitação privada* referir-se-á às práticas e institutos excluídos do escopo da Lei nº 8.666/93.

Sabe-se que essa definição ainda apresentará contornos cinzentos, visto que poderia haver, por exemplo, determinadas práticas das licitações privadas também previstas em dispositivos da legislação das licitações públicas. Entretanto, para o objetivo do presente

---

público. *Revista da Faculdade de Direito da USP*, ano LXII, fase II, 1967. Apud DI PIETRO, Maria Sylvia Zanella. Ainda existem os contratos administrativos? In: DI PIETRO, Maria Sylvia Zanella; RIBEIRO, Carlos Vinícius Alves (Coord). *Supremacia do interesse público e outros temas relevantes do direito administrativo*. São Paulo: Atlas, 2010. p. 398-411.

[5] CRETELLA JÚNIOR, José. *Das licitações públicas*. 18. ed. Rio de Janeiro: Forense, 2006. p. 50.

[6] CRETELLA JÚNIOR, José. Ob. cit., p. 50.

[7] ESTORNINHO, Maria João. *A fuga para o direito privado*: contributo para o estudo da actividade de direito privado da Administração Pública. Coimbra: Almedina, 1999. p. 360.

[8] ESTORNINHO, Maria João. Ob. cit., p. 360.

trabalho, que é analisar a incorporação de um instituto da prática das licitações privadas pela legislação de licitações públicas no Brasil, esse critério "legalista" tem sua valia pela clareza e pragmaticidade em sua utilização.

Como ocorrem, então, essas licitações privadas? Nas empresas privadas, o gerenciamento de aquisições de materiais para a manutenção da atividade produtiva é executado normalmente por um departamento de compras,[9] o qual realiza o procedimento concorrencial não só para a compra de produtos, mas também para a execução de obras e serviços. Esse departamento tende a desenvolver suas tarefas por meio de dois modelos, basicamente: o de cotação (mais rígido) e o de negociação (mais flexível), ambos inseridos na categoria aqui denominada de "licitação privada".

No sistema de cotação, o comprador faz cotações com várias empresas fornecedoras e, de posse dessas cotações, decide pela melhor oferta, baseada em um critério de julgamento (preço do produto, qualidade, histórico de entregas anteriores etc.). Assim, de acordo com Claude Machline,[10] esse sistema de cotação realizado pelas empresas privadas consiste na tomada das seguintes decisões: (i) escolha das firmas participantes; (ii) escolha do órgão de difusão da concorrência; (iii) escolha dos critérios de avaliação dos resultados da concorrência; (iv) escolha das pessoas que devem compor a comissão de julgamento da concorrência. Percebe-se, então, que esse sistema de cotação se assemelha, de algum modo, à Lei nº 8.666/93.

Já no sistema de negociação, o processo de compra inicia-se com a tomada de oferta dos concorrentes, sendo o processo de decisão menos formal e privilegiando a habilidade de negociação. De acordo com S. F. Heinritz e P. V. Farrell, nesse sistema, as ofertas negociadas "tendem a aproximar-se mais do preço exato e justo do que as simples cotações concorrentes, devido ao fato de que todos os fatores pertinentes são analisados e discutidos no decorrer da negociação, e os detalhes dos requisitos e especificações podem ser, muitas vezes, modificados, de modo a permitir o aproveitamento de vantagens ocasionais relativas aos preços que seriam, em caso contrário, perdidas".[11]

Nesse contexto, seja em compra, obra ou serviço, utilizando-se do sistema de cotação ou negociação, é a própria empresa privada que define o rito, os critérios, os prazos e tudo o que lhe convier no processo de contratação. Em contrapartida, quando a Administração Pública é que realiza uma compra, obra ou serviço, ela deve obrigatoriamente seguir o procedimento previsto na Lei nº 8.666/93 ou nas leis que expressamente a excepcionam.

---

[9] O termo *compras* pode ser entendido como a "função administrativa, dentro da organização, responsável por coordenar um sistema de controle e informação capaz de adquirir externamente, para garantir o fluxo de materiais necessário à missão da organização, bens e serviços na quantidade certa, na qualidade certa, da fonte certa, no exato momento e ao preço certo" (COSTA, André Lucirton. *Sistema de compras*: a lei de licitação e a função compras da empresa privada. Dissertação apresentada na Escola de Administração de empresas de São Paulo da Fundação Getúlio Vargas. São Paulo: FGV, 1994. p. 17).

[10] MACHLINE, Claude et al. *Manual de administração da produção*. São Paulo: FGV, 1954. p. 170. Apud COSTA, Ob. cit.

[11] HEINRITZ, S. F.; FARRELL, P. V. *Compras*: princípios e aplicações. Tradução de Augusto Reis. São Paulo: Atlas, 1983. p. 201. Tradução de: Purchasing. Apud COSTA, Ob. cit.

Qual seria, portanto, a grande diferença entre ambos os procedimentos? Acredita-se que o diferencial seja, sobretudo, a flexibilidade conferida às empresas privadas, que lhes permite, pelo menos em tese, maior dinamicidade, economicidade e eficiência nas contratações. Essa flexibilidade, que não é conferida à Administração Pública, tende a transformar-se não apenas em rigidez, mas em excesso de rigidez.

Se, por um lado, a rigidez do procedimento licitatório público pode ser vista como necessária para se coadunar aos princípios da Administração Pública – que são, de acordo com Maria Sylvia Zanella Di Pietro, o da igualdade, da legalidade, da impessoalidade, da moralidade e da probidade, da publicidade, da vinculação ao instrumento convocatório, do julgamento objetivo, da adjudicação compulsória, da ampla defesa e da licitação sustentável –,[12] por outro lado, as críticas à rigidez da Lei nº 8.666/93 são muitas, especialmente no que se refere ao engessamento do procedimento, que resulta em morosidade e ineficiência nas contratações.

Diante desse cenário, promulgou-se, em agosto de 2011, a Lei nº 12.462/11, que instituiu o regime diferenciado de contratações públicas (RDC), em nítida busca por maior "simplificação, celeridade, transparência e eficiência nos procedimentos para dispêndio de recursos públicos".[13] A promulgação desse novo diploma legal parece ter sido resultado do movimento de aproximação entre o público e o privado, supramencionado.

Como consequência para o futuro, Ivan Barbosa Rigolin apresenta sua esperança de "que algumas das ideias ventiladas na nova Lei [12.462/11] sirvam como patamar inicial para mudança da Lei de Licitações [Lei nº 8.666/93], esta sim emperrada e arcaica e que há muito desserve a Administração, o Direito, as lógicas jurídica e operacional, as mais primitivas das licitações e o senso comum das pessoas".[14] Tanto o RDC quanto uma de suas inovações – o sigilo do orçamento estimado para a contratação – uma das principais inovações – serão discutidos nos itens 3 e 4, respectivamente.

Como conclusão desse item, pode-se afirmar que os institutos de licitação privada serão definidos por um critério negativo: *será instituto das licitações privadas tudo aquilo que não for previsto como instituto de licitação pública nos termos da Lei nº 8.666/93 e nas leis que expressamente a excepcionam* – como é o caso da Lei do RDC.

3 Licitação pública no regime diferenciado de contratações públicas (RDC)

Instituído pelo Capítulo I da Lei nº 12.462/11 e regulamentado pelo Decreto nº 7.581, de 11-10-2011, o RDC constitui disciplina excepcional e transitória, facultativamente aplicável às licitações e aos contratos no âmbito da Administração Pública brasileira. A

---

[12] DI PIETRO, Maria Sylvia Zanella. *Direito administrativo*. 25. ed. São Paulo: Atlas, 2012. p. 372.

[13] ANDRADE, Ricardo Barretto de; VELOSO, Vitor Lanza. Uma visão geral sobre o regime diferenciado de contratações públicas: objeto, objetivos, definições, princípios e diretrizes. *Informativo Justen, Pereira, Oliveira e Talamini*, Curitiba, nº 60, fev. 2012. Disponível em: <http://www.justen.com.br//informativo>. Acesso em: 11 out. 2012.

[14] RIGOLIN, Ivan Barbosa. Regime diferenciado de contratações públicas. *Revista Zênite de Licitações e Contratos*, ano XVIII, nº 214, dez. 2011.

sua aplicabilidade restringe-se exclusivamente às licitações e contratos relacionados com a realização dos Jogos Olímpicos e Paraolímpicos de 2016, da Copa das Confederações da Federação Internacional de Futebol – FIFA 2013 e da Copa do Mundo FIFA 2014 (art. 1º, I e II); das obras de infraestrutura e de contratação de serviços para os aeroportos das capitais dos Estados da Federação distantes até 350 km das cidades sedes dos referidos mundiais (art. 1º, III); das ações integrantes do Programa de Aceleração do Crescimento – PAC (art. 1º, IV, incluído pela Lei nº 12.688, de 28-7-2012); das obras e serviços de engenharia no âmbito do Sistema Único de Saúde – SUS (art. 1º, V, incluído pela Lei nº 12.745, de 19-12-2012); e de obras e serviços de engenharia no âmbito dos sistemas públicos de ensino (§ 3º do art. 1º, incluído pela Lei nº 12.722, de 20-10-2012).

Consoante ensinamento de Di Pietro,[15] a adoção do RDC não é obrigatória, pois fica a critério da Administração optar pelo regime de contratação que lhe parecer mais conveniente, dentre os da Lei nº 8.666/93 (empreitada), da Lei nº 8.987/95 (concessão e permissão de serviço público) ou da Lei nº 11.079/04 (parceria público-privada).

O RDC incorporou reivindicações por dinamicidade do procedimento concorrencial público, não admitidas pela Lei nº 8.666/93, em um nítido movimento de "fuga para o direito privado".[16] Para Vitor Trigo Monteiro, o objetivo dessa nova lei seria assemelhar o regime de contratações públicas ao regime privado, garantindo que a Administração possa realizar contratos utilizando-se de prerrogativas e vantagens similares àquelas à disposição dos particulares.[17]

Consoante o § 1º do art. 1º da Lei nº 12.462/11, o RDC tem por objetivo ampliar a eficiência nas contratações públicas e a competitividade entre os licitantes (inc. I); promover a troca de experiências e tecnologias em busca da melhor relação entre custos e benefícios para o setor público (inc. II); incentivar a inovação tecnológica (inc. III); e assegurar tratamento isonômico entre os licitantes e a seleção da proposta mais vantajosa para a Administração Pública (inc. IV). Para Di Pietro, o grande objetivo do RDC estaria resumido no inciso I, com a ideia de ampliar a eficiência, dado que, "com a proximidade dos aludidos campeonatos mundiais, já com datas definidas, há necessidade de acelerar procedimentos licitatórios, sob pena de ficarem inconclusas as obras necessárias a esse fim".[18]

Dentre as diretrizes mencionadas no art. 4º, a que mais tem pertinência ao objeto deste trabalho é a prevista no inciso III, que determina a busca da maior vantagem para a Administração Pública, considerando custos e benefícios, diretos e indiretos, de natureza econômica, social ou ambiental, inclusive os relativos à manutenção, ao desfazimento de bens e resíduos, ao índice de depreciação econômica e a outros fatores de igual relevância.

---

[15] DI PIETRO, Maria Sylvia Zanella. *Direito administrativo*. 25. ed. São Paulo: Atlas, 2012. p. 440.

[16] ESTORNINHO, Maria João. Ob. cit., p. 360.

[17] MONTEIRO, Vitor Trigo. Comentários sobre o regime diferenciado de contratações públicas. *Jus Navigandi*, Teresina, ano 17, nº 3152, 17 fev. 2012. Disponível em: <http://jus.com.br/revista/texto/21119>. Acesso em: 17 out. 2012.

[18] DI PIETRO, Maria Sylvia Zanella. *Direito administrativo*. 25. ed. São Paulo: Atlas, 2012. p. 442.

De acordo com Justen Filho, "algumas normas do RDC apenas explicitam interpretações extraíveis das normas comuns das Leis nºs 8.666/1993 e 10.520/2002, [...] [outras] poderiam ser reputadas como compreendidas na competência discricionária da Administração Pública, [...] [m]as alguns tópicos configuram inovação digna de referência".[19]

Di Pietro inclusive elenca algumas inovações que considera relevantes, seja quanto à licitação, seja quanto ao contrato, introduzidas no RDC. São elas: (a) ampliação dos objetivos da licitação (art. 1º, § 1º); (b) inclusão do princípio da economicidade e do desenvolvimento nacional sustentável (art. 3º); (c) restrições quanto à publicidade do orçamento estimado (art. 6º); (d) inversão nas fases de habilitação e julgamento (art. 12); (e) novos critérios de julgamento (art. 18); (f) previsão de procedimentos auxiliares das licitações (art. 29); (g) previsão da possibilidade de exigência de amostra para a pré-qualificação e para o julgamento (art. 7º, II); (h) possibilidade de remuneração variável vinculada ao desempenho da contratada (art. 10); (i) previsão da contratação integrada entre os regimes de execução do contrato (art. 8º).[20]

A inovação elencada no item c, consistente na previsão de restrição à divulgação do orçamento estimado – ou seja, de sigilo temporário e relativo –, constitui um dos pontos mais polêmicos do RDC e será analisada no item 4.

Diante do exposto, como conclusão deste item, tem-se que *o RDC promoveu alterações e inovações no procedimento de licitação pública, que antes não eram admitidas na Lei nº 8.666/93. A inovação do sigilo do orçamento estimado para a contratação configura resultado do movimento de "fuga para o direito privado"*.

4 Sigilo do orçamento estimado no regime diferenciado de contratações públicas (RDC)

Nas licitações privadas, as empresas não divulgam aos seus possíveis fornecedores a sua estimativa de custos com a contratação. Isso porque, na esfera privada, não se vê racionalidade em apresentar tal estimativa, uma vez que é justamente a assimetria de informações entre o comprador e o vendedor e entre os próprios vendedores o fator de fomento à redução dos preços das propostas. Por esse motivo, a empresa privada tende a manter apenas internamente a sua previsão de custos, com o intuito de não influenciar nos preços dos seus fornecedores e, assim, obter a proposta mais vantajosa.

Nas licitações públicas, em contrapartida, a regra geral da legislação exige a publicidade do orçamento estimado elaborado pela Administração, para todas as modalidades licitatórias (art. 6º, IX, *f*; art. 7º, § 2º, II, e § 8º; e art. 40, § 2º, II, da Lei nº 8.666/93). Ademais, de acordo com André Guskow Cardoso, na medida em que o § 1º do art. 44 da Lei nº

---

[19] JUSTEN FILHO, Marçal. *Curso de direito administrativo*. 8. ed. Belo Horizonte: Fórum, 2012. p. 483.

[20] DI PIETRO, Maria Sylvia Zanella. Ob. cit., p. 441.

8.666/93 veda a utilização de critérios de julgamento sigilosos ou secretos, confirmar-se-iam as regras que obrigam a divulgação do orçamento estimado no regime da referida lei.[21]

O art. 6º da Lei do RDC, porém, inovou em termos de licitação pública, ao disciplinar a restrição à divulgação do orçamento estimado pela Administração. O artigo diz, *in verbis*:

> Observado o disposto no § 3º, *o orçamento previamente estimado para a contratação será tornado público apenas e imediatamente após o encerramento da licitação, sem prejuízo da divulgação do detalhamento dos quantitativos e das demais informações necessárias para a elaboração das propostas.*

O § 3º deste mesmo artigo 6º acrescenta o seguinte: "[s]e não constar do instrumento convocatório, a informação referida no caput deste artigo possuirá caráter sigiloso e será disponibilizada estrita e permanentemente aos órgãos de controle externo e interno."

Essa previsão de restrição à publicidade do orçamento estimado vem sendo objeto de uma série de questionamentos. A primeira linha de questionamento é de ordem constitucional, tanto que existem duas ações diretas de inconstitucionalidade (ADIs nºs 4.645 e 4.655) que questionam a previsão contida no art. 6º sob o argumento de ofensa ao princípio da publicidade. Será que há mesmo uma violação ao princípio da publicidade devido a esse retardamento na divulgação do orçamento estimado para após o encerramento da licitação? Entende-se e sustenta-se, neste trabalho, que não há tal violação ao princípio da publicidade.

Di Pietro afirma não ver inconstitucionalidade no sigilo previsto na Lei do RDC, uma vez que o sigilo seria preservado apenas na medida necessária para preservar o interesse público, deixando de existir após o término do procedimento da licitação, oportunidade em que os interessados poderiam ter acesso ao orçamento estimado, inclusive com a possibilidade de oferecer impugnação. Ademais, a doutrinadora aponta que "*o artigo 5º, inciso LX, da CF/88 permite seja restringida a publicidade em benefício do interesse social*".[22]

Argumentando pela relativização do princípio da publicidade, André Guskow Cardoso afirma que

> *a consagração da ampla publicidade como vetor de atuação (inclusive no âmbito das licitações), não significa que todo e qualquer ato praticado pelo Estado e, em especial, pela Administração, tenha que ser previamente objeto de ampla publicidade. [...] Isso não significa que tais ações não devam sujeitar-se a ampla divulgação após a sua adoção pelo Poder Público.*[23]

---

[21] CARDOSO, André Guskow. O regime diferenciado de contratações públicas: a questão da publicidade do orçamento estimado. *Informativo Justen, Pereira, Oliveira e Talamini*. Curitiba, nº 58, dez. 2011. Disponível em: <http://www.justen.com.br/informativo>. Acesso em: 17 out. 2012.

[22] DI PIETRO, Maria Sylvia Zanella. 25. ed., Ob. cit. nota de referência nº 27.

[23] CARDOSO, André Guskow. O regime diferenciado de contratações públicas: a questão da publicidade do orçamento estimado. *Informativo Justen, Pereira, Oliveira e Talamini*, Curitiba, nº 58, dez. 2011. Disponível em: <http://www.justen.com.br/informativo>. Acesso em: 17 out. 2012.

Ou seja, existe a publicidade do orçamento estimado pela Administração no RDC, mas esta não será prévia, e sim posterior, uma vez que será *retardada durante um lapso temporal estratégico*, que é durante o curso do procedimento licitatório.

Nessa linha, Fernanda Garcia Machado também aponta que o principal aspecto a ser considerado no que se refere às consequências da publicidade de determinadas informações em licitações é o *momento* em que são publicadas no seu processo licitatório.[24] Considerando que após o encerramento da licitação esse valor orçado será amplamente divulgado, entende-se e sustenta-se, neste trabalho, que o que existe é um *sigilo temporário do orçamento estimado para a contratação*. O que se altera no RDC, portanto, não é a obrigatoriedade da publicidade, mas o momento dessa publicidade.

Ademais, o que corrobora a tese de não infringência ao princípio da publicidade é a exigência do § 3º do art. 6º de que o orçamento previamente estimado para a contratação seja disponibilizado permanentemente aos órgãos de controle externo e interno.

A segunda linha de questionamentos é de ordem teleológica, visando a constatar se a *ratio* da publicidade do orçamento continuaria a ser alcançada pelo art. 6º do RDC. Entende-se e sustenta-se, neste trabalho, que não há tal violação à finalidade da norma.

Márcia Walquiria Batista dos Santos aponta algumas finalidades para a pesquisa prévia de preços: dificultar a escolha de uma modalidade licitatória incorreta e impor ao administrador a verificação da previsão de recursos, de modo a ter condições de planejar os gastos e evitar futuro desfazimento ou fracasso do procedimento licitatório.[25] Justen Filho acrescenta, aludindo à finalidade de evitar surpresas, desperdício de tempo e de recursos públicos e início de projetos inviáveis.[26] Esse conjunto de finalidades compreende-se na fase interna[27] da licitação pública, e não deixa de ser atingido no RDC.

---

[24] MACHADO, Fernanda Garcia. *Cartéis em licitações* – formas de prevenção a cartéis aplicáveis ao desenho de licitações na modalidade concorrência. Artigo científico apresentado ao Programa de Educação Continuada e Especialização GVLaw, da Fundação Getulio Vargas. 2011. p. 14.

[25] BATISTA DOS SANTOS, Márcia Walquiria. Escolha da modalidade de licitação. Abertura dos envelopes--proposta. Valores que ultrapassam a modalidade escolhida. In: DI PIETRO, Maria Sylvia Zanella; RAMOS, Dora Maria de Oliveira; BATISTA DOS SANTOS, Márcia Walquiria; D'AVILA, Vera Lúcia Machado. *Temas polêmicos sobre licitações e contratos*. 5. ed. São Paulo: Malheiros, 2000. p. 88-89.

[26] JUSTEN FILHO, Marçal. *Comentários à lei de licitações e contratos administrativos*. 11. ed. São Paulo: Dialética, 2006. p. 103.

[27] O processo licitatório é dividido em duas fases: a interna e a externa. A fase interna compreende os atos que devem ser observados pela Administração na preparação da licitação, tais como: (i) elaboração de projeto básico ou executivo, no caso de obras de engenharia, (ii) estimativa do impacto orçamentário-financeiro, (iii) declaração do ordenador de despesa da adequação orçamentária com sua indicação, (iv) solicitação expressa do setor requisitante interessado, com indicação de sua necessidade, (v) solicitação expressa do setor requisitante interessado, com indicação de sua necessidade, (vi) autuação do processo correspondente, que deve ser protocolado e numerado, (vii) *estimativa de custo/pesquisa de preço*, (viii) elaboração da minuta do edital e seus anexos, os quais devem ser submetidos a (ix) aprovação pela consultoria jurídica do órgão ou entidade. Uma vez ultrapassada a fase interna, inicia-se a fase externa, com a publicação do instrumento convocatório (edital), recebimento de envelopes de habilitação e propostas, análise da habilitação dos interessados, abertura e análise da(s) proposta(s) do(s) habilitado(s), julgamento de eventual(is) recurso(s) e, finalmente, homologação do certame.

Em primeiro lugar, porque se mantém o cuidado com a escolha de uma modalidade licitatória incorreta, dado que o orçamento será realizado – na fase interna – e continuará a balizar a escolha da modalidade licitatória.

Em segundo lugar, porque a função de impor ao administrador a verificação da previsão de recursos não será prejudicada, pois o orçamento – na fase interna – continuará servindo de base para o planejamento interno dos órgãos instituidores da licitação.

Em terceiro lugar, porque a finalidade de evitar surpresas, tempo e recursos públicos não deixa de ser atingida se o orçamento continua a ser realizado – na fase interna – e se os órgãos de controle externo e interno têm permanente acesso a ele.

Compreende-se, portanto, que a realização de estimativa de orçamento para a contratação, pela Administração, é atividade de trâmite interno à licitação, que cumpre, também, algumas funções externas.

Uma de suas funções externas seria possibilitar aos licitantes o conhecimento prévio dos parâmetros e limites do objeto licitado. Ocorre que essa função não é prejudicada no RDC, porque se o objetivo da publicização é permitir aos licitantes o conhecimento dos termos exigidos pelo órgão, na medida em que não é impedida a divulgação de quantitativos e outras informações necessárias para a elaboração de propostas, tais dados suprem a demanda dos licitantes por informações e permitem a elaboração de propostas autônomas e não viesadas pelas empresas.

Outra função externa seria a verificação, pelos licitantes, da correção do julgamento da Comissão de Licitação. De acordo com Di Pietro, o orçamento serve de baliza ao julgamento das propostas, sendo importante para motivação feita pela Comissão de Licitação.[28] Assim, o RDC continuará a permitir essa função externa, uma vez que a motivação da decisão e os dados que balizaram o julgamento (dentre eles o orçamento estimado) serão divulgados aos licitantes após o encerramento da licitação, momento em que eles podem inclusive oferecer impugnação ao certame.

Não obstante o cumprimento das finalidades e funções da estimativa do orçamento no RDC, várias são as críticas – de ordem pragmática – a essa restrição de publicidade.

Paulo Sérgio Monteiro Reis questiona a vantagem desse sigilo e afirma não encontrar *"qualquer risco na prévia divulgação do valor orçado, desde que esse valor efetivamente represente a média ou mediana dos preços praticados no mercado e que o mesmo seja estabelecido no ato convocatório como critério de aceitabilidade, como preço máximo aceitável"*.[29] Isso porque, segundo o autor, o licitante participaria do certame sabendo que o preço de sua proposta não pode suplantar o teto estabelecido, sob pena de desclassificação.

Com a devida vênia, entende-se que a estimativa, exatamente por ser realizada com a média de preços, tende a elevar os preços dos fornecedores inicialmente orçados por

---

[28] DI PIETRO, Maria Sylvia Zanella. Ob. cit., p. 443.

[29] REIS, Paulo Sérgio Monteiro. *O regime diferenciado de contratações públicas.* Disponível em: <http://www.jmleventos.com.br/arquivos/coluna_juridica/doutrina_parecer_72_artigo___obras_copa.pdf>. Acesso em: 25 out. 2012.

preços inferiores, dada a convergência de preços para aquele divulgado. Nesse mesmo sentido, aponta Gabriel Santana Mônaco, para quem,

> [d]o ponto de vista da promoção da competitividade do certame e a obtenção de preços mais vantajosos para a Administração, a Comissão de Licitação não deve divulgar previamente o valor referencial máximo encontrado (os elementos da pesquisa devem, preferencialmente, ir para os autos do procedimento licitatório quando da prolação de decisão administrativa acerca da aceitabilidade das propostas, servindo como fundamento da decisão). Tal cuidado visa a impedir que os licitantes se sintam incentivados a apresentar ofertas muito próximas ao 'teto' estabelecido ou atuem de forma concertada para escolher qual membro do cartel ganhará a licitação e qual será o preço a ser praticado em detrimento da competitividade do certame e do interesse da coletividade, com a imposição de preços excessivos ao Erário.[30]

Concorda-se com esse autor, por considerar-se que a tendência à elevação artificial do preço das propostas, resultante da publicidade do orçamento estimado pela Administração, conflita com o objetivo de ampliação da eficiência e da competitividade e o de seleção da proposta mais vantajosa para a Administração Pública.

Ivan Barbosa Rigolin também critica esse dispositivo da nova lei, ao dizer que "*a ideia não é simpática, lembra os tempos da ditadura, não parece ser técnica e, em princípio, faz retroceder a institucionalização das licitações no País. Nenhuma justificativa desse segredo convence, e não se vislumbra por que a Lei o impõe*".[31]

Inicialmente há que se pontuar que o sigilo do orçamento estimado é sim de caráter essencialmente técnico, baseado em recomendação da Organização para Cooperação e Desenvolvimento Econômico (OCDE) em suas *Guidelines for fighting bid rigging in public procurement* (Diretrizes para combater o conluio entre concorrentes em contratações públicas).[32] Recomenda-se o seguinte: "Use um preço máximo somente quando ele for baseado em minuciosa pesquisa de mercado e os funcionários convencidos de que ele é muito competitivo. *Não publique o preço, mas o mantenha confidencial, em arquivo, ou o deposite junto a outra autoridade pública*". Ademais, não há razões para se entender pelo retrocesso das instituições de licitações no Brasil, mas sim em avanço, porque os órgãos licitantes serão capazes de viabilizar contratações mais vantajosas para a Administração Pública e, em paralelo, prevenir cartel em licitações, o que certamente não configura re-

---

[30] MÔNACO, Gabriel Santana. Mecanismos da Lei nº 8.666/93 para combater a prática de cartéis e preços excessivos em procedimentos licitatórios. *Jus Navigandi*, Teresina, ano 12, nº 1558, 7 out. 2007. Disponível em: <http://jus.com.br/revista/texto/10505>. Acesso em: 25 out. 2012.

[31] RIGOLIN, Ivan Barbosa. Regime diferenciado de contratações públicas. *Revista Zênite de Licitações e Contratos*, ano XVIII, nº 214, dez. 2011.

[32] Organização para Cooperação e Desenvolvimento Econômico (OCDE) em suas *Guidelines for fighting bid rigging in public procurement* (Diretrizes para combater o conluio entre concorrentes em contratações públicas). Disponível em: <http://www.oecd.org/competition/cartelsandanti-competitiveagreements/42851044.pdf>. Acesso em: 25 out. 2012.

trocesso, mas sim avanço. Di Pietro inclusive avalia ser conveniente a extensão da não divulgação do orçamento estimado antes do encerramento do procedimento de licitação a todas as modalidades de licitação, por entender que "a sua divulgação influencia os licitantes na apresentação de suas propostas, podendo resultar em resultados danosos para a escolha da melhor proposta".[33]

Diante desse cenário, como conclusão deste item, e utilizando o critério negativo supramencionado de definição do que é público e do que é privado, conclui-se que *o art. 6º do RDC – o qual prevê o sigilo do orçamento estimado pela Administração, prévio à contratação – é um instituto das licitações privadas que foi incorporado pelo procedimento de licitação pública do RDC.*

5 Prevenção a cartéis em licitações públicas via sigilo do orçamento estimado no regime diferenciado de contratações públicas (RDC)

Em licitações privadas, o comprador tem mais flexibilidade do que em licitações públicas para reagir tempestivamente caso perceba algum sinal de conluio entre seus fornecedores, em virtude do regime jurídico aplicável às licitações públicas (Lei nº 8.666/1993), que nem sempre oferece condições ao agente público de reagir a tempo nesses casos.[34] Pois então o que é, tecnicamente, um conluio?

Quando se fala em conduta colusiva pode-se estar referindo tanto à colusão horizontal quanto à colusão vertical.[35] Para fins do presente trabalho, a preocupação é com as *condutas colusivas horizontais*. Segundo Salomão Filho, "[p]or colusão horizontal deve-se entender qualquer tipo de acordo expresso ou tácito, firmado entre concorrentes", que tem como objetivo a fixação conjunta de uma das variáveis concorrenciais (preço, quantidade, qualidade e mercado).[36] Trata-se, portanto, do *ilícito antitruste de formação de cartel*.

De acordo com Paula Forgioni, "os cartéis são acordos entre concorrentes, atuais ou potenciais, destinados a arrefecer ou neutralizar a competição entre eles e que têm seu

---

[33] DI PIETRO, Maria Sylvia Zanella. Ob. cit., p. 443.

[34] Cartilha SDE. *Combate a cartéis em licitação*. Guia prático para pregoeiros e membros de comissões de licitação. Coleção SDE/DPDE 2/2008. p. 14. Segundo recomendação do órgão antitruste, caso se identifiquem indícios do funcionamento de um cartel em uma determinada licitação, o pregoeiro ou membro de comissão de licitação apresente tais informações imediatamente ao Conselho Administrativo de Defesa Econômica (CADE), especificamente à Superintendência Geral, responsável pela investigação de condutas anticompetitivas segundo a Lei nº 12.529/2011.

[35] SALOMÃO FILHO, Calixto. *Direito concorrencial* – as condutas. São Paulo: Malheiros, 2003. p. 261. Segundo o autor, "[q]uando se fala em condutas colusivas é natural que venha à mente o acordo entre concorrente, a chamada 'formação de cartel'. [...] A colusão não se resume a isso, no entanto. [...] Na linha vertical existe ainda outro problema além daquele identificado na linha horizontal: com frequência os acordos levam também à exclusão de empresas do mercado, sejam elas concorrentes do produtor ou do distribuidor. [...] É o que ocorre nas hipóteses de discriminação entre concorrentes e imposição de condições de revenda".

[36] SALOMÃO FILHO, Calixto. Ob. cit., p. 262.

objeto ou efeito tipificado nos incisos do art. 36, *caput*, da Lei 12. 529 de 2011".[37] Cartéis consistem em acordos ilícitos entre concorrentes que, em vez de definirem suas estratégias comerciais de forma independente, passam a atuar de forma coordenada, definindo artificialmente variáveis comercialmente sensíveis, como preços, quantidades de produção e venda, ou mesmo dividindo entre si áreas de atuação ou clientes. Como regra, esses acordos resultam em significativos prejuízos para os consumidores e para o bem-estar social, como preços mais elevados, menor qualidade de produtos e serviços, menor investimento em inovação, já que a pressão competitiva gerada pela saudável disputa pelos consumidores é mitigada.

Os cartéis são considerados, nacional e internacionalmente,[38] a mais grave lesão à concorrência, uma vez que prejudicam seriamente os consumidores ao aumentar preços e restringir a oferta, tornando os bens e serviços mais caros ou indisponíveis.[39] Com efeito, o Estado também pode ser vítima dos cartéis, pois os licitantes podem fraudar o caráter competitivo de licitações, resultando em contratações mais caras de bens, serviços e obras, desperdiçando o dinheiro do contribuinte e tornando mais difícil a prestação de serviços públicos para os cidadãos.

Especificamente no que se refere ao cartel em licitação, sua tipificação como ilícito consta do art. 36, § 1º, I, *d*, da Lei nº 12.529/2011 (Lei de Defesa da Concorrência), que caracteriza como *infração à ordem econômica acordar, combinar, manipular ou ajustar com concorrente, sob qualquer forma, preços, condições, vantagens ou abstenção em licitação pública*. O resultado desse ilícito concorrencial, em termos financeiros, é a transferência indevida de renda do Estado para as empresas,[40] mas em termos sociais é muito mais grave, pois prejudica a alocação dos recursos estatais no desenvolvimento do país.

Um exemplo paradigmático de condenação de cartel em licitações, que retrata tais efeitos sociais perniciosos decorrentes desse ilícito, pode ser verificado nos autos do Processo nº 2005.51.01.515714-0, da Justiça Federal, Seção Judiciária do Estado do Rio de Janeiro.[41] Nesse caso, investigaram-se duas organizações criminosas que, mediante divisão de tarefas e cooptação de servidores públicos, obtinham alta e ilícita lucratividade por meio de fraude ao caráter competitivo de licitações realizadas por órgãos e entidades atuantes na área de saúde pública (compra de insumos utilizados na fabricação de medicamentos e contratação do serviço de lavanderia por hospitais públicos). O juiz, quando

---

[37] FORGIONI, Paula A. *Os fundamentos do antitruste*. 5. ed. São Paulo: Revista dos Tribunais, 2012. p. 338.

[38] O termo em inglês utilizado para se referir à conduta de cartel em licitações é *"bid rigging"*.

[39] Cartilha SDE. *Combate a cartéis em licitação*. Guia prático para pregoeiros e membros de comissões de licitação. Coleção SDE/DPDE 2/2008. p. 8.

[40] GUSMÃO, Rossana Malta de Souza. A tipificação na Lei Antitruste da prática de cartel em licitação pública. *Jus Navigandi*, Teresina, ano 17, nº 3274, 18 jun. 2012. Disponível em: <http://jus.com.br/revista/texto/22038>. Acesso em: 26 out. 2012.

[41] Autos do Processo nº 2005.51.01.515714-0, da Justiça Federal, Seção Judiciária do Estado do Rio de Janeiro. Disponível em: <http://www.conjur.com.br/dl/roupa-suja-setenca-4a-vara.pdf>. Acesso em: 26 nov. 2012.

da sentença, constatou que as nocivas consequências dos crimes investigados nesses autos são mais sensíveis aos milhares de cidadãos brasileiros miseráveis.

Outro exemplo paradigmático, dessa vez na esfera administrativa, é o "Cartel dos Vigilantes",[42] condenado pelo Conselho Administrativo de Defesa Econômica (CADE).[43] O cartel fraudava licitações organizadas pela Superintendência Regional da Receita Federal do Rio Grande do Sul e pela Secretaria Municipal de Saúde de Porto Alegre, que contratavam serviços de vigilância. Diante da denúncia de um dos membros do cartel, o CADE teve conhecimento da suposta conduta contra a concorrência e realizou busca e apreensão juntamente com a Polícia Federal para a obtenção de provas. Ao final, o Conselho emitiu sua decisão e impôs multas que variaram de 15% a 20% de faturamento bruto a 16 empresas, a executivos das empresas condenadas e a três associações de classe. Além disso, as empresas foram proibidas de participar de licitações por cinco anos.

Como agravante aos efeitos perniciosos supramencionados, reconhece-se que as *licitações públicas são um ambiente propício à atuação dos cartéis*.[44] Mas como combater os cartéis em licitações públicas? Como eles ocorrem? De acordo com a cartilha da Secretaria de Direito Econômico[45] intitulada "*Combate a cartéis em licitação*", os cartéis podem agir de várias formas:

"(a) *Fixação de preços*, na qual há um acordo firmado entre concorrentes para aumentar ou fixar preços e impedir que as propostas fiquem abaixo de um 'preço base';

(b) *Direcionamento privado da licitação*, em que há a definição de quem irá vencer determinado certame ou uma série de processos licitatórios, bem como as condições nas quais essas licitações serão adjudicadas;

(c) *Divisão de mercado*, representada pela divisão de um conjunto de licitações entre membros do cartel, que, assim, deixam de concorrer entre si em cada uma delas. Por exemplo, as empresas A, B e C fazem um acordo pelo qual a empresa A apenas participa de licitações na região Nordeste, a empresa B na região Sul e a empresa C na região Sudeste;

---

[42] Cartilha SDE. *Combate a cartéis em licitação*. Guia prático para pregoeiros e membros de comissões de licitação. Coleção SDE/DPDE 2/2008. p. 19.

[43] O Conselho Administrativo de Defesa Econômica (CADE) é uma autarquia federal, vinculada ao Ministério da Justiça, com sede e foro no Distrito Federal, que exerce, em todo o Território nacional, as atribuições dadas pela Lei nº 12.529/2011. O CADE tem como missão zelar pela livre concorrência no mercado, sendo a entidade responsável, no âmbito do Poder Executivo, não só por investigar e decidir, em última instância, sobre a matéria concorrencial, como também fomentar e disseminar a cultura da livre concorrência. Mais informações em: <http://www.cade.gov.br/Default.aspx?e041c34cd04fd168fc>. Acesso em: 26 out. 2012.

[44] Cartilha SDE. *Combate a cartéis em licitação*. Guia prático para pregoeiros e membros de comissões de licitação. Coleção SDE/DPDE 2/2008. p. 9.

[45] A Secretaria de Direito Econômico era responsável pela investigação de condutas contra a concorrência e foi transformada pela Lei nº 12.529/2011 em Superintendência Geral do Conselho Administrativo de Defesa Econômica (CADE).

(d) *Supressão de propostas*, modalidade na qual concorrentes que eram esperados na licitação não comparecem ou, comparecendo, retiram a proposta formulada, com intuito de favorecer um determinado licitante, previamente escolhido;

(e) *Apresentação de propostas 'pro forma'*, caracterizada quando alguns concorrentes formulam propostas com preços muito altos para serem aceitos ou entregam propostas com vícios reconhecidamente desclassificatórios. O objetivo dessa conduta é, em regra, direcionar a licitação para um concorrente em especial;

(f) *Rodízio*, acordo pelo qual os concorrentes alternam-se entre os vencedores de uma licitação específica. Por exemplo, as empresas A, B e C combinam que a primeira licitação será vencida pela empresa A, a segunda pela empresa B, a terceira pela empresa C e assim sucessivamente;

(g) *Subcontratação*, pela qual concorrentes não participam das licitações ou desistem das suas propostas, a fim de serem subcontratados pelos vencedores. O vencedor da licitação a um preço supracompetitivo divide o sobre-preço com o subcontratado".[46]

Diante desse rol exemplificativo de formas de cartel em licitação, e considerando, em primeiro lugar, que as licitações são um ambiente propício à cartelização, em segundo lugar, que o ilícito do cartel é lesivo à concorrência e aos consumidores, e em terceiro lugar, que o dano decorrente do cartel é ampliado e aprofundado quando ocorrido em sede de licitações, visto que o Estado se utiliza da licitação pública para cumprir suas funções primordiais nas áreas de saúde, educação, segurança pública, infraestrutura e tantas outras, há que se buscar ferramentas para se evitar – ou pelo menos dificultar – esse ilícito anticoncorrencial.

Em face dessa necessidade de alteração estrutural do procedimento licitatório público na prevenção a cartéis, compreende-se que *a norma do art. 6º da Lei do RDC, referente ao sigilo do orçamento estimado para contratação, é uma interessante ferramenta para se prevenir que os concorrentes licitantes apresentem propostas em conluio*. Isso porque a publicidade – nos moldes exigidos pela Lei nº 8.666/93 – pode facilitar a estruturação e o funcionamento de um cartel.[47]

Em uma licitação privada ou em uma licitação pública com sigilo do orçamento estimado para a contratação, a racionalidade econômica do fornecedor é oferecer o preço mais baixo e as melhores condições para poder então vencer a licitação, pois não há qualquer referência de valor disponível de dispêndio.

Em contrapartida, em uma licitação pública com publicidade do orçamento estimado para a contratação, a Administração divulga o seu "valor de reserva máximo"/"valor de

---

[46] Cartilha SDE. *Combate a cartéis em licitação*. Guia prático para pregoeiros e membros de comissões de licitação. Coleção SDE/DPDE 2/2008. p. 9-10.

[47] Cartilha SDE. *Combate a cartéis em licitação*. Guia prático para pregoeiros e membros de comissões de licitação. Coleção SDE/DPDE 2/2008. p. 13.

referência"[48]/"valor orçado" no Edital, ou seja, o teto que o Estado está disposto a pagar. A racionalidade econômica do fornecedor, nesse contexto, se altera diametralmente, pois a Administração já divulgou o valor máximo, reduzindo as assimetrias de informação entre Administração Pública e o licitante, de modo que o agente econômico tentará obter nada menos do que esse máximo. O fornecedor, portanto, objetivando extrair toda a renda possível e disponível (que já é conhecida), tende a ofertar esse valor ou algo muito próximo a ele, sendo que, nesse contexto, o conluio entre os licitantes encontra o seu ambiente mais fértil, pois os licitantes já terão uma baliza na definição de suas propostas perdedoras e ganhadoras.

A publicidade do orçamento estimado pela Administração favorece, portanto, o *contato entre os licitantes* – concorrentes – para a formação de uma proposta conjunta para a licitação, a fixação de preços, o direcionamento privado da licitação, a divisão de mercado, a supressão de propostas, a apresentação de propostas *pro forma*, a definição de rodízio, a subcontratação ou algumas dessas formas de conluio combinadas. Ilustrar-se-á a afirmação com um exemplo.

Suponha que as empresas X, Y e Z sejam construtoras, especializadas na edificação de grandes empreendimentos. Suponha também que a empresa ALFA, privada, queira construir um estádio de futebol para os seus funcionários e familiares. Para tanto, divulga no mercado que realizará uma licitação privada e fornece aos interessados as informações necessárias para a elaboração da proposta pelas construtoras. Com base nas informações, X, Y e Z, individualmente e buscando vencer a concorrência privada, elaboram seus orçamentos com base em seus custos individuais, e alcançam os valores de 80, 100 e 120, respectivamente. Pelo sistema de cotação – mencionado no item 2 –, a vencedora da licitação privada seria a empresa X, que apresentou o menor preço para a construção do estádio.

Agora suponha que exatamente o mesmo estádio venha a ser construído pelo município BETA. Em se tratando de uma licitação pela regra geral da Lei nº 8.666/1993, o orçamento estimado deverá ser divulgado. Como ele é realizado com a média de preços, supõe-se que seja divulgado o valor de referência de 100. Nesse caso, conhecendo desde já o máximo que o município está disposto a desembolsar, teria a empresa X incentivos a continuar apresentando a proposta de 80? A tendência é que todas as empresas elaborem orçamentos próximos ao valor máximo, que é 100.

A primeira constatação, portanto, é a de que a divulgação desse orçamento estimado é a elevação dos preços contratados pela Administração Pública. Nesse sentido, cumpre transcrever interessante trecho do Processo nº 2005.51.01.515714-0, da Justiça Federal, Seção Judiciária do Estado do Rio de Janeiro, citado anteriormente nesta seção, em que o juiz descreve com clareza a avaliação dessa elevação de preços para o Estado:

---

[48] Segundo o Ministério do Planejamento, Orçamento e Gestão (MPOG), o valor de referência "é o valor máximo que o Governo está disposto a pagar na aquisição de um bem e/ou contratação de um serviço. Esse valor é obtido mediante pesquisa de preços no mercado e/ou consulta ao Sistema de Preços Praticados (SISPP).

> [...] pouco importa o valor de mercado, o preço de referência ou mesmo o custo de produção do bem ou mercadoria, uma vez que, *para os cofres públicos, o melhor é e será sempre alcançar o menor preço possível*, independentemente destes patamares. A decisão sobre se vale a pena ou não oferecer preço abaixo do que se considera lucrativo ou ideal cabe aos licitantes, mas deve ser tomada individualmente, sem conchavos visando a congelar a cotação. Há claro erro de perspectiva por parte daqueles que pensam que a lesão ao erário é pressuposto típico que deve ser aferido apenas de acordo com o preço de mercado ou de referência. Nesta linha de raciocínio, acredita-se que não há crime caso seja ajustado previamente preço igual ou abaixo do que se considere o valor de mercado ou de referência (supostamente pesquisado pelo órgão ou entidade licitante).
>
> Aliás, acerca do multicitado *"preço de referência"* que seria fixado pelo próprio licitante como valor máximo, é de se dizer que, *após óbvia consulta a seus constituintes, várias das defesas admitiram que o preço atingido na licitação anterior guiava o preço de referência do certame subsequente, o que confirma veementemente a nociva repercussão da prática combinada de congelamento de preços.*

Diante desse trecho, baseado em um caso real de cartel em licitações, constata-se que *o município paga um preço superior ao que poderia ser obtido no mercado, pelo simples fato de divulgar o seu orçamento estimado para a contratação*. Esse sobrepreço seria materializado nos 20 a mais que são pagos no exemplo hipotético acima. Como se não bastasse, há nesse contexto, também, o favorecimento ao conluio.

Esse favorecimento ao conluio existe porque as empresas, sabendo que podem apresentar uma proposta no máximo de 100, têm maiores incentivos para combinarem quem irá ganhar a licitação pública. Assim, as empresas X, Y e Z, que possivelmente já conhecem os participantes da licitação pela Lei nº 8.666/93 (por se tratar de um mercado oligopolizado), poderiam apresentar, em conluio, as propostas de 99, 100 e 100, respectivamente. Diante disso, configurar-se-ia a formação de cartel entre X, Y e Z, em que a empresa X seria a vencedora (direcionamento privado da licitação pública) ao preço de 99 (fixação de preço). O resultado seria uma transferência indevida de recursos para as empresas, prejuízo à concorrência, aos consumidores e, principalmente, à sociedade, que incorre em maiores gastos em decorrência do conluio entre os licitantes.

O que se argumenta no presente trabalho é que, caso não fosse divulgado o orçamento estimado pela Administração Pública, consoante o art. 6º da Lei do RDC, a licitação correria nos moldes daquela promovida pela empresa ALFA, privada (pelo menos no que se refere à formação de propostas), a qual consegue obter proposta mais vantajosa e ser, consequentemente, mais eficiente.

O que se vislumbra, portanto, é que *o orçamento estimado para contratação é elemento estratégico para a perda de competitividade das licitações e que sua publicidade, durante o processo licitatório, prejudica a obtenção de melhores propostas pela Administração Pública.* A sua divulgação faz com que os licitantes não tenham mais incentivos econômicos para apresentar propostas em valores muito inferiores àquele patamar. Com isso, *os preços pa-*

gos pelo Estado para a contratação de produto, serviço ou obra tendem a ser superiores àqueles que se poderia obter caso se mantivesse em sigilo – temporário e relativo – o valor orçado, do mesmo modo como fazem as empresas privadas, que mantêm o orçamento como um procedimento interno.

Assim, uma vez que se trata de sigilo apenas temporário (pois há a publicidade do valor orçado após o encerramento do procedimento) e relativo (pois os órgãos de controle interno e externo têm acesso a ele), argumenta-se no sentido da adequação do sigilo do orçamento estimado, presente nas licitações privadas, à legislação de licitação pública.

Conclui-se que o art. 6º da Lei do RDC, que institui o sigilo temporário e relativo do valor orçado estimado pela Administração, não obstante todas as críticas, constitui importante avanço para o ordenamento jurídico brasileiro – influenciado pela prática das licitações privadas. Esse instituto encontra-se eficazmente inserido para a consecução dos objetivos de ampliar a eficiência nas contratações públicas e a competitividade entre os licitantes (art. 1º, § 1º, I, da Lei nº 12.462/11), bem como assegurar seleção da proposta mais vantajosa para a Administração Pública (art. 1º, § 1º, IV, da mesma lei), pois consubstancia ferramenta de combate a cartéis em licitações públicas no Brasil.

6 Conclusão

Os movimentos paralelos de publicização do privado e de privatização do público influenciaram a definição do que seja uma licitação privada e uma licitação pública. No presente trabalho, considerou-se como critério de diferenciação a verificação da presença ou não daquele instituto na Lei nº 8.666/93. Ou seja, a expressão *licitação pública* foi utilizada para referir-se ao procedimento concorrencial previsto na Lei nº 8.666/93 e nas leis que expressamente o excepcionam – como é o caso da Lei do Regime Diferenciado de Contratações (RDC). Em contrapartida, a expressão *licitação privada* referiu-se às práticas e institutos excluídos do escopo da Lei nº 8.666/93.

Afirmou-se que o RDC consubstanciou um novo modelo de procedimento de licitação pública, aplicável às licitações e aos contratos relacionados à realização dos eventos de impacto mundial que o Brasil sediará nos próximos anos (Jogos Olímpicos e Paraolímpicos, Copa das Confederações e Copa do Mundo), de obras do PAC, do sistema educacional e da saúde pública. O RDC incorporou reivindicações por dinamicidade do procedimento concorrencial público, não admitidas pela Lei nº 8.666/93, em um movimento de *fuga para o direito privado*. O art. 6º da Lei nº 12.462/11, que prevê o sigilo do orçamento estimado pela Administração, prévio à contratação, seria então um instituto das licitações privadas, incorporado pelo procedimento de licitação pública no RDC.

Argumentou-se no sentido de que o art. 6º da Lei do RDC, por instituir uma modalidade de sigilo temporário e relativo, está em consonância com a legislação de licitações públicas no Brasil. Ademais, sustentou-se que o sigilo do valor orçado estimado pela Administração constitui importante avanço para o ordenamento jurídico brasileiro – influenciado pela prática das licitações privadas. Afirmou-se acreditar que esse instituto se encontra inserido com eficácia na legislação de licitações públicas no Brasil, pois consubstancia ferramenta de prevenção a cartéis em licitações públicas e tende a alcançar os objetivos de ampliação da eficiência nas contratações públicas e da competitividade entre os licitantes (art. 1º, § 1º, I, da Lei nº 12.462/11) e de garantia da seleção da proposta mais vantajosa para a Administração Pública (art. 1º, § 1º, IV, da Lei nº 12.462/2011).

5

Consensualismo e Interpretação dos Contratos Administrativos

Ana Rita de Figueiredo Nery[1]

Tudo está na palavra ... Uma ideia inteira muda porque uma palavra mudou de lugar ou porque outra se sentou como uma rainha dentro de uma frase que não a esperava e que a obedeceu.

Pablo Neruda

1 Introdução

O incremento das formas de participação de particulares nas decisões de natureza política e nas atividades da Administração Pública é característica marcante da passagem de Estados totalitários para modelos constitucionais inspirados na social-democracia. Questões tangentes à cidadania, à participação política e aos limites dos poderes extroversos do Estado ganharam espaço de destaque nos debates de Direito Público como forma de atendimento ao programa constitucional de incentivo à participação popular.

Paralelamente, o Estado Social trouxe a ampliação quantitativa e qualitativa das funções públicas. Tornou-se imperativo conferir maior visibilidade aos procedimentos de escolha administrativa. Negaram-se práticas autoritárias por parte da Administração Pública. Houve maior interação entre Estado e sociedade e recrudesceram os mecanismos de controle.

A partir desse complexo cenário, pode-se dizer que a posição do particular perante o Estado contemporâneo é mais bem compreendida a partir de uma perspectiva "relacional". O particular já não figura apenas como destinatário do poder ou como beneficiário passivo de um conjunto de prestações. Tal colocação tendencialmente paritária dos agentes privados em relação à Administração Pública chama à importância valores de publicidade, imparcialidade, igualdade, estabilidade e boa-fé.

---

[1] Pós-Graduação em Direito da Administração Pública (UFF). Pós-Graduação em Direito para a carreira da Magistratura (EMERJ). Professora Assistente da Escola Paulista de Magistratura (EPM). Autora do livro *A causa do contrato administrativo*. Juíza de Direito.

Não é pelo simples facto de o cidadão ser titular de direitos fundamentais perante o Estado que os contatos mútuos relevam da relação jurídica administrativa. Para que assim seja, necessário se torna que a relação jurídica se insira no quadro da função administrativa e que seja capaz de retratar adequadamente a realidade dos recíprocos direitos e deveres da Administração, dos cidadãos e das entidades autónomas.[2]

Na prática contratual administrativa, contudo, ainda são fortes e profundas as marcas da unilateralidade e da verticalidade nas relações travadas entre o Estado e os particulares. A incorporação de métodos negociais privados à rotina da Administração Pública ainda pouco reverbera da tônica constitucional de aproximação do particular às funções do Estado. Ainda que uma das consequências fundamentais do processo de alargamento das tarefas da Administração seja a utilização de meios de atuação mais típicos do direito privado, em especial o contrato.[3] Isso, com vistas ao melhor atendimento das demandas emergenciais de Estado: daquelas promotoras da dignidade da pessoa humana àqueloutras intervencionistas no plano econômico.

Nessa caminhada, no campo dos contratos administrativos, verificam-se espaços de indagação e possibilidades de prestígio ao consensualismo e à força criadora da manifestação de vontade, para além de uma ótica reducionista que associa o contrato administrativo à mera manipulação de poderes exorbitantes pela Administração Pública. No presente trabalho será analisado o elemento consensual à luz do direito privado e do direito administrativo para que, enfim, sejam traçadas perspectivas de valorização do consenso em tema de interpretação dos contratos administrativos.

2 O consenso para o direito privado e para o direito administrativo

Na acepção jurídica, a ideia de consenso – *consensus*, opinião geral, anuência – equivale à aprovação, comunhão de vontades. Tomado por seu conteúdo, cada contrato traduz, por um lado, um interesse que decorre da vontade conjugada das partes. Por outro, uma vocação a produzir determinados efeitos, *i. e.*, um núcleo de consequências jurídicas, por vezes inerentes ao próprio tipo contratual, por vezes fruto da criatividade das partes.

Para o direito privado, o contrato é o instrumento, por excelência, do arranjo de vontades oriundas de dois ou mais polos subjetivos. Na definição de Ulpiano, contrato "*est pactio duorum pluriumve in idem placitum consensus*", o que, em vernáculo, significa "o mútuo consenso de duas ou mais pessoas sobre o mesmo objeto". Clóvis Beviláqua entende por contrato "o acordo de vontade de duas ou mais pessoas com a finalidade de adquirir,

---

[2] CABRAL DE MONCADA, L. S. *A relação jurídica administrativa*: para um novo paradigma de compreensão da actividade, da organização e do contencioso administrativo. Coimbra: Coimbra Editora, 2009. p. 238.

[3] Sobre as formas de organização e de atuação de que se vale a Administração Pública por inspiração do direito privado, sem abdicar de seu regime jurídico próprio: ESTORNINHO, Maria João. *A fuga para o direito privado*: contributo para o estudo da actividade de direito privado da Administração Pública. Coimbra: Almedina, 2009.

resguardar, modificar ou extinguir direito".[4] É esse empenho de vontades que deflagra, sob a ótica liberal, o atributo da força obrigatória dos contratos e legitima a tutela do ordenamento jurídico que incidirá sobre a esfera de liberdade e sobre a autonomia daquele que, eventualmente, descumprir a avença.

Por influxos pós-positivistas, contudo, a força cogente dos contratos cedeu espaço para normas de ordem pública. O poder atribuído à manifestação volitiva é hoje infiltrado por padrões de eticidade. O contrato será merecedor da tutela jurídica se em conformidade – por sua estrutura e por sua função – ao que preza a ordem constitucional.[5] Microssistemas como o do Código de Defesa do Consumidor e a manifesta adesão do Código Civil de 2002 à principiologia do Direito são sintomáticos da separação cada vez mais tênue entre o Direito Privado e o Direito Público e de que a intervenção do Estado sobre o consenso não é marca exclusiva dos contratos administrativos.

Nos ramos do direito privado, as pesquisas científicas lançadas sobre o tema da *volatio* já se abstêm de critérios concernentes apenas à estrutura formal das avenças, ou ainda: à posição da vontade como mero elemento de legitimidade[6] formal dos contratos.

Análises valorativas não apenas são desejadas da parte dos contratantes, como também arregimentam uma postura de Estado, que já não mais se reduz o conceito de valor ao que se extrai do Direito objetivo, do direito posto.

Já no direito administrativo, a vontade é especialmente referenciada como verdadeiro elemento de legitimação social da atividade do Estado. Assim, tem especial relevância quando buscada coletivamente, em espaços de cidadania e abertos à participação popular. Demanda, outras vezes, abstração acerca de um sem-número de vontades individuais que, por dedução, passam a conduzir e inspirar o que é dado por interesse público e por representativo de um grupo social.

Com efeito, não é do escopo dos procedimentos que se propõem a buscar a "vontade geral" perquirir os interesses de cada cidadão. A pedra de toque dos instrumentos administrativos que se propõem a tratar da "vontade comum" é dar legitimação social às decisões administrativas, através de mecanismos que vão desde a consulta popular até, no âmbito dos contratos administrativos, à negociabilidade do poder administrativo.

Ao escrever sobre a consensualidade, Diogo de Figueiredo Moreira Neto[7] faz uma regressão às revoluções liberais na Inglaterra – preocupada em limitar o poder monárqui-

---

[4] BEVILÁQUA, Clóvis. *Código Civil anotado*. Rio de Janeiro: Francisco Alves, 1916. v. 4, p. 245.

[5] Em tema de constitucionalização do Direito Civil, por todos: TEPEDINO, G. Premissas metodológicas para a constitucionalização do Direito Civil. *Temas de direito civil*. 3. ed. Rio de Janeiro: Renovar, 2004.

[6] Fala-se mesmo de um silêncio contemporâneo acerca de posturas formalistas. Já se reconhece por superado o esvaziamento axiológico do conceito de legitimidade que atingiu seu apogeu pela disseminação do positivismo jurídico europeu, resumindo-se suas esparsas defesas a "ressonâncias emotivas e pessoais". Sobre o tema, consinta-se remeter o leitor a: TAVARES NETO, J. Q.; LOPES, A. F. Legitimidade do Direito e do Estado: do contrato consensual ao consenso não-contratual. *Revista da Faculdade de Direito da Universidade Federal de Goiânia – UFG*, Goiânia, v. 32, p. 47-60, jan./jun. 2008.

[7] MOREIRA NETO, Diogo de Figueiredo. Novos institutos consensuais da Administração Pública. *Revista de Direito da Administração Pública*, v. 231, jan./mar. 2003, Rio de Janeiro: Renovar, p. 133-134.

co através do Parlamento, assentando as bases do que é hoje o Legislativo –, nos Estados Unidos – envolvido com a consolidação política do novo Estado, inclusive com a equiparação dos Poderes do Estado – e na França – determinada a varrer o absolutismo das instituições. Assevera o autor que a Administração Pública acabou por tornar-se o ramo mais conservador do Estado e sempre o mais resistente às modificações, conjuntura que apenas se alterou nos anos 70, com os primeiros ventos de redemocratização.

> Primo, a consensualidade na produção das normas, com o reaparecimento de fontes alternativas, fontes consensuais e de fontes extra-estatais: a regulática. Secondo, a consensualidade na administração dos interesses públicos como o emprego das formas alternativas consensuais de coordenação de ações, por cooperação e por colaboração. Tertio, a consensualidade na solução dos conflitos, com a adoção de formas alternativas de composição.[8]

Ao lado da maior participação da sociedade civil, por outro prisma, a consensualidade foi responsável pelo aprimoramento dos instrumentos contratuais de que se serve a Administração para a realização da sua atividade pública.[9] Analisando a aplicação da clássica doutrina do contrato administrativo, caracterizada pela desvinculação quase total da feição privatística dos negócios jurídicos e pela presença inafastável das cláusulas exorbitantes, apontam-se[10] preocupações surgidas no sentido de se minorar a desigualdade contratual e as intervenções unilaterais por atos administrativos.

Contudo, quando se move a lupa para o estudo do conteúdo dos contratos administrativos, ainda se nota que o papel da vontade é preponderantemente estrutural, formal. Enquadra-se a vontade como um elemento extrínseco e promotor da existência e validade do negócio jurídico, contentando-se com o escopo de lhe dar legitimidade. Pouco diz, portanto, com o plano da eficácia e, assim, com o conteúdo contratual que se projetará como benefício econômico-social para as partes e ao longo de toda a fase de execução. O discurso acerca da legitimação das ações do Estado encerra-se no momento do exercício da opção política pela estrutura negocial. A legitimação daquela prática contratual, em si, perde espaço para a incidência de um regime jurídico ditado na origem da avença pelo caráter publicístico do contrato. Enfim, a legitimação de sua eficácia perde espaço para a verificação de sua legitimidade, a partir de elementos de existência e requisitos de validade.

Por certo, aspectos estruturais e de legitimidade prestam-se, de forma ampla, como parâmetros de ação e mecanismos de apoio do poder em exercício. Contudo, o Estado busca

---

[8] MOREIRA NETO, Diogo de Figueiredo. *Mutações do direito administrativo*. Rio de Janeiro: Renovar, 2000. p. 41.

[9] Dentre instrumentos consensuais criados e aprimorados nesse interregno, destacam-se os termos de parceria, franquia, terceirização, a prestação de serviços mediante cooperativas prestadoras de serviços públicos, bem assim através da gestão associada dos entes federados através de convênios e consórcios, tudo na negociação do interesse público.

[10] MEDAUAR, Odete. *O direito administrativo em evolução*. São Paulo: Revista dos Tribunais, 1992. p. 198.

a todo tempo padrões de legitimação[11] de suas ações, ou seja: conteúdo que justifique a submissão – por aceitação – da coletividade à sua força simbólica. Fato é que predicados de legitimidade nem sempre convergem para resultados de efetivo atendimento à demanda social. É a partir da administração de resultados positivos que o Estado reafirma seus fundamentos de justificação.

A consensualidade é o espectro de legitimação dos contratos administrativos. Traduz-se no exercício associado das funções administrativas[12] e responde à busca de predicados de reciprocidade e de concordância com a transferência e assunção de riscos, direitos e obrigações. Por força do consenso, o conteúdo acordado vincula a Administração Pública gerando um plexo de direitos, obrigações e mesmo legítimas expectativas que transcendem as letras das cláusulas contratuais. A manifestação de vontade deixa de ser mera orientação moral ou instrumento de retórica política para alevantar tutela jurídica em seu favor.

A principal consequência de uma análise do contrato com ênfase no seu caráter consensual é a valorização do conteúdo obrigacional assumido pelas partes, conteúdo este que deve ser prioritariamente determinado a partir da vontade manifestada no momento da celebração do contrato. Dessa decorrência elementar se tiram perspectivas de interpretação para os contratos administrativos, as quais se passa a examinar sob inspiração das experiências interpretativas com contratos privados.

Antes, contudo, necessárias algumas considerações acerca de um dos principais cenários motivadores da expansão interpretativa dos contratos administrativos. Parte-se da premissa de prescindibilidade de uma política legiferante.

3 Prescindibilidade de uma política legiferante

O elo histórico entre a lei e a legitimação, que já foi o ponto fundamental do Estado de Direito, se fez desaparecer pelas deformações do positivismo jurídico. Contemporaneamente, a lei pode embutir tanta referência de legitimação quanto um contrato administrativo, ao qual cabe inovar em circunstâncias inalcançáveis ao legislador. A legitimação dos contratos administrativos pode estar na palpável composição entre tão variados interesses e atores econômicos:

> Concebida a lei como fonte de legalidade, mas não mais como única referência de legitimidade, muito distinta se torna a interpretação dos antigos institutos contratuais administrativos daqueles que se aplicam aos modelos renovados e ino-

---

[11] Compreenda-se aqui legitimidade como alto grau de aproximação entre as vontades sociais e a atuação administrativa.

[12] Paralelamente, os instrumentos consensuais podem ainda ser usados nas tomadas de decisão – a exemplo das audiências públicas e do plebiscito – ou ainda na composição e prevenção de conflitos administrativos – a exemplo das arbitragens, dos ajustes de conduta e, no caso da prevenção, das comissões de conflitos. Veja-se, a esse respeito: MOREIRA NETO, Diogo de Figueiredo. Novos institutos consensuais da Administração Pública. *Revista de Direito da Administração Pública,* v. 231, jan./mar. 2003, Rio de Janeiro: Renovar, p. 149-150.

vados hoje praticados, notadamente quando é imperioso que substanciosos insumos técnicos e financeiros devam ser atraídos e colhidos junto à sociedade e aos agentes econômicos privados mediante o emprego de elaboradas fórmulas legais e contratuais de composição desses caledoscópicos interesses.[13]

O paliativo da ampla produção legislativa é mecanismo que não apenas deixa de alcançar a complexidade das relações intersubjetivas como confere uma falsa ideia de completude ao intérprete. Cite-se a esse respeito:

> O excesso de leis é uma realidade em todas as nações civilizadas, notadamente nos países de tradição romano-germânica. O mito positivista de completude do ordenamento judicial, inspirou os parlamentos a tratarem de qualquer assunto, sendo corolário deste movimento a noção (muito evidente no senso comum) de que a lei seria apta a resolver todos os problemas sociais. Banalizou-se a lei, o que fez com que se esvaziasse o sentimento de respeito que se lhe nutriu no período iluminista. Com a inflação legislativa, a norma do parlamento, inevitavelmente, perde a sua majestade.[14]

Se por um lado não cabe ao legislador vislumbrar todas as necessidades legislativas e, assim, regulamentar estruturas típicas para toda sua atividade negocial – sob pena de engessar Administração –, por outro, isso não justifica um campo de inação do administrador, cabendo-lhe caminhar nos limites dos princípios que norteiam a atividade administrativa.[15]

No que diz respeito ao presente trabalho, a prescindibilidade da política legiferante reforça o elemento consensual nos contratos administrativos a partir de dois eixos: o da insuficiência das hipóteses legais de tipo contratual e do conteúdo atribuível aos sujeitos contratuais.

3.1 Insuficiência das hipóteses legais de tipo contratual

O sistema contratual privado compõe-se de um conjunto de regras gerais e de outro conjunto de normas concernentes aos contratos típicos. Já a estrutura dos contratos ad-

---

[13] MOREIRA NETO, Diogo de Figueiredo. Políticas Públicas e Parcerias: juridicidade, flexibilidade negocial e tipicidade na administração consensual. *Revista de Direito do Estado*, ano 1, nº 1, jan./mar. 2006, p. 107-108.

[14] BINENBOJM, Gustavo. *Uma teoria do direito administrativo*: direitos fundamentais, democracia e constitucionalização. Rio de Janeiro: Renovar, 2006. p. 128.

[15] Infelizmente, ainda prevalece no direito brasileiro o mito da baixa concretude dos princípios constitucionais, que obsta em muito a efetiva aplicação de tão vasta doutrina dedicada à eficácia dos princípios de Direito Administrativo. O desenvolvimento doutrinário dedicado à leitura constitucional dos institutos do Direito Administrativo ainda se reflete no cotidiano dos tribunais de maneira pontual e escassa, quando não deturpada e aquém de seus reais significados. Na prática, a interpretação constitucional era evocada conforme se acentuavam os espaços em branco da lei ou face à insuficiência de certos conceitos e não como permanente ponto de apoio da espiral hermenêutica.

ministrativos é doutrinariamente evidenciada a partir de uma substantivação jurídico-material, que sofreu profunda evolução a partir do incremento da atuação pública na prestação de serviços públicos. Diferentemente do direito privado, não se fala muito no âmbito administrativo de tipos contratuais, aos quais a lei tenha legado uma disciplina jurídica própria.

Na prática, todavia, a pluralidade da atuação administrativa, ao lado da reiteração em massa desses contratos, se expressa por meio de modelos constantemente repetidos e aplicados – espécies dos grandes gêneros da concessão e da permissão –, com encargos e sanção próprios. Tais modelos nominados de contratos – típicos ou não – são reconhecidos pelo próprio particular como deflagradores de um arcabouço jurídico específico. Se, por um lado, imprimem rapidez à atuação administrativa, por outro lado, podem engessar a atividade criadora de estruturas compatíveis com diferentes realidades, tal qual uma corrida legislativa que almeje esgotar os tipos de contratos administrativos.[16]

Fato é que o influxo dos paradigmas de funcionalização do contrato faz com que a verificação dos elementos estruturais, que automaticamente indicariam um determinado tipo contratual – a exemplo dos contratos de concessão ou de permissão –, deixe de ser a tônica da interpretação dos contratos, em prestígio ao consensualismo e, em última análise, à função perseguida pelo negócio.

Por outro prisma, "tanto quanto os particulares, o Estado pode encontrar-se na situação da insuficiência dos modelos contratuais preexistentes"[17] de forma que o interesse das partes poderá não ser satisfeito com a mera adesão a modelos jurídicos conhecidos. "A vida real impõe a necessidade de inovação".[18]

Consequentemente, passa-se a reconhecer o contrato mais pelo seu conteúdo que pelo seu *nomen iuris*. Trata-se de uma evolução já observada no âmbito dos contratos privados e que culmina com o reconhecimento de estruturas contratuais afirmadas pela práxis e reconhecida por doutrina e jurisprudência, sem que, contudo, o direito positivo lhes tenha ainda conferido uma disciplina legal.

Aqui residem estruturas, por exemplo, como a dos contratos de fornecimento – não contemplado pelo rol do art. 6º da Lei nº 8.666/93 –, dos contratos de transportes – que, como afirma Marçal Justen Filho, não tiveram a atenção necessária na Lei nº 8.666/93.[19]

---

[16] Nesse sentido, conclui Diogo de Figueiredo Moreira Neto: *"Resulta evidente que, nessas novas circunstâncias, dificilmente pode caber à lei estabelecer tipos contratuais rígidos, tal como ocorria no passado, senão que, tendo em vista as multiplicadas finalidades específicas a que se destinam tais contratos, torna-se inconveniente, inútil ou, pelo menos, problemático, que o legislador se substitua ao administrador para impor-lhe genericamente rígidas cláusulas contratuais, sem atentar para as características casuísticas de cada avença."* Políticas públicas e parcerias: juridicidade, flexibilidade negocial e tipicidade na administração consensual. *Revista de Direito do Estado*, ano 1, nº 1, jan./mar. 2006, p. 108.

[17] JUSTEN FILHO, Marçal. *Comentários à lei de licitações e contratos administrativos*. 11. ed. São Paulo: Dialética, 2005. p. 488.

[18] JUSTEN FILHO, Marçal. Ob. cit., p. 488.

[19] JUSTEN FILHO, Marçal. Ob. cit., p. 488.

Citem-se ainda os contratos conjugados,[20] nos quais as partes se utilizam não de uma única estrutura típica, mas de várias, para perseguir uma função ulterior além da função específica de cada um.

3.2 Prescindibilidade de um exaustivo conteúdo atribuído aos sujeitos de direito

Outro ponto que corrobora a insuficiência de uma política legiferante diz com os personagens do direito tradicional (o proprietário, o credor, o devedor, o marido, o testador etc.), cujas características são definidas a partir de uma sistematização uniformizadora dos problemas práticos, mas sem que percam sua essência abstrata. No âmbito dos contratos administrativos, as pessoas envolvidas ora são "compradoras", ora "vendedoras"; "usuárias", "consumidoras", e assim por diante, figurando em perfis estanques, aquém das necessidades do caso concreto. Problema atual que decorre dessa insuficiência é a confusão entre os conceitos de usuário e consumidor, que são aleatoriamente escolhidos pelo intérprete conforme queira aplicar uma ou outra disciplina jurídica, como se um mesmo sujeito de direito, na complexidade de suas relações com a Administração Pública, não pudesse ser ao mesmo tempo usuário e consumidor.[21]

A uniformidade de tratamento dos sujeitos de direito justificou-se durante um longo período em que a intervenção legislativa se prestava a ditar os limites da igualdade formal entre as partes com vistas a assegurar a livre concorrência entre elas e o princípio da impessoalidade. Daí por que era do teor da perspectiva tradicional que as mesmas regras fossem aplicadas independentemente da pessoa concreta e do caso particular.

Logo se viu, todavia, que o conteúdo abstrato atribuído aos sujeitos de direito nem sempre responde pelo caso concreto. É o que leva o Superior Tribunal de Justiça, por exemplo, a desconsiderar a personalidade jurídica em sede de contrato e licitação para estender a sanção de inidoneidade a outra sociedade que tenha seu mesmo objeto social, sócios e endereço.[22]

---

[20] Ao tratar de contratos conjugados, Marçal Justen Filho informa que *"esses contratos surgem como integrados e indissociáveis, já que a intenção das partes não é realizar cada contrato isoladamente. Pretende-se promover a contratação conjuntamente. Ainda que juridicamente ambos os contratos apresentem individualidade e perfil próprios, prevê-se sua pactuação conjugada"* (JUSTEN FILHO, Marçal. Ob. cit., p. 487).

[21] *"O usuário de serviços públicos merece a proteção tanto no âmbito da legislação de defesa do consumidor, como na legislação de direito administrativo, quer na que discipline o serviço público específico (aí incluídas as normas sobre agências reguladoras), quer na disciplina das concessões e permissões de serviços públicos e demais contratos administrativos. Há fartura de normas, cabendo ao Poder Público aprimorar instrumentos de fiscalização"* (SOUTO, M. J. V. *Direito administrativo da economia*: planejamento econômico, fomento, empresas estatais e privatização, defesa da concorrência do consumidor e do usuário de serviços públicos, responsabilidade fiscal. 3. ed. Rio de Janeiro: Lumen Juris, 2003. p. 355).

[22] "ADMINISTRATIVO. RECURSO ORDINÁRIO EM MANDADO DE SEGURANÇA. LICITAÇÃO. SANÇÃO DE INIDONEIDADE PARA LICITAR. EXTENSÃO DE EFEITOS À SOCIEDADE COM O MESMO OBJETO SOCIAL, MESMOS SÓCIOS E MESMO ENDEREÇO. FRAUDE À LEI E ABUSO DE FORMA. DESCONSIDERAÇÃO DA PER-

O mesmo se diga sobre eventual eficácia ultrapartes dos contratos e sobre o dever que se impõe aos terceiros que, conquanto não tenham aderido ao cumprimento da obrigação, deverão respeitar os feixes de direitos e obrigações relacionais que irradiam do elemento consensual, os contratantes e seus respectivos patrimônios.

Isso tudo para mostrar que há espaços inalcançáveis pelo legislador em que – à míngua de regras que deem solução ao caso concreto – a criatividade do intérprete busca instrumentos que efetivem os plurais interesses da Administração, sempre à luz dos princípios que regem a Administração Pública. No âmbito dos contratos administrativos, esse trabalho interpretativo se apresenta especialmente frutífero dada a multiplicidade de interesses em questão e a carga dinâmica oriunda de um ajuste de vontade que lhe é específico. Já se manifestava Themístocles Brandão Cavalcanti:

> A teoria dos contratos administrativos constitui assim um dos pontos mais importantes no estudo do direito administrativo, não somente pela relevância da sua aplicação, como ainda porque aqui se encontra a fronteira menos definida do direito público com o direito privado.[23]

Não se quer dizer que a partir do consensualismo a concepção de "vontade" do Estado passe a ser exclusivamente um poder-função, em que o próprio contrato se coloque a serviço da realização de seu conteúdo, a qualquer custo. E de qualquer conteúdo, sem qualquer interação com o direito posto. Tome-se, por completa, a seguinte ponderação:

> A noção de contrato pode ser vista tanto por uma perspectiva estrutural, como por uma perspectiva funcional de análise jurídica. [...] A primeira centra sua preocupação em aspectos formais do Direito; a segunda, no conteúdo das normas jurídicas. A primeira, via de regra, é associada a um ponto de vista puramente jurídico; a segunda, a um ponto de vista sociológico (BOBBIO, 2007:82) – ainda que esta última possa ser feita do ponto de vista jurídico. Não se trata de considerar correta uma dessas perspectivas em detrimento da outra. Ambas têm relevância e ambas têm seu sentido. Aliás, a propósito especificamente da análise funcional, deve-se notar que pode ela ser produzida não em relação ao Direito como um todo, mas

---

SONALIDADE JURÍDICA NA ESFERA ADMINISTRATIVA. POSSIBILIDADE. PRINCÍPIO DA MORALIDADE ADMINISTRATIVA E DA INDISPONIBILIDADE DOS INTERESSES PÚBLICOS. A constituição de nova sociedade, com o mesmo objeto social, com os mesmos sócios e com o mesmo endereço, em substituição a outra declarada inidônea para licitar com a Administração Pública Estadual, com o objetivo de burlar a aplicação da sanção administrativa, constitui abuso de forma e fraude à Lei de Licitações Lei nº 8.666/93, de modo a possibilitar a aplicação da teoria da desconsideração da personalidade jurídica para estenderem-se os efeitos da sanção administrativa à nova sociedade constituída. A Administração Pública pode, em observância ao princípio da moralidade administrativa e da indisponibilidade dos interesses públicos tutelados, desconsiderar a personalidade jurídica de sociedade constituída com abuso de forma e fraude à lei, desde que facultado ao administrado o contraditório e a ampla defesa em processo administrativo regular Recurso a que se nega provimento" (STJ, 2ª Turma, RMS 15166, Rel. Min. Castro Meira, julg. 7-8-2003, publ. *DJ* 8-9-2003, p. 262).

[23] CAVALCANTI, Themístocles Brandão. *Tratado de direito administrativo*. 4. ed. Rio de Janeiro: Freitas Bastos, 1960. v. I, p. 309.

apenas a uma instituição jurídica, o que não implica ter de se adotar o "funcionalismo" como "teoria global da sociedade" (BOBBIO, 2007:92). Importa, de todo modo, em nome do rigor do método científico, não as confundir.[24]

Nesse esquadro, o consensualismo é produto de uma análise funcional. Sobre ele transitam leituras interpretativas do contrato administrativo que, tomadas às margens da criatividade dos intérpretes e dificilmente cobertas pelo legislador, sugerem contribuições bastante caras à lógica dos contratos privados.

4 Contribuições do consensualismo para a interpretação dos contratos administrativos

4.1 Entre a lógica da função pública e a lógica contratual

Confrontados os tratamentos dados ao papel da vontade pelo direito privado e pelo direito público, importa o que daquele cenário se aproveita em tema de negócio jurídico administrativo e de interpretação contratual.

De pronto, pode-se afirmar que sobre a interpretação dos contratos administrativos incidem dois vetores igualmente relevantes: um ligado ao dever de resultado geral, ínsito à função pública, e outro que advoga pela consecução do resultado particular do contrato, que diz com a relatividade dos negócios jurídicos contratuais e, assim, com a manifestação de vontade das partes envolvidas na avença.

A tensão entre os referidos vetores, contudo, é apenas aparente. Embora obedeçam a razões de interesse público que lhes acarretam tratamento apartado do tratamento dado aos demais contratos, os contratos administrativos possuem os mesmos elementos essenciais presentes nos contratos privados e, portanto, se sujeitam à sua teoria geral. Ademais, a utilização dos instrumentos consensuais pela Administração sempre se dará em razão e nos limites da função pública a que se dedica o Estado.

Como trazido por Themístocles Brandão Cavalvanti, foram precisamente características extrínsecas ao contrato que sugeriram a formação de uma doutrina especial dos contratos administrativos. Fala-se aqui das normas relativas à competência da autoridade e também às formalidades especiais necessárias à validade e existência de qualquer ato administrativo.

> Os elementos peculiares são aqueles que decorrem da organização administrativa, especialmente de natureza extrínseca e formal, bem como da colaboração de órgãos de controle e fiscalização, sem cuja intervenção não se pode completar certos atos, principalmente aqueles de natureza bilateral ou que importem em obrigação pecuniária para o Estado.[25]

---

[24] ALMEIDA, Fernando Dias Menezes de. *Contrato administrativo*. São Paulo: Quartier Latin, 2012. p. 64-65.

[25] CAVALCANTI, Themístocles Brandão. *Curso de direito administrativo*. 6. ed. Rio de Janeiro: Freitas Bastos, 1961. p. 78.

A sobrevalorização de aspectos tangentes ao regime jurídico dos contratos administrativos – posto que relevantes para a confirmação de uma teoria do contrato administrativo – legou saltos metodológicos e lacunas de aproveitamento da teoria geral dos contratos, inclusive no que diz com a observação do contrato como um processo dinâmico.[26] Por mais óbvio que pareça destacar o contrato como um processo obrigacional único, não raro – especialmente em contratos administrativos cuja execução se prolonga no tempo – o intérprete desassocia suas fases, importando-se em verificar os requisitos no momento da constituição e, posteriormente, no seu cumprimento. Não verifica: (i) em que medida a execução responde ao ajuste inicial das partes; (ii) se a disciplina jurídica aplicada para verificação do núcleo de obrigações responde por todo o escopo prático almejado pelas partes; e ainda (iii) se ao longo do estabelecimento da relação contratual foi descaracterizado o tipo inicial, fluindo para um cumprimento distinto daquele inicialmente intitulado pelas partes.

4.2 *Vinculação ao conteúdo contratual*

O contrato administrativo não é um contrato isonômico: as partes não são colocadas em pé de igualdade no que concerne à intangibilidade dos efeitos do contrato. Isso não significa que a administração não esteja vinculada ao contrato e que este não se imponha por força obrigatória à Administração Pública. De fato, o exercício por parte da Administração dos poderes unilaterais não imuniza a Administração dos deveres decorrentes da vinculação contratual inicial, seja em razão da específica confiança criada no parceiro privado, merecedora de tutela sob o aspecto patrimonial, seja porque a utilização de tais poderes não se sobrepõe aos elementos essenciais do contrato, incidindo sim como circunstâncias externas e elementos acidentais.

Uma vez convencionados os limites do contrato, por força do consenso, ficam as partes ligadas pelo vínculo da vontade que as uniu. Sinal da sujeição do Estado a tais limites é o nascimento do dever de a Administração indenizar o particular pelos prejuízos a que der causa, mesmo em caso de nulidade do contrato celebrado.[27] Diga-se que a responsabili-

---

[26] COUTO E SILVA, C. D. *A obrigação como um processo*. São Paulo: Bushatsky, 1979. p. 10.

[27] Nesse sentido: "Apelação Cível. Direito Administrativo. Contrato administrativo. Ação de Rito Ordinário objetivando cobrança de reajustes e prestação de serviços não pagos pela Administração. Contratação verbal. Nulidade. Enriquecimento sem causa. Nos termos do parágrafo único da Lei de Licitações, a nulidade não exonera a administração do dever de indenizar o contratado. Tal indenização se dará pelo que este houver executado até a data em que for declarada a nulidade, declarada e por outros prejuízos regularmente comprovados, contanto que não lhe seja imputável, promovendo-se a responsabilidade de quem lhe deu causa. No caso, havendo nítida inobservância do critério de reajuste fixado na contratação, são devidas à empresa contratada as respectivas diferenças que, ao longo do contrato, deixou de receber. De outro lado, não socorre à sociedade de economia mista a alegação de que a renovação do contrato foi nula, eis que durante toda sua execução aproveitou-se dos serviços prestados pelo particular, não podendo eximir-se desta responsabilidade. E, dessa forma, se após o término de vigência do contrato, mesmo assim, continuou a demandada a utilizar-se dos serviços, deve por eles pagar, servindo a preço antes ajustado como base a tal pagamento. Apelo da demandada desprovido. Provimento

dade pressupõe, em regra, o descumprimento de uma obrigação juridicamente tutelada que lhe é anterior. Obrigação esta, repita-se, entabulada pelo consenso.

Para o direito privado, uma das mais importantes consequências da vinculação das partes ao produto do consenso é a impossibilidade de alteração do conteúdo pactuado, ou seja: a imutabilidade ou intangibilidade das cláusulas contratuais, que somente seriam apreciadas judicialmente no caso de estarem eivadas de nulidade ou vício de vontade.

Na seara dos contratos administrativos, por sua vez, vale a prerrogativa dada ao Poder Público de fazer variar a obrigação da outra parte, na medida em que a alteração daí decorrente seja necessária à atividade estatal. Nada obstante, a vinculação do *player* público ao conteúdo contratual não se desfaz por completo caso se apresentem necessárias alterações unilaterais do contrato administrativo. Acredita-se que o consensualismo incrementa o ônus argumentativo do Estado em traçar as modificações unilaterais autorizadas pelo regime de Direito Público. O produto da vontade das partes, todavia, mantém-se hígido como verdadeiro filtro de controle para o administrador, de forma a serem permitidas alterações a partir de uma escala de adequação, necessidade e razoabilidade. Em paralelo. Não poderá a Administração descolar-se por completo dos efeitos pretendidos pelas partes, mas tão somente reformular os meios para seu atingimento.[28]

Partidário do apego ao que chama de "essência do contrato", tratando das alterações unilaterais qualitativas do contrato administrativo, Caio Tácito observa:

> Diversamente, as modificações qualitativas não têm proporção prefixada, mas devem respeitar a essência do objeto do contrato, do qual é expressão objetiva sua finalidade, caracterizada no projeto básico, a que se reporta o edital. As alterações qualitativas, precisamente porque são, de regra, imprevisíveis, senão mesmo inevi-

---

do recurso da demandante apenas para suprir omissão do dispositivo da sentença de primeiro grau" (TJRJ, 15ª CC, Apel. Cív. 2000.001.10525, Rel. Des. José Pimentel Marques, julg. 7-2-2001).

[28] Em análise mais detalhada sobre a hipótese de alteração unilateral dos contratos administrativos, sustentou-se, por ocasião da análise do art. 65 da Lei nº 8.666/93: "Acredita-se que o grande escopo de aplicação das limitações inseridas no artigo 65 da referida Lei seja a conservação das bases do negócio e a proteção do dever constitucional de licitar, o que, dependendo da complexidade do contrato, dependerá de exame dos limites fracionários expressos na Lei, mas também, conforme se propõe, da compatibilidade da alteração qualitativa com a causa do contrato. Nesta esteira, insiste-se que a vinculação da Administração não se circunscreve à lei formal, mas a um bloco de legalidade que agrega a essa lei formal princípios e regras. Princípios tais como o da confiança, da razoabilidade e da realidade. Assim, reconhecida no plano da lei formal a possibilidade de alteração unilateral de aspectos qualitativos do contrato, adotando-se ou não o limite insculpido no parágrafo primeiro do artigo 65, impõe-se que tal modificação se circunscreva no diâmetro da função econômico-individual do contrato e, consequentemente, que mantenha íntegra a síntese dos efeitos objetivamente almejados e acordados pela parte privada. A modificação imposta pela Administração deve obedecer ao feixe de efeitos que tem origem na celebração do contrato e que se estende durante toda a execução. Note-se que não basta à análise da causa a observação pontual do conteúdo da manifestação de vontades. Por análise objetiva, não se pode ter apenas o contrato, mas todos os elementos da fase de execução que eventualmente aproximaram as partes; acresceram o contrato de elementos essenciais e, assim, igualmente se inserem no 'efeito envolvedor da causa'" (NERY, Ana Rita de Figueiredo. *A causa do contrato administrativo*: análise do conteúdo contratual como parâmetro de aplicação do princípio da eficiência. Rio de Janeiro: Lumen Juris, 2010. p. 109-110).

táveis, não têm limite preestabelecido, sujeitando-se a critérios de razoabilidade, de modo a não se desvirtuar a integridade do objeto do contrato.[29]

4.3 Pauta de eticidade

Outra consequência do realce ao elemento consensual no âmbito da interpretação dos contratos administrativos, que se abebera da lógica dos pactos privados pela coincidência entre seus elementos estruturais e qualitativos, diz respeito aos deveres de boa-fé e lealdade no empenho real voltado à consecução do resultado pretendido.

Ao analisar as influências do Código Civil de 2002 sobre os contratos administrativos, expõe Jessé Torres, fazendo referência às decisões do Tribunal de Contas da União:[30]

> A boa-fé é o substrato da eticidade, traduzindo-se em norma de conduta que salvaguarda a veracidade do que foi estipulado, a sinceridade e a probidade das vontades manifestadas, em virtude do que se pode esperar que será cumprido o pactuado sem distorções ou tergiversações, tendo-se sempre em vista o adimplemento do fim visado ou declarado como tal pelas partes [...] O Tribunal de Contas da União, que desempenha atividade paradigmática para todos os órgãos e entidades da Administração federal, ou que recebem e aplicam recursos provenientes do tesouro federal, vem consolidando o entendimento de que as empresas que contratam com a Administração atuam não apenas na defesa de seus interesses privados, mas mantêm verdadeiro vínculo de colaboração com o Poder Público para o atingimento do bem comum. Por conseguinte, têm o dever de agir com honestidade e lhaneza ao celebrar ajustes de natureza administrativa. Não é aceitável que estabeleçam preços bem acima dos cotados no mercado quando contratam com entidades da Administração Pública. Frise-se que, hoje, a evolução do direito privado levou à positivação de princípios de índole social em normas que visam a regular relações eminentemente privadas. Protege-se a boa-fé dos contratantes, apena-se com a nulidade cláusulas de caráter abusivo, repudia-se o abuso do direito. O novo Código Civil estabelece a lesão e o estado de perigo como fatores a ensejar a relativização da autonomia da vontade. Sendo a função social do contrato, de que a boa-fé é consequência imediata, o princípio aplicável aos contratos de direito privado, com mais razão ainda deve o contratado que celebra ajuste com a Administração agir com correção, sob pena de responder, administrativamente

---

[29] TÁCITO, Caio. Contrato administrativo – alteração quantitativa e qualitativa: limites de valor. *Boletim de Licitações e Contratos*, mar. 1997, São Paulo: NDJ, p. 115-121.

[30] Cita-se, especificamente: TCU, Plenário, Processo 16.988/2001-8, Acórdão nº 165/2002, Rel. Min. Benjamin Zymler.

inclusive, pelos danos que vier a causar ao erário. Máxime quando os contratos celebrados têm, por fim último, a satisfação do interesse público.[31]

A estrutura dos contratos administrativos demanda de ambas as partes um comportamento ajustado a certas pautas de conduta inspiradas em valores e traçadas no momento da união de vontades.[32] Se assistem à Administração poderes para, unilateralmente, alcançar os objetivos públicos traçados no contrato, salutar que a boa-fé objetiva seja utilizada como fator de análise e correição do contrato, exigindo-se também do particular especial atenção a esses mesmos objetivos públicos.

Mesmo a tutela da livre iniciativa passa necessariamente pela diminuição de desnível existente entre o Estado e o particular por reforço de deveres anexos decorrentes da boa-fé objetiva,[33] quais sejam: o dever de informar – ao qual se ligam o dever de confidencialidade sobre as informações obtidas ao longo do processo contratual –, o direito de acesso às informações e à sua retificação – de transparência das partes contratantes desde a confecção do edital e de cooperação.

Pode-se dizer, ao fim, que os objetivos públicos impressos em determinado contrato administrativo aderem à pretensão eminentemente econômica do particular. É importante que o espectro de atendimento a uma função pública reverbere não apenas de forma a se exigir um atuar tendente ao máximo padrão ético possível por parte do Estado, mas igualmente por parte do agente privado.[34]

---

[31] PEREIRA JUNIOR, J. T. Notas acerca das repercussões no novo Código Civil sobre os contratos administrativos. *Revista da EMERJ,* v. 7, nº 27, Rio de Janeiro, 2004, p. 21.

[32] "Não é preciso penetrar na intenção do agente, porque do próprio objeto resulta a imoralidade. Isso ocorre quando o conteúdo de determinado ato contrariar o senso comum de honestidade, retidão, equilíbrio, justiça, respeito à dignidade do ser humano, à boa-fé, ao trabalho, à ética das instituições. A moralidade exige proporcionalidade entre os meios e os fins a atingir; entre os sacrifícios impostos à coletividade e os benefícios auferidos; entre as vantagens usufruídas pelas autoridades públicas e encargos impostos à maioria dos cidadãos" (DI PIETRO, Maria Sylvia Zanella. *A discricionariedade administrativa na Constituição de 1988.* 3. ed. São Paulo: Atlas, 2012, p. 178).

[33] Sobre a aplicação da boa-fé no direito administrativo Edilson Pereira Nobre Júnior elucida que "*a boa-fé é valorada, também no direito administrativo, ora como padrão de conduta, a exigir dos sujeitos do vínculo jurídico atuação conforme à lealdade e à honestidade (boa-fé objetiva), ora como uma crença, errônea e escusável, de uma determinada situação (boa-fé subjetiva). A primeira hipótese alcança maior influência no terreno aplicativo, sendo de grande valia no concernente aos atos e contratos administrativos, procedimento administrativo, serviços públicos, atividade reguladora e na responsabilidade estatal na intervenção sobre a ordem econômica. Diferentemente, a boa-fé em sua vertente psicológica é suscetível de um mais restrito emprego, sendo de valia quanto às sanções administrativas e em algumas relações entre o Estado e seus servidores*" (*O princípio da boa-fé e sua aplicação no direito administrativo brasileiro.* Porto Alegre: Sergio Antonio Fabris Editor, 2002. p. 42).

[34] Veja-se, nesse sentido: ADMINISTRATIVO. RECURSO ESPECIAL. LICITAÇÃO. INTERPRETAÇÃO DO ART. 87 DA LEI Nº 8.666/93.1. Acolhimento, em sede de recurso especial, do acórdão de segundo grau assim ementado (fl. 186): DIREITO ADMINISTRATIVO. CONTRATO ADMINISTRATIVO. INADIMPLEMENTO. RESPONSABILIDADE ADMINISTRATIVA. ART. 87, LEI 8.666/93. MANDADO DE SEGURANÇA. RAZOABILIDADE. 1. Cuida-se de mandado de segurança impetrado contra ato de autoridade militar que aplicou a penalidade de suspensão temporária de participação em licitação devido ao atraso no cumprimento da prestação de fornecer os produtos contratados. 2. O art. 87, da Lei nº 8.666/93, não estabelece critérios claros e objetivos acerca das sanções

4.4 Paridade e estabilidade do vínculo contratual

Seguindo a esteira dos meios de aproveitamento do elemento consensual em tema de interpretação dos contratos administrativo, tem-se que do elemento consensual se extrairão conclusões acerca de um liame obrigacional mais ou menos paritário entre as partes. A rígida associação dos contratos administrativos a contratos de adesão – e dos contratos privados a contratos paritários – já não prevalece como regra, sequer como disciplina impermeável às inúmeras posições de hipossuficiência (técnica, econômica, jurídica e informacional) que serão merecedoras de tutela específica em um verdadeiro *dégradé* de posições jurídico-subjetivas. Cada qual a ensejar distintos calibres de incidência do mesmo regime jurídico de direito público, sempre com o alvo na melhor consecução dos resultados pretendidos com o contrato.

De longa data o direito civil se debruça sobre o momento em que estabelece a vinculação jurídica contratual entre as partes de maneira especial para inferir a existência de posições jurídico-subjetivas mais ou menos fragilizadas. Tal se dá por dificuldades de negociação cláusula-a-cláusula e pela mitigação do princípio da autonomia da vontade. Deflagra-se, em um cenário de contratos *standards*, especial preocupação do ordenamento em manter o equilíbrio contratual. Assim, são vedadas obrigações abusivas (que desrespeitem valores da sociedade), iníquas (injustas, contrárias à equidade), ou que ofendem o princípio da boa-fé objetiva (como a falta de cooperação, de lealdade, quando frustra a legítima confiança criada no consumidor) e a equidade (justiça do caso concreto).

Por outro lado, a estabilidade traçada como objetivo sócio-político de um país em processo de desenvolvimento ressoou sobre as contratações administrativas. Inauguraram-se debates sobre a partilha de riscos contratuais, sobre a mitigação das cláusulas exorbitantes e em torno de modelagens atípicas. Se por um prisma tradicional os contratos adminis-

---

decorrentes do descumprimento do contrato, mas por óbvio existe uma gradação acerca das penalidades previstas nos quatro incisos do dispositivo legal. 3. Na contemporaneidade, os valores e princípios constitucionais relacionados à igualdade substancial, justiça social e solidariedade, fundamentam mudanças de paradigmas antigos em matéria de contrato, inclusive no campo do contrato administrativo que, desse modo, sem perder suas características e atributos do período anterior, passa a ser informado pela noção de boa-fé objetiva, transparência e razoabilidade no campo pré-contratual, durante o contrato e pós-contratual. 4. Assim deve ser analisada a questão referente à possível penalidade aplicada ao contratado pela Administração Pública, e desse modo, o art. 87, da Lei nº 8.666/93, somente pode ser interpretado com base na razoabilidade, adotando, entre outros critérios, a própria gravidade do descumprimento do contrato, a noção de adimplemento substancial, e a proporcionalidade. 5. Apelação e Remessa necessária conhecidas e improvidas. 2. Aplicação do princípio da razoabilidade. Inexistência de demonstração de prejuízo para a Administração pelo atraso na entrega do objeto contratado. 3. Aceitação implícita da Administração Pública ao receber parte da mercadoria com atraso, sem lançar nenhum protesto. 4. Contrato para o fornecimento de 48.000 fogareiros, no valor de R$ 46.080,00 com entrega prevista em 30 dias. Cumprimento integral do contrato de forma parcelada em 60 e 150 dias, com informação prévia à Administração Pública das dificuldades enfrentadas em face de problemas de mercado. 5. Nenhuma demonstração de insatisfação e de prejuízo por parte da Administração. 6. Recurso especial não--provido, confirmando-se o acórdão que afastou a pena de suspensão temporária de participação em licitação e impedimentos de contratar com o Ministério da Marinha, pelo prazo de 6 (seis) meses (STJ, REsp 914.087/RJ, Rel. Min. José Delgado, 1ª Turma, julg. 4-10-2007, *DJ* 29-10-2007, p. 190).

trativos não tenderiam à estabilidade – exatamente por força de uma posição superior do Estado sobre o particular –, atualmente, sem prejuízo de tal posição soberana, são notáveis os esforços no sentido de se buscar consensualmente métodos de incremento da paridade e de redução das desigualdades entre o parceiro público e o parceiro privado. Em especial quando a tônica é a busca de aportes de capital e investimentos.[35]

A despeito de ser essencial, para as atividades do Estado, que das relações administrativas nasça um complexo de direitos, obrigações, prerrogativas e interesses legítimos próprios que não se confundem com a esquemática dos contratos privados, a adesão intransigente e indiscriminada aos mecanismos do regime de direito público – especialmente à prerrogativa de alteração unilateral do contrato – nem sempre atende aos princípios cardeais da Administração Pública. Desta sorte, nem sempre se pode afirmar que o predomínio da lógica pública garantirá a eficiência e o alcance de um resultado satisfatório à Administração.[36]

5 Conclusão

Uma vez identificada uma relação contratual entre o Estado e o particular, os centros de interesse que daí exsurgem passam a merecer interpretação própria, em que se prestigie a relação jurídica estabelecida, com suas vicissitudes e particularidades. Pelo consensualismo, o desenvolvimento da atividade administrativa se dará, consequentemente, sobre bases mais abertas e mais elásticas, buscando-se o equilíbrio entre a autoridade administrativa e o respeito à vontade manifestada pelo particular.

Os instrumentos contratuais surgem por arregimentar dois eixos de inspiração constitucional: a maior participação privada na atividade administrativa e a demanda por novos métodos de atuação da Administração Pública com o fim de atendimento aos fins promocionais do Estado. Não é demais assentar o consensualismo como princípio implícito do ordenamento jurídico brasileiro, caro à teoria geral dos contratos e, no âmbito do direito administrativo, consectário da imperatividade de se equilibrar o poder da Administração com a vontade dos administrados.

O distanciamento do direito administrativo da teoria geral dos contratos fez com que o tratamento de elementos gerais – tal como o consenso – restasse exclusivamente associado à teoria privatística e sob a responsabilidade da doutrina de direito civil. No âmbito

---

[35] Cabe aqui uma observação: diversamente do que ocorreu em países europeus, o espírito do processo de desestatização do Brasil teve como norte, entre outras, uma questão pragmática, qual seja: a falta de recursos públicos. No caso europeu, o que se buscava era essencialmente a eficiência de serviços já existentes e universais, que somente seria atingida com o *know-how* do setor privado. Essa abordagem é de Marcos Juruena Villela Souto (Serviços Públicos Concedidos. *Boletim de Direito Administrativo*, out. 2005, p. 1103).

[36] Via de regra, cada imposição unilateral da Administração ao particular consubstancia um risco a ser agregado ao custo do objeto da contratação, o que pode vir a comprometer a eficiência – especialmente quando o objeto é a prestação de um serviço – na medida em que o caminho natural para a autocompensação do parceiro privado é a subtração dos custos da execução.

do direito administrativo, os problemas jurídicos suscitados pela natureza peculiar da participação do Estado em negócios jurídicos bilaterais chamavam à importância o que nos contratos administrativos se apresentava extravagante, destoante, excepcional. O modelo de observação dos contratos administrativos, em muito, estruturou-se a partir do reforço das excepcionalidades, da definição pela exceção. E em prezar os elementos peculiares que decorrem da organização administrativa, mais se voltava aos meios de contratação que ao fim contratual.[37]

Vê-se, muito embora, que o recurso ao direito privado na interpretação dos contratos administrativos não se esvaiu na origem histórica compartilhada entre negócios bilaterais públicos e privados, correspondendo a uma busca atual e necessária, para que a avença não perca legitimação e se afaste do seu elemento consensual. Assentado algum cotejo entre o regime de direito público – sob a lógica da função pública[38] – e o regime de direito privado, verificam-se espaços de aproveitamento do consensualismo à luz da premissa de prescindibilidade de uma política legiferante.

As múltiplas atividades assumidas pela Administrativa Pública demandam a cada dia menor tensão e maior coesão entre as posições jurídico-subjetivas ocupadas pelo Estado e pelo particular. Acoroçoar a legitimação dos contratos administrativos através de prática interpretativa que se volte para o seu elemento consensual é, ademais, reforçar o que da teoria geral dos contratos se perdeu ao longo do desenvolvimento de uma teoria dos contratos administrativos fundada em um regime jurídico excepcional e em poderes exorbitantes.

Em última análise, a coesão entre os distintos momentos contratuais, que se atinge pelo prestígio ao consenso das partes, facilita o controle da Administração Pública, traz tons de publicidade à conduta dos contratantes ao longo da execução da avença, favorece a eficiência do contrato e valoriza a confiança depositada não apenas pelo parceiro privado, mas por todos os destinatários daquela função pública desenvolvida a partir do contrato.

---

[37] Nesse sentido é bastante representativa a maior dedicação da doutrina aos instrumentos contratuais e às modalidades de contratação que ao estudo da teoria contratual. Relevantíssima, nesse cenário, a obra *Contrato administrativo*, em que se sugere novo ponto de convergência e novo sentido teórico ao contrato administrativo (ALMEIDA, Fernando Dias Menezes de. *Contrato administrativo*. São Paulo: Quartier Latin, 2012).

[38] Toma-se aqui a expressão *função pública* para determinar, genericamente, as funções de Estado. Trata-se, contudo, de expressão equívoca, que igualmente serve para designar "a situação, o posto de trabalho, o cargo da pessoa, que implique a gestão da coisa pública" (DI PIETRO, Maria Sylvia Zanella. A privatização e o novo exercício de funções públicas por particulares. In: MOREIRA NETO, Diogo de Figueiredo (Coord.). *Uma avaliação das tendências contemporâneas do direito administrativo*. Rio de Janeiro: Renovar, 2003).

6 Aplicação do Código de Defesa do Consumidor aos Usuários dos Serviços Públicos: Análise das Relações com as Concessionárias de Distribuição de Energia Elétrica

Andréa Silva Rasga Ueda[1]

1 Introdução

A distinção simplista entre as esferas pública e privada, e que acaba sendo feita diuturnamente pelos cidadãos desse nosso país, é realizada de modo instintivo: o que não corresponde ao que é meu, ou é do outro, ou é público. E assim seguem suas vidas.

Contudo, sob a visão jurídica, essa diferenciação acaba resvalando em diversos elementos que exigem do jurista não apenas o uso e o domínio das noções e dos conceitos jurídicos aprendidos (e quiçá apreendidos) nos bancos das faculdades; exigem uma percepção meticulosa dos aspectos empíricos, procurando encaixá-los ou adequá-los àqueles, mas, acima de tudo, tendo e compreendendo os panoramas econômico, social e político, além de buscar em outras ciências, como filosofia, sociologia, economia e até engenharia, conceitos tais que permitam entender os fenômenos da realidade a fim de poder ajustá-los e separá-los entre situações que serão reguladas pelo dito direito público ou pelo dito direito privado ou, em situações não tão raras, aportá-los em zonas intermediárias.

Em uma dessas regiões intermediárias é que podemos encaixar o tema deste trabalho, na medida em que ainda há discussões, de ordem doutrinária e jurisprudencial, a respeito da total aplicação da legislação consumerista[2] aos serviços prestados pela Administração Pública.

Retomando a visão simplista que a sociedade faz quanto à distinção entre público e privado, não por ser desqualificada, mas, sim, por não ter os óculos das técnicas jurídicas, é fato que, após a maciça disseminação do Código de Defesa do Consumidor, todo e qualquer direito que os cidadãos sintam tenha sido lesado, quer por um ente público, quer por

---

[1] Advogada. Doutoranda e Mestre em Direito Civil pela Faculdade de Direito da Universidade de São Paulo, com especialização em Administração de Empresas pela Fundação Getulio Vargas de São Paulo.

[2] Lei nº 8.078, de 11-9-1990 (Código de Defesa do Consumidor).

um privado, acaba sendo "classificado" como "direito de consumidor" e, sob esse signo, segue em busca de sua proteção.

Este artigo não pretende encerrar qualquer discussão a respeito do tema. Longe disso. Buscamos, ao compendiar pensamentos, posições e orientações sobre o assunto macro – haver ou não relação de consumo entre os usuários dos serviços públicos e seus prestadores –, deitar olhos mais aguçados sobre a palpitante relação particular entre os usuários e as concessionárias distribuidoras de energia elétrica, de modo a trazer mais subsídios para o calor da argumentação.

Nesse sentido, o presente trabalho compõe-se por uma parte introdutória, na qual serão abordados pontos históricos a respeito da dicotomia e interferência mútua entre direito privado e direito público, destacando elementos da evolução dessa separação.

A segunda parte se subdividirá em dois tópicos. No primeiro abordaremos propriamente o tema amplo da aplicabilidade do Código de Defesa do Consumidor em relações entre usuários de serviços públicos e os seus prestadores, à luz da doutrina e da jurisprudência pátrias. Já o segundo será dedicado a detalharmos essa relação consumerista (ou não) na esfera das atividades desenvolvidas pelas concessionárias distribuidoras de energia elétrica, procurando trazer eventuais outros elementos (particulares ou não) que permitam aos juristas pensar e repensar sobre o tema.

A terceira e última parte correspondem às conclusões extraídas ao longo dos estudos, as quais, como dito acima, não visam colocar uma pá de cal sobre o assunto, muito ao contrário. A intenção é fomentar as discussões como sói acontecer no âmbito jurídico, colacionando mais elementos às linhas argumentativas. Ao trabalho.

2 O direito privado como "origem" do direito público

Podemos afirmar que a separação entre questões públicas e questões privadas guarda origem mais remota do que nos idos do direito romano. Os gregos já faziam distinção entre essas esferas, tanto que foram eles os "inventores da ciência política, a ciência do governo da pólis", nos termos do quanto nos ensina John Gilissen.[3]

Ademais, a reflexão que os gregos passam a fazer sobre direito e justiça acaba por redundar "na própria constituição das cidades", as quais procuram transformar em "centro da vida social e política", conforme doutrina José Reinaldo de Lima Lopes.[4]

A pólis era composta apenas pelos cidadãos, que eram os que "podiam opinar [...] nos negócios comuns", deles não fazendo parte os escravos e as mulheres. Mas era uma situação mais assemelhada a uma relação de parentesco do que ao conceito de cidadania que conhecemos atualmente. E "nas assembleias que tratavam dos interesses públicos,

---

[3] *Introdução histórica ao direito*. Tradução de A. M. Hespanha e L. M. Macaísta Malheiros. Lisboa: Fundação Calouste Gulbenkian, 1986. p. 75-77.

[4] *O direito na história:* lições introdutórias. 3. ed. São Paulo: Atlas, 2011. p. 22-23.

um grego poderia saber como os seus amigos, inimigos e conhecidos sentiam as questões que afetavam a todos".[5]

Pode-se, contudo, afirmar que foi na época romana, a cujo direito devemos as grandes contribuições do direito privado, que passou a se esboçar uma separação maior entre direito público e direito privado, não obstante tal separação muitas vezes ter sido difícil, na medida em que os interesses particulares podiam coincidir com os públicos, sendo que tanto em Roma como nos dias atuais "se pode observar a contínua tendência dos institutos jurídicos a transportar-se do direito privado para o público", bem como uma "constante penetração do direito público no campo do direito privado", conforme destacam Alexandre Corrêa e Gaetano Sciascia.[6]

Nessa época romana, o cidadão desempenhava ou possuía estados ou *status*, que lhe conferiam posição e ligação à comunidade e nos diversos grupos aos quais pertencia, de onde derivava sua personalidade e que lhe permitia manter diferentes relações "sociais" (ou "civis"). Assim é que se falava em *status libertatis*, *status civitatis* e *status familiae*, todos pressupostos de sua personalidade jurídica, e, ainda, *status rei publicae*, enquanto atuação ou modo de ser no ambiente público do Império romano.[7]

Destaque-se que foi na época clássica do direito romano (século II a. C. até fim do século III d. C.) que o direito privado teve enorme desenvolvimento, em especial no campo do direito das coisas e das obrigações, em confronto com a época do Alto Império, em que houve uma grande concentração de poderes nas mãos do imperador, com uma crescente redução da liberdade dos cidadãos, sendo o direito privado extremamente individualista, o que implicou em um "divórcio crescente entre o direito privado e o direito público".[8]

Foi, contudo, depois da Revolução Francesa que direito público e direito privado passam a ser estudados de modo separado, sendo que a promulgação do Código Civil Francês (1804) "restabeleceu de forma acentuada a velha distinção entre direito público e direito privado".[9]

Pois bem. Por essa sinopse histórica podemos perceber que o direito público deve e muito ao direito privado, de onde bebeu para a formação da sua doutrina, bem como ainda dele se utiliza para a formatação ou elaboração de institutos e noções jurídicas in-

---

[5] ROBERTS, J. M. *O livro de ouro da história do mundo*. 4. ed. Tradução de Laura Alves e Aurélio Rebello. Rio de Janeiro: Ediouro, 2001. p. 176-177.

[6] *Manual de direito romano*. 6. ed. São Paulo: Revista dos Tribunais, 1988. p. 20, 31.

[7] Para maiores detalhes, ver DI PIETRO, Maria Sylvia Zanella. *Do direito privado na administração pública*. São Paulo: Atlas, 1989. p. 15-18.

[8] GILISSEN, John. *Introdução histórica ao direito*. Tradução de A. M. Hespanha e L. M. Macaísta Malheiros. Lisboa: Fundação Calouste Gulbenkian, 1986. p. 87.

[9] DI PIETRO, Maria Sylvia Zanella. *Do direito privado na administração pública*. São Paulo: Atlas, 1989. p. 22-23, sendo que vale a pena a leitura do Capítulo 3, onde a autora discorre, com mais vagar, sobre a formação do direito público, no Brasil e em outros países (p. 44-75).

dispensáveis para a sua operacionalização diária, como é o caso da figura dos contratos, para ficarmos um pouco mais adstritos ao tema do trabalho.[10]

Não obstante, o caminho inverso também é verídico, na medida em que noções que se desenvolveram no direito público, como a da teoria da imprevisão, função social da propriedade e o conceito de risco no campo da responsabilidade, formam material farto a repercutir no campo do direito privado, em especial por conta da onda de afastamento do extremismo individualista, princípio em que o direito privado havia se albergado, surgida ante as mutações sociais.

Dentro do direito público, fazemos um corte para situar o direito administrativo, cujo ponto central ou origem e desenvolvimento situa-se na confluência entre a proteção dos interesses dos cidadãos (enquanto indivíduos) e o resguardo dos interesses da coletividade na qual aqueles se inserem. Nesse sentido, importante destacarmos as palavras da marcante lição de Maria Sylvia Zanella Di Pietro:

> O direito administrativo nasceu e desenvolveu-se baseado em duas ideias opostas: de um lado, a da proteção aos direitos individuais diante do Estado, que serve de fundamento ao princípio de legalidade, um dos esteios do Estado de Direito; de outro lado, a da necessidade de satisfação de interesses coletivos, que conduz à outorga de prerrogativas e privilégios para a Administração Pública, quer para limitar o exercício dos direitos individuais em benefício do bem-estar coletivo (poder de polícia), quer para a prestação de serviços públicos.[11]

Essa constante tensão entre os interesses individuais e os interesses coletivos ou sociais é observada, com cores mais fortes, nas relações em que os ditos usuários dos serviços públicos mantêm com os prestadores dos mesmos, na medida em que estes devem observar a legislação aplicável (princípio da legalidade) a fim de que não haja abusos, mas, ao mesmo tempo, tem em mãos o posicionamento superior de interesses ditos públicos (princípio da supremacia do interesse público sobre o particular), que devem ser manejados e observados para que não se resvale em tirania.

Nesse aspecto, apesar da autonomia adquirida pelo direito administrativo, não se logrou alcançar, no sistema brasileiro, a aplicação de um regime jurídico uniforme e totalmente isento do Direito Privado para todos os entes, órgãos, bens e atividades da Administração Pública.[12]

E é nessa seara que detalharemos os estudos a seguir, sob a visão de ser ou não tal relacionamento (usuários e prestadores de serviços públicos) cunhado sob a legislação do

---

[10] Neste sentido, veja-se: DI PIETRO, Maria Sylvia Zanella. Ob. cit., p. 79-80 e 85 (o direito administrativo seria um "filho do direito civil").

[11] *Do direito privado na administração pública*. São Paulo: Atlas, 1989. p. 71. Para maiores detalhes sobre a origem do direito administrativo, no Brasil e em outros países, ver, ainda, da mesma autora: *Direito administrativo*. 25. ed. São Paulo: Atlas, 2012. p. 20-26.

[12] Ver DI PIETRO, Maria Sylvia Zanella. *Do direito privado na administração pública*. Ob. cit., p. 88-89.

consumidor, de modo a podermos, posteriormente, aportar nossa atenção nos serviços prestados pelas concessionárias fornecedoras de energia elétrica.

3 O Código de Defesa do Consumidor e os serviços públicos

Antes de passarmos à análise da aplicabilidade ou não do Código de Defesa do Consumidor às relações entre usuários e prestadores de serviços públicos, mister que tracemos, em breves linhas, uma noção basilar de serviço público, apesar da variedade de posições, até mesmo para, mais à frente, podermos verificar semelhanças ou diferenças entre estes e os serviços que aquele diploma legal disciplinou.

Maria Sylvia Zanella Di Pietro ressalta a dificuldade em se estabelecer uma noção pura e objetiva, visto as mutações que o conceito foi sofrendo com o passar do tempo. No entanto, para um norte, destaca que há três elementos que devem ser observados, a saber: "o material (atividades de interesse coletivo), o subjetivo (presença do Estado) e o formal (procedimento de direito público)", e acaba por conceituar serviço público como sendo "toda atividade material que a lei atribui ao Estado para que a exerça diretamente ou por meio de seus delegados, com o objetivo de satisfazer concretamente às necessidades coletivas, sob regime jurídico total ou parcialmente público".[13]

Celso Antônio Bandeira de Mello entende que para que se possa mencionar um dado "objeto" como sendo um serviço público, alguns requisitos devem concorrer, a saber:

> (a) tratar-se de uma prestação de atividade singularmente fruível pelos usuários; (b) consistir em atividade material; (c) destinar-se à satisfação da coletividade em geral; (d) ser reputada pelo Estado como particularmente importante para a satisfação dos interesses da sociedade; (e) ter sido havida como insuscetível de ser relegada tão só aos empreendimentos da livre iniciativa, razão por que assume como pertinente a si próprio (ainda que nem sempre com exclusividade); e (f) submetê-la a uma específica disciplina de direito público.[14]

Hely Lopes Meirelles também ressalta a falta de uniformidade quanto à conceituação de serviço público, ofertando o seu conceito como sendo "todo aquele prestado pela Administração ou por seus delegados, sob normas e controles estatais, para satisfazer necessidades essenciais ou secundárias da coletividade ou simples conveniências do Estado".[15]

Odete Medauar ressalta o caráter de atividade prestacional contida no conceito de serviço público, correspondente àquela em que "o poder público propicia algo necessário à vida coletiva, como, por exemplo, água, energia elétrica, transporte urbano", lembrando que ficam de fora, portanto, "atividades-meio" ou de "preparação de infraestrutura",

---

[13] *Direito administrativo*. 25. ed. São Paulo: Atlas, 2005. p. 106.
[14] *Grandes temas de direito administrativo*. São Paulo: Malheiros, 2010. p. 274-275.
[15] *Direito administrativo brasileiro*. 29. ed. São Paulo: Malheiros, 2004. p. 320.

como as de "arrecadação de tributos, serviços de arquivo, limpeza de repartições, vigilância de repartições".[16]

Alexandre Santos de Aragão adota um conceito mais restrito e "mais operacional", conceituando serviços públicos como:

> as atividades de prestação de utilidades econômicas a indivíduos determinados, colocadas pela Constituição ou pela Lei a cargo do Estado, com ou sem reserva de titularidade, e por ele desempenhadas diretamente ou por seus delegatários, gratuita ou remuneradamente, com vistas ao bem-estar da coletividade.[17]

Não iremos apontar nenhum conceito diverso dos quantos acima apresentados. Ao contrário, tomaremos por ponto de partida que os serviços públicos são, em suma, aqueles que, de uma forma direta ou indireta, serão desenvolvidos e prestados pelo Estado para os membros da sua sociedade (usuários) enquanto atividades que devem atender e suprir os ditos interesses coletivos, públicos ou sociais.

De modo apenas a pontuar a funcionalidade na prestação desses serviços públicos, sob o ponto de vista econômico, destacamos as palavras de Vinícius Marques de Carvalho:

> Afirmar que uma atividade é um serviço público significa dizer, portanto, que a sua produção e distribuição não segue inteiramente a lógica de mercado. Pela sua importância social ela deve ser oferecida a todos, sem que questões relacionadas ao poder aquisitivo ou à localização possam determinar a exclusão de algum indivíduo ou grupo social. Dessa maneira, torna-se inegável o seu papel na redução das desigualdades.[18]

Contudo, essas afirmações não implicam dizer que a prestação de serviço público também não possa redundar em obtenção de lucros. Por certo existe essa preocupação, tanto que o concessionário ou permissionário a prestará mediante o recebimento de tarifas. O que se diz é que o objetivo primordial é o atendimento da finalidade do bem comum (tanto que é o Estado quem delega a execução de tais atividades), sendo possível a obtenção do lucro. Trata-se, pois, de atividade econômica, mas em sentido amplo.

Nesse sentido, o art. 175 da Constituição Federal dispõe que o Estado poderá, diretamente, ou através de concessão ou permissão, prestar os serviços públicos. No âmbito

---

[16] *Direito administrativo moderno*. 14. ed. São Paulo: Revista dos Tribunais, 2010. p. 326-327. ARAÚJO, Edmir Netto de. *Curso de direito administrativo*. 5. ed. São Paulo: Saraiva, 2010. p. 128, prefere um conceito amplo de serviço público como sendo "toda atividade exercida pelo Estado ou por quem lhe faça as vezes, para a realização direta ou indireta de suas finalidades e das necessidades ou comodidades da coletividade, ou mesmo conveniências do Estado, tudo conforme definido pelo ordenamento jurídico, sob regime peculiar, total ou parcialmente público, por ele imposto".

[17] *Direito dos serviços públicos*. 2. ed. Rio de Janeiro: Forense, 2008. p. 157.

[18] Regulação econômica e serviços públicos. In: SCHAPIRO, Mario Gomes (Coord.). *Direito econômico*: direito econômico regulatório. São Paulo: Saraiva, 2010. p. 31.

federal essa temática foi disciplinada pelas Leis n°s 8.987, de 13-02-1995, e 9.074, de 7-7-1995, com alterações, deixando clara a "interconexão" entre as esferas privada e pública na consecução desses serviços (de titularidade do Estado).

Interessante destacar o contexto histórico que Calixto Salomão Filho traz quanto ao exercício desses serviços públicos, com ressalva para o papel das concessões, dentro de um Estado desenvolvimentista, que se deu "no início do século XX, com o Estado Social", quando se verificou que esse Estado não conseguiria prestar, diretamente, todos os serviços sob sua titularidade e acabou por se desenvolver a noção de "concessão de serviço público, baseada na construção teórica do regime de Direito Público ao centro da noção de serviço público".[19]

Importante distinguir que a atuação dos entes privados, via figuras da concessão, autorização ou permissão, para o desempenho e prestação de serviços públicos, faz-se de modo e sob a égide do regime do direito público,[20] na medida em que, quando o Estado, via seus entes da Administração indireta (empresas públicas e sociedades de economia mista), desempenha atividades que permitem competição, ditas de caráter econômico em sentido estrito, o faz sob a disciplina do sistema de direito privado, na medida em que se opera exploração de atividade econômica, nos termos do art. 173 da Constituição Federal.[21]

Assim é que as empresas estatais, ao explorarem ou prestarem os ditos serviços públicos, enquanto parte do conceito de "descentralização de serviços", possuem natureza assemelhada à das concessionárias de serviços públicos, apenas não se sujeitando "inteiramente aos ditames do art. 175", uma vez que não se lhe aplicam regras da reversão ou encampação, nem, de modo rigoroso, o princípio do equilíbrio econômico e financeiro contratual, pois a outorga das atividades advém de lei e não via contrato.[22]

Em suma, o Estado explorará atividades econômicas em sentido estrito por exceção, quer por determinação da Constituição Federal, quer por lei amparada nesta, em regime

---

[19] Regulação e desenvolvimento. In: FILHO, Calixto Salomão (Coord.). *Regulação e desenvolvimento*. São Paulo: Malheiros, 2002. p. 57.

[20] Conforme bem doutrina Eros Roberto Grau, *A ordem econômica na constituição de 1988*: interpretação e crítica. São Paulo: Revista dos Tribunais, 1990. p. 157, as empresas públicas e as sociedades de economia mista podem, igualmente, prestar serviços públicos, visando, primordialmente, à satisfação de interesses coletivos.

[21] Sobre esse tema ver: GRAU, Eros Roberto, *A ordem econômica na constituição de 1988*: interpretação e crítica. São Paulo: Revista dos Tribunais, 1990. p. 135-160; MELLO, Celso Antônio Bandeira de. *Grandes temas de direito administrativo*. São Paulo: Malheiros, 2010. p. 290. Destaque-se que, no campo da energia elétrica, pelo novo modelo criou-se uma estrutura em que há, basicamente, três etapas ou fases desse negócio (verticalização): geração, transmissão e distribuição. Dessas, a transmissão e a distribuição aos consumidores cativos (que, por determinação legal, não podem escolher o seu fornecedor, recebendo energia do concessionário local) são consideradas monopólios naturais, portanto, atividades não competitivas. Já a geração e comercialização são atividades competitivas.

[22] SILVA, José Afonso da. *Curso de direito constitucional positivo*. 23. ed. São Paulo: Malheiros, 2004. p. 782-783. Nesse sentido ver: MEDAUAR, Odete. *Direito administrativo moderno*. 14. ed. São Paulo: Revista dos Tribunais, 2010. p. 331.

de competição (art. 173 da Constituição Federal).[23] Ao passo que a iniciativa privada poderá prestar serviços públicos quando vier a atuar sob o regime de concessão, permissão ou autorização perante o Estado (art. 175 da Constituição Federal).[24]

Ligado a esse aspecto, ressalte-se que as atividades listadas no art. 21 da Constituição Federal dizem respeito àquelas da "esfera própria do Estado" e, nesse sentido, não fazem parte do campo daquelas em que se verifica a aplicabilidade do princípio da livre iniciativa ou da livre concorrência, havendo uma "antinomia" entre serviço público e exploração de atividade econômica (ou domínio econômico"), que acaba repercutindo em "dualidade de regimes" jurídicos, como bem pontua Celso Antônio Bandeira de Mello .[25]

Tomando-se de partida o § 3º do art. 37 da Constituição Federal, bem como seu art. 175 (o qual dispôs que lei disciplinaria o regime jurídico das concessionárias e permissionárias de serviços públicos e os direitos dos usuários, a política tarifária e a obrigação de manter serviço adequado), a discussão que se coloca é se o Código de Defesa do Consumidor poderia ou não ser aplicado a essas relações entre os usuários e os prestadores de serviços públicos, o que aponta, conforme afirma Alexandre Santos de Aragão, para "duas lógicas distintas": uma "privatista" (ainda que "permeada de normas de ordem públicas"), "positivada" no Código de Defesa do Consumidor, e a outra "publicista" (majoritária na Alemanha e Suíça), na qual o "cidadão-usuário" integraria um sistema em que deve haver a garantia de que determinadas atividades, sendo essenciais, serão prestadas; essa segunda posição está positivada nas "leis dos serviços públicos e na Lei Geral das Concessões (Lei nº 8.987/95)".[26]

Nesse sentido é que o autor entende que aplicar-se o "direito dos consumidores aos serviços públicos é uma decorrência fundamental do movimento de liberalização econômica da década de oitenta e seguintes".[27]

Ele busca nesse seu trabalho entender qual a posição que o usuário possui frente ao prestador de serviços públicos: estatutária ou contratual. Para tanto, demonstra que passou a existir concorrência na prestação de serviços públicos por parte de seus prestadores, na medida em que o interesse público visa a uma "maior satisfação concreta na vida dos indivíduos";[28] em consequência, passa-se a aplicar o direito consumerista, ainda que em

---

[23] ARAUJO, Edmir Netto de. Ob. cit., p. 218, afirma que se trata de "ingerência estatal no domínio econômico, consubstanciada em atos de comércio, indústria ou serviços tradicionalmente entregues à iniciativa particular", sendo certo que quem dirá se é legítima ou não, de acordo com a época, local, condições políticas e econômicas, será a Constituição.

[24] Nesse sentido e de forma bem aprofundada, ver: AGUILLAR, Fernando Herren. *Direito econômico*: do direito nacional ao direito supranacional. 3. ed. São Paulo: Atlas, 2012. p. 326-340.

[25] *Grandes temas de direito administrativo*. São Paulo: Malheiros, 2010. p. 303-305.

[26] Serviços públicos e direito do consumidor: possibilidades e limites da aplicação do CDC. In: LANDAU, Elena (Coord.). *Regulação jurídica do setor elétrico*. Rio de Janeiro: Lumen Juris, 2006. p. 163.

[27] Ob. cit., p. 165.

[28] Ob. cit., p. 167.

parte, em coparticipação com as prerrogativas do sistema de direito público, justamente em razão da compatibilidade entre interesses públicos e interesses individuais dos usuários.

Contudo, o autor destaca que existem "peculiaridades" ligadas ao conceito de serviço público que exigem se mantenha a aplicação de certos critérios de direito público, motivo pelo qual o mesmo é adepto da dita teoria mista: aplicação do Direito Privado sem prejuízo das normas de Direito Administrativo.[29]

Demonstrando essa aplicação, em termos (ou mista), do Código de Defesa do Consumidor às relações entre usuários e prestadores de serviços públicos, o autor cita vários acórdãos do Superior Tribunal de Justiça, salientando que, além de o referido diploma legal fazer referência aos serviços públicos em alguns dispositivos (arts. 4º, II,[30] 6º, X,[31] e 22[32]), a própria Lei Geral de Concessões (8.987/95), no *caput* de seu art. 7º,[33] permite a aplicação do diploma consumerista quanto ao regime de direitos e obrigações dos usuários.

Nessa mesma linha de compatibilização entre os diplomas privado e público vai o raciocínio de Alice Gonzalez Borges, sendo que, conforme destaca, não se aplicarão as regras que sejam "incompatíveis com os princípios da supremacia e indisponibilidade do interesse público", mas podem ser estendidas as regras de responsabilidade objetiva, princípio da presunção de vulnerabilidade do consumidor (inciso I do art. 4º do Código de Defesa do Consumidor), a não abusividade das cláusulas contratuais em relação aos usuários, mantendo-se as peculiaridades da Lei nº 8.987/95, tais como fiscalização das atividades das concessionárias e dos seus registros contábeis (arts. 6º e 29, XII, e 31, III e IV).[34]

---

[29] "O CDC não pode ser aplicado indiscriminadamente aos serviços públicos, já que eles não são atividades econômicas comuns, sujeitas à liberdade de empresa", mas antes visam "a assegurar os interesses dos cidadãos" enquanto membros de uma mesma sociedade e não enquanto seres individualizados, tanto que os usuários não podem alegar direito adquirido ou ato jurídico perfeito para "impor a manutenção das condições iniciais de prestação do serviço, que podem ser unilateralmente alteradas pelo *jus variandi* da Administração Pública, respeitado o equilíbrio econômico-financeiro da concessão". Ver ob. cit., p. 179-180.

[30] Art. 4º A Política Nacional das Relações de Consumo tem por objetivo o atendimento das necessidades dos consumidores, o respeito à sua dignidade, saúde e segurança, a proteção de seus interesses econômicos, a melhoria da sua qualidade de vida, bem como a transparência e harmonia das relações de consumo, atendidos os seguintes princípios: [...] II – ação governamental no sentido de proteger efetivamente o consumidor: a) por iniciativa direta; b) por incentivos à criação e desenvolvimento de associações representativas; c) pela presença do Estado no mercado de consumo; d) pela garantia dos produtos e serviços com padrões adequados de qualidade, segurança, durabilidade e desempenho.

[31] Art. 6º São direitos básicos do consumidor: [...] X – a adequada e eficaz prestação dos serviços públicos em geral.

[32] Art. 22. Os órgãos públicos, por si ou suas empresas, concessionárias, permissionárias ou sob qualquer outra forma de empreendimento, são obrigados a fornecer serviços adequados, eficientes, seguros e, quanto aos essenciais, contínuos.

[33] Art. 7º Sem prejuízo do disposto na Lei 8.078, de 11 de setembro de 1990, são direitos e obrigações dos usuários: [...].

[34] Ação civil pública e defesa do consumidor de serviços públicos. *Revista Interesse Público*, ano 5, nº 27, p. 15-16, set./out. 2004. Dinorá Adelaide Musetti Grotti. A experiência brasileira nas concessões de serviços públicos.

Sem entrar na distinção e no mérito das diferentes teorias a respeito da aplicabilidade ou não do Código de Defesa do Consumidor às relações dos usuários com os prestadores de serviços públicos, Edmir Netto de Araújo afirma que "devem ser observados certos direitos básicos do administrado na qualidade de consumidor, definidos nos arts. 6º e 7º" do Código de Defesa do Consumidor, pois o "Estado e seus delegados são fornecedores e os administrados são consumidores", fazendo menção ao art. 7º da Lei nº 8.987/95, e apenas observando que a transposição desses direitos pode não se operacionalizar de "maneira idêntica às relações entre fornecedor e consumidor privados", justamente em virtude da posição de supremacia do ente público, bem como da indisponibilidade desse interesse público.[35]

Diversamente, Antônio Carlos Cintra do Amaral entende que a equiparação entre usuário e consumidor só pode se dar sob a ótica econômica e não jurídica, pois a relação entre o ente público e o usuário não pode se igualar àquela entre dois entes privados, porque naquela a titularidade sobre o serviço continua sendo da Administração Pública.[36]

Dinorá Adelaide Musetti Grotti,[37] reconhecendo e aceitando que a legislação permite e disciplina a aplicação do Código de Defesa do Consumidor às relações entre usuários e prestadores de serviços públicos, acaba por se fixar no aprofundamento da discussão quanto à "medida, extensão e profundidade" da aplicação desse diploma legal a tais relações, para o quê se vale de uma análise sobre as espécies de serviços públicos, a fim de verificar quais as normas dessa que lei serão especificamente aplicadas.

Após citar o posicionamento de vários autores quanto à aplicabilidade do Código de Defesa do Consumidor aos serviços públicos, prestados em caráter geral (*uti universi*) ou em caráter individualizado (*uti singuli*), a autora expressa que, a partir do § 2º do art. 3º do referido Código, é a exigibilidade da "remuneração individualizada" em razão da "prestação de determinado serviço público" que regerá a incidência desse diploma legal, sendo certo que o serviço público gratuito não está nele disciplinado, bem como os de caráter *uti universi*.[38]

Tal aplicabilidade, contudo, não é irrestrita e ampla, ou seja, nem todos os dispositivos legais desse Código seriam aplicáveis. Nesse sentido, cita que os órgãos públicos não se sujeitam às sanções previstas no art. 22 desse diploma (exclui a possibilidade de restituição de quantias pagas e abatimento no preço em caso de reexecução de serviços defeituosos); a responsabilidade é independente da apuração da culpa (art. 14); e, no aspecto processual, aplicam-se os arts. 81, 82, I a IV, 87 e 95.

In: SUNDFELD, Carlos Ari (Coord.). *Parcerias público-privadas*. São Paulo: Malheiros, 2007. p. 193, destaca que esse cuidado com os direitos dos usuários é um ponto "relevante no tratamento contemporâneo" das concessões.

[35] *Curso de direito administrativo*. 5. ed. São Paulo: Saraiva, 2010. p. 133-134.
[36] *Concessão de serviço público*. 2. ed. São Paulo: Malheiros, 2002. p. 113.
[37] *O serviço público e a Constituição Federal de 1988*. São Paulo: Malheiros, 2003. p. 342.
[38] Ob. cit., p. 343-347.

Finalizando essa temática, a autora entende que o usuário de serviços públicos deve ser mantido sob essa designação e não sob a de consumidor, uma vez que os tratamentos dados pela Constituição e pela legislação infraconstitucional são diversos, já que, como titular do serviço, o Poder Público tem responsabilidade pela sua prestação, e perante o consumidor atua como "protetor", visto ser este parte hipossuficiente.[39]

A par das divergências, o que podemos perceber é que a aplicação do Código de Defesa do Consumidor às supracitadas relações jurídicas nascidas da prestação de serviços públicos não pode ser totalmente negada, até mesmo porque reconhecida a vulnerabilidade dos usuários. No entanto, devem-se observar as peculiaridades do regime de direito público, que constitui a base de tal relacionamento, podendo-se afirmar que haverá aplicação daquele diploma legal sob esquema de derrogação parcial, nas hipóteses em que deva prevalecer o quanto disposto na legislação pública específica.

Conforme propugna Marçal Justen Filho,[40] haverá "preponderância do regime de direito administrativo sobre o direito do consumidor", sendo que este último só "se aplicará na omissão" daquele e "na medida em que não haja incompatibilidade com os princípios fundamentais norteadores do serviço público", pois impossível a aplicação "pura e simples" das regras consumeristas às relações entre usuários e prestadores de serviços públicos.

Ademais, sob esse aspecto, é interessante destacar que no Município de São Paulo existe o Código de Proteção e Defesa dos Usuários de Serviços Públicos de São Paulo (Lei nº 14.024, de 13-7-2005), o qual regula a tutela dos direitos dos usuários dos serviços públicos prestados quer pela Administração Pública direta e indireta, quer por particular, mediante concessão, permissão, autorização ou qualquer outra forma de delegação por ato administrativo, contrato ou convênio, nos termos do quanto disposto nos §§ 1º e 2º do seu art. 1º.[41]

Não obstante aceitarmos que o Código de Defesa do Consumidor possa ser usado nessas relações, entendemos que deva ser mantido a expressão *usuário do serviço público*, ao invés de *consumidor*, acolhendo a posição de Cristiane Derani,[42] visto que o usuário não tem escolha sobre a mercadoria ofertada na prestação do serviço público, ao passo que o consumidor faz a opção de acordo com as ofertas de bens que lhe são postas no mercado.

Em última instância, o conceito legal de consumidor contido no art. 2º do referido Código – "toda pessoa física ou jurídica que adquire ou utiliza produto ou serviço como destinatário final" – permite o enquadramento fático do papel do usuário de serviços públicos enquanto tal.

---

[39] Ob. cit., p. 351-352.

[40] *Teoria geral das concessões de serviço público*. São Paulo: Dialética, 2003. p. 560.

[41] Disponível em: <http://www.incor.usp.br/sites/webincor.15/docs/ouvidoria/codigo_protecao_defesa.pdf>. Acesso em: 31 out. 2012.

[42] *Privatização e serviços públicos*: as ações do Estado na produção econômica. São Paulo: Max Limonad, 2002. p. 76-77. Para essa autora, "a opção do usuário" é apenas "entre satisfação ou privação de um bem indispensável a sua inserção nas relações sociais – quer dizer necessário à manutenção de sua existência" (p. 86).

É nesse sentido e sob essa visão que passaremos para a última parte deste trabalho, onde trataremos das relações formadas entre usuários e concessionários, em particular, de energia elétrica, em virtude da discussão atual quanto à temática das concessões de energia elétrica por conta do vencimento dos contratos de concessão entre os anos de 2015 e 2017.[43]

4 As concessionárias de distribuição de energia elétrica e sua relação com os usuários

Do quanto acima exposto percebemos que uma das maneiras de os entes particulares prestarem serviços públicos é através do contrato de concessão, pelo qual o Estado transfere a execução do serviço ao ente privado, mantendo-o sob sua titularidade, regulamentação e fiscalização,[44] passando os concessionários a atuarem em nome daquele, enquanto seu agente delegado, percebendo remuneração que vem disposta, via de regra, sob a forma de tarifa, fixada pelo Estado,[45] observando-se o princípio do equilíbrio econômico-financeiro.[46]

Conforme destaca Odete Medauar,[47] a concessão de serviços públicos tem origem na França, no século XIX, em razão de serviços onerosos que, por exigirem vultosos inves-

---

[43] Sobre essa temática foram editados a Medida Provisória nº 579, de 11-2-2012, e o seu Decreto Regulamentador nº 7.805, de 14-9-2012, publicado no *DOU* de 17-9-2012, que tratam das concessões de geração, transmissão e distribuição de energia elétrica, sobre a redução dos encargos setoriais, sobre a modicidade tarifária.

[44] Ver: DI PIETRO, Maria Sylvia Zanella. *Direito administrativo*. 25. ed. São Paulo: Atlas, 2012. p. 301; MEIRELLES, Hely Lopes. *Direito administrativo brasileiro*. 29. ed. São Paulo: Malheiros, 2004. p. 368; MELLO, Celso Antônio Bandeira de. *Grandes temas de direito administrativo*. São Paulo: Malheiros, 2010. p. 280; CÂMARA, Jacintho Arruda. Concessões de serviços públicos e as parcerias público-privadas. In: SUNDFELD, Carlos Ari (Coord.). *Parcerias público-privadas*. São Paulo: Malheiros, 2007. p. 162. Detalhando melhor, Alexandre Santos de Aragão. Delegações de serviços públicos. *Revista do Direito da Energia*, ano IV, nº 6, nov. 2007, p. 83, doutrina que "o direito que é concedido (de gerir um serviço) deriva e faz parte de um direito da Administração (de ser o senhor do serviço em todos os seus aspectos), sendo criado a partir dele. O conteúdo daquele corresponde ao conteúdo de uma das faculdades que integram esse. Há uma segregação daquela faculdade de gestão e a sua autonomização em um direito autônomo, que é o direito do qual o concessionário passa a ser o titular enquanto viger o contrato"; contudo, a administração "mantém todas as demais faculdades inerentes ao seu direito sobre o serviço", similar à relação entre proprietário e usufrutuário.

[45] Ver arts. 9º a 13 da Lei nº 8.987, de 13-2-1995. Nos serviços de radiodifusão sonora de sons e imagens, a remuneração não é feita via tarifa, mas, sim, através da divulgação de mensagens publicitárias que são pagas pelos anunciantes.

[46] Nesse aspecto, interessante destacar as palavras de Dinorá Adelaide Musetti Grotti. A experiência brasileira nas concessões de serviços públicos. In: SUNDFELD, Carlos Ari (Coord.). Ob. cit., p. 192: "o pressuposto do modelo é que o equilíbrio da concessão é dinâmico, e deverá sempre ser aferido em cada momento a partir de parâmetros diferenciados e específicos, havendo a possibilidade de a concessionária perder dinheiro caso se mostre incompetente na disputa de um mercado altamente competitivo".

[47] *Direito administrativo moderno*. 14. ed. São Paulo: Revista dos Tribunais, 2010. p. 332. Sobre a evolução da concessão de serviços públicos, ver: GROTTI, Dinorá Adelaide Musetti. A experiência brasileira nas concessões de serviços públicos. In: SUNDFELD, Carlos Ari (Coord.). Ob. cit., p. 182-190.

timentos e "pessoal técnico especializado", acabavam sendo prestados por particulares como, por exemplo, o transporte ferroviário, o fornecimento de água, gás, energia elétrica e o transporte coletivo urbano. Em razão de instabilidade econômica, "a partir da terceira década do século XX" houve redução nas concessões, passando-se à "outorga" de serviços públicos a entes da administração, via lei.

Foi a partir da década de 80 que no Brasil se passou a reutilizar as concessões na esteira dos processos de privatizações, em que se retirava o ônus financeiro do Estado. Nesse bojo é que foi promulgada a Lei nº 8.987, de 13-2-1995, e posteriormente, a Lei nº 9.074, de 7-7-1995, "que arrola serviços e obras públicas de competência da União, passíveis do regime de concessão ou permissão, e dispõe sobre os serviços de energia elétrica".

Destaque-se que o art. 6º da Lei nº 8.987/95 (Lei de Concessões) traz como características da prestação de serviços públicos, via concessão ou permissão, regularidade, continuidade, eficiência, segurança, atualidade, generalidade, cortesia na prestação e modicidade tarifária, ao passo que os arts. 7º e 7º-A trazem os direitos e obrigações dos usuários.

Todos os serviços que o Estado tem a obrigação de prestar, mas sem exclusividade (pode executar ou delegar a terceiros), compreendem aqueles cuja execução pode ser transferida aos entes particulares, via contratos de concessão ou atos de permissão ou autorização, e que estão dispostos no art. 21, incisos XI e XII, da Constituição Federal, excetuando-se a alínea *a* do inciso XII desse artigo, uma vez que para a prestação dos serviços de radiodifusão sonora e de sons e imagens aplica-se o princípio da complementaridade, em que Estado e entes privados devem prestá-los, nos termos do art. 223 da Constituição Federal.[48]

Desse contexto destacamos a prestação dos serviços e as instalações de energia elétrica, bem como os aproveitamentos energéticos dos cursos de água, nos termos da alínea *b* do inciso XII do art. 21 da Constituição Federal, sendo certo que, através da Emenda Constitucional nº 6, de 15-8-1995, que alterou o art. 176, § 1º, da Constituição Federal, passou-se a permitir que a exploração dos potenciais de energia hidráulica, de titularidade da União, passasse a ser realizada por empresas privadas, via concessão ou autorização.

Assim, esses serviços podem ser prestados pelo próprio Estado, "através de entidades da administração indireta, ou delegados a particulares", mediante concessão, permissão ou autorização, restando a "legislação,[49] supervisão e fiscalização" nas mãos desse poder concedente.[50]

A título de situação histórica, importante destacar que no início da década de 90 surgiu um novo modelo no setor elétrico brasileiro, caracterizado, basicamente, pela

---

[48] Ver: MELLO, Celso Antônio Bandeira de. *Grandes temas de direito administrativo*. São Paulo: Malheiros, 2010. p. 286-287.

[49] O inciso IV do art. 22 da Constituição Federal dispõe que: "Art. 22. Compete privativamente à União legislar sobre: [...] IV – águas, energia, informática, telecomunicações e radiodifusão."

[50] Nos termos do art. 17 do Decreto nº 7.805, de 14-9-2012, no setor elétrico o poder concedente é representado pelo Ministério de Minas e Energia para os fins do disposto na Medida Provisória nº 579, de 11-9-2012, e no referido decreto.

privatização,[51] divisão das atividades em geração, transmissão, distribuição e comercialização (desverticalização)[52] e um marco regulatório assentado no princípio da eficiência, até por conta da Constituição Federal de 1988.

Nesse estágio de desestatização, portanto, a fórmula adotada para se "retirar" do Estado a prestação das atividades do setor de energia ocorreu observando-se o quanto disposto no art. 175 da Constituição Federal e, posteriormente, as Leis nºˢ 8.987/95 e 9.074/95.

Particularmente no campo em que iremos verificar se podemos vislumbrar a aplicação da regulamentação consumerista, qual seja, o da distribuição, existem, atualmente, três tipos de "titulação". A primeira como serviço público, mediante concessão, atividade não competitiva, visto que se trata de um monopólio natural, sendo aplicável o regime legal de direito público. As outras duas são "o serviço privado, explorado através de autorização de distribuição de energia elétrica, dada à cooperativa de eletrificação rural", para atendimento a seus cooperados, e a "permissão para serviço público de distribuição de energia elétrica, dada às cooperativas que atendem a público distinto".[53]

É na primeira que nos fixaremos, onde encontraremos a distribuição ou o fornecimento da energia elétrica, diretamente "a consumidores em tensão média ou a consumidores em baixa tensão", ou via rebaixamento da tensão, "inserindo-se no sistema conectando os segmentos de geração e transmissão ao consumidor final".[54]

Clever Mazzoni Campos,[55] ao discutir a respeito de qual a natureza jurídica do fornecimento de energia elétrica, assevera que:

> quando a concessionária distribuidora supre seus milhares de consumidores, na categoria residencial, comercial, industrial, com ou sem demanda de potência contratada, temos como inegável que a relação jurídica é interpenetrada pelo Di-

---

[51] Saliente-se que a partir da década de 30, com a falta de fôlego dos investimentos privados no setor elétrico, houve um incremento no investimento de ordem pública. Para melhor entendimento, ver: VELLOSO, Antonio Carlos; LANDAU, Elena; VALDETARO, Guilherme; BRITO, Vitor F. Alves de. Tarifas públicas de energia elétrica e o Judiciário. *Revista do Direito da Energia*, ano IV, nº 9, set. 2009, p. 102-104.

[52] Nesse sentido, ver: SANCHES, Luiz Antonio Ugeda. *Curso de direito de energia. Da história*. São Paulo: Instituto Geodireito Editora, 2011. t. I, p. 292-298. Conforme relata Dinorá Adelaide Musetti Grotti. *O serviço público e a constituição federal de 1988*. São Paulo: Malheiros, 2003. p. 179, "o regime geral das Leis 8.987/95 e 9.074/95 foi complementado e alterado para o âmbito da energia elétrica, com a edição da Lei 9.427/96", a qual "estabeleceu que a exploração dos serviços e instalações de energia elétrica compreende as atividades de produção, transmissão, distribuição e comercialização, cada qual com um tipo específico de regulação, podendo ser realizados por prestadores diferentes (art. 2º)".

[53] GROTTI, Dinorá Adelaide Musetti. *O serviço público e a Constituição Federal de 1988*. São Paulo: Malheiros, 2003. p. 183.

[54] ROLIM, Maria João C. Pereira. *Direito econômico da energia elétrica*. Rio de Janeiro: Forense, 2002. p. 106. Conforme Dinorá Adelaide Musetti Grotti. *O serviço público e a Constituição Federal de 1988*. São Paulo: Malheiros, 2003. p. 183, o distribuidor se coloca entre o transmissor e o consumidor, na medida em que a rede de distribuição serve para fornecer energia. O art. 14 da Lei 9.427/96 dispõe sobre o regime econômico-financeiro das concessões de serviço público de energia elétrica.

[55] *Curso básico de direito de energia elétrica*. Rio de Janeiro: Synergia, 2010. p. 133.

reito Público, por tratar-se de um serviço público, devendo-se afastar das relações jurídicas do fornecimento as disposições exclusivas de Direito Privado, aplicáveis aos contratos de compra e venda de energia elétrica.

Apesar do posicionamento majoritário de que as atividades de distribuição de energia elétrica são serviços públicos, dentro do contexto acima explanado,[56] Armando Suárez Garcia afirma que a relação entre o concessionário e o usuário dos serviços de energia elétrica é "típica de direito privado", pois de "natureza contratual, bilateral, embora de adesão", sendo que esses instrumentos legais (contratos de concessão por adesão) possuem "inquestionável validade legal, inclusive perante o Código de Defesa do Consumidor.[57]

O que se verifica na prática, no setor de concessões de energia, é um acolhimento, no que aplicável, de disposições do Código de Defesa do Consumidor às relações mantidas entre os seus usuários (já chamados pela própria regulamentação de consumidores) e as concessionárias de energia elétrica.

A Resolução Normativa da ANEEL nº 451, de 27-9-2011, estabelece as condições gerais para a criação, organização e funcionamento dos Conselhos de Consumidores de Energia Elétrica,[58] no âmbito das concessionárias do serviço público de distribuição de energia elétrica, com base no inciso V do art. 5º do Código de Defesa do Consumidor.

Saliente-se que o art. 21 do anexo I do Decreto nº 2.335, de 6-10-1997,[59] através do qual foi constituída a Agência Nacional de Energia Elétrica (ANEEL), dispõe que é dever dessa agência promover audiências públicas, com a participação dos agentes e consumidores, para que sejam previamente discutidas as bases e fundamentos de novos regulamentos no setor energético que vierem a ser aprovados pela agência.

Nesse sentido é que, da mais recente audiência pública, ocorrida em 19-9-2012, no Rio de Janeiro, para discussão sobre a proposta de norma que visa regulamentar o pré-pagamento e o pós-pagamento eletrônicos de energia elétrica no país, participaram di-

---

[56] Interessante e digno de análise o posicionamento que externa Maria João C. Pereira Rolim. Ob. cit. p. 161-162, para quem fazer-se uma separação entre as diversas atividades que compõem o sistema elétrico (geração, distribuição, transmissão) e ainda comercialização com a finalidade de separá-las entre atividades que permitem competição (atividades econômicas em sentido estrito), e, portanto, aplicável o regime privado, daquelas que não o permitem (serviços públicos), e, portanto, aplicável o regime público, seria "perigoso", pois acabariam restando campos "fora do poder de controle do Estado" em situações em que, no seu entender, há predominância do caráter público do regime aplicável.

[57] *Consumo de energia elétrica*: aspectos técnicos, institucionais e jurídicos. Curitiba: Juruá, 2011. p. 223.

[58] Nos termos do inciso I do art. 2º da Resolução Normativa nº 451, conselho de consumidores de energia elétrica é o "órgão sem personalidade jurídica, de caráter consultivo, formado por representantes das principais classes das unidades consumidoras, com a incumbência de opinar sobre assuntos relacionados à prestação do serviço público de energia elétrica, doravante denominado genericamente pelo termo Conselho".

[59] Art. 21. O processo decisório que implicar efetiva afetação de direitos dos agentes econômicos do setor elétrico ou dos consumidores, decorrente de ato administrativo da Agência ou de anteprojeto de lei proposto pela ANEEL, será precedido de audiência pública com os objetivos de: I – recolher subsídios e informações para o processo decisório da ANEEL; II – propiciar aos agentes e consumidores a possibilidade de encaminhamento de seus pleitos, opiniões e sugestões.

versas entidades de defesa do consumidor e representantes da sociedade civil organizada para apresentar suas críticas e sugestões.[60]

O próprio endereço eletrônico da ANEEL traz um espaço dedicado ao consumidor de energia elétrica, ao qual se encontra vinculado um atalho eletrônico para acesso ao Código de Defesa do Consumidor,[61] não obstante a própria legislação através da qual foi instituída a ANEEL e disciplinada as concessões de energia elétrica (Lei nº 9.427, 26-12-1996) usar, indistintamente, os termos *usuário* e *consumidor*.

Contudo, interessante destacarmos que no art. 25 do texto originário da Medida Provisória nº 2.148-1, de 22-5-2001, que criou a Câmara de Gestão da Crise de Energia Elétrica, ficou expresso que não se aplicaria o Código de Defesa do Consumidor, nos seguintes termos: "Não se aplica a Lei nº 8.078, de 11 de setembro de 1990, em especial os seus arts. 12, 14, 22 e 42, às situações decorrentes ou à execução do disposto nesta Medida Provisória e das normas e decisões da GCE".

Nas reedições posteriores da referida Medida Provisória (2.198-3, de 28-6-2001, 2.198-4, de 27-7-2001, 2.198-5, de 24-8-2001), a redação do supracitado dispositivo legal foi alterada, excluindo-se a vedação, expressa, de aplicação do Código de Defesa do Consumidor, para apenas afirmar que se aplicariam o Código Civil e o Código de Processo Civil às relações decorrentes de tal diploma, entre pessoas jurídicas ou consumidores não residenciais e concessionárias. Uma forma de deixar de afrontar expressamente os arts. 5º, XXXII, e 170, V, da Constituição Federal, que dispõem, respectivamente, que "o Estado promoverá, na forma da lei, a defesa do consumidor", e "a ordem econômica, fundada na valorização do trabalho humano e na livre iniciativa, tem por fim assegurar a todos existência digna, conforme os ditames da justiça social, observados os seguintes princípios: [...] V – defesa do consumidor".

Esse ponto parece demonstrar, no mínimo, um mal-estar governamental ou uma visão política desfavorável à aplicação da legislação consumerista aos usuários de serviços públicos de energia elétrica.

De qualquer modo, é certo que o uso do termo *consumidor*, na legislação do setor de energia elétrica, por si só, não implica afirmar-se que o diploma consumerista deve ser aplicado, indiscriminadamente e de forma ampla e irrestrita, às relações envolvendo os usuários dos serviços públicos de fornecimento de energia elétrica.

No entanto, na esteira do quanto visto no item anterior, sobre as posições doutrinárias a respeito da aplicabilidade ou não do Código de Defesa do Consumidor aos que se valem dos serviços públicos prestados sob o regime do art. 175 da Constituição Federal, entendemos que a melhor posição é a de que aquele diploma legal pode servir de base e

---

[60] Trata-se de um sistema de pré-pagamento para o qual está previsto o uso de um medidor eletrônico, que deverá ser instalado gratuitamente pela distribuidora de energia elétrica e que terá leitura do consumo em tempo real. O consumidor poderá comprar diferentes valores, considerando-se como valor mínimo o equivalente a 1 quilowatt (kW), com um inicial de 5 kW, a ser pago já na primeira compra de créditos. Os créditos que forem sendo comprados não terão prazo de validade.

[61] Disponível em: <http://www.aneel.gov.br/areaPerfil.cfm?idPerfil=4>. Acesso em: 20 set. 2012.

até vir a ser aplicado em determinadas circunstâncias, mas sempre tendo em vista que a relação ainda é de direito público e, como tal, merece ser encarada sob a ótica dos princípios e prerrogativas que, no caso, couberem.

Tomamos por exemplo a questão envolvendo a determinação das tarifas ou preços públicos de energia elétrica, em decisões judiciais que julgavam que os seus valores deveriam estar atrelados e seguir a variação de índices de preços, sem levar em consideração a complexa formação, bem como os processos regularmente definidos de revisão e reajustes tarifários.

Apesar de julgados, em especial em primeira instância, entenderem que o atrelamento à variação de índices de preços era o correto, instâncias superiores acabaram por alterar essas posições, deixando clara que a forma de relação e regulamentação existentes exige a observância a processos administrativamente definidos, levando-se em conta a própria proteção do interesse público e a manutenção da segurança jurídica.[62]

Em particular destacamos julgado do Superior Tribunal de Justiça[63] sobre o tema da tarifação, em cuja ementa consta que:

> 12. Dessarte, a normação das concessões e das telecomunicações são *lex specialis* em relação ao **CDC** e ao mesmo se sobrepuja.
>
> 13. A legalidade da tarifa e do repasse econômico do custo tributário encartado na mesma, exclui a antijuridicidade da transferência do ônus relativo ao PIS e à COFINS, tanto mais que, consoante reiterada jurisprudência desta Corte, a abusividade do Código de Defesa do Consumidor pressupõe cobrança ilícita, excessiva, que possibilita vantagem desproporcional e incompatível com os princípios da boa-fé e da equidade, inocorrentes no caso *sub judice*. Precedentes do STJ: REsp 994144/RS, Rel. Ministro LUIZ FUX, PRIMEIRA TURMA, julgado em 12/02/2008, *DJ* de 03/04/2008; REsp 1036589/MG, Rel. Ministro JOSÉ DELGADO, PRIMEIRA TURMA, julgado em 06/05/2008, *DJ* de 05/06/2008.
>
> [...]
>
> 29. O direito à informação previsto no **CDC** está indissociavelmente ligado aos elementos essenciais para que o consumidor possa manifestar seu consentimento esclarecido. Desse modo, a informação deve guardar relevância para o uso do produto, para sua aquisição, para a segurança, sendo certo que nesse contexto

---

[62] Nesse sentido, ver: VELLOSO, Antonio Carlos; LANDAU, Elena; VALDETARO, Guilherme; BRITO, Vitor F. Alves de. Tarifas públicas de energia elétrica e o Judiciário. *Revista do Direito da Energia*, ano IV, nº 9, set. 2009, p. 117-130, e respectivos julgados citados. Conforme Guilherme Diniz de Figueiredo Dominguez. A interrupção no fornecimento dos serviços públicos de energia elétrica e água, por inadimplência dos usuários, à luz da jurisprudência dos tribunais superiores (STJ e STF). *Revista de Direito Público da Economia*, Belo Horizonte, ano 6, nº 24, p. 224, out./dez. 2008, "nota-se que é nos casos decididos neste último Tribunal [STJ] que se travam os debates mais ricos sobre o tema da interrupção dos serviços de água e energia elétrica por inadimplência do usuário".

[63] REsp 976.836/RS, Relator Ministro Luiz Fux, 1ª Seção, j. 25-8-2010, *DJe* 5-10-2010.

não se encaixa a carga tributária incidente na relação jurídica existente entre fornecedor e consumidor.

Ainda, das palavras do relator, em seu voto, destacamos as seguintes:

> A legalidade no campo consumerista apresenta dupla face no sentido de que os direitos e deveres das partes não podem ser erigidos ao alvedrio das mesmas, à míngua de previsão legal, sob pena de configurar ilegal constrangimento. A relação de consumo derivada da concessão de serviço público reclama interpretação harmônica entre as regras de concessão e o Código de Defesa do Consumidor, por isso que a imposição de obrigação ao concessionário não prevista em lei afronta o princípio da legalidade. A concessão inadmite que se agravem deveres não previstos em detrimento do concessionário, por isso que os direitos dos usuários de serviço público concedido obedecem à *ratio*.

Interessante, ainda, citarmos em particular um julgado do Superior Tribunal de Justiça, prolatado em Recurso Especial[64] interposto por um usuário de serviços de distribuição de energia elétrica, pois era contrário à manutenção do "Termo de Contribuição" no contrato com a concessionária, o qual previa a não devolução dos valores relativos à obra de eletrificação rural, realizada por ele, e que fora incorporada ao patrimônio da concessionária, sob o argumento de que tal cláusula seria abusiva, com base nas normas "protetivas do consumidor".

Não obstante não serem aplicáveis as regras do CDC, visto que o contrato era de 1989, na decisão superior ficou assentado que:

> ainda que se aplicável fosse o CDC, não haveria, automaticamente, a pecha da abusividade nas cláusulas contratuais que determinaram a retenção de valores pagos pelo consumidor. É que o próprio Código de Defesa do Consumidor prevê que a caracterização de abusividade na recusa de atendimento às demandas do consumidor levará sempre em conta a disponibilidade do produto pelo fornecedor (art. 39, inciso II). No caso de energia elétrica, a disponibilidade é definida por normas do poder concedente, com base em políticas públicas de expansão e universalização do serviço.

Por fim, um tema que faz remissão à aplicabilidade ou não do Código de Defesa do Consumidor em matéria de fornecimento de energia elétrica diz respeito à possibilidade de efetuar-se a interrupção ou o corte da mesma em situação de inadimplência do usuário.[65]

Há vários julgados, de diversos tribunais pelo país, entendendo que cabe o corte, em razão da "preservação do interesse da coletividade, em detrimento daquele interesse

---

[64] REsp 1.100452/RS, Relator Ministro Luis Felipe Salomão, 4ª T., j. 1º-9-2011, *DJe* 15-9-2011.

[65] Sobre o tema, ver: CAMPOS, Clever Mazzoni. *Curso básico de direito de energia elétrica*. Rio de Janeiro: Synergia, 2010. p. 98-107.

individual",[66] sendo certo que destacamos um julgado do Superior Tribunal de Justiça no qual se afasta, expressamente, a aplicação do diploma consumerista, mantendo-se as regras específicas administrativas da Lei nº 8.987/95,[67] em que ficou assentado o seguinte, conforme *Boletim Informativo do STJ* nº 195, de 8 a 12-12-2003:

> ENERGIA ELÉTRICA. CORTE. RESIDÊNCIA
>
> Alega o recorrente, pessoa física, que não possui condições de cobrir o pequeno débito referente à conta de energia elétrica de sua residência. Isso posto, a Seção, prosseguindo o julgamento do REsp remetido pela Turma, entendeu, por maioria, que é permitido à concessionária interromper o fornecimento da energia elétrica se, após prévio aviso, o consumidor continuar inadimplente, não honrando o pagamento da conta. O corte realizado nesses moldes, resultante do sistema de concessão adotado no país, além de não maltratar os arts. 22 e 42 do CDC, é permitido expressamente pelo art. 6º, § 3º, II, da Lei nº 8.987/1995. Os votos vencidos fundamentaram-se no princípio constitucional da dignidade humana e no fato de que há que se distinguir a pessoa jurídica portentosa da pessoa física em estado de miserabilidade. Precedentes citados: REsp 285.262-MG, *DJ* 17/2/2003, e REsp 400.909-RS, *DJ* 15/9/2003. REsp 363.943-MG. Rel. Min. Humberto Gomes de Barros, julgado em 12-11-2003.

Já em outro acórdão, também do Superior Tribunal de Justiça, em que foi negado o corte de energia elétrica, encontramos a aplicação dos arts. 22 e 42 do Código de Defesa do Consumidor, sob o argumento de que tais dispositivos se "aplicam às empresas concessionárias de serviço público", sendo que "o corte de energia, como forma de compelir o usuário ao pagamento de tarifa ou multa, extrapola os limites da legalidade".[68]

Em pesquisa mais aprofundada, realizada no sítio do Superior Tribunal de Justiça na Internet, Guilherme Diniz de Figueiredo Dominguez destaca que não há "distinção na jurisprudência do STJ entre o conceito de consumidor e o de usuário de serviço público, porém, no STJ, o Código de Defesa do Consumidor é amplamente utilizado na solução de controvérsias sobre o tema, em conjunto com a Lei de Concessões".[69]

---

[66] Ver julgados e comentários em: FORBES, Carlos Suplicy de Figueiredo; PAJOLA, Desire Tamberlini Campiotti. O poder judiciário e o direito da energia elétrica: principais decisões. *Revista do Direito da Energia*, ano VII, nº 10, dez. 2010, p. 77-83.

[67] A legislação do setor elétrico permite esse corte (descontinuidade) no fornecimento de energia elétrica, nos termos do § 3º do art. 6º da Lei nº 8.987/95, que dispõe: Não se caracteriza como descontinuidade do serviço a sua interrupção em situação de emergência ou após prévio aviso, quando: I – motivada por razões de ordem técnica ou de segurança das instalações; e, II – por inadimplemento do usuário, considerado o interesse da coletividade.

[68] RMS 8.915-MA, 97/0062447-10, Rel. Min. José Delgado, 1ª T., j. 12-5-1998, *DJe* 17-8-1998.

[69] A interrupção no fornecimento dos serviços públicos de energia elétrica e água, por inadimplência dos usuários, à luz da jurisprudência dos tribunais superiores (STJ e STF). *Revista de Direito Público da Economia*, Belo Horizonte, ano 6, nº 24, p. 226-227, out./dez. 2008.

Verificamos, portanto, quer na doutrina, quer na jurisprudência, que o Código de Defesa do Consumidor pode ser invocado na proteção dos direitos dos usuários dos serviços de energia elétrica fornecida pelas concessionárias distribuidoras. Contudo, não se trata de uma aplicação sem limites, na medida da especificidade do bem energia elétrica, que exige uma individualização na análise dos temas postos sob discussão e dos interesses sociais e públicos envolvidos, os quais, em última instância, devem ser resguardados.

5 Conclusões

Não obstante julgados distintos e posições doutrinárias divergentes, afigura-se-nos que há certa posição majoritária na possibilidade de aplicação do Código de Defesa do Consumidor para as relações entre usuários e prestadores de serviços públicos.

Acreditamos ser essa a melhor posição, até por conta do crescimento das demandas e, portanto, das exigências de uma vida social cada vez mais harmonizada entre interesses individuais e coletivos (que chamamos de interesses sociais) e os próprios interesses do Estado (que aqui denominamos de interesses públicos).

A legislação sobre serviços públicos, em especial a lei de concessões, já esquadrinhou as características que os serviços públicos devem ter a fim de que tais interesses sejam atendidos e se mantenha o equilíbrio desejado, sendo certo que muitas delas se encontram dispostas no próprio diploma consumerista.

A maneira de compatibilizar a aplicação do direito privado, nesse caso representado pelo Código de Defesa do Consumidor, com as normas do direito público, contidas na lei de concessões, é a medida do interesse envolvido: propende-se para a individualização ou para a coletivização.

Nesse sentido, apesar de ser a energia elétrica um bem de interesse coletivo, de essencialidade mais do que provada, será na análise casuística que se conseguirá apontar qual o melhor diploma a ser aplicado, em especial se pensarmos que muitas demandas guardam conexão com problemas técnicos das próprias concessionárias, como defeitos em medidores, atrasos ou problemas técnicos no fornecimento da energia, dentre outros.

Essa particularização não se mostra equivocada ou contrária a uma linha de entendimento na aplicabilidade ou não do Código de Defesa do Consumidor. Muito ao contrário. Precisa ser feita dessa forma, sob pena de sempre se buscar "privilegiar" o dito "consumidor" da energia elétrica, por ser uma parte hipossuficiente frente à concessionária, na medida em que não existe opção de quem adquirir referido bem, em detrimento do interesse social na preservação, valoração e pagamento pelo uso desse mesmo bem.

Não obstante a possibilidade de se aplicar o diploma consumerista, não se pode, justamente pelo grau de essencialidade e indispensabilidade do bem energia elétrica, se perder de vista a manutenção e preservação do interesse da coletividade, sob pena de deitar-se por terra muito da regulamentação do setor elétrico.

Nesse sentido é que a relação de cidadania encontrada na prestação de serviços públicos pelas concessionárias de energia elétrica não deve ser substituída por uma mera relação paternalista de clientes-prestadores, substituindo-se a figura do cidadão pela do consumidor.

Na prática, essa relação é distinta e, por conta disso, é que o Código de Defesa do Consumidor pode ser usado em situações pontuais e específicas, em que a regulamentação publicística não puder ser aplicada. Seria uma situação assemelhada à aplicação de conceitos privatísticos em uma relação de direito público, na medida em que existe uma certa lacuna legislativa, ou se precise socorrer daqueles para proteger um princípio, no caso, dignidade da pessoa humana (vez que os serviços são essenciais) que, no contraponto, precise ser preservado em detrimento temporário do dito "princípio do interesse público".

Por fim, independentemente da nomenclatura "consumidor", muito adotada no mercado de energia elétrica nacional, ratificamos nosso posicionamento no sentido de que a melhor terminologia continua sendo a de usuário dos serviços de fornecimento de energia elétrica, até mesmo para se preservar a característica e a prevalência natural dessa relação de direito público.

7 Nivelamento *Versus* Igualdade: Aspectos Subjetivo e Objetivo do Posicionamento da Administração Pública em Relação ao Particular

Bruno Grego-Santos[1]

1 Introdução

No cenário contemporâneo, o exercício da gestão pública é tarefa impossível sem o entabulamento de inúmeros relacionamentos entre Estado e particulares. Assim, no desempenho dos fins estatais, a Administração Pública lança mão de diversos instrumentos e institutos hábeis a estabelecer relações com pessoas privadas.

Na seara específica dos contratos, a Administração Pública celebra-os sob o regime de competência, qualificando assim os contratos da Administração. Tais contratos podem, numa primeira hipótese, caracterizar-se como aqueles destinados especificamente ao exercício da função pública – submetendo-se, como regra, ao regime jurídico administrativo –, sendo assim contratos administrativos.

Há, no entanto, a hipótese de a Administração Pública lançar mão de contratos de direito privado entre si e particulares – contratos estes regidos, portanto, pelas regras do regime privatístico, derrogadas, quando aplicável, por normas de direito público. Neste último caso surge importante questão, que ainda não encontra resposta pacífica na doutrina: qual é a posição assumida pela Administração em relação ao particular quando celebra com este contrato de direito privado? Trata-se de uma relação verticalizada, de subordinação, ou horizontal, coordenada?

Há na literatura diversas opiniões aparentemente inconciliáveis: enquanto alguns autores sustentam a necessidade de total nivelamento entre a Administração e o particular

---

[1] Mestrando em Direito do Estado pela Faculdade de Direito da Universidade de São Paulo. Procurador do Município de Marialva. Membro da Comissão de Advocacia Pública da OAB do Paraná. Diretor da Comissão de Advocacia Pública da OAB Maringá. Membro do Instituto Brasileiro de Advocacia Pública. Pesquisador do Núcleo de Estudos e Pesquisas em Direito administrativo Democrático da Faculdade de Direito do Largo São Francisco – NEPAD-USP. Vencedor do VII Prêmio Innovare na categoria Advocacia.

no entabulamento de contratos de direito privado, outros pugnam pela impossibilidade de igualdade absoluta entre parte pública e parte privada em tais contratos.

Cabe, no entanto, questionar: tais posicionamentos são, de fato, conflitantes? Para responder a tal questão, faz-se indispensável sondar de que tratam esses dois conceitos que, aparentemente, poderiam ser tidos como sinônimos – nivelamento e igualdade – para, definidos os planos normativos a que se referem, proceder com a análise acerca de seu embate ou harmonização.

Esse exercício exige, assim, iniciar pela formulação do problema, baseada no aparente conflito de posicionamentos entre o nivelamento e a desigualação entre partes nos contratos de direito privado da Administração Pública. Esse primeiro movimento passa pela apreciação do cenário de utilização de institutos de direito privado pela Administração Pública *vis à vis* da supremacia do interesse público e da consequente superioridade estatal em suas relações com os particulares. Tal panorama revela o papel das derrogações do regime privado pelo direito administrativo e das cláusulas exorbitantes nos contratos privados celebrados pela Administração, o que nos permite estabelecer o ponto de partida conflitual do estudo, expondo os principais posicionamentos em torno do nivelamento e da igualdade entre partes em tais avenças.

Estabelecidas assim as bases de análise, faz-se necessária breve ilação acerca do papel da linguagem para o Direito – empreendimento necessário uma vez que os posicionamentos aparentemente conflitantes referem-se, de um lado, ao *nivelamento* entre Administração e particulares e, de outro, à *desigualdade* entre as partes de um contrato privado da Administração Pública. Ao sondar o sentido de tais expressões, atuando como signos jurídicos do fenômeno que se deseja exprimir, é possível estratificar os campos de referência de cada um dos termos e, assim, definir-se o escopo de sentido, tarefa que deságua no questionamento acerca da real existência de conflito entre os posicionamentos sobre cada um deles edificados.

O panorama assim traçado leva ao movimento conclusivo do estudo proposto, que se ocupa da formulação de um posicionamento congruente acerca do nivelamento e da desigualdade entre as partes de um contrato de direito privado da Administração Pública. Exercita-se assim a hipótese de que a Administração e o particular possam nivelar-se e desigualar-se enquanto contrapartes de um contrato privado, sem que o nivelamento importe em necessária igualdade ou que, de outro giro, a desigualdade exija o desnivelamento. Tal proposta lança mão da distinção entre os planos de análise da posição do Estado acerca de cada um dos conceitos, conforme varie a ótica de apreciação e o ponto de vista da parte a que se refira a análise.

Pretende-se, portanto, com base nos próprios posicionamentos aparentemente conflitantes, demonstrar que, no que toca à doutrina em torno dos contratos privados da Administração Pública, o nivelamento entre as partes é conceito objetivo, referente à sua relação na mutualidade do contrato celebrado, enquanto a igualdade é conceito subjetivo, relacionado com os interesses e finalidades pelos quais cada uma das partes se orienta na firmatura do contrato. Conclui-se, portanto, por ser possível a harmonização entre os conceitos, em cenário que vem enriquecer nosso entendimento acerca da utilização do direito privado pela Administração Pública.

2 A questão do posicionamento estatal na utilização de instrumentos privados

Tarefa essencial para o delineamento proposto é a formulação do problema em torno do qual se debruçam os posicionamentos aparentemente conflitantes, ora pelo nivelamento, ora pela desigualdade das partes nos contratos de direito privado da Administração Pública. A questão é especificada ao apreciarmos as origens da divisão entre os ramos público e privado do Direito, a supremacia do interesse público e a sua garantia na utilização do direito privado pela Administração Pública, consubstanciada na derrogação do regime privado por normas publicísticas e simbolizada pelas cláusulas exorbitantes.

Com base em tais ilações – que não pretendem ser exaustivas, mas sim servir de referencial para as proposições carreadas nos tópicos seguintes – poder-se-á traçar um singelo panorama acerca dos posicionamentos da doutrina pátria e internacional em torno dos conceitos de nivelamento e igualdade entre as partes de um contrato de direito privado da Administração Pública.

2.1 Regime jurídico de direito público ou privado?

A distinção entre o direito administrativo – marcado pela verticalidade e subordinação – e o direito privado – notadamente horizontal e coordenado – vem da apreciação do tipo de relação jurídica regrada por tais ramos do Direito,[2] e já se fazia presente nos escritos dos glosadores do *Corpus Juris Civilis* de Justiniano.[3]

No direito moderno, verifica-se que a questão da autonomia do direito administrativo tem suas raízes na França, tendo servido de justificativa jurídica (a suceder a justificativa política) para a existência do contencioso administrativo. No momento em que se cogita de um regramento autônomo, com aplicação por uma justiça especializada, surge a necessidade de fixação de critérios distintivos para a sua incidência.[4] A distinção entre regimes, deste modo, significa também uma distinção de competências jurisdicionais, um instrumento fundamental, portanto, para o funcionamento de um sistema de jurisdição dualista.[5]

---

[2] DI PIETRO, Maria Sylvia Zanella. *Do direito privado na Administração Pública*. São Paulo: Atlas, 1989. p. 93.

[3] MERRYMAN, John Henry; PÉREZ-PERDOMO, Rogelio. *The civil law tradition*: an introduction to the legal systems of Europe and Latin America. Stanford: Stanford University Press, 2007. p. 92.

[4] RIVERO, Jean, apud ESTORNINHO, Maria João. *Fuga para o direito privado*: contributo para o estudo da atividade de direito privado da Administração Pública. Coimbra: Almedina, 1999. p. 333.

[5] EISENMANN, Charles. *Cours de droit administratif*: année 1952-1953. Editado por S. Rials. Paris: LGDJ, 1982. p. 564.

Nesse cenário, a autonomia do direito administrativo foi gradualmente construída pela jurisprudência administrativa, em fins do século XIX.[6] Assim, sustentam alguns autores que o direito administrativo nasceu dependente do direito civil, como um conjunto de normas excepcionais que a este derrogavam.[7] Observe-se, no entanto, que a autonomia do direito administrativo não implica em diferenciação absoluta em relação ao direito privado – trata-se de autonomia, não de isolamento.

Não se deve, no entanto, conceber o direito administrativo como derivado ou dependente do direito privado. Da lição de Cretella Jr.:

> A verdade é que o Direito Civil, importante e tradicional ramo da ciência jurídica, não é nem raiz, nem tronco principal da árvore jurídica, mas um dos ramos em que o tronco-matriz se biparte; é o cadinho comum, em que se misturam os ingredientes jurídicos, a principiar pela nomenclatura; é o ramo que despontou em primeiro lugar, que cresceu mais depressa e que se projetou no tempo. Nunca, entretanto, o tronco-mestre, do qual se foram desgalhando os outros ramos.
>
> A irradiação é sucessiva, convenhamos. Não sendo concomitante, deu a impressão de que uns ramos emergiram de outros, gerando a ideia de que o Direito Civil é o centro propulsor da própria ciência do Direito. Cabe ao cultor do Direito Público reformular a experiência jurídica à luz de princípios próprios e não à luz do Direito Privado.[8]

Enquanto alguns autores, entendendo-a como não fundamental, desnecessária e pouco clara,[9] buscam combater a "mítica clivagem"[10] entre direito público e direito privado, outros a adotam de forma cega e acrítica, assumindo-a como permanente e imutável, numa postura quase naturalista em relação à dicotomia.[11]

Nem um nem outro posicionamento logra sobressair como absolutamente verdadeiro, uma vez que, em especial no direito positivo brasileiro acerca da utilização de institutos privados pela Administração Pública, o regramento vigente acaba por reduzir a distinção

---

[6] ESTORNINHO, Maria João. *Fuga para o Direito privado*: contributo para o estudo da atividade de direito privado da Administração Pública. Coimbra: Almedina, 1999. p. 335.

[7] SANTAMARIA PASTOR, apud ESTORNINHO, Maria João. *Fuga para o Direito privado*: contributo para o estudo da atividade de direito privado da Administração Pública. Coimbra: Almedina, 1999. p. 334.

[8] CRETELLA JÚNIOR, José. *Dos contratos administrativos*. Rio de Janeiro: Forense, 1997. p. 39.

[9] Há os que sustentem que a contundente perseguição e defesa ao *Rechtstaat*, ao Estado de Direito – com progressivas restrições ao poder estatal –, levam a um cenário em que o Estado acaba por ser mais um daqueles sujeitos ao regramento legal, levando a uma certa homogeneização normativa entre o Estado e os demais "súditos" da Lei (MERRYMAN, John Henry; PÉREZ-PERDOMO, Rogelio. *The Civil Law tradition*: an introduction to the legal systems of Europe and Latin America. Stanford: Stanford University Press, 2007. p. 97).

[10] HOLLAND, T. E., apud MERRYMAN, John Henry; PÉREZ-PERDOMO, Rogelio. *The Civil Law tradition*: an introduction to the legal systems of Europe and Latin America. Stanford: Stanford University Press, 2007. p. 92.

[11] MERRYMAN, John Henry; PÉREZ-PERDOMO, Rogelio. *The civil law tradition*: an introduction to the legal systems of Europe and Latin America. Stanford: Stanford University Press, 2007. p. 91.

material entre as modalidades, prevalecendo, no entanto, uma distinção orgânica.[12] Cabe destacar que, apesar da nebulosidade que se instala nas fronteiras entre regime público e privado, ainda imperam prerrogativas e sujeições que diferenciam substancialmente os contratos entre atores privados dos contratos privados da Administração,[13] apesar da convivência de elementos de direito público e privado. Nesse sentido:

> Al contempo, la problematica in esame investe delicate questioni di teoria generale in cui sono compresenti profili pubblicistici e profili civilistici, intrecciati in un rapporto di interdipendenza, che non ne consente una univoca riconduzione all'area del diritto privato od a quella del diritto amministrativo.[14]

Essa dificuldade de definição deu origem à caracterização mista do direito administrativo, em torno de prerrogativas e sujeições ou de derrogações positivas e negativas – temas desenvolvidos por Chapus e Rivero –, culminando na noção de que o direito administrativo serve tanto à legitimação da autoridade quanto à garantia das liberdades.[15] Assim, enquanto no passado absolutista o regime público tinha conotação negativa, por representar excesso de discricionariedade atinente a gerar desrespeito às garantias individuais, hoje sua presença é positiva, representando a possibilidade de controle da Administração – enquanto o regime privado seria, na visão de alguns autores, válvula de escape a essas sujeições.[16]

De mais a mais, o que apreendemos dessa evolução histórico-conceitual é que o regime jurídico administrativo, seja qual for o seu critério de adoção, acaba por ser permeado de normas de direito privado – circunstância que se torna regra ao analisarmos os contratos de direito privado celebrados pela Administração Pública. Enfim, a dicotomia entre direito público e privado permeia todo o estudo proposto e se revela, no movimento conclusivo, como elemento útil para a apreciação dos argumentos de igualdade e de nivelamento encontrados na literatura.

---

[12] MENEZES DE ALMEIDA, Fernando Dias. *Teoria do contrato administrativo*: uma abordagem histórico-evolutiva com foco no Direito Brasileiro. São Paulo: FDUSP, 2010. p. 224-227.

[13] JUSTEN FILHO, Marçal. *Comentários à lei de licitações e contratos administrativos*. São Paulo: Dialética, 2010. p. 761-763. No mesmo sentido: ENDICOTT, Timothy. *Administrative Law*. Oxford: Oxford university Press, 2008. p. 619.

[14] BENETAZZO, Cristiana. *Gli effeti dell'annullamento dell'aggiudicazione sul contratto medio tempore stipulato*. 2008. Tese (Doutorado em Comparação Jurídica – Orientador: Prof. Leopoldo Coen). Ferrara: Università degli Studi di Ferrara, p. 10-11.

[15] ESTORNINHO, Maria João. *Fuga para o direito privado*: contributo para o estudo da atividade de direito privado da Administração Pública. Coimbra: Almedina, 1999. p. 344-345.

[16] BACELLAR FILHO, Romeu Felipe. *Direito administrativo e o novo Código Civil*. Belo Horizonte: Forum, 2007. p. 106.

2.2 Utilização de institutos de direito privado e supremacia estatal

Como exposto no tópico anterior, o direito administrativo conta com institutos derivados, em parte considerável, daqueles integrantes do regime privatístico. Tal circunstância não prejudica a sua autonomia, mas acaba por condicioná-la, fazendo surgir figuras como o contrato de direito privado da Administração Pública.

Frente à precedência cronológica do direito privado em relação ao direito administrativo, alguns sustentam que este último recebe daquele institutos por transposição – processo descrito por Hariou em três passos: a transposição pura da teoria ou regra, a reação conforme as necessidades da Administração e as adaptações finais para o regime jurídico administrativo.[17] Não se trata, no entanto, de simples cópia de institutos, pelo direito administrativo, tomando por base o direito privado. A precedência temporal do direito privado acarreta a circunstância de que o mesmo se deteve primeiro sobre o regramento dos institutos, como é o caso do contrato, mas não faz do contrato um instituto exclusivo ou originado no direito privado. Pode-se dizer, portanto, que o estudo de tais figuras deve partir de "categorias jurídicas" – na dicção de Cretella Jr., ou "superconceitos", como prefere Retortillo[18] – sem vinculação a qualquer ramo do Direito, considerando-se assim que cada ramo do Direito estuda, com visão própria, o mesmo instituto:

> Tomando-se como referência o Direito Civil, corre-se o risco de captar o instituto privado já trabalhado e diferenciado – a espécie – e de transpô-lo para o âmbito público, a fim de apresentar a outra espécie paralela. No caso, a espécie é alçada à categoria de gênero; na verdade, pseudogênero.
>
> Ao contrário, partindo-se do gênero – a categoria jurídica –, trabalhar-se-á com a matriz, com o molde, com o arquétipo, com a fórmula pura, com o modelo genérico, que se flexionará às modalidades peculiares aos diferentes ramos do Direito.[19]

Desse modo, conclui-se que a edificação de características especiais do instituto em cada ramo do Direito não descaracteriza o superconceito ao qual o mesmo se vincula,[20] do que decorre que o contrato administrativo e o contrato de direito privado da Administração Pública, apesar de especialmente caracterizados, não deixam por isso de ser contratos.

Tais derrogações despertam críticas aos contratos da Administração Pública frente à presença das chamadas cláusulas exorbitantes, o que leva muitos a questionar a natureza contratual de tal instituto, frente ao suposto desrespeito à igualdade entre as partes e aos princípios gerais dos contratos – bilateralidade, autonomia da vontade, força obrigatória

---

[17] DI PIETRO, Maria Sylvia Zanella. Ainda existem os chamados contratos administrativos? In: DI PIETRO, Maria Sylvia Zanella; RIBEIRO, Carlos Vinicius Alves (Coord.). *Supremacia do interesse público e outros temas relevantes do Direito administrativo*. São Paulo: Atlas, 2010. p. 398-399.

[18] DI PIETRO, Maria Sylvia Zanella. Ainda existem os chamados contratos administrativos? Ob. cit., p. 399-400.

[19] CRETELLA JÚNIOR, José. *Dos contratos administrativos*. Rio de Janeiro: Forense, 1997. p. 39.

[20] DI PIETRO, Maria Sylvia Zanella. Ainda existem os chamados contratos administrativos? Ob. cit., p. 400.

e relatividade das disposições. Cabe destacar, porém, que tais princípios vêm sendo derrogados inclusive nos contratos privados entre particulares, o que enfraquece em muito o seu potencial de caracterização da natureza contratual das relações.[21]

Independentemente de tais discussões, o direito positivo brasileiro reconhece a natureza contratual dos contratos da Administração Pública, com as derrogações do regime publicístico,[22] o que denota a caracterização do superconceito independentemente do ponto de vista do ramo específico.

Quais seriam, no entanto, as consequências dessa relação dialógica entre o regime privado e o direito administrativo em matéria contratual? Ainda, estabelecida a natureza contratual das avenças celebradas entre a Administração Pública e os particulares – em especial, os contratos de direito privado entre tais partes –, bem como reconhecida a particularidade do regime de tais contratos, que contam com derrogações publicísticas ao regramento privado, qual é o impacto da supremacia estatal sobre as relações havidas entre tais partes?

Como já introduzido, a distinção entre as espécies do gênero "contratos da administração" vem da tradição francesa, contemplando, de um lado, os "contratos administrativos" e, de outro, os "contratos de direito privado celebrados pela Administração Pública". Tal distinção coaduna-se com o direito positivo brasileiro – em especial com a Lei nº 8.666/93 –, mas, frente às peculiaridades do regime pátrio de derrogações, acaba por, em certa medida, ter reduzida a sua relevância, ao apreciarmos a comunicação de disposições entre as duas espécies.[23]

Numa visão simplificada, aduzida por Endicott para esclarecer aos cultores da *common law* a natureza da dicotomia existente na tradição continental, pode-se assumir que o direito privado regula efeitos entre as partes, enquanto o direito público trata da relação do indivíduo perante a coletividade; assim, sendo a coletividade representada pelo Estado, trataríamos de institutos públicos no relacionamento do particular com a Administração Pública.[24]

> In private legal relations the parties were equals and the state the referee. In public legal relations the state was a party, and as representative of the public interest (and successor to the prince) it was a party superior to the private individual. The development of these two quite different ideologies of private law and public law further embedded the distinction in the legal order.[25]

---

[21] DI PIETRO, Maria Sylvia Zanella. Ob. cit., p. 401-402 e 407-408.

[22] DI PIETRO, Maria Sylvia Zanella. Ob. cit., p. 402.

[23] MENEZES DE ALMEIDA, Fernando Dias. *Teoria do contrato administrativo*: uma abordagem histórico-evolutiva com foco no Direito Brasileiro. São Paulo: FDUSP, 2010. p. 224.

[24] ENDICOTT, Timothy. *Administrative law*. Oxford: Oxford University Press, 2008. p. 620.

[25] MERRYMAN, John Henry; PÉREZ-PERDOMO, Rogelio. *The civil law tradition*: an introduction to the legal systems of Europe and Latin America. Stanford: Stanford University Press, 2007. p. 94.

Mas qual é a utilidade dessa distinção quando a Administração se utiliza de instrumentos privados para estabelecer seu relacionamento para com o administrado?

Em um primeiro momento, é importante destacar que, enquanto nos contratos administrativos – de natureza pública – o regime privatístico tem aplicação apenas subsidiária, em relação aos contratos privados celebrados pela Administração Pública verifica-se a presença do direito privado como regra, sendo gradualmente derrogado pelas normas aplicáveis do regime jurídico administrativo.[26]

Esse regime de derrogações aplicável aos contratos de direito privado da Administração Pública visa justamente à garantia da supremacia do interesse público – "interesse resultante do conjunto de interesses que os indivíduos pessoalmente têm quando considerados em sua qualidade de membros da sociedade, e pelo simples fato de o serem"[27] –, uma vez que a atuação estatal, seja por meio de instrumentos públicos ou privados, só é legítima quando direcionada à satisfação das necessidades da coletividade.

A concepção filosófica do serviço ao Estado como ideal moral coloca a Administração Pública como protagonista da aglutinação do interesse coletivo e de sua tradução em ações que concretizem o que concebemos como interesse público[28] – seja esse interesse público vocalizado pelo Estado como alocação dos diversos interesses da coletividade, seja como a personificação do interesse do nacional em face do *outro*, do *externo*.[29] É nessa missão que, por vezes, deve o Estado lançar mão de institutos e instrumentos de direito privado, relacionando-se com os particulares para a consecução de seus objetivos.

Assim, o caráter coletivo do interesse público, frente à individualidade do interesse privado, é que conferiria supremacia daquele em relação a este último,[30] fazendo legítima a presença de derrogações do direito privado pelo regime publicístico nos contratos de direito privado da Administração Pública:

> Dal quadro interpretativo analizzato si evince che gli interessi dei partecipanti alle procedure ad evidenza pubblica siano a lungo tempo letti come mero riflesso dell'interesse pubblico per la cui esclusiva tutela sarebbero state poste le norme disciplinanti le forme contrattuali e i metodi di scelta del contraente.

---

[26] GRANZIERA, Maria Luiza Machado. *Contratos administrativos*. São Paulo: Atlas, 2002. p. 98.

Podemos definir assim que o Direito administrativo é o conjunto de normas disciplinadoras da função administrativa e, assim, por sua autonomia, o Direito administrativo apresenta-se como o "Direito normal" da administração, enquanto o Direito privado é o seu "Direito excepcional" (BACELLAR FILHO, Romeu Felipe. *Direito administrativo e o novo Código Civil*. Belo Horizonte: Fórum, 2007. p. 97-98).

[27] MELLO, Celso Antônio Bandeira de. *Curso de Direito administrativo*. São Paulo: Malheiros, 1999. p. 59.

[28] MABBOTT, J. D. *The State and the Citizen*: an introduction to political philosophy. Londres: Hutchinson, 1965. p. 113.

[29] POGGI, Gianfranco. *The development of the modern State*: a sociological introduction. Stanford: Stanford University Press, 1978. p. 16-29.

[30] GRANZIERA, Maria Luiza Machado. *Contratos administrativos*. São Paulo: Atlas, 2002. p. 33.

La predominanza del momento pubblicistico è altresì percepibile dalla presenza di profili di specialità nella regolazione dei contratti pubblici, che, sebbene formalmente assoggettati al regime di diritto privato, sono sistematicamente caratterizzati da clausole esorbitanti, esprimenti la tendenza del legislatore a privilegiare gli interessi della stazione appaltante nella esecuzione del contratto e nella regolazione degli aspetti economico – patrimoniali del rapporto.[31]

Atinge-se aqui estágio que permite formular uma afirmação essencial à análise da posição da Administração Pública nos contratos de direito privado por si celebrados: a Administração Pública pode, para a consecução de seu *mister*, lançar mão de contratos de direito privado celebrados com particulares, submetidos em regra ao regime privatístico derrogado, quando cabível, por normas do regime jurídico administrativo. No entanto, independentemente do grau de derrogação pública do regime privado de tais contratos, o interesse público sempre será o bem jurídico que caracteriza a legitimidade da avença, prevalecendo, pois.

O questionamento acerca das consequências de tal afirmação é formulado por Eisenmann:

> [...] l'Administration est-elle régie par le même système de droit [...] qui régit les rapports mutuels entre les particuliers, les rapports entre personnes privées? Ou, au contraire, est-elle régie par un système différent du système valable entre personnes privées? Les mêmes règles valent-elles pour l'Administration et pour les particuliers dans leurs relations mutuelles?[32]

As respostas formuladas pela literatura ao questionamento acerca da posição da Administração Pública nos contratos de direito privado firmados com particulares constituem o cerne da problemática proposta; assim, passa-se ao estabelecimento da relação entre a derrogação do regime privado por normas públicas e o posicionamento da Administração Pública nos contratos de direito privado, movimento que introduz as questões terminológicas à problemática proposta.

2.3 Derrogação do regime privatístico e o posicionamento da Administração

Atuando na consecução de sua missão de representação da coletividade, a Administração Pública está constantemente imbuída da persecução ao interesse público, do que decorre a posição de superioridade que se lhe confere em suas relações com os administrados. A necessidade de garantização da supremacia do interesse público faz com que o

---

[31] AZZARITI, Antonella. *I principi generali in materia di affidamento dei contratti pubblici*. 2007. Tese (Doutorado em Direito Público – Orientador: Prof. Girolamo Sciullo). Bolonha: Università degli Studi di Bologna. p. 33.

[32] EISENMANN, Charles. *Cours de droit administratif*: année 1952-1953. Editado por S. Rials. Paris: LGDJ, 1982. p. 529.

regime privado dos contratos de direito privado celebrados pela Administração seja mais ou menos derrogado por normas do regime jurídico administrativo, o que dá origem a cláusulas exorbitantes[33] em tais avenças, que as "publicizam"[34] para adequá-las à presença do Estado como parte, conferindo-lhe "caráter administrativo".[35]

Assim, define o Conselho de Estado Francês a cláusula exorbitante como "[...] cláusula que tem por objeto conferir às partes direitos, ou incumbir-lhes de obrigações, estranhas por sua natureza àquelas que são suscetíveis de ser livremente pactuadas de acordo com a legislação civil e comercial".[36] As cláusulas exorbitantes ou derrogatórias, deste modo, presentes em maior ou menor medida nos contratos privados da Administração Pública,

> [...] não seriam lícitas num contrato privado, porque desigualariam as partes na execução do avençado, mas são absolutamente válidas no contrato administrativo, uma vez que decorrem da lei ou dos princípios que regem a atividade administrativa, já que visam a estabelecer prerrogativas em favor de uma das partes para o perfeito atendimento do interesse público, que se sobrepõe sempre aos interesses dos particulares.[37]

Ocorre que a natureza contratual, sinalagmática, das avenças privadas tem como característica a presença das partes em um mesmo plano, um mesmo nível de posicionamento.[38] Como visto, a existência de derrogações não tolhe a natureza contratual dos con-

---

[33] De acordo com a origem da derrogação do regime privatístico – seja ela decorrente da própria condição estatutária da Administração (aplicável, portanto, independentemente de previsão contratual ou, em casos como o norte-americano, dispensando inclusive previsão legal) ou derive da natureza inerente da atuação estatal (confundindo-se assim com atos soberanos, fatos do príncipe, de influência indireta sobre a avença) –, a exorbitância pode ser tida como interna (ou direta) ou externa (ou indireta) (GIACOMUZZI, José Guilherme. *Estado e contrato*: supremacia do interesse público *versus* igualdade. São Paulo: Malheiros, 2011. p. 45-55).

[34] CRETELLA JÚNIOR, José. *Dos contratos administrativos*. Rio de Janeiro: Forense, 1997. p. 35-36.

[35] VEDEL, Georges. *Droit administratif*. Paris: Presses Universitaires de France, 1984. p. 372.

[36] RICHER, Laurant. *Les contrats administratifs*. Paris: Dalloz, 1991. p. 23.

[37] MEIRELLES, Hely Lopes. *Licitação e contrato administrativo*. São Paulo: Malheiros, 1990. p. 162.

[38] Observe-se, no entanto, que o desnivelamento entre partes é hoje característica frequente de alguns contratos firmados exclusivamente entre particulares, o que faz com que a presença de cláusulas exorbitantes não seja, por si só, suficiente à caracterização de um contrato como administrativo ou da Administração (FRANCO SOBRINHO, Manoel de Oliveira. *Contratos administrativos*. São Paulo: Saraiva, 1981. p. 151-156).

É o que ocorre, por exemplo, em contratos de elevado caráter protetivo ou coletivista, como as avenças consumeristas ou a função social dos contratos sobre a propriedade que, apesar de contarem com verdadeiras cláusulas exorbitantes, de natureza publicística, não se caracterizam como contratos da Administração.

Trata-se do fenômeno de "socialização" ou "publicização" do direito privado – como, por exemplo, pela limitação dos direitos individuais pela sua função social – ocorrida desde a constituição mexicana de 1917 e a constituição de Weimar de 1919, em paralelo à "privatização" do Direito público decorrente da atuação estatal no mercado, utilizando-se de instrumentos e institutos privados (MERRYMAN, John Henry; PÉREZ-PERDOMO, Rogelio. *The civil law tradition*: an introduction to the legal systems of Europe and Latin America. Stanford: Stanford University Press, 2007. p. 96).

Como destaca Richer:

tratos da Administração. Assim, na firmatura de contratos de direito privado, a presença de cláusulas exorbitantes ou da própria Administração Pública como parte influi de que forma no posicionamento entre as partes?

O ordenamento jurídico brasileiro prevê dispositivos que asseguram as prerrogativas e sujeições estatais mesmo quando adotados institutos de direito privado. Em muitos casos, tais derrogações poderiam ser vistas como a desnaturar institutos privados, criando verdadeiramente novos institutos públicos – verifica-se, assim, não haver limites às derrogações.[39] Cabe ressaltar, no entanto, que enquanto na atuação pública as prerrogativas e limites decorrem da própria natureza do agente, na atuação privada tais balizas exigem expressa disposição legal para sua vigência, em homenagem ao princípio da legalidade.[40]

Esse mesmo princípio implica ainda que a Administração, apesar de em alguns casos poder optar pelo regime, não pode voluntariamente abandonar suas prerrogativas, já que as mesmas não vêm em benefício do gestor, mas sim como proteção do interesse coletivo[41] – tal como exposto no tópico anterior.[42] Tais reflexões ressaltam sobremaneira a importância de institutos jurídicos que venham combater os efeitos negativos da "fuga para o direito privado", evitando o desvirtuamento da utilização instrumental do regime jurídico privado pela Administração Pública – institutos esses muitas vezes necessários no cenário contemporâneo.[43]

Verifica-se, portanto, que, mesmo nos contratos de direito privado celebrados pela Administração, subsistem as prerrogativas e sujeições do ente estatal, ainda que não em

---

[...] il arrive fréquemment que les clauses des contrats administratifs soient identiques à celles de contrats entre particuliers. [...] Inversement, d'ailleurs, il est parfaitement loisible à des particuliers d'introduire dans leurs conventions des clauses rappelant celles des contrats administratifs, inusuelles en droit privé sans y être pour autant illégales, ou de recourir à des procédures de mise en concurrence semblables à celles utilisées pour les marchés publics (RICHER, Laurant. *Les contrats administratifs*. Paris: Dalloz, 1991. p. 6).

[39] DI PIETRO, Maria Sylvia Zanella. *Do Direito privado na Administração Pública*. São Paulo: Atlas, 1989. p. 96.

[40] DI PIETRO, Maria Sylvia Zanella. *Do Direito privado na Administração Pública*. São Paulo: Atlas, 1989. p. 97.

[41] Verifica-se, nesse sentido, que algumas garantias legais de direito público, extroversas ao regime privado, têm vigência em defesa do próprio particular, como é o caso da garantia de adoção do regime privado insculpida no § 3º do art. 62 da Lei nº 8.666/1993 em favor da própria viabilidade da atividade econômica do particular – a exemplo das atividades de seguro, de financiamento e de locação de imóveis –, o que exige a existência de um mínimo de condições "de mercado" (JUSTEN FILHO, Marçal. *Comentários à lei de licitações e contratos administrativos*. São Paulo: Dialética, 2010. p. 762).

Tais disposições acarretam importantes consequências no posicionamento da Administração Pública perante o particular na relação contratual privada, como é o caso, no direito administrativo italiano, da interpretação de cláusulas exorbitantes, derrogatórias do regime privatístico, de acordo com o princípio da boa-fé – caracterizado como "principio supernormativo" decorrente da obrigação de imparcialidade na atuação estatal (PENNASILICO, Mauro. Il ruolo della buona fede nell'interpretazione e nell'esecuzione dei contratti della pubblica amministrazione. *Rassegna di diritto civile*, Roma, p. 1090, apr. 2007).

[42] DI PIETRO, Maria Sylvia Zanella. *Do direito privado na Administração Pública*. São Paulo: Atlas, 1989. p. 97.

[43] BACELLAR FILHO, Romeu Felipe. *Direito administrativo e o novo Código Civil*. Belo Horizonte: Forum, 2007. p. 104. No mesmo sentido: ESTORNINHO, Maria João. *Fuga para o Direito privado*: contributo para o estudo da atividade de direito privado da Administração Pública. Coimbra: Almedina, 1999. p. 339-340.

sua integralidade.[44] Cabe destacar que a adoção de derrogações nos contratos de direito privado da Administração Pública não observa um condicionamento binário, mas sim gradual: entre os extremos de total regime privado e de derrogação quase absoluta daquele pelo regime público existem inúmeras possibilidades de gradação das derrogações, de acordo com o permissivo legal específico ao caso:

> A posição de desigualdade da Administração pode ser maior ou menor e nem sempre lhe é favorável; [...] a sua extensão será maior ou menor, dependendo de opção do legislador, segundo razões de oportunidade e conveniência.
>
> [...]
>
> A pesquisa ao direito positivo revela que entre os dois extremos – máxima igualdade possível (posição de horizontalidade, própria do direito privado) e de desigualdade total (posição de verticalidade, própria do direito público) – existem vários graus, dependendo das derrogações maiores ou menores impostas pelo direito público.[45]

Diante de tal multitude de possibilidades, considerando-se o nivelamento característico das relações contratuais privadas em cotejo com a vinculação ao interesse público que condiciona a atuação da Administração Pública, forma-se um conflito aparente de disposições que dá ensejo aos mais diversos entendimentos acerca da posição ocupada pela Administração quando parte em contratos de direito privado.

No cenário estrangeiro destacam-se três modelos gerais para tal diferenciação: o francês adota a possibilidade de contratos da Administração com cláusulas exorbitantes; o alemão e o italiano só admitem a firmatura de contrato em posições de nivelamento, devendo disposições exorbitantes ser veiculadas por meio de outra espécie de ato;[46] e o do sistema da *common law* que, apesar do discurso de um regime único, contempla o reconhecimento de prerrogativas da Administração e, inclusive, um sistema de solução de controvérsias aparte do sistema judicial.[47]

---

[44] JUSTEN FILHO, Marçal. *Comentários à Lei de licitações e contratos administrativos*. São Paulo: Dialética, 2010. p. 761.

[45] DI PIETRO, Maria Sylvia Zanella. *Do direito privado na Administração Pública*. São Paulo: Atlas, 1989. p. 96-98.

[46] A compreensão de tais diferenças é auxiliada pela lição de Oswaldo Aranha Bandeira de Mello: "Em última análise, o contrato de direito público dos antigos juristas alemães, ainda hoje defendido, por alguns juristas italianos, [...] todos têm por objeto matéria própria do direito público, estranha ao direito privado, e peculiar à atividade da Administração Pública, a justificar a denominação, se, realmente, configurarem o instituto do contrato. Já quanto aos contratos administrativos do direito francês, salvo o de concessão, nenhum dos outros tem por objetivo matéria própria do Direito administrativo, pois não configuram institutos jurídicos peculiares à Administração Pública. Ao contrário, correspondem a contratos semelhantes aos de direito privado, insertos no Código Civil". *Princípios gerais de direito administrativo*. Rio de Janeiro: Forense, 1969. p. 604).

[47] DI PIETRO, Maria Sylvia Zanella. Ainda existem os chamados contratos administrativos? In: DI PIETRO, Maria Sylvia Zanella; RIBEIRO, Carlos Vinícius Alves (Coord.). *Supremacia do interesse público e outros temas relevantes do Direito administrativo*. São Paulo: Atlas, 2010. p. 403-406.

Esses modelos são confrontados e combinados nos mais diversos entendimentos na literatura que, num exercício de singela sistematização,[48] permite-nos dedicar um olhar mais apurado às questões acerca do nivelamento e da igualdade entre as partes de um contrato de direito privado da Administração Pública.

Entre os autores que propugnam pelo necessário nivelamento das partes na relação contratual privada da Administração Pública, destacam-se aqueles que sustentem tal nivelamento como decorrência da natureza contratual da relação ou mesmo pela própria característica do regime privado.

Otto Mayer considera ser a igualdade um elemento da própria natureza dos contratos privados da Administração Pública, sustentando que "a razão pela qual o direito civil se aplica ao Estado reside simplesmente em que resulta natural e conveniente presumir que tudo o que é igual por natureza deve ser também regulado igualmente".[49]

Apesar de edificar um panorama em torno da vinculação permanente do Estado à finalidade pública – o que, como analisado adiante, constituiria um posicionamento diverso do de absoluto nivelamento –, Franco Sobrinho faz interessantes ilações em torno do nivelamento da posição estatal nos contratos de direito privado da Administração:

> Na verdade, não existem leis-contratos, mas partes que fazem lei entre si. É o contrato e não a lei que cria a relação jurídica. [...] a Administração, ou o agente público, como partes integrantes de um contrato, quando usam da liberdade de contratar, assim o fazem num regime de competência, isto é, no uso permitido da função administrativa pertinente.
>
> A unilateralidade é válida como vontade, enquanto a Administração não formaliza o acordo contratual. Formalizado o acordo, as partes ficam colocadas em *igual plano jurídico* [grifo nosso].[50]

Para Alessi, um órgão estatal pode, além de exercer as prerrogativas inerentes à soberania, postar-se diante do particular na sua qualidade de pessoa jurídica, agindo assim em "posição equiparada à dos sujeitos privados".[51]

Amorth contempla o entendimento de que, com vistas a ingressar no universo do regramento privado, a Administração deve despir-se de sua condição de supremacia, que só pode ser reconquistada por intervenção do legislador por normas de *direito privado*

---

[48] Essa tarefa encontra importante referencial na pioneira monografia da Prof. Maria Sylvia Zanella Di Pietro (DI PIETRO, Maria Sylvia Zanella. *Do direito privado na Administração Pública*. São Paulo: Atlas, 1989. p. 93-98), bem como em compilações realizadas em obra do Prof. Manoel de Oliveira Franco Sobrinho (*Contratos administrativos*. São Paulo: Saraiva, 1981. p. 140-141), que recebem referência específica ao longo do texto.

[49] MAYER, Otto, apud DI PIETRO, Maria Sylvia Zanella. *Do direito privado na Administração Pública*. São Paulo: Atlas, 1989. p. 94.

[50] FRANCO SOBRINHO, Manoel de Oliveira. *Contratos administrativos*. São Paulo: Saraiva, 1981. p. 43.

[51] ALESSI, Renato, apud DI PIETRO, Maria Sylvia Zanella. *Do direito privado na Administração Pública*. São Paulo: Atlas, 1989. p. 94.

especial – sua dicção para as normas de direito público que constituem derrogações do regime privado.[52]

Já no bloco que sustenta a desigualdade de posições entre as partes nos contratos de direito privado da Administração Pública, inicialmente apresentam-se os autores que veem na exorbitância, nas derrogações ao regime privado, a fonte de desigualação.

Para os alemães Mayer e Fleiner, tratar-se-ia de relação de absoluta desigualdade, uma vez que não haveria igual influência jurídica da vontade dos contratantes sobre a avença, o que, em sua visão, descaracterizaria qualquer ajuste do Estado como "contrato".[53]

Caio Tácito sustenta que só há igualdade nos contratos celebrados sem qualquer cláusula exorbitante – o que considera possível –, sendo que, presentes as derrogações ao regime privado, instalar-se-ia um "princípio da desigualdade", consubstanciado no "predomínio da vontade da Administração".[54]

Também para Güechá Medina a simples presença de cláusulas exorbitantes já representaria profundo desequilíbrio das relações contratuais entre Administração e particulares, principalmente em se tratando de derrogações em contratos privados celebrados pelo Estado.[55]

Entre os norte-americanos, apesar do posicionamento característico da *common law* de defesa intransigente da absoluta igualdade nas relações contratuais – seja o Estado parte ou não –, como retratado na doutrina de Pound, Coke e Dicey, há hoje aqueles que reconhecem no direito administrativo estadunidense derrogações até mais intensas que as presentes em sistemas juspositivistas, o que levaria ao reconhecimento de certa desigualdade entre Administração e particular em suas relações contratuais, como defende Joshua Schwartz.[56]

Ainda no âmbito da literatura que se ocupa da diversidade de posições entre Administração Pública e contraparte privada, exsurge o interessante entendimento de que a sustentada desigualdade vem da diferença pessoal entre Administração e particular, uma vez que aquela se vê vinculada em sua atuação à atenção ao interesse público.

No entender de Seabra Fagundes, na medida em que a atuação da Administração Pública se condicione ao atingimento do interesse público, limitada por regras específicas de

---

[52] AMORTH, apud DI PIETRO, Maria Sylvia Zanella. *Do direito privado na Administração Pública.* São Paulo: Atlas, 1989. p. 95.

[53] FRANCO SOBRINHO, Manoel de Oliveira. Ob. cit., p. 141.

[54] TÁCITO, Caio. *Direito administrativo*. São Paulo: Saraiva, 1975. p. 291-294.

[55] GÜECHÁ MEDINA, Ciro Norberto. Falacia de las cláusulas exorbitantes antes en la contratación estatal. *Opinión Jurídica*, Medellín, p. 45, v. 5, nº 10, jul./dec. 2006.

[56] GIACOMUZZI, José Guilherme. *Estado e contrato*: supremacia do interesse público *versus* igualdade. São Paulo: Malheiros, 2011. p. 363-365.

forma e finalidade, ainda que incida o regime jurídico privado, a atividade estatal nunca será perfeitamente igual à do indivíduo.[57]

Bacellar Filho aduz que a relação de superioridade nas relações verticalizadas de direito administrativo não se refere tão somente às prerrogativas da Administração, mas também aos valores e interesses que orientam a sua atuação.[58]

Mortara procede com interessante raciocínio ao expor que, enquanto a atividade do indivíduo é sempre livre, o Estado, mesmo quando atua pelo regime jurídico privado, é independente, mas não é livre, frente à sua vinculação à finalidade de interesse público.[59]

No mesmo sentido se apresenta o posicionamento de Carvalhaes Neto, que sustenta que

> os regimes jurídicos público e privado, portanto, permanecem em constante contato, convívio e interação em todo e qualquer contrato celebrado pela Administração pública, pois mesmo nos negócios típicos do direito privado, ainda assim a Administração não abandona sua natureza jurídica inerente.[60]

Também pela desigualdade gerada na vinculação ao interesse público é o posicionamento de Batista dos Santos:

> O Poder Público, ao contratar, deve perseguir a finalidade pública ou interesse público, o que, de antemão, torna a posição dos contratantes desigual: a Administração visa a atender ao interesse geral, e o particular busca atender aos seus próprios interesses.[61]

Já os italianos Zanobini e Gallo rechaçam as teorias baseadas na desigualdade das partes, voltando por sua vez o foco de análise à finalidade das avenças.[62]

Em meio a tantos posicionamentos, destacam-se autores que observam a questão sob diversos prismas, elaborando coordenações que exsurgem como base para o argumento a ser edificado nos tópicos seguintes.

---

[57] SEABRA FAGUNDES, Miguel, apud DI PIETRO, Maria Sylvia Zanella. *Do direito privado na Administração Pública*. São Paulo: Atlas, 1989. p. 95.

[58] BACELLAR FILHO, Romeu Felipe. *Direito administrativo e o novo Código Civil*. Belo Horizonte: Fórum, 2007. p. 98.

[59] MORTARA, apud DI PIETRO, Maria Sylvia Zanella. *Do direito privado na Administração Pública*. São Paulo: Atlas, 1989. p. 95.

[60] CARVALHAES NETO, Eduardo Hayden. *Contratos privados da Administração Pública*: uma análise do regime jurídico aplicável. 2011. Tese (Doutorado em Direito do Estado – Orientador: Prof. Edmir Netto de Araújo). – São Paulo: Faculdade de Direito, Universidade de São Paulo. p. 117-118.

[61] SANTOS, Márcia Walquiria Batista dos. Contrato. Alteração unilateral. Obrigatoriedade para o contratado. In: DI PIETRO, Maria Sylvia Zanella et al. *Temas polêmicos sobre licitações e contratos*. São Paulo: Malheiros, 2000. p. 311.

[62] FRANCO SOBRINHO, Manoel de Oliveira. *Contratos administrativos*. São Paulo: Saraiva, 1981. p. 140-141.

Di Pietro sustenta que, tendo em vista a necessidade de estipulação legal das derrogações quando da celebração de contratos de direito privado pela Administração Pública – decorrência do princípio da legalidade e da adoção, como regra, do regime privado para tais avenças –, torna-se possível, como já exposto, uma ampla gradação da intensidade das derrogações ao regime privado. Assim, uma vez que nesse cenário a Administração se submeta ao regime privado, "no silêncio da norma publicística", a mesma "se nivela ao particular na medida em que o direito administrativo não derrogar o direito comum".[63]

No entanto, apesar da explícita possibilidade de nivelamento entre Administração e particular no contrato de direito privado, tal condição não implica na absoluta igualdade de posições entre as partes, uma vez que

> [...] a autonomia da vontade, de que é dotado o particular, substitui-se, para a Administração, pelo princípio da legalidade; a liberdade de forma, que prevalece nas relações jurídicas entre particulares, dificilmente existe nas relações jurídicas em que a Administração é parte; além disso, ela está vinculada a determinados fins, que a obrigam a adotar os meios que o legislador escolheu como os únicos viáveis para a sua consecução; a tudo isso acrescente-se o fato de que ela conserva, mesmo quando se utiliza do regime de direito privado, certos privilégios que lhe são concedidos por lei, *em razão da pessoa* [grifo nosso].[64]

Cretella Jr. contribui com a compreensão de tal posicionamento ao destacar, no viés negativo, as condicionantes à conduta da Administração, que a levam, apesar de sua posição privilegiada, à autocontenção das derrogações:

> Embora a Administração, ao contratar, esteja em posição privilegiada em relação ao particular contratante, tal posição é relativa, não chegando ao ponto de permitir-lhe alterar, a seu talante, as cláusulas convencionadas, o que traria como consequência imediata, no plano técnico-jurídico, um desequilíbrio inexplicável na teoria do contrato administrativo, ao mesmo tempo que afastaria para sempre os possíveis contratantes, cientes de que estariam à mercê do arbitrário administrativo, caso celebrassem qualquer acordo com as coletividades públicas.[65]

Para Manoel de Oliveira Franco Sobrinho, a marca essencial da atuação estatal por meio de contratos, sejam eles contratos administrativos ou contratos de direito privado da Administração, reside na *finalidade* de tal atuação.[66] Assim, o dístico essencial da Administração enquanto contratante seria a persecução da finalidade pública, da satisfação à coletividade. Ora, uma vez que o Estado somente se caracteriza como necessário e de-

---

[63] DI PIETRO, Maria Sylvia Zanella. *Do direito privado na Administração Pública*. São Paulo: Atlas, 1989. p. 97-98.
[64] DI PIETRO, Maria Sylvia Zanella. Ob. cit., p. 97.
[65] CRETELLA JÚNIOR, José. *Dos contratos administrativos*. Rio de Janeiro: Forense, 1997. p. 50.
[66] FRANCO SOBRINHO, Manoel de Oliveira. Ob. cit., p. 4-5 e 39-40.

sejável quando direcionado à consecução do interesse coletivo,[67] é natural que a legitimidade de sua atuação seja intimamente ligada a essa finalidade.

Explicita o autor:

> No momento da contratação, a finalidade do serviço vem explicitada, há algo concreto a fazer e realizar, um serviço característico enquadrado no esquema das necessidades públicas evidentes.
>
> [...] a questão da igualdade nos contratos administrativos, conforme relações firmadas e obrigações pactuadas, não informa que as partes, embora desiguais, não tenham direito a igual tratamento. A supremacia da Administração não significa conduta arbitrária. [68]

Assim como Di Pietro, Franco Sobrinho, apesar da divergência terminológica, logra edificar o entendimento de que, apesar da evidente *desigualdade* entre as partes – decorrente da vinculação do Estado ao interesse público –, o seu *nivelamento* no âmbito do contrato seja possível:

> Está claro que a Administração contratante, embora as partes possam ser iguais no contrato administrativo, em instante algum fica descompromissada com o serviço e sua normal execução. Em qualquer categoria contratual, persiste como que uma obrigação administrativa de zelar pelo interesse público em mãos do particular, de tutela ou controle da execução ou prestação dos serviços.
>
> Mesmo formalizado um contrato, a Administração não se aparta do interesse público na execução. [69]

Na França, Richer reconhece a possibilidade de que um contrato privado da Administração seja celebrado sem qualquer derrogação em relação ao regramento privatístico, nivelando os contratantes; no entanto, a Administração continuaria vinculada às regras de competência determinantes da validade do ato administrativo de expressão de vontade estatal.[70]

Hely Lopes Meirelles, com as mesmas questões terminológicas de Franco Sobrinho, também reconhece a possibilidade de nivelamento apesar da desigualdade das partes em um contrato de direito privado da Administração:

> A Administração pode realizar contratos sob normas predominantes do Direito Privado – e frequentemente os realiza – em posição de igualdade com o particular

---

[67] MABBOTT, J. D. *The State and the Citizen*: an introduction to political philosophy. Londres: Hutchinson, 1965. p. 118-130.
[68] FRANCO SOBRINHO, Manoel de Oliveira. Ob. cit., p. 36.
[69] FRANCO SOBRINHO, Manoel de Oliveira. Ob. cit., p. 58-59.
[70] RICHER, Laurant. *Les contrats administratifs*. Paris: Dalloz, 1991. p. 6 e 39-45.

contratante, como pode fazê-lo com supremacia do Poder Público. Em ambas as hipóteses haverá interesse e finalidade pública como pressupostos do contrato, mas, no primeiro caso, o ajuste será de natureza semipública [...], e somente no segundo haverá contrato administrativo típico.[71]

A análise dos diversos posicionamentos, assim agrupados, faz transparecer que os autores que tratam das semelhanças de posições entre Administração e particular se ocupam do *nivelamento* entre as partes, ocorrido no âmbito das normas contratuais; já aqueles que tratam das diferenças entre as posições da Administração e dos particulares se dedicam à análise da *igualdade* entre as partes. Há aí uma evidente diferença no escopo de análise dessas diversas literaturas, o que afasta a impressão de que haveria um conflito entre tais posicionamentos. Essa possibilidade de harmonização é evidenciada pelos autores que analisam o nivelamento e a desigualdade como fenômenos coincidentes nos contratos de direito privado da Administração.

Ocorre, no entanto, que, como exposto nos posicionamentos doutrinários compilados, nem sempre essa diferenciação é acompanhada da adoção precisa de vocábulos que permitam o inconteste afastamento do aparente conflito entre os posicionamentos pelo nivelamento e pela desigualdade entre as partes, muitas vezes utilizando-se do mesmo vocábulo para referir-se ora ao nivelamento contratual, ora à igualdade pessoal. Assim, resta delineado o problema proposto: apesar dos posicionamentos aparentemente opostos entre os autores que sustentam ora o nivelamento, ora a desigualdade entre as partes de um contrato de direito privado da Administração, tal conflito pode ser conciliado pela determinação dos estratos nos quais cada um dos conceitos se concentra, missão na qual o estudo da relação entre direito e linguagem é de grande valia. É o que se empreende a seguir.

3 Direito e linguagem: o posicionamento da administração sob os vieses objetivo e subjetivo

Temos até aqui estabelecido que a Administração Pública, na consecução de sua função precípua, tem frequentemente de adotar instrumentos de direito privado para o estabelecimento de suas relações com os particulares, transitando assim através das fronteiras mais ou menos definidas entre o direito público e o direito privado. Uma vez ocupando-se o Estado da atenção aos interesses da coletividade, ocorre que a Administração Pública, frente à sua vinculação ao interesse público, conta com prerrogativas e sujeições próprias do regime jurídico administrativo mesmo quando adota instrumentos privados para seus misteres. É dizer, o regime privado sofre derrogações decorrentes de normas publicísticas, consubstanciadas nas cláusulas exorbitantes ao direito privado.

---

[71] MEIRELLES, Hely Lopes. *Direito administrativo brasileiro*. São Paulo: Malheiros, 2003. p. 206.

Ocorre que, quando tratamos de contratos privados, a relação típica é marcada pelo nivelamento entre as partes; ora, nesse cenário, surge aparentemente um conflito entre a supremacia do interesse público, de um lado, e a bilateralidade do contrato privado do outro, que se reflete na doutrina administrativa nos posicionamentos acerca do nivelamento (ou não) e da igualdade (ou não) entre as partes de um contrato de direito privado celebrado pela Administração Pública.

Como exposto, da doutrina apreciada é possível extrair que não há real conflito entre tais posicionamentos – harmonizados, articulados, dialogicamente organizados, os mesmos referir-se-iam a escopos diversos de análise e, sem *tradeoffs*, poderiam conviver numa mesma figura jurídica. No entanto, a relativa falta de sistematização – ou mesmo de congruência – na aplicação de tais palavras acaba por prejudicar tal compreensão e fomentar a ideia de que haveria um conflito inconciliável entre nivelamento e desigualdade.

Assim, analisando a parte prospectiva do presente estudo para assentar as pedras do caminho para a sua parte propositiva, toma vulto a apreciação do papel da linguagem na construção do conceito jurídico. Pois bem, num caso como o que é objeto do presente texto, a sistematização da adoção precisa das palavras pode em muito contribuir para a acomodação das opiniões aparentemente divergentes, assim como para o próprio desenvolvimento da doutrina sobre o tema.

3.1 *A palavra e a construção do direito: o signo jurídico*

Detectado, como se houve por detectar, um conflito terminológico que acaba por semear aparente embate entre posicionamentos jurídicos, faz-se instrumental um exercício de significação de tais termos – nivelamento e igualdade –, que pode inclusive revelar sentidos jurídicos talvez ainda ocultos ou não explorados na literatura sobre o tema.

Esse movimento de precisão terminológica, apesar de não ser frequente e muitas vezes ser até mal visto na seara jurídica – sob o argumento de que serviria tão somente de engessamento aos argumentos veiculados pela palavra escrita –, serve amplamente ao progresso dos posicionamentos jurídicos:

> Todo examen del vocabulario jurídico que contribuya a la aclaración y a la depuración de los conceptos debe estimarse como útil en algún grado. Si hay una disciplina en la cual conviene emplear la palabra adecuada o propia, ella es la del derecho. Tanto en el orden legislativo como en el judicial – y no digamos en el administrativo – esta precaución es indispensable aunque sólo sea para evitar controversias o discusiones que surgen precisamente de la confusión y duda sobre un término.[72]

---

[72] BIELSA, Rafael. *Los conceptos jurídicos y su terminología*. Buenos Aires: De Palma, 1954. p. 8-9.

Pois bem, uma vez que as regras jurídicas correspondam e respondam a problemas jurídicos,[73] uma visão funcionalista do discurso jurídico faz não somente possível, mas desejável e até mandatória, a adoção, quando necessário, de palavras dotadas de precisão terminológica suficiente a conferir ao argumento a clareza necessária à segurança jurídica. Por vezes – seja isso adequado ou não – é a linguagem que diferencia o discurso jurídico do não jurídico e, assim, o jurista do não jurista.[74] Disso decorrem os fenômenos do uso, no discurso jurídico, de palavras comuns com significados incomuns, de palavras com sentidos flexíveis.[75]

Ocorre que a palavra, portadora do sentido da comunicação jurídica, como meio intermédio que é – apesar de, para alguns, sendo a língua o berço do conhecimento e do sentido, nada exista fora dela[76] –, acaba por permitir que, na plenitude de sua complexidade, o sentido pretendido sofra de indeterminação conflituosa. Como destaca Endicott:

> Those non-linguistic indeterminacies and uncertainties arise because life and legal systems are complicated. But people can chose their words, and it would be reassuring to think that linguistic indeterminacy, at least, could be eradicated by careful use of language.[77]

Isso faz com que a linguagem jurídica, apesar da necessidade de precisão, sofra muitas vezes de uma ambiguidade que acaba por gerar discordâncias de outro modo inexistentes:

> The language of the law is sometimes characterized as one of "extraordinary precision", and "unambiguous". It is also singled out for special condemnation as "equivocal" and full of "weasel words". Lawyers customarily choose their words more carefully than non-lawyers. And it is characteristic of a large part of the selection that there is a deliberate choice of the flexible – a "peculiarly plastic terminology". [78]

Uma vez tendo a expressão jurídica a missão de servir como portadora de significado normativo, de sentido em si, pode ela ser vista como signo, como símbolo comunicativo.[79] No estudo dos signos versados no discurso do Direito – a semiótica jurídica –, apesar de posicionamentos em defesa da indeterminação, como o de Benson, verifica-se que a indeterminação semântica das expressões jurídicas enfraquece o signo empregado, frente

---

[73] EISENMANN, Charles. *Cours de droit administratif, 1952-1953*. Editado por S. Rials. Paris: LGDJ, 1982. p. 530.

[74] WARAT, Luis Alberto. *Semiótica y Derecho*. Buenos Aires: Eikon, [s.d.]. p. 42-43.

[75] MELLINKOFF, David. *The language of the Law*. Boston/Toronto: Little, Brown, 1963. p. 11-12.

[76] STRECK, Lênio. L. *Hermenêutica jurídica e(m) crise:* uma exploração hermenêutica da construção do Direito. Porto Alegre: Livraria do Advogado, 2009.

[77] ENDICOTT, Timothy. Linguistic indeterminacy. In: MORAWETZ, Thomas. *Law and language*. Vermont: Ashgate, 2000. p. 77.

[78] MELLINKOFF, David. *The language of the Law*. Boston/Toronto: Little, Brown, 1963. p. 21.

[79] LANDOWSKI, Eric. *A sociedade refletida*: ensaios de sociossemiótica. São Paulo: EDUC/Pontes, 1992. p. 58.

à necessidade de precisão para a segurança jurídica, como sustentam Jackson e Endicott. Ocorre que, como se posiciona Hart, há uma variabilidade muito grande na determinação ou não dos signos jurídicos, o que coloca em perspectiva o papel do jurista ao conferir sentido à palavra jurídica.[80]

Seja na semiologia de Saussure ou na semiótica de Peirce, na filosofia da linguagem ordinária de Wittgenstein, na nova retórica de Perelman e Viehweg, ou na autopoiese de Luhmann,[81] fato é que conferir sentido à linguagem jurídica é missão de extrema importância para a própria viabilidade do Direito,[82] permitindo a coordenação de debates e posicionamentos em torno de um objetivo comum.

Visando essa tão desejável – apesar de não unânime – precisão, é de se destacar que a definição específica de sentido para uma palavra ou um conjunto ou classe de palavras num ramo jurídico não prejudica ou impede a assunção de significados diversos em outras searas. Assim, empreender a tarefa de significação das palavras *nivelamento* e *igualdade* no âmbito dos contratos privados celebrados pela Administração Pública cumpre uma importante função sistemática e organizacional sem prejudicar o sentido de tais termos em outros ramos do direito, frente a natural compartimentalização funcional do estudo jurídico:

> It is obvious enough that the law can be divided in various ways to serve a variety of functions. It is equally obvious, although more difficult to demonstrate, that any division of the law is bound to shape the legal system. The conventional way of dividing the law becomes a part of the law itself, affecting the way that law is formulated and applied.[83]

Vê-se assim que a adoção de categorias jurídicas específicas tem um papel muito além da simples organização ou indicação do pensamento, servindo de verdadeiro timão dos rumos a que à disciplina se imprime, atingindo verdadeira função *normativa*, de modo que "o descritivo se funde ao prescritivo".[84] Permite-se, portanto, sobre o substrato aliciado nos tópicos anteriores, empreender um exercício de significação precisa de *nivelamento* e de *igualdade* no âmbito dos contratos privados da Administração Pública, movimento esse que, espera-se, contribuirá para a compreensão do posicionamento da Administração ao se utilizar do direito privado.

---

[80] ENDICOTT, Timothy. Ob. cit., p. 89-107.

[81] ROCHA, Leonel Severo. Teoria do Direito no século XXI: da semiótica à autopoiese. *Sequência*, Florianópolis, nº 62, p. 215-218, jul. 2011.

[82] RODRÍGUEZ-AGUILERA, Cesáreo. *El lenguaje jurídico*. Barcelona: Bosch, 1969. p. 69-70.

[83] MERRYMAN, John Henry; PÉREZ-PERDOMO, Rogelio. *The Civil Law tradition*: an introduction to the legal systems of Europe and Latin America. Stanford: Stanford University Press, 2007. p. 91.

[84] MERRYMAN, John Henry; PÉREZ-PERDOMO, Rogelio. Ob. cit., p. 91. Tradução nossa.

3.2 Os diferentes estratos de referência do nivelamento e da igualdade

Um primeiro momento na precisa significação dos termos relacionados com o posicionamento da Administração ao celebrar contratos de direito privado reside na tomada de consciência de que uma precisa significação é necessária. A tal *mister* dedica-se toda a primeira parte desse estudo.

No caso da utilização de instrumentos privados pela Administração Pública, os aspectos público e privado da relação jurídica se sobrepõem,[85] incidindo sobre camadas diferentes de análise e, portanto, permitindo a adoção de duas conclusões distintas, aparentemente – e somente aparentemente – opostas. Uma vez evidenciada a necessidade de se conferir sentido determinado às palavras fonte de dúvidas, sua significação passa pela análise do campo de referência específico de cada palavra, bem como pela sua apreciação enquanto *medium* de transmissão de um conceito jurídico. A percepção do ser jurídico depende, desse modo, da relação do observador, do especulador, com o objeto normativo a ser apreciado[86] – ou seja, a percepção de certa concepção jurídica depende, muitas vezes, do *ponto de vista* daquele que a percebe, intermediada pela fenomenologia jurídica. É o que diz Gadamer, como destaca Schnaid, ao sustentar que "tu te relacionas com evidências que se mostram do mundo, e não com o próprio mundo em si".[87]

Assim, a um primeiro momento, cabe expor que, mesmo antes da precisa significação de – e consequente distinção entre – nivelamento e igualdade em matéria de contratos privados da Administração, a simples análise do ponto de vista das partes, orientada pelas conclusões alcançadas pela doutrina, permite sustentar a convivência harmoniosa das duas concepções. Para tal exercício, como método de extrapolação, faz-se instrumental a adoção de um cenário em que não haja qualquer derrogação do regime privado por normas publicísticas, tido como perfeitamente viável por diversos autores.[88]

É dizer, do ponto de vista da contraparte privada, no dado cenário de um contrato privado celebrado pela Administração Pública sem derrogações pelo direito público – aplicando-se, assim, o regime privado à relação contratual –, o fato de constar no outro polo pessoa pública ou pessoa privada tem pouca ou nenhuma influência na sua percepção acerca da normatividade do contrato. Para o particular, as posições entre as partes parecem substancialmente iguais.

Já do ponto de vista da Administração, a percepção de que a sua posição é essencialmente diferente da do particular é muito mais evidente. Independentemente da existência ou não de derrogações publicísticas, o ente público submete-se a um regime de sujeições específico, dentre elas e principalmente a vinculação ao interesse público, não sendo

---

[85] ENDICOTT, Timothy. *Administrative Law*. Oxford: Oxford University Press, 2008. p. 620-621.

[86] SCHNAID, David. *Filosofia do Direito e interpretação*. São Paulo: Revista dos Tribunais, 2004. p. 17-25.

[87] SCHNAID, David. Ob. cit., p. 23.

[88] DI PIETRO, Maria Sylvia Zanella. *Do direito privado na Administração Pública*. São Paulo: Atlas, 1989. p. 97-98. No mesmo sentido: TÁCITO, Caio. *Direito administrativo*. São Paulo: Saraiva, 1975. p. 291-294. E ainda: RICHER, Laurant. *Les contrats administratifs*. Paris: Dalloz, 1991. p. 6 e 39-45.

plausível, do seu ponto de vista, o assemelhamento entre a sua posição e a do particular – esse sim dotado de liberdade.

Faz-se útil, aqui, a metáfora do *iceberg*: para aqueles que veem o contrato privado da Administração Pública do ponto de vista privado – ou seja, enxergam somente a parcela emersa do *iceberg* –, tal parcela é idêntica tanto para a Administração quanto para a contraparte privada. No entanto, para aquele que se poste no ponto de vista da Administração – que tem de lidar também com toda a parte submersa do *iceberg*, ou seja, com as sujeições do regime jurídico administrativo –, sua posição é substancialmente diversa da do particular. Trata-se, no entanto, da mesma relação jurídica, sobre a qual podem recair, harmonicamente e estando ambas corretas, as visões de que o posicionamento das partes seja essencialmente idêntico e ao mesmo tempo substancialmente diverso.

Essa singela aproximação ao problema nos permite edificar uma estratificação mais sofisticada dos âmbitos de referência dos termos *igualdade* e *nivelamento* em matéria de contratos privados da Administração. A dualidade de planos analíticos concernentes à igualdade ou não e ao nivelamento ou não entre Administração e particulares em seus relacionamentos estabelecidos por institutos privados é destacada por Eisenmann, apesar da diferença terminológica:

> Donc, problème d'identité ou de différence de fond, de contenu, d'un côté, problème d'identité ou de différence formelle, de sources de modes ou bases formelles de la réglementation –, on dirait presque (sans prétendre que ce soit sexprimer de façon rigoureusement exacte): de procédure – de l'autre.
>
> Ce sont là les deux problèmes, ou les deux grands types de problèmes en présence desquels on se trouve au seuil même du droit administratif.[89]

Podemos diferenciar, portanto, dois campos de referência – diferenciação para a qual continua instrumental a adoção de um cenário hipotético de celebração de um contrato privado pela Administração Pública sem derrogações pelo direito público – para a análise da posição das partes em tais contratos: de um lado, temos a apreciação do contrato, da relação jurídica entre as partes; ou seja, temos um campo de referência *objetivo*; por outro lado, temos a análise da postura, da conduta, da atuação das partes no âmbito do contrato e, principalmente, de sua finalidade; nesse caso, trata-se de campo de referência *subjetivo*. Essa estratificação, baseada nas próprias conclusões atingidas pela literatura apreciada, permite a clara diferenciação de sentido entre *nivelamento* e *igualdade*.

Assim, quando Otto Mayer sustenta que o regramento contratual deve ser o mesmo para Administração e particular;[90] quando Di Pietro aduz que o Estado se nivela ao par-

---

[89] EISENMANN, Charles. *Cours de droit administratif*: année 1952-1953. Editado por S. Rials. Paris: LGDJ, 1982. p. 533.

[90] MAYER, Otto, apud DI PIETRO, Maria Sylvia Zanella. *Do direito privado na Administração Pública*. São Paulo: Atlas, 1989. p. 94.

ticular "na medida em que o direito administrativo não derrogar o direito comum";[91] ou ainda quando Franco Sobrinho diz que as partes podem ser iguais no contrato privado da Administração, ou que estariam em "igual plano jurídico",[92] estão os autores a referir-se ao *regramento* da relação jurídica, ao contrato e suas cláusulas, ao âmbito objetivo. Estão, assim, a falar em *nivelamento*.

De outro giro, ao dizer Di Pietro que é impossível a absoluta igualação entre Administração e particular frente à submissão daquela às sujeições do regime administrativo;[93] ao sustentar Seabra Fagundes que a vinculação ao interesse público impede a igualdade entre a atuação estatal e a do indivíduo;[94] ou ainda quando Franco Sobrinho sustenta que "mesmo formalizado um contrato, a Administração não se aparta do interesse público na execução";[95] estão os autores a tratar de circunstâncias *pessoais*, da diferença entre a condição própria do Estado e do particular, de aspectos subjetivos do fenômeno. Trata-se aqui da *desigualdade*.

Estabelecida, assim, a significação dos termos adotados pela literatura, pode-se sustentar que a sua adequada aplicação elimina os conflitos que aparentemente se formam entre os posicionamentos, uma vez que falar de nivelamento e falar de desigualdade são dois campos diversos do discurso jurídico – ao menos nessa particular seara contratual.

É possível, portanto, sustentar que em um contrato privado da Administração as partes estejam niveladas, pois, sob o ponto de vista objetivo; o regramento estabelecido, uma vez firmado o contrato, obriga ambas as partes de forma razoavelmente homogênea. Nesse mesmo contrato, no entanto, é possível afirmar que as partes são profundamente desiguais, pois, no âmbito subjetivo, enquanto o particular conta com a autonomia da vontade, a Administração está submetida às sujeições do regime jurídico administrativo, especialmente à vinculação ao interesse público.

O caráter desvinculado entre um e outro campo de análise faz-se evidente ao analisarmos, por exemplo, um contrato administrativo, lançando mão dos mesmos conceitos. Nesse caso, podemos afirmar que, no âmbito objetivo, as partes estão desniveladas, já que a verticalização da relação jurídica administrativa sujeita o particular à supremacia da Administração; ao mesmo tempo, no campo subjetivo, as partes são desiguais, pelos mesmos motivos que levam à desigualdade subjetiva nos contratos privados da Administração.

Obtém-se, assim, uma significação precisa das expressões nivelamento e igualdade no âmbito dos contratos privados celebrados pela Administração, ferramenta de ampla utilidade para a apreciação do posicionamento da Administração Pública na utilização do direito privado. Pode-se sustentar, pois, ser possível a harmonização entre os diversos posicionamentos doutrinários apreciados, uma vez que, não havendo conflito, o escopo

---

[91] DI PIETRO, Maria Sylvia Zanella. *Do direito privado na Administração Pública*. São Paulo: Atlas, 1989. p. 97-98.
[92] FRANCO SOBRINHO, Manoel de Oliveira. *Contratos administrativos*. São Paulo: Saraiva, 1981. p. 43.
[93] DI PIETRO, Maria Sylvia Zanella. Ob. cit., p. 97.
[94] SEABRA FAGUNDES, Miguel, apud DI PIETRO, Maria Sylvia Zanella. Ob. cit., p. 95.
[95] FRANCO SOBRINHO, Manoel de Oliveira. Ob. cit., p. 58-59.

de análise das opiniões aparentemente opostas é, na verdade, diverso e não mutuamente prejudicial.

4 Conclusões

O surgimento, evolução e consolidação do direito administrativo lhe confere influências do regime privado, fazendo com que, em diversos aspectos, o regime administrativo apresente traços tanto de direito público quanto de direito privado. A sujeição da Administração Pública a normas privatísticas é ainda mais evidente quando, para a consecução de seu *mister*, lança mão de institutos do direito privado.

Tendo em vista a vinculação da legitimidade da atuação administrativa ao atendimento ao interesse público, verifica-se que a Administração Pública, mesmo quando figura como parte em um contrato de direito privado, conta com prerrogativas e sujeições próprias do regime jurídico administrativo – cenário em que se fazem presentes as derrogações ao regime privado por normas de direito público.

Tais circunstâncias despertam discussões acerca do posicionamento das partes em um contrato de direito privado celebrado pela Administração Pública uma vez que, apesar de o nivelamento entre as partes ser da essência da figura contratual, Administração e particular se desigualam subjetivamente uma vez que este se imbui de liberdade, enquanto aquela se sujeita à atenção ao interesse público e às limitações daí decorrentes. Tais discussões são traduzidas na literatura nos posicionamentos acerca do nivelamento (ou não) e da igualdade (ou não) entre as partes de um contrato de direito privado celebrado pela Administração Pública.

Ocorre que tal campo de análise conta com considerável confusão terminológica, já que os autores costumam aplicar os vocábulos *nivelamento* e *igualdade* indistintamente – com algumas poucas exceções –, o que faz transparecer um aparente conflito entre aqueles que entendem pelo nivelamento e aqueles que sustentam a desigualdade entre as partes. Nesse âmbito, a análise da relação entre linguagem e direito e o exercício de precisa significação das palavras em comento permitem a estratificação dos campos de referência de cada um dos termos, revelando assim não haver conflitos entre tais posicionamentos, sendo possível a sua acomodação harmônica.

Não significa dizer que os debates são infrutíferos; ao contrário, a adoção dessa nova ótica permite sensível ampliação produtiva da doutrina que trata do tema, uma vez que, estratificados os estudos da posição da Administração em relação ao particular, multiplicam-se os aspectos de análise acerca do tema, com a notável vantagem de se possibilitar a acomodação entre os posicionamentos de nivelamento e de desigualdade.

Ressalte-se assim que o exercício de significação precisa das palavras e expressões jurídicas não constitui "alardes de erudição" ou de excesso crítico;[96] pelo contrário, se de-

---

[96] BIELSA, Rafael. *Los conceptos jurídicos y su terminología*. Buenos Aires: DePalma, 1954. p. 17.

dica a solucionar questões que acabam por complicar e prejudicar a aplicação do Direito administrativo – como bem sustenta Rafael Bielsa –, contribuindo para o aprimoramento dos entendimentos sobre questão tão complexa e que comporta análises tanto sob o viés objetivo quanto sob o subjetivo.

Concluímos, assim, por referir-se o *nivelamento* aos aspectos objetivos do posicionamento da Administração Pública nos contratos privados: a sujeição às normas do contrato, a reciprocidade de obrigações, o respeito ao sinalagma, em medida razoavelmente semelhante.

Já a *igualdade* – ou a desigualdade, como se conclui pela doutrina – refere-se à face subjetiva do posicionamento da Administração em relação ao particular: às diferenças entre a submissão da Administração às sujeições próprias do regime administrativo, enquanto o particular é dotado de autonomia da vontade; à vinculação da Administração ao interesse público, enquanto o particular tem liberdade para firmar contratos com finalidade individualista.

À obviedade, a construção aqui veiculada não tem o condão de resolver todo e qualquer conflito acerca do tema – e nem seria tal tarefa viável, uma vez que tratamos da razoável inexatidão dos resultados obtidos nas ciências sociais, que se firmam pelo convencimento. Assim, questões como a análise da gradação do efeito desnivelador das derrogações presentes nos contratos, bem como eventual posicionamento que sustente a absoluta igualdade subjetiva entre as partes pública e privada, continuam em conflito – ou ao menos em diálogo – com a literatura predominante. Ocorre, no entanto, que tais posicionamentos não se anulam mutuamente, na medida em que é possibilitada a sua estratificação referencial – cenário que permite entender restar cumprida a proposta do presente estudo.

8 Gestão Privada de Serviços Públicos por Organizações Sociais: Eficiência e Responsabilidade

Bruno Luís Amorim Pinto[1]

1 Introdução

As organizações sociais inserem-se no contexto da Reforma Administrativa operada no Brasil especialmente a partir da década de 90 do século XX, pautada pela busca de maior eficiência[2] e participação social na Administração Pública, a ser alcançada por instrumentos mais flexíveis e transparentes de execução e gestão das funções administrativas.[3]

Desde a década de 80, a maior parte dos países ocidentais se defrontou com, pelo menos, duas realidades: situação de crise, na qual o Estado não conseguia cumprir a contento os seus deveres constitucionais, mormente pela falta de verbas nas áreas sociais; e procura desesperada por mecanismos inovadores de aporte de eficiência na prestação dos serviços públicos constitucionalmente atribuídos à Administração (DI PIETRO, 2011, p. 28-29).

No bojo do chamado Estado Econômico-Social ou Estado Providência, a Administração Pública dos anos 80/90[4] também vivenciava altos índices de corrupção que, em maior ou

---

[1] Procurador do Estado de São Paulo. Mestrando em Direito do Estado pela Faculdade de Direito da Universidade de São Paulo – FDUSP.

[2] Moreira Neto (2008, p. 103) coloca a eficiência como um dos quatro paradigmas do direito administrativo pós-moderno, traduzindo-a como uma "qualidade essencial da boa governança", uma eficiência socioeconômica consistente em produzir bens e serviços de melhor qualidade, o mais rápido e na maior quantidade possíveis e com os menores custos para a sociedade.

[3] MEDAUAR (2003, p. 132) explica que, muito embora tenha adquirido força somente nos anos 90 em grande parte da Europa e América do Sul, esta Reforma Administrativa teve início já na década de 80 em alguns países, a exemplo dos Estados Unidos (Era Reagan) e da Inglaterra (Era Thatcher). Além disso, nos países em desenvolvimento, como é o caso do Brasil, muitas linhas dessa Reforma foram induzidas por organismos internacionais, como o FMI e o Banco Mundial, tendo como eixos iniciais o controle da inflação e a busca de equilíbrios econômicos, com redução do aparelhamento administrativo e controle da despesa pública.

[4] O modelo de Estado dominante no século XX foi o social-burocrático: "social porque buscava garantir direitos sociais e promover o desenvolvimento econômico; burocrático porque o fazia através de um sistema formal/

menor medida – mas não apenas por essa razão –, se potencializavam num ambiente de macrocefalia do aparelho administrativo (TOURINHO, 2010, p. 324).[5]

Destacava-se ainda a captura desse Estado Providência por interesses particulares, a dominar no seio da Administração Pública um corporativismo – além dos problemas advindos do burocratismo, notadamente a ineficiência e o déficit democrático –, pelo qual se defendiam interesses setoriais ou grupais sob a falsa roupagem do interesse público (BRESSER PEREIRA; CUNILL GRAU, 1999, p. 16 e 26). Nada obstante, é de se reconhecer que essa tensão público-corporativa também se faz presente no setor público não estatal,[6] a exemplo da gestão privada de serviços públicos por organizações sociais. A corporativização do processo político, com a monopolização dos canais de expressão e do controle social por grupos de interesses dominantes, é justamente um dos desafios apontados por eles ao fortalecimento do setor público não estatal.

Identificando a concorrência de argumentos financeiros, jurídicos e políticos a favor dessa Reforma Administrativa, Sílvio Luís Ferreira da Rocha (2003, p. 38) adverte que se partia da premissa de que, ao final, seria alcançada uma melhoria da capacidade do Poder Público de atender as demandas sociais, o que, segundo ele, não restou comprovado por nenhuma experiência histórica recente.[7]

---

impessoal baseado na racionalidade instrumental para executar diretamente estas funções sociais e econômicas através da utilização de servidores públicos" (BRESSER-PEREIRA; CUNILL GRAU, 1999, p. 16).

[5] Impende ponderar essa colocação de Tourinho, para se levar em consideração que a retirada do Estado da prestação direta de atividades não importa necessariamente a completa ausência estatal, o qual deve assumir o correspondente papel fomentador e regulador dos diversos setores econômicos e sociais passados à iniciativa privada, o que também demanda estrutura e pessoal no seio da Administração Pública. Nesse sentido, Medauar (2003, p. 250) adverte que essa Reforma Administrativa dos anos 80/90, na verdade, atingiu a relação entre o Poder Público e a sociedade civil, modificando especialmente o modo de exercício das funções públicas pelo Estado, e não exatamente promoveu o enxugamento da máquina administrativa. Em que pese a precisão da advertência dessa douta Professora, a colocação de Tourinho é inolvidável, porquanto a intervenção direta do Estado na prestação de utilidades implica uma acentuada burocratização administrativa, com maior demanda de contingente material, financeiro e de pessoal, elevando, assim, as "oportunidades" de desvios.

[6] No Brasil, a noção de "público não estatal" foi especialmente trabalhada pelo Ex-Ministro da Reforma do Estado Luiz Carlos Gonçalves Bresser-Pereira. Identificando-a com a locução *terceiro setor*, a expressão designaria organizações ou formas de controle públicas porque voltadas ao interesse geral e não estatais por não fazerem parte do aparato do Estado nem se utilizarem de servidores públicos ou agentes políticos tradicionais em sentido orgânico (BRESSER-PEREIRA; CUNILL GRAU, 1999, p. 16). Modesto (2006, p. 5 e 7) também faz referência à expressão *público não estatal*, igualmente a identificando com o terceiro setor, conceituado como "pessoas privadas de fins públicos, sem finalidade lucrativa, constituídas voluntariamente por particulares, auxiliares do Estado na persecução de atividades de conteúdo social relevante" (2006, p. 7). O presente trabalho também empregará as expressões *público não estatal* e *terceiro setor* como sinônimas, dando-lhes o sentido explicitado nesta nota.

[7] Contrapondo essa crítica, interessantes são os argumentos de Bresser-Pereira e Cunill Grau (1999, p. 30-34): reconhecendo que os estudos sobre a maior eficiência da prestação de serviços sociais por entidades sem fins lucrativos não são conclusivos e que carecem de comparações rigorosas quantitativa e qualitativamente, eles afirmam que a principal razão para se recorrer a tais entidades não é porque elas são mais eficientes na oferta de serviços, mas sim porque permitem o desenvolvimento de papéis que nem o Estado nem o mercado podem cumprir: fortalecimento da solidariedade, participação e responsabilidade social na gestão e provisão das ati-

Apontam-se ainda as seguintes ideias de fundo dessa Reforma Administrativa:

a) Administração a serviço do cidadão, significando um novo modelo de relacionar-se com a sociedade; b) transparência; c) Administração eficiente; d) privatização difusa, sob dois aspectos: d1) transferência, ao setor privado, de atribuições públicas com redução do número de órgãos Administração (sic); d2) expansão das práticas inspiradas no direito privado, acarretando, inclusive, técnicas de gestão que priorizam os resultados, o chamado *new public management*, de origem inglesa (MEDAUAR, 2003, p. 132).

Conferindo-lhe uma noção ampla, a doutrina identifica a privatização como um dos pilares dessa Reforma Administrativa, a abranger todas as técnicas que, voltadas à redução da atuação direta do Estado na prestação de utilidades, prestigiem a iniciativa não estatal, a liberdade de competição e os modos privados de gestão das atividades sociais e econômicas (DI PIETRO, 2011, p. 7-8 e 21). Assim sendo, essa privatização *lato sensu* englobaria todos os objetivos da Reforma: privatização em sentido estrito – venda de ativos de empresas estatais ao setor privado, naquilo que se intitula desnacionalização ou desestatização –,[8] desburocratização, fomento e parceria com o setor privado. Este último sentido é o que exatamente nos interessa no presente artigo.

Ainda nas bases dessa reestruturação da Administração Pública, também assumiu força maior o princípio da subsidiariedade,[9] a estabelecer a limitação da intervenção direta do Poder Público na economia e no ambiente social, com preponderância da ação estatal nas ações de fomento e regulação, a fim de se resguardar a liberdade, a autonomia e a dignidade humana. Nessa medida, a subsidiariedade elevaria a sociedade civil a um primeiro plano na estrutura organizacional do Estado, devolvendo-lhe matérias de interesse geral que possam ser eficazmente por ela realizadas, tendo como pressuposto básico para a sua concretização a cidadania ativa (SÍLVIO ROCHA, 2003, p. 19).[10]

---

vidades sociais; e acesso a clientes difíceis de serem alcançados, por meio do ajuste das prestações às características e necessidades de destinatários específicos, com forte aporte à diversidade.

[8] Implementada no Brasil através do Programa Nacional de Privatização (Lei nº 8.031/90), que fora substituído pelo Programa Nacional de Desestatização (Lei nº 9.491/97).

[9] A concepção moderna do princípio ganhou o seu melhor enunciado na Encíclica *Quadragésimo Anno* da Doutrina Social da Igreja (1931), sob a concepção de que seria injusto subtrair aos indivíduos aquilo que eles pudessem realizar pela sua própria iniciativa, já que seria o fim natural da sociedade e da sua ação coadjuvar os seus membros, e não destruí-los ou absorvê-los (SÍLVIO ROCHA, 2003, p. 17).

[10] Interessante discussão é a da legitimidade da opção estatal pela prestação de atividades sociais inteiramente por organizações privadas não estatais. Segundo Sílvio Rocha (2003, p. 21), a Constituição imporia ao Estado a prestação direta de utilidades sociais, pelo que o Poder Público não poderia ficar apenas com o papel de regulador e fomentador dessas atividades. Essa celeuma também permeou os votos dos Ministros Ayres Britto e Luiz Fux na ADI nº 1.923/DF (pendente de julgamento no Supremo Tribunal Federal, estando disponível em: <http://www.stf.jus.br/arquivo/cms/noticiaNoticiaStf/anexo/Voto__ADI1923LF.pdf>), em que o primeiro considerou inconstitucional a total retirada do Estado da prestação direta dos serviços sociais, ao passo que o segundo entendeu que "a Corte Constitucional não pode traduzir forma de engessamento e de cristalização de

Dessa forma, além de favorecer um Estado fortalecido, com suas finanças recuperadas e obedecendo a critérios gerenciais de eficiência, a Reforma Administrativa permitiria a realização de atividades sociais em regime de competitividade por entidades privadas sem fins lucrativos, controladas e financeiramente apoiadas pelo Estado, renovando o sistema político e incorporando a participação cidadã mediante o controle social (BRESSER-PEREIRA; CUNILL GRAU, 1999, p. 17).

É nesse ambiente que se destaca o estreitamento da relação entre o Estado e a sociedade civil, numa acentuada interseção entre o poder político (estatal) e os centros de poder social (sociedade), o que demandaria uma "urgente e necessária rearticulação das relações entre Estado e sociedade" (GUSTAVO JUSTINO DE OLIVEIRA, 2007b, p. 12-13).

Constituiu-se, então, um novo paradigma para a Administração Pública, que deveria deixar de ser eminentemente burocrática – vista como rígida e ineficiente, posto que ensimesmada e voltada para o controle interno – para se tornar gerencial, vale dizer, mais flexível, eficiente e dirigida ao atendimento do cidadão (DI PIETRO, 2011, p. 31-32).

Essa almejada Administração gerencial, muito embora conservasse alguns princípios daqueloutra burocrática – como a admissão pelo mérito, a existência de uma estrutura escalonada de cargos, empregos e funções e a avaliação periódica de desempenho e treinamento sistemático dos agentes públicos –, pretendia limitar a atuação do Estado às funções que lhe são próprias, deixando os chamados serviços públicos sociais não exclusivos, assim como as atividades econômicas *stricto sensu*, aos agentes não estatais, com o consequente robustecimento da atividade regulatória estatal nessas áreas. Ademais, intentava-se flexibilizar procedimentos, através da substituição parcial do controle de meios pelo controle finalístico, a ser desempenhado especialmente concomitantemente e *a posteriori*.

O fato é que a erosão do modelo estatista levou à transformação de uma Administração impositiva e burocratizada noutra consensual e gerencial, substituindo-se o modelo clássico da coerção pelo da colaboração, num sistema de gestão baseado em instrumentos consensuais e negociais (SÍLVIO ROCHA, 2003, p. 20).

Portanto, despontando como uma terceira via à prestação de serviços públicos sociais pelo Estado – por meio do poder coercitivo burocrático, de marca ineficiente e pouco democrática – e pelo mercado – através da competição, com foco no lucro e naturalmente excludente –, a gestão privada de serviços públicos sociais por entidades sem fins lucrativos pretendeu ser mais eficiente, solidária, transparente e socialmente participada, apta a concretizar a cidadania e a conferir à comunidade a responsabilidade direta pelo atendimento das suas próprias demandas sociais.[11]

---

um determinado modelo preconcebido de Estado", pelo que seria legítima a opção política de prestação de utilidades sociais pelas organizações sociais, com a respectiva extinção de órgãos e entidades estatais.

[11] Segundo Bresser-Pereira e Cunill Grau (1999, p. 30): "A noção do público não-estatal contribui para assinalar a importância da sociedade como fonte do poder político, atribuindo-lhe um papel expresso – bem além do voto – na conformação da vontade política, assim como reivindicando suas funções de crítica e controle sobre o Estado e, em geral, sua preocupação pela *res publica*. Mas o tema do público não-estatal também se vincula à

E foi nessa onda reformista de proporção internacional que, no Brasil, em 1995, quando ainda na vigência do Governo do Presidente Fernando Henrique Cardoso, o Ministério da Administração Federal e da Reforma do Estado (MARE), hoje extinto, elaborou o "Plano Diretor da Reforma do Aparelho do Estado".[12] Esse Plano elencava os "serviços não exclusivos"[13] como um dos quatro setores de atuação do Estado, no qual o Poder Público deveria atuar simultaneamente com outras organizações não estatais para fazer prevalecer todos os imperativos da chamada Administração Pública gerencial (DI PIETRO, 2011, p. 33).

Já fazendo alusão a certo "Projeto das Organizações Sociais", o Plano de 1995 visava à "descentralização da prestação de serviços não exclusivos", os quais passariam ao provimento direto pelo terceiro setor mediante financiamento público. Nessa esteira, o Estado brasileiro pretendia se afastar tanto da condição de produtor de bens e serviços – burocratismo –, quanto da de mero regulador dos setores econômicos e sociais – neoliberalismo –, para assumir o fomento estratégico de tais atividades (SÍLVIO ROCHA, 2003, p. 40).

O fato é que as disposições desse Plano Diretor levaram o Governo Brasileiro a editar a Medida Provisória nº 1.591/97 – convertida na Lei Federal nº 9.637/98 –, a qual previu a criação do Programa Nacional de Publicização e instituiu a figura das organizações sociais no nosso ordenamento jurídico federal, conferindo especial disciplina a um dos maiores instrumentos *tendentes* à desburocratização administrativa e gestão privada de serviços públicos:[14] o contrato de gestão.

---

atribuição por parte da sociedade de uma responsabilidade na satisfação de necessidades coletivas, mostrando tampouco neste campo o Estado e o mercado são as únicas opções válidas" (p. 30).

[12] Para além da "Reforma do Aparelho do Estado" – de escopo mais restrito, orientado para a construção de uma Administração Pública mais eficiente e voltada ao cidadão –, o Plano de 1995 objetivava uma "Reforma do Estado", num projeto amplo referente a todas as áreas do governo e ao conjunto da sociedade brasileira. Além disso, esclarece que, embora muitas de suas diretrizes fossem destinadas à Administração Federal – o que não podia ser diferente, por se tratar de plano elaborado pelo Executivo federal –, nada impedia que os Estados e Municípios se valessem das suas propostas, implementando-as em seus territórios. Com efeito, "alguns Estados, antecipando-se ao Governo Federal, acabaram legislando sobre a matéria por meio de leis estaduais, segundo o modelo proposto no Plano Diretor" (DI PIETRO, 2012, p. 565). Justamente, foi esse o caso, por exemplo, dos Estados do Pará (Lei nº 5.980/96) e do Ceará (Lei nº 12.781/97).

[13] Por serviços não exclusivos entendam-se aqueles de titularidade compartilhada entre o Poder Público e entidades não estatais, nos quais os particulares podem atuar independentemente de qualquer outorga da Administração Pública. Consoante Mello (2010, p. 284), a Constituição Federal de 1988 elenca expressamente como serviços não exclusivos a saúde, a educação, a previdência social e a assistência social. Segundo o Autor, "embora a Lei Magna os declarem um 'dever do Estado' [...], afirma, também, ou (a) que são 'livres à iniciativa privada [...], ou (b) expressamente contempla a presença de particulares no setor, independentemente de concessão ou permissão [...], ou (c) pressupõe uma atuação 'complementar' da iniciativa privada [...]".

[14] São também formas de gestão privada de atividades estatais as concessões e permissões de serviços públicos (Lei nº 8.987/95), concessões de obra pública, parcerias público-privadas (Lei nº 11.079/04), contratos de fornecimento de mão de obra, contratos de empreitada de obras e serviços, convênios, consórcios e outros instrumentos congêneres firmados com a iniciativa privada (art. 116, Lei nº 8.666/93) e termos de parceria com organizações da sociedade civil de interesse público (Lei nº 9.790/99).

Nessa mesma toada, a Emenda Constitucional nº 19/98 – conhecida como "Reforma Administrativa" –, dentre outras alterações, conferiu suporte às mudanças que já vinham se verificando na estrutura e funcionamento da Administração Pública brasileira, promovendo a constitucionalização do princípio da eficiência (art. 37, *caput*) e prevendo a disciplina da participação do cidadão na Administração Pública por meio de lei[15] (art. 37, § 3º).

No cenário dessa Reforma Administrativa e observando-se o teor da referida Lei nº 9.637/98, verifica-se que as organizações sociais foram criadas no intuito de substituir o Estado na prestação direta dos serviços públicos sociais não exclusivos, recebendo, por meio do fomento estatal, recursos públicos – humanos, materiais e financeiros – para desempenhar as suas atividades.[16]

Ocorre, entretanto, que essa opção política de retirada do Estado do provimento direto de atividades públicas não deve se traduzir em renúncia aos seus deveres constitucionais. Nesse sentido, o Poder Público jamais pode se furtar à garantia da prestação adequada dos serviços públicos sociais não exclusivos, de modo que, a decidir pelo seu provimento por organizações privadas sem fins lucrativos como as organizações sociais, estas devem contar com o legítimo fomento estatal e um eficiente sistema de controle que assegurem o adequado provimento das utilidades sociais oferecidas. Nessa mesma perspectiva, Paulo Modesto (2006, p. 5) afirma que:

> Não prover diretamente o serviço não quer dizer se tornar irresponsável perante essas necessidades sociais básicas. Não se trata de reduzir o Estado a mero ente regulador. **O Estado apenas regulador é o Estado Mínimo, utopia conservadora insustentável ante as desigualdades das sociedades atuais**. Não é este o Estado que se espera resulte das reformas em curso em todo o mundo. O Estado deve ser regulador e promotor dos serviços sociais básicos e econômicos estratégicos.

---

[15] Implementada pela recentíssima Lei de Acesso à Informação Pública (Lei nº 12.527/12).

[16] O próprio art. 20 da Lei nº 9.637/98 prevê a criação, por meio de decreto, de um tal "Programa Nacional de Publicização – PNP", que fixaria diretrizes e critérios para a qualificação das organizações sociais e garantiria a "absorção de atividades desenvolvidas por entidades e órgãos públicos da União". O atual julgamento da ADI XXX – que se iniciara em 2011 – vem enfrentando longamente a constitucionalidade deste Plano, numa discussão pautada pela possibilidade ou não de o Estado se retirar da prestação direta de atividades sociais para viabilizar o seu provimento apenas por entidades não estatais de caráter público. Ainda não há uma maioria formada a esse respeito, mas os dois votos já existentes tomaram posições diametralmente opostas: o Ministro XXX entendeu legítima tal opção, visto que o dever constitucional do Estado seria o de garantir as utilidades sociais, e não necessariamente de oferecê-las diretamente; enquanto que o Ministro XXX, numa leitura textual da nossa Constituição Federal de 1988 – que, ao tratar da ordem social, refere-se à atuação *complementar* da iniciativa privada, a exemplos dos arts. –, considerou inconstitucional a assunção da prestação global dos serviços públicos sociais por pessoas não integrantes do aparato administrativo. Os doutrinadores pátrios também se dividem a esse respeito, dentre os quais destacamos – e, *permissa venia*, de quem discordamos – Rocha (2006, p. 21), segundo o qual "a atividade administrativa de fomento, enquanto subsidiária, não desonera a Administração de atuar, de modo direto, na prestação de serviços, como os de saúde e os de educação".

2 Do regime jurídico

As organizações sociais são pessoas jurídicas não estatais, sem fins lucrativos, voltadas à prestação de atividades socialmente relevantes que, atendendo a certos requisitos fixados em lei,[17] se habilitam perante a Administração Pública para o recebimento de um título jurídico especial: o título de organização social (DI PIETRO, 2011, p. 268).

Criadas por particulares[18] sob as formas comuns do direito civil – fundações ou associações –, elas não constituem uma nova espécie de pessoa jurídica, tratando-se de entidades privadas comuns que recebem uma qualificação especial do Poder Público, passando a se sujeitar a um plexo de disposições jurídicas especiais, que lhes asseguram vantagens e sujeições incomuns (PAULO MODESTO, 2006, p. 7).

Paulo Modesto (2006, p. 3-4) esclarece que a concessão de títulos jurídicos especiais a entidades do terceiro setor serve a três propósitos pelo menos: certificação – diferenciando-as das demais entidades destituídas dessa especial qualidade jurídica; padronização – uniformizando o tratamento jurídico conferido a pessoas dotadas de características comuns relevantes, evitando, assim, a sua disciplina casuística; e controle jurídico – fixando mecanismos claros e flexíveis de controle das beneficiárias, a poder implicar a suspensão e até o cancelamento do título outorgado em caso de descumprimento das obrigações estabelecidas.

Sílvio Rocha (2006, p. 117-120), por sua vez, ensina que a qualificação de entidades como organizações sociais produz efeitos jurídicos imediatos e mediatos: os primeiros seriam, nos termos do art. 11 da Lei nº 9.637/98, a atribuição automática da qualidade de entidade de interesse social e utilidade pública para todos os efeitos legais;[19] os segun-

---

[17] Nos termos do art. 2º da Lei nº 9.637/98, dentre outros, trata-se de entidades sem fins lucrativos atuantes na área do ensino, pesquisa científica, desenvolvimento tecnológico, proteção e preservação do meio ambiente, cultura e saúde; possuir conselho de administração e diretoria como órgãos de deliberação superior, com participação de representantes do Poder Público e membros da comunidade; e obrigatoriedade de publicação anual dos relatórios financeiros no Diário Oficial da União.

[18] Em que pese o art. 21 da Lei nº 9.637/98 tenha diretamente promovido a esdrúxula extinção do Laboratório Nacional de Luz Sincroton e da Fundação Roquete Pinto, autorizando – ou melhor, determinando – a sua absorção por organizações sociais.

[19] O título de utilidade pública fora criado no plano federal pela Lei nº 91/35 e disciplinado pelo Decreto nº 50.517/61, estando ainda em vigor na atualidade – muito embora em desuso e desprestigiado (MODESTO, 2006, p. 5-7). A sua atribuição era discricionária, não importando qualquer benefício para o seu detentor, salvo a possibilidade de, nos termos do art. 3º desta Lei, a entidade fazer uso exclusivo dos emblemas, flâmulas, bandeiras e distintivos, bem como mencionar o título concedido. Funcionava, portanto, como uma simples honraria a ser ostentada perante a sociedade – muito embora a Lei nº 3.577/59 tenha estabelecido essa certificação como pré-requisito para a isenção da "taxa de contribuição de previdência dos Institutos e Caixas de Aposentadorias e Pensões". Essa inexistência de ônus para a Administração concedente em muito explica a ampla discricionariedade prevista na mencionada Lei, inclusive a inexistência de efetivos mecanismos de controle da atuação dos entes qualificados, que deviam apenas apresentar, anualmente, um relatório circunstanciado dos serviços prestados à coletividade. Observamos, entretanto, que o art. 150, IV, c, da atual Constituição Federal garante, independentemente de qualquer qualificação específica, imunidade de impostos às entidades de assis-

dos, por sua vez, dependeriam da celebração de contrato de gestão entre o Poder Público e as organizações sociais.

O contrato de gestão é o mecanismo que estabelece o vínculo jurídico entre a entidade qualificada como organização social e a Administração Pública, fixando-lhe metas a serem cumpridas em troca de diversas formas de auxílio. Segundo Di Pietro (2011, p. 272), o "contrato de gestão é o instrumento pelo qual se concretiza a parceria e se estabelecem as referidas metas, formas de incentivo e de controle".

Efetivamente, o contrato de gestão com organizações sociais presta-se a um duplo papel: ferramenta de fomento administrativo,[20] legitimando a outorga de benesses pelo Poder Público a tais entidades; mecanismo de controle da atuação das organizações sociais, definindo-lhe um programa de trabalho, metas de desempenho, critérios objetivos de avaliação, obrigações de transparência e prestação de contas e limites e critérios para a despesa com a remuneração e vantagens dos dirigentes e empregados.

Nesse mesmo diapasão, Sílvio Rocha (2006, p. 27-28) adverte que contrato de gestão é o instrumento da atividade estatal de fomento das organizações sociais que, "enquanto atividade administrativa, deve estar submetida ao regime jurídico administrativo, o que, no Brasil, decorre, diretamente, da Constituição Federal". Dessa forma, avulta a importância da construção de um controle claro e participativo da atuação das organizações sociais, que assegure o respeito aos princípios constitucionais da Administração Pública e o atendimento às finalidades públicas justificadoras do fomento estatal.

Com efeito, muito embora as organizações sociais sejam pessoas não estatais de direito privado, não integrantes da Administração Pública em sentido orgânico ou subjetivo, elas se submetem a um regime jurídico privado derrogado por normas de direito público, tanto por manejarem recursos recebidos através de fomento administrativo, quanto por prestarem serviços públicos,[21] atuando como Administração Pública em sentido material ou objetivo.[22]

---

tência social sem fins lucrativos que atendam aos requisitos fixados em lei, quais sejam, os do art. 14 do Código Tributário Nacional – Lei nº 5.172/66.

[20] Sílvio Rocha (2006, p. 46) esclarece que, no Brasil, a atividade de fomento se dá por meio de subvenções, auxílios e contribuições, nos termos da Lei nº 4.320/64 e do Decreto nº 93.872/86, bem como através da celebração de instrumentos jurídicos como o contrato de gestão, o convênio e o termo de parceria. No presente trabalho, obviamente, interessa-nos o contrato de gestão com organizações sociais.

[21] Sem pretender explorar a tormentosa discussão da noção e importância dos serviços públicos em nosso Direito, entendemos que as organizações sociais prestam, sim, serviços públicos, uma vez que identificamos uma "unidade de sentido" entre essas prestações e aquelas econômicas providas por delegatários do Estado. É que ambas se traduzem em utilidades materiais voltadas ao bem-estar da coletividade, submetidas aos deveres de universalização e continuidade. Sobre esse entendimento, consultar Alexandre Aragão (2008, p. 154-164). Apesar de se valer de fundamentos distintos, também Di Pietro (2012, p. 566) reconhece que as organizações sociais irão prestar serviços públicos, e não atividades de natureza privada, identificando que a própria lei, ao menos em relação à saúde, prevê expressamente se tratar de serviço público ao determinar que serão observados os princípios do Sistema Único de Saúde – SUS.

[22] A respeito da noção de Administração Pública em sentido subjetivo e objetivo, consultar Di Pietro (2012, p. 55-59), para quem esse segundo sentido de Administração corresponderia à atividade administrativa, abrangente

Nesse diapasão, é preciso compreender que a identificação do regime jurídico ao qual se submetem as organizações sociais deve buscar compatibilizar a legítima opção política de gestão privada de serviços públicos com os cânones constitucionais inafastáveis do regime jurídico administrativo, conformando uma disciplina mista público-privada da estrutura, organização e funcionamento dessas entidades.

Passemos, então, a examinar as imbricações desses regimes jurídicos à luz das disposições da Lei Federal nº 9.637/98.

No que concerne à sua estrutura e organização, conquanto sejam pessoas jurídicas privadas, sem fins lucrativos, constituídas por particulares sob qualquer forma do direito civil – associação ou fundação –, não integrando a Administração Pública em sentido orgânico ou subjetivo, as organizações sociais devem observar as limitações impostas pela Lei nº 9.637/98 para receberem essa qualificação especial e poderem celebrar contrato de gestão com o Poder Público.

Nomeadamente, elas devem possuir, como órgãos de deliberação superior, nos termos dos arts. 2º, I, *d*, e 3º, da mencionada lei, um conselho de administração e uma diretoria, os quais devem ter, em sua composição, representantes natos do Poder Público e da sociedade civil, com vistas a viabilizar a participação e o controle interno, estatal e social.

Causa-nos estranheza essa previsão de agentes estatais na composição dos órgãos diretivos das organizações sociais. Salta aos olhos a pouca aderência de tal previsão legal à realidade da máquina administrativa brasileira, que, evidentemente, não dispõe de pessoal suficiente para atender a tal exigência. E pior: essa regra não atende às pretensões de enxugamento da máquina estatal, uma vez que, ao contrário, mantém ou até incrementa o número de agentes públicos necessários à realização das funções administrativas, os quais simplesmente estarão dispersos em inúmeras entidades privadas, potencializando a frouxidão do acompanhamento do desempenho de tais servidores. Com efeito, consideramos que melhor seria a construção de órgãos reguladores para os diversos segmentos sociais, que centralizassem e conferissem técnica e coerência ao controle das organizações sociais, otimizando os custos públicos com a sua fiscalização.

Em relação ao seu funcionamento, impende, primeiramente, destacar as restrições opostas à própria atribuição do título especial de organização social e à celebração de contratos de gestão com as entidades já assim qualificadas.

Quanto à outorga da certificação de organização social, conquanto a mencionada lei federal possa levar a equívocos entre os requisitos desta e aqueles da celebração do contrato de gestão, deve-se compreender que a conferência do título de organização social prescinde de qualquer exigência formal exagerada, apresentando-se bastante a comprovação de que se trata de pessoa jurídica sem fins lucrativos, voltada a uma das finalidades sociais

---

do fomento, polícia administrativa, serviço público e intervenção. Essa autora também comenta a inclusão feita por alguns autores da regulação, que para ela, entretanto, seria uma parcela de todas as funções administrativas referidas. Ainda segundo a douta Professora, nessas funções administrativas, também estariam presentes a função normativa e a de controle.

constantes da lei;[23] afinal, nos termos do art. 11, a titulação possui como efeitos imediatos apenas a atribuição da certificação de entidade de interesse social e utilidade pública.

Em relação à celebração do contrato de gestão com organizações sociais em si, não obstante o silêncio legal, é de se exigir a comprovação de patrimônio e recursos próprios – materiais, financeiros e de pessoal especializado –, [24] de *expertise*, experiência e idoneidade na prestação das respectivas atividades sociais e de regularidade fiscal e trabalhista da organização social pretendente, a serem valorados num procedimento objetivo e impessoal de seleção.

Essas exigências decorrem do fato de as organizações sociais que celebram contrato de gestão com o Poder Público estarem, nos termos dos arts. 12 a 14 da lei federal, e na medida do avençado naquele instrumento jurídico, habilitadas a receberem recursos orçamentários, fazerem uso especial de bens públicos e se valerem de servidores estatais, com ônus para a origem, na concretização das suas finalidades institucionais. Dessa forma, a inelutável submissão da gestão de recursos públicos – financeiros, materiais e humanos – aos princípios administrativos, especialmente a economicidade, eficiência e moralidade, exige do ente estatal a seleção de organizações sociais idôneas à prestação adequada – leia-se, eficiente e proba – das atividades sociais objeto do contrato de gestão.

No que pertine à exigência de certame público objetivo e impessoal para a seleção de organizações sociais, sucede que, conquanto o contrato de gestão com organizações sociais não possua natureza de contrato bilateral e sinalagmático, em que as partes possuem obrigações recíprocas e interesses antagônicos, não se enquadrando, assim, na dicção do art. 37, XXI, da Constituição Federal de 1988, tal celebração é naturalmente excludente, visto que implica a transferência, para a organização social beneficiada, de recursos públicos – naturalmente escassos –, não disponíveis a todos aqueles que pretendam empreender atividades sociais com financiamento estatal. Os princípios da isonomia e da impessoalidade devem ser respeitados. Trata-se de fomento estatal,[25] que, enquanto atividade administrativa, deve submeter-se aos princípios que regem o atuar da Administração.

Essa solução está em perfeita consonância com o sustentado no Anteprojeto de Reforma da Administração Pública Brasileira,[26] o qual, preferindo referir-se a "contratos

---

[23] Todavia, respeitando a premissa de que as organizações sociais prestam serviços públicos, é de se reconhecer o dever estatal de exercer o seu poder regulatório sobre a atuação das entidades qualificadas, assegurando a perseguição dos objetivos de universalidade e continuidade no provimento das respectivas utilidades sociais.

[24] Sílvio Rocha (2006, p. 36) ressalta o princípio setorial [da atividade de fomento] da repartição dos riscos ou do risco compartilhado, o qual exige do beneficiário o aporte de recursos próprios. Consoante Tourinho (2010, p. 326), tal princípio possui suporte no art. 16 da Lei nº 4.320/64, segundo o qual as subvenções sociais funcionam como "suplementação de recursos de origem privada", pelo que "não se pode pensar na realização de filantropia com utilização apenas de recursos públicos".

[25] Segundo Rocha (2006, p. 24), fomento é a "atividade administrativa que se destina a satisfazer indiretamente certas necessidades consideradas de caráter público, protegendo ou promovendo as atividades dos particulares, sem empregar coação".

[26] Trata-se do Anteprojeto de Lei Orgânica da Administração Pública Federal, elaborado por uma comissão de juristas especialmente convidada pelo Ex-Ministro do Planejamento Paulo Bernardo, voltado à consolidação do

de colaboração" para designar todos os ajustes destinados ao fomento de atividade de relevância pública – contratos de gestão, termos de parceria, convênios ou outros instrumentos congêneres –, prevê a necessidade de realização daquilo que se decidiu intitular "chamamento público", como um certame voltado a "coibir escolhas feitas sem qualquer critério objetivo e sem observância do princípio da isonomia entre os possíveis interessados" (DI PIETRO, 2010a, p. 255).

Nessa mesma direção se alinhou a maioria do Supremo Tribunal Federal no julgamento da Medida Cautelar em Ação Direta de Inconstitucionalidade nº 1.923-5/DF, que se dera em 1º-8-2007.[27] Ressalte-se que o Supremo também parece caminhar nesse sentido em 2011, quando se iniciou o julgamento definitivo dessa Ação Direta de Inconstitucionalidade, já se contando com os votos dos Ministros Ayres Britto e Luiz Fux, que consideraram indispensável a observância dos princípios constitucionais administrativos na seleção das entidades privadas a serem qualificadas como organizações sociais, notadamente os da isonomia, impessoalidade, moralidade, publicidade, motivação e eficiência, a exigirem um procedimento impessoal, público e objetivo. Nesse sentido, parece-nos inconstitucional a previsão do art. 2º, II, da Lei nº 9.637/98, pelo qual a qualificação como organização social – e, consequentemente, a celebração do contrato de gestão – dependeria de decisão discricionária da Administração Pública.[28]

Nada obstante, não nos enganemos: não se cuida da imposição de realização de processos formais licitatórios para a seleção das organizações sociais aptas a celebrar contrato de gestão. Muito menos quer dizer submissão às tensas regras da Lei nº 8.666/93. De fato, não é disso que se está a falar. Os contratos de gestão são instrumentos de fomento estatal, não se encartando na dicção do inciso XXI do art. 37 da Constituição Federal, pelo que descabe falar em licitação pública propriamente dita.

A exigência de chamamento público – procedimento objetivo de seleção –, diversamente, vem atender aos imperativos de isonomia, impessoalidade e eficiência na atuação da Administração Pública, que não pode agir com favoritismos ou perseguições, devendo, *in casu*, levar em conta que a celebração de contratos de gestão com organizações sociais naturalmente exclui a pretensão de outras entidades, uma vez que importa a transferência de recursos públicos dramaticamente finitos, pelo que se deve selecionar a pretendente mais idônea ao provimento eficiente do serviço público social em questão.

Observe-se, inclusive, que o chamamento público (ou concurso de projetos) foi exatamente o estabelecido pelo recente Decreto nº 7.568/11 para a celebração de termos de parceria com as Organizações da Sociedade Civil de Interesse Público – OSCIPs (Lei nº

---

novo desenho institucional emergente na Administração Pública brasileira, a servir de referência sistematizada e coerente para projetos de lei sobre a matéria. Para um maior conhecimento acerca desse brilhante trabalho, consultar: MODESTO, Paulo (Coord.). *Nova organização administrativa brasileira*. 2. ed. rev. e ampl. Belo Horizonte: Fórum, 2010.

[27] Para um maior entendimento do presente julgado, consultar: Gustavo Justino de Oliveira (2007a, p. 177-210).

[28] Assim também restou decidido pelos Ministros Ayres Britto e Luiz Fux na referida ADI 1.923/DF, que ainda pende de julgamento.

9.790/99) e para o estabelecimento de convênios e contratos de repasse com entidades privadas sem fins lucrativos em geral.

Finalmente, passemos à análise do regime jurídico de execução do contrato de gestão.

Enquanto entidades não estatais, não integrantes da Administração Pública em sentido formal, portanto, as organizações sociais prestarão os seus serviços predominantemente sob as regras do direito privado: seus empregados serão contratados independentemente de concurso público e se sujeitarão ao regime celetista, não se incluindo os respectivos gastos, em princípio, nos limites de despesas com pessoal;[29] seus pagamentos e operações financeiras em geral não estarão atrelados às normas publicísticas do direito financeiro, não devendo observar a Lei de Responsabilidade Fiscal – Lei Complementar nº 101/00 – e a Lei federal nº 4.320/64 (que estabelece normas de direito financeiro); e as suas contratações prescindirão de procedimentos licitatório rígidos, não havendo que se falar em submissão à Lei nº 8.666/93.

Apesar disso, a execução dos contratos de gestão sofrerá a incidência de princípios publicísticos.

A uma, pela natureza de serviço público das atividades prestadas, as organizações sociais e o Poder Público deverão observar os objetivos de continuidade, universalidade e igualdade dos usuários:

- Pelo primeiro, estão obrigados a garantir a prestação das respectivas utilidades sociais, de modo que o Estado não poderá, por exemplo, simplesmente resolver por não mais fomentar determinada organização social, devendo justificar eventual não prorrogação do contrato de gestão e expor as medidas a serem adotadas para assegurar a manutenção do provimento dos respectivos serviços públicos sociais; da mesma forma, as organizações sociais fomentadas deverão motivar o seu interesse em não mais prestar os serviços objeto do contrato de gestão, devendo ainda colaborar com o Poder Público na amenização dos efeitos negativos da interrupção das suas atividades; como já se assentou *retro*, o provimento de serviços públicos sociais por organizações sociais atribui a ela a responsabilidade pela garantia dessas prestações;

- À luz do segundo princípio – o da universalidade –, o Estado e as organizações sociais devem buscar atender, com qualidade, o maior contingente possível de pessoas, respeitando-se, obviamente, os campos de atuação de cada entidade

---

[29] A dificuldade da Administração Pública em contratar mais agentes públicos para expandir o volume e a qualidade da prestação dos serviços sociais ante os limites de despesa com pessoal impostos pela Constituição (art. 169) e pela LC nº 101/00 (arts. 18-20) é uma das principais razões para o fomento das organizações sociais no Brasil. Essa via teria ainda o condão de livrar o Estado da obrigação de arcar com o sistema previdenciário dos agentes incumbidos nessa prestação, que estariam vinculados, como qualquer empregado da iniciativa privada, ao Regime Geral de Previdência Social (art. 201 da Constituição Federal). Entendemos que os valores pagos aos empregados das organizações sociais serão contabilizados como despesa de pessoal da Administração Pública, entretanto, se forem custeados diretamente com os repasses de dinheiro público.

– *verbi gratia*, organização social de apoio a deficientes físicos; de promoção da cultura negra etc.;

- Finalmente, consoante o terceiro – o princípio da isonomia –, as organizações sociais devem proceder sem discriminações e privilégios desarrazoados, prestando os seus serviços a todos aqueles que, enquadrando-se no seu público alvo, deles necessitem.

A duas, tendo em vista que a Administração Pública desempenha atividade administrativa de fomento, conferindo benefícios econômicos (recursos financeiros, materiais e humanos) e jurídicos (como a dispensa de licitação para contratar com a Administração Pública, nos termos do art. 24, XXIV, da Lei nº 8.666/93), as organizações sociais que com ela celebrarem contrato de gestão estarão sujeitas também a uma série de restrições que recairão sobre a execução das atividades sociais *contratadas*:

- A entidade deverá formalizar e garantir a constante disponibilidade de uma contabilidade clara e sistematizada dos seus gastos, de modo a permitir o controle concomitante e *a posteriori* pelos seus órgãos internos (arts. 2º, I, *f*; 4º, IX e X; e 8º a 10º, todos da Lei nº 9.637/98) e pelo Legislativo e Tribunal de Contas (arts. 70 e 71 da Constituição Federal), com relatórios circunstanciados de entrada e saída de recursos por categoria, evidenciando as metas pretendidas e os resultados efetivamente alcançados. É fundamental que a prestação de contas não se baseie em extensos relatórios meramente formais e incapazes de demonstrar objetivamente os objetivos concretizados pela entidade. Esse tipo de controle formalista e burocrático apenas onera sobremaneira o controlado e o controlador, inviabilizando o acompanhamento efetivo das atividades fiscalizadas;

- O manejo dos recursos públicos repassados deverá obedecer aos princípios da impessoalidade, isonomia, eficiência, economicidade e moralidade, pelo que a organização social beneficiária deverá contratar os serviços e produtos indispensáveis à realização de suas atividades sempre através de certame público e objetivo simplificado, observando os preços praticados no mercado, não podendo proceder com favoritismos no dispêndio das verbas repassadas;[30]

- Os salários dos seus funcionários não poderão ultrapassar os valores ordinariamente pagos pela iniciativa privada econômica em geral, ainda que os

---

[30] O art. 11 do Decreto nº 6.170/2007 determina, genericamente, que "a aquisição de produtos e a contratação de serviços com recursos da União transferidos a entidades privadas sem fins lucrativos deverão observar os princípios da impessoalidade, moralidade e economicidade, sendo necessária, no mínimo, a realização de cotação prévia de preços no mercado antes da celebração do contrato". O Tribunal de Contas da União também entende nesse sentido, proferindo decisões reiteradas no sentido de ser obrigatório o caráter competitivo das aquisições de bens e serviços pelas entidades do Terceiro Setor que recebem recursos da União, afirmando a inidoneidade dos chamados "convites simplificados" como instrumento legítimo de concorrência. Nesse sentido, consultar o Processo nº 3.395/2010-3.

respectivos recursos não provenham diretamente dos repasses oficiais. Admitir pagamentos ilimitados quando utilizado dinheiro da própria entidade poderia viabilizar a seguinte fraude: através de subsídios cruzados internos, a organização poderia custear todas as outras despesas com os recursos públicos repassados e empregar as suas próprias rendas no pagamento de salários excessivos a seus apadrinhados;

- A entidade deve ser obrigada a oferecer determinado percentual de serviços de forma gratuita, a fim de se buscar a universalização da oferta das utilidades sociais;
- É vedada a distribuição de eventuais lucros entre os integrantes da entidade, devendo os mesmos ser integralmente aplicados nos fins sociais empreendidos de modo a expandir e melhorar a sua qualidade (art. 2º, *h*, Lei nº 9.637/98);
- Em caso de extinção ou desqualificação da entidade, os recursos repassados devem, obrigatoriamente, ser incorporados integralmente para organização social de atividades que exerça atividades afins (art. 2º, *i*, da Lei nº 9.637/98);
- As organizações sociais respondem objetivamente pelos danos que os seus agentes, nessa qualidade, causarem a terceiros, aplicando-se-lhes o art. 37, § 6º, da Constituição Federal. É que, embora pessoas jurídicas de direito privado não estatais, elas prestam serviços públicos, encaixando-se na dicção do referido preceptivo constitucional. É o entendimento também adotado por Maria Sylvia Zanella Di Pietro (2010b, p. 838).

É importante registrar que os arts. 75, 80 e 81 do mencionado Anteprojeto de Reforma Administrativa congregam grande parte dessas limitações de ordem pública à execução do contrato de gestão com organizações sociais, trazendo ainda outras tantas restrições atinentes ao objeto desse instrumento jurídico, a fim de evitar, por exemplo, que contratos de empreitada e de fornecimento de mão de obra sejam mascarados sob o rótulo de contratos de gestão, com burla às normas sobre licitações e concursos públicos (DI PIETRO, 2010a, p. 253).

Em suma, para que as organizações sociais atendam adequadamente aos princípios constitucionais que regem a gestão do patrimônio público, seria necessário no mínimo: licitação para a escolha dessas entidades; comprovação de que a entidade já existe com sede, patrimônio e capital próprios; demonstração de qualificação técnica e idoneidade financeira; submissão aos princípios licitatórios na execução de suas atividades; imposição de limitações salariais quando dependam dos recursos públicos para pagar seus empregados; e prestação de garantia (DI PIETRO, 2011, p. 270-271).

3 Do controle

Um adequado e eficiente sistema de controle é pressuposto para uma boa administração, dependendo de instrumentos voltados aos objetivos de, num ambiente de transparência e participação social, avaliar o desempenho institucional, incentivar uma gestão de qualidade dos serviços prestados e prevenir e combater a corrupção (MARQUES NETO, 2010, p. 200).

Profundamente relacionada com as noções de transparência e publicidade, a inserção da noção de responsividade ou *accountability* na Administração Pública apresenta-se, em sua origem, como um imperativo da própria democracia representativa,[31] segundo a qual os mandatários políticos não dispõem da coisa pública segundo os seus desígnios pessoais, mas, ao revés, gerenciam, por meio de um aparato administrativo complexo, um patrimônio coletivo de titularidade do povo, a quem devem prestar contas. Nesse sentido, Marques Neto (2010, p. 204) anota que "a ideia de controle da Administração Pública é então intrínseca a essa necessidade de proteger os delegatórios do poder estatal contra o risco do seu exercício arbitrário".

Odete Medauar (2012, p. 15 e 65) leciona que os estudos mais clássicos acerca do controle da Administração Pública centravam-se na verificação da legalidade, a partir da conferência dos meios empregados à luz das disposições imperativas ou autorizativas do ordenamento jurídico. Segundo a autora, esses moldes clássicos também ressaltavam o controle de mérito, examinando-se a conformação não com uma norma determinada, mas com princípios gerais disciplinadores da boa administração, assim como destacavam o controle contábil-financeiro. Apenas posteriormente teriam surgido preocupações com outros tipos de controle, a exemplo do de eficiência – que fora trazido ao direito brasileiro pelo saudoso Caio Tácito – e de gestão – no qual se verificam os resultados da gestão. Seguindo a linha adotada pela autora, entendemos que os controles de eficiência e de gestão compõem o chamado *controle da boa administração*, um dos cânones da examinada Reforma Administrativa.[32]

A ampliação do espaço público para além dos limites do aparato estatal, com funções administrativas sendo prestadas por entidades privadas, requer a criação de novas modalidades de controle e o aprimoramento das já existentes. Avaliando a atuação desse público não estatal, Bresser-Pereira (1997) observa a imprescindibilidade da combinação de modalidades variadas de controle para o sucesso da aludida Reforma Administrativa, com preferência para as formas mais difusas (mercado), mais democráticas (controle social e sistema representativo) e mais eficientes (controle gerencial de resultados), conquanto não se abandone o controle burocrático de procedimentos.

---

[31] Diogo de Figueiredo Moreira Neto (2006, p. 280) explica que o princípio da responsabilidade significa o dever de responder pela ilegalidade, do qual deriva o dever de prestar contas. Segundo ele, teria os seus efeitos ampliados com o princípio da responsividade, que iria além da legalidade estrita, posto que voltado ao respeito ao princípio democrático, da legitimidade. Nesse sentido, conclui que "a responsividade está para o *Estado Democrático*, assim como a responsabilidade está para o *Estado de Direito*", compondo a noção integrada de Estado Democrático de Direito.

[32] Quanto ao método, o controle da Administração Pública se classifica em controle dos meios e dos objetivos. Também chamado de controle formal, o primeiro consistiria na verificação dos procedimentos e requisitos previstos em lei como condição para a prática de um ato; o segundo seria um controle material, voltado à aferição dos resultados de um ato ou ação administrativa (MARQUES NETO, 2010, p. 212).

Com efeito, todos esses mecanismos devem ser empregados complementarmente – inclusive ocorrendo os problemas decorrentes da superposição dos instrumentos de controle –, em especial através da institucionalização democrática das instâncias de decisão e regulação, com destaque para o controle social.

O grande desafio que se apresenta com relação ao controle das organizações sociais decorre da imbricação do público e do privado: visa-se a compatibilização dos objetivos de maior eficiência e dinamicidade da gestão privada de serviços públicos – que, como visto, fundamentou toda a Reforma Administrativa dos anos 90 – com os princípios inafastáveis da supremacia e indisponibilidade do interesse público, dos quais o Estado não pode se desvencilhar mesmo quando *opte* pela prestação indireta das suas incumbências constitucionais.

Como uma das regras básicas da Administração gerencial, destaca-se a substituição *parcial* do controle de meios pelo controle de resultados. Nessa medida, todo o esquema fiscalizatório das organizações sociais deve ter como premissa a consecução das suas finalidades de interesse público, a partir da noção de que o controle não é um fim em si mesmo, mas um instrumento para o aperfeiçoamento da Administração e para a busca da eficiência e efetividade (MARQUES NETO, 2010, p. 207). Ao mesmo tempo, o controle de procedimentos não pode ser menosprezado, porquanto garante a racionalização da atividade administrativa, otimizando a gestão do patrimônio público conforme os princípios da economicidade e probidade, coibindo desvios e reforçando a segurança jurídica (MARQUES NETO, 2010, p. 206 e 212).[33]

Num sentido prático que conjuga essas modalidades de controle, a Administração Pública deve, ao mesmo tempo em que verifica o preenchimento dos requisitos formais da atuação da organização social – por exemplo, a realização de certame público, objetivo e impessoal para contratações em geral –, traçar, em conjunto com a entidade, metas de curto, médio e longo prazo – que devem ser revistas periodicamente, mormente diante de mudanças políticas, econômicas e sociais. Nesse contexto, deve proceder à conferência sistemática do atendimento dos resultados parciais – seja através de relatórios, seja por meio de auditorias espontâneas ou provocadas –, punindo as irregularidades verificadas – com suspensão dos repasses, penalização dos sujeitos responsáveis e até mesmo o rompimento do contrato de gestão – e fixando a concretização dos objetivos estabelecidos como o requisito básico à manutenção da parceria.

O controle formal e material das organizações sociais deve ainda ser prévio ou *ex ante*, concomitante e posterior ou *ex post*.

---

[33] Muito embora reconheça a complementaridade e importância dos controles formais e materiais, Marques Neto (2010, p. 212) é muito preciso ao destacar a preponderância que se deve conferir ao segundo, afirmando que "o que se destaca no contraponto com o controle formal é que este tende a manter os órgãos de controle numa zona de conforto e favorecer a falha de responsividade".

Firmado com base no consensualismo,[34] o contrato de gestão destaca-se como fundamental instrumento desse controle prévio, definindo as atribuições, responsabilidades e obrigações do Poder Público e da entidade *contratada* (art. 6º da Lei nº 9.637/98). Especificando o programa de trabalho a ser desenvolvido, o contrato de gestão irá traçar os objetivos a serem atingidos e os respectivos prazos de execução, estabelecendo os critérios objetivos de avaliação de desempenho (art. 7º da Lei nº 9.637/98). Entendemos que nada impede – e é até mesmo salutar em certas hipóteses – que, no âmbito desse instrumento consensual de parceria, seja estabelecida a necessidade de autorização prévia da Administração Pública parceira para a prática de certos atos pela organização social, como para atos de alienação de imóveis ou transferência parcial das atividades fomentadas para outras entidades.[35] Esse controle *ex ante* não pode ser desconsiderado, ainda que não deva ser de tal modo robusto ao ponto de engessar a atuação das organizações sociais, que, como já salientado, pretendem atender ao imperativo de eficiência na prestação dos serviços públicos sociais.

Ainda, o controle de meios e de resultados deve ser concomitante, de modo que as atividades das organizações sociais sejam acompanhadas em tempo real durante a execução do contrato de gestão pelo Poder Público e pela sociedade, através da sistemática disponibilização – inclusive pela rede mundial de computadores – de relatórios de execução e de comparação das metas propostas e dos resultados alcançados. A fiscalização contínua da legalidade, economicidade, moralidade e impessoalidade da conduta das entidades parceiras, assim como do atendimento das metas parciais fixadas no contrato de gestão – feita por comissão especialmente designada pelo Poder Público, nos termos do art. 8º, §§ 2º e 3º, da Lei nº 9.637/98 –, tem o condão de evitar a chamada "atuação do médico legista", tão comum em nossa praxe administrativa, em que os órgãos de controle são chamados para examinar o defunto, somente quando os danos foram causados e se apresentam, na maioria das vezes, irreparáveis.

Por fim, o controle das organizações sociais deve também ser exercido *a posteriori*, entendendo-se como marco temporal o termo final do contrato de gestão celebrado – que terá sempre prazo determinado. A renovação da parceria deve estar condicionada ao satisfatório atendimento dos objetivos parciais e totais previamente estabelecidos, assim como ao respeito aos prazos de execução e às formalidades requeridas pela lei e princípios administrativos.

O controle das organizações sociais será tanto interno quanto externo.

O primeiro será exercido pelos órgãos superiores da própria entidade, que, nos termos do art. 3º da Lei nº 9.637/98, contarão com membros natos representantes do Poder

---

[34] Marques Neto (2008, p. 118) ressalta que "a consensualidade, por certo, não estará destinada a substituir as formas tradicionais de ação imperativa do Estado, mas, sem dúvidas, já representa uma mudança substancial em inúmeras formas de sua atuação, concorrendo para a redução do arbítrio e da conflitualidade [...]".

[35] Esta atuação chanceladora deve se restringir ao extremamente necessário, àquilo potencialmente causador de desvios e prejuízos à prestação dos serviços sociais fomentados, de modo a não comprometer a celeridade e fluidez da atuação das organizações sociais, nem a substituir a atuação do gestor pela do controlador.

Público e da sociedade civil. Segundo o art. 9º dessa mesma lei, os responsáveis pela fiscalização e execução do contrato de gestão que não informarem ao Tribunal de Contas irregularidades na aplicação dos recursos públicos repassados que forem de seu conhecimento responderão solidariamente pela ilegalidade.

O segundo será feito pelas instâncias administrativas responsáveis pelo contrato de gestão, as quais, ao término de cada exercício ou a qualquer momento, conforme recomende o interesse público, receberão relatórios de execução, cabendo-lhes requerer ao Ministério Público, à Advocacia Pública e à Procuradoria da própria organização social a indisponibilidade de bens da entidade ou o sequestro de bens dos envolvidos quando verificar indícios de malversação dos bens e recursos de origem pública (art. 8º, § 1º, c/c art. 10, da Lei nº 9.637/98). Também será exercido pelo Legislativo, que, nos termos dos arts. 70 e 71 da Constituição Federal, contará com a assistência do Tribunal de Contas na fiscalização contábil e financeira da entidade. Ademais, a organização social estará submetida ao controle pelo Ministério Público, a quem cabe, consoante o art. 129 da Constituição Federal, zelar pelos serviços de relevância pública e direitos assegurados na Constituição – justamente como é o caso dos serviços e direitos sociais –, promover o inquérito civil e tomar compromisso tanto da Administração Pública responsável pelo contrato de gestão quanto da organização social parceira. Haverá, ainda, o controle judicial das organizações sociais quanto à legalidade e legitimidade da sua atuação, atuando sempre que for provocado. Por fim, destaca-se o controle externo exercido pela sociedade, ao qual dedicaremos as linhas que seguem.

A estrutura e o funcionamento das organizações sociais devem ser permeáveis ao controle social.

Segundo Diogo de Figueiredo Moreira Neto (2008, p. 104), a eficiência que se busca no Estado pós-moderno não é a que dependa apenas da ação estatal, mas que se traduza numa eficiência solidária, proporcionada pelo concurso de sociedades livres integradas pela democracia material. Nesse sentido, a renovação do protagonismo dos cidadãos na determinação e atendimento das suas necessidades vitais concretiza-se não apenas no provimento em si de utilidades materiais por organizações não governamentais, mas, especialmente, pelo controle efetivo que toda a sociedade deve exercer sobre as funções estatais, nas quais se inclui a prestação de serviços públicos sociais por pessoas não estatais.

O controle social das organizações sociais somente pode ser efetivamente exercido num ambiente de transparência administrativa,[36] a qual pressupõe uma qualificada oferta de informações, tanto espontânea quanto provocada. Nesse palmar, as organizações sociais, bem como os respectivos órgãos e entidades da Administração Pública envolvidos, devem brindar a sociedade com relatórios de execução elaborados em linguagem acessí-

---

[36] O princípio da transparência administrativa – ou simplesmente princípio da publicidade – é corolário do Estado de Direito e da democracia participativa, funcionando como condição indispensável da sindicabilidade da legalidade, legitimidade e moralidade da ação administrativa (MOREIRA NETO, 2006, p. 278 e 281). Estende-se, segundo pensamos, às entidades não estatais que desempenham funções administrativas, como é o caso das organizações sociais, que prestam serviços públicos sociais através de fomento estatal.

vel e disponibilizados sistematicamente em diversos meios de divulgação, inclusive pela Internet. É fundamental, ainda, que existam canais de comunicação efetivamente abertos à comunidade, os quais possam receber e responder a reclamações e pedidos de informações formulados, funcionando como um *ombudsman* sempre à disposição da sociedade.[37]

Por fim, nesse contexto de uma Administração Pública difusa, com funções administrativas sendo desempenhadas por diversos núcleos de decisão e execução, inclusive fora da estrutura formal do Estado, entendemos que o controle das organizações sociais somente será desempenhado com qualidade através da construção de agências reguladoras nos variados setores sociais, munindo a Administração Pública formal de um corpo técnico especializado, homogêneo e coerente de agentes públicos com poder administrativo, normativo e sancionatório, encarregados de celebrar os contratos de gestão, definir normas gerais básicas sobre a prestação dos serviços e acompanhar a execução das parcerias celebradas, apurando as irregularidades verificadas e punindo administrativamente os responsáveis.

4 Das conclusões

Como um dos instrumentos da Reforma Administrativa iniciada no Brasil fundamentalmente a partir dos anos 90, as organizações sociais nasceram para atender aos imperativos de eficiência e participação social na Administração Pública, ante uma realidade de falência financeira do Estado, baixa qualidade da prestação de serviços públicos sociais, déficit democrático e elevados níveis de corrupção na Administração Pública.

No contexto de uma Administração Pública gerencial, voltada para a flexibilização dos procedimentos, eficiência no exercício das funções administrativas e controle pelos resultados, as organizações sociais foram introduzidas em nosso sistema jurídico federal pela Medida Provisória nº 1.591/97 – convertida na Lei nº 9.637/98 – para a prestação dos chamados "serviços sociais não exclusivos" do Estado, tendo como base o "Plano Diretor da Reforma do Aparelho do Estado", o qual fora elaborado pelo extinto Ministério da Administração Federal e da Reforma do Estado (MARE) em 1995.

As organizações sociais são pessoas jurídicas de direito privado, sem fins lucrativos, criadas pela iniciativa privada sob as formas comuns do direito civil, as quais, atendendo aos requisitos fixados em lei, recebem uma qualificação especial habilitante para a celebração de contrato de gestão com o Poder Público, de modo a poderem receber fomento administrativo para a prestação de serviços públicos sociais, sujeitando-se, em contrapartida, a restrições advindas do regime jurídico administrativo.

Elas integram aquilo que se resolveu intitular "setor público não estatal", dado que, embora pessoas jurídicas de direito privado localizadas fora da Administração Pública em sentido formal ou subjetivo, prestam serviços públicos de natureza social mediante fomento e controle do Estado.

Tendo natureza de ente público-estatal, as organizações sociais são regidas pelo direito privado derrogado por normas publicísticas disciplinadoras da Administração Pública.

---

[37] Sobre o controle administrativo pelo *ombudsman*, consultar Medauar (2012, p. 148-163).

Essa incidência dos princípios norteadores do atuar administrativo decorre tanto do fato de prestarem serviços públicos quanto do fato de receberem recursos de origem pública para a prestação das suas atividades. Assim sendo, devem observar especialmente os princípios administrativos da legalidade, impessoalidade, moralidade, eficiência e publicidade.

Nessa perspectiva, destaca-se o controle administrativo como um dos pressupostos de uma boa Administração Pública, a pressupor estruturas transparentes e responsivas, viabilizadoras da verificação da legalidade, legitimidade e eficiência da prestação das funções administrativas.

Na esteira de uma Administração Pública gerencial, o controle formal é parcialmente substituído pelo controle material, de modo que, sem descurar completamente do atendimento à legalidade e à economicidade, as instâncias de controle passam a se preocupar mais com o atendimento das metas estabelecidas, num controle de gestão voltado à concretização das políticas públicas previamente traçadas.

Ainda, numa realidade em que as funções administrativas são desempenhadas por entidades não estatais, a exemplo da prestação de serviços públicos por organizações sociais, o sistema de controle necessita ser aprimorado, para enfrentar os desafios de uma Administração Pública policêntrica, difusa, por meio de formas de controle que levem em conta esse novo papel assumido pelo Estado, qual seja, o de fomentador e regulador das atividades sociais desenvolvidas pela própria comunidade.

O protagonismo assumido pela sociedade na Reforma Administrativa do Estado não se restringe ao provimento das utilidades materiais por entidades não estatais, mas, notadamente, pela construção de uma Administração Pública menos refratária à participação dos cidadãos, transparente e submetida ao controle social, concretizadora de um verdadeiro Estado Democrático de Direito. De fato, o controle social das funções públicas assume relevância fundamental no contexto dessa Reforma, dependendo da sistemática oferta de informações de qualidade aos seus destinatários, de modo a aproximá-los da gestão da coisa pública e torná-los responsáveis pelo atendimento das suas próprias necessidades.

O controle de meios e de resultados – com preponderância para este – das organizações sociais há de se realizar prévia, concomitante e posteriormente à execução do respectivo contrato de gestão, tanto pelas instâncias administrativas formais – que, a nosso entender, melhor funcionariam num sistema de agências reguladoras dos diversos setores sociais –, quanto pela sociedade civil diretamente afetada pelos serviços públicos prestados.

A debilidade do atual sistema de controle das organizações sociais – e de todo o terceiro setor brasileiro em geral – deve ser reconhecida e corrigida. A frouxidão dos mecanismos de fiscalização abre espaço para o proliferamento de entidades inautênticas e processos de corrupção cada vez mais complexos e danosos, prejudicando a eficiência da prestação dos serviços públicos sociais e conduzindo ao desprestígio de todo o setor público não estatal, podendo-se até mesmo falar, na atualidade, em crise do título de organização social. Valendo-se da expressão de Paulo Modesto (2006, p. 7), vive-se uma "situação de suspeição geral", em que a ilegitimidade das entidades "pilantrópicas" acaba por manchar a imagem e suplantar todo um projeto político de eficiência e participação dos cidadãos no atendimento das necessidades sociais.

9 Infraestrutura Aeroportuária Brasileira e o "Monopólio" da Infraero

Carlos Vinícius Alves Ribeiro[1]

1 O Estado brasileiro e a exploração de atividades econômicas

No Brasil, logo após o liberalismo oitocentista, viveu-se um tempo de marcada estatização da economia, tendo como termo inicial o Estado Novo.

Nesse período, que perdurou nas décadas de 30 a 70, especialmente sob a égide do Decreto-lei nº 200/67 (que ainda se encontra em vigor), várias empresas públicas foram criadas, como decorrência, principalmente, da autorização contida no art. 5º, II, que prevê a possibilidade de essas entidades dotadas de personalidade jurídica de direito privado, com patrimônio próprio e capital exclusivo da União, criadas por lei, explorarem atividades econômicas que o Governo seja levado a exercer por força da contingência ou da conveniência administrativa.

Veja-se, portanto, que as empresas públicas seriam – e são – criadas para explorar atividades que o Governo seja levado a exercer por dois motivos: por força da contingência ou pela conveniência administrativa.

Ser levado a exercer implica o reconhecimento da existência de uma força-motriz externa que compele, que obriga, que impõe à administração o manejo de determinadas atividades econômicas, seja por contingência, seja pelo fato de ser conveniente à Administração Pública.

Dois anos após o Decreto-lei nº 200, em 1969, sobreveio a Emenda Constitucional nº 1 à Constituição de 1967, que recepcionou tais dispositivos, especialmente por prever duas possibilidades de o Estado intervir na economia, quais sejam, pela intervenção corretiva no domínio econômico, inclusive com possibilidade de monopólio (art. 163), e pela ex-

---

[1] Mestre e doutorando em Direito do Estado na Universidade de São Paulo. Professor de Direito Público na Universidade Federal de Goiás. Membro fundador do IPEDE – Instituto de Pesquisa e Ensino em Direito do Estado. Promotor de Justiça no Estado de Goiás.

ploração direta, mas supletiva, de atividade econômica privada (art. 170). Nesse caso, a exploração direta, dizia a Constituição, seria realizada por meio de empresas públicas ou sociedades de economia mista.

É possível afirmar, desde aquela quadra da história, que a exploração de atividade econômica passou a ser reservada aos particulares, cabendo ao Estado apenas subsidiá-los e nunca substituí-los na prestação.

2 A criação da Infraero

Foi exatamente valendo-se da oportunidade tanto do Decreto-lei quanto da referida Emenda Constitucional de 1969 que, em 1972, foi promulgada a Lei nº 5.862, que autorizou a criação da Empresa Brasileira de Infraestrutura Aeroportuária (Infraero), para implantar, administrar, operar e explorar industrial e comercialmente a infraestrutura aeroportuária que lhe tenha sido atribuída pela Secretaria de Aviação Civil (SAC).

Nessa modelagem claramente intervencionista do Estado em atividades econômicas, principalmente entre as décadas de 30 e 70, inegavelmente se contribuiu para o desenvolvimento nacional, mas, ainda no final daquela década, verificaram-se sinais de queda, seja pelo elevadíssimo preço das tarifas cobradas pelas empresas públicas, seja pelo fato de essas empresas terem sido utilizadas para contração de dívidas em nome da União, quando o Estado Brasileiro já estava no limite do endividamento.

Essa maior retração do Estado em atividades econômicas, todavia, foi sentida mais fortemente com o Plano Nacional de Desestatização, em 1990.

Notadamente no caso da Infraero, é inegável que naquele estádio de evolução da sociedade brasileira, carente de infraestrutura e com as atividades aeronáuticas ainda incipientes, o Estado devia intervir suplementando a iniciativa privada que não era capaz de garantir a infraestrutura para o desenvolvimento das atividades aeroportuárias brasileiras. Naquele momento, em síntese, bem desenvolveu o Estado seu papel.

Os tempos mudaram e os particulares foram cada vez mais se revelando capazes de assumir atividades antes trazidas para o âmbito do Estado (atividades de interesse de toda a gente). Principalmente, a aviação evoluiu muito nos últimos anos.

A evolução foi tanta que a situação antes observada inverteu-se: se naquela quadra o Estado deveria intervir para performar as poucas infraestruturas necessárias ao desenvolvimento da aviação, marcadamente para suportar as operações do Correio Aéreo Nacional e as atividades aeronáuticas no interior do Brasil, que bem funcionavam com pequenas pistas de saibro e mínimos pátios, hoje a infraestrutura de suporte à aviação é bastante mais complexa e onerosa, a ponto de o Estado ter percebido que necessita de parceiros privados para que não haja mais "apagões" no setor.

Nesse panorama, é fundamental que o jurista lance os olhos para o mundo fenomênico sob a lente jurídica corrente. É dizer, de outra forma, que é preciso passar em revista o sistema aeroportuário brasileiro existente, com a lupa das normas jurídicas atualmente em vigor.

3 O Estado subsidiário

Se nas últimas Constituições Brasileiras se nota claramente uma opção ideológica pela atuação subsidiária do Estado, é de se ter em pauta que tal concepção surgiu muito antes da chamada "onda neoliberal". Em verdade, é anterior ao próprio liberalismo.

Já na antiguidade greco-romana, marcadamente com Aristóteles e, posteriormente, Santo Tomás de Aquino, se pensava na necessidade de o Estado agir apenas quando realmente necessário para suprir demandas que o próprio homem foi incapaz de suprir.

Os contornos da teoria subsidiarista, todavia, nasceram com a Doutrina Social da Igreja Católica, especialmente com a Encíclica *Rerum Novarum*, de 1891, na qual o Papa Leão XIII associou à dignidade humana a proteção da propriedade privada.

Quatro décadas depois, com a *Encíclica Quadragésimo Anno*, Pio XI verticalizou e requintou ainda mais a noção de Estado Subsidiário, afirmando, naquele documento, que ao Estado seria defeso interferir para suprir as demandas das "células menores" quando elas próprias pudessem satisfatoriamente atender as suas necessidades.

No atual direito constitucional brasileiro, impacta o princípio da subsidiariedade na medida em que se procura *aliviar o Poder Público da execução de tarefas de exploração econômica que possam ser, mais exitosamente, realizadas pelo setor privado*.[2]

Desse modo, o papel do Estado passa a ser supletivo, ou seja, ao invés de substituir os atores da sociedade, encoraja-os com meios outros que não a prestação direta de certas atividades, para que eles próprios, os cidadãos, individual ou coletivamente organizados, consigam gerir as atividades que lhes sejam necessárias.[3]

4 Serviços públicos × atividade econômica – uma opção constitucional

Seja como for, a atual Constituição da República opta por esse afastamento do Estado das atividades passíveis de serem desenvolvidas pelos particulares, especialmente distinguindo serviço público e atividade econômica e colocando, por conta dessa divisão, o Estado à parte das atividades econômicas, salvas as exceções previstas ou cabíveis no próprio texto constitucional.

---

[2] MOREIRA NETO, Diogo de Figueiredo. *Curso de direito administrativo*. Rio de Janeiro: Forense, 2005. p. 436.

[3] CHEVALLIER, Jacques. *L'État post-moderne*. Paris: LGDJ, 2003.

Em apertadíssima síntese, é possível dizer que a atividade econômica possui como finalidade a produção e circulação de bens, produtos e serviços ao consumidor final, enquanto os serviços públicos são atividades econômicas *lato sensu* que o Estado apartou do regime geral de prestação por qualquer particular que pretendesse explorar por sua conta e risco, sob o pretexto de ser aquela atividade ligada às finalidades que o próprio Estado possui o dever de garantir a toda gente em razão de necessidades ou utilidades.

Trocando em miúdos, um serviço público não é mais que uma atividade econômica que, em virtude de sua "vinculação ao interesse social",[4] a lei reconhece como serviço público, gerando, para o Estado, a obrigação prestacional.

Para além dessas atividades econômicas consideradas serviços públicos, existem outras previstas no texto constitucional que, por opção do legislador constituinte, foram reservadas ao Estado, em caráter de monopólio e que só podem ser exercidas pelo particular a título de autorização, permissão ou concessão, como ocorre com as previstas nos arts. 21, XXIII (pesquisa, lavra e outras atividades relacionadas aos minérios nucleares e seus derivados), 176 (pesquisa e lavra de recursos minerais e aproveitamento dos potenciais de energia hidráulica) e 177 (exploração de petróleo, gás natural e outros hidrocarbonetos fluídos), todos da Constituição de 1988.

Ao Estado apenas é facultado explorar, por força própria, outras atividades econômicas (além das monopolizadas), em regime de concorrência com a iniciativa privada, desde que presentes dois requisitos condicionantes essenciais: (1) que seja necessário aos imperativos de segurança nacional ou (2) para atendimento de relevante interesse coletivo, conforme a dicção do art. 173 da Constituição da República.

Tais barreiras fincadas pela Constituição, limitando o ingresso do Estado em atividades tipicamente privadas, decorrem, como bem observou Alexandre Aragão,[5] do fato de a Constituição ter encarado a liberdade econômica privada não como uma benesse do Estado para com o cidadão, mas como um direito republicano, direito esse, inclusive, previsto desde a Constituição do Império.

Dito isso, é momento de lançar os olhos para a empresa pública objeto dessa pesquisa, levando-se em consideração tudo o que aqui já foi dito.

5 A Infraero

A Empresa Brasileira de Infraestrutura Aeroportuária, nos termos do art. 2º da lei que autorizou a sua criação, implanta, administra, opera e explora industrial e comercialmente a infraestrutura aeroportuária.

---

[4] GRAU, Eros Roberto. Constituição e serviços públicos, *Direito Constitucional*: estudos em homenagem a Paulo Bonavides. São Paulo: Malheiros, 2003. p. 262.

[5] ARAGÃO, Alexandre Santos de. *Direito dos serviços públicos*. 2. ed. Rio de Janeiro: Forense, 2008. p. 182.

Resta saber se à luz do atual regime constitucional é possível que a exploração de infraestrutura aeroportuária possa ser realizada pelo próprio Estado, seja diretamente, seja por meio de pessoas por ele criadas, como as empresas públicas.

De partida, observa-se que o art. 21 da Constituição Federal, em seu inciso XII, c, estabelece que compete à União explorar diretamente, ou mediante autorização, concessão ou permissão, a infraestrutura aeroportuária.

Referida expressão – *infraestrutura aeroportuária* – encontra desenho na Lei nº 7.565/86, donde ressai do art. 26 que o sistema aeroportuário é constituído pelo conjunto de aeródromos brasileiros, com todas as pistas de pouso, pistas de táxi, pátio de estacionamento de aeronaves, terminal de carga aérea, terminal de carga de passageiros e as respectivas facilidades.

Portanto, constitucionalmente, pela mera leitura do dispositivo supracitado, já se infere que, efetivamente, compete à União a exploração dessa infraestrutura.

Em virtude disso, acabou por ser recepcionado o art. 29 do Código Brasileiro de Aeronáutica, que já havia estabelecido, preteritamente ao texto constitucional, a existência de duas espécies de aeródromos civis, a saber, os públicos e os privados.

A União, nessa trilha, ou explorará diretamente, por meio da Infraero, ou concederá a exploração mantendo a titularidade, ou autorizará o particular a constituir, por sua conta e risco, infraestruturas aeroportuárias, bem como explorá-las.

É dizer, de outra maneira, que, mesmo na hipótese de exploração direta de infraestrutura aeroportuária por particulares, compete à União autorizar o desempenho de tais atividades.

Em 2005, com a edição da Lei nº 11.182, que criou a ANAC, ficou estabelecido que cabe a essa agência não apenas a fiscalização das infraestruturas aeroportuárias, como também a concessão daquelas que sejam públicas e a autorização para as de natureza privada (art. 8º, XXIV); ou seja, cabe a essa agência o poder regulador e de polícia sobre as atividades aeroportuárias civis no Estado Brasileiro.

Disso tudo decorre que, estritamente no campo da exploração de infraestrutura aeroportuária, a competência sempre será da União, por mais que na exploração direta haja efetiva exploração de atividade econômica aeroportuária, haja vista a exceção da primeira parte do art. 173 da Constituição, combinado com o art. 21, XII, c.

Tal panorama demonstra a possibilidade de haver assimetria no campo da infraestrutura aeroportuária, vez que, a depender de quem a esteja efetivamente explorando, os deveres impostos aos exploradores, bem como os eventuais direitos dos usuários, cambiarão, não obstante operarem exatamente no mesmo setor.

5.1 Exploração de serviço público ou de bem público?

É comum que os aeroportos geridos pela Infraero sejam vistos como um todo; mas, em verdade, o que está na matriz, no núcleo da última parte do inciso XII, c, do art. 21 da Constituição da República, é apenas a infraestrutura aeronáutica.

A infraestrutura aeroportuária compreende os bens – pistas de pouso, pistas de táxi, pátio de estacionamento de aeronaves, terminal de carga aérea, terminal de carga de passageiros – que serão, como já dito, explorados pela União por comando constitucional.

Esses bens são servientes imediatamente para pousos, decolagens, manobras de solo e estacionamento de aeronaves. Essa é a serventia primária dos aeroportos, sejam eles públicos da União (e, portanto, explorados pela Infraero diretamente ou mediante concessão), sejam públicos dos Estados e dos Municípios, sejam particulares.

Se existe algo peculiar no sistema de aviação é o fato de que, ainda que as aeronaves tenham sido feitas para ocupar os céus, elas não estão permanentemente neles. Necessita-se inafastavelmente de um suporte em terra, de um bem que lhes sirva tanto para pouso e decolagem, quanto para operações de embarque e desembarque de pessoas ou coisas.

Ocorre que, principalmente nos aeroportos de maior movimento de pessoas, geridos pela Infraero, agregaram-se a esses bens serviços de duas espécies, como bem observou Rafael Dias Cortês: (a) os chamados serviços auxiliares ou *handlings*, que são aqueles que facilitam a operação aeronáutica, como carregamento e descarregamento de cargas e de passageiros, limpeza de aeronaves, dentre outros, não interditando a própria fruição do bem núcleo da atividade – pistas e pátio – a sua não prestação; e (b) os chamados serviços comerciais, como *duty free shop*, lojas, bares, restaurantes, cinemas, hotéis, bancos, estacionamento, locadoras de veículos etc.,[6] que no limite acabam por transformar o excedente do bem que não serve propriamente à operação de aeronaves em *shoppping*, os chamados *aeroshoppings*.

Alguém há de sustentar que, para além do uso das pistas e do pátio, é necessário, para a operação de aeronaves, que haja, por exemplo, um controle de tráfego aéreo ou a prestação de informações meteorológicas, para além de telecomunicações, e aí estariam residindo os serviços prestados na infraestrutura aeroportuária.

Fato é que, eventualmente, ao menos nos grandes aeroportos explorados pela União, o aeronavegante conta com tais serviços, como, por exemplo, o controle de aeródromo, prestado pelas conhecidas torres de controle de aeródromo (TWR).

Ocorre que esse serviço, serviente apenas para as fases de manobra em solo, decolagem, pouso e sobrevoo em aeródromos, não é prestado pela Infraero, não obstante o dever de prestação seja igualmente da União, por força do mesmo dispositivo que determina que a infraestrutura seja explorada por ela. Quem efetivamente realiza o controle do espaço aéreo brasileiro como um todo é o Departamento de Controle do Espaço Aéreo (DECEA), criado em 2001 pelo Decreto nº 3.954, subordinado ao Comando da Aeronáutica, seguindo uma regulamentação internacional da OACI (Organização de Aviação Civil Internacional).

Em suma, ainda que haja a prestação de tal serviço, com utilização dos bens servientes às operações aeronáuticas, ele não é ou não precisa ser prestado pela Infraero, pois está sob responsabilidade do DECEA.

---

[6] CORTÊS, Rafael Dias. *Investimento privado em infraestrutura aeroportuária*. Palestra proferida no Seminário "Direito administrativo e investimento". São Paulo, USP, 7-11-2012.

Mais: no Brasil, a maioria quase absoluta dos aeródromos não possui o controle de aeródromo ou, no linguajar popular, não possui torres. As operações são feitas por autocoordenação do comandante da aeronave com as outras aeronaves que navegam no espaço aéreo adjacente.

Há os que dizem que, para além do controle – já desmistificado –, os serviços de informações meteorológicas são prestados igualmente pela Infraero. Em verdade, ainda que a pessoa que preste a informação sobre a meteorologia no aeroporto administrado pela Infraero seja efetivamente um funcionário dessa empresa pública, as informações por ele prestadas não são geradas pela Infraero, senão, uma vez mais, pelo DECEA, o mesmo departamento que controla o espaço aéreo brasileiro.

Dessa vez, tratando de meteorologia, no seio do DECEIA há a chamada Rede de Meteorologia do Comando da Aeronáutica, que produz, integra e distribui aos operadores de aeronaves produtos meteorológicos como cartas, imagens, mensagens, meteogramas, prognósticos etc.

O serviço, se existente, não é prestado pela Infraero, ainda que a entrega seja por ela realizada, por ser ela a gestora do aeródromo.

Finalmente, nessa trilha, poderia haver dúvida quanto ao próprio dispositivo constitucional, vez que geograficamente a questão encontra-se no art. 21 e não no art. 20 da Constituição.

Se é verdade que o art. 20 trata dos bens da União, igualmente é verdade que o 21 não cuida apenas de serviços públicos. Aliás, tal dispositivo é inaugurado com um inciso que cuida de relações diplomáticas do Brasil com outros países.

Adiante, aí sim, no inciso XII, poder-se-ia sustentar, com maior facilidade, que se trata de um núcleo de atividades que, em verdade, seriam serviços públicos. É o que ocorre, nas alíneas do inciso XII, quando o próprio legislador constituinte expressamente reconheceu na atividade a existência de serviços públicos, como na alínea *a* (serviços de radiodifusão sonora), na alínea *b* (serviços e instalação de energia elétrica) e assim por diante.

Em outras hipóteses, o dispositivo não previu serviços, mas mera exploração de bens servientes a atividades que interessam à União ter sob seu comando, como na alínea *c*, ora em análise (navegação aérea e aeroespacial – aqui há serviços – e infraestrutura aeroportuária – serviços não há), ou na alínea *f*, quando cuida de portos marítimos, fluviais e lacustres.

Ou seja, sequer o texto constitucional reconheceu ser a União prestadora de serviços públicos no tocante à infraestrutura aeroportuária, senão mera exploradora de um bem serviente a algo que cabe à União cuidar.

Mutatis mutandis, coloca-se nesse ponto a mesmíssima discussão instalada no meio jurídico brasileiro quando em tela a questão das rodovias. Se, para parte da doutrina, a exploração de rodovia é serviço público, inclusive serviço público tributado por ISS (imposto sobre serviço) por força de lei, para outra parte bastante abalizada trata-se da exploração de bem público e nada mais.

Floriano de Azevedo Marques Neto sustenta que a concessão de rodovias é em verdade *concessão de bem público*, implicando na outorga ao particular do direito de explorar toda a potencialidade econômica desse bem e cabendo à concessionária não apenas explorar a finalidade precípua – tráfego rodoviário –, como também as potencialidades econômicas associadas.[7]

Na infraestrutura aeroportuária, a questão é exatamente a mesma. O que serve à atividade aeronáutica, precipuamente, são as áreas de manobra, os pátios e as pistas. As facilidades, como demonstrado, são facilidades, serviços que, não existindo, não interditam a operação aeronáutica.

5.2 O panorama da infraestrutura aeroportuária brasileira

O quinto maior país do mundo em extensão territorial (8.547.403 km^2) – talvez exatamente por conta desse tamanho – possui uma realidade aeronáutica igualmente gigantesca.

São mais de 12.000 aeronaves registradas no Brasil até o ano de 2009, sem contabilizar as aeronaves que, embora operem no Brasil, são matriculadas em outros países. Para suportar esse volume, o espaço aéreo brasileiro conta com mais de 170 aerovias que, adicionadas ao fato de as aeronaves poderem navegar no espaço aéreo fora dessas mesmas aerovias, suportam mais de 11.000 aeronaves voando concomitantemente.

O problema surge não quando as aeronaves estão em voo, mas quando estão em solo.

O Brasil conta hoje com pouco mais de 3.500 mil pistas homologadas – infraestrutura aeroportuária –, sendo que desse total apenas 742 são aeródromos públicos e, destes, apenas 66 são geridos pela Infraero. Percentualmente, portanto, a Infraero gere uma fatia mínima da infraestrutura aeronáutica brasileira, vale dizer, pouco mais de 1, 8%.

Apenas por esse mapa seria possível divisar que a infraestrutura aeroportuária brasileira seria capaz de absorver com muita facilidade a demanda em solo das operações aéreas, com uma média de pouco mais de três aeronaves por aeródromo.

Algumas questões, todavia, desestabilizam essa equação.

A primeira reside no fato de que, como se percebe, mais de 78% da infraestrutura aeronáutica brasileira é privada e, por força de comando legal constante do Código Brasileiro de Aeronáutica, ela não pode servir para operações aéreas comerciais.

É dizer, portanto, que essa grande fatia da infraestrutura aeroportuária, que poderia ser explorada para operações comerciais, desde as mais simples, como aerofotografia, reboque de faixas e pulverização, até as mais complexas, como táxis aéreos, resta subutilizada por uma decisão política brasileira constante do próprio Código Brasileiro de Aeronáutica.[8]

---

[7] MARQUES NETO, Floriano Peixoto de Azevedo. Algumas notas sobre a concessão de rodovias. *Boletim de Direito Administrativo* – BDA, v. 4, p. 245-257, 2001.

[8] Art. 30. [...]. § 2º Os **aeródromos privados** só poderão ser utilizados com permissão de seu proprietário, **vedada a exploração comercial**.

Em verdade, a Instrução da Secretaria de Aviação Civil de nº 2.328, de 1990, chegou a "regulamentar" a autorização para que os particulares operassem atividades mais simples em infraestruturas igualmente privadas, mas, por prever a possibilidade de essa autorização ser revogada a qualquer tempo pela União, sem motivação e sem direito a indenizações, o mercado não se deixou atrair por essas atividades. Ou seja, permanece a concentração das atividades mais volumosas e mais complexas do sistema aeronáutico concentrado nos pouquíssimos aeroportos administrados pela Infraero.

Além disso, existe uma parcela enorme de operadores privados de aeronaves que, mesmo possuindo infraestrutura aeroportuária própria, demanda operação compulsória em aeródromos públicos. É o caso daqueles que rotineiramente realizam voos internacionais. Tanto para a saída quanto para o ingresso no país, são compelidos a operar nos pouquíssimos aeroportos públicos internacionais – todos geridos pela Infraero – por força de comando legal e ante o fato de a União não ter regulamentado a possibilidade de aeródromos privados poderem realizar atividades alfandegárias.

5.3 A luz no fim do túnel

Muito recentemente, em virtude não apenas dos "apagões" aéreos, mas também pela constatação, nas operações diárias menos complexas, de que os aeroportos geridos pela Infraero não conseguem suportar sequer um número mediano de aeronaves a um só tempo no pátio, iniciou-se um movimento, no Governo Federal, de desestatização dos aeroportos geridos pela Infraero.

Somam-se a isso (o fato de a infraestrutura aeroportuária da União não estar mais suportando o volume operacional ordinário) alguns outros fatores.

O primeiro é que o setor aeronáutico, considerados principalmente os operadores de serviços aéreos autorizados, como os táxis aéreos e os operadores privados, já vinha fazendo fortíssima pressão sobre o governo federal, pois se sentia escorchado pelas elevadíssimas tarifas cobradas pela Infraero, como ocorre com a tarifa de pouso, que, segundo a empresa, remunera os serviços de pouso, rolagem e permanência da aeronave no pátio em até três horas após o pouso (serviço?), a tarifa de permanência, que remunera a utilização do pátio de manobras e a área de estadia quando ultrapassadas as três horas após o pouso (serviço?), a tarifa de uso de comunicações, que remunera os serviços prestados pelo Comando da Aeronáutica ou pela Infraero por delegação, dentre várias outras, como a tarifa de armazenagem e a tarifa de capatazia.

Para se ter uma ideia, basta lembrar que, para pousar uma aeronave que tenha peso máximo de decolagem menor que uma tonelada (as menores aeronaves existentes) no Aeroporto Santos Dumont, no Rio de Janeiro, o operador privado terá que desembolsar, apenas pelo pouso, R$ 110, 54 (cento e dez reais e cinquenta e quatro centavos).

O segundo motivo é a proximidade dos eventos esportivos internacionais que o Brasil se comprometeu a realizar. Fato é que a infraestrutura aeroportuária gerida pela União por meio da Infraero seria incapaz de suportar a demanda excedente que será criada por esses eventos.

Esse, aliás, é o motivo deflagrador do recente processo de "privatização" de aeroportos que se encontra em curso. O Governo Federal incluiu algumas infraestruturas aeroportuárias no Plano Nacional de Desestatização e iniciou algumas concessões de aeroportos administrados pela Infraero.

Além disso, editou-se, no dia 21-12-2012, o Decreto nº 7.871, que cuidou de regulamentar a delegação, mediante autorização, da exploração de aeródromos públicos por particulares, inclusive para fins de prestação de atividades aeronáuticas, reforçando a assimetria regulatória do setor.

Finalmente, um dos últimos motivos que impulsionaram a União a refletir sobre o sistema ora em vigor é o fato de que a Infraero – recordando ser ela empresa pública gestora de bens públicos (integrantes da infraestrutura aeroportuária) – maneja rotineiramente instrumentos de direito privado para locação de áreas tanto para fins que orbitam a atividade primária dos aeroportos, como para construção de hangares privados ou servientes a serviços aéreos autorizados, quanto para outras finalidades que são puramente comerciais, como locação de espaços para lojas nos *aeroshoppings*.

Até aí, nada demais. Aliás, desde há muito a professora Maria Sylvia Zanella Di Pietro, pioneiramente, em sua obra *Uso Privativo de Bem Público por Particular*,[9] tratou da possibilidade de o Estado conferir o uso de seus bens aos particulares, inclusive enumerando os instrumentos jurídicos existentes para fazer frente a isso, dentre eles vários de direito privado, como a locação e o arrendamento, para que esse uso seja parametrizado pelo direito.

O problema ocorre quando, mesmo valendo-se de mecanismos privados, a Infraero adiciona "adjetivos públicos" instabilizadores da relação que ela própria cria com os particulares, que se valerão de áreas geridas pela Infraero para explorar atividades econômicas.[10]

Em outras palavras, não obstante a Infraero locar ou arrendar áreas, ela o faz em caráter precário, seja quanto ao tempo, seja quanto ao valor, gerando instabilidade na relação contratual e, muito comumente, gerando severos prejuízos aos particulares.

Obviamente que a presença de empresa pública responsável pela gestão de bens públicos altamente relevantes para o país – e aqui se adotou a tese de que a Infraero é gestora de bens e não prestadora de serviços públicos – pode fazer incidir, como também adverte Maria Sylvia Zanella Di Pietro, mecanismos publicísticos que garantam àquele bem a finalidade a que ele se destina.

Seria o caso, *e. g.*, de a Infraero, antes mesmo do vencimento do contrato de locação ou arrrendamento, retomar o imóvel locado para ampliar as pistas, o pátio ou instalar equipamentos de segurança no aeródromo. Essa seria uma legítima intervenção da empresa

---

[9] DI PIETRO, Maria Sylvia Zanella. *Uso privado de bem público por particular*. 2. ed. São Paulo: Atlas, 2010.

[10] ALMEIDA, Fernando Dias Menezes de. *Contrato administrativo*. São Paulo: Quartier Latin, 2012.

pública no contrato, precisamente pelo fato de a motivação interventiva estar alinhada com a finalidade principal daquele bem.

O que não parece razoável, porque beiram a arbitrariedade, são as retomadas sem motivação, de bens locados ou arrendados pela Infraero aos particulares, antes do termo contratual, sem que haja qualquer móvel público lastreador da retomada.

O que igualmente requer atenção são os índices utilizados pela Infraero para atualizar o valor dos aluguéis quando dos aniversários contratuais, passando muitas vezes ao largo do sistema utilizado na lei de locação.

Em síntese, a maior ou menor incidência de normas publicísticas na relação que a Infraero mantém com os particulares dependerá do objeto contratado. Será maior quanto mais o objeto se aproximar da finalidade principal da infraestrutura aeroportuária, assim como será menor, mais se aproximando dos contratos puramente privados, quando o bem objeto do contrato não estiver ligado à destinação principal da infraestrutura aeroportuária.

Aparentemente, portanto, ainda que compelida por forças exógenas, a União voltou a atenção para o setor da infraestrutura aeroportuária, demonstrando clara intenção de oxigenar tanto as operações quanto as regras jurídica aplicáveis ao setor.

6 Conclusão: a convivência do público e do privado na infraestrutura aeroportuária

Desse cheque crítico do atual sistema de infraestrutura aeroportuária é possível concluir que, ainda que sua exploração seja constitucionalmente de responsabilidade da União, cabendo a ela explorar, seja diretamente, seja por meio de concessões, permissões ou autorizações, é preciso divisar o que de fato é infraestrutura aeroportuária e o que são serviços adjacentes aos bens ligados a essa infraestrutura. Com isso, será possível sondar a razoabilidade da incidência maior ou menor de normas publicísticas nas relações contratuais.

Dizer que nessa exploração existe prestação de serviço público parece não ser uma verdade ligada ao que se observa na prática do setor. Tampouco é possível afirmar que do texto constitucional decorre que a exploração de infraestrutura aeroportuária tem a natureza de serviço público.

Defende-se aqui, portanto, que a mesma *ratio* aplicada pela doutrina no tocante às concessões de rodovias deve ser aplicada nas infraestruturas aeroportuárias, vale dizer, o reconhecimento de que não há efetivamente prestação de serviço público, senão gestão de bens públicos ou bens, ainda que privados, destinados a alguma finalidade pública.

Partindo disso, seria possível reservar à União, aí sim, a titularidade, o poder de polícia e o poder regulamentar – a depender de sua opção política frente a tais bens – da infraestrutura aeroportuária brasileira como um todo, exatamente por serviente não apenas ao desenvolvimento de um setor, como por servir de base para a prestação de um serviço público, qual seja, o transporte aéreo regular de passageiros.

Mais que isso, seria possível, em se rompendo com a concepção ligada à subjetividade, vale dizer, à titularidade do bem (se pertencente ou não a uma pessoa jurídica de direito público, por exemplo), outorgar aos proprietários privados de infraestrutura aeroportuária a possibilidade segura de sua exploração comercial, inclusive permitindo-lhes suportar o serviço público de transporte aéreo regular de passageiros, revestir essa infraestrutura privada de um pálio público, na medida em que serviente, afetada, e suportante de atividades de interesse coletivo.[11]

Trocando em miúdos, a abertura da possibilidade de exploração de infraestrutura aeroportuária no Brasil por particularres, antes de significar privatização, pode estar significando restrições, limites e garantias que serão impostas pelo Estado – nessa fase pretendida, mais regulador que prestador – a esses operadores privados, exatamente pelo fato de esses bens, aí sim, privados do ponto de vista da titularidade, serem servientes a utilidades públicas. É um expandir do Estado sobre os bens privados e não uma retração do Estado, como temem muitos.

Falando *de lege ferenda*, seria possível, ademais, partindo desse corte que leva em consideração o que efetivamente é infraestrutura aeroportuária, uma regulamentação que reconhecesse que qualquer infraestrutura aeroportuária brasileira, seja pública ou privada, é passível de suportar não apenas serviços comerciais de interesse público, mas também serviços públicos propriamente ditos, como o transporte regular de passageiros. Haveria publicização exatamente nesse núcleo essencial.

Como consequência, o que não é infraestrutura aeroportuária, vale dizer, os *handlings* e os serviços comerciais, estaria livre da publicização, sendo regido integralmente por institutos de direito privado, ainda que, sendo necessário, possa o Estado intervir nesses bens, inclusive na propriedade, manejando instrumentos de direito público, como a desapropriação.

Esse corte, desde que haja adequação legislativa, seria possível não apenas nas infraestruturas concedidas, mas, igualmente, naquelas em que haja exploração direta pela Infraero.

Tudo isso desbordaria não apenas na melhoria da *performance* da infraestrutura aeroportuária brasileira, mas, principalmente, na definição clara do que efetivamente é publicizado nessa atividade, submetendo-se, portanto, a restrições e limites próprios do que carrega essa característica, em uma maior confiança do setor público no privado e vice-versa, permitindo-se que os particulares possam com segurança desenvolver suas potencialidades comerciais e industriais e o Estado também possa, com segurança, interferir naquilo que seja essencial para as utilidades e os serviços públicos.

---

[11] MARQUES NETO, Floriano de Azevedo. *Bens Públicos. Função social e exploração econômica. O regime jurídico das utilidades públicas*. São Paulo: Fórum, 2009.

10 Uso Privativo de Áreas Destinadas à Exploração Comercial em Aeroportos: Questões Controvertidas nos Processos de Privatização

Dennys Marcelo Antonialli[1]

1 Introdução

Em preparação para os eventos da Copa do Mundo de 2014, que aumentarão consideravelmente o fluxo de passageiros pelos aeroportos nacionais, o governo federal tem se aliado à iniciativa privada para administrar, modernizar e ampliar a infraestrutura aeroportuária do país. Recentemente, três dos mais importantes aeroportos brasileiros foram privatizados: o Aeroporto Internacional de São Paulo/Guarulhos – Governador André Franco Montoro, o Aeroporto Internacional de Brasília – Presidente Juscelino Kubitschek e o Aeroporto Internacional de Viracopos (Campinas).[2] O governo federal também já sinalizou que pretende adotar o modelo de parcerias público-privadas em mais 15 aeroportos de médio porte.[3]

Diante dessas iniciativas, tornam-se cada vez mais frequentes questões sobre o regime jurídico aplicável em relação aos contratos de exploração de áreas aeroportuárias destinadas à exploração comercial, como é o caso das praças de alimentação e lojas de conveniência.

Isso porque, em primeiro lugar, muitas vezes, antes do processo de privatização, essas áreas já tiveram seu uso outorgado a particulares, que possuem, portanto, contratos vi-

---

[1] Doutorando em direito constitucional pela Universidade de São Paulo. Mestrado em direito pela Universidade de Stanford (JSM, 2011) e mestrado profissional em *Law and Business* pela *Bucerius Law School* e *WHU Otto Beisheim School of Management* (MLB, 2010). Advogado nas áreas de direito civil, administrativo e regulatório, com ênfase em energia elétrica e infraestrutura.

[2] A técnica de privatização utilizada pelo governo federal no caso desses aeroportos foi a adoção de um regime de concessão de serviço público. O Decreto nº 7.531/11 dispõe sobre a inclusão, no Programa Nacional de Desestatização – PND, dos referidos aeroportos internacionais e atribui à Agência Nacional de Aviação Civil – ANAC a responsabilidade por executar e acompanhar o processo de concessão dos aeroportos em tela.

[3] BARBOSA, Mariana. Governo Dilma quer privatizar 15 aeroportos de médio porte. *Folha de S. Paulo*, Caderno Mercado, 21-8-2012. Disponível em: <http://www1.folha.uol.com.br/mercado/1140447-governo-dilma-quer-privatizar-15-aeroportos-de-medio-porte.shtml>.

gentes celebrados com a Administração Pública. Nesse sentido, o ente privado, ao se sub-rogar na posição contratual antes ocupada pelo poder concedente, enfrentará o desafio de definir qual o regime jurídico aplicável a esses contratos que assumiu.

Além disso, em relação às áreas sobre as quais não há contrato vigente, impõe-se perguntar qual será o regime jurídico aplicável: se aquele típico de direito privado, entre a concessionária e o particular, ou se aquele típico de direito público, em razão de caber à União a titularidade do direito de propriedade das áreas de aeroportos.

O presente artigo visa enfrentar essas questões e propor soluções a partir das correntes doutrinárias e linhas jurisprudenciais que se formaram em torno do tema.

2 O poder concedente

Por força do art. 21, XII, *c,* da Constituição Federal de 1988, compete à União explorar, diretamente ou mediante autorização, concessão ou permissão "a navegação aérea, aeroespacial e a infraestrutura aeroportuária". É também o que determinam tanto o art. 1º da Lei nº 6.009, de 26-12-1973,[4] que dispõe sobre a utilização e a exploração dos aeroportos, quanto o art. 36 da Lei nº 7.565, de 19-12-1986, que instituiu o "Código Brasileiro de Aeronáutica".[5]

---

[4] Art. 1º Os aeroportos e suas instalações serão projetados, construídos, mantidos, operados e explorados diretamente pela União ou por entidades da Administração Federal Indireta, especialmente constituídas para aquelas finalidades, ou ainda, mediante concessão ou autorização obedecidas as condições nelas estabelecidas.

[5] Art. 36. Os aeródromos públicos serão construídos, mantidos e explorados:

I – diretamente, pela União;

II – por empresas especializadas da Administração Federal Indireta ou suas subsidiárias, vinculadas ao Ministério da Aeronáutica;

III – mediante convênio com os Estados ou Municípios;

IV – por concessão ou autorização.

§ 1º A fim de assegurar uniformidade de tratamento em todo o Território Nacional, a construção, administração e exploração, sujeitam-se às normas, instruções, coordenação e controle da autoridade aeronáutica.

§ 2º A operação e a exploração de aeroportos e heliportos, bem como dos seus serviços auxiliares, constituem atividade monopolizada da União, em todo o Território Nacional, ou das entidades da Administração Federal Indireta a que se refere este artigo, dentro das áreas delimitadas nos atos administrativos que lhes atribuírem bens, rendas, instalações e serviços.

§ 3º Compete à União ou às entidades da Administração Indireta a que se refere este artigo, estabelecer a organização administrativa dos aeroportos ou heliportos, por elas explorados, indicando o responsável por sua administração e operação, fixando-lhe as atribuições e determinando as áreas e serviços que a ele se subordinam.

§ 4º O responsável pela administração, a fim de alcançar e manter a boa qualidade operacional do aeroporto, coordenará as atividades dos órgãos públicos que, por disposição legal, nele devam funcionar.

§ 5º Os aeródromos públicos, enquanto mantida a sua destinação específica pela União, constituem universidades e patrimônios autônomos, independentes do titular do domínio dos imóveis onde estão situados (artigo 38).

A Agência Nacional de Aviação Civil – ANAC é entidade integrante da Administração Pública Federal indireta, submetida a regime autárquico especial, vinculada à Secretaria de Aviação Civil da Presidência da República. Nesse sentido, o art. 8º, XXIV, da Lei nº 11.182, de 27-9-2005, que criou a ANAC, confere a ela a competência para "conceder ou autorizar a exploração da infraestrutura aeroportuária, no todo ou em parte".

A Empresa Brasileira de Infraestrutura Aeroportuária – INFRAERO é o ente responsável por "implantar, administrar, operar e explorar industrial e comercialmente a infraestrutura aeroportuária que lhe for atribuída pela Secretaria de Aviação Civil da Presidência da República", de acordo com o disposto no art. 2º da Lei nº 5.862, de 12-12-1972.

Diante desses dispositivos legais, até que se opte pela adoção de alguma das técnicas de privatização, a administração e a exploração dos aeroportos é competência do Governo Federal, que o faz mediante atuação da ANAC, por intermédio da Infraero.

3 Permissão ou concessão?

Durante o período em que os aeroportos estão sob sua exploração direta, o poder concedente pode outorgar a particulares a exploração de áreas aeroportuárias destinadas à exploração comercial. De acordo com o art. 2º da Resolução nº 113 da ANAC, de 22-9-2009, são consideradas áreas aeroportuárias, dentre outras, aquelas situadas no aeroporto e destinadas "aos serviços auxiliares do aeroporto ou do público usuário", bem como aquelas destinadas "ao comércio apropriado para o aeroporto". É o caso, por exemplo, das praças de alimentação e lojas de conveniência.

Nos termos do art. 10 da referida lei, essas áreas podem ser destinadas à exploração comercial.[6] Essa prerrogativa de exploração é conferida ao particular pelo poder concedente por meio de outorgas de direito de uso, que podem ser realizadas tanto sob o regime de "concessão de uso" quanto sob o regime de "permissão de uso".

Maria Luiza Machado Granziera defende ser o instituto da "permissão de uso" o mais adequado para essas situações. Para a autora, "a permissão de uso é ato unilateral precário, por meio da qual se transfere a posse de um bem público ao particular, para que o utilize ou explore. Nesse caso, não se preveem investimentos de vulto para o permissionário; daí a possibilidade de ser precária a permissão, revogável a qualquer tempo. É o caso de espaços públicos destinados à exploração de restaurantes, serviços de cópias etc.".[7] Já a concessão de uso, explica a autora, "aplica-se nos casos em que a utilização do bem público tem por objetivo o exercício de atividades de utilidade pública de maior vulto e, por isso mesmo, dependentes de investimento pelo concessionário. Possui natureza de contrato, é bilateral e pode ser oneroso ou gratuito".[8]

---

[6] Art. 10. As áreas não classificadas nos termos dos arts. 4º e 5º poderão ser destinadas à exploração comercial.

[7] GRANZIERA, Maria Luiza Machado. *Contratos administrativos*. São Paulo: Atlas, 2002. p. 120.

[8] GRANZIERA, Maria Luiza Machado. Ob. cit., p. 120.

Maria Sylvia Zanella Di Pietro apresenta definição que nos leva a conclusão contrária, ao definir a "permissão de uso" como "o ato administrativo unilateral, discricionário e precário, gratuito ou oneroso, pelo qual a Administração Pública faculta a utilização privativa de bem público, para fins de interesse público".[9] Nos termos do *caput* do art. 22 da Lei nº 9.636/98, a permissão de uso poderá ser outorgada, a título precário, "para a realização de eventos de curta duração, de natureza recreativa, esportiva, cultural, religiosa ou educacional".

Em contrapartida, para a autora, a concessão "tem por objeto o uso privativo de bem público para fins de utilidade pública; por ela, o concessionário vai exercer, sobre o bem, algum tipo de atividade de interesse público".[10]

Sendo assim, não nos parece cabível conceber a outorga de uso privativo das áreas aeroportuárias destinadas à exploração comercial como "permissão de uso". Isso porque a exploração comercial se destina à prestação de serviços auxiliares às atividades do aeroporto, tais como alimentação e oferecimento de itens básicos de conveniência. Nesse sentido, vê-se relativa utilidade pública na sua existência no espaço do complexo aeroportuário. Além disso, essa exploração realizada pelo particular não se enquadra nas hipóteses de curta duração previstas na Lei nº 9.636/98.

A despeito da divergência que se pode identificar na doutrina, que varia na opinião sobre a natureza das outorgas de direito de uso privativo das áreas aeroportuárias destinadas à exploração comercial, o que se observa é que muitas dessas outorgas foram, de fato, celebradas sob a modalidade de "concessão de uso", corroborando o entendimento preconizado por Maria Sylvia Zanella Di Pietro. É o que se evidencia das licitações já realizadas pela Infraero e pelos contratos de concessão de uso já celebrados, disponíveis no portal eletrônico da referida empresa pública.

Nesse sentido, é possível que, no momento em que a administração do aeroporto é concedida à iniciativa privada, ainda existam contratos de concessão de uso vigentes em relação às áreas destinadas à exploração comercial, contratos esses celebrados entre o poder concedente, por intermédio da Infraero, e o particular. Nesses casos, a concessionária se sub-roga na posição contratual antes ocupada pela Infraero, assumindo a condição de contraparte nas relações travadas com os concessionários do direito de uso.

4 O fenômeno da sub-rogação nos contratos de concessão de uso já existentes

Nos processos de privatização realizados, observa-se que os contratos de concessão celebrados com os vencedores dos processos de licitação para administração de áreas aeroportuárias contêm cláusula que impõe expressamente às concessionárias o dever de

---

9   DI PIETRO, Maria Sylvia Zanella. *Direito administrativo*. 25. ed. São Paulo: Atlas, 2012. p. 751.
10 DI PIETRO, Maria Sylvia Zanella. Ob. cit., p. 757.

assumir integralmente os contratos vigentes já celebrados pelo poder concedente. Trata-se de hipótese de sub-rogação integral, a partir da qual a concessionária assume todos os direitos e obrigações previstos nesses contratos.[11]

É possível questionar em que medida essa sub-rogação de posição contratual ocasionada pelo processo de privatização é oponível aos concessionários do direito de uso, que podem, em tese, alegar a necessidade de sua anuência para tal. Como se demonstrará a seguir, os concessionários de uso devem suportar a sub-rogação da concessionária independentemente de sua anuência.

Primeiramente, cumpre observar que muitos dos contratos de concessão de uso celebrados com a Administração já preveem expressamente a obrigação do concessionário de uso de suportar a sub-rogação nos casos de privatização. Tomando por base o Edital do Pregão Presencial nº 317/ADSP-4/SBGR2011 para concessão de uso de área destinada à exploração comercial de loja de conveniência e seus respectivos anexos, disponível no *site* da Infraero, percebe-se que a possibilidade de sub-rogação integral dos direitos e deveres da Infraero encontra-se prevista nos seguintes dispositivos:

(i) Cláusula 16 do Edital do Pregão Presencial nº 317/ADSP-4/SBGR2011: "É possível a sub-rogação integral dos direitos e deveres da Contratante, decorrentes do contrato, à empresa que se sagrar vencedora do certame licitatório para concessão da administração do complexo aeroportuário de São Paulo/Guarulhos."

(ii) Cláusula 5.1 do Contrato Comercial – Área C 3 – Conveniência – Terminal de Passageiros Remoto, anexo ao Edital do Pregão Presencial nº 317/ADSP-4/SBGR2011: "O Contratado anui, desde já, com a sub-rogação integral dos direitos e deveres da Contratante, decorrentes desse contrato, à empresa que se sagrar vencedora do certame licitatório para concessão da administração do complexo aeroportuário de São Paulo/Guarulhos."

Sendo assim, no caso dos contratos de concessão de uso celebrados nessas condições, os concessionários de uso estão obrigados, por força do próprio contrato, a aceitar que a sub-rogação prevista se opere, sendo desnecessária sua anuência.

É de se supor, entretanto, que tais dispositivos possam não estar presentes em todos os contratos de concessão de uso celebrados pelo poder concedente.

Sobre essa hipótese, cumpre ressaltar que, como é característico dos contratos administrativos, os contratos de concessão de uso garantem à Administração Pública determinadas prerrogativas que reforçam a sua posição privilegiada sobre o particular (no caso,

---

[11] Por exemplo, a minuta do Contrato de Concessão anexa às condições do Leilão nº 2/2011 prevê, em sua subcláusula 3.1.7, que a sub-rogação é dever imposto à concessionária, que assumirá "integralmente os Contratos que envolvam a cessão de espaços no Complexo Aeroportuário, conforme as condições gerais contratadas, mediante sub-rogação integral dos seus direitos e deveres".

o concessionário de uso), expressas especialmente por meio das chamadas cláusulas exorbitantes ou de privilégio.

Por essa razão, os concessionários de uso estão sujeitos à possibilidade de alteração unilateral do contrato por parte da Administração Pública, prerrogativa essa que, inerente à natureza dos contratos administrativos, independe de previsão contratual expressa, tal como anota Hely Lopes Meirelles:

> [...] **o poder de alteração e rescisão unilaterais do contrato administrativo é inerente à Administração, pelo quê podem ser feitas ainda que não previstas expressamente em lei ou consignadas em cláusula contratual**. Assim, nenhum particular, ao contratar com a Administração, adquire direito à imutabilidade do contrato ou à sua execução integral, ou, ainda, às suas vantagens *in specie*, porque isso equivaleria a subordinar o interesse público ao interesse privado do contratado.[12]

A possibilidade de alteração unilateral dos contratos administrativos encontra-se prevista genericamente no art. 58 da Lei nº 8.666, de 21-6-1993 (Lei de Licitações),[13] e no art. 112 do Regulamento de Licitações e Contratos da Infraero, de 26-6-2009 (Regulamento da Infraero).[14]

---

[12] MEIRELLES, Hely Lopes. *Direito administrativo brasileiro*. São Paulo: Malheiros, 2007. p. 214-215.

[13] Art. 58. O regime jurídico dos contratos administrativos instituído por esta Lei confere à Administração, em relação a eles, a prerrogativa de:

I – modificá-los, unilateralmente, para melhor adequação às finalidades de interesse público, respeitados os direitos do contratado;

II – rescindi-los, unilateralmente, nos casos especificados no inciso I do art. 79 desta Lei; [...].

Art. 112. O regime jurídico dos contratos administrativos instituído por este Regulamento confere à INFRAERO, em relação a eles, a prerrogativa de:

I – modificá-los, unilateralmente, para melhor adequação às finalidades de interesse público, respeitados os direitos da contratada;

II – rescindi-los, unilateralmente, nos casos especificados no incisos I ao XII e XVII ao XXII do art. 132 deste Regulamento; [...]

§ 1º As cláusulas econômico-financeiras e monetárias dos contratos administrativos não poderão ser alteradas sem prévia concordância da contratada.

§ 2º Na hipótese do inciso I deste artigo, as cláusulas econômico-financeiras do contrato deverão ser revistas para que se mantenha o equilíbrio contratual.

[14] Art. 112. O regime jurídico dos contratos administrativos instituído por este Regulamento confere à INFRAERO, em relação a eles, a prerrogativa de:

I – modificá-los, unilateralmente, para melhor adequação às finalidades de interesse público, respeitados os direitos da contratada;

II – rescindi-los, unilateralmente, nos casos especificados no incisos I ao XII e XVII ao XXII do art. 132 deste Regulamento; [...]

§ 1º As cláusulas econômico-financeiras e monetárias dos contratos administrativos não poderão ser alteradas sem prévia concordância da contratada.

Apesar de os arts. 65 da Lei de Licitações[15] e 119 do Regulamento da Infraero[16] enumerarem hipóteses específicas que autorizam a Administração Pública a alterar unilateralmente os contratos, Marçal Justen Filho esclarece que as hipóteses previstas na legislação não são exaustivas, havendo outros tipos de alterações unilaterais contra as quais o concessionário não pode se insurgir:

> Essa é uma questão cujo desenvolvimento se encontra em aberto. Entre os poderes exorbitantes reconhecidos ao poder concedente, encontram-se os de unilateralmente modificar o objeto do contrato e promover sua extinção, por motivo de interesse público. **É necessário ter em mente que essa categoria de "modificação unilateral de contratos" abrange uma ampla gama de hipóteses.** É possível cogitar de pequenas modificações, com extensão diminuta e com efeitos reduzidos. Mas também podem considerar-se alterações fundamentais, que dão contornos qualitativos e (ou) quantitativos distintos para a contratação. A primeira hipótese não desperta, no âmbito do direito administrativo, maiores dificuldades. **Quanto a elas, reconhece-se o dever de o particular sujeitar-se às determinações do Estado. A única restrição é o princípio da intangibilidade da equação econômico-financeira do contrato.** Quanto a alterações substanciais, também se aplica a mesma restrição.[17]

---

§ 2º Na hipótese do inciso I deste artigo, as cláusulas econômico-financeiras do contrato deverão ser revistas para que se mantenha o equilíbrio contratual.

[15] Art. 65. Os contratos regidos por esta Lei poderão ser alterados, com as devidas justificativas, nos seguintes casos:

I – unilateralmente pela Administração:

a) quando houver modificação do projeto ou das especificações, para melhor adequação técnica aos seus objetivos;

b) quando necessária a modificação do valor contratual em decorrência de acréscimo ou diminuição quantitativa de seu objeto, nos limites permitidos por esta Lei;

[16] Art. 119. Os contratos regidos por este Regulamento poderão ser alterados, com as devidas justificativas, nos seguintes casos:

I – unilateralmente, pela INFRAERO:

a) quando houver modificação do projeto ou das especificações, para melhor adequação técnica aos seus objetivos;

b) quando necessária a modificação do valor contratual em decorrência de acréscimo ou diminuição quantitativa de seu objeto, nos limites permitidos por este Regulamento;

c) quando houver modificação das especificações complementares ou normas de execução, com os ajustes adequados a cada situação, inclusive quanto ao preço pela concessão de uso de áreas, instalações e equipamentos aeroportuários; e

d) quando necessária a mudança da localização ou dimensão da área concedida, visando melhorar a prestação adequada de serviços aos usuários do aeroporto, tendo por fundamento necessidades operacionais, pesquisas ou estudos mercadológicos, com os ajustamentos adequados a cada situação, inclusive quanto ao preço pela concessão de uso de áreas, instalações e equipamentos aeroportuários.

[17] JUSTEN FILHO, Marçal. *Concessões de serviços públicos*: comentários às Leis nºs 8.987 e 9.074, de 1995. São Paulo: Dialética, 1997. p. 254.

Nesse sentido, a doutrina é uníssona ao afirmar que a faculdade da Administração Pública de alteração unilateral do contrato não é ilimitada, estando vinculada (i) às finalidades do interesse público e (ii) à manutenção do equilíbrio econômico-financeiro do contrato.

No caso da imposição da sub-rogação ao concessionário de uso, não haveria violação a nenhum dos limites acima mencionados. Em relação à finalidade, cumpre salientar que os processos de privatização são motivados justamente pelo interesse público na ampliação, manutenção e exploração dos complexos aeroportuários. Além disso, na medida em que a sub-rogação a ser operada implica tão somente a substituição de uma das partes contratantes – a Infraero – pela concessionária, a equação financeira dos contratos de concessão de uso ficaria integralmente mantida.

Sendo assim, conclui-se que a sub-rogação determinada pelos processos de privatização não extrapolaria os limites impostos ao poder exorbitante da Administração Pública, podendo ser incluída no rol de alterações unilaterais oponíveis ao particular independentemente de sua anuência.

5 Natureza do regime jurídico aplicável aos contratos de concessão de uso vigentes

Em primeiro lugar, é importante notar que os contratos de concessão de uso celebrados têm como objeto áreas de propriedade da União Federal. Isso decorre do disposto no art. 38 do Código Brasileiro de Aeronáutica, que determina que "os aeroportos constituem universalidades, equiparadas a bens públicos federais, enquanto mantida a sua destinação específica, embora não tenha a União a propriedade de todos os imóveis em que se situam".

Em se equiparando sempre a bens públicos federais, a exploração das áreas aeroportuárias enseja a aplicação dos dispositivos do Decreto-lei nº 9.760, de 5-7-1946, que dispõe sobre os bens imóveis da União.

Além disso, é comum que os contratos de concessão de uso celebrados com o poder concedente excluam expressamente as disposições da Lei nº 8.245, de 18-10-1991 (Lei do Inquilinato).[18]

Diante disso, é forçoso reconhecer que a relação jurídica original estabelecida entre o poder concedente e o concessionário de uso estava, portanto, claramente regida por *normas de direito público*.

No entanto, ao se sub-rogar nos direitos e deveres da Administração Pública, a concessionária, ente de direito privado, pode se questionar sobre a manutenção do regime jurídico de direito público em relação aos contratos de concessão de uso que assumir integralmente.

---

[18] É o que dispõe, por exemplo, a subcláusula 1.2 do "Contrato Comercial" anexo ao Edital do Pregão Presencial nº 317/ADSP-4/SBGR2011.

Vale esclarecer, antes de mais nada, que, por ser um ente constituído sob o regime de direito privado, a concessionária não dispõe de quaisquer das prerrogativas inerentes aos órgãos da Administração Pública, tal como é o caso do poder exorbitante e das cláusulas de privilégio.[19]

Nessa nota, pacificou-se o entendimento, no Tribunal de Justiça do Estado do Rio de Janeiro, de que, nos casos de privatização de serviço público, anterior permissão de uso celebrada com a Administração Pública transforma-se em locação, sob o regime de direito privado:

> *É que, como se sabe, só pode ser titular de contrato administrativo o ente público, pertencente à Administração.* Em passando a ser concessionária dos serviços de transportes ferroviários a entidade privada, e sub-rogando-se ela, por essa qualidade, em todos os direitos e obrigações da permitente, e ainda não podendo a mesma ser titular de contrato administrativo, este se extinguiu com a saída daquela permitente da relação jurídica. Ora, persistindo a ocupante na posse direta do imóvel e pagando à atual concessionária, como contraprestação pelo uso respectivo, determinada importância mensal, instaurou-se entre elas relação ex-locato. (Poder Judiciário do Estado do Rio de Janeiro. Uniformização de Jurisprudência nº 3/2001. Relator Des. Laerson Mauro). (Grifou-se).

O posicionamento foi reiterado na edição da Súmula nº 38 do Tribunal de Justiça do Estado do Rio de Janeiro: "A privatização do serviço de transporte ferroviário acarretou o efeito imediato de extinguir o ato administrativo negocial de permissão de uso e engendrar, em face da subsistência da situação de ocupação mediante remuneração periódica, relação jurídica nova, de natureza locatícia, sujeita ao direito privado, em especial à legislação própria."

Do enunciado da súmula, resta claro que o raciocínio é aplicável aos casos de permissão de uso de bem público dada sua natureza unilateral e precária, características essas que a tornam instituto revogável a qualquer tempo pelo Poder Público. Repise-se que a doutrina caracteriza a permissão de uso como "ato unilateral e precário, por meio da qual se transfere a posse de um bem público ao particular, para que o utilize ou explore. Nesse

---

[19] "Não se admite, portanto, que o poder concedente abdique da competência para disciplinar a prestação do serviço, remetendo ao concessionário a efetivação das escolhas pertinentes. O concessionário não é senhor do serviço público, mas mero prestador. O poder concedente não pode renunciar aos seus poderes para disciplinar o serviço. Nem poderá delegar tais poderes para o concessionário, o que importaria infringência a princípios constitucionais fundamentais. A tal resultado não pode atingir-se nem mesmo indiretamente, através da omissão do poder concedente. O contrato não pode omitir as regras que condicionam a atuação do concessionário, sob pena de nulidade. A tal resultado não se pode atingir nem mesmo mediante autorização legislativa. *Seria inconstitucional a lei que pretendesse transferir para o concessionário a titularidade de competências inerentes ao Estado*" (JUSTEN FILHO, Marçal. *Concessões de serviços públicos*: comentários às Leis nos 8.987 e 9.074, de 1995. São Paulo: Dialética, 1997. p. 250-251).

caso, não se preveem investimentos de vulto para o permissionário; daí a possibilidade de ser precária a permissão, revogável a qualquer tempo".[20]

A concessão de uso de bem público, entretanto, tem natureza de contrato administrativo, caracterizando-se como negócio jurídico bilateral. Diante disso, embora mantidas as competências estatais de alteração unilateral dos contratos e de rescisão antecipada do vínculo, Marçal Justen Filho alerta para uma série de direitos conferidos ao concessionário de uso, incluindo aquele de exigir ou o respeito do prazo previsto originalmente ou uma indenização por perdas e danos.[21]

Isso afasta a aplicação do entendimento jurisprudencial pacificado no Tribunal de Justiça do Estado do Rio de Janeiro a esses casos na medida em que, diferentemente do que ocorre com a permissão de uso, a concessão de uso não é ato unilateral e precário, não se podendo entendê-la como revogada em decorrência da sub-rogação em análise.

Ao contrário, a sub-rogação determinada nos processos de privatização visa exatamente garantir que as relações jurídicas originais sejam preservadas. Isso fica evidenciado, por exemplo, na redação da subcláusula 3.1.7 do contrato de concessão anexo ao Edital do Pregão Presencial nº 317/ADSP-4/SBGR2011, que obriga a concessionária a respeitar as condições originais contratadas, em sua integralidade.

Sendo assim, a natureza jurídica dos contratos de concessão de uso vigentes permanece como a de contrato administrativo, regido pelo regime jurídico de direito público.

Por fim, cumpre ressaltar que disso não decorre a conclusão de que estaria a concessionária investida nas prerrogativas inerentes à Administração Pública. Por mais que os contratos de concessão determinem a sub-rogação das concessionárias, esse fenômeno não tem o condão de transferir às concessionárias a titularidade das prerrogativas e competências inerentes ao Estado.

6 Regime jurídico aplicável aos contratos de cessão de uso celebrados entre a concessionária e o particular

Ao contrário dos casos em que os contratos de concessão de uso já foram celebrados entre o particular e o poder concedente (em momento que antecedeu a privatização do complexo aeroportuário), nos casos em que o contrato é celebrado entre o particular e a própria concessionária, o regime jurídico aplicável é diferente.

---

20   GRANZIERA, Maria Luiza Machado. *Contratos administrativos*. São Paulo: Atlas, 2002. p. 120.

21   "A concessão de uso se destina, essencialmente, a atribuir a um particular certas garantias durante o período de tempo da outorga. São mantidas as competências estatais de alteração unilateral da contratação e de extinção antecipada do vínculo, mas o particular é titular de garantias similares às reconhecidas ao concessionário de serviço público. A concessão de uso de bem público gera direitos ao concessionário, inclusive à indenização pelos investimentos realizados e não amortizados. Trata-se de outorga dependente de licitação e que gera direito ao particular exigir ou o respeito do prazo previsto originalmente ou uma indenização por perdas e danos" (JUSTEN FILHO, Marçal. *Curso de direito administrativo*. São Paulo: Saraiva, 2010. p. 1090).

De acordo com a subcláusula 4.11 do contrato de concessão anexo ao Edital do Pregão Presencial nº 317/ADSP-4/SBGR2011, por exemplo, "a Concessionária poderá explorar atividades econômicas que gerem Receitas Não Tarifárias, conforme previsto no PEA, diretamente ou mediante a celebração de contratos com terceiros, *em regime de direito privado*".

Não poderia ser diferente. O § 2º do art. 25 da Lei nº 8.987, de 13-2-1995 (Lei de Concessões), determina que os contratos celebrados entre a concessionária e terceiros serão regidos pelo direito privado:

> Art. 25. Incumbe à concessionária a execução do serviço concedido, cabendo-lhe responder por todos os prejuízos causados ao poder concedente, aos usuários ou a terceiros, sem que a fiscalização exercida pelo órgão competente exclua ou atenue essa responsabilidade.
>
> § 1º Sem prejuízo da responsabilidade a que se refere este artigo, a concessionária poderá contratar com terceiros o desenvolvimento de atividades inerentes, acessórias ou complementares ao serviço concedido, bem como a implementação de projetos associados.
>
> *§ 2º Os contratos celebrados entre a concessionária e os terceiros a que se refere o parágrafo anterior reger-se-ão pelo direito privado, não se estabelecendo qualquer relação jurídica entre os terceiros e o poder concedente* [...]. (Grifou-se)

Além disso, por se tratar de ente de direito privado, a concessionária não tem competência para celebrar contratos administrativos.[22] A doutrina ensina que a presença da Administração Pública como uma das partes contratantes é requisito essencial para a formação dos contratos administrativos: "Estamos diante de um contrato administrativo toda vez que houver um assentimento, um acordo de vontade entre, de um lado, a Administração, e de outro, quase sempre, um particular cujo objeto seja algo respeitante ao atingimento de um interesse coletivo ou de uma finalidade pública, e cujo descumprimento, a não ser dentro dos limites de alteração permitidos pela própria natureza do contrato administrativo, gere sanções".[23] Essa é também a posição de José Roberto Dromi, para quem todo contrato celebrado pela Administração é administrativo.[24]

Dentro desse raciocínio, seria possível concluir que as áreas que integram o complexo aeroportuário, objeto dos processos de privatização, devem ser exploradas pela concessionária sob o regime de direito privado, incidindo sobre essas relações jurídicas as normas jurídicas de direito privado. No caso dos contratos que outorgam o direito de uso, isso significa reconhecer a aplicação dos dispositivos da Lei do Inquilinato.

---

[22] Adota-se aqui o conceito de "contrato administrativo" defendido pela maioria dos administrativistas brasileiros, que admitem "a existência de contratos administrativos, com características próprias que os distinguem do contrato de direito privado". Cf. DI PIETRO, Maria Sylvia Zanella. *Direito administrativo*. 25. ed. São Paulo: Atlas, 2012. p. 260-261.

[23] BASTOS, Celso Ribeiro. *Curso de direito administrativo*. São Paulo: Saraiva, 1994. p. 131.

[24] DROMI, José Roberto. *La licitación pública*. 2. ed. Buenos Aires: Astrea, 1977. p. 16-18, in DI PIETRO, Maria Sylvia Zanella. *Da aplicação do direito privado no direito administrativo*, p. 169-170.

Contudo, não se pode olvidar que, tal como já se demonstrou, os bens sobre os quais a concessionária transacionará são considerados bens que integram o patrimônio da União Federal.[25] Por força do art. 87 do Decreto-lei nº 9.760, "a locação de imóveis da União se fará mediante contrato, *não ficando sujeita a disposições de outras leis concernentes à locação*".

Ao aplicar esse dispositivo, o Superior Tribunal de Justiça sedimentou entendimento no sentido de que "as normas de direito privado não podem disciplinar a cessão de uso de bem público, ainda que esteja sob a administração de empresa pública, porquanto, tendo em vista o interesse e as conveniências da Administração, a União pode, a qualquer tempo e unilateralmente, reaver o seu imóvel, tornando sem efeito qualquer contrato entre o cessionário e o cedente".[26]

Isso porque, nas palavras do Ministro Milton Luiz Pereira, "não pode ser omitido que o contrato foi gerado em torno de um bem público, cujo uso e gozo foi deferido ao particular. Jamais se poderá traspassá-lo com disciplinamento do Direito Civil, porque implicaria em renúncia de poderes irrenunciáveis pela Administração Pública, colocando-a em igualdade com o particular".[27]

Tratava-se de caso em que se discutia contrato de concessão de uso celebrado entre a Infraero e particular. Mas o argumento de inafastabilidade do regime de direito público não ecoou de forma uníssona perante os outros ministros. O Ministro Humberto Gomes de Barros apresentou voto divergente, no sentido de entender aplicáveis as normas de direito privado. Isso porque "a Infraero não é um órgão da União, mas sim, uma pessoa jurídica de direito privado. Ora, se é pessoa jurídica de direito privado, não pode celebrar com aquelas pessoas um contrato vinculado ao Decreto-lei nº 9.760/46, que é acessível, unicamente, à União".[28] O Ministro prossegue, argumentando, ainda, que em todas as hipóteses de sua atuação, a empresa pública se rege, em relação a terceiros, pelo direito privado.

Em seu voto, o Ministro Demócrito Reinaldo discorda, salientando que "não interessa o relacionamento entre as duas pessoas jurídicas de direito privado e o particular, porque o bem que está em jogo é da União e, no momento em que a União pretender, ela reivindica, automaticamente, esse imóvel, e todos os contratos ficarão sem efeito. Logicamente, as normas a regerem essa relação devem ser de direito público, jamais as de direito privado".[29]

---

[25] Art. 38 do Código Brasileiro de Aeronáutica: Art. 38. Os aeroportos constituem universalidades, equiparadas a bens públicos federais, enquanto mantida a sua destinação específica, embora não tenha a União a propriedade de todos os imóveis em que se situam.

§ 1º Os Estados, Municípios, entidades da Administração Indireta ou particulares poderão contribuir com imóveis ou bens para a construção de aeroportos, mediante a constituição de patrimônio autônomo que será considerado como universalidade.

§ 2º Quando a União vier a desativar o aeroporto por se tornar desnecessário, o uso dos bens referidos no parágrafo anterior será restituído ao proprietário, com as respectivas acessões.

[26] Recurso Especial nº 55.275-3/ES.
[27] Recurso Especial nº 55.275-3/ES.
[28] Recurso Especial nº 55.275-3/ES.
[29] Recurso Especial nº 55.275-3/ES.

Vencido o entendimento do Ministro Humberto Gomes de Barros, o STJ ratificou o entendimento em julgados posteriores, tais como ilustra a seguinte ementa:

> PROCESSUAL CIVIL E ADMINISTRATIVO. CONTRATO FIRMADO PELA INFRAERO COM EMPRESA PRIVADA, ENVOLVENDO IMÓVEL DE PROPRIEDADE DA UNIÃO FEDERAL. NATUREZA DO CONTRATO: DIREITO PÚBLICO. LEGISLAÇÃO APLICÁVEL À ESPÉCIE: DECRETO-LEI Nº 9.760/46, E NÃO A LEI Nº 6.649/79. PRECEDENTES. RECURSO IMPROVIDO.
>
> 1. Tratando-se de contrato envolvendo imóvel de propriedade da União Federal, não há que se falar na aplicação da Lei nº 6.649/79, mas sim do Decreto-Lei nº 9.760/46.
>
> 2. Recurso conhecido, mas improvido (Recurso Especial nº 55276 – ES).

Em primeira análise, parece haver, portanto, divergência entre o posicionamento do Superior Tribunal de Justiça que, em razão de a propriedade do bem pertencer à União Federal, entende ser aplicável o regime de direito público, e a determinação prevista no contrato de concessão supracitado no sentido de ser aplicável o regime de direito privado.

Para o deslinde da questão, há que se reconhecer, primeiramente, a existência de dois liames jurídicos distintos, sendo um estabelecido entre a concessionária e o particular contratado e outro que liga esse particular contratado à União, em razão da afetação pública que recai sobre o imóvel que explora.

A coexistência dos dois liames jurídicos faz com que exista, a nosso ver, um regime jurídico híbrido. Nesse regime, a relação entre a concessionária e o particular contratado será regida pelo direito privado, ficando afastados, entretanto, os institutos desse sistema que forem incompatíveis com as prerrogativas que a União Federal mantém sobre os bens de sua propriedade, tais como a possibilidade de reaver a posse sobre o imóvel em razão do interesse público.

Isso porque "no Direito Administrativo jamais se poderá traspassar o uso e o gozo do bem público com as características de locação civil, porque implicaria renúncia de poderes irrenunciáveis da Administração, para que ela viesse a se colocar em igualdade com o particular, como é da essência desse contrato no campo do direito privado".[30]

Maria Sylvia Zanella Di Pietro ensina que, nessas circunstâncias, "para cada objetivo visado pela Administração, é a lei que indica o instrumento adequado e é da lei que resulta o regime público ou privado do contrato da Administração".[31] Em se tratando de contrato, prossegue a autora defendendo que existem para o poder público várias possibilidades, dentre as quais está a celebração de "contratos de direito privado, como a compra e venda, a doação, a locação, o comodato, regidos pelo Código Civil. Mas aqui, à semelhança

---

[30] MEIRELLES, Hely Lopes. *Direito administrativo brasileiro*. 14. ed. São Paulo: Revista dos Tribunais, 2007. p. 435 e 436.

[31] DI PIETRO, Maria Sylvia Zanella. *Da aplicação do direito privado na Administração Pública*. São Paulo: Atlas, 1989. p. 185.

do que ocorre com outros institutos de direito privado utilizados pela Administração, a sujeição ao direito privado nunca é integral. Sob vários aspectos tais contratos se submetem ao direito público".[32]

É nesse sentido que a aplicação do Decreto-lei nº 9.760 não pode ser afastada, exigindo que ao contrato celebrado entre a concessionária e o particular contratado sejam incluídas disposições típicas do regime de direito público, tal como a possibilidade de vencimento antecipado do contrato em razão de encampação, caducidade e rescisão unilateral do Contrato de Concessão.

Essas prerrogativas de direito público são inderrogáveis, sujeitando quaisquer relações jurídicas sobre os bens imóveis da União ao poder exorbitante da Administração Pública. Isso porque "o regime administrativo é constituído por prerrogativas e sujeições e estas últimas se aplicam a todos os contratos firmados pela Administração, ainda que regidos pelo direito privado".[33]

7 Conclusão

Diante do exposto, conclui-se que:

a) no caso da outorga de uso privativo das áreas aeroportuárias destinadas à exploração comercial, o instituto de direito administrativo que mais se adequa é o da "concessão de uso", garantindo ao concessionário de uso determinadas prerrogativas que não se encontrariam presentes no instituto da "permissão de uso";

b) nos casos em que ocorrer concessão da administração do complexo aeroportuário durante a vigência de contratos de concessão de uso celebrados com particulares, que exploram comercialmente essas áreas, a concessionária pode se sub-rogar na posição contratual antes ocupada pela Infraero;

c) essa sub-rogação independe de anuência do concessionário de uso por se tratar de hipótese de alteração unilateral do contrato em prol do interesse público por detrás do processo de privatização;

d) em relação aos contratos de concessão de uso vigentes, nos quais se sub-rogou a concessionária, o regime jurídico aplicável permanece o de direito público, em razão de continuar mantido, na sua integralidade, o regime e as condições pactuadas anteriormente com o poder concedente, resguardadas, entretanto, unicamente à Administração Pública as prerrogativas inerentes a esse regime, que não se transmitem à concessionária; e

---

[32] DI PIETRO, Maria Sylvia Zanella. Ob. cit., p. 185.
[33] DI PIETRO, Maria Sylvia Zanella. Ob. cit., p. 185.

e) em relação aos contratos futuros que serão celebrados entre a concessionária e o particular interessado na exploração comercial das áreas, o regime jurídico aplicável é híbrido, por força de a titularidade dos bens ser da União, ensejando a aplicação do Decreto-lei nº 9.760, congregando institutos de direito privado, previstos na Lei do Inquilinato, com as prerrogativas de direito público de que deve permanecer titular a Administração Pública.

11 Nulidades no Direito Administrativo e no Direito Societário: um Breve Estudo Comparativo

Diego Franzoni[1]

1 Introdução

A disciplina das nulidades é permeada de peculiaridades que tornam o seu estudo complexo. Tanto no direito privado, quanto no direito público, a invalidade dos atos jurídicos envolve grandes divergências doutrinárias e ausência de adequada sistematização.

Tal perplexidade é bem demonstrada por Marçal Justen Filho no que diz respeito à teoria das nulidades no direito administrativo brasileiro. Segundo o autor, há três dificuldades: (a) ausência de um Código de Direito Administrativo para sistematização da solução legislativa sobre a matéria; (b) o fato de o direito administrativo disciplinar matérias heterogêneas, o que dificulta a sistematização em tema de nulidades; (c) o fato de que boa parte da teoria das nulidades foi desenvolvida no Brasil sob a égide de regimes não democráticos, em que a atuação do Estado consubstanciava vontade do governante.[2]

A aridez da teoria das nulidades também é reconhecida no direito privado. Especificamente entre os estudiosos do direito comercial, Erasmo Valladão Azevedo e Novaes França afirmam que o tema das nulidades no direito societário não chegou a ser tratado de modo sistemático pela doutrina.[3] No mesmo sentido, o jurista português Vasco da Gama Lobo Xavier acrescenta que *"este problema – aliás estruturalmente semelhante ao que, em relação ao acto administrativo, aparece versado nos juspublicistas, estranhos e nacionais – tem merecido atenção bastante escassa"*.[4]

---

[1] Mestrando em Direito Comercial pela Faculdade de Direito da USP. Advogado integrante de Justen, Pereira, Oliveira e Talamini Sociedade de Advogados.

[2] JUSTEN FILHO, Marçal. *Curso de direito administrativo*. 8. ed. Belo Horizonte: Fórum, 2012. p. 385.

[3] FRANÇA, Erasmo Valladão Azevedo e Novaes. *Invalidade das deliberações de assembleia das S. A.* São Paulo: Malheiros, 1999. p. 7.

[4] LOBO XAVIER, Vasco da Gama. *Anulação de deliberação social e deliberações conexas*. Coimbra: Almedina, 1998. p. 14.

Em sua tese doutoral a respeito da teoria das nulidades no direito administrativo, Carlos Bastide Horbach demonstrou que o tratamento das nulidades no direito civil e no direito administrativo se aproxima pela sua natureza casuística, no sentido de que "*as disposições legais sobre a matéria não são suficientes para conformar a multiplicidade de situações concretas díspares com que se depara o Judiciário*".[5] Com base nisso, propôs o tratamento unitário das nulidades, através da tópica, o que na sua visão não afetaria a autonomia do direito administrativo.

No presente artigo, pretendemos demonstrar que há uma aproximação entre o direito administrativo e o direito societário com relação ao tratamento das nulidades, ao menos pelo fato de que ambos não admitem a exata aplicação do regime das nulidades dado pelo Código Civil. Ou seja, a disparidade de tratamento não se encontra apenas na contraposição entre o público e privado, estando presente mesmo entre os ramos que integram o próprio direito privado. Tal reflexão pode, em alguma medida, contribuir para a perspectiva de unificação da matéria.

2 Nulidades do ato administrativo

Na doutrina do direito administrativo brasileiro, destacou-se o estudo de Seabra Fagundes a respeito das nulidades, publicado na sua já clássica obra *O Controle dos Atos Administrativos pelo Poder Judiciário*.[6]

Inicialmente, Seabra Fagundes refuta a aplicação do regime da invalidade dos atos jurídicos do Código Civil, tendo em vista a sua inadequação ao direito administrativo. Num segundo momento, propõe a aplicação de uma teoria apropriada ao direito administrativo, com base nos graus de invalidade e nos efeitos gerados pela invalidação.

2.1 Afastamento do regime do Código Civil

Segundo Seabra Fagundes, em tema de nulidades, "*não pode ser acolhida, sem reserva, a sistematização da lei civil, que é, em muitos casos, evidentemente inadaptável àqueles atos*".[7] Enquanto no direito privado a nulidade, como sanção ao ato que infringe norma legal, tem "*uma finalidade restauradora do equilíbrio individual perturbado*",[8] "*a infrin-*

---

[5] HORBACH, Carlos Bastide. *Teoria das nulidades do ato administrativo*. 2. ed. São Paulo: Revista dos Tribunais, 2010. p. 240.

[6] FAGUNDES, Miguel Seabra. *O controle dos atos administrativos pelo Poder Judiciário*. 8. ed. Rio de Janeiro: Forense, 2010.

[7] Idem, p. 52.

[8] Idem, p. 52.

gência legal no ato administrativo, se considerada abstratamente, aparecerá sempre como prejudicial ao interesse público".[9]

A justificativa se dá por meio da confrontação das regras de nulidade e anulabilidade do Código Civil com as situações de invalidade de atos administrativos, no que diz respeito à possibilidade de revalidação do ato e de declaração de ofício ou por provocação do Ministério Público.

Quanto à possibilidade de revalidação, o (atual) Código Civil estabelece que a nulidade é vício insanável (art. 168, parágrafo único), ao passo que a anulabilidade é passível de convalidação, com efeitos retroativos (art. 172).[10] Já no caso do ato administrativo, segundo Seabra Fagundes, o fato de o ato não decorrer do direito de um indivíduo importa repelir a possibilidade de ratificação, restando a possibilidade de a Administração praticar novo ato reafirmando o objetivo do primeiro, porém sem efeitos retroativos.[11]

Quanto à possibilidade de declaração de ofício ou por provocação do Ministério Público, o Código Civil prevê tal possibilidade para a nulidade (art. 168, *caput*), enquanto a anulabilidade somente pode ser decretada se houver provocação da parte interessada (idem, *a contrario sensu*). O mesmo não ocorre com o ato administrativo, dotado da presunção de legalidade, exceto no caso de ação penal em que o crime tenha relação com o ato – caso em que a decretação de invalidez, segundo Seabra Fagundes, expressa mais a função tutelar do Judiciário do que a necessidade de sanar o vício por sua gravidade.[12]

Com base em tais considerações, Seabra Fagundes demonstrou que a adoção do Código Civil para a catalogação dos atos inválidos no direito administrativo importaria somente adotar a nomenclatura ali existente (nulidade e anulabilidade), sem que haja possibilidade de reconhecer a aplicação do sistema das nulidades previsto no Código. Para o autor, *"nenhuma vantagem resulta para o direito administrativo do acolhimento da terminologia civilista, quando a isso não corresponda considerável afinidade de conceitos".*[13]

Conforme observa Gustavo Binenbojm, o pensamento de Seabra Fagundes é nesse ponto atual e prudente, na medida em que salientou a necessidade de consideração dos interesses no caso concreto, destacando que há situações em que a manutenção do ato administrativo inválido é mais apropriada ao interesse público.[14]

Em síntese, Seabra Fagundes preconizou a ideia que foi posteriormente consagrada entre os estudiosos do direito administrativo, afirmando que *"a aplicação dos princípios do direito privado aos atos administrativos tem de ser aceita, limitadamente, por meio de*

---

[9] Idem, p. 53.
[10] Idem, p. 57.
[11] Idem, p. 59.
[12] Idem, p. 58-59.
[13] Idem, p. 64.
[14] Idem, p. 54.

uma adaptação inteligente [...] de modo a articulá-los com os princípios gerais e especiais do direito administrativo".[15]

Dentre os estudiosos que reconhecem que o regime do direito civil não pode se aplicar sem adaptações ao direito administrativo, podemos destacar, por brevidade, Maria Sylvia Zanella Di Pietro e Celso Antônio Bandeira de Mello. Di Pietro acrescenta que o ato ilegal poderá prevalecer no caso de não resultar de dolo, bem como não causar dano ao erário ou prejuízo ao direito legítimo de terceiros. Além disso, segundo ela, enquanto no direito civil os vícios se resumem ao sujeito, ao objeto e à forma do ato, no direito administrativo os vícios são relacionados aos elementos do ato administrativo tal como tradicionalmente definidos pela doutrina (competência, capacidade, forma, objeto, motivo e finalidade).[16]

Já Bandeira de Mello concorda que "*a diferente função da teoria das nulidades no Direito Privado e no Direito Administrativo reclama, sem dúvida, tratamentos distintos*", observando, por outro lado que "*a categorização dos vícios [...] é que apresenta distinções mais acentuadas; já, as consequências, inobstante alguma desigualdade, são muito próximas*".[17] Os exemplos trazidos pelo autor são bastante elucidativos:

> *Assim, se alguém é nomeado em consequência de concurso público inválido, e por isto vem a ser anulada a nomeação dele decorrente, o nomeado não deverá restituir o que percebeu pelo tempo que trabalhou. Nem se diga que assim há de ser tão só por força da vedação do enriquecimento sem causa, que impediria ao Poder Público ser beneficiário de um trabalho gratuito. Deveras, embora não compareça tal fundamento, a solução haverá de ser a mesma se alguém é permissionário de uso de um bem público e mais tarde vem-se a descobrir que a permissão foi invalidamente outorgada. A invalidação deverá operar daí para o futuro. Descaberia eliminar retroativamente a permissão; isto é: o permissionário, salvo se estava de má-fé, não terá que devolver tudo o que lucrou durante o tempo em que desfrutou da permissão de uso do bem.*[18]

No entanto, como exporemos adiante, Bandeira de Mello adota uma catalogação dos atos semelhante à classificação tradicional do direito civil (nulidade e anulabilidade), acrescentando ainda a categoria dos atos inexistentes.

Carlos Bastide Horbach bem sintetiza as divergências doutrinárias existentes entre os autores do direito administrativo com relação ao tema das nulidades. Conforme explica, mesmo os que defendem a adoção da categorização do Código Civil reconhecem que "*o influxo do interesse público no direito administrativo dá novo colorido às construções do direito civil*". Também quanto ao ato administrativo, "*mesmo que possam ter os mesmos elementos e as mesmas configurações, a doutrina brasileira reconhece a radical diferença entre*

---

[15] Idem, p. 54.
[16] DI PIETRO, Maria Sylvia Zanella. *Direito administrativo*. 18. ed. São Paulo: Atlas, 2005. p. 228-229.
[17] MELLO, Celso Antônio Bandeira de. *Curso de direito administrativo*. 27. ed. São Paulo: Malheiros, 2010. p. 467.
[18] Idem, p. 480.

um ato produzido no âmbito da autonomia da vontade e outro que resulta de uma vinculação estrita à lei".[19]

2.2 O regime das nulidades no direito administrativo segundo Seabra Fagundes

Seabra Fagundes propõe que as invalidades no direito administrativo sejam delineadas de forma tripartite: (a) atos absolutamente inválidos (nulos, na nomenclatura do Código Civil); (b) atos relativamente inválidos (anuláveis, na linguagem do Código Civil); e (c) atos irregulares.

O atos absolutamente inválidos são aqueles que *"violam regras fundamentais atinentes à manifestação da vontade, ao motivo, à finalidade ou à forma, havidas como de obediência indispensável pela sua natureza, pelo interesse público que as inspira ou por menção expressa da lei".*[20] Tais atos não podem ter qualquer valia jurídica, sendo considerados sem efeito desde quando consumados, o que significa que os efeitos de eventual declaração de nulidade operam *ex tunc* (retroativamente). Seria o caso, por exemplo, da incompetência por abuso de poder.

Por sua vez, os atos relativamente inválidos também violam regras atinentes aos elementos do ato administrativo, mas, em face de razões provenientes do caso concreto, a sua parcial validez é recomendada para atendimento do interesse público envolvido.[21] Assim, embora deixem de operar efeitos após a constatação do vício, certos efeitos devem subsistir, tendo a decretação da invalidade, nesse caso, efeito *ex nunc* (somente da decretação em diante).

Nessa categoria está o caso do funcionário de fato, que embora não detenha a investidura legal, pode ter os seus atos considerados válidos em atenção ao interesse público e à boa-fé dos administrados. Através do exemplo do funcionário de fato, Seabra Fagundes reforça a diferença entre o direito administrativo e o direito privado, afirmando que, enquanto no direito privado é possível categorizar os vícios pela sua natureza e gravidade, no direito administrativo o mesmo vício pode acarretar diferentes consequências à vista do interesse público, sendo impossível sua categorização *a priori*.[22]

Por fim, os atos irregulares são aqueles em que os defeitos não são relevantes a ponto de afetar o interesse público. A infringência de normas legais é branda, e diz respeito geralmente à forma, impondo que os efeitos do ato perdurem, independentemente da constatação do vício.[23]

---

[19] HORBACH, Carlos Bastide. *Teoria das nulidades do ato administrativo*, p. 240.
[20] FAGUNDES, Miguel Seabra. *O controle dos atos administrativos pelo Poder Judiciário*, p. 65.
[21] Idem, p. 65.
[22] Idem, p. 70.
[23] Idem, p. 72.

Tal classificação, como dissemos, não é unânime na doutrina. Celso Antônio Bandeira de Mello, por exemplo, a repele.[24] Entretanto, a classificação parece ser justificada por Seabra Fagundes de maneira bastante coerente. Afirma ele que, embora essa catalogação não forneça elementos objetivos para a catalogação dos vícios no direito administrativo, *"nada de mais preciso se pode estabelecer na fase atual da evolução do direito administrativo [...] a não ser que se queira incorrer em senão maior, que é o casuísmo"*.[25]

2.3 A catalogação de Celso Antônio Bandeira de Mello e a divergência sobre os atos administrativos inexistentes

Para Celso Antônio Bandeira de Mello, são inválidos os atos nulos e anuláveis, sendo esses últimos aqueles atos que na sua visão são passíveis de convalidação. Acrescenta-se a esses também os atos inexistentes, cuja gravidade encontra-se *"fora do possível mundo jurídico e radicalmente vedados pelo direito"*.[26] Seria o caso, por exemplo, de uma ordem para tortura de preso, ou uma licença para o lenocínio, atos que são considerados de uma invalidade tão extrema que, para Bandeira de Mello, devem ser enquadrados como inexistentes.

A catalogação de Celso Antônio, conforme explica Carlos Horbach, segue a teoria de Oswaldo Aranha Bandeira de Mello, segundo quem é possível transplantar em sua integralidade o sistema das nulidades do direito civil ao direito administrativo. Basicamente, afirma-se que: (a) a declaração da nulidade do ato administrativo de ofício é possível no caso de inconstitucionalidade ou ilegalidade, desde que não haja discussão; (b) existem hipóteses de convalidação quando o agente público é relativamente incompetente; (c) aplica-se o Código Civil quanto aos efeitos dos atos inválidos, com a diferença de que o prazo de prescrição dos atos nulos seria longo, e o dos anuláveis seria curto, além de não poder o ato nulo convalescer.[27]

Conforme aponta Carlos Horbach, há uma contradição na teoria de Oswaldo Aranha Bandeira de Mello, na medida em que aceita a categoria da inexistência, afirmando, por outro lado, que ela não seria necessária no direito administrativo, tendo em vista os efeitos de direito em tal ramo jurídico.[28] Do mesmo modo, segundo aponta, a categoria da inexistência da teoria de Celso Antônio não é livre de crítica, na medida em que: (a) não se identifica com a teoria de inexistência tal como adotada pela teoria geral do direito privado, gerando perplexidades; (b) não guarda correspondência com a realidade, já que os

---

[24] MELLO, Celso Antônio Bandeira de. *Curso de direito administrativo*, p. 467.
[25] FAGUNDES, Migueal Seabra. *O controle dos atos administrativos pelo Poder Judiciário*, p. 73.
[26] MELLO, Celso Antônio Bandeira de. *Curso de direito administrativo*, p. 469.
[27] HORBACH, Carlos Bastide. *Teoria das nulidades do ato administrativo*, p. 211.
[28] Idem, p. 211.

atos efetivamente existem, porém são inválidos; (c) liga o ato inexistente ao ato criminoso, delegando ao direito penal a definição do ato administrativo inexistente.[29]

3 Nulidades no direito societário

No direito societário, a teoria das nulidades foi construída através da interpretação crítica dos poucos dispositivos legais que trataram de forma apenas reflexa da questão. Na atual Lei das Sociedades por Ações (Lei nº 6.404/76), trata-se dos arts. 285 e 286, inseridos no capítulo dos prazos prescricionais.

3.1 Afastamento do regime do direito civil – a nulidade da constituição das sociedades

O art. 182 do Código Civil estabelece a disciplina dos efeitos da anulação, que interessa particularmente em tema de nulidade no direito das sociedades. Estabelece o dispositivo que "*Anulado o negócio jurídico, restituir-se-ão as partes ao estado em que antes dele se achavam, e, não sendo possível restituí-las, serão indenizadas com o equivalente*". Em síntese, trata-se da aplicação da regra comum às nulidades e anulabilidades, segundo a qual a declaração da nulidade ou a decretação da anulabilidade fulminam os efeitos do ato jurídico *ab initio*.[30]

Esse sistema das nulidades é semelhante ao que já vigia ao tempo do Decreto nº 434/1891, que impunha a nulidade absoluta nos casos de infração aos preceitos legais comuns a todos os contratos (p. ex., a ausência de capacidade) e objeto social ilícito. J. X. Carvalho de Mendonça reconhecia que esse sistema se pautava na proteção dos sócios e terceiros em face dos atos dos fundadores, salvaguardando "*o crédito público, fàcilmente expôsto a perigo pela emissão e circulação de títulos de sociedades viciadas*". Por outro lado, esse comercialista já apontava que a preocupação da lei de vedar a fraude acaba produzindo justamente o efeito inverso do pretendido.

Para Carvalho de Mendonça, a aplicação desse sistema às nulidades na constituição das sociedades não resistia a uma análise mais detida da questão. Segundo sua crítica pioneira, "*a sociedade exerce sua atividade e explora seu objeto por longos anos. Celebra contratos que tiveram execução, cria relações jurídicas; de repente, se vê ameaçada pela ação de nulidade. Anima-se o apetite dos desonestos*".[31]

---

[29] Idem, p. 229-230.
[30] TEPEDINO, Gustavo; BARBOSA, Heloisa Helena; MORAES, Maria Celina Bodin de. *Código Civil Interpretado conforme à Constituição da República*. 2. ed. Rio de Janeiro: Renovar, 2010. v. 1, p. 332.
[31] CARVALHO DE MENDONÇA, José Xavier. *Tratado de direito comercial brasileiro*. 4. ed. Rio de Janeiro: Freitas Bastos, 1945. p. 371-373.

Tendo em conta essas observações, Carvalho de Mendonça propunha que se desse ao Registro do Comércio o direito de aferir a legalidade dos documentos relativos aos atos constitutivos das sociedades, bem como que as nulidades ficassem sujeitas ao prazo prescricional de um ano e à ratificação pela assembleia, cabendo, quanto às infrações em geral, a responsabilidade civil direta e solidária dos fundadores.

O Decreto-lei nº 2.627/40 acolheu essa proposta pioneira, dando ao Registro do Comércio a função de fiscalização da legalidade dos atos constitutivos, prevista no art. 53, bem como acolhendo o prazo prescricional de um ano para a ação de nulidade de sociedade (art. 155) e a ampla aplicação do princípio da "sanação", segundo o qual as nulidades nessa seara podem ser sanadas a qualquer tempo (art. 155, parágrafo único).

Trajano de Miranda Valverde, autor do anteprojeto, justificou essa opção dizendo que *"ainda quando fôsse nula uma companhia ou sociedade anônima, dificilmente poderiam apagar os efeitos resultantes da sua atuação no mundo dos negócios"*. Defendia, por isso, a incompatibilidade da regra do art. 158 do Código Civil de 1916 (restituição ao *status quo ante*) com o sistema das nulidades das sociedades, até porque, no caso delas, a restituição ao estado anterior pressupõe a liquidação da sociedade, *"que subsiste, assim, apesar de declarada ou decretada a nulidade"*.[32]

Segundo Valverde, o objetivo do sistema das nulidades, enquanto regime repressivo, é o de impedir que atos que contrariem a ordem pública ou firam interesses particulares relevantes produzam ou continuem a produzir efeitos. No entanto, a ideia de retroação dos efeitos da declaração de nulidade (como se o ato jamais tivesse existido) deve ser repelida no caso da constituição das sociedades:

> *Realmente, o ato jurídico com objeto ilícito é nulo. Mas ainda que ostensiva ou aparentemente declarado no instrumento do ato, os efeitos desejados pelas partes dele defluem até o momento de chegar o ato ou seus efeitos ao conhecimento do juiz. E, até esse momento, terceiros podem ser levados, na melhor boa-fé, a uma situação jurídica intangível ou dificilmente removível.*[33]

Também é relevante para demonstrar a especialidade do regime da nulidade no direito societário a característica criativa do contrato de sociedade. Como negócio jurídico plurilateral que é, a sociedade tem o condão de criar um novo ente ou destacar um patrimônio que assume relações jurídicas independentemente dos seus participantes. Essa característica, no estágio atual do direito societário, fica reforçada pelos fenômenos da personificação e da limitação de responsabilidade dos sócios.

Joaquín Garrigues explica que, apesar de a sociedade ser um negócio jurídico, é contrato "sui generis *no solo por su estructura, sino también por el dato de que va dirigido a la creación de una personalidad jurídica distinta de los socios, la qual entra inmediatamente en*

---

[32] VALVERDE, Trajano de Miranda. *Sociedades por ações*. 2. ed. Rio de Janeiro: Forense, 1953. v. III, p. 93-94.
[33] Idem, p. 99.

relación con terceros mediante la celebración de otros contratos".[34] Esse parece ser o grande traço distintivo do contrato de sociedade, uma vez que essa criação de um ente jurídico autônomo em face da pessoa dos contratantes não se verifica em relação aos contratos não societários.

Em suma, o tratamento da nulidade da constituição das sociedades levou a doutrina do direito comercial a desenvolver um teoria própria das nulidades, afastada do regime do Código Civil, tendo em vista a boa-fé dos terceiros que trataram com a sociedade enquanto organismo vivo no mercado. Em especial, deve ser reconhecida a possibilidade de afastamento, em certos casos, da regra do direito civil segundo a qual a anulação do ato jurídico produz sempre efeitos retroativos.

A dicção do art. 155 da antiga Lei das Sociedades por Ações foi mantida na atual Lei nº 6.404/76, no art. 285, não havendo na doutrina, desde então, grandes discussões a respeito do tema.

3.2 A posição de Pontes de Miranda e a artificialidade da teoria da inexistência

Pontes de Miranda formulou uma explícita e contundente crítica à interpretação concebida por Trajano de Miranda Valverde para explicar o sistema das nulidades da constituição das sociedades. Para ele, o sistema da nulidade do ato constitutivo não poderia ser reduzido à anulabilidade, no sentido de que todo ato poderia ser sanado ou convalidado na forma do parágrafo único do art. 155 do Decreto-lei nº 2.627/40 (atualmente, Lei nº 6.404/76, art. 285, parágrafo único):

> *Seria absurdo que não se concebessem atos inexistentes e atos nulos em sociedades por ações. Para o autor do projeto, "o decreto-lei não admite a possibilidade de sociedades anônimas nulas ou inexistentes". A expressão "sociedade nula" é fora de toda a técnica. Sociedade é efeito de ato constitutivo, e não há nulidade de efeito. O que quis dizer foi: "não admite a possibilidade, em se tratando de sociedade anônimas, de ato constitutivo nulo ou inexistente, ou de ato jurídico nulo ou inexistente de órgão da sociedade". Ainda assim, seria de repelir-se. Há ato constitutivo inexistente; por exemplo, o ato constitutivo da sociedade por ações em instrumento particular, sem subscrição. Há ato constitutivo nulo; por exemplo: o ato constitutivo de sociedade por ações assinado, em escritura pública, por menores de dezesseis anos; o ato constitutivo de sociedade por ações para exploração do lenocínio, ou para instalação de fornos na Lua.*[35]

---

[34] GARRIGUES, Joaquín. *Curso de derecho mercantil*. 7. ed. Bogotá: Temis, 1987. t. II, p. 40-41.

[35] PONTES DE MIRANDA, Francisco Cavalcanti. *Tratado de direito privado*. 3. ed. Rio de Janeiro: Borsoi, 1972. t. LI, p. 98.

Sobre a função do Registro do Comércio, igualmente discorda de Valverde, alegando que o art. 53 do Decreto-lei nº 2.627/40 não aludia a vícios e defeitos do ato constitutivo (como incapacidade, erro, dolo, coação, simulação ou fraude contra credores). O exame feito pelo Registro do Comércio, segundo o mencionado dispositivo, diria respeito tão somente à observância das prescrições legais, bem como à presença de cláusulas contrárias à lei, à ordem pública e aos bons costumes.[36] Ainda, Pontes de Miranda defende que a liquidação da sociedade em caso de anulação atine ao patrimônio, e portanto não suporia a sua existência.[37]

Nesse ponto, a teoria das nulidades da constituição das sociedades foi temperada pelo gênio de Tullio Ascarelli, que esclareceu que o art. 155 do Decreto-lei nº 2.627/40 se relacionava somente aos vícios de constituição, e não aos requisitos necessários para o funcionamento da sociedade desde o início até o fim da sua existência. Assim, vícios atinentes à ilicitude ou à impossibilidade do fim social, por exemplo, não seriam prescritíveis, podendo ser arguidos a qualquer momento enquanto não fossem sanados.[38]

Ascarelli acrescenta ainda que tais vícios, que podem estar presentes desde a constituição da sociedade, ou decorrerem de fato posterior, acarretam igualmente a liquidação, também com efeitos *ex nunc*, em face das mesmas razões anteriormente evocadas por Valverde e Carvalho de Mendonça.

Com relação à aplicação da teoria da inexistência, cogitada por Pontes de Miranda, igualmente não nos parece que a crítica seja procedente. Fábio Konder Comparato, em um dos seus *Ensaios e Pareceres de Direito Empresarial*, explica que a teoria da inexistência foi criada pelos pandectistas para regular situações específicas no campo do direito de família, mais especificamente em matéria de casamento, e depois se espraiou para todo o direito privado por obra da Escola Exegética Francesa. Sua consequência prática seria que o ato inexistente não careceria de declaração judicial de invalidade, ao contrário do que ocorre com o ato inválido – porque o ato inexistente não geraria nenhum efeito jurídico.

Comparato aponta que essa teoria é completamente descolada da realidade, *"pois, como considerar, por exemplo, inexistentes para o Direito atos submetidos ao registro público, como um casamento, uma alienação imobiliária ou uma constituição de direitos reais sobre imóveis?"* Segue: *"É óbvio que em tais casos, pelo menos, a intervenção judicial é não só conveniente como absolutamente necessária para cessar os efeitos do ato impugnado. Como distinguir, então a nulidade da inexistência?"* E arremata que o *"ato inexistente, como se disse tantas vezes, é o nada jurídico. A lei não o regula porque não há necessidade de disciplinar o nada"*, asseverando que tanto na doutrina francesa (Carbonnier) quanto na alemã (Larenz) já se reconheceu a impossibilidade de transformar um fato ocorrido em não ocorrido.[39]

---

[36] Idem, p. 103.

[37] Idem, p. 107.

[38] ASCARELLI, Tullio. *Problemas das sociedades anônimas e direito comparado*. São Paulo: Saraiva, 1945. p. 387-389.

[39] COMPARATO, Fábio Konder. *Ensaios e pareceres de direito empresarial*. Rio de Janeiro: Forense, 1978. p. 338-341.

Há, portanto, uma evidente artificialidade em se aplicar a teoria da inexistência ou a nulidade com efeitos *ex tunc* em matéria de constituição das sociedades. É oportuno mais uma vez o pensamento de Carvalho de Mendonça:

> *Como passar a esponja sôbre tudo isso? Como considerar que nunca existiu o que realmente se passou, deixando profundos vestígios e criando relações jurídicas de suma importância em largo círculo de terceiros? A sentença é o decreto de morte da sociedade. Esta extingue-se para o futuro. Aplicar, porém, rigorosamente os princípios fundamentais das nulidades seria produzir consequências absurdas e contrárias à equidade.*[40]

3.3 *Invalidade das deliberações sociais*

Com relação à nulidade das deliberações sociais, o art. 286 da atual lei das sociedades por ações prevê que "*A ação para anular as deliberações tomadas em assembleia-geral ou especial, irregularmente convocada ou instalada, violadoras da lei ou do estatuto, ou eivadas de erro, dolo, fraude ou simulação, prescreve em 2 (dois) anos, contados da deliberação*".

Conforme aponta Erasmo Valladão Azevedo e Novaes França, foram inseridos nesse dispositivo legal três espécies diversas de vícios: (a) os vícios da assembleia; (b) os vícios das deliberações; e (c) os vícios do voto.[41] Cada um desses vícios deve ser tratado no direito societário com peculiaridades próprias, não se aplicando a todos eles as categorias da nulidade e da anulabilidade tal como previstas no Código Civil.

O apontamento é bastante lógico. A invalidade da assembleia acarretará a invalidade de todas as deliberações nela tomadas. No entanto, a invalidade de uma deliberação específica não necessariamente afetará outras que foram tomadas na mesma assembleia. Igualmente, a invalidade do voto de determinado acionista poderá ou não afetar a validade da deliberação, já que tal voto pode ou não ter sido determinante para que a deliberação fosse tomada em determinado sentido. Por fim, a invalidade do voto em si considerado não acarreta a invalidade de toda a assembleia.

3.3.1 Invalidade da assembleia

Ao referir às deliberações "*tomadas em assembleia-geral ou especial, irregularmente convocada ou instalada*", o art. 286 da Lei nº 6.404/76 expressa a possibilidade de anulação dos vícios da própria assembleia, enquanto processo para tomada de deliberação nas sociedades.

Segundo Erasmo Valladão, apesar do caráter cogente das disposições legais atinentes à convocação e à instalação das assembleias das sociedades anônimas, a lei expressa que

---

[40] CARVALHO DE MENDONÇA, *Tratado de direito comercial brasileiro*, p. 380-381.
[41] FRANÇA, Erasmo Valladão. *Invalidade das deliberações de assembleia das S. A.*, p. 85.

os vícios infringentes de tais normas são apenas anuláveis, e não nulos, porque o interesse tutelado é apenas aquele do acionista concretamente considerado. Conforme explica, "*aqui leva-se em conta, sobretudo, o já mencionado interesse na estabilidade das deliberações assembleares, as quais não poderiam ficar, em perpétuo, expostas aos ataques dos acionistas*".[42]

Em síntese, os vícios das assembleias são causa de anulabilidade, por não afetar interesses de terceiros.

3.3.2 Invalidade da deliberação propriamente dita

Já no que diz respeito às deliberações tomadas em contrariedade à lei, há que se verificar, segundo Valladão, se a deliberação pretende estabelecer uma disciplina geral vedada ou não prescrita legalmente – como, por exemplo, a permissão do voto por correspondência. Nesse caso, ainda que se trate de questão atinente ao procedimento assemblear, sobre a qual o acionista tem um direito procedimental, deve ser afastado o regime da anulabilidade previsto no artigo supratranscrito, porque a modificação estabelece uma norma estatutária de aplicação perene, contrária ao interesse não só dos acionistas presentes, como também dos futuros.[43] Desse modo, o cogitado vício conduziria à nulidade da deliberação.

O mesmo ocorre se um determinado direito individual material dos acionistas, previsto em lei, for suprimido através de modificação do estatuto. Assim, por exemplo, a deliberação que modifica o estatuto para excluir de maneira perene o direito de preferência previsto pela norma cogente no art. 109, IV, da Lei nº 6.404/76. Tal deliberação seria absolutamente nula.[44]

Já no caso de uma deliberação que desrespeite apenas concretamente o direito material do acionista, haverá causa de anulabilidade, porque somente o interesse daquele determinado acionista é que estará em jogo, cabendo a ele suscitar a invalidade.[45] Ressalva-se, porém, o caso de violação do direito do acionista enquanto terceiro (como o direito ao dividendo já aprovado, por exemplo). A deliberação que suprima tal direito seria absolutamente nula.[46]

Por sua vez, o caso de mera violação de regras do estatuto (não impostas pela lei), também trata de anulabilidade, por não envolver interesse de terceiros (futuros acionistas).[47]

Por fim, também haverá causa de nulidade absoluta quando a deliberação social afetar o interesse público em sentido estrito (por exemplo, por violação à exigência do artigo

---

[42] Idem, p. 89.
[43] Idem, p. 98.
[44] Idem, p. 103.
[45] Idem, p. 103.
[46] Idem, p. 109.
[47] Idem, p. 105.

222 da Constituição Federal),[48] ou quando provocar contrariedade à ordem pública e aos bons costumes, por seu objeto ilícito ou impossível.[49]

Em síntese, a determinação da nulidade ou anulabilidade da deliberação social será orientada sempre pela afetação ou não do interesse de terceiros. Havendo prejuízo ao interesse público ou ao interesse de terceiros (ainda que acionistas futuros ou acionistas que no caso ostentem a qualidade de terceiros), haverá causa de nulidade. Sendo o interesse violado meramente intrassocial (dos sócios do presente) ou individual, haverá causa de anulabilidade.

3.3.3 Invalidade do voto

Em último lugar, ensina Erasmo Valladão que a invalidade do voto não necessariamente conduzirá à invalidade da deliberação social. Citando Francesco Galgano e Lobo Xavier, explica que "*os vícios do voto só terão relevância, todavia, para o efeito de invalidar a deliberação, se o voto ou votos viciados foram determinantes para a formação da maioria. Essa verificação é o que se denomina, na doutrina, de 'prova de resistência' da deliberação*".[50]

Os vícios do voto estarão tipicamente relacionados aos defeitos do negócio jurídico previstos como causas de anulabilidade no Código Civil (art. 171, II), bem como pela incapacidade relativa do votante (art. 171, I). No entanto, em caso de incapacidade absoluta, o voto será nulo (art. 166, I).

4 Considerações conclusivas

Do panorama traçado acima, é possível identificar algumas vicissitudes que envolvem a teoria das nulidades tanto no direito administrativo quanto no direito societário.

Inicialmente, como já afirmamos, tanto o sistema de invalidade aplicável ao ato administrativo quanto aquele aplicável à constituição das sociedades e às deliberações sociais não se conformam integralmente às regras do Código Civil. Tais regras não são suficientes para dar conta da multiplicidade de situações de invalidade que podem envolver tais atos. Essa constatação está presente entre os estudiosos do direito administrativo, mesmo entre aqueles que pretendem adotar a catalogação das invalidades do próprio Código. Já no direito societário, a melhor doutrina também afirma o afastamento do regime do Código Civil, especialmente quanto aos efeitos da declaração da nulidade.

Carlos Bastide Horbach adverte que, já entre os primeiros autores do direito administrativo brasileiro, a incompatibilidade com o direito civil era visualizada. Segundo Horbach, é possível verificar, por exemplo, na obra de Tito Prates da Fonseca, a tese de que o

---

[48] Idem, p. 110.
[49] Idem, p. 106.
[50] Idem, p. 85.

interesse público que informa a produção do ato administrativo faz com que não se possa aplicar, em sua integralidade, a teoria das nulidades do direito privado.[51]

Posteriormente, Seabra Fagundes demonstrou que uma mesma situação concreta envolvendo um ato administrativo pode conduzir tanto à declaração de nulidade com efeitos retroativos quanto à subsistência dos efeitos produzidos até a constatação do vício. Assim, no seu exemplo, atos praticados pelo funcionário de fato poderão subsistir para resguardar a boa-fé dos administrados, embora em abuso de poder e violação às regras de competência – o que a princípio se enquadraria como nulidade absoluta. "*A uma tal contradição jamais levariam as regras do Código Civil.*"[52]

Ora, constatação semelhante encontra-se na disciplina das nulidades no direito societário, em face do regime dado pelo Código Civil. Conforme demonstramos, a infringência de uma mesma regra, como o art. 109, IV, da lei das sociedades por ações, que impõe o direito de preferência do acionista na aquisição de ações, poderá conduzir à anulabilidade ou nulidade da deliberação social, dependendo do alcance do vício. Caso seja atingido o interesse de terceiros (sócios futuros) pela criação de nova disciplina duradoura no estatuto, em afronta à lei, o vício será configurado como nulidade. Se os interesses atingidos forem limitados aos atuais acionistas, prejudicados em seu direito de preferência concretamente considerado, a deliberação será meramente anulável.

O mesmo problema está presente em relação aos atos administrativos eficazes, se considerarmos a divisão feita por Celso Antônio Bandeira de Mello entre os atos abstratos e concretos. Segundo essa teoria, os atos administrativos abstratos, como o regulamento, são fontes contínuas de efeitos jurídicos, produzindo tantas relações quantas vezes ocorrerem as situações previstas hipoteticamente. Já os atos administrativos concretos aplicam-se apenas uma vez, em face de uma determinada relação jurídica.[53]

Pois bem, para Bandeira de Mello, a invalidade no ato abstrato tem a dupla finalidade de suprimir o próprio ato (apto a gerar efeitos continuamente) e os seus efeitos de criação de determinadas relações jurídicas. Ou seja, nesses casos, a invalidação, além de impedir que o ato continue a produzir efeitos, geraria também a invalidade das relações jurídicas já nascidas, atacando os efeitos já ocorridos. Por sua vez, a invalidação do ato concreto visa à eliminação da relação jurídica dele nascida, já que o ato se esgota com a sua concreta aplicação. Eliminam-se apenas os efeitos, e não o ato em si.[54]

Do mesmo modo, há que se admitir, no direito das sociedades, como no direito administrativo, a modulação dos efeitos da declaração de nulidade. Essa circunstância fica mais evidente quando se analisa a nulidade da constituição de sociedade que, naturalmente, atuando no mercado, contratou com terceiros de boa-fé, criando relações jurídicas que tornam difícil e não recomendada a restituição ao *status quo ante*.

---

[51] HORBACH, Carlos Bastide. *Teoria das nulidades do ato administrativo*, p. 207.
[52] FAGUNDES, Miguel Seabra. *O controle dos atos administrativos pelo Poder Judiciário*, p. 69.
[53] MELLO, Celso Antônio Bandeira de. *Curso de direito administrativo*, p. 463.
[54] Idem, p. 463.

Não nos parece que essa tese somente pode ser aplicada, no direito das sociedades, às sociedades de capitais, às sociedades anônimas (reguladas pela Lei nº 6.404/76) ou às sociedades anônimas abertas, nas quais o interesse do público em geral é mais evidente. Isso porque as mesmas razões que justificam o regime especial das invalidades previsto na lei das sociedades por ações valem para as sociedades tipificadas no Código Civil, que não possui regra expressa a respeito da matéria.[55] Também nessas sociedades, vige o princípio da preservação da empresa e do interesse de terceiros de boa-fé; também nelas, o ato constitutivo se destina à criação de um ente jurídico autônomo; além disso, também em relação a essas sociedades, há que se preservar os atos praticados pela sociedade anulada, em face da dinâmica do mercado e da necessidade de proteção dos grupos de referência (credores, trabalhadores etc.).

De todo modo, é útil o apontamento de Erasmo Valladão que, citando Comparato, afirma que, no caso das sociedades anônimas, é necessário observar se a companhia é fechada ou aberta. Nas sociedades abertas, nas quais predomina o caráter institucional, predominam as disposições de ordem pública, cogentes, voltadas à proteção dos investidores do mercado de capitais, enquanto as sociedades fechadas exprimem um ambiente de interesses privados, podendo ser reguladas pela liberdade dos acionistas.[56] Essas características evidentemente influem no exame do alcance dos vícios das deliberações, e parecem ser aproveitáveis também às sociedades constituídas sob outros tipos societários, as quais, concretamente, também podem apresentar-se como mais institucionais ou mais privatísticas.

Daí que o exame da teoria das nulidades no direito societário nos aponta outro dado fundamental, mas nem sempre lembrado, consistente no fato de que a sua disciplina é permeada por dispositivos de caráter cogente, que envolvem o interesse da coletividade e não podem ser derrogados pelas partes. Abranda-se, portanto, a ideia de que há uma forte contraposição entre o regime jurídico do ato administrativo, vinculado a normas cogentes, e aquele do direito privado.[57]

É justamente essa característica das sociedades, não presente na generalidade dos contratos de direito privado, que aponta para a necessidade de uma regulamentação especial em matéria de nulidades. Assim como no exame das nulidades do ato administrativo o interesse público é dado fundamental, no direito das sociedades o interesse da coletividade também avulta como fundamento para a catalogação dos vícios e a determinação dos efeitos da declaração de nulidade.[58]

---

[55] É essa a opinião de Alfredo de Assis Gonçalves Neto em seu *Manual das companhias ou sociedades anônimas*. 2. ed. São Paulo: Revista dos Tribunais, 2010. p. 58.

[56] FRANÇA, Erasmo Valladão Azevedo e Novaes. *Invalidade das deliberações de assembleia das S. A.*, p. 87.

[57] HORBACH, Carlos Bastide. *Teoria das nulidades do ato administrativo*, p. 52.

[58] Os "grupos de referência" a que referimos acima representam justamente aqueles setores que pautam a aplicação das normas de direito societário, exigindo maior ou menor proteção de acordo com os interesses envolvidos (credores, sócios, investidores, dentre outros). Sobre os "grupos de referência", vide: WIEDEMANN, Herbert. Gesellschaftsrecht I – Grundlagen (Excerto de Direito Societário I – Fundamentos). Munique: Beck,

Ambos os sistemas são também profundamente influenciados pela ideia de proteção da segurança jurídica e da boa-fé dos sujeitos atingidos pelo ato viciado. No direito societário, todos os autores que chancelam a posição aqui defendida utilizam a boa-fé como justificativa para o regime especial de nulidades. Do mesmo modo, entre os autores de direito administrativo estudados, Carlos Horbach propõe que o interesse, a proteção da confiança do administrado e a boa-fé objetiva nos contratos administrativos sejam utilizados como *topoi* para uma possível catalogação unificada das nulidades.[59]

Por fim, conforme explicitamos, a aparente inaplicabilidade da teoria da inexistência – em que pesem as respeitáveis opiniões contrárias – ocorre tanto no direito administrativo quanto no direito privado. No mesmo grau, o direito repele tanto o ato administrativo que ordena a utilização de métodos de tortura ou autoriza a concessão de espaço lunar, quanto o ato constitutivo de sociedade para exploração do lenocínio ou de fornos na lua. Enquanto no direito administrativo é possível concluir que os atos inexistentes ou radicalmente inválidos descritos por Bandeira de Mello são nulos, a mesma solução se aplica ao direito societário quanto aos vícios de maior gravidade utilizados nos radicais exemplos de Pontes de Miranda, os quais poderão ser a qualquer tempo conhecidos, por fazerem parte dos requisitos essenciais para o funcionamento das sociedades.

Em síntese, diversos são os pontos de contato entre a teoria das nulidades no direito administrativo e no direito societário, sendo possível afirmar que o estudo das soluções propostas pela doutrina para cada um desses ramos jurídicos pode contribuir para o desenvolvimento da teoria das nulidades em geral.

1980. Tradução de Erasmo Valladão Azevedo e Novaes França. In: FRANÇA, Erasmo Valladão Azevedo e Novaes. *Direito societário contemporâneo I*. São Paulo: Quartier Latin, 2009.

[59] HORBACH, Carlos Bastide. *Teoria das nulidades do ato administrativo*, p. 275-276.

12

Apontamentos sobre Greve no Serviço Público Brasileiro

Emanuel Pedro Fernandes Batista[1]

1 Introdução

Segundo a Organização Internacional do Trabalho (OIT), a plenitude do direito sindical pressupõe a observância de três princípios: liberdade de organização, direito de greve e negociação coletiva. Tais princípios são universais e, portanto, válidos para todos os trabalhadores, sejam eles privados ou públicos.

No que tange aos trabalhadores do setor privado, esses direitos estão reconhecidos de forma plena pela Carta Maior nos arts. 7º, XXVI, 8º e 9º. Já para os trabalhadores do setor público, a Constituição Brasileira garante, sem qualquer restrição, apenas o direito de associação sindical, conforme disposto no art. 37, VI, sendo omissa com relação à negociação coletiva e condicionando o exercício do direito de greve aos termos e limites de lei específica (art. 37, VII).

O Brasil ratificou algumas convenções internacionais editadas pela Organização Internacional do Trabalho (OIT), dentre as quais a Convenção 151, que dispõe sobre relações de trabalho na Administração Pública, por meio do Decreto Legislativo nº 206/2010.

Por outro lado, ainda que se diga que a OIT não possua uma convenção específica sobre greve, não se pode negar que tal direito fundamental dos trabalhadores está implicitamente contemplado nas Convenções 87 e 98 dessa mesma organização.

Durante muito tempo os governos se furtaram à discussão e regulamentação do direito de greve dos servidores públicos, porém o avanço jurisprudencial no entendimento do tema, somado às impactantes e recentes manifestações grevistas de âmbito federal, fizeram com que a matéria chamasse a atenção do Poder Público.

---

[1] Mestrando em Direito do Estado pela Faculdade de Direito da USP. Especialista em Direito Administrativo pela PUC/SP. Analista da Agência Nacional do Petróleo, Gás Natural e Biocombustíveis – ANP. Advogado e Engenheiro.

Por sua vez, os sindicatos de servidores clamam não pela simples regulamentação do direito de greve, mas também por uma regulamentação da própria Convenção 151,[2] sob o argumento de que somente assim se poderá suprir a lacuna em relação à negociação no serviço público, de forma que a greve se torne um instrumento de pressão realmente efetivo.

Atualmente tramitam no Congresso Nacional alguns projetos de lei que pretendem regulamentar a greve pública, uns tentando facilitar, outros dificultar, seu exercício.

Enfim, é por tudo isso que consideramos o contexto da greve no âmbito público como tema de fundamental importância e sobre o qual teceremos alguns breves apontamentos.

2 Conceito, natureza jurídica e histórico

Quando o equilíbrio das relações entre empresários e trabalhadores se altera, surgem os chamados "conflitos coletivos do trabalho". Mozart Victor Russomano assim define tal expressão:

> Conflito coletivo é o litígio entre trabalhadores e empresários ou entidades representativas de suas categorias sobre determinada pretensão jurídica de natureza trabalhista, com fundamento em uma norma jurídica vigente ou tendo por finalidade a estipulação de novas condições de trabalho.[3]

Pela definição acima, extrai-se que os conflitos coletivos podem se referir a uma divergência em relação ao direito positivo (conflito dito jurídico) ou a vantagens para os contratos individuais de trabalho (conflito dito econômico).[4]

Diante de uma situação conflituosa, a greve seria um dos instrumentos utilizados para prover-lhe solução. Note-se que se trata de um meio de autotutela e, portanto, excepcionalidade do ordenamento jurídico brasileiro.

A greve é, assim, um mecanismo de autodefesa dos trabalhadores previsto constitucionalmente no artigo e, portanto, alçado a categoria de direito fundamental. Nas palavras de Maurício Godinho Delgado:

---

[2] Esse assunto é objeto de disputas internas do governo envolvendo a Secretaria de Recursos Humanos do Ministério do Planejamento (SRH-MPOG) e a Secretaria de Relações de Trabalho do Ministério do Trabalho (SRT-MTE). Ambas reivindicam a competência para propor a legislação regulamentadora, porém com visões diferentes sobre seu conteúdo. O Ministério do Trabalho, em sua minuta de anteprojeto, entende que devem ser aplicadas as mesmas disposições relativas ao enquadramento sindical dos trabalhadores em geral, o que sujeitaria os servidores públicos ao princípio da unicidade sindical e aos sistemas confederativos e de custeio previstos para as entidades sindicais do setor privado, tudo aplicável aos três níveis de governo. O Ministério do Planejamento é contrário a esse entendimento e propôs uma minuta de caráter geral com princípios aplicáveis às três esferas de governo e outras duas minutas específicas para a União versando sobre afastamento de dirigentes sindicais e sobre o funcionamento do Sistema Nacional de Negociação Permanente.

[3] *Princípios gerais de direito sindical*. 2. ed. Rio de Janeiro: Forense, 1997. p. 226.

[4] Sobre a classificação dos conflitos coletivos, ver: NASCIMENTO, Amauri Mascaro. *Curso de direito do trabalho*: história e teoria do direito do trabalho: relações individuais e coletivas do trabalho. 24. ed. São Paulo: Saraiva, 2009. p. 1313.

É um direito fundamental de caráter coletivo, resultante da autonomia privada inerente às sociedades democráticas. É direito que resulta da liberdade de trabalho, mas também, na mesma medida, da liberdade associativa e sindical e da autonomia dos sindicatos, configurando-se como manifestação relevante da chamada autonomia privada coletiva, própria às democracias. Todos esses fundamentos, que se agregam no fenômeno grevista, embora preservando suas particularidades, conferem a esse direito um *status* de essencialidade nas ordens jurídicas contemporâneas. Por isso é direito fundamental nas democracias.[5, 6]

A Lei nº 7.783, de 28-6-1989, define greve como sendo "a suspensão coletiva, temporária e pacífica, total ou parcial, de prestação pessoal de serviços a empregador".

Sua origem histórica remonta aos movimentos sindicais da Inglaterra, frutos da Revolução Industrial. Interessante, contudo, anotarmos que existem registros históricos de greve datados de períodos anteriores a este, tais como o êxodo dos hebreus no Egito ou o protesto de trabalhadores na construção de túmulos de faraós.[7]

No Brasil, o marco histórico da greve é o fim da escravidão e sua substituição pelo modelo da relação de emprego. O Código Penal de 1890[8] inicialmente a elencava como crime, porém, por meio do Decreto-lei nº 1.162/1890, o movimento paredista deixou de ser tipo penal, punindo-se apenas os atos de violência ocorridos em razão deste.

A Constituição de 1934 nada mencionava sobre o assunto, que volta a ser considerado ilícito penal na Constituição de 1937.[9] Em decorrência dessa norma, o Decreto-lei nº 431/1938[10] também disciplinava a greve como um crime e o Decreto-lei nº 1.237/39[11] previa punições em caso de greve, inclusive com a previsão de detenção dos grevistas.

---

[5] DELGADO, Maurício Godinho. *Direito coletivo do trabalho*. 3. ed. São Paulo: LTr, 2008. p. 193.

[6] Interessante anotarmos a opinião de Mozart Victor Russomano, para quem a greve teria a natureza jurídica de ato jurídico, não reconhecendo nele um direito subjetivo de ordem social. Entende que, ainda sim, deve o ordenamento jurídico discipliná-lo, não podendo diante dele ficar inerte. Ob. cit., p. 250-52.

[7] Carlos Henrique Bezerra Leite afirma que não se pode caracterizar como greve movimentos coletivos de trabalhadores inseridos em regimes de escravidão ou de servidão. *Curso de direito do trabalho*: direito coletivo e direito internacional do trabalho. 3. ed. Curitiba: Juruá, 2008. v. 2, p. 92.

[8] Art. 204. Constranger, ou impedir alguém de exercer a sua industria, commercio ou officio; de abrir ou fechar os seus estabelecimentos e officinas de trabalho ou negocio; de trabalhar ou deixar de trabalhar em certos e determinados dias: Pena – de prisão cellular por um a três mezes.

Art. 205. Seduzir, ou alliciar, operarios e trabalhadores para deixarem os estabelecimentos em que forem empregados, sob promessa de recompensa, ou ameaça de algum mal: Penas – de prisão cellular por um a três mezes e multa de 200$ a 500$000.

Art. 206. Causar, ou provocar, cessação ou suspensão de trabalho, para impor aos operarios ou patrões augmento ou diminuição de serviço ou salario:

[9] Art. 139. [...] A greve e o *lock-out* são declarados recursos anti-sociais nocivos ao trabalho e ao capital e incompatíveis com os superiores interesses da produção nacional.

[10] Art. 3º São ainda crimes da mesma natureza: [...] 22) induzir empregadores ou empregados à cessação ou suspensão do trabalho; Pena – 1 a 3 anos de prisão.

[11] Art. 80. Os empregadores que, individual ou coletivamente, suspenderem o trabalho dos seus estabelecimentos, sem prévia autorização do tribunal competente, ou que violarem ou se recusarem cumprir decisão de

De seu turno, a CLT[12] somente admitia a suspensão coletiva do trabalho com a prévia autorização do tribunal trabalhista e, caso esse requisito não fosse observado, eram previstas penas de suspensão, dispensa, perda do cargo de representante sindical, multa e até mesmo perda do registro sindical.

Com o Decreto-lei nº 9.070/46[13] o movimento paredista passa a ser tolerado apenas para as chamadas atividades acessórias; contudo, ainda persistia a proibição para atividades ditas fundamentais. É, portanto, a primeira lei disciplinadora da matéria, passando a ser reconhecida a greve como direito trabalhista na Constituição de 1946.

---

tribunal do trabalho, proferida em dissídio coletivo, incorrerão nas seguintes penalidades: a) multa [...] b) perda de cargo de representação profissional e do direito de ser e efeito para tal cargo durante o período de dois a cinco anos [...] 2º Se o empregador for concessionário de serviço público, as penas serão aplicadas em dobro.

Art. 81. Os empregados que, coletivamente e sem prévia autorização do tribunal competente abandonarem o serviço, ou desobedecerem a decisão de tribunal do trabalho, serão punidos com penas de suspensão até seis meses, ou dispensa, além de perdas de cargo de representação profissional e incompatibilidade para exercê-lo durante o prazo de dois a cinco anos.

Art. 82. Quando suspensão do serviço ou a desobediência às decisões dos tribunais do trabalho for ordenada a por associação profissional, sindical ou não de empregados ou de empregadores, a pena será: a) [...] cancelamento do registro da associação [...] multa.

Art. 83. Todo aquele que empregado ou empregador ou mesmo estranho às categorias em conflito, instigar a prática de infrações previstas neste capítulo, ou se houver feito cabeça de e coligação de empregadores ou empregados, incorrerá na pena de seis meses a três anos de prisão, sem prejuízo das demais sanções cominadas neste capítulo.

[12] Art. 723. Os empregados que, coletivamente e sem prévia autorização do tribunal competente, abandonarem o serviço, ou desobedecerem a qualquer decisão proferida em dissídio, incorrerão nas seguintes penalidades: a) suspensão do emprego até seis meses, ou dispensa do mesmo; b) perda do cargo de representação profissional em cujo desempenho estiverem; c) suspensão, pelo prazo de dois anos a cinco anos, do direito de serem eleitos para cargo de representação profissional.

Art. 724. Quando a suspensão do serviço ou a desobediência às decisões dos Tribunais do Trabalho for ordenada por associação profissional, sindical ou não, de empregados ou de empregadores, a pena será: a) se a ordem for ato de Assembleia, cancelamento do registro da associação, além da multa de Cr$ 5.000, 00 (cinco mil cruzeiros), aplicada em dobro, em se tratando de serviço público; b) se a instigação ou ordem for ato exclusivo dos administradores, perda do cargo [...]

[13] Art. 9º É facultado às partes que desempenham atividades acessórias, depois de ajuizado o dissídio, a cessação do trabalho ou o fechamento do estabelecimento. Neste caso, sujeitar-se-ão ao julgamento do Tribunal tanto para os efeitos da perda do salário, quanto para o respectivo pagamento durante o fechamento. [...]

Art. 10. A cessação do trabalho, em desatenção aos processos e prazos conciliatórios ou decisórios previstos nesta lei, por parte de empregados em atividades acessórias, e, em qualquer caso, a cessação do trabalho por parte de empregados em atividades fundamentais, considerar-se-á, falta grave para os fins devidos, e autorizará a rescisão do contrato de trabalho.

Art. 3º São consideradas fundamentais, para os fins desta lei, as atividades profissionais desempenhadas nos serviços de água, energia, fontes de energia, iluminação, gás, esgotos, comunicações, transportes, carga e descarga; nos estabelecimentos de venda de utilidade ou gêneros essenciais à vida das populações; nos matadouros; na lavoura e na pecuária; nos colégios, escolas, bancos, farmácias, drogarias, hospitais e serviços funerários; nas indústrias básicas ou essenciais à defesa nacional. [...] § 1º O Ministro do Trabalho, Indústria e Comércio, mediante portaria, poderá incluir outras atividades entre as fundamentais. [...] § 2º Consideram-se acessórias as atividades não classificadas entre as fundamentais.

A Lei nº 4.330/64 estipulava diversas exigências para a deflagração do movimento grevista, o que verdadeiramente acabava por inviabilizar seu exercício. Fruto do regime militar, embora não proibisse explicitamente a greve do setor privado, a lei a restringia sobremaneira. Para os funcionários e servidores da União, dos Estados, dos Territórios, dos Municípios e das Autarquias, vedava seu exercício em qualquer hipótese.[14]

A Constituição de 1967 manteve o cenário anterior: o setor privado poderia exercer a greve nos termos da lei e os serviços públicos e atividades essenciais estavam impedidos desse exercício.[15] Note-se que a enumeração dessas atividades essenciais estava disposta no Decreto-lei nº 1.632/68, que considerava como tal as relativas a serviços de água e esgoto, energia elétrica, petróleo, gás e outros combustíveis, bancos, transportes, comunicações, carga e descarga, hospitais, ambulatórios, maternidades, farmácias e drogarias, bem como as de indústrias definidas por decreto do Presidente da República.

Interessante ainda anotarmos que a Lei nº 6.620/78 passa a considerar a greve no serviço público como crime contra a segurança nacional.[16]

Com o advento da Constituição de 1988, a greve é inserida no rol dos direitos sociais fundamentais dos trabalhadores, ficando consignado que a lei definirá os serviços e atividades essenciais e disporá sobre o atendimento às necessidades inadiáveis da comunidade, de forma que apenas os abusos sujeitam os infratores às penas da lei.

Embora também esteja garantida pela Lei Maior aos servidores públicos civis, seu efetivo exercício esbarra no entendimento doutrinário e jurisprudencial sobre o tema, vez que, diferentemente do que ocorre no setor privado, onde o assunto está disciplinado pela Lei nº 7.783/89, para o setor público não se editou, até o momento, a lei específica prevista no art. 37, VII, da Constituição.

Fato é que, não existindo arcabouço normativo que compatibilize tal direito fundamental dos servidores públicos ao interesse público, prolongam-se acontecimentos como os recentemente observados no grande movimento paredista promovido no serviço público federal.

---

[14] Art. 4º A greve não pode ser exercida pelos funcionários e servidores da União, Estados, Territórios, Municípios e autarquias, salvo se se tratar de serviço industrial e o pessoal não receber remuneração fixada por lei ou estiver amparado pela legislação do trabalho.

[15] Art. 157, § 7º Não será permitida greve nos serviços públicos e atividades essenciais, definidas em lei.

[16] Art. 35. Promover paralisação ou diminuição do ritmo normal de serviço público ou atividade essencial definida em lei, com o fim de coagir qualquer dos Poderes da República. Pena: reclusão, de 1 a 3 anos.

Art. 36. Incitar: [...] V – a paralisação de serviços públicos, ou atividades essenciais; Pena: reclusão, de 2 a 12 anos.

Art. 37. Cessarem funcionários públicos, coletivamente, no todo, ou em parte, os serviços a seu cargo. Pena: detenção, de 8 meses a 1 ano.

3 Regulamentação legislativa

A Constituição Brasileira estabelece que o direito de greve do servidor público será exercido nos termos e nos limites definidos em lei específica, ou seja, lei ordinária que dispunha unicamente sobre a matéria em comento, não podendo ela possuir outro objeto que não o direito de greve no âmbito da Administração Pública.

Note-se que mesmo após a Emenda Constitucional nº 19, de 1998, na qual se substituiu a obrigatoriedade de lei complementar por lei ordinária, o que, pelo menos em tese, haveria de facilitar sua aprovação, a regulamentação ainda não se consubstanciou.

Em nossa opinião, essa mudança de *quorum* para aprovação poderia, outrossim, sugerir que a intenção do governo fosse promulgar lei impondo maiores restrições aos servidores públicos. Daí a razão de se exigir menos votos para aprovação legislativa.

De outra sorte, a respeito da competência para legislar sobre o assunto, partilhamos da opinião da professora Maria Sylvia Zanella Di Pietro: "Como a matéria de servidor público não é privativa da União, entende-se que cada esfera de Governo deverá disciplinar o direito de greve por lei própria."[17]

Em tempo, ainda que se considere que a regulamentação se dará em cada nível de governo, não se furtará a União em expedir também norma de princípios gerais de observância obrigatória pelas legislações estaduais e municipais.

4 Direito de greve e mandado de injunção

Como já dissemos, a greve possui natureza jurídica de direito subjetivo constitucional. Sendo assim, se o exercício desse direito encontrar-se paralisado em virtude da ausência de regra regulamentadora, pode seu titular postular judicialmente o saneamento dessa omissão via mandado de injunção.[18]

Tal remédio constitucional é, portanto, ação civil de rito especial condicionada a uma relação de causa (falta de norma regulamentadora) e efeito (inviabilidade de quaisquer direitos, liberdades e prerrogativas constitucionais).[19, 20] Assim, diante da ausência de norma disciplinadora, muitos mandados de injunção foram impetrados visando suprir tal omissão.

---

[17] *Direito administrativo*. 25. ed. São Paulo: Atlas, 2012. p. 618.

[18] BONAVIDES, Paulo. *Curso de direito constitucional*. 20. ed. São Paulo: Malheiros, 2007. p. 551.

[19] Sobre a natureza dúplice do mandado de injunção, ver: SANTOS, Ronaldo Lima dos. *Sindicatos e ações coletivas*: acesso à justiça coletiva e tutela dos interesses difusos, coletivos e individuais homogêneos. 2. ed. São Paulo: LTr, 2008. p. 458.

[20] Sobre a amplitude do mandado de injunção, ver: PIOVESAN, Flávia. *Proteção judicial contra omissões legislativas*: ação direta de inconstitucionalidade por omissão e mandado de injunção. 2. ed. São Paulo: Revista dos Tribunais, 2003. p. 140.

Pela análise de alguns desses mandados, verifica-se que o Supremo Tribunal Federal foi alterando seu posicionamento ao longo do tempo. Inicialmente, o entendimento era o de que o art. 37, VII, da Constituição possuía eficácia limitada,[21] desprovida, pois, de auto aplicabilidade, de forma que o exercício do direito subjetivo de greve pelos servidores públicos dependeria da edição de lei específica.

Nesse sentido, e adotando uma posição não concretista, o Mandado de Injunção nº 20, de relatoria do Ministro Celso de Mello, limitou-se a declarar a inércia do Congresso Nacional na regulamentação do dispositivo constitucional. Dessa maneira, foram atribuídos ao mandado de injunção os mesmos efeitos da ação direta de inconstitucionalidade por omissão. Ainda que o fundamento de ambos seja o mesmo, suas finalidades são distintas e, conforme preceitua Maria Sylvia Zanella Di Pietro,[22] se assim não fosse, não haveria a necessidade de previsão constitucional das duas ações.

Cabe salientar que, na ocasião, embora vencidos, os Ministros Marco Aurélio e Carlos Velloso posicionaram-se de forma concretista, não somente declarando a mora do legislativo, mas também impondo condições para o exercício do direito e manifestando-se a favor da aplicação da Lei nº 7.783/89 para o setor público.

Com os Mandados de Injunção nºs 670/ES, 708/DF e 712/PA, a Corte Suprema passou a adotar o posicionamento concretista, outrora minoritário, determinando que a norma disciplinadora da greve no setor privado fosse aplicada também ao setor público até que se verificasse a edição de uma lei específica.

Ademais, o relator, Ministro Eros Grau, entendeu que a discussão sobre a aplicabilidade da norma contida no art. 37, VII, da Constituição seria irrelevante, devendo o STF emitir uma decisão que, por um lado, efetivamente surtisse efeito e viabilizasse o exercício de greve aos servidores públicos e, por outro, assegurasse a continuidade do serviço público a fim de se preservar a coesão e a interdependência social.

Diante disso, com base no argumento de que a Corte possui uma atribuição constitucional consubstanciada num dever-poder de formular supletivamente a norma regulamentadora, exercendo, assim, função normativa, o Ministro considerou necessário aplicar a Lei nº 7.783/89, porém mediante algumas alterações face às peculiaridades do instituto da greve frente ao princípio da continuidade do serviço público.[23]

---

[21] Sobre as categorias de normas constitucionais, ver: SILVA, José Afonso da. *Aplicabilidade das normas constitucionais*. 3. ed. São Paulo: Malheiros, 1999. p. 82.

[22] *Direito administrativo*. 22. ed. São Paulo: Atlas, 2009. p. 764.

[23] Eros Grau propõe as seguintes alterações na Lei nº 7.783/89: art. 3º Frustrada a negociação ou verificada a impossibilidade de recursos via arbitral, é facultada a cessação parcial do trabalho. Parágrafo único. A entidade patronal correspondente ou os empregadores diretamente interessados serão notificados com antecedência mínima de 72 (setenta e duas) horas da paralisação.

Art. 4º Caberá à entidade sindical correspondente convocar, na forma do seu estatuto, assembleia geral que definirá as reivindicações da categoria e deliberará sobre a paralisação parcial da prestação de serviços.

Art. 7º [...] Parágrafo único. É vedada a rescisão do contrato de trabalho durante a greve exceto na ocorrência da hipótese prevista no artigo 14.

Analisando-se as alterações propostas por Eros Grau, pode-se inferir que, diferentemente do que dispõe a Lei nº 7.783/89,[24] e em virtude do mencionado princípio, a greve no serviço público somente poderia ocorrer na forma de "cessação parcial do trabalho". Qualquer comprometimento da regular continuidade do serviço público constituiria abuso do direito de greve.

Portanto, embora o Plenário do Supremo Tribunal Federal tenha decidido aplicar ao setor público, no que couber, a Lei nº 7.783/89, não se pode deixar de observar, no raciocínio do Ministro, argumentos que justificariam diferenças na regulamentação do exercício deste que é um direito comum aos trabalhadores públicos e privados.

Eros Grau, ao definir o direito de greve no serviço público como "parcial", nos fornece indícios de que uma futura legislação regulamentadora do art. 37, VII, da Constituição venha a ser mais restritiva. É o que se observa, por exemplo, nos projetos de lei em trâmite e sobre os quais comentaremos ao final.

Outro ponto que merece destaque é a ampliação dos limites subjetivos da coisa julgada pelo STF, visto que adotou uma postura concretista geral, estendendo os efeitos da decisão *erga omnes*, tal como observado, em regra, nos efeitos da ação direta de inconstitucionalidade.

Por fim, mencione-se que, em termos procedimentais, a excelsa Corte determinou a aplicação da Lei nº 7.701/88, que diz respeito à especialização das turmas dos Tribunais Trabalhistas em processos coletivos.

5 Projetos de lei em tramitação

Por se tratar de assunto de grande apelo político, verifica-se uma grande quantidade de projetos de lei em tramitação no Congresso Nacional. Assim, para se evitar alegações de vício de iniciativa, tais projetos possuem âmbito de aplicação nacional e não apenas federal, caso em que teríamos iniciativa privativa do Presidente da República. Ao se disciplinar direitos de servidores públicos de todas as esferas de governo (União, Estados, Distrito Federal e Municípios), a iniciativa parlamentar apresenta-se legítima.

Art. 9º Durante a greve o sindicato ou a comissão de negociação, mediante acordo com a entidade patronal ou diretamente com o empregador, manterá em atividade equipes de empregados com o propósito de assegurar a regular continuidade da prestação do serviço público. Parágrafo único. É assegurado ao empregador, enquanto perdurar a greve, o direito de contratar diretamente os serviços necessários a que se refere este artigo.

Art. 14º Constitui abuso do direito de greve a inobservância das normas contidas na presente lei, em especial o comprometimento da regular continuidade na prestação do serviço público, bem como a manutenção da paralisação após a celebração de acordo, convenção ou decisão da justiça do Trabalho.

[24] Art. 2º Para os fins desta Lei, considera-se legítimo exercício do direito de greve a suspensão coletiva, temporária e pacífica, total ou parcial, de prestação pessoal de serviços a empregador.

Dos diversos projetos em tramitação no Congresso Nacional que pretendem regulamentar o direito de greve na Administração Pública, consideramos quatro deles como principais: PL 4.532/12, PL 4.497/01, PLS 84/07 e o PLS 710/11.

O PL 4.532/12, além de tratar de greve, estende aos servidores públicos também o direito de negociação coletiva, estabelecendo um processo de diálogo com vistas ao tratamento de conflitos nas relações de trabalho, pautado na boa-fé, no reconhecimento das partes e no respeito mútuo.

Estabelece, ainda, que a negociação coletiva será exercida por meio de mesas de Negociação Permanente, instituídas no âmbito dos Poderes da União, dos Estados, do Distrito Federal e dos Municípios. A matéria prevê a regulamentação das mesas de Negociação por regimento interno, elaborado de comum acordo entre as partes – funcionalismo e governo.

O PL 84/07 limita-se a definir os serviços ou atividades essenciais para os efeitos do direito de greve previstos no inciso VII do art. 37 da Constituição. Assim, considera como tal apenas aqueles caracterizados como de urgência médica necessários à manutenção da vida, de forma que os serviços e atividades não mencionados na lei não seriam, em nenhuma hipótese, considerados como essenciais ou inadiáveis para o atendimento das necessidades da comunidade.

O PL 4.497/01 elenca atividades consideradas essenciais e trata a recusa à prestação desses serviços como abuso do direito de greve sujeito a penalidades. No caso de inobservância da continuidade desses serviços no que diz respeito ao atendimento das necessidades inadiáveis de interesse público, o projeto autoriza a contratação de pessoal por tempo determinado (nos termos do art. 37, IX, da Constituição) ou até mesmo a terceirização de serviços mediante dispensa de licitação.

O PLS 710/11 segue a mesma linha, trazendo rol ainda mais extenso e estabelecendo, inclusive, percentuais mínimos de servidores que devem ser mantidos em atividade, o que pode chegar a 80% do total de funcionários. Determina, ainda, que o Poder Público assegure a prestação dos serviços afetados.

Entendemos que o legislador deve se preocupar com a continuidade dos serviços durante períodos de greve, contudo, é preciso sopesar também que tais medidas podem acabar por esvaziar o sentido do próprio movimento paredista. O percentual de 80%, por exemplo, retira por completo a efetividade da greve.

Note que o percentual estabelecido no PLS 710/11 vai de encontro ao que determina a jurisprudência trabalhista, a qual geralmente dispõe que para as atividades essenciais deve ser mantido o percentual mínimo de 30% de funcionários.

É de se questionar essa diferença de percentuais. No PLS 710/11 elencam-se serviços públicos caracterizados como atividades essenciais, as quais, pelo menos em tese, requereriam um percentual mínimo superior ao estipulado para as atividades assim descritas pela Lei nº 7.783/89. Fato ocorre que muitas das atividades no art. 10 da lei de greve do setor privado também são serviços públicos.

Para exemplificar, suponhamos uma situação em que um serviço de saúde seja prestado pelo Estado e pelo particular de forma concorrente. Numa possível greve dos trabalhadores do setor em um determinado município, um hospital gerido pelo Poder Público seria forçado a manter 60% do pessoal em atividade, ao passo que em um hospital gerido por particular, esse percentual poderia ser negociado ao patamar jurisprudencial trabalhista de 30%.

Ora, será que é possível falar na existência de peculiaridades que devem ser observadas em se tratando de serviços públicos prestados pelo Estado quando em comparação com aqueles prestados por particulares, de forma que haveria de existir diferenças nos percentuais mínimos estabelecidos? Em outras palavras: será que o aspecto subjetivo da presença ou não do Estado na prestação direta do serviço público justifica tratamentos diferentes com relação à greve?

Parece-nos que não. Entendemos que a essencialidade está nas atividades tidas como serviços públicos essenciais independentemente de quem as presta. O problema, assim, passa a ser de ordem conceitual.

Comparando-se as diferentes listas de atividades essenciais nos diferentes projetos e na Lei nº 7.783/89, verificam-se diferenças nas concepções do que realmente seja serviço essencial. Da forma como está no PL substitutivo, praticamente todos os serviços públicos são dotados de essencialidade e, portanto, sujeitos a maiores restrições. Ademais, o rol trazido pelo PL 4.432/12 pretende ser complementar ao da Lei nº 7.783/89, visto que seu art. 8º diz serem as atividades nele especificadas também essenciais, além das já elencadas na lei geral de greve.[25]

O PL 4.532/12, substitutivo do PL 4.497/01, altera alguns de seus dispositivos incluindo um percentual mínimo de 45% para a prestação de serviços inadiáveis de interesse público.[26] Além disso, amplia o conceito de serviço inadiável, contido no parágrafo único do art. 11 da lei de greve do setor privado, incluindo também a segurança do Estado, o exercício dos direitos e garantias fundamentais e a preservação do patrimônio público.

Esse alargamento coloca como inadiável e, portanto, sujeito ao percentual mínimo legal quase toda a atividade prestada pelo Estado, ao passo que no setor privado o inadiável é circunscrito à esfera da sobrevivência, saúde ou segurança da população, sendo objeto de negociação o percentual aplicável.

Em tempo: autorizar a contratação por tempo determinado e a terceirização de serviços nas atividades que visem atendimento das necessidades inadiáveis de interesse público

---

[25] Art. 8º São considerados serviços ou atividades essenciais, além daqueles especificados na lei de que trata o § 1º do art. 9º da Constituição Federal [...].

[26] O projeto substitutivo ao PL nº 4.497/01 altera alguns de seus dispositivos, dentre os quais o artigo 9º, *in verbis*:
Art. 9º Durante a greve em órgãos e entidades públicas que executem serviços ou atividades essenciais, os servidores, sob a coordenação da entidade sindical ou da comissão de negociação a que se refere o § 2º do art. 3º, ficam obrigados a garantir a prestação dos serviços indispensáveis ao atendimento das necessidades inadiáveis de interesse público, com a presença de, no mínimo, 45% (quarenta e cinco por cento) dos servidores em atividade.
§ 1º São necessidades inadiáveis de interesse público aquelas que, se não atendidas, coloquem em risco iminente a segurança do Estado, a sobrevivência, a saúde ou a segurança da população, o exercício dos direitos e garantias fundamentais e a preservação do patrimônio público.

também se mostra temerário na medida em que não se consiga delimitar o conceito de essencialidade. Ao se tomar esse termo por um sentido amplo aplicável a todo e qualquer serviço público, estar-se-ia legitimando a substituição de qualquer servidor grevista, em um tratamento flagrantemente oposto ao dispensado aos trabalhadores regidos pela Lei nº 7.783/89, na qual a substituição só é permitida como exceção nos casos de possíveis danos irreversíveis de máquinas e equipamentos e abuso do direito de greve, dentre outras hipóteses previstas nos arts. 9º e 14.[27]

Outro ponto discrepante entre os projetos e a Lei nº 7.783/89 é a previsão de consequências funcionais em virtude da greve. Diferentemente do que ocorre na lei do setor privado, na qual tais consequências são objeto de negociação, os projetos em trâmite vão na linha de dispor previamente alguns dos corolários do movimento.

O PLS 710/11 veda a contagem dos dias não trabalhados como tempo de serviço para quaisquer efeitos.[28] Nessa mesma linha, o PL 4.532/12 vai além, para considerar os dias de greve como de falta injustificada, o que pode ensejar demissão do servidor.[29]

Embora entendamos que o tratamento aqui devesse ser o mesmo dado na lei geral de greve, a solução dada pelo PL 4.497/01 apresenta-se de forma bastante razoável. Nele, os dias de greve, desde que repostas as horas não trabalhadas, poderiam ser contados como de efetivo exercício para todos os efeitos, inclusive remuneratórios. Vale ressaltar que o PLS 710/11 também prevê essa possibilidade, porém, limitada a 30% do período da paralização.

Esta inclusive foi a solução encontrada pelo Ministério do Planejamento na greve de 2012. Os dias inicialmente descontados dos servidores grevistas foram objeto de plano

---

[27] Art. 7º [...] Parágrafo único. É vedada a rescisão de contrato de trabalho durante a greve, bem como a contratação de trabalhadores substitutos, exceto na ocorrência das hipóteses previstas nos arts. 9º e 14.

Art. 9º Durante a greve, o sindicato ou a comissão de negociação, mediante acordo com a entidade patronal ou diretamente com o empregador, manterá em atividade equipes de empregados com o propósito de assegurar os serviços cuja paralisação resultem em prejuízo irreparável, pela deterioração irreversível de bens, máquinas e equipamentos, bem como a manutenção daqueles essenciais à retomada das atividades da empresa quando da cessação do movimento. Parágrafo único. Não havendo acordo, é assegurado ao empregador, enquanto perdurar a greve, o direito de contratar diretamente os serviços necessários a que se refere este artigo.

Art. 14. Constitui abuso do direito de greve a inobservância das normas contidas na presente Lei, bem como a manutenção da paralisação após a celebração de acordo, convenção ou decisão da Justiça do Trabalho. [...]

[28] Art. 13. São efeitos imediatos da greve: I – a suspensão coletiva, temporária, pacífica e parcial da prestação de serviço público ou de atividade estatal pelos servidores públicos;

II – a suspensão do pagamento da remuneração correspondente aos dias não trabalhados; III – a vedação à contagem dos dias não trabalhados como tempo de serviço, para quaisquer efeitos. § 1º Admite-se, limitado a trinta por cento do período da paralisação, a remuneração dos dias não trabalhados, bem como o seu cômputo como efetivo serviço, no caso de ter havido previsão expressa de sua compensação no termo de negociação coletiva, no termo firmado no âmbito dos procedimentos de solução alternativa do conflito, na sentença arbitral, ou na decisão judicial que tenha declarado a greve legal.

[29] Art. 10. Os dias de greve serão contados como ausência injustificada para todos os efeitos.

de reposição de horas, de maneira que os valores remuneratórios foram devolvidos e o tempo contabilizado para efeito de progressão nas carreiras.

Com relação aos procedimentos para deflagração da greve, a Lei nº 7.783/89 exige a notificação de empregadores com antecedência mínima de 48 horas para paralisações em qualquer atividade que não as tidas como essenciais, hipótese em que o prazo passa a ser de 72 horas. No PL 4.532/12, o prazo estabelecido será de 72 horas em qualquer hipótese; contudo, há que se observar primeiro o prazo de 30 dias que a Administração teria para se manifestar a respeito das reivindicações dos grevistas.

Mais exigente ainda é o PLS 710/11, no qual há a obrigatoriedade de comunicar a deflagração da greve com 15 dias de antecedência (dentre outros requisitos previstos em seu art. 10), sob pena de ficar caracterizada a ilegalidade do movimento.[30]

Esse caráter mais rígido para com a greve do servidor público também pode ser percebido ao compararmos o art. 11 do PL 4.532/12[31] com o art. 14 da Lei nº 7.783/89.[32] O abuso do direito de greve apresenta-se mais amplo no primeiro, além de não garantir a exceção da greve por descumprimento do acordo, que está ressalvada na lei. Assim, uma vez celebrado o acordo, o servidor não poderá retomá-la ainda que o Governo não o cumpra.

Pelo todo acima exposto é possível verificarmos uma tendência restritiva para com o exercício do direito de greve pelos servidores públicos.

---

[30] Art. 10. São requisitos para a deflagração da greve, que deverão ser cumpridos até o décimo quinto dia que antecede o início da paralisação: I – demonstração da realização de tentativa infrutífera de negociação coletiva e da adoção dos métodos alternativos de solução de conflitos de que trata esta Lei, obedecidas as balizas constitucionais e legais de regência e o disposto nesta Lei; II – comunicação à autoridade superior do órgão, entidade ou Poder respectivo; III – apresentação de plano de continuidade dos serviços públicos ou atividades estatais, consoante definição contida nos arts. 18 e 19 desta Lei, inclusive no que concerne ao número mínimo de servidores que permanecerão em seus postos de trabalho; IV – informação à população sobre a paralisação e as reivindicações apresentadas ao Poder Público; V – apresentação de alternativas de atendimento ao público. Parágrafo único. A greve deflagrada sem o atendimento dos requisitos previstos neste artigo é considerada ilegal.

[31] Art. 11. Constitui abuso do direito de greve: I – a paralisação que não atenda às formalidades para convocação da assembleia geral dos servidores e o quórum específico para deliberação; II – a paralisação de serviços sem a devida comunicação à administração, com a antecedência mínima prevista no art. 5º; III – a recusa à prestação dos serviços indispensáveis ao atendimento das necessidades de interesse público previstas no art. 9º; IV – a utilização de métodos que visem constranger ou obstar o acesso dos servidores que não aderiram à greve ao seu ambiente de trabalho ou a circulação pública; e V – a manutenção da greve após a celebração de acordo ou decisão judicial sobre a legalidade das reivindicações que a tenham motivado.

[32] Art. 14. Constitui abuso do direito de greve a inobservância das normas contidas na presente Lei, bem como a manutenção da paralisação após a celebração de acordo, convenção ou decisão da Justiça do Trabalho. Parágrafo único. Na vigência de acordo, convenção ou sentença normativa não constitui abuso do exercício do direito de greve a paralisação que: I – tenha por objetivo exigir o cumprimento de cláusula ou condição; II – seja motivada pela superveniência de fato novo ou acontecimento imprevisto que modifique substancialmente a relação de trabalho.

6 O Decreto nº 7.777/12

Conforme dissemos, no julgamento dos Mandados de Injunção nºs 670, 708 e 712, o STF determinou a aplicação da Lei nº 7.783/89 também ao setor público, mediante adaptações para atender-lhe as peculiaridades.

No curso da greve de 2012, regida, portanto, pelo já mencionado diploma, o governo expediu o Decreto nº 7.777/12 dispondo sobre as medidas para a continuidade de atividades e serviços públicos dos órgãos e entidades da Administração Pública federal durante greves, paralisações ou operações de retardamento de procedimentos administrativos promovidas pelos servidores públicos federais. Tal decreto teria por objetivo a regulamentação das citadas peculiaridades, mais especificamente o disposto no art. 9º, parágrafo único, da lei de greve.[33]

Ao autorizar a realização de convênios e de procedimentos simplificados para execução ou manutenção das atividades e serviços atingidos pela greve, desvincula-se da Lei nº 7.783/89, a qual somente permite a contratação direta dos serviços necessários à manutenção de atividades essenciais ou de cuja paralisação possa resultar prejuízo.

O decreto apresenta-se muito mais amplo, não fazendo qualquer menção às atividades essenciais e ao fato de o serviço estar sendo prestado ou não, o que inova a ordem jurídica e contraria o disposto no art. 84, IV, da Constituição.[34]

Adicionalmente, não haveria que se falar em regulamentação da Lei nº 7.783/89 na esfera pública, visto que no âmbito privado não se verificou essa necessidade, vez que a norma já se apresentava substancialmente suficiente.

De outra forma, poderia se entender que tal decreto estaria inserido na figura do regulamento autônomo previsto no art. 84, VI, da Constituição.[35] Tal afirmação não merece prosperar, visto que o dispositivo traz a ressalva de que o ato não implique aumento de despesa.

Ora, depreende-se que, para a promoção de convênios e de procedimentos simplificados necessários à manutenção ou realização da atividade ou serviço, será necessária a contratação de terceiros, o que indubitavelmente onera o orçamento e contraria a norma constitucional mencionada.

Não obstante, nos termos do art. 241 da Constituição,[36] é a lei o instrumento disciplinador necessário para a realização de convênios que autorizem a gestão associada de

---

[33] Vide nota de rodapé nº 27.

[34] Art. 84. Compete privativamente ao Presidente da República: [...] IV – sancionar, promulgar e fazer publicar as leis, bem como expedir decretos e regulamentos para sua fiel execução.

[35] Art. 84. Compete privativamente ao Presidente da República: [...] VI – dispor, mediante decreto, sobre: a) organização e funcionamento da administração federal, quando não implicar aumento de despesa nem criação ou extinção de órgãos públicos; b) extinção de funções ou cargos públicos, quando vagos;

[36] Art. 241. A União, os Estados, o Distrito Federal e os Municípios disciplinarão por meio de lei os consórcios públicos e os convênios de cooperação entre os entes federados, autorizando a gestão associada de serviços

serviços públicos, bem como a transferência total ou parcial de encargos, serviços, pessoal e bens essenciais à continuidade dos serviços transferidos.

Ademais, somente no que diz respeito às atividades de competência comum entre União, Estados, Distrito Federal e Municípios, previstas no art. 23 da Constituição, é que poderia haver convênio de cooperação entre entes de forma a garantir sua manutenção durante a greve e, mesmo assim, limitado às necessidades inadiáveis que coloquem em perigo iminente a sobrevivência, a saúde ou a segurança da população, nos termos dos arts. 11 e 12 da Lei nº 7.783/89.[37]

Além do todo exposto, não se pode esquecer que a contratação por tempo determinado para atender a necessidade temporária de excepcional interesse público é autorizada pela Constituição apenas para hipóteses fixadas em lei (art. 37, IX).[38] O diploma em comento não é outro senão a Lei nº 8.745/93 (aplicável à esfera federal) ou outras leis baixadas por Estados, Distrito Federal ou Municípios, ou, ainda, qualquer outra lei em sentido estrito que vier a dispor sobre o assunto.

Assim, além de o decreto não ser o instrumento formalmente exigido para regrar a matéria, a Lei nº 8.745/93 não traz a greve como circunstância que poderia autorizar contratações temporárias.[39]

É por tudo isso que clamamos pela inconstitucionalidade do citado decreto, que pretendeu disciplinar questões que devem ser encaradas quando da regulamentação legal específica do direito de greve dos servidores públicos.

7 Conclusão

Os princípios da liberdade de organização sindical, direito de greve e de negociação coletiva, embora universais, não se apresentam efetivamente válidos para todos os trabalhadores.

Visto inicialmente como uma liberdade, a greve passa a ser interpretada como um delito e posteriormente é alçada à categoria de direito constitucional fundamental.

---

públicos, bem como a transferência total ou parcial de encargos, serviços, pessoal e bens essenciais à continuidade dos serviços transferidos.

[37] Art. 11. Nos serviços ou atividades essenciais, os sindicatos, os empregadores e os trabalhadores ficam obrigados, de comum acordo, a garantir, durante a greve, a prestação dos serviços indispensáveis ao atendimento das necessidades inadiáveis da comunidade. Parágrafo único. São necessidades inadiáveis da comunidade aquelas que, não atendidas, coloquem em perigo iminente a sobrevivência, a saúde ou a segurança da população.

Art. 12. No caso de inobservância do disposto no artigo anterior, o Poder Público assegurará a prestação dos serviços indispensáveis.

[38] Art. 37, IX – A lei estabelecerá os casos de contratação por tempo determinado para atender a necessidade temporária de excepcional interesse público.

[39] Trata-se das circunstâncias listadas no art. 2º da Lei nº 8.745/93.

Como o exercício desse direito pelos servidores públicos encontrava-se paralisado em virtude da ausência de regra regulamentadora, foram impetrados mandados de injunção visando suprir-se essa omissão.

Com os Mandados de Injunção n⁰ˢ 670/ES e 712/PA, o STF modifica seu entendimento sobre o tema, determinando que a norma disciplinadora da greve no setor privado fosse aplicada, no que coubesse, também ao setor público, até que se verificasse a edição de uma lei específica.

Da análise comparativa dos projetos de lei em tramitação no Congresso Nacional, os quais pretendem regulamentar o direito de greve na Administração Pública, com a lei de greve do setor privado, verifica-se que existe uma tendência de restringir-se seu exercício, o que pode acabar por inviabilizá-lo na prática.

Entendemos que não deve existir distinções entre os trabalhadores públicos e privados nessa matéria, uma vez que se trata de direito humano fundamental.

As únicas restrições admissíveis seriam, portanto, as relativas aos serviços essenciais e inadiáveis que coloquem em risco a vida, a segurança e a saúde da população.

A regulamentação do direito de greve no serviço público brasileiro é assunto complexo que envolve diversas questões jurídico-políticas que devem ser consideradas, sob pena de se retirar a indispensável efetividade deste que é também um direito humano fundamental dos servidores públicos.

13

Locação de Bens Públicos

Fabio Henrique Di Lallo Dias[1]

1 Introdução

A dicotomia entre direito civil e direito administrativo, tão ensaiada pela doutrina, encontra-se hodiernamente enfraquecida em razão da crescente interdisciplinaridade do estudo da ciência do direito, necessária diante da vasta complexidade dos negócios entabulados nessa nova e crescente sociedade globalizada da informação, onde se buscam novos contornos aos negócios jurídicos cada vez mais imbricados, em que se fazem necessárias soluções rápidas.

Em sendo o direito uno, compreendido pela teoria geral do direito, a intercambialidade entre diferentes ramos do direito se faz extremamente positiva a esse estudo, para se abranger uma gama cada vez maior de situações possíveis da vida em sociedade, cuja previsibilidade traz maior segurança jurídica almejada, diante desse plexo de incertezas.

O direito civil e o administrativo, cujo corte metodológico é de grande valia para compreensão e estudo aprofundado desses importantes ramos do direito, distinguem-se, *a priori*, pela posição de supremacia que a Administração Pública exerce em suas relações jurídicas, enquanto no direito privado as relações jurídicas são paritárias.[2]

Essa distinção, aparentemente simples, ganha contornos espinhosos quando a Administração Pública se utiliza de institutos do direito privado em suas relações jurídicas. Nesses casos, não há consenso na doutrina se a Administração Pública atuaria em posição de igualdade com o particular, submetendo-se irrestritamente ao direito comum nesses casos, ou se remanesceriam os seus privilégios.

---

[1] Mestre e Doutorando em Direito Civil pela Faculdade de Direito da USP. Membro da Comissão de Novos Advogados do IASP. Advogado.

[2] Cf. DI PIETRO, Maria Sylvia Zanella. *Do direito privado na Administração Pública*. São Paulo: Atlas, 1989. p. 93-98.

Em nosso direito, concordamos com os ensinamentos da professora Maria Sylvia Zanella Di Pietro, para quem as normas do direito público derrogam normas do direito privado, em virtude do princípio da legalidade. Constata referida autora que "*a todo momento normas de ordem pública, algumas vezes até de natureza constitucional, derrogam o direito comum, para assegurar, mesmo nas relações de direito privado em que a Administração Pública é parte, algumas prerrogativas e privilégios, bem como para impor-lhe uma série de restrições*".[3]

As derrogações impostas pelo direito público serão de maior ou menor extensão segundo opção do legislador em um juízo de oportunidade e conveniência. Assim, em razão do princípio da legalidade, a posição da Administração nunca será igual à do particular, mesmo nas relações de direito privado. Há certos privilégios de que a Administração goza mesmo quando se utiliza do regime de direito privado que lhe são concedidos por lei (p. ex., o foro privilegiado, a impenhorabilidade de bens etc.) e lhe alçam a uma posição hierárquica superior. Em suma, conforme leciona a professora Maria Sylvia Zanella Di Pietro, a "*Administração se nivela ao particular na medida em que o direito administrativo não derrogar o direito comum.*"[4]

Ocorre que, nesse circunspecto, verificamos uma tendência manifesta à crescente *publicização* do direito privado[5] e, por outro lado, a paulatina participação da Administração na atividade econômica. Disso decorre que, em se tratando de contratos complexos, é preciso pontuar *ex ante* a natureza jurídica contratual para que tais negócios jurídicos estejam blindados a oscilações políticas, em respeito ao pactuado.

2 Bens públicos

O patrimônio público é constituído de bens de uso comum do povo, bens de uso especial e bens dominicais. Os primeiros, de uso comum e especial, são passíveis de fruição pelo particular, com caráter de exclusividade, somente em casos excepcionais, mediante autorização, permissão e concessão de uso de bem público. Os bens dominicais (art. 99, III, do Código Civil), de outro lado, são bens alienáveis e passíveis de serem objetos de transações civis (p. ex., locação, compra e venda etc.), *observadas, porém, as derrogações e limitações impostas pelo direito público.*[6]

Em que pese diversos autores refutarem a aplicação de institutos do direito civil em se tratando de bens públicos, compartilho do pensamento da professora Maria Sylvia Zanella Di Pietro, que defende a existência de diversos contratos de direito privado utilizados pela Administração, com o regime inteiramente derrogado pelo direito público, considerados

---

[3] Ob. cit., p. 95.

[4] Ob. cit., p. 98.

[5] Cf. BORGES, Alice Gonzales. A responsabilidade civil do Estado à luz do Código Civil: um toque de direito público. In: FREITAS, Juarez (Org.). *Responsabilidade civil do Estado*. São Paulo: Malheiros, 2007. p. 17-36.

[6] DI PIETRO, Maria Sylvia Zanella. *Uso privativo de bem público por particular*. 2. ed. São Paulo: Atlas, 2010. p. 144.

contratos tipicamente administrativos, e, de outro lado, há casos em que essa derrogação é apenas parcial, sendo considerados contratos privados que se sujeitam, no que couber, às normas de direito administrativo.

3   Contratos de direito privado na Administração Pública

Em razão de precedência histórica, o contrato nasceu ligado ao direito privado para regular situações jurídicas de caráter patrimonial. O contrato administrativo, por sua vez, tem berço recente, com o advento do Estado social, notadamente no pós-guerra, para regular os interesses recíprocos entre o público e o privado.[7] Com o avanço da doutrina administrativista nessa seara, emerge o contrato administrativo com feições próprias, com *modulações* do direito privado, para atender às exigências da Administração.

Nesse aspecto, em se tratando do direito brasileiro, sustenta o professor Fernando Dias Menezes de Almeida a tese de que a lei geral sobre contratos administrativos (Lei nº 8.666/93) confere balizas tão minudentes a esses contratos, nos termos dos arts. 54 e 55, que restaria pouca margem para aplicar regime jurídico *substancialmente* diverso.[8] Segundo o citado mestre, "*o regime publicístico da Lei é tão detalhado que quase nenhum aspecto de relevância sobrará para tal aplicação supletiva de princípios da teoria geral dos contratos e de regras de direito privado*".[9]

Em que pese o brilhantismo do argumento do professor retrocitado, entendemos, com a máxima vênia, que a Lei nº 8.666/93 rege não apenas os contratos administrativos, mas todos os contratos celebrados pela Administração Pública, dentre eles o de caráter civil. Ora, se a lei entende contrato como *todo e qualquer ajuste entre órgãos ou entidades da Administração Pública e particulares, seja qual for a denominação utilizada*, nos termos do parágrafo único de seu art. 2º, resta clara a intenção do legislador de abrigar outros tipos de contrato, pois senão essa distinção seria inútil.

A corroborar esse argumento, o inciso I do § 3º do art. 62 traz ainda a aplicação da Lei nº 8.666/93 *no que couber* aos contratos regidos predominantemente por norma de direito privado, denotando claramente a coexistência desses tipos contratuais. No art. 55, inclusive, o legislador traz como cláusula essencial o estabelecimento da legislação aplicável à execução do contrato, sendo que, se existisse um regime jurídico único, essa cláusula teria sentido esvaziado.

Assim, tendo em vista a anunciada e crescente intercambialidade entre os institutos de direito civil e de direito administrativo, temos que a incidência do direito público em contratos privados não desnatura suas características e vice-versa.

---

[7]   Cf. BACELLAR FILHO, Romeu Felipe. *Direito administrativo e o novo Código Civil*. Belo Horizonte: Fórum, 2007. p. 166-182.

[8]   ALMEIDA, Fernando Dias Menezes de. *Teoria do Contrato Administrativo*. Uma abordagem histórico-evolutiva com foco no Direito Brasileiro. 2010. Tese. São Paulo. p. 224-227.

[9]   Ob. cit., p. 226.

4 Contrato de locação

A locação é instituto de direito civil, previsto no Capítulo V do Código Civil, precisamente no art. 565 e seguintes, considerado como contrato por meio do qual *"uma das partes se obriga a ceder à outra, por tempo determinado ou não, o uso e gozo de coisa não fungível, mediante certa retribuição"*.[10]

A Lei nº 8.666/93, no art. 62, § 3º, I, trata explicitamente do contrato de locação como sendo *regido, predominantemente, por norma de direito privado*, aplicando *no que couber* as regras atinentes aos contratos administrativos. Não se trata, pois, de um *contrato administrativo*, mas de um contrato privado da Administração, conforme a ressalva de Diogo de Figueiredo Moreira Neto:

> Não obstante ter sido arrolado pelo legislador federal como "contrato administrativo" (art. 1º da Lei citada), trata-se de um *contrato da administração*, regido predominantemente por normas de direito privado, tanto quanto o são outros tipos de contratos celebrados pela Administração, como o de seguro e o de financiamento, embora mencionados no mesmo diploma (art. 62, § 3º, I, da Lei citada).[11]

Nessa lei, porém, essa incidência só se faz presente nos casos em que o Poder Público seja locatário. Em sendo assim, a Administração Pública celebrará contrato de locação com o particular nos termos da lei civil,[12] aplicando-se supletivamente a Lei nº 8.666/93, fazendo constar explicitamente as cláusulas exorbitantes que recairão sobre o contrato em comum acordo, não se admitindo nessas hipóteses a incidência implícita delas, sob pena de transformá-lo em contrato puramente administrativo.

Caso contrário, a Administração Pública teria dificuldade em encontrar alguém disposto a celebrar contrato sem paridade, sendo vedado ao Poder Público impor a contratação, restando a ele utilizar-se de outros mecanismos para se valer daquele imóvel particular, como o instituto da desapropriação.

Sendo o Poder Público locador, há, para os bens imóveis da União, regulação específica – o Decreto-lei nº 9.760/46, que cuida da locação em seu Capítulo III, Seção I, art. 86 e seguintes. Em relação aos bens estaduais, municipais e distritais, não há regulação específica.

No âmbito do direito privado, a Lei nº 8.245/91, inclusive, afasta de sua incidência a locação dos *"imóveis de propriedade da União, dos Estados e dos Municípios, de suas autarquias e fundações públicas"*, conforme o disposto no art. 1º, parágrafo único, alínea a.

---

[10] LOUREIRO, Luiz Guilherme. *Contratos*: teoria geral e contratos em espécie. São Paulo: Método, 2008. p. 541.

[11] MOREIRA NETO, Diogo de Figueiredo. *Curso de direito administrativo*. Rio de Janeiro: Forense, 2009. p. 197.

[12] Conforme Orientação Normativa nº 6, de 1º de abril de 2009, da Advocacia-Geral da União, a vigência do contrato de locação de imóveis, no qual a administração pública é locatária, rege-se pelo art. 51 da Lei nº 8.245, de 1991, não estando sujeita ao limite máximo de sessenta meses, estipulado pelo inc. II do art. 57, da Lei nº 8.666, de 1993.

A Lei de locação supracitada se prestará, então, somente para os casos em que a Administração Pública for locatária. E em virtude de sua especialidade, *o direito comum (Código Civil) é subsidiário da lei, aplicando-se no que for omissa.*[13]

4.1 Locação de bens da União

A locação de bem público da União é contrato administrativo com paralelo no direito civil, segundo a divisão clássica proposta pela professora Maria Sylvia Zanella Di Pietro, em virtude das configurações próprias e inerentes que a legislação lhe atribui.

Por envolver questões que fogem ao instituto de locação do direito privado, muitos autores têm sustentado tratar-se de outro instituto, que não a locação, sendo preferencialmente empregada a expressão *concessão remunerada de uso*. Nesse sentido é o posicionamento de Hely Lopes Meirelles:

> Embora o Dec.-lei federal 9.760, de 5.9.1946, se refira a *locação* de imóveis da União, não nos parece que os bens públicos possam ser alugados nos moldes do Direito Privado.
>
> A *locação* é contrato típico do Direito Privado, onde as partes devem manter equivalência de situações nos direito e obrigações que reciprocamente assumirem. Por isso se conceitua a locação como um contrato bilateral perfeito, oneroso, comutativo e consensual. Ora, o Direito Administrativo jamais se poderá traspassar o uso e gozo do bem público com as características da locação civil, porque implicaria renúncia de poderes *irrenunciáveis* da Administração, para que ela viesse a se colocar em igualdade com o particular, como é da essência desse contrato no campo do Direito Privado. O só fato de uma lei administrativa, primando pela falta de técnica, referir-se erroneamente a um instituto não é o bastante para implantá-lo em nosso Direito Público. Aliás, o mesmo diploma federal desvirtua o que ele denomina 'locação dos próprios nacionais' quando declara que ela 'se fará mediante contrato, não ficando sujeita a disposições de outras leis concernentes à locação (art. 87). Como se poderá entender uma *locação* que não se subordina às normas de *locação*? Além dessa *contradictio in terminis*, o mesmo decreto-lei ainda ressalva que essa 'locação' poderá ser rescindida 'quando o imóvel for necessário a serviço público' (art. 88, III). Locação por tempo certo, rescindível a juízo de uma das partes, aberra dos mais elementares princípios desse instituto.
>
> O que a lei federal denominou impropriamente de 'locação' nada mais é que *concessão remunerada de uso* dos bens do domínio público patrimonial, instituto, esse, perfeitamente conhecido e praticado pela Administração Pública dos povos cultos e regido por normas próprias do Direito Administrativo.

---

[13] GOMES, Orlando. *Contratos*. Rio de Janeiro: Forense, 2001. p. 273.

Concessão de uso, onerosa ou gratuita, será sempre um contrato administrativo, que traz em si mesmo a possibilidade ínsita de a Administração desfazê-la a qualquer tempo, desde que ocorram motivos de interesse público. Sustentar-se que o Poder Público realiza *locação* de seus bens aos particulares seria tão aberrante dos modernos princípios do Direito Administrativo como afirmar-se que o funcionário público faz com a Administração um contrato de locação de serviços, quando hoje ninguém desconhece a natureza estatutária das relações que se estabelecem entre as entidades estatais e seus servidores.[14]

Porém, a meu ver, não é função do intérprete do direito alterar o termo empregado pelo legislador. Se o legislador disse que contrato de locação é tudo aquilo que consta no referido decreto-lei, então assim deve ser tratado. Inclusive, essas figuras possuem finalidades distintas que não se confundem, conforme mui bem elencadas pela professora Maria Sylvia Zanella Di Pietro:

Embora apresente pontos de contato com a **concessão de uso**, a locação dela se distingue pela finalidade. A concessão tem por objeto o uso privativo de bem público para fins de utilidade pública; por ela, o concessionário vai exercer, sobre o bem, algum tipo de atividade de interesse público. A locação tem por objeto também o uso de bem público, mas para proveito exclusivo do locatário, que dele se utilizará para fins residenciais. O interesse público, no caso, é apenas indireto, na medida em que, explorando os bens de seu patrimônio privado, o poder público estará produzindo renda para os cofres públicos.

Além disso, na locação, o poder público transfere apenas o uso e gozo da coisa, enquanto na concessão pode haver transferência de poderes públicos ao concessionário, em especial nos casos em que a concessão de uso se apresenta como instrumento acessório da concessão de serviço público. Acresce que, tendo uma finalidade pública, a outorga admite prazos mais prolongados, ao contrário da locação, destinada a fins residenciais, em que os prazos não devem ser prolongados.[15]

Pois bem. A coexistência de contratos de locação e de concessão remunerada de uso na Administração Pública foi opção legislativa, restando ao agente público a sua escolha por critérios de oportunidade e conveniência, obedecendo a suas características. Nesse diapasão encontramos a doutrina de José dos Santos Carvalho Filho:

Queremos deixar o registro de que, sem embargo de respeitáveis opiniões em contrário, entendemos que coexistem os contratos de locação e de concessão remunerada de uso, cada qual regido pelo sistema próprio, aquele pelo direito privado e este pelo direito público. A lei nº 8.245/91, que regula as locações, admite expressamente locações em imóveis de propriedade da União, dos Estados e dos

---

[14] MEIRELLES, Hely Lopes. *Direito administrativo brasileiro*. São Paulo: Malheiros, 2010. p. 574-575.

[15] DI PIETRO, Maria Sylvia. *Direito administrativo*. São Paulo: Atlas, 2011. p. 702-703.

Municípios, bem como de suas autarquias e fundações públicas (art. 1º, parágrafo único, nº 1).[16]

José dos Santos Carvalho Filho, contudo, não faz qualquer distinção entre a locação de bem público por particular e de locação de bem particular pela Administração, sendo todos de direito privado em seu entender:

> As locações também são contratos de direito privado, figure a Administração como locadora ou como locatária. Neste último caso, não há norma na disciplina locatícia que retire ao locador seus poderes legais. Naquele outro também não se pode descaracterizar o contrato de natureza privada, se foi este o tipo de pacto eleito pela Administração, até porque, se ela o desejasse, firmaria contrato administrativo de concessão de uso. Trata-se, pois, de opção administrativa.[17]

A distinção, porém, é medida salutar na medida em que em cada caso a finalidade pública definirá o regime jurídico do instituto a ser adotado. Tal distinção é tratada com propriedade por Diogo de Figueiredo Moreira Neto:

> Inversamente, se a Administração *transfere em locação* um bem público, o regime contratual será *público* e, na ausência de norma geral nacional sobre o instituto da *concessão de bens públicos*, seu conteúdo poderá ser objeto de disciplina pelos próprios entes políticos titulares do domínio (art. 18 da CF).
>
> Com efeito, se a Administração *recebe em locação* determinado bem móvel ou imóvel, nem por isso este bem se torna de *imediato interesse público*, como ocorreria, por exemplo, se fosse *declarado de utilidade pública* para fins de expropriação; o interesse público é, portanto, apenas *mediato*, pois, com sua *utilização*, a Administração passará a ter, hipoteticamente, condições de atender, então sim, de modo *imediato*, alguma finalidade específica que a lei lhe cometa. Este contrato, por não visar a um *objeto de interesse público imediato*, terá plena validade, venha ou não a ser efetivamente atendido qualquer interesse que a Administração alegadamente pudesse ter tido em mira ao celebrá-lo, salvo se tal identificação constar expressamente do contrato.
>
> Diversamente ocorre quando a Administração *transfere em locação* um bem de seu domínio. Neste caso, a prestação do contratante privado é apenas de *imediato* interesse público, pois o aluguel será meramente uma *receita pública*. O objeto do contrato se submete ao direito público, e terá eficácia, se sua *finalidade*, a de gerar renda adequada a seu valor de uso, estiver sendo atendida, devendo ser disciplinado por lei de qualquer das esferas federativas, geralmente sob a denominação,

---

[16] CARVALHO FILHO, José dos Santos. *Manual de direito administrativo*. Rio de Janeiro: Lumen Juris, 2007. p. 172.

[17] Idem, ibidem.

mais apropriada, de *concessão de uso*, como se estudará mais detalhadamente no Capítulo dedicado ao *domínio público*.[18]

Com efeito, em sendo a União locadora, o regime será privado com derrogações do direito público. Em sendo a União locatária, o regime será público, nos termos do Decreto-lei nº 9.760/46. Essa mesma posição encontra amparo em Edmir Netto de Araujo:

> A contratação de *locação* já foi especificamente examinada no Capítulo XI, item 6, "g.1", deste Curso. Trata-se, como lá se explicou, de contrato de direito privado que sofre algumas derrogações deste regime, em especial quanto ao procedimento da contratação que, via de regra, é de direito público, pois se subordina ao princípio da licitação, de acordo com os arts. 1º; 2º; 17, I, *f*, e 24, X da Lei nº 8.666/93.
>
> Esta é a situação normal para a locação de bens públicos no âmbito dos Estados, Municípios e Distrito Federal, que não podem legislar sobre Direito Civil. No entanto, na esfera federal, o Decreto-Lei nº 9.760/46, no art. 87, determinou que o contrato de locação de bens da União não ficaria sujeito a disposições de outras leis concernentes à locação.[19]

Assim, quis o legislador aplicar aos bens imóveis da União um tratamento especial, ao admitir a locação nos termos do Decreto-lei nº 9.760/46, mantida sua aplicação pela Lei nº 8.666/93, nos termos do parágrafo único do art. 121.

4.2 Locação de bens dos Estados, Municípios e Distrito Federal

Com relação aos bens estaduais, municipais e distritais, o legislador federal foi omisso quanto à possibilidade de locação.

A Constituição Federal de 1988 atribuiu somente à União (art. 22, I e XXVII) competência para legislar sobre *direito civil* e sobre *normas gerais de licitação e contratação, em todas as modalidades, para as administrações públicas diretas, autárquicas e fundacionais da União, Estados, Distrito Federal e Municípios*.

Assim, em virtude dessa reserva constitucional, restou defeso aos Estados, Distrito Federal e Municípios criar normas gerais sobre locação. A Lei nº 8.245/91, por sua vez, excluiu do âmbito de sua incidência a locação de bens dos Estados, Municípios e Distrito Federal (art. 1º, parágrafo único, *a*, item 1).

Nesse aspecto, esses entes federativos ficaram limitados a celebrarem contratos de locação nos termos do Código Civil (art. 565 e seguintes), que não se limitam a bens móveis e também se aplicam aos imóveis, podendo fazer uso desses artigos quanto aos bens dominicais (art. 99, III).

---

[18] Ob. cit., p. 198.
[19] ARAUJO, Edmir Netto de. *Curso de direito administrativo*. São Paulo: Saraiva, 2009. p. 1126.

Assim, quando a Administração Pública estadual, municipal ou distrital optar por contrato de locação e não pela concessão de uso remunerada, por critérios de conveniência e oportunidade, ela deverá curvar-se ao direito comum, sendo proibido valer-se das cláusulas exorbitantes constantes da lei de contratos administrativos. Nesse sentido é o magistério de Marçal Justen Filho:

> O art. 62, § 3º, da Lei nº 8.666 estabelece que o regime de direito público aplica-se inclusive àqueles contratos ditos "privados", praticados pela Administração. A regra disciplina a hipótese em que a Administração Pública participe dos contratos ditos de "direito privado". Tais contratos, no direito privado, apresentam caracteres próprios e não comportam que a Administração exerça as prerrogativas a ela atribuídas pelo regime de direito público. Não se atribui relevância mais destacada ao interesse titularizado por uma das partes.[20]

No mesmo sentido é a jurisprudência do Supremo Tribunal Federal em se tratando de contratos privados celebrados pela Administração Pública:

> Contrato para exploração de hotel e de fontes de águas minerais de propriedade e lavra do Estado de Santa Catarina, em Caldas da Imperatriz. Nele não há regras atinentes e custos e tarifas, que caracterizam a concessão de serviço público: trata-se de arrendamento complexo, em que as partes estão em pé de igualdade, nem há cláusulas inequivocamente exorbitantes da disciplina de relações jurídicas privadas, havendo-se, no contrário, incompatíveis com o poder implícito da rescisão unilateral, acrescendo, ainda, que não deve ser considerado serviço público aquele que outro particular pode prestar independentemente de concessão.[21]

Nesses casos, firmado o contrato de locação com o particular, a Administração Pública só poderá valer-se de sua supremacia, invocando outros institutos extracontratuais, como a desapropriação, na mesma esteira que verificamos na hipótese de compra e venda desses bens. Esse posicionamento, inclusive, foi consagrado pelo Superior Tribunal de Justiça: "Nos contratos de compromisso de compra e venda celebrados entre a Administração e o particular, aquela não participa com supremacia de poder, devendo a dita relação jurídica reger-se pelas regras do Direito Privado."[22]

Não creio aqui ser possível a aplicação do Decreto-lei nº 9.760/46 para Estados, Municípios e Distrito Federal, sob o argumento de se tratar de norma geral de locação para entes da administração pública, tendo em vista que naquela época inexistia limitação de competência da União para editar normas gerais, podendo aplicá-la irrestritamente. Trata-se, em verdade, de norma de caráter específico, adstrito aos bens imóveis da União, cujo elenco de bens foi taxativamente empregado logo no artigo primeiro.

---

[20] JUSTEN FILHO, Marçal. *Curso de direito administrativo*. Belo Horizonte: Fórum, 2011. p. 562.
[21] STF, RE 89217, Rel. Min. Cordeiro Guerra, Rel. p/ acórdão: Min. Décio Miranda, Tribunal Pleno, *DJ* 26-10-1979.
[22] STJ, REsp 172724, Rel. Min. José Delgado, 1ª T., *DJ* 1º-3-1999.

5 Conclusões

Em suma, podemos sustentar que nos contratos de locação, sendo a Administração Pública locadora:

a) aos bens imóveis da União aplica-se o Decreto-lei nº 9.760/46; e

b) aos bens imóveis dos Estados, Municípios e Distrito Federal aplica-se o Código Civil.

Considerando a Administração Pública como locatária, aplicar-se-á a Lei nº 8.245/91, aplicando-se supletivamente a Lei nº 8.666/93, se mencionado explicitamente no contrato celebrado de comum acordo.

14 A Distinção entre "Público" e "Privado" Aplicada aos Contratos Celebrados pela Administração

Fernando Dias Menezes de Almeida[1]

1 Apresentação

A proposta deste estudo – integrando obra organizada por Maria Sylvia Zanella Di Pietro, como resultado das reflexões havidas por ocasião de disciplina ministrada no Programa de Pós-Graduação em Direito, na Universidade de São Paulo, no ano de 2012, na qual tive a satisfação de atuar como seu assistente – é apresentar, de modo sintético, algumas ideias que efetivamente foram levadas ao debate acadêmico com os alunos, no tocante ao sentido da aplicação das noções dicotômicas de "público" e "privado" aos contratos celebrados pela Administração.

Em alguma medida, as ideias que passo a expor são desenvolvidas de modo mais extenso em outro trabalho.[2] São elas aqui adaptadas para se adequar aos propósitos da obra.

2 Público e privado

Uma questão que percorreu transversalmente, como pressuposto, a referida disciplina – denominada "Utilização do Direito Privado pela Administração Pública" – dizia respeito à compreensão do sentido de "privado", por oposição a "público".

Sim, porque, como é notório, existem inúmeros significados possíveis para tais expressões, bem como diversos usos a que se prestam na linguagem jurídica.

Assim, por exemplo, são significados possíveis da dicotomia "público × privado" sua referência:

---

[1] Mestre, Doutor e Livre-docente pela Faculdade de Direito da Universidade de São Paulo. Professor Associado do Departamento de Direito do Estado da mesma Faculdade.
[2] MENEZES DE ALMEIDA, Fernando Dias (2012).

a) à acessibilidade ao conhecimento de todos (em defesa, *v. g.*, da transparência), *versus* a um tratamento reservado e pessoal (em defesa da intimidade);[3]

b) ao destaque da vida em comum, com ênfase nas semelhanças entre os seres humanos (cidadãos), *versus* ao destaque na individualidade, com ênfase nas distinções;[4]

c) às atividades humanas voltadas ao suprimento de necessidades vitais do homem ("labor"),[5] *versus* às atividades que visam a produzir o mundo artificial em que a espécie humana vive, e que transcende a existência de cada indivíduo, e às atividades que correspondem à interação social e política dos homens em sua condição de pluralidade (respectivamente, "trabalho" e "ação");[6]

d) à utilidade sob o ponto de vista dos interesses do ente abstrato que personifica a sociedade humana, *versus* à utilidade sob o ponto de vista dos interesses indivíduos.[7]

O Direito, tanto enquanto ciência, como enquanto conjunto normativo, via de regra, trabalha com este último significado ao se referir a si próprio. Quero dizer, quando se fala em direito público ou direito privado, está-se pensando no significado "d" acima. Isso sem prejuízo de que textos normativos pontualmente empreguem público e privado com outros significados, como faz a Lei de Acesso à Informação (Lei nº 12.527/11), usando a noção de publicidade para dizer acessível ao conhecimento de todos.

3 Direito público e direito privado

Mesmo esse significado "d", originário do Direito Romano, é trabalhado pelo Direito contemporâneo, sob diversas perspectivas.

Resumidamente, costuma-se apartar direito público e direito privado por três critérios básicos:[8]

a) critério orgânico, fundado sobre a qualidade das pessoas em questão: estando presentes na relação os governantes, há direito público;

---

[3] Sobre esse ponto, ver Celso Lafer (2006, p. 243).

[4] Maria Garcia (2005, p. 40-41) aplica essa perspectiva em matéria de vida urbana.

[5] Na linguagem de Hannah Arendt (2008, p. 15).

[6] Idem quanto à nota anterior. Ver desenvolvimentos dessa perspectiva em Tércio Sampaio Ferraz Junior (2007, p. 133 ss) e Celso Lafer (2006, p. 262 ss).

[7] Aplicando-se aqui a clássica distinção proposta por Ulpiano (*Digesto* – 1.1.1.2), no Direto Romano antigo: "*Hujus studii duæ sunt positiones, publicum et privatum. Publicum jus est quod ad statum rei Romanæ spectat, privatum quod ad singulorum utilitatem: sunt enim quædam publice utilia, quædam privatim*".

[8] DUVERGER, Maurice (1995, p. 20-21).

b) critério material, baseado no conteúdo das normas, considerando o interesse que elas têm por fim defender: públicos, da comunidade como um todo, ou privados, particulares dos membros da comunidade;

c) critério formal, baseado na forma das relações jurídicas, sendo as de direito público caracterizadas por procedimentos de constrição e pela ação unilateral, enquanto as de direito privado seriam fundadas no livre acordo de vontades.

Numa perspectiva similar, que, no entanto, introduz ênfase em certos conceitos específicos, pode-se falar em critérios: "da qualidade jurídica do sujeito", "do interesse público" e "das posições" ("supremacia *versus* igualdade").[9]

A conjugação desses critérios, que não são excludentes, resultou, no âmbito do direito administrativo, na elaboração de duas noções teóricas muito frequentemente empregadas para a identificação específica desse ramo jurídico, dentro do direito público. Trata-se das noções de "regime (jurídico) administrativo"[10] e de "relação de administração".[11]

Todas essas considerações sobre a distinção entre direito público e direito privado e sobre a derivação, a partir daquele, de um regime jurídico específico a caracterizar o direito administrativo, todavia, devem ser concebidas de modo relativo: são instrumentos para a decidibilidade necessária à operação do Direito.[12]

Isso porque tais categorias não podem ser empregadas como a descrever elementos qualitativamente distintos da realidade observável.

Podem-se identificar, no início do século XXI, alguns "paradoxos" na tentativa de se clarificarem as fronteiras entre direito administrativo e direito privado.[13] De rigor, não

---

[9] Romeu Felipe Bacellar Filho (2007, p. 41 ss).

[10] Maurice Hauriou (1933, p. 1-9) abre seu *Précis* justamente com um capítulo intitulado "*le régime administratif*", cujos três elementos integrantes essenciais seriam: a) "um princípio de ação, o *poder administrativo*, derivado do poder executivo"; b) "um objetivo a se atingir, a *realização da função administrativa*"; c) "um método para atingir esse fim, a *empresa de gestão administrativa*" (no original: "*entreprise de gestion administrative*"). Ainda segundo Hauriou, o poder administrativo – "*pouvoir adminitratif ou puissance publique*" – é, "do ponto de vista jurídico, o elemento primordial do regime administrativo", "resultante da *centralização de todas as polícias* operada no Estado moderno" e por meio do qual o regime administrativo "imprime uma direção aos serviços públicos e assegura a execução das leis" (traduzi). Contemporaneamente, sobre uma leitura do regime jurídico administrativo, com invocação do binômio "prerrogativas e sujeições", ver Maria Sylvia Zanella Di Pietro (2012, p. 60-98); ou, destacando os princípios da "supermacia do interesse público sobre o privado" e da "indisponibilidade, pela Administração, dos interesses públicos", ver Celso Antônio Bandeira de Mello (2010, p. 52-94).

[11] Ruy Cirne Lima (2007, p. 105-107), com fundamento no Código Civil francês, distingue a "relação de administração" da "relação de propriedade". A primeira seria "a relação jurídica que se estrutura ao influxo de uma finalidade cogente", nela sendo predominantes o "dever" e a "finalidade"; enquanto na segunda a vontade é predominante. Ambas as relações encontram-se em vários ramos do Direito (ex.: *administração* de bens dos filhos menores pelos pais, nos termos do Direito civil); "é no Direito Administrativo, porém, que a relação de administração adquire a plenitude de sua importância".

[12] Tércio Sampaio Ferraz Junior (2007, p. 58-59).

[13] CASSESE, Sabino (2000, p. 389). Tais paradoxos, segundo o autor, envolvem a retração (mas não supressão) dos poderes estatais nacionais, ante o avanço da União europeia, esta com franco viés de favorecimento

é de se surpreender que sucessivos movimentos de aproximação e afastamento entre os ditos direito público e direito privado ocorram, como dois vetores, oscilantes segundo a evolução do modo de ser político, social e econômico do Estado.

Mas a compreensão da dicotomia em questão não enfrenta apenas a dificuldade de se estabelecerem os limites entre público e privado; passa ainda pela percepção de qual sentido de "Direito" se está a aplicar.

Isso porque, se tomado Direito como ciência, ou seja, como a perspectiva da doutrina descrevendo o fenômeno jurídico, qualificar certos "ramos" do Direito como públicos ou privados é mera aproximação didática, para definir os limites de conteúdo das disciplinas lecionadas nas faculdades.

A mesma relatividade da qualificação aplica-se ao Direito como conjunto normativo. O direito civil é privado? Em que sentido? As normas sobre desapropriação, por exemplo, não fazem parte do direito civil e simultaneamente do direito administrativo? E qual o limite do conjunto normativo a ser considerado numa análise desse tipo? O direito codificado? Mas não há regras, *v. g.*, sobre bens públicos no Código Civil; ou normas de direito civil fora dele? Então, deve-se analisar cada lei – "tal lei é de direito público"? Ou um artigo em uma lei? Ou uma subdivisão de um artigo?

Enfim, parece que nem o Direito como ciência, nem como conjunto normativo, comportam rigorosamente os adjetivos público e privado, senão como instrumento de facilitação do discurso na praxe da linguagem, com grande margem de imprecisão.

4   Relações jurídicas de direito público e de direito privado

Por outro lado, descendo-se ao âmbito das relações jurídicas, pode haver um sentido mais preciso para a distinção entre público e privado.

Cuida-se de investigar como as normas jurídicas, pelas quais os diversos sujeitos se vinculam, são **produzidas** e **executadas**.

Remontando a um padrão de análise o mais genérico possível, há dois princípios fundamentais a definir os modos básicos de **produção** normativa: autonomia e heteronomia, conforme o indivíduo a ser vinculado pela norma participe, ou não, de sua produção.

Isso se aplica para a produção do direito tanto no plano mais geral e abstrato – definindo essencialmente a democracia e a autocracia, como tipos ideais[14] – como no plano

---

da economia privada em um mercado comum (o exemplo vale também para outros movimentos de integração regional); a contração do uso de módulos convencionais em certas áreas e, ao mesmo tempo, sua expansão em outras; a liberalização de certos setores da economia (ex.: telecomunicações, transportes aéreos, energia elétrica, gás), porém acompanhada da regulação administrativa; e a privatização de empresas estatais, enquanto, de outro lado, criam-se autoridades administrativas independentes.

[14]   KELSEN, Hans (1961, p. 284).

de normas individuais e concretas – tem-se aqui o contrato como exemplo de produção normativa regida predominantemente pelo princípio da autonomia.[15]

E quanto à **execução** de uma norma, seja ela geral e abstrata, como a lei, seja individual e concreta, como um contrato, há também uma diferença básica entre uma execução que se faça diretamente por um sujeito que é parte da relação jurídica, parte esta à qual a outra se deva submeter; ou pelo recurso a um órgão externo à relação, equidistante das partes (p. ex., o Poder Judiciário ou um tribunal arbitral).

A execução direta por uma das partes guarda paralelo com a produção heterônoma do direito: o sujeito a quem se volta a execução recebe seus efeitos sem influenciar as decisões que a pautam, assim como o sujeito que se vincula pela norma não participa de sua produção.

Já a execução com recurso a um órgão externo à relação guarda paralelo com a produção autônoma do direito: o sujeito a que se volta a execução debate com a outra parte da relação, perante o julgador imparcial, apresentando seus argumentos e defendendo seu ponto de vista, assim como o sujeito que se vincula pela norma participa, opinando, manifestando vontade própria, quando de sua produção.

Se há, pois, uma diferença consistente e cientificamente observável entre a produção e a execução autônomas ou heterônomas do direito, é razoável empregar nomes distintos para caracterizá-las.

Aqui surge, portanto, um sentido mais preciso para a dicotomia "público × privado", aplicada às relações jurídicas: público associado ao modo heterônomo; e privado, ao modo autônomo de produção e execução das normas.

Um caso peculiar de relação jurídica, que se presta bem a ilustrar essa análise, é o dos contratos.

O contrato, tomado como gênero, já expressa essencialmente um modo autônomo da produção do direito: implica a percepção do legislador, do ponto de vista de política legislativa, de que certa matéria normativa deve ser deixada para a decisão das partes envolvidas.[16]

---

[15] Justifique-se, com Kelsen, o "predominantemente": "E então se destacam (vistas sob o ângulo da liberdade, que é o ponto decisivo para a criação de liames normativos) dois tipos ideais, dois métodos possíveis de criação das normas: heteronomia e autonomia; o indivíduo, que a norma vinculará, participa ou não participa na sua elaboração. A lei na autocracia, na monarquia absoluta, representa uma aproximação tão grande quanto possível do caso da heteronomia, o contrato de direito privado, uma aproximação tão grande quanto possível do caso ideal da autonomia (é por isso que falamos de 'autonomia privada'). Mas nos dois casos, são apenas aproximações" (KELSEN, Hans, 1940, p. 63 – traduzi).

[16] "O legislador quer deixar aos sujeitos de direito o cuidado de regrar eles mesmos seus interesses econômicos e outros, e que ele estima que uma regulamentação independente e autônoma desses interesses é a solução melhor indicada e mais justa" (KELSEN, 1940, p. 48 – traduzi).

No entanto, poder-se-ia associar o adjetivo público a contrato, sem contradição com o que se acaba de dizer:[17] o contrato público – dito "administrativo" – comporta um maior grau de heteronomia em sua execução.

Aliás, essa heteronomia está no fundamento da nota essencial da ação administrativa, qual seja, sua autoexecutoriedade, tanto no sentido de se tomar a decisão independentemente de recurso à via judicial, como no sentido de se executar de ofício a decisão.[18]

Observe-se que essa leitura da autoexecutoriedade da ação administrativa é outro modo de explicar o fenômeno da legalidade aplicada à Administração, como algo diferente da legalidade aplicada aos indivíduos.

Os indivíduos caracterizam-se essencialmente, em sua substância natural, por sua liberdade. Se decidem limitar-se, em prol do convívio social, ainda assim não eliminam a liberdade de fundo. Portanto, não havendo lei a limitar a conduta humana, vigora plenamente a liberdade. Daí afirmar-se que ninguém é obrigado a fazer ou deixar de fazer alguma coisa senão em virtude de lei; e que, na ausência de lei, a conduta individual é livre.

Outra é a situação da Administração, ou do Estado, para falar de modo mais amplo. Não tendo o Estado substância natural, mas sim consistindo em abstração, ficção criada pelo homem, sua existência é essencialmente vinculada ao Direito. Aliás, no contexto do Estado de Direito, confunde-se com o próprio ordenamento jurídico. Por outras palavras, o Estado não é um ser dotado de vontade: sua vontade não corresponde sequer à vontade subjetiva de seus agentes, mas sim à vontade objetiva do Direito.

Assim, na ausência da lei, o Estado não tem "liberdade" e sequer existe, não podendo, portanto, agir.

Retomando o raciocínio quanto à autoexecutoriedade: se o Estado é o próprio Direito em ação, é compreensível que suas ações sejam, em regra, autoexecutórias.[19] Esse o sentido de "público".

Aceita, enfim, a distinção entre relações jurídicas de direito público e de direito privado nos termos acima propostos, tem-se que um contrato será de direito público, ou administrativo em especial, tão somente no sentido de decorrer de uma específica técnica de produção e execução do direito.

E, de todo modo, como será visto mais adiante, trata-se de uma distinção relativa, que comporta graus.

---

[17] Aliás, como já visto com Kelsen (nota de rodapé 14), a qualificação de algo como público ou privado é sempre aproximativa.

[18] DUGUIT, Léon (1923, p. 46-47).

[19] Digo "em regra" porque o próprio Direito pode optar por solução diversa, por exemplo, exigindo ação judicial para que se realize a desapropriação, salvo acordo das partes.

5 Contratos de direito público e de direito privado, celebrados pela Administração, no Brasil

Tradicionalmente, no Brasil, a doutrina e a legislação acolhem a distinção, dentre os contratos celebrados pela Administração, entre aqueles de direito público (ditos administrativos) e os de direito privado.

Em linhas gerais, a Lei nº 8.666/93, que é a lei de normas gerais sobre a matéria, aplicável em todos os níveis federativos, define um regime jurídico "de direito público", concedendo prerrogativas de ação autoexecutória (notadamente em seu art. 58) à Administração Pública nos contratos por ela celebrados.

Mas a mesma lei admite, nominalmente, a existência de contratos regidos "predominantemente" por normas de direito privado. No entanto, nesse ponto não é fácil a compreensão do texto legal.

O art. 62, § 3º, I, da Lei nº 8.666/93, refere-se a contratos celebrados pela Administração Pública, cujo conteúdo seja regido "predominantemente" por normas de direito privado, aos quais, entretanto, se aplicam "no que couber" as regras atinentes às prerrogativas típicas do regime público.

Ora, essa proposição da lei encerra contradição em seus próprios termos: ou bem não caberá em nenhum aspecto incidirem os poderes de ação unilateral autoexecutória da Administração – que constituem a essência do regime de direito público –, ou bem não predominará o direito privado.

A doutrina brasileira aborda o problema suscitado por esse dispositivo de diversos modos, com vistas a uma solução em face do direito positivo.[20]

Assimilando-se essas ideias, pode-se concluir que a solução concreta do problema há que passar por uma verificação, em cada caso, da existência de lei específica aplicável. Por outras palavras, a discussão posta nos termos genéricos "norma de direito privado" *versus* "norma de direito público" não esclarece o alcance concreto do direito positivo.

---

[20] Odete Medauar (2010, p. 236) destaca o potencial do art. 62 da Lei nº 8.666/93 de publicizar os ditos contratos de direito privado. Maria Sylvia Zanella Di Pietro (2012, p. 265) sustenta que, nos contratos de direito privado, "excepcionalmente, algumas cláusulas exorbitantes podem constar, mas elas não resultam implicitamente do contrato; **elas têm que ser expressamente previstas**, com base em lei que derrogue o direito comum". José dos Santos CARVALHO FILHO (2010, p. 208) entende que esse é o sentido da expressão *no que couber*, contida no § 3º do art. 62 da Lei nº 8.666/93: o regime de direito público caberá quando expressamente previsto no instrumento contratual. Marçal Justen Filho (2010, p. 559) propõe dois limites para que a Administração publicize tipos contratuais: (a) uma limitação econômica: "há hipóteses em que a aplicação do regime de direito público produziria efeitos extremamente onerosos para a Administração Pública – tão onerosos que haveria um sacrifício dos interesses estatais e o comprometimento dos direitos fundamentais. A Administração é constrangida a recorrer aos contratos de direito privado, porque essa é a única alternativa economicamente disponível"; (b) uma limitação jurídica: "certas atividades não comportam a aplicação do regime de direito público, porque isso produziria a desnaturação do mercado privado, da livre concorrência e de outros valores protegidos constitucionalmente".

Assim, tem-se, como regra, a potencial extensão do regime da Lei nº 8.666/93 aos contratos celebrados pela Administração; a extensão desse regime, porém, pode ser obstada por lei específica aplicável ao caso concreto; e, por fim, sempre caberá um controle de constitucionalidade do direito aplicável a cada caso, especialmente com base nas ideias de que certos segmentos da atividade econômica empresarial poderiam ver seu regime de livre concorrência afetado pela intromissão de certas regras de direito público e de que a inviabilidade econômica de certas contratações atentaria contra normas constitucionais relativas à eficiência e economicidade.

Com efeito, no caso do seguro – um dos exemplos dados pela Lei nº 8.666/93 –, à evidência existe suficiente legislação específica regendo o respectivo segmento econômico, o qual seria desequilibrado, se o Estado pudesse impor, nos seus contratos, medidas excepcionais de ação unilateral. Ademais, dificilmente o Estado encontraria com quem contratar se não seguisse as regras usuais de mercado.

O mesmo se diga quanto ao financiamento privado, ao *leasing* e à locação em que a Administração for locatária – lembre-se, quanto a esse último caso, que o direito já dá instrumentos de ação unilateral ao Estado para desapropriar certo bem necessário à função pública, ou para quanto a ele instituir servidão, ou para ocupá-lo provisoriamente, ou ainda para requisitá-lo.

6 Sentido relativo da distinção entre contratos de direito público e de direito privado, celebrados pela Administração

Em trabalho anterior, acima citado,[21] abordei o tema dos contratos celebrados pela Administração pelo recorte da "Teoria do Contrato Administrativo".

Naquela ocasião, para fazer uma crítica da teoria e para propor sua evolução, sustentei a necessidade de se atentar para possíveis tratamentos que o direito positivo dê à matéria, especialmente considerando a complexidade do fenômeno contratual nos dias atuais.

No caso, busquei fazer uma análise não de cada tipo contratual – aliás, a tipicidade dos contratos administrativos já é algo que comporta muitas considerações –, mas sim de contratos agrupados por módulos, que preservem certas notas comuns.

E procurei cruzar essa análise dos módulos contratuais com uma análise de modelos abstratos de tratamento legal da matéria.

Formulei, então, por hipótese, sete situações principais de tratamento legal da matéria:[22]

> "a) decorre diretamente da lei um regime de prerrogativas (de ação autoexecutória e unilateral) da Administração, que se aplica seja em matéria de contratos, seja em qualquer outra forma de ação administrativa;

---

[21] MENEZES DE ALMEIDA, Fernando Dias (2012).
[22] MENEZES DE ALMEIDA, Fernando Dias (2012, p. 379).

b) a lei, tratando dos contratos a serem celebrados pela Administração, ou de alguns deles, prevê que sofram a incidência de um regime de prerrogativas,[23] o que se dá pela via geral, independentemente de previsão contratual;

c) a lei, tratando dos contratos a serem celebrados pela Administração, ou de alguns deles, prevê que devam incorporar em suas cláusulas regras de um regime de prerrogativas já configurado pela lei;

d) a lei, tratando dos contratos a serem celebrados pela Administração, ou de alguns deles, prevê que sofram a incidência de um regime de prerrogativas já configurado pela lei, desde que não ressalvado pelas partes;

e) a lei, tratando dos contratos a serem celebrados pela Administração, ou de alguns deles, prevê às partes a faculdade de incorporarem nas cláusulas contratuais regras de um regime jurídico de prerrogativas já configurado pela lei;[24]

f) a lei, tratando dos contratos a serem celebrados pela Administração, ou de alguns deles, prevê às partes a faculdade de incorporarem nas cláusulas contratuais regras de um regime jurídico de prerrogativas, sem prefixar contornos de conteúdo destas regras;

g) a lei proíbe a incidência de um regime de prerrogativas da Administração nos contratos que celebre, ou em alguns deles".[25]

---

[23] Prerrogativas *da Administração*, bem entendido. E prerrogativas de ação *unilateral* e *autoexecutória*. Essa observação também vale para as hipóteses seguintes.

[24] Situação que remete, na lição de Orlando Gomes (1990, p. 21), invocando a classificação proposta por Pothier, às cláusulas "naturais" de um contrato: aquelas que "se referem a obrigações peculiares previstas na lei, que não são, no entanto, compulsórias".

[25] Na ocasião, acrescentei as seguintes explicações sobre as sete hipóteses:

As hipóteses acima figuradas situam-se em ordem decrescente de intensidade de presença das prerrogativas da Administração em matéria de suas relações contratuais.

As hipóteses "a", b" e "g" referem-se a situações puramente objetivas no tocante ao regime de prerrogativas. Nelas, esse regime jurídico é estabelecido diretamente pela lei – entenda-se *lei* como ato com *sentido material de lei* – por via geral.

Já as hipóteses "c", "d", "e" e "f" referem-se a situações em que intervêm, em maior ou menor medida, mecanismos propriamente contratuais de produção normativa no tocante ao regime de prerrogativas, levando a situações jurídicas com pelo menos algum grau de caráter subjetivo.

As hipóteses "c" a "f" estão arroladas em ordem crescente de incidência do princípio da autonomia na produção normativa, considerado o regime de prerrogativas da Administração – ou seja, ordem crescente da margem deixada às próprias partes contratantes para dispor sobre a ocorrência, ou não, desse regime ou de aspectos dele.

A hipótese "g", que implica o mínimo de incidência do regime de prerrogativas, ao mesmo tempo suprime a autonomia das partes quanto a essa incidência.

As diferenças entre as hipóteses sugeridas podem ser sutis em alguns casos, mas existem e podem interferir com a formulação de uma teoria que as pretenda explicar.

Entre "a" e "b", ambas caracterizando situação jurídica objetiva no tocante ao regime de prerrogativas, nota-se a diferença de, em "b", a lei atentar para o que seja um regime próprio de *contratos* da Administração, distinto do regime geral dos contratos como categoria do Direito (este último incluindo contratos entre partes privadas);

Preocupando-me com a teoria do contrato administrativo, sugeri que ela, alçada a um novo patamar evolutivo de convergência, por decorrência do aumento de complexidade do fenômeno contratual, devesse acolher toda essa possibilidade de **gradação** de situações objetivas e subjetivas, coexistindo em uma mesma relação estruturalmente convencional, conforme as hipóteses acima aventadas – desprendendo-se, pois, da ideia de incidência necessária e automática de um rol de prerrogativas de ação unilateral autoexecutória da Administração.

Essa compreensão de certo modo afasta a visão que admite o gênero "contratos da Administração", tendo por espécies qualitativa e precisamente distintas "contratos administrativos" (de direito público) e "contratos de direito privado da Administração".

Tal classificação, com efeito, parte da premissa de que a noção específica de contratos administrativos traz consigo um regime público de caráter padronizado, *versus* um regime privado, também de certo modo padronizado, decorrente dos contratos de direito privado da Administração.

Pela perspectiva que então se propôs e ora se reitera, a referência mais genérica há de ser a **contrato** como categoria geral do Direito, enquanto as referências específicas devem considerar todas as gradações possíveis de incidência de um regime publicístico,

---

enquanto em "a", a lei considera desnecessário caracterizar um regime próprio de contratos da Administração, do que decorre que incida, quanto aos contratos da Administração, o regime geral dos contratos como categoria do Direito, todavia alterado por elementos decorrentes da presença da Administração na relação, porém elementos que incidiriam tanto em uma relação contratual, como em uma relação não contratual.

Entre "b" e "c", dois casos em que a lei aceita um regime próprio de *contratos* da Administração, há a diferença de "b" configurar situação puramente objetiva no tocante ao regime de prerrogativas, enquanto em "c" aparece um mínimo grau de subjetividade. Mínimo grau porque a lei já configura o regime jurídico a incidir na relação, porém a incidência apenas se dá a partir do momento em que as partes com ele consentem, fazendo-o presente nas cláusulas contratuais. É verdade que nessa hipótese "c" as partes não teriam margem para agir de outro modo, sob consequência da invalidade do contrato; por outro lado, as regras não incidem *para aquelas partes* se elas não consentirem (ainda que, não consentindo, nem valha seu contrato). Vislumbra-se, aí, a lógica do ato-condição.

Entre "c" e "d", ambas seguindo a lógica do ato-condição – ou seja, da incidência para certos sujeitos, mediante seu consentimento, de um regime estabelecido em via geral pela lei –, há a diferença de em "c" o regime necessariamente incidir, sob consequência da invalidade do contrato, enquanto em "d" o regime poder não incidir se as partes expressamente o afastarem. Nota-se, pois, significativo aumento da ocorrência do princípio da autonomia.

Já "d" e "e", que guardam entre si talvez a diferença mais tênue, distinguem-se pelo fato de em "d" o regime incidir na ausência de manifestação das partes, enquanto em "e" o regime só incide ante seu consentimento expresso. É a diferença, de todo modo não desprezível, de uma postura passiva e uma postura ativa. O regime a incidir em ambas as situações tem contornos prefixados na lei.

Entre "e" e "f", a diferença que se percebe é a não prefixação pela lei, em "f", de conteúdos do regime a incidir no contrato – sendo que, em ambos os casos, a incidência se dá desde que as partes expressamente consintam, trazendo-o para as cláusulas contratuais. Em "f", a lei apenas dirá, de modo mais aberto, que possam incidir prerrogativas da Administração, cabendo às partes configurar seus contornos no caso concreto.

Por fim, "g" distingue-se das outras seis hipóteses por significar uma opção do Direito pela não incidência, em matéria de relações contratuais, de um regime de prerrogativas da Administração (MENEZES DE ALMEIDA, Fernando Dias, 2012, p. 379-381).

até, no limite mínimo, ante a ausência de prerrogativas autoexecutórias, chegar-se a um regime privado.

Em suma, nesse sentido teórico, o contrato administrativo: (a) é **genericamente contrato** porque comunga da mesma essência do contrato enquanto categoria jurídica geral; (b) é **especificamente administrativo** porque sofre, potencialmente, a incidência do regime de direito público autoexecutório inerente a toda ação Administrativa, acompanhado, em distintos graus, de prerrogativas de ação unilateral.

15 Concessão de Uso Especial para Fins de Moradia e Função Social da Propriedade Pública

Flávia Moraes Barros Michele Fabre[1]

1 Introdução

O presente estudo tem por objeto a análise dos aspectos e principais polêmicas que cercam a concessão de uso especial para fins de moradia (CUEM), não só sob sua feição atual, como também sob o prisma da função social da propriedade pública e suas consequências e obstáculos práticos. Trata-se de instituto jurídico que veio a lume por meio da Medida Provisória nº 2.220/01 e que é utilizado como um dos principais instrumentos de regularização fundiária[2] da população de baixa renda que ocupa imóveis públicos, encontrando-se hoje inserido na nova ordem jurídico-urbanística que foi sendo construída ao longo das últimas décadas e que recebe reforços a cada ano.[3]

---

[1] Doutoranda em Direito de Estado pela Universidade de São Paulo. Mestre e Especialista em Direito Administrativo pela Pontifícia Universidade Católica de São Paulo – PUC/SP. Especialista em Direitos Difusos e Coletivos pela Escola Superior do Ministério Público do Estado de São Paulo. Advogada e Procuradora do Município de São Paulo.

[2] "Regularização fundiária é o processo através do qual se estabelece um legítimo vínculo jurídico entre um bem imóvel e o respectivo titular do direito de propriedade ou de outro direito real. Em outras palavras, é a supressão da clandestinidade em relação à propriedade" (CARVALHO FILHO, José dos Santos. Regularização fundiária: direito fundamental na política urbana. *RDA – Revista de Direito Administrativo*. Belo Horizonte, ano 2008, nº 247, jan./abr. 2008).

[3] Afora a Constituição Federal de 1988 e o importantíssimo Estatuto da Cidade (Lei nº 10.257/01), uma série de novas leis federais foram editadas com vistas a ensejar a regularização fundiária e dar concreção à função social da propriedade, seja ela pública ou privada. Merecem destaque, nesse sentido, as seguintes: Lei Federal nº 10.931/04, que dispôs sobre a gratuidade do registro imobiliário dos programas de regularização; Lei Federal nº 11.124/05, que criou o Fundo Nacional de Habitação de Interesse Social; Lei Federal nº 11.481/07, que dispõe sobre a possibilidade de transferência de terras da União para os Municípios, a fim de que estes possam regularizar a situação dos ocupantes; Lei Federal nº 11.888/08, que estabeleceu o direito à assistência técnica gratuita para o avanço dos programas de regularização; Lei Federal nº 11.952/09, que dispôs sobre a regularização

Com efeito, diante da premissa determinada pela Constituição Federal de que os imóveis públicos não são passíveis de usucapião, a concessão de uso especial para fins de moradia veio para tentar solucionar em parte o gravíssimo problema fundiário enfrentado em nosso país (e sentido de modo ainda mais pungente em grandes metrópoles, como São Paulo, Rio de Janeiro e Belo Horizonte), tentando garantir à população mais carente a segurança da posse e outros tantos aspectos que envolvem o direito à moradia adequada.

Como veremos a seguir, ainda que tratada de modo bastante sucinto pela Constituição Federal, a concessão de uso especial para fins de moradia está dentre os instrumentos jurídicos de política urbana que têm por fim ordenar o pleno desenvolvimento das funções sociais da cidade e garantir o bem-estar de seus habitantes. Tem íntima relação com o direito à moradia, previsto no *caput* do art. 6º da Constituição Federal como um dos direitos sociais do homem e, sem dúvida alguma, é meio de materialização da dignidade da pessoa humana.

O que se pretende aqui analisar são os diversos aspectos desse instituto que ainda são objeto de debate na doutrina e na jurisprudência, a fim de que se possa ter um quadro mais claro dos diversos embates que envolvem o tema, polêmico desde seu nascedouro.

Deveras, já de pronto surge a celeuma acerca de seu surgimento no ordenamento jurídico através de medida provisória, visto que, apesar da indiscutível relevância jurídica do tema, sua efetiva urgência é de questionável incidência. Daí as contundentes críticas feitas pela doutrina sobre sua duvidosa constitucionalidade, apesar do posicionamento uníssono sobre sua importância.

Nesse passo, tem-se também a dúvida sobre a possibilidade ou não de que a União possa disciplinar sobre bens públicos de outros entes federados, impondo-lhes a obrigação de viabilizar a concessão de uso especial para fins moradia àqueles que preencherem os requisitos previstos na medida provisória e ainda, em se tratando de imóveis em situação de risco ou de bem de uso comum do povo, impor-lhes a incumbência de garantir ao possuidor o exercício de direito de concessão em outro local. A União possui competência para legislar a respeito? Poderia impor aos entes federados a destinação a ser dada aos seus bens?

Ainda, qual a natureza jurídica desse instituto? Trata-se de modalidade de concessão de uso de bem público ou de um direito subjetivo público? Em sendo um direito, é pessoal ou real? Quais as implicações que tal definição acarreta? Qual o âmbito de discricionariedade da Administração Pública em outorgar títulos de concessão de uso especial para fins de moradia? E a limitação temporal imposta pela Medida Provisória nº 2.220/01 para que se pleiteie a outorga do título de concessão? Ela é constitucional? O que tem sido feito nos casos que não se enquadram dentro dos ditames legais?

Por fim, se tomarmos a função social da propriedade pública como uma premissa (ou seja, ultrapassada a questão de sua efetiva existência ou não), mas considerarmos, de outra

---

fundiária na Amazônia Legal; Lei Federal nº 11.977/09, que criou o "Programa Minha Casa, Minha Vida", com uma série de notáveis avanços em matéria de regularização fundiária de assentamentos informais consolidados.

banda, que as "sanções" previstas constitucionalmente para encorajar sua concreção são de difícil aplicabilidade para entes públicos em geral, podemos considerar que a criação de instrumentos legais como a concessão de direito real de uso para fins de moradia são os verdadeiros cânones práticos para sua realização? Ainda, a obrigatoriedade de cumprimento da função social da propriedade pública pelo Estado cria esse direito público subjetivo ao administrado que preencher os requisitos estabelecidos na medida provisória?

São todos esses e outros tantos temas que serão sucintamente aqui desenvolvidos com o objetivo de contribuir de certa forma para uma reflexão mais acurada sobre a questão, sem pretensão de esgotar tão rico assunto, mas acrescentar ideias a seu debate.

2 Fundamento legal e constitucional

A concessão de uso especial para fins de moradia (CUEM) encontra seu fundamento maior no § 1º do art. 183 da Constituição Federal, juntamente com a chamada usucapião constitucional. Está inserida no Capítulo II, que trata da Política Urbana, a qual, por sua vez, encontra-se inserta no Título atinente à Ordem Econômica e Financeira.

Um dos fins da ordem econômica brasileira é assegurar a todos uma existência digna, conforme os ditames da justiça social, a partir da observância dos princípios colacionados nos incisos do art. 170 da Constituição Federal.

O direito à moradia, hoje previsto no *caput* do art. 6º da Constituição Federal como um dos direitos sociais em razão da EC nº 26/00 é, sem sombra de dúvida, uma das facetas da dignidade da pessoa humana e um dos maiores problemas brasileiros da atualidade.

O crescimento desordenado das cidades e a incontestável situação de moradia precária e degradante de boa parte da população dão um retrato lastimável da realidade hoje enfrentada, ainda sem solução à vista, a curto, médio e longo prazo. Em especial nas grandes cidades, para onde acorrem aqueles que não veem perspectivas de melhora em suas cidades de origem, o crescimento desordenado e desumano da cidade mostra-se com mais ênfase. A população mais carente, sem quaisquer condições para adquirir ou alugar habitação regular, acaba construindo por conta própria moradias precárias, irregulares, muitas vezes em locais de risco. Invade propriedades privadas e públicas e lá monta suas residências, ainda que sem os melhoramentos urbanos indispensáveis para a garantia de sua dignidade. Uma casa vai somando-se à outra e vão surgindo comunidades em situação irregular, no mais das vezes formando o que conhecemos por "favelas".

São milhões de pessoas em todo o país vivendo em aviltante miséria, em casas feitas com restos de madeira encontrados nas vias ou com tijolos, cimento e praticamente mais nada. Abastecimento de água e esgotamentos sanitários ruins ou deficitários; luz instalada inicialmente através do chamado "gato", destinação do lixo inadequada, sem equipamentos públicos que possibilitem alguma melhora social. É nesse triste panorama que surge a preocupação constitucional em garantir o planejamento, o desenvolvimento das cidades e a regularização fundiária,[4] diante da constatação de que é nelas que o ser humano efetua suas atividades diárias e deve ter a possibilidade de plenamente desenvolver-se.[5]

Dados estatísticos realizados pelo Instituto Brasileiro de Geografia e Estatística – IBGE no Censo 2010 mostram bem essa realidade. Em levantamento especificamente realizado nos chamados aglomerados subnormais,[6] o IBGE apurou que no Brasil existem 6.329 desses aglomerados, espalhados em 323 municípios do país, com 3.224.529 domicílios ocupados nesses locais, totalizando 11.425.644 de pessoas lá residentes. Em outras pa-

---

[4] Entende-se por regularização fundiária o processo de intervenção pública, sob os aspectos jurídico, físico e social, que objetiva legalizar a permanência de populações moradoras de áreas urbanas ocupadas em desconformidade com a lei para fins de habitação, implantando melhorias no ambiente urbano do assentamento, e resgatando a cidadania e a qualidade de vida da população beneficiária (ALFONSIN, Betânia de Moraes. *Instrumentos e experiências de regularização fundiária nas cidades brasileiras*. Rio de Janeiro: Observatório de Políticas Urbanas; IPPUR; FASE, 1997. p. 24).

[5] As regularizações urbanística, ambiental e fundiária possuem, na verdade, uma ligação intrínseca, formando uma delicada equação a ser trabalhada pelos entes federados, em especial os municípios. Seus instrumentos caminham conjuntamente em muitas oportunidades, de modo a adaptar o texto legal ao contexto pátrio. É assim que temos, por exemplo, a criação de Zonas Especiais de Interesse Social – ZEIS, em que a lei propositadamente estabelece uma flexibilização do regime urbanístico de áreas ocupadas irregularmente para fins de moradia, com vistas a facilitar seu processo de regularização jurídica. Nela se tem a adoção de normas especiais, com índices e parâmetros urbanísticos específicos, com restrições urbanísticas para empreendimentos imobiliários e normas especiais de parcelamento, uso e ocupação do solo. Nessas zonas de uso, geralmente formadas por áreas públicas e privadas, instrumentos como a concessão de uso (áreas públicas e privadas), o usucapião urbano (áreas privadas) e a concessão de uso para fins de moradia (áreas públicas) tem especial importância, porque a regularização fundiária da população inserta nessas áreas produz impactos sobre todo o resto. Com efeito, a legitimação da propriedade ou de sua posse gera toda uma série de consequências, não apenas de âmbito jurídico, mas primordialmente social, pela inarredável multiplicidade de seus contornos. O sentimento de posse ou propriedade lícita gera para o cidadão a necessidade de criar raízes no local em que fixou sua moradia e de lutar pela melhoria de suas condições. Facilita a instalação de equipamentos públicos no local, de toda uma rede de comércio local (que podem ser estabelecidos via autorização de uso), a criação de linhas de transporte, de vias públicas próximas, a instalação de infraestrutura adequada e a inserção da área em questão no bojo do planejamento urbano da cidade, com vistas a sua constante melhoria. Além de permitir a inclusão de parcelas marginalizadas da sociedade e a introdução de serviços e de infraestrutura, as áreas regularizadas passam a recolher tributos, gerando movimento cíclico e retroalimentado de desenvolvimento.

[6] Segundo definição do IBGE: "Aglomerado subnormal é um conjunto constituído de, no mínimo, 51 unidades habitacionais carentes, em sua maioria de serviços públicos essenciais, ocupando ou tendo ocupado, até período recente, terreno de propriedade alheia (pública ou particular) e estando dispostas, em geral, de forma desordenada e densa. A identificação dos aglomerados subnormais deve ser feita com base nos seguintes critérios: a) ocupação ilegal da terra, ou seja, construção em terrenos de propriedade alheia (pública ou particular) no momento atual ou em período recente (obtenção do título de propriedade do terreno há 10 anos ou menos); e b) possuírem pelo menos uma das seguintes características: urbanização fora dos padrões vigentes – refletido por vias de circulação estreitas e de alinhamento irregular, lotes de tamanhos e formas desiguais e construções não regularizadas por órgãos públicos ou precariedade dos serviços públicos essenciais" (Instituto Brasileiro de Geografia e Estatística – IBGE. *Censo Demográfico 2010 – Aglomerados subnormais*: primeiros resultados. Disponível em: <http://www.ibge.gov.br/home/estatistica/populacao/censo2010/aglomerados_subnormais/agsn2010.pdf>. Acesso em: 16 nov. 2012).

lavras, apurou-se que 6% (seis por cento) da população do país morava em aglomerados subnormais em 2010.[7]

Tendo em conta a precária situação fundiária de número significativo de brasileiros e tendo por fim dar meios jurídicos para a mudança dessa realidade, temos no art. 183 da Constituição Federal a previsão da usucapião especial constitucional e, diante da peremptória proibição de usucapião de bens públicos contida no § 3º do mesmo artigo, encontramos em seu § 1º a possibilidade de concessão de uso, fundamento do instituto objeto do presente estudo.

Deveras, a redação do art. 183 menciona a concessão de uso, embora sua mera leitura demonstre nitidamente que a preocupação foi tratar com mais pormenor da usucapião, estabelecendo-lhe desde já os requisitos e deixando clara a impossibilidade de usucapião de imóveis públicos.

Assim estabelece o art. 183 da Carta Magna:

> Art. 183. Aquele que possuir como sua área urbana de até duzentos e cinquenta metros quadrados, por cinco anos, ininterruptamente e sem oposição, utilizando-a para sua moradia ou de sua família, adquirir-lhe-á o domínio, desde que não seja proprietário de outro imóvel urbano ou rural.
>
> § 1º O título de domínio e a **concessão de uso** serão conferidos ao homem ou à mulher, ou a ambos, independentemente do estado civil.
>
> § 2º Esse direito não será reconhecido ao mesmo possuidor mais de uma vez.
>
> § 3º Os imóveis públicos não serão adquiridos por usucapião (grifo nosso).

Tendo por base justamente a previsão da concessão de uso, que não foi objeto de vedação expressa para bens públicos como o foi a usucapião, os arts. 15 a 20 da Lei nº 10.257/01 (o conhecido Estatuto da Cidade) regularam esse instituto, com redação praticamente idêntica à utilizada pelo texto constitucional para a usucapião prevista no art. 183, mas atendendo a certas peculiaridades. Tais artigos, todavia, foram vetados[8] pelo

---

[7] IBGE. *Censo Demográfico 2010 – Aglomerados subnormais*: primeiros resultados. Disponível em: <http://www.ibge.gov.br/home/estatistica/populacao/censo2010/aglomerados_subnormais/agsn2010.pdf>. Acesso em: 16 nov. 2012.

[8] Eis o que constou das razões de veto: "O instituto jurídico da concessão de uso especial para fins de moradia em áreas públicas é um importante instrumento para propiciar segurança da posse – fundamento do direito à moradia – a milhões de moradores de favelas e loteamentos irregulares. Algumas imprecisões do projeto de lei trazem, no entanto, riscos à aplicação desse instrumento inovador, contrariando o interesse público. O caput do art. 15 do projeto de lei assegura o direito à concessão de uso especial para fins de moradia àquele que possuir como sua área ou edificação urbana de até duzentos e cinquenta metros quadrados situada em imóvel público. A expressão *edificação urbana* no dispositivo visaria a permitir a regularização de cortiços em imóveis públicos, que no entanto é viabilizada pela concessão a título coletivo, prevista no art. 16. Ela se presta, por outro lado, a outra leitura, que poderia gerar demandas injustificadas do direito em questão por parte de ocupantes de habitações individuais de até duzentos e cinquenta metros quadrados de área edificada em imóvel público. Os arts. 15 a 20 do projeto de lei contrariam o interesse público sobretudo por não ressalvarem do direito à concessão

então Presidente da República, sob o argumento principal de que a falta de um parâmetro temporal para o uso do instituto poderia levar a abusos no uso do direito nele reconhecido.

Note-se que foi constatada a importância do instituto, mas a preocupação com uma verdadeira invasão em terras devolutas dos entes federados, visando à obtenção desse título – dentre outros motivos –, levou ao seu veto, já com o comprometimento expresso nas próprias razões de veto de futura submissão de texto normativo ao Congresso Nacional para tratar do instituto da concessão de uso especial para fins de moradia.

O texto normativo prometido nas razões de veto é justamente a Medida Provisória 2.220/01 que, perenizada pela também polêmica Emenda Constitucional nº 32, acabou por regular a concessão de uso especial para fins de moradia, passando a ser o fundamento legal desse instituto.[9]

Na verdade, o uso da medida provisória como veículo introdutor desse instituto é de duvidosa constitucionalidade (ainda existente nos dias atuais, embora enfraquecida pelo passar do tempo e com a acomodação do instituto entre nós), na medida em que patentemente ausente um de seus pressupostos, qual seja, a urgência. Na verdade, o Poder Executivo chegou a retirar projeto de lei encaminhado ao Congresso Nacional e que tinha por objeto a regulamentação desse instituto, o que demonstra às claras que não havia exatamente urgência em sua regulamentação.

Todavia, o fato é que a necessidade pungente desse importante instituto fez com que a jurisprudência passasse ao largo dessa irregularidade, que o tempo e os ditames do art. 2º da assaz citada EC nº 32 acabaram por tornar vigente e produtor de efeitos.

---

de uso especial os imóveis públicos afetados ao uso comum do povo, como praças e ruas, assim como áreas urbanas de interesse da defesa nacional, da preservação ambiental ou destinadas a obras públicas. Seria mais do que razoável, em caso de ocupação dessas áreas, possibilitar a satisfação do direito à moradia em outro local, como prevê o art. 17 em relação à ocupação de áreas de risco. O projeto não estabelece uma data-limite para a aquisição do direito à concessão de uso especial, o que torna permanente um instrumento só justificável pela necessidade imperiosa de solucionar o imenso passivo de ocupações irregulares gerado em décadas de urbanização desordenada. Por fim, não há no art. 18 a definição expressa de um prazo para que a Administração Pública processe os pedidos de concessão de direito de uso que, previsivelmente, virão em grande número a partir da vigência deste instrumento. Isto traz o risco de congestionar o Poder Judiciário com demandas que, num prazo razoável, poderiam e deveriam ser satisfeitas na instância administrativa. Pelas razões expostas, propõe-se o veto aos arts. 15 a 20 do projeto de lei. Em reconhecimento à importância e validade do instituto da concessão de uso especial para fins de moradia, o Poder Executivo submeterá sem demora ao Congresso Nacional um texto normativo que preencha essa lacuna, buscando sanar as imprecisões apontadas."

[9] Ressalve-se o posicionamento de Sylvio Toshiro Mukai, que entende que o fundamento legal da concessão de uso especial para fins de moradia não seria o § 1º do art. 183 da Constituição Federal, na medida em que o *caput* desse artigo trata apenas de domínio. Seu fundamento constitucional seria o direito à moradia inserto no *caput* do art. 6º da Constituição Federal (vide seu Constitucionalidade da Concessão Especial para Fins de Moradia. *Fórum de Direito Urbano e Ambiental – FDUA*, Belo Horizonte, nº 13, jan./fev. 2004, p. 1361 a 1374). Com todo o respeito, não conjugamos do entendimento do autor. Não é porque o *caput* do art. 183 da Constituição Federal não fala expressamente da concessão de uso que não se pode entender, pela leitura sistemática do artigo, que a concessão de uso também é cabível e, uma vez que vedada pelo § 3º do art. 183 a usucapião de bens públicos, pode ser aplicada aos bens públicos. O direito à moradia é também seu fundamento constitucional, mas indireto: um não inibe o outro.

Uma vez estabelecida a Medida Provisória nº 2.220/01 (apesar de seu nascimento de constitucionalidade questionável) como fundamento legal da concessão de uso especial para fins de moradia, passemos à análise mais pormenorizada de seus ditames.

3 Da competência legislativa

Não se pode analisar adequadamente o instituto da concessão de uso especial para fins de moradia sem descer à questão da constitucionalidade ou não da Medida Provisória nº 2.220/01 no que tange à competência da União para legislar sobre bens públicos de outros entes federados (ainda que tratando, concomitantemente, de direito urbanístico).

De fato, ao estabelecer para os administrados um direito subjetivo público à outorga da concessão de uso especial para fins de moradia a todo aquele que (art. 1º) ou aqueles (art. 2º) que preencher(em) os requisitos previstos na medida provisória, a União acabou legislando sobre os bens dos demais entes públicos, impondo-lhes inclusive obrigações, tais como a de conceder a outorga de concessão sobre outro imóvel público àquele que requereu a concessão baseado em ocupação de área com risco à vida e à saúde de seus ocupantes. A matéria envolve não apenas direito urbanístico, mas também a utilização de bens públicos, a respeito dos quais cada ente da federação tem competência para legislar privativamente.

Segundo o inciso I do art. 24 da Constituição Federal, a competência para legislar sobre direito urbanístico é concorrente da União, Estados e Distrito Federal, cabendo à primeira estabelecer normas gerais, sem exclusão da competência suplementar dos Estados. Cabe aos Municípios suplementar a legislação federal e estadual no que couber e sobre assuntos de interesse local (art. 30, I e II, da Constituição Federal), sendo de sua competência, ainda, promover o adequado ordenamento territorial, mediante planejamento e controle do uso, do parcelamento e da ocupação do solo urbano.

A par do que foi dito, se tomarmos o instituto da concessão de uso especial para fins de moradia como um instrumento de política urbana (até porque previsto no Estatuto da Cidade) – e, portanto, inserto na seara do direito urbanístico –, restaria clara a competência da União para estabelecer normas gerais sobre o tema, e dos Estados, Distrito Federal e Municípios para suplementá-la.

Ocorre, todavia, que o tema em questão envolve não só matéria urbanística como também tipicamente administrativa: bens públicos. Ora, não há como deixar de reconhecer que cabe a cada ente federado legislar privativamente sobre seus bens e que a União – a quem em matéria de direito urbanístico caberia o estabelecimento de normas gerais – acabou por violar a autonomia dos demais entes federados ao impor-lhes a outorga de título de concessão de uso, quando em verdade só poderia fazê-lo validamente em relação ao próprio patrimônio. Nesse ponto, inegavelmente, a União foi além, extrapolou os limites desenhados pela Constituição em matéria de competência legislativa.[10]

---

10 Maria Sylvia Zanella Di Pietro, ao analisar esse excesso legislativo por parte da União, ponderou que: "Não lhe cabe, em consequência, *impor* aos Estados e Municípios a outorga de título de concessão de uso, transfor-

De todo modo, o fato é que essa inconstitucionalidade não foi declarada e os Estados e Municípios acabaram por acatar e implementar o instituto em questão, contornando localmente essa ilegalidade pela assunção de seus ditames.

4 Da natureza jurídica da concessão de uso especial para fins de moradia como direito público subjetivo e o cumprimento da função social da propriedade pública

A concessão de uso para fins de moradia tem por características básicas a gratuidade, a possibilidade de transferência *causa mortis* e *inter vivos*, a possibilidade de acrescentar à posse a do seu antecessor (desde que contínua) e, pelo que se extrai da medida provisória que a regula (não sem polêmica acerca dessa temática, como vimos), a obrigatoriedade de sua outorga.[11] Tem natureza jurídica de direito real, oponível a terceiros, tendo por título um contrato.[12]

Desses pressupostos, que compõem o seu perfil essencial, podem-se extrair uma série de aspectos de relevante importância para o tratamento jurídico da questão: a CUEM, seja ela individual ou coletiva, configura-se, em face do Poder Público, como um *direito subjetivo à regularização fundiária*,[13] a que fazem jus todos aqueles que preencherem os

---

mando-a em direito subjetivo do possuidor de imóveis públicos estaduais ou municipais. Se a norma constitucional fala em título de domínio ou concessão de uso é porque deixou a decisão à apreciação discricionária do Poder Público titular do bem. A União pode, validamente, impor a concessão de uso, como decisão vinculada, em relação aos bens que integram seu patrimônio, mas não pode fazê-lo em relação aos bens públicos estaduais e municipais. [...] A regulamentação do instituto seria válida por meio de lei federal se esta se limitasse a estabelecer as diretrizes gerais para sua aplicação, deixando ao Poder Público local a decisão quanto ao momento oportuno para aplicá-lo, de acordo com suas disponibilidades financeiras" (DI PIETRO, Maria Sylvia Zanella. *Uso privativo de bem público por particular*. 2. ed. São Paulo: Atlas, 2010. p. 194).

[11] POLIS – Instituto de Estudos, Formação e Assessoria em Políticas Sociais. *Parecer Jurídico*: Regularização Fundiária em áreas públicas municipais ocupadas por população de baixa renda. Disponível em: <http://www.cidades.gov.br/images/stories/ArquivosSNPU/Biblioteca/RegularizacaoFundiaria/Parecer_Juridico_Baixa_Renda.pdf>. Acesso em: 10 nov. 2012.

[12] Embora o título conferido pela Administração Pública seja o bastante para efeito de registro no Cartório de Registro de Imóveis e a Medida Provisória nº 2.220 não tenha expressamente se referido à necessidade de um instrumento contratual, a outorga desse direito real deve ser realizada contratualmente (e assim tem sido feito), até porque a concessão de direito real de uso (CDRU), também usada para regularização fundiária e com finalidade similar, o é.

[13] Há quem, como José dos Santos Carvalho Filho, vá além, para defender que, a partir do direito constitucional à moradia inserto no art. 6º da Constituição Federal, a própria regularização fundiária passa a ser um direito fundamental do cidadão, a ser necessária e obrigatoriamente realizada através dos instrumentos previstos no Estatuto da Cidade. Daí por que não só a concessão de uso especial para fins de moradia, como também a usucapião especial urbana e a autorização urbanística (nesse último caso, tem-se uma discricionariedade mitigada da Administração Pública), como instrumentos de regularização fundiária que são, e diante desse novo direito fundamental estabelecido, configuram-se como obrigação dos entes, um direito em favor de pessoas e grupos. Diz o autor que: "As situações de fato decorrentes da posse e o cumprimento dos requisitos que a lei estabelece

requisitos previstos na medida provisória. Esse o traço essencial e peculiar da CUEM em cotejo com muitos dos outros instrumentos de regularização fundiária: ela não é uma faculdade dada ao Poder Público, mas uma obrigação consagrada na Constituição e na lei e que, como veremos, é hoje talvez um dos veículos fundamentais para o cumprimento da função social da propriedade pública.

A natureza jurídica da concessão de uso especial para fins de moradia, na verdade, é bastante controversa, pois, como visto no item anterior, a medida provisória claramente outorgou um direito público subjetivo àquele que preencher seus requisitos mas, ao fazê-lo, acabou por afetar a destinação de bens públicos que não integram seu patrimônio, mas que são dos Estados e Municípios, os quais detêm autonomia para legislar a respeito de seus bens.

Logo, excetuada a União, é perfeitamente defensável que o possuidor de imóvel público não seria titular exatamente de um direito subjetivo oponível aos Estados e Municípios, de modo que legislação infraconstitucional poderia perfeitamente fixar prazo limitando data para a outorga desse instrumento, pois lhe cabe definir as hipóteses e condições de sua outorga.

Nessa toada, ainda, alegam muitas vezes os entes federados em suas lides judiciais que não se poderia por via oblíqua (através de medida provisória) desviar-se da peremptória vedação à usucapião de bens públicos prevista no texto constitucional. Uma vez preenchidos os requisitos previstos na medida provisória, não haveria, desse modo, direito subjetivo à concessão de uso especial para fins de moradia em face do Poder Público. Este tem o dever de promover políticas públicas de regularização fundiária em seu território, mas não o específico dever de outorgar a todo aquele que preenche os requisitos legais o título de concessão, até porque isso pode inclusive conflitar com o interesse público primário da coletividade. Haveria certa margem de discricionariedade da Administração para elaborar e implementar seus programas de regularização fundiária mediante a outorga de títulos de concessão de uso especial para fins de moradia conforme seu planejamento e não segundo a vontade de todo aquele que preenche os requisitos expressos na medida provisória.

Todavia, o fato é que a medida provisória efetivamente outorgou um direito público subjetivo àquele que preencher seus requisitos (ou seja, ele tem direito de requerer a outorga da CUEM administrativamente e acionar judicialmente a Administração Pública caso essa outorga não lhe seja dada) e, a despeito de todas as críticas que possam ser feitas à invasão de competências pela União levada à cabo na dita medida, a questão acabou sen-

---

geram para os interessados o direito público subjetivo à regularização fundiária dos imóveis urbanos que ocupam através dos institutos da usucapião especial urbana e da concessão de uso especial para fins de moradia. Tratando-se de direito subjetivo, aos interessados se atribui a prerrogativa de buscar-lhe a tutela em sede administrativa ou judicial. No que concerne à concessão de uso especial, aliás, a denegação ilegal do direito na via administrativa pelo titular da área pública ocupada rende ensejo à propositura de ação judicial, de modo que, julgado procedente o pedido, deve o juiz declarar a legitimidade da posse e conferir o título da concessão" (CARVALHO FILHO, José dos Santos. Regularização fundiária: direito fundamental na política urbana. *RDA – Revista de Direito Administrativo*. Belo Horizonte, ano 2008, nº 247, jan./abr. 2008).

do, na prática, contornada pelas legislações locais, que tratam da questão da implementação da concessão e acabaram respaldando as previsões contidas na medida provisória.

Logicamente, até em razão do enorme número de pessoas nessa situação (como acima já destacado, mais de 11 milhões de pessoas vivem em aglomerados subnormais no Brasil, ocupando tanto áreas privadas como áreas públicas), a concreção desse direito deve obedecer aos ditames da razoabilidade, mas enseja a obrigatoriedade de que programas de regularização fundiária sejam realizados e de que haja um planejamento nessa área com vistas à sua implementação a curto, médio e longo prazos. Cria-se, ademais, para aquele que preencher os requisitos aduzidos em lei, um direito à regularização de sua situação no local em que estabeleceu sua morada, a menos que outro interesse público primário mais relevante justifique a alteração de sua moradia para outro local, devendo ser dada preferência aos termos estabelecidos pelos programas habitacionais governamentais que tratem do assunto. Como visto, o direito subjetivo existe e deve ser concretizado prioritariamente, mas sua abrangência e profundidade sofrem a incidência limitadora, em casos devidamente justificados, dos programas de governo nessa seara.

Na verdade, esse direito subjetivo à regularização fundiária na CUEM tem seu fundamento primário na função social da propriedade pública e é, muito provavelmente, um de seus principais veículos na atualidade.

Deveras, partindo-se da premissa de que existe efetivamente uma função social da propriedade pública (o que não é pacífico), é inexorável deparar-se com certas dificuldades em forçar sua implementação nos mesmos moldes em que esse princípio se aplica em âmbito privado e nos termos em que descritos na Constituição Federal.

Não se pode ignorar que, com relação à propriedade pública urbana, os meios para obrigar o particular a cumprir essa função são de pouca valia ou de escassa eficácia para entes públicos: o parcelamento e edificações compulsórias não são passíveis de aplicação, visto que ferem a autonomia dos entes federados e, ademais, determinações legais de cunho orçamentário inviabilizariam a aplicação desse tipo de sanção; por sua vez, a instituição de imposto sobre a propriedade predial e territorial urbana progressiva no tempo não teria aplicação, face à imunidade recíproca existente entre os entes e, por fim, a desapropriação com pagamento mediante títulos da dívida pública também não teria cabimento, por aplicação analógica da proibição de desapropriação pelo Município de bens dos Estados ou da União.[14]

---

[14] Interessante trazer à baila, nesse ponto, alguns argumentos contra a aplicabilidade da função social da propriedade pública trazidos por Nilma de Castro Abe em artigo específico sobre o tema. Para essa autora, a função social da propriedade não seria aplicável aos bens públicos, na medida em que se trata de instituto que foi criado tipicamente para o domínio privado, em que o titular, o administrador e o beneficiário do bem se encontrariam na mesma pessoa, o particular. Desse modo, ela foi criada para atenuar a clássica visão individualista e absoluta da propriedade privada, que dá ao seu proprietário a liberdade (agora condicionada) de gozar, dispor e fruir da coisa. No caso da propriedade pública, isso não ocorre, pois o titular (ente público), o administrador (agente público) e o beneficiário (coletividade) não seriam coincidentes, o que implica dizer que o vínculo mantido pelo Estado com seus bens difere de modo bastante contundente daquele mantido pelo particular com sua propriedade. Ademais, o bem público necessariamente deve atender a uma finalidade pública, embora no caso

Por outro lado, há quase que um senso comum no sentido de que, se os bens públicos possuem uma finalidade intrinsecamente pública, eles teriam, ainda com mais vigor que os particulares, que cumprir uma função social, aqui considerada como a obrigatoriedade de dar ao bem a destinação ou as destinações (que podem ser múltiplas, se assim for possível o uso do bem) de modo a promover o ótimo atendimento da coletividade. Seu perfil é diverso da função pública da propriedade privada, embora tenham entre si um núcleo essencial coincidente e que se refere ao próprio delineamento do direito de propriedade, que deve ser exercido em prol do coletivo.

O simples fato de ser um bem público não implica necessariamente que esse bem tenha destinação social ou também social. Público e social não são expressões sinônimas, podendo perfeitamente haver um sem o outro. É nesse ponto que o princípio da função social da propriedade (previsto no art. 5º, XIII, da Constituição Federal, sem qualquer distinção quanto a bens públicos e privados) aplica-se para a seara privada, determinando que a finalidade social também seja buscada sempre no uso do bem e determinando, para os entes públicos, a obrigatoriedade de implementação de programas de regularização urbanística e fundiária.

É precisamente nesse contexto que a concessão especial para fins de moradia se insere, sendo o primeiro instrumento de regularização fundiária que retira do campo da discricionariedade a legalização administrativa desses bens.

Nas palavras de Sílvio Luís Ferreira da Rocha:

> Há, aqui, a incidência do princípio da função social da propriedade a conformar os bens de uso comum, pois, embora se admita, desde há muito, possa o Poder Público outorgar o uso privativo sobre bens públicos, o fato é que o fez, sempre, no exercício de competência discricionária, enquanto agora o particular, que tiver preenchido os requisitos legais, se investe em um direito subjetivo contra a Administração que lhe assegura a pretensão de exigir, ainda que em outro local, o direito de morar em imóvel público.[15]

Não se está a afirmar, frise-se veementemente, que a *concreção* desse direito subjetivo público outorgado pela medida provisória perenizada possa ser estabelecido de imediato, com abrangência e profundidade ilimitadas. Não existem direitos absolutos e, na esfera

---

dos bens dominicais ela possa não estar devidamente estabelecida. Assim sendo, essa finalidade pública ínsita e obrigatória dos bens públicos já seria suficiente para tornar tais bens imunes ao instituto da função social da propriedade. Por fim, como já dito, as sanções previstas na Constituição para o caso de descumprimento da função social da propriedade não seriam aplicáveis aos entes da Administração Pública Direta (ABE, Nilma de Castro Rita. Notas sobre a inaplicabilidade da função social da propriedade pública. *Revista Eletrônica de Direito Administrativo Econômico (REDAE)*, Salvador, Instituto Brasileiro de Direito Público, nº 9, fev./mar./abr. 2007. Disponível em: <http://www.direitodoestado.com.br/redae.asp>. Acesso em: 5 nov. 2012).

[15] ROCHA, Sílvio Luís Ferreira da. *Função social da propriedade pública*. São Paulo: Malheiros, 2005. p. 131. O autor em questão vai bem além, entendendo cabível, em nome da função social da propriedade pública, a permanência em áreas públicas até mesmo para aqueles que não tenham direito ao chamado direito real de moradia (Idem, Ibidem, p. 132-133).

social em especial, a necessidade de dispêndios financeiros, desde que devidamente demonstrados, é óbice lícito à implementação gradativa desse direito. O que se tem é a obrigação estatal de, em atendimento ao princípio da função social da propriedade urbana, continuamente estabelecer programas e levar a cabo a regularização fundiária daqueles que preencherem os requisitos previsto pela CUEM.[16]

5 Requisitos legais para outorga da Concessão de Uso Especial para Fins de Moradia (CUEM)

A Medida Provisória determinou, em seu art. 1º, que: (1) qualquer homem ou mulher que possuir como seu, ininterruptamente e sem oposição, até 250 metros quadrados de imóvel público situado em área urbana, (2) até 30 de junho de 2001, (3) utilizando-a para sua moradia ou de sua família, e (4) desde que não seja proprietário ou concessionário, a qualquer título, de outro imóvel urbano ou rural, tem direito à concessão de uso especial para fins de moradia em relação ao objeto da posse. Trata-se da concessão de direito real de uso para fins de moradia individual (CUEM individual).[17]

O art. 2º, por sua vez, prevê a possibilidade de outorga do título de concessão a título coletivo (CUEM coletivo) no caso de ocupação de imóveis públicos de (1) metragem superior a 250 metros quadrados e que, (2) até aquela mesma data, de 30 de junho de 2001, (3) estavam ocupados por população de baixa renda para sua moradia, por cinco anos e sem oposição, e nos quais for (4) impossível identificar os terrenos ocupados por possuidor, (5) desde que os possuidores não sejam proprietários ou concessionários, a qualquer título, de outro imóvel urbano ou rural.[18]

Vejamos cada um deles com mais pormenor.

---

[16] Contudo, não há como deixar de ponderar que a limitação temporal estabelecida pela CUEM pode criar claras injustiças, outorgando um direito público subjetivo a quem preencheu seus requisitos e deixando de lado (ou ao menos, sem preferência) aquele que vive em idêntica ou similar situação, mas não perfez o tempo necessário para que faça jus à CUEM e que terá de socorrer-se da concessão de direito real de uso (CDRU) para legitimação de posse, sem grandes discrepâncias de tratamento na prática, mas já sem o perfil de *direito subjetivo*.

[17] O pedido de concessão de direito de uso especial para fins de moradia pode ser individual e plúrimo, ou seja, ocorrer em apenas um processo, sem que com isso seja caracterizado como CUEM coletiva, em que não se tem condições de comprovar a dimensão do espaço ocupado por cada um.

[18] Nesse caso, nos termos do § 2º do art. 2º da MP 2.220/01, será atribuída fração ideal de terreno a cada possuidor, independentemente da dimensão do terreno que cada um ocupe, salvo na hipótese de acordo escrito entre os ocupantes estabelecendo frações ideais diferenciadas, as quais obviamente não poderão ser superiores a 250 metros quadrados.

a) Legitimidade

São legitimados ativos para pleitearem a CUEM o homem ou a mulher (nacionais ou estrangeiros), desde que sejam *possuidores*[19] e de *baixa renda*.[20] Em razão do que estabelece a medida provisória, não cabe ao Estado, ao Ministério Público e nem mesmo ao Poder Judiciário perquirir acerca do estado civil dos concessionários, dada a inexigibilidade do casamento formal como requisito de legitimidade. É suficiente, por exemplo, o relacionamento público, a moradia conjunta, filhos e, sobretudo, relacionamento social em comum para a caracterização da união estável consolidada. Ou seja, havendo uma relação estável (seja ela hetero ou homossexual), é possível o pedido comum da CUEM.[21]

Por outro lado, caso o imóvel tenha sido edificado apenas pelo homem ou pela mulher, antes do início de uma relação, é justificável o pedido de outorga de CUEM apenas por esse homem ou essa mulher.

Àqueles que ocupem imóvel com risco à vida ou à saúde dos ocupantes o Poder Público garantirá ao possuidor o exercício do direito de que tratam os arts. 1º e 2º em outro local (art. 4º). Nesse caso, não há qualquer margem de discricionariedade da Administração Pública em outorgar o título de concessão de uso especial para fins de moradia nesses locais: ela não pode fazê-lo, devendo conceder outra área, sem risco à vida ou à saúde dos ocupantes para tanto.

Já no caso do art. 5º, estamos diante de faculdade da Administração em que, perante quaisquer das hipóteses de ocupação das áreas previstas em seus incisos, promover a outorga da concessão de uso especial para fins de moradia em outro local.

b) Prova da posse contínua, sem oposição e para fins de moradia

É possível ao possuidor acrescentar sua posse à de seu antecessor, desde que sejam contínuas e sem oposição.[22] A prova da moradia e de sua continuidade no imóvel objeto do pedido é feita mediante a apresentação de qualquer documento que possa comprovar a posse e seu tempo: boletos bancários, contas telefônicas, recibo de entrega de mercadorias, correspondências, documentos de associações de moradores, cartões de vacinação, enfim, qualquer documento que contenha o endereço do possuidor. Contas de energia

---

[19] Basta a comprovação da presença do possuidor, contínua e ininterruptamente, com residência fixada no terreno público dentro do prazo previsto na medida provisória.

[20] Devem ser criados critérios para aferição da baixa renda, a fim de que a CUEM, instrumento criado justamente para legitimar a posse da população mais pobre, seja utilizada com finalidade diversa.

[21] AGUIAR, Carlos; BORBA, Tereza. Regularização fundiária e procedimentos administrativos. *Regularização fundiária de assentamentos informais urbanos*. Belo Horizonte: Puc Minas Virtual, 2006. p. 151-154. Os autores falam também na comum situação encontrada em favelas de menores com família constituída ou menores que já residem sozinhos. Nesse caso, eles entendem que administrativamente é até possível reconhecer-se essa emancipação informal, mas que judicialmente é bem provável que eles tenham de ser emancipados via ação em jurisdição voluntária ou que sejam acompanhados de representantes legais ou assistentes legalmente constituídos.

[22] A oposição se manifesta quando o proprietário toma medidas judiciais para interromper a posse mansa e pacífica do esbulhador, desde que tenha havido ao menos a citação do possuidor para integrar a lide.

elétrica, de água, declaração do empregador, declaração de agente de saúde ou de seus registros de visita, declaração escolar relativa a período anterior a 30-6-1996, que comprovem sua residência no local: tudo é meio de prova. Caso se trate de imóvel pertencente a União, Estados ou Distrito Federal, é necessário, ainda a apresentação de certidão expedida pela Prefeitura Municipal atestando estar o imóvel em área urbana e se destinar à moradia do requerente.[23]

A prova da dimensão do imóvel, por sua vez, pode ser feita sem grandes apuros técnicos (até porque a medida provisória não o exige), bastando um desenho que contenha a dimensão da frente e dos fundos do imóvel, que permita apurar sua área total (embora, logicamente, quanto mais rigor técnico houver, melhor).

c) Requisito temporal

A medida provisória, atendendo à preocupação que deu ensejo ao veto dos artigos do Estatuto da Cidade que tratavam da questão, limitou temporalmente sua concessão, determinando a possibilidade de obtenção da concessão de uso especial para fins de moradia tão somente àqueles que preencherem todos os demais requisitos legais até a data fatal de 30-6-2001.

As críticas a essa limitação temporal são muitas, especialmente no que tange à impossibilidade de lei infraconstitucional limitar a concessão de uso quando o § 1º do art. 183 não o teria feito. Ainda, argui-se que a lei acaba por possuir efeitos pretéritos e que a fixação da data de 30-6-2001 foi totalmente aleatória, sem base em qualquer critério rigoroso de *discrímen* que ensejasse uma logicidade à discriminação de tratamento de situações absolutamente iguais, apenas temporalmente diferentes. Na prática, o que tem ocorrido é a aceitação de que se trata de um direito público subjetivo com limitação temporal, o que discrepa de nosso entendimento, mas que tem como fim maior dar validade e eficácia aos ditames da Medida Provisória nº 2.220/01, a qual apresenta o inegável mérito de regulamentar instrumento de política urbana com vistas à regularização fundiária, à segurança da posse e, ainda que obliquamente, à melhora da qualidade de vida dessa população marginalizada.

d) Prova de que não possui outro imóvel

Essa prova é feita meramente mediante declaração do requerente da concessão, sem maiores formalidades.

Preenchidos esses requisitos, como visto, tem-se o direito público subjetivo à concessão de direito de uso para fins de moradia, a ser conseguido administrativa ou judicialmente.

---

[23] AGUIAR, Carlos; BORBA, Tereza. Regularização fundiária e procedimentos administrativos. *Regularização fundiária de assentamentos informais urbanos*. Belo Horizonte: Puc Minas Virtual, 2006. p. 163.

6 Conclusão

A despeito das polêmicas que envolveram a Medida Provisória nº 2.220/01, a concessão de direito de uso para fins de moradia constitui um dos mais importantes instrumentos para a concreção da função social da propriedade pública, que não apenas cria para o Poder Público a obrigatoriedade de instituir programas de regularização fundiária e urbanística, mas, no caso da CUEM, outorga àquele que preenche seus requisitos o direito subjetivo público à sua concessão.

16 A Prescrição Aplicável à Administração Pública nos Casos de Responsabilidade Civil

José Eduardo Figueiredo de Andrade Martins[1]

1 Introdução

Com a promulgação do Código Civil em 2002, surgiu a polêmica doutrinária e jurisprudencial acerca do prazo prescricional aplicável à Administração Pública no caso de reparação civil de danos. Isso porque o Decreto nº 20.910/32 – assim como a Lei nº 9.494/97 – prevê o lapso de cinco anos para a pretensão de se obter a devida indenização, enquanto o Código Civil prevê, de forma geral, o prazo de três anos.

Antes de tratar diretamente dos argumentos favoráveis e contrários à aplicação de cada um dos prazos prescricionais, é preciso compreender o que é prescrição. Assim, este estudo se iniciará pelo conceito do instituto jurídico da prescrição para, logo após, verificar se este se diferencia fundamentalmente nos campos do direito público e privado. Só a partir de então avançará no tema e analisará os argumentos doutrinários e jurisprudenciais favoráveis e contrários à aplicação dos lapsos de três ou cinco anos para que, ao final, opte pela prevalência de um deles.

2 Prescrição

2.1 O desenvolvimento do instituto da prescrição na história

O vocábulo *prescrição* procede de *praescriptio*, derivação do verbo *praescribere*, que significa escrever antes ou no começo. Prescrição, portanto, em seu sentido literal, seria "o ato de escrever antes ou o ato de ter sido escrito anteriormente".[2]

---

[1] Mestrando em Direito Civil pela Universidade de São Paulo. Pós-graduando em Direito Constitucional pela Pontifícia Universidade Católica de São Paulo. Bacharel em Direito pela Pontifícia Universidade Católica de Campinas. Advogado.

[2] TORRANO, Luiz Antônio Alves. *Prescrição e Decadência*: de acordo com o novo Código Civil de 2002. Franca: Lemos e Cruz, 2011. p. 19-20.

A etimologia da palavra não difere da origem do instituto, já que se tem notícia no direito romano de que a análise do prazo prescricional para o exercício de determinada ação temporária constava da parte introdutória das fórmulas elaboradas pelos pretores.[3] Assim, em conformidade com o próprio significado do vocábulo *praescriptio*, o pretor escrevia antes de sua fórmula se o lapso temporal preestabelecido já havia transcorrido. Sua verificação, consequentemente, levava à absolvição do devedor.

Consoante se nota, o surgimento do instituto da prescrição no direito romano esteve estritamente ligado ao conceito de prescrição extintiva, ou seja, aquela que extingue a pretensão[4] de seu titular pelo decurso do tempo. Contudo, isso não significa que os romanos desconheciam a chamada prescrição aquisitiva, mas que esta só foi adotada posteriormente como consequência da constante imigração dos chamados peregrinos para o território romano.

Para tanto, como forma de defesa contra ações reivindicatórias, os pretores resgataram dos gregos a noção de um lapso temporal aquisitivo, em que se defendia a posse – e não adquiria a propriedade, como ocorre atualmente – se preenchidos determinados requisitos além do decurso do tempo, como justo título e boa-fé.[5] A prescrição aquisitiva não se confundia com a *usucapio*, pois esta sim concedia o direito de propriedade àquele que a invocasse. Somente após a publicação do *Corpus Iuris Civilis* de Justiniano é que a *usucapio* se tornou sinônimo de prescrição aquisitiva.

Como as modalidades aquisitiva e extintiva se abrigam sob o mesmo gênero, prescrição, não faltaram opiniões a favor de uma concepção unitária do instituto. Isso se verificou, por exemplo, na doutrina alemã ao entender que "a prescrição aquisitiva, pelo fato de implicar a constituição de uma situação jurídica para o usucapiente, traz consigo a perda de um direito para o proprietário".[6]

---

[3] No Direito Romano existia uma diferença substancial entre os magistrados, que poderiam ser classificados entre juízes e pretores. Estes últimos tinham por função a administração da justiça, encarregados de fixar os limites da demanda a partir das alegações das partes. Esse ato de delimitação da demanda era chamado de fórmula, que seria remetida posteriormente a um juiz para julgamento. Ademais, importante ressaltar que existiam à época duas modalidades de ação: a temporária e a perpétua. As primeiras diziam respeito àquelas criadas pelos pretores através do poder que lhes foram investidos pela *Lex Aebutia*, as quais possuíam prazo determinado para seu exercício estabelecido pelo próprio pretor. Já as ações perpétuas eram aquelas previstas no *jus civile*, isto é, no direito destinado apenas aos cidadãos romanos, despida da limitação temporal prescricional própria das ações temporárias.

[4] Importante ressaltar que a pretensão no Direito Romano tem sentido diversa da atual, já que naquela época a ação se confundia com o próprio direito subjetivo do autor. Por isso, a prescrição atacava não só o direito de ação, como o próprio direito material violado. Conforme se verá mais adiante, essa não é a atual concepção de prescrição.

[5] Se o possuidor tivesse o justo título e a boa-fé, o instituto era chamado de *praescriptio longi temporis*. Se não tivesse, o instituto era chamado de *praescriptio longissimi temporis*, sendo que ambos eram lançados na parte introdutória da fórmula, assim como ocorria com a prescrição extintiva.

[6] PEREIRA, Caio Mário da Silva. *Instituições de Direito Civil*. 21. ed. Rio de Janeiro: Forense, 2005. v. I, p. 680.

O mesmo ocorreu na redação original do art. 2.219 do Código Civil francês, que dispunha ser a prescrição uma forma de aquisição ou exoneração, por certo lapso de tempo, sujeita a condições determinadas pela lei.[7] Não foi, entretanto, o entendimento que prevaleceu.

Autores como Savigny e Windscheid já propugnavam pela tese dualista, a qual, retomando a diferenciação feita pelos romanos, entende que há diversidade de objetos, condições e efeitos, embora resultantes do decurso de determinado lapso temporal. Por conseguinte, não é possível que um conceito único abrigue as modalidades aquisitiva e extintiva. A identidade fica restrita apenas à designação, já que substancialmente são institutos diversos.

Nesse sentido, Câmara Leal[8] defende que, quando se trata da prescrição extintiva, o seu objeto são as ações e é aplicável a qualquer ramo do Direito. Além disso, tem como condição a inércia do titular do direito e o efeito é a extinção da ação. Diverso é o caso da prescrição aquisitiva, que tem como objeto a propriedade e é aplicável somente quando se trata de direitos reais. Como condição, encontra-se a chamada posse *ad usucapionem* e o decurso do tempo e tem como efeito a aquisição da propriedade do bem possuído.

Essa foi a corrente adotada pelo BGB, ao tratar da prescrição extintiva na Parte Geral e da prescrição aquisitiva na Parte Especial (Livro III). Igualmente, o Código Civil francês atual separa o tratamento da prescrição extintiva (art. 2.219)[9] da prescrição aquisitiva (art. 2.258).[10]

O ordenamento jurídico brasileiro adotou essa concepção dualista de prescrição, reconhecendo a diferenciação entre as modalidades extintiva e aquisitiva, ao disciplinar aquela em sua Parte Geral e esta na Parte Especial, junto ao direito das coisas.

2.2 Fundamento e conceito de prescrição

Antes de trazer o atual conceito de prescrição, é preciso esclarecer que o mesmo se insere na teoria geral do direito e não especificamente em um ou outro ramo do direito, público ou privado.[11] Além disso, também é preciso trazer a lume o seu fundamento teórico e jurídico. Ao longo da história, diversas teorias tentaram elucidar essa questão.

A primeira delas defende a ação destruidora do tempo que, contudo, não prevalece. O simples decurso do tempo não é fundamento para a prescrição, isto é, não estrutura

---

[7] No original: "*La prescription est un moyen d'acquérir ou de se libérer par un certain laps de temps, et sous les conditions déterminées par la loi.*"

[8] LEAL, Antônio Luís da Câmara. *Da prescrição e da decadência*. 4. ed. Rio de Janeiro: Forense, 1982. p. 6.

[9] "*La prescription extinctive est un mode d'extinction d'un droit résultant de l'inaction de son titulaire pendant un certain laps de temps.*"

[10] "*La prescription acquisitive est un moyen d'acquérir un bien ou un droit par l'effet de la possession sans que celui qui l'allègue soit obligé d'en rapporter un titre ou qu'on puisse lui opposer l'exception déduite de la mauvaise foi.*"

[11] Esse ponto será melhor enfrentado no item 4.2, *infra*.

pura e simplesmente a criação do instituto. O tempo em si "não destroi qualquer pretensão ou direito".[12]

A segunda teoria diz respeito a um castigo imposto pelo legislador à negligência do titular da pretensão. Calcada no conhecido brocardo jurídico de que o direito não socorre os que dormem (*dormientibus non sucurrit ius*), também não pode ser aceita como fundamentação, pois uma punição, em termos jurídicos, só se origina de um ato contrário ao ordenamento jurídico. A mera negligência do titular com seu próprio direito não pode, portanto, constituir-lhe uma pena.

Existe também a teoria da presunção de abandono ou renúncia por parte do titular do direito. Leva em conta, pois, um elemento subjetivo, dissonante do instituto da prescrição, de verificação objetiva. Há também uma enorme incoerência: a renúncia, nesse caso, está atrelada à prescrição, significando que o titular da pretensão na verdade estaria renunciando à própria prescrição. Com isso, o direito extinto seria readquirido independentemente da vontade do devedor, reconquistando a pretensão sua oponibilidade. Por isso, também não é adequada para fundamentar a prescrição.

Outros tratam da proteção ao devedor como fundamento do instituto da prescrição, teoria também inadmissível. Isso porque as partes, numa relação jurídica, se encontram em situação de equilíbrio jurídico.[13] Dessa maneira, mostra-se desprovida de sentido, ademais injusta, uma proteção ao devedor sem que haja um equivalente ao credor.

Há aqueles que fundamentam a prescrição no próprio efeito de redução das demandas. A contradição desse fundamento é patente. Primeiro, porque não se pode admitir que se fulmine a pretensão de um titular por mera política judiciária. É direito constitucionalmente previsto o acesso ao Poder Judiciário para coibir lesão ou ameaça a direito (art. 5º, XXXV, da Constituição Federal). Segundo, porque existem outros meios mais eficazes, como a melhor estruturação e o gerenciamento do aparato estatal, que não transferem o ônus da ineficiência na prestação de serviço público ao administrado. Terceiro, porque, como se disse, a redução das demandas, no máximo, pode ser um efeito – independentemente se desejado ou não –, nunca um fundamento.

A teoria mais aceita é a do interesse social na estabilidade das relações jurídicas. Traz a ideia de que a prescrição faz nascer a segurança jurídica entre as partes, pois só com ela as relações jurídicas havidas – e, por consequência, os direitos a ela vinculados – se tornam permanentes. Dessa forma, decorrido um tempo considerado razoável pelo legislador, as prestações ou atos havidos no passado se consolidam e, por conseguinte, é alcançada a

---

[12] TORRANO, Luiz Antônio Alves. *Prescrição e Decadência*: de acordo com o novo Código Civil de 2002. Franca: Lemos e Cruz, 2011. p. 36.

[13] Importante ressaltar que o equilíbrio é jurídico, isto é, conferido pela legislação para que mesmo aqueles que se encontram faticamente em uma relação de desigualdade, como na relação entre consumidores e fornecedores ou numa relação de emprego, disponham de instrumentos adequados para defender seus interesses. É o caso, por exemplo, da possibilidade de inversão do ônus da prova previsto no direito do consumidor (art. 6º, VII, do Código de Defesa do Consumidor).

harmonia social. Portanto, pode-se dizer que, em nível constitucional, a prescrição tem fundamento no art. 5º, inciso XXXVI, que protege o ato jurídico perfeito e o direito adquirido.

A estabilidade advinda do decurso do lapso prescricional faz surgir uma dúvida: afinal, extingue-se o próprio direito de ação, assim como os romanos preconizavam?

Malgrado parte da doutrina nacional ainda fazer referência à extinção do direito de ação,[14] é certo que a prescrição leva, na verdade, à extinção da pretensão. E esta se caracteriza pelo

> poder de exigir de outrem coercitivamente o cumprimento de um dever jurídico, vale dizer, é o poder de exigir a submissão de um interesse subordinado (do devedor da prestação) a um interesse subordinante (do credor da prestação) amparado pelo ordenamento jurídico.[15]

O próprio Código Civil traz essa noção em seu art. 189, ao dispor que, com a violação do direito, nasce para o titular a pretensão, que só pode ser extinta pela prescrição. Esta é, sobretudo, a melhor doutrina, uma vez que está em consonância com os ditames constitucionais. Afinal, com a prescrição não se extingue o direito de ação; este se mantém incólume, pois é direito fundamental do jurisdicionado provocar o Poder Judiciário quando achar necessário. Ocorre que sua pretensão poderá estar extinta, não sendo sua demanda julgada procedente. Assim, o indivíduo poderá sempre exercer seu direito de ação, mas sua pretensão só será atendida se não estiver extinta pela prescrição ou, mesmo com a sua ocorrência, o devedor anuir em atendê-la.

Conclui-se, portanto, que a prescrição, instituto de estabilidade e segurança jurídica, "é a perda da pretensão de reparação do direito violado, em virtude da inércia do seu titular, no prazo previsto em lei".[16]

3 A prescrição e a Administração Pública: histórico legislativo

A preocupação com a regulamentação da prescrição envolvendo a Fazenda Pública data da época da Monarquia. A Lei nº 243, de 11-11-1841, em seu art. 20, trouxe novamente à vigência os Capítulos 209 e 210 do Regimento dos Almoxarifes e Recebedores e Ordenações, os quais estipulavam os prazos de 5 anos para dívidas contra o Rei e de 40 anos para dívidas do Rei. Na mesma orientação, entrou em vigor, em 12-11-1851, o Decreto nº 857 que, em seu art. 1º, previa o prazo de 5 anos para as dívidas passivas da Nação (Fazenda Nacional) e de 40 anos para as dívidas ativas.

---

[14] DINIZ, Maria Helena. *Curso de Direito Civil brasileiro*. 17. ed. São Paulo: Saraiva, 2001. v. I, p. 271; LEAL, Antônio Luís da Câmara. *Da prescrição e da decadência*. 4. ed. Rio de Janeiro: Forense, 1982. p. 100-101.

[15] GAGLIANO, Pablo Stolze; PAMPLONA FILHO, Rodolfo. *Novo Curso de Direito Civil* – Parte Geral. 12. ed. São Paulo: Saraiva, 2010. v. I, p. 503.

[16] Idem, ibidem. p. 501.

Não se pode esquecer também que o art. 185 do Decreto nº 3.084/1898, que traz a Consolidação das Leis da Justiça Federal e é famoso por elaborar um direito processual próprio da União, já dispunha sobre alguns prazos prescricionais específicos para ações de cobrança da dívida passiva da União. Tais lapsos temporais eram tratados como prescrições excepcionais ou extraordinárias.

Já na República, foi editado o Decreto nº 1.939, de 28-8-1908, que ampliou o alcance da norma do Decreto nº 857 para todo e qualquer direito que alguém tenha contra a Fazenda, isto é, além da cobrança de valores meramente pecuniários. Além disso, definiu como termo inicial do decurso do prazo prescricional a data do ato ou fato do qual se originar o mesmo direito ou ação, salvo se houver previamente alguma interrupção legal.

Oito anos depois entra em vigor o Código Civil de 1916 que, em seu art. 178, § 10, VI, disciplina que prescreve em cinco anos qualquer ação ou as dívidas passivas da União, dos Estados e dos Municípios. Da mesma maneira que no Decreto nº 1.939, o prazo da prescrição começa a correr da data do ato ou fato do qual se originar a mesma ação. A grande novidade fica por conta da previsão das Fazendas Estaduais e Municipais, algo inédito até então. Ademais, estabeleceu prazos prescricionais ordinários, conforme a natureza da ação, em seu art. 177, quais sejam, de 20 anos para as ações pessoais, de 10 anos para as ações reais entre presentes e de 15 anos para as ações reais entre ausentes.

No Governo Provisório foi editado o Decreto nº 20.910, de 6-1-1932, mantendo em seu art. 1º o prazo de cinco anos para as dívidas passivas da União, dos Estados e dos Municípios, bem assim todo e qualquer direito ou ação contra a Fazenda Federal, Estadual ou Municipal, seja qual for a sua natureza. Adicionalmente, seu art. 10 determinou que as disposições do decreto não alterassem prazos prescricionais menores constantes em leis e regulamentos.

O Decreto-lei nº 4.597, de 19-8-1942, editado no Estado Novo, por sua vez, ampliou o alcance do Decreto nº 20.910/32, abrangendo as dívidas passivas das autarquias, ou entidades e órgãos paraestatais, criados por lei e mantidos mediante impostos, taxas ou quaisquer contribuições, exigidas em virtude de lei federal, estadual ou municipal, bem como a todo e qualquer direito e ação contra os mesmos. A partir de então, estavam subordinados à prescrição quinquenal a Administração Pública direta e indireta.[17]

À época se iniciou uma discussão entre os estudiosos sobre qual norma deveria prevalecer, se a do Código Civil de 1916 ou a do Decreto nº 20.910/32. Ainda que em uma primeira leitura dispusessem sobre o mesmo prazo, é certo que a classificação binária entre ações pessoais e reais do diploma civil devia ser levada em consideração, pois os prazos prescricionais aplicáveis seriam diferentes. Assim, chegou-se ao entendimento de que houve revogação tácita do art. 178, § 10, VI, do Código Civil, pelo fato de ser, o Decreto nº 20.910/32, *lex posterior* e especial; e também se entendeu este tratava apenas de

---

[17] Importante ressaltar, contudo, que houve entendimento consolidado no âmbito do Superior Tribunal de Justiça de que esse prazo não se aplicava no caso de entidades da Administração Pública indireta regidas pelo direito privado, como é o caso da sociedade de economia mista. Isso está presente na Súmula nº 39: "prescreve em vinte anos a ação para haver indenização, por responsabilidade civil, de sociedade de economia mista".

ações de natureza pessoal. Por isso, quando se estivesse diante de ações de natureza real, eram aplicáveis os prazos ordinários de 10 ou 15 anos, conforme se tratasse de presentes ou ausentes, respectivamente.

No ano de 2001 foi editada a Medida Provisória nº 2.180-35/01 que inseriu o artigo 1º-C na Lei nº 9.494/97 disciplinando que, no mesmo sentido do Decreto nº 20.910/32, prescreve em cinco anos o direito de obter indenização pelos danos causados por agentes de pessoas jurídicas de direito público e de pessoas jurídicas de direito privado, prestadoras de serviços públicos. Até então a matéria estava pacificada, tendo em vista que toda a legislação convergia para o mesmo prazo de cinco anos.

Ocorre que em 2003 entrou em vigor o novo Código Civil, que, em seu art. 206, § 3º, inciso V, reduziu para três anos o prazo prescricional para pleitear a reparação civil. Surgiu assim a grande celeuma doutrinária e jurisprudencial: afinal, aplica-se também para a Fazenda Pública – e demais entes integrantes da Administração Pública –, o novo prazo prescricional ou continua a ser aplicado o Decreto nº 20.910/32?

4 A prescrição quinquenal e a trienal

4.1 Argumentos doutrinários e jurisprudenciais favoráveis e contrários

São vários os argumentos levantados tanto por aqueles que defendem a aplicação do prazo trienal quanto por aqueles que defendem a manutenção da prescrição quinquenal. Vejamos cada um deles.

O primeiro argumento que se pode apontar a favor do prazo prescricional do Código Civil é o baseado no art. 10 do Decreto nº 20.910/32, o qual dispõe que não são alterados os prazos menores constantes em outras leis ou regulamentos pelas regras previstas no Decreto, o que subordinaria a Administração Pública à nova disposição do art. 206, § 3º, V, do Código Civil.[18] Em contrapartida, aqueles que defendem o prazo do Decreto nº 20.910/32 entendem tal argumento como falacioso. Isso porque dizem que, pela atenta leitura do texto do dispositivo, é possível verificar que se refere na verdade à legislação já vigente à época sobre o tema que trouxesse prazo menor. Não se trata de norma aplicável a textos normativos futuros, mas com foco voltado àquelas normas que já disciplinavam o tema de modo diverso ao previsto no Decreto nº 20.910/32.

O segundo argumento a favor do prazo trienal reside na solução da antinomia através do critério cronológico, ou seja, que *lex posterior derogat legi priori*, exatamente como previsto no art. 2º da Lei de Introdução às Normas do Direito Brasileiro. Ora, o Decreto é de 1932, enquanto o Código Civil é de 2002. Logo, deveria prevalecer a norma contida no Código Civil. No entanto, aqueles que defendem a prevalência do prazo quinquenal sustentam o uso do critério da especialidade, traduzido pelo postulado *lex specialis derogat*

---

[18] REsp 1.137.354/RJ, 2ª Turma, Rel. Min. Castro Meira, julgado em 8-9-2009, *DJ* 18-9-2009.

legi generali. Assim, haveria uma regulamentação geral pelo Código Civil e uma especial para a Administração Pública através do Decreto nº 20.910/32.

O terceiro argumento diz respeito à supremacia do interesse público, concretizada a partir de um prazo prescricional mais favorável à Administração Pública. Nesse sentido, o argumento baseia-se no privilégio histórico que o legislador concedeu à Administração Pública para suas dívidas passivas. Como o Código Civil possui prazo menor, não se deve subverter a lógica do sistema, devendo então ser o diploma legal aplicado no que concerne à prescrição.[19] Já aqueles que defendem o prazo quinquenal do Decreto nº 20.910/32 entendem que deve haver uma estrita obediência aos ditames legais – até como consequência do segundo argumento apresentado acima –, uma vez que expressamente dispõem sobre um prazo específico para a Administração Pública. Além disso, há se considerar um desdobramento do princípio da isonomia: o princípio da simetria. Este obriga que se imponha à Administração Pública a mesma restrição em suas dívidas ativas e passivas.[20] Como o Código Tributário Nacional, em seu art. 174, prevê um prazo de cinco anos para a cobrança dos créditos, logo o prazo para as dívidas passivas também deve ser quinquenal.

Estabelecidos os argumentos encontrados na doutrina e na jurisprudência, é possível tomar uma posição, o que será feito no item seguinte.

4.2 A prevalência do prazo prescricional quinquenal

O Direito, ao ser tratado como ciência, está indissociavelmente ligado a uma teoria geral, que o sujeita à indagação e pesquisa, "a fim de superar a particularidade dos casos isolados, para englobá-los numa forma de compreensão, que correlacione entre si as partes e o todo".[21] Por tal motivo torna-se possível identificar institutos jurídicos comuns entre diversas áreas da ciência jurídica, as quais têm agregadas ao seu conteúdo primordial características peculiares ao ramo a que pertencem.

É o que ocorre com o instituto da prescrição. Prazos prescricionais podem ser encontrados no direito penal, processual civil, civil, administrativo, tributário etc. Contudo, apesar da aparente similitude, possuem certos aspectos que em sua aplicação prática os tornam distintos. Exemplo claro é o caso da contagem de prazos penais em relação aos processuais civis. Enquanto aqueles, conforme o art. 10 do Código Penal, incluem o dia do começo, estes, como disposto no art. 148 do Código de Processo Civil, o excluem.

---

[19] CARVALHO FILHO, José dos Santos. *Manual de Direito Administrativo*. 17. ed. Rio de Janeiro: Lumen Juris, 2007. p. 498-499; CUNHA, Leonardo José Carneiro da. *A Fazenda Pública em Juízo*. 6. ed. São Paulo: Dialética, 2008. p. 85.

[20] JUSTEN FILHO, Marçal. *Curso de Direito Administrativo*. 8. ed. Belo Horizonte: Fórum, 2010. p. 1278-1281. No mesmo sentido, vide REsp nº 623.023/RJ, 2ª Turma, rel. Min. Eliana Calmon, julgado em 3-11-2005, *DJ* 14-11-2005.

[21] REALE, Miguel. *Lições Preliminares de Direito*. 25. ed. São Paulo: Saraiva, 2001. p. 18.

Assim, mesmo que ambos tratem de um lapso temporal com o condão de extinguir a pretensão do credor – ou, no caso do exemplo dado acima sobre o direito penal, da pretensão punitiva ou executória do Estado –, é inviável pensar em um conceito que abarque cada peculiaridade, haja vista que invariavelmente seu texto estaria maculado de contradições ou até mesmo ininteligível. O conceito de prescrição, portanto, se focado em um dos ramos, deve trazer a sua característica agregada, deixando para a teoria geral do direito a preocupação de identificar as qualidades comuns a todos os ramos, isto é, atingir o genérico conceito do instituto. Em outras palavras, aproveitando-se das expressões próprias da gramática, identificar o seu radical.

O raciocínio apresentado acima torna-se imprescindível para estabelecer desde logo o afastamento do instituto da prescrição próprio do direito civil daquele do direito administrativo. Consequentemente, determina o campo de aplicabilidade de cada prazo prescricional.

Há, a bem da verdade, uma relação de especialidade entre as normas do Decreto nº 20.910/32 e as do Código Civil, e não de temporalidade. O prazo prescricional previsto no art. 206, § 3º, V, do Código Civil é aplicável àquelas relações jurídicas em que não há envolvimento da Administração Pública. E, de maneira oposta, as normas do Decreto nº 20.910/32 disciplinam inteiramente a matéria em relação à prescrição aplicável à Administração Pública.[22]

Reforçando este entendimento, convém ressaltar o raciocínio de Maria Sylvia Zanella Di Pietro:

> Se fosse aceitável o argumento de que o Código Civil, por regular inteiramente a matéria de prescrição, teria revogado o Decreto nº 20.910, inúmeras normas do direito público restariam também revogadas, sob o mesmo argumento. Muitas matérias tratadas no Código Civil, como a referente a obrigações, negócios jurídicos, contratos, propriedade, direitos reais, teriam o condão de revogar a legislação existente sobre a matéria, no âmbito do direito administrativo, o que seria um absurdo.[23]

Sendo um regramento especial, não há falar em aplicação do art. 10 do Decreto nº 20.910/32 em favor do prazo prescricional previsto no Código Civil. O benefício da prevalência do lapso temporal menor em favor da Administração Pública é verificado somente quando se está diante de duas normas que tratem de matéria administrativa. Como o Código Civil disciplina a incidência da prescrição em relações jurídicas entre particulares, soa incoerente com a lógica do sistema aplicar o prazo do art. 206, § 3º, V, quando em um dos polos se encontra um ente da Administração Pública.

---

[22] Ressalvados os casos de ações reais, pois se também as abarcasse, a Administração Pública teria a possibilidade de usucapir imóvel pelo exíguo prazo de cinco anos. Haveria a criação de uma modalidade de usucapião especial não prevista expressamente na legislação pátria, em conflito com os princípios da legalidade, razoabilidade e o direito de propriedade. Nesse caso, aplica-se analogicamente o Código Civil.

[23] DI PIETRO, Maria Sylvia Zanella. *Direito administrativo*. 25. ed. São Paulo: Atlas, 2012. p. 825.

Nesse diapasão, ou seja, o de que o direito administrativo adquiriu uma autonomia teórica, Mário Soares Caymmi Gomes[24] aduz que é impróprio o uso da expressão *responsabilidade civil* quando se está diante da responsabilidade de um ente estatal por danos patrimoniais e extrapatrimoniais. Tal expressão remete ao desenvolvimento da noção de responsabilização do Estado pelos danos cometidos contra os particulares, partindo desde sua irresponsabilidade total (traduzida pela célebre expressão *the king can do no wrong*) até a concepção de que o Estado deverá responder em determinadas situações. Defende então o uso da expressão *responsabilidade do Estado*, reforçando que

> [c]ada ramo do direito reformulou a teoria da responsabilidade civil e agregou-lhe peculiaridades próprias, tornando-as independentes do direito privado, de modo que é errado dizer que os textos que regulam o direito privado regulariam todas as formas de responsabilidade existentes em todos os ramos do direito.[25]

Não se pode, inclusive, argumentar a favor de um privilégio histórico. Afinal, como já foi dito alhures, o fundamento da prescrição não é uma proteção ao devedor ou uma punição ao credor pelo decurso do tempo, mas a estabilidade das relações jurídicas. Quando se fala em fundamento, está-se diante da estrutura do instituto, o que lhe dá sustento. Todas as características mínimas que conceituam determinado instituto, conforme a teoria geral do direito, estão calcadas nele. É então deveras ilógico admitir que um dos ramos da ciência jurídica escape do fundamento dos demais ramos. Das duas, uma: se há diferente fundamento, então este é equivocado ou se está diante de instituto diverso daquele objeto de estudo.

Além disso, é descabido cogitar da aplicabilidade de um prazo menor, sem levar em conta a natureza e o conteúdo do diploma legal em que se encontre, apenas por se tratar de uma tradição histórica. É conceder indevidamente força normativa à história, independentemente de todo o desenvolvimento da doutrina jurídica.

Por fim, importante frisar que, ao determinar o fundamento próprio da prescrição no âmbito do direito administrativo, não é necessário recorrer ao argumento de uma dita supremacia do interesse público, o qual contemporaneamente se usa como sucedâneo para justificar inúmeras posições doutrinárias, assim como o fundamento constitucional da dignidade da pessoa humana. A própria estrutura do instituto jurídico, consubstanciado no sistema de normas do ordenamento jurídico pátrio, traz a lume a resolução da controvérsia. Igualmente, não é preciso lançar mão de um dito princípio da simetria para cuja aplicação é imprescindível um malabarismo hermenêutico.

---

[24] GOMES, Mário Soares Caymmi. O Novo Código Civil e os prazos de prescrição administrativa em caso de responsabilidade do Estado e de apossamento administrativo – Um estudo a partir da jurisprudência do STF e do STJ. *A&C Revista de Direito Administrativo e Constitucional*. Belo Horizonte, ano 11, nº 46, p. 161-178, out./dez. 2011, p. 168-169.

[25] Idem, ibidem, p. 169.

5 Conclusão

Como se pode notar por todo o exposto, a noção atual do instituto da prescrição é fruto de um longo desenvolvimento histórico. Após um primeiro momento em que tinha o condão de extinguir o direito material e a ação, a prescrição passou a ser encarada como uma causa extintiva do direito de ação. Essa doutrina, contudo, se mostrou ineficiente, dado principalmente o desenvolvimento do direito garantido constitucionalmente de provocar o Poder Judiciário no caso de lesão ou ameaça de lesão a qualquer direito.

Partiu-se então para o entendimento de que a prescrição extingue a pretensão do credor de, amparado pelo ordenamento jurídico, ter o poder de exigir de outrem o cumprimento de um dever jurídico de forma coercitiva. Referido conceito foi adotado expressamente pelo Código Civil de 2002, em seu art. 189.

Ocorre que este não é próprio do direito civil, mas da teoria geral do direito, pois traz somente os elementos básicos que configuram o instituto da prescrição. Cada ramo da ciência jurídica, a partir dele, irá acrescentar caracteres que lhe são próprios, havendo assim a prescrição própria do direito civil, do direito administrativo, do direito penal etc. Nesse sentido fica nítida a diferença entre os prazos prescricionais direcionados às relações jurídicas entre particulares e os lapsos temporais próprios das relações jurídicas que envolvam pessoas jurídicas integrantes da Administração Pública.

Especificamente na questão analisada neste estudo, nota-se que o Decreto nº 20.910/32 é norma direcionada para as relações jurídicas que envolvam a Administração Pública, enquanto o Código Civil é voltado para as relações jurídicas entre particulares. Assim, utilizando-se dos termos próprios dos métodos de resolução de antinomias, o Decreto nº 20.910/32 guarda com o Código Civil uma relação de especialidade, prevalecendo sobre este. Não há falar, portanto, em resolução do caso a partir do critério da temporalidade.

Além disso, restou refutada a hipótese de haver um privilégio histórico em favor da Administração Pública, já que, apesar de inúmeras normas anteriores preverem um prazo diferenciado e mais benéfico, tal reiteração não possui força normativa o bastante para fazer prevalecer o disposto no atual Código Civil. O que prevalece é o próprio fundamento do instituto da prescrição, que é o interesse social na estabilidade das relações jurídicas, e não uma proteção ao devedor ou punição ao credor como anteriormente já se cogitou na doutrina.

Assim, conclui-se que o prazo prescricional quinquenal previsto no Decreto nº 20.910/32 é que deve ser aplicado nas relações jurídicas que envolvam responsabilidade civil quando, em um dos polos, se encontre um ente pertencente à Administração Pública.

17 As Garantias Ofertadas pela Administração Pública nas Parcerias Público-Privadas

Lívia Wanderley de Barros Maia Vieira[1]

1 Introdução ao tema

1.1 A incidência do regime de direito público e do regime de direito privado na atuação da Administração Pública

O direito administrativo, enquanto ramo autônomo das ciências jurídicas – dotado de princípios e regras próprios –, é bastante recente. Com isso, no cerne da atuação da Administração Pública, é possível identificar diversas influências do *jus civile* e, por outro lado, regras específicas dotadas de caráter autoritário, típicas da época do surgimento desse ramo, as quais vêm se relativizando com o passar dos tempos.

Assim, qualquer que seja o tema relacionado à Administração Pública, surge a dúvida de qual regime incidirá naquela relação entabulada, um regime de direito público ou um regime de direito privado.

Resta saber se a definição de tal dúvida mostra-se relevante e se tem alguma funcionalidade no desempenho da atividade administrativa e na consecução do interesse público.

Na antiguidade, as relações eram todas regidas pelo direito civil, aquele tido como o "direito comum" ou "direito das gentes". Todavia, com a cada vez maior convivência em comunidade e a necessidade de tutela dos direitos individuais, passou-se a intervir mais na economia e na propriedade, em prol da coletividade.

Dessa forma, o Estado foi chamado a garantir a liberdade de todos e os direitos sociais. Ou seja, o público passou a intervir cada vez mais no âmbito privado, modulando-o para uma convivência harmônica entre os interesses individuais e os coletivos.

---

[1] Mestre e especialista em Ciências Jurídico-Políticas pela Faculdade de Direito da Universidade de Lisboa, em Portugal. Doutoranda em Direito do Estado pela Faculdade de Direito da Universidade de São Paulo. Advogada consultiva na área de Poder Público e Terceiro Setor em São Paulo.

Na França – tida como o berço da criação do direito administrativo –, o direito público era aquele que derrogava o direito privado, dividindo-se as jurisdições, inclusive, pelo regime aplicável a cada questão posta. Todavia, essa distinção não prevaleceu por muito tempo.

Ainda assim, o direito administrativo foi sendo desenvolvido sobre a premissa da prevalência em relação a outros ramos do direito, no sentido da analogia do "Rei de Midas": a atuação da Administração Pública, por si só, implicaria a aplicação das normas de direito público.

Entretanto, essa suposta supremacia não é real. Até mesmo por sua jovialidade, o direito administrativo ainda é um ramo em transformação, especialmente pelo recente e crescente fenômeno da constitucionalização de suas regras e princípios.

Não se pode olvidar, também, a aplicação dos institutos de direito privado, sobretudo quando não há regramento nas normas de direito público. É claro que não há uma aplicação em sua inteireza, já que, em grande medida, também incidirão as prerrogativas da Administração.

Nesse diapasão, costuma-se aventar que a aplicação do direito privado às relações publicistas garante maior eficiência às relações jurídicas entabuladas, maior igualdade entre as partes – o que se contrapõe à posição de superioridade atribuída à Administração Pública –, bem como está mais centrada no indivíduo, na pessoa humana.

Apesar de existirem alguns institutos que não possuem paralelo no direito privado, como é o caso das concessões de serviço público, as parcerias público-privadas (PPP) – que aqui muito nos interessam –, há casos em que a própria lei prevê a aplicação subsidiária do direito privado, naquilo que couber, como o que acontece na Lei nº 8.666/93 (art. 62, § 3º).

Essa dupla face das regras que regem a atuação administrativa exige um maior cuidado no manejo dos institutos e um estudo mais acurado sobre a sua aplicação nas relações com a Administração Pública. É o que ocorre no caso das garantias concedidas pelo poder público.

Para além de ser um tema árido, que flutua entre os regimes de direito público e de direito privado, nomeadamente após a criação de novas formas de garantias – como nos contratos de PPP –, é um tema em que ainda pairam muitas inseguranças e dúvidas, tanto do lado da gestão pública concedente da garantia, como do lado das entidades privadas que a estão recebendo.

Assim, o presente ensaio pretende refletir acerca das formas de garantias concedidas pelo poder público no âmbito das parcerias público-privadas e os principais problemas e incertezas que circundam o tema.

1.2 Garantias – uma mudança de paradigmas: a Administração Pública enquanto garantidora do cumprimento de seus deveres contratuais

As garantias são instrumentos típicos do direito privado, mais especificamente, das contratações entre particulares, de suma importância para assegurar o cumprimento de determinada obrigação.

Podem ser reais ou pessoais e visam a assegurar o cumprimento de obrigações contraídas numa relação jurídica, culminando com a excussão do bem afetado à garantia, no caso de seu inadimplemento.

Diversos são os exemplos de garantias nas relações entre os particulares, tais como: fiança, penhor, aval, hipoteca, depósito caução, dentre outros.

Já em suas relações jurídicas, a Administração Pública, costumeiramente, exige as mais variadas formas de garantias aos particulares com que se relaciona, seja para participar de uma licitação, comprovando que o particular tem condições de cumprir aquela proposta que está ofertando, seja para a execução dos contratos, assegurando que tem condições de cumpri-lo até o fim e nas condições estabelecidas e exigidas pela Administração.

Entretanto, o fenômeno da aproximação da Administração Pública com as entidades privadas para a consecução de suas finalidades públicas a tem colocado, cada vez mais, numa posição de relativa paridade com os particulares com que contrata.[2]

A Administração Pública, com vistas a atender às necessidades de infraestrutura e aos crescentes anseios da população (saúde, educação, moradia, saneamento), frente à ausência de recursos e às limitações de despesas, tem buscado parcerias, novas formas de investimentos e uma atuação muito mais próxima dos particulares.

Em contrapartida, os investidores privados, apesar de enxergarem um bom negócio numa parceria com a Administração Pública, também logo percebem o vulto dos investimentos, os longos prazos de associação para as finalidades públicas objeto das contratações e os riscos envolvidos nesse tipo de contratação.

Com isso, diminui seu apetite em relação à contratação. Dentre os riscos envolvidos, há que se destacar que o "dedo de Midas" da Administração tem especial papel no aumento da insegurança dos agentes privados.

E isso porque, a partir do momento em que se contrata com a Administração, está-se sujeito a alterações e rescisões unilaterais do contrato, ao risco de recebimento de seus créditos inadimplidos segundo a regra dos precatórios (art. 100 da Constituição Federal), com longuíssimos prazos de espera, dentre outros.

Para corrigir tal descompasso e voltar a atrair o interesse dos agentes privados, a Lei nº 11.079/04 – Lei das PPPs – inovou ao trazer a possibilidade de oferta de garantias pela Administração Pública em relação ao pagamento de suas contrapartidas.

---

[2] Nesse sentido, Vitor Rhein Schirato pondera: "[...] nos primórdios do Estado brasileiro, em razão da falta de recursos e de capacidade, os serviços públicos foram praticamente integralmente transferidos à iniciativa privada por meio de concessões ou permissões de serviços públicos; em um segundo momento, a política desenvolvimentista adotada pelo Governo teve como consequência a assunção, pelo Estado, dos ônus decorrentes da prestação dos serviços públicos – o pêndulo passava a pender para o lado do Estado; por fim, em um terceiro momento, advindo com a reforma do Estado, buscou-se a volta da transferência dos serviços públicos para a iniciativa privada [...]" (SCHIRATO, Vitor Rhein. O sistema de garantia nas parcerias público-privadas. In: MARQUES NETO, Floriano de Azevedo; SCHIRATO, Vitor Rhein (Coord.). *Estudo sobre a Lei das Parcerias Público-Privadas*. p. 143).

Em outros contratos, como os de financiamento público, tanto pela Administração Pública direta como pela indireta, também são comuns as concessões de garantias em favor da instituição concedente, ou mesmo nos contratos entre diferentes entes federativos.

Contudo, para preservar a saúde dos orçamentos públicos e o erário, há algumas restrições na Constituição e na Lei de Responsabilidade Fiscal – Lei Complementar nº 101/00 – para a vinculação de bens públicos em garantia, assim como para a própria oneração futura da Administração Pública.

Sem pretender oferecer resposta a todos os problemas que vierem a ser aqui suscitados, bem como sem pretender esgotar os temas (o que certamente poderia ser objeto de teses independentes), abordaremos as garantias nos contratos de PPP, com especial atenção à que prestada pelo Fundo Garantidor de Parcerias, expondo suas principais dificuldades e fragilidades.

2 Adentrando ao problema – a inovação das parcerias público-privadas (PPP) *versus* a oferta de garantias pelo Poder Público

Para que se possa melhor apreender a mudança de paradigmas instituída pela Lei nº 11.079/04 em relação às garantias, é necessário compreender o novo cenário de remuneração do parceiro privado trazido por esta lei.

Nas PPPs, os particulares se remuneram por meio: (i) das tarifas pagas pelos usuários (e/ou de receitas complementares) e pela contrapartida paga pelo Poder Público – *concessão patrocinada*; ou (ii) apenas da contrapartida paga pelo Poder Público – *concessão administrativa*.

Assim, considerando-se que nas duas formas de concessão há contrapartidas a serem pagas pelo Poder Público, atreladas à repartição de riscos e à fama de mau pagador de que goza o Estado, fez-se necessária a estruturação de mecanismos de garantias que mitigassem os riscos dos parceiros privados, de modo a viabilizar a sua realização.

Como bem assevera Vitor Rhein Schirato: *"os sistemas de garantias das PPP são os que retiram as PPP de um mundo ideal, dos papéis, em que tudo funciona à perfeição, e as trazem para a realidade brasileira, tornando possível sua realização em nossa realidade"*.[3]

Pois bem, analisando-se a matéria enquanto previsão abstrata, percebe-se que o legislador buscou na realidade fática sua inspiração legislativa para tentar corrigir aquilo que dificulta novas alternativas para um desenvolvimento estrutural no país. E, como veremos mais adiante, utilizou-se de brechas entre os regimes público e privado, ao invés de enfrentar o real entrave jurídico que aqui se põe.

---

[3] SCHIRATO, Vitor Rhein. O sistema de garantia nas parcerias público-privadas. In: MARQUES NETO, Floriano de Azevedo; SCHIRATO, Vitor Rhein (Coord.). *Estudo sobre a Lei das Parcerias Público-Privadas*. p. 147.

Poderia a Administração Pública vincular bens públicos em garantia? Estaria a Administração Pública violando a regra dos precatórios, do art. 100 da Constituição? Estaria violando os princípios da moralidade e da isonomia? Estaria desrespeitando a Lei de Responsabilidade Fiscal ou a boa gestão orçamentária?

Essas são questões de difícil resposta e de necessárias reflexões.

Iniciemos, portanto, pela vinculação dos bens públicos. Como se sabe, o Código Civil estabelece, em seu art. 99, que os bens públicos são divididos em bens públicos de uso comum do povo, de uso especial e dominicais, de acordo com sua afetação.

Baseando-se nessa divisão (e de forma simplista), pode-se dizer que os bens de uso comum do povo e os especiais estão afetados a uma finalidade pública, sendo os primeiros de uso indiscriminado por todos os membros da coletividade (observadas as limitações decorrentes do poder de polícia) e os últimos destinados a uma atividade administrativa determinada.

Tantos os bens de uso comum do povo, como os de uso especial, gozam das características da *inalienabilidade, imprescritibilidade* e *impenhorabilidade*.

Já aqueles que não têm, em princípio, uma destinação pública, apenas compondo o acervo patrimonial da Administração Pública, são os bens *dominicais*.

Nesse sentido, ao definir os bens dominicais, o art. 99, III, do Código Civil prescreve que são bens que constituem o patrimônio das pessoas jurídicas de direito público, *como objeto de direito pessoal ou real*, de cada uma dessas entidades. Esses bens, por estarem desafetados à finalidade pública, e desde que preenchidas as exigências da lei, podem ser alienados.

Cada um dos entes da federação tem competência para estabelecer os requisitos necessários para a alienação de seus bens desafetados. Em grande medida, as exigências que são feitas são: (a) demonstração do interesse público; (b) avaliação prévia; (c) autorização legislativa; e (d) licitação, podendo variar de acordo com o tipo de bem, da destinação e do ente federativo.

Com isso, cumpre questionar: se a Administração Pública pode se desfazer daquele determinado bem público, alienando-o, por que não poderia dá-lo em garantia em um contrato, desde que preenchidas as mesmas exigências legais da alienação? Essa é a *ratio* que se extrai do art. 1.420 do Código Civil.[4]

Ora, a boa lógica jurídica indica que quem pode o mais, pode o menos. Principalmente, se levarmos em consideração que os custos de qualquer contratação para a Administração podem diminuir sensivelmente apenas pela constituição de uma garantia.

Muitos doutrinadores, como Maria Sylvia Zanella Di Pietro,[5] discordam de tal entendimento. Já se aventou que, em verdade, o bem público dominical pode ser dado em

---

[4] Art. 1.420. Só aquele que pode alienar poderá empenhar, hipotecar ou dar em anticrese; *só os bens que se podem alienar poderão ser dados em penhor, anticrese ou hipoteca*.

[5] *Direito administrativo*. 25. ed. São Paulo: Atlas, 2012. p. 736.

garantia, desde que seguidas as mesmas exigências para a sua alienação. Entretanto, tal garantia não poderá ser excutida, já que o credor do poder público deverá seguir o rito do recebimento por meio de precatórios, ainda que sequer tenha um processo de execução contra a Fazenda.[6]

Em suma, tratar-se-ia de uma garantia fictícia, já que existe, é válida, porém não poderia produzir efeitos, em razão da regra do art. 100 da Constituição.

Mas será que a regra dos precatórios é tão absoluta assim?

Como bem aborda Floriano Azevedo Marques Neto, a regra do art. 100 visa a (i) ordenar o sistema de exigibilidade dos créditos contra a Fazenda Pública, evitando a desorganização orçamentária, bem como que os credores pudessem indicar os bens que viessem a satisfazer seus créditos; e (ii) prestigiar os princípios da moralidade, impessoalidade e isonomia, impedindo que sejam concedidos privilégios no recebimento dos créditos contra o poder público.[7]

É imperioso observar que a oneração de bens dominicais não afrontaria nenhuma das finalidades demonstradas acima. Primeiramente, porque a constituição da garantia sobre o bem estaria prevista nas leis orçamentárias, o que, além de dar publicidade, permite que a Administração mantenha o controle de suas onerações.

Depois, em sendo seguidos os mesmos procedimentos adotados para a alienação do bem, não há que se falar em preterição dos demais credores que aguardam a fila dos precatórios.

Vale ressaltar, ainda, que a própria natureza dos credores é diversa nessas situações, a saber, sua relação com a Administração Pública decorre de uma relação em que não havia a constituição de uma garantia, além de seu crédito ser oriundo de uma sentença judicial.[8]

Em suma, deve-se dar o mesmo tratamento aos credores que estejam em mesma situação, não configurando ofensa aos princípios da moralidade ou isonomia o tratamento diferente para aqueles que estiverem em situação diversa.

---

[6] Nesse sentido, Hely Lopes Meirelles defendia que: *"impenhoráveis por lei, não se prestam a execução direta, que é consectário lógico de vínculo real, que se estabelece entre a coisa e a ação do credor hipotecário, pignoratício ou anticrético. Desde que a constituição da República retirou a possibilidade da penhora de bens da Fazenda Pública federal, estadual e municipal, retirou, também, a possibilidade de oneração de tais bens, uma vez que a execução de toda garantia real principia pela penhora, na ação executiva correspondente, para a subsequente satisfação da dívida. [...] Uma garantia real, que não contasse com a execução direta da coisa onerada, deixaria de satisfazer aos seus fins, desgarantindo o direito do credor. Não seria, de modo algum, garantia real"*. Direito Administrativo Brasileiro. p. 445. Apud MARQUES NETO, Floriano de Azevedo. Bens Públicos. *Função Social e exploração econômica. O regime das utilidades públicas.*

[7] Ver mais em MARQUES NETO, Floriano de Azevedo. Bens Públicos. *Função Social e exploração econômica. O regime das utilidades públicas*. p. 300.

[8] Nesse mesmo sentido, Vitor Rhein Schirato defende: "A igualdade entre os credores do Poder Público prevista no artigo 100 da Constituição Federal refere-se a credores que estejam na mesma situação, isto é, uma mesma categoria de credores detentores de títulos judiciais transitados em julgado em desfavor da Administração Pública" (SCHIRATO, Vitor Rhein. *O sistema de garantia nas parcerias público-privadas.* In: MARQUES NETO, Floriano de Azevedo; SCHIRATO, Vitor Rhein (Coord.). *Estudo sobre a Lei das Parcerias Público-Privadas.* p. 189).

Um último argumento trazido por Floriano de Azevedo Marques Neto, que reforça a ideia defendida, é que a Lei nº 8.666/93 admite, em seu art. 17, I, *a*, a dação em pagamento por meio de bens não afetados, sem que isso represente ofensa ao rito dos precatórios ou aos princípios da moralidade, impessoalidade, dentre outros.

Já a Lei de Responsabilidade Fiscal (LRF) traz um conceito de concessão de garantia em seu art. 29, IV: "*compromisso de adimplência de obrigação financeira ou contratual assumida por ente da Federação ou entidade a ele vinculada*".

Para Luiz Tarcísio Teixeira Ferreira, há uma inconstitucionalidade formal no artigo 8º da Lei das PPP, já que as novas formas de garantias ofertadas pela Administração deveriam ser previstas em Lei Complementar, sob a égide do art. 163 da Constituição, e que não estão abrangidas pelo art. 40 da LRF.[9]

Discordando de tal entendimento, na linha do que observa Vitor Rhein Schirato, o conceito de garantia exposto no art. 29, IV, abrange as garantias concedidas pelo parceiro público no âmbito das PPP, já que também se constituem como compromissos de adimplência de obrigações contratuais.

Entretanto, exatamente por prever que se trata de um "compromisso de adimplência", Vitor Rhein Schirato defende ser a LRF aplicável tão somente às garantias fidejussórias e não às garantias reais, especialmente em relação aos seus limites.[10]

Nos casos de algumas específicas garantias, como a vinculação de receitas, por exemplo – que não se constituem como verdadeiras garantias, como veremos adiante –, estas devem estar de acordo com a Lei nº 4.320/64, em relação à sua previsão orçamentária.

3 No liame dos regimes público e privado: as garantias nas parcerias público-privadas e o Fundo Garantidor de Parcerias

Como formas de garantia, a Lei nº 11.079/04 prevê em seu art. 8º: (a) vinculação de receitas, observando-se o que dispõe o art. 167, IV, da CF/88; (b) instituição ou utilização de algum fundo especial com previsão legal; (c) seguro-garantia com seguradoras não controladas pelo Poder Público; (d) garantia de organismos internacionais ou instituições financeiras que também não sejam controladas pelo Estado; (e) garantias dadas por fundo garantidor ou empresa estatal criada para essa finalidade; e (f) outros mecanismos admitidos em lei.

Passaremos a avaliar as formas de garantias aqui mencionadas, algumas de forma mais sucinta e outras, em especial o fundo garantidor, de forma um pouco mais aprofundada.

---

[9] Ver mais em Luiz Tarcísio Teixeira Ferreira. *Parcerias Público-Privadas*: aspectos constitucionais. p. 172 ss.

[10] Ver mais em Vitor Rhein Schirato. *O sistema de garantia nas parcerias público-privadas*. In: MARQUES NETO, Floriano de Azevedo; SCHIRATO, Vitor Rhein (Coord.). *Estudo sobre a Lei das Parcerias Público-Privadas*. p. 191 ss.

a) vinculação de receitas

A utilização da vinculação de receitas públicas como garantia gera sempre polêmicas, já que pode levar a um descompasso orçamentário, devido ao comprometimento antecipado de receitas.

Nesse sentido, Kiyoshi Harada observa que, para a vinculação de receitas, há a necessidade de uma programação da Administração, mediante previsão do gravame em sua lei orçamentária, pelo tempo em que durar a garantia:

> vinculação tem o sentido de preservar o equilíbrio entre o montante do empréstimo público (dívida pública) e o valor da receita antecipada, evitando-se situações de desequilíbrio orçamentário. Por isso, a entidade política mutuante é obrigada a manter, permanentemente, na lei orçamentária anual dotação específica para garantia do pagamento da dívida, enquanto esta perdurar.[11]

Para Vitor Rhein Schirato, a vinculação de receitas significaria uma espécie de afetação *a priori* para a finalidade de garantir aquelas obrigações da Administração Pública num contrato de PPP. Da mesma forma, entende não afrontar o regime de bens públicos, já que as receitas públicas são, em verdade, uma expectativa de crédito, e não bens públicos, até que efetivamente ingressem nos cofres da Administração.[12]

Deve-se ponderar, contudo, que nem todas as receitas públicas poderão ser oneradas para a garantia. Para além daquelas expressamente vedadas pela Constituição, especialmente em face das restrições do art. 167, IV, também não poderão ser vinculadas aquelas que já têm destinação específica prevista na lei orçamentária.

Por outro aspecto, é importante observar que a vinculação de receitas não é uma garantia propriamente dita, já que não se poderá constituir uma garantia real sobre determinada receita pública, ou seja, não se poderá excuti-la.

Como o próprio nome indica, trata-se apenas de uma vinculação, de um mecanismo orçamentário que destaca aquela determinada receita a um pagamento de uma contraprestação devida. Todavia, tal fato torna a vinculação de receitas uma "garantia" menos sólida para o parceiro privado que, em caso de inadimplemento, seria obrigado a ingressar com ação judicial, culminando no rito do precatório.

Por outro lado, Kiyoshi Harada entende não ser possível prever dotação orçamentária de garantias pecuniárias a determinados particulares (parceiros privados), pois isso violaria os princípios da impessoalidade e moralidade do art. 37, *caput*, CF.

---

[11] HARADA, Kiyoshi. Parecer encomendado pela OAB/SP. Apud DI PIETRO, Maria Sylvia Zanella. *Parcerias na Administração Pública*: concessão, permissão, franquia, terceirização, parceria público-privada e outras formas. 9. ed. São Paulo: Atlas, 2012. p. 161.

[12] Ver mais em Vitor Rhein Schirato. *O sistema de garantia nas parcerias público-privadas*. In: MARQUES NETO, Floriano de Azevedo; SCHIRATO, Vitor Rhein (Coord.). *Estudo sobre a Lei das Parcerias Público-Privadas*. p. 148 ss.

Permitindo-me discordar, não há aqui uma verdadeira garantia, mas sim uma previsão orçamentária de uma receita que, eventualmente, pode vir a suportar a despesa (obrigação pecuniária do contrato de PPP), no caso de não adimplência da Administração Pública. Ou seja, é destacar do orçamento único e geral a receita que poderá vir a suportar aquela despesa.[13]

Assim, como toda e qualquer despesa prevista no orçamento, há um destinatário a ser beneficiado pelo recebimento daquilo a que faz jus em face da Administração Pública, não havendo preterição ou exclusão de qualquer outro credor que possa, em situação legalmente prevista, estar em mesma situação. Dado um eventual inadimplemento, o parceiro privado terá de se socorrer do Judiciário e da longa fila dos precatórios, assim como os demais que estiverem em mesma condição.

b) instituição ou utilização de algum fundo especial com previsão legal

Segundo a Lei nº 4.320/64, fundos especiais são "*o produto de receitas especificadas que por lei se vinculam à realização de determinados objetivos ou serviços, facultada a adoção de normas peculiares de aplicação*".[14] Isso significa que são fundos meramente contábeis que destacam determinados recursos do orçamento a um determinado fim.

Para a criação desses fundos especiais, a Constituição exige autorização legislativa (art. 167, IX), o que, por equivalência, pode vir a exigir que se obtenha autorização legislativa para a inserção de nova segregação de valores para os casos de fundos já existentes.

Entretanto, a exemplo do que acontece com a vinculação de receitas, a criação de fundo especial não tem natureza de garantia propriamente dita,[15] já que apenas é oponível à Administração, não sendo possível ser executada pelo parceiro privado. Apesar de conferir uma segurança relativamente maior, por implicar uma reserva de recursos.

Nesse sentido, Vitor Rhein Schirato bem expõe:

> *a inexistência de direito real sobre os recursos contidos no fundo especial apresenta risco ao particular, que dependerá (i) da manutenção da existência do fundo durante toda a vigência do contrato de PPP (risco político) e (ii) da efetiva existência de recursos no fundo (risco de realização das receitas alocadas ao fundo) e (iii) da efetiva*

---

[13] Fernando Vernalha Guimarães comunga do mesmo entendimento. GUIMARÃES, Fernando Vernalha. *A constitucionalidade do sistema de garantias ao parceiro privado previsto pela Lei Geral de Parceria Público-Privada – em especial, da hipótese dos fundos garantidores*. Disponível em: <http://www.bnb.gov.br/content/aplicacao/desenvolvimento_em_acao/projeto_ppp/docs/artigo_a_constitucionalidade_sistema_garantias_ppp.pdf>.

[14] Art. 71.

[15] Kiyoshi Harada afirma que a utilização de fundos especiais como forma de garantia nas PPP "atenta contra os princípios da razoabilidade, da proporcionalidade, da moralidade e da publicidade (art. 37 da CF); dribla o art. 165, § 9º, II, da CF e o art. 36 do ADCT; infringe o art. 167, IV, da CF, contraria o princípio da quantificação dos créditos orçamentários inserto no art. 167, VII" (HARADA, Kiyoshi. Parecer encomendado pela OAB/SP. Apud DI PIETRO, Maria Sylvia Zanella. *Parcerias na Administração Pública*. 9. ed. São Paulo: Atlas, 2012. p. 161-162).

utilização, pela Administração Pública, dos recursos existentes no fundo para o saldo de suas obrigações (novamente, risco político).

Em conclusão, o parceiro privado está incorrendo nos mesmos riscos de insegurança em relação à "garantia" no caso da vinculação de receitas.

c) seguro-garantia com seguradoras não controladas pelo Poder Público

O seguro-garantia é bastante utilizado em outros tipos de contratos administrativos, mas enquanto garantia prestada pelo contratado. A Lei das PPP inova ao incluí-lo entre as garantias a serem ofertada pelo Poder Público.

O seguro-garantia deverá ser contratado de acordo com suas normas regentes – típicas de direito privado –, em especial, as regulamentares da Superintendência de Seguros Privados – SUSEP. Deverá, ainda, ser contratado com seguradora sólida, e com prazo e valor de sinistro que sejam compatíveis com o contrato de PPP e com o montante da contraprestação pecuniária devida pela Administração.

No caso de ocorrência de inadimplemento pela Administração Pública, haverá o sinistro, criando o dever de pagamento pela seguradora em favor do parceiro privado.

Relevante destacar a restrição prevista na Lei nº 11.079/2004, ao vedar que a contratação do seguro-garantia ocorra por seguradora controlada pelo parceiro público. Com isso, evita-se a ocorrência da confusão dos responsáveis pela obrigação de arcarem com o sinistro, o calote voluntário – descaracterizando a garantia – e, ainda, garante que o seguro será contratado em preço e condições de mercado. Daí se conclui que a seguradora não poderá ser controlada acionariamente ou, mesmo, pertencer à mesma pessoa jurídica do parceiro público.

Nessa modalidade, desde que o seguro-garantia seja contratado com empresas sólidas, já há uma maior segurança para os parceiros privados.[16]

d) garantia de organismos internacionais ou instituições financeiras que também não sejam controladas pelo Estado

Trata-se aqui de fiança a ser concedida por organismos internacionais multilaterais ou por instituição financeira nacional ou internacional não controlada pelo Poder Público.

A fiança seguirá a disciplina do Código Civil. Por ser um contrato oneroso, a instituição financeira fiadora fará jus a uma remuneração e, no caso de inadimplemento pela Administração Pública, arcará com o montante devido e se sub-rogará nos direitos do afiançado.

---

[16] Vitor Rhein Shirato defende o mesmo entendimento: *"Finalmente, do ponto de vista do parceiro privado, o seguro-garantia, desde que contratado junto a instituição seguradora sólida e com patrimônio condizente com o valor segurado e com termos e condições adequados em face do contrato de PPP, provê considerável nível de segurança adequado, sendo, ao menos em tese, uma garantia eficaz"* (*O sistema de garantia nas parcerias público-privadas*. In: MARQUES NETO, Floriano de Azevedo; SCHIRATO, Vitor Rhein (Coord.). *Estudo sobre a Lei das Parcerias Público-Privadas*. p. 156).

Caracteriza-se como uma verdadeira garantia, concedendo segurança e solidez ao parceiro privado, já que cria uma obrigação solidária ao fiador. É também favorável ao parceiro público, na medida em que reduz os custos da operação. Todavia, pode não ser tão favorável ao organismo multilateral, pelas razões que Vitor Rhein Schirato bem expõe:

> do ponto de vista do organismo internacional garantidor o mecanismo de concessão de garantia não seria, de lege lata, interessante. Isto ocorre, pois, de acordo com o artigo 3º, da Resolução nº 3.218, de 30 de junho de 2004, editada pelo Banco Central do Brasil, os órgãos multilaterais garantidores de obrigações contratadas no mercado interno assumem considerável risco cambial, na medida em que somente poderão receber os valores em reais internalizados no Brasil quando da realização dos pagamentos devidos nos termos da fiança outorgada.[17]

Da mesma forma que o seguro-garantia, a fiança não poderá ser realizada com instituições financeiras controladas pelo Poder Público. Além das razões já expostas nos casos do seguro-garantia, há, nesse caso, outra agravante, que é o fato de, contabilmente, a fiança ser equiparada a operação de crédito, aplicando-se analogamente a vedação do art. 36 da Lei de Responsabilidade Fiscal.

Por outro lado, para as instituições financeiras nacionais, a concessão da fiança em contratos de PPP significará a exposição ao risco direto do parceiro público contratante da fiança, o que, a princípio, impõe a observância das regras de contingenciamento da Resolução nº 2.827/01 do Conselho Monetário Nacional (CMN).

e) outros mecanismos admitidos em lei

A genérica previsão do art. 8º, VI, da Lei de PPP parece permitir que sejam utilizados todos os mecanismos de garantia que não estejam expressamente vedados pela lei.

Assim, na medida em que não tenham restrições legais, poderão ser utilizadas as formas de garantias previstas pelo direito civil, tais como o penhor, a hipoteca, a alienação fiduciária, dentre outras. Vemos, nesse caso, a nítida influência e aplicação subsidiária das normas e institutos ditos do direito civil.

f) garantias dadas por fundo garantidor ou empresa estatal criada para essa finalidade

A previsão de garantias dadas por empresa estatal criada especificamente para essa finalidade acaba por ser bastante ampla e deixa clara a intenção de recorrer ao regime privatístico para a concessão da garantia.

A garantia a ser prestada por empresa estatal poderá ter qualquer forma que seja juridicamente aceita. Além de não se sujeitar ao rito do precatório, podem ser escolhidas

---

[17] MARQUES NETO, Floriano de Azevedo; SCHIRATO, Vitor Rhein (Coord.). *Estudo sobre a Lei das Parcerias Público-Privadas*. p. 158.

as formas de garantia mais adequadas e mais aceitas pelo mercado, o que se reflete na diminuição dos riscos e, portanto, do custo do contrato.[18]

O Estado de São Paulo é um exemplo daqueles que optaram pela criação de uma empresa estatal – a Companhia Paulista de Parcerias – CPP –, pela Lei Estadual nº 11.688, de 19-5-2004.

Quanto ao *fundo garantidor de parcerias*, a Lei das PPP, em sua parte geral, prevê apenas a possibilidade de serem dadas garantias por meio de fundo garantidor. Já nas disposições específicas da União, traz o regramento do Fundo Garantidor de Parcerias (FGP) em âmbito federal e deixa a cargo dos Estados e Município a criação e o regramento de seus fundos.

A exemplo do que ocorre com as garantias prestadas por empresas estatais, o art. 8º não indica quais garantias poderão ser prestadas pelo fundo garantidor de parcerias. A Lei especifica essas formas de garantia nas disposições exclusivas da União, art. 18, § 1º (penhor, hipoteca, alienação fiduciária, dentre outras).

Nesse sentido, a Lei de PPP permite que a União, suas autarquias e fundações públicas participem como cotistas[19] do fundo, até o limite de seis bilhões de reais, o qual possui natureza privada e patrimônio diverso do patrimônio dos cotistas.[20]

O fundo tem a natureza jurídica de condomínio e é criado a exemplo de fundos de investimento, seguindo os regramentos da Comissão de Valores Mobiliários (CVM), em especial a Instrução CVM nº 426/2005, e as disposições sobre condomínio do Código Civil.

Como dito acima, a criação do mecanismo dos fundos garantidores, assim como a criação de empresas estatais específicas, tem o nítido objetivo de buscar no regime de direito privado a viabilidade da concessão de garantias pelo poder público, sem a submissão de todas as restrições publicistas a que a Administração direta e autarquias estão sujeitas.[21]

---

[18] Vitor Rhein Schirato opina que o mecanismo é bastante positivo, trazendo inúmeras vantagens: "*as entidades garantidoras, por serem constituídas sob a égide do Direito Privado, têm maior flexibilidade em sua atuação e na gestão de seus bens, podendo optar pela forma de constituição de garantia melhor aceita pelos padrões de mercado vigentes quando da contratação da PPP e em função do objeto do contrato, o que, indubitavelmente, melhora as condições de tal contratação*" (MARQUES NETO, Floriano de Azevedo; SCHIRATO, Vitor Rhein (Coord.). *Estudo sobre a Lei das Parcerias Público-Privadas*. p. 160).

[19] Os cotistas não recebem rendimentos do fundo e têm a faculdade de resgatar suas cotas, total ou parcialmente, desde que correspondam a patrimônio ainda não utilizado como garantia. É o que dispõe o art. 19 da Lei de PPPs.

[20] Art. 16. Ficam a União, suas autarquias e fundações públicas autorizadas a participar, no limite global de R$ 6.000.000.000, 00 (seis bilhões de reais), em Fundo Garantidor de Parcerias Público-Privadas – FGP, que terá por finalidade prestar garantia de pagamento de obrigações pecuniárias assumidas pelos parceiros públicos federais em virtude das parcerias de que trata esta Lei. (Vide Decreto nº 7.070, de 2010)

§ 1º O FGP terá natureza privada e patrimônio próprio separado do patrimônio dos cotistas, e será sujeito a direitos e obrigações próprios.

§ 2º O patrimônio do Fundo será formado pelo aporte de bens e direitos realizado pelos cotistas, por meio da integralização de cotas e pelos rendimentos obtidos com sua administração [...].

[21] Luiz Tarcísio Teixeira Ferreira critica essa saída para o direito privado "*Se assim fosse, a qualquer tempo o Estado poderia travestir-se de pessoa privada ou pública e invocar ora o regime privado, ora o público, quando lhe*

O FGP foi criado para ser administrado, gerido e representado judicial e extrajudicialmente por instituição de natureza financeira controlada direta ou indiretamente pela União. No caso do FGP, a gestão é feita pelo Banco do Brasil S. A. ou sua subsidiária,[22] podendo também ser contratado com a Caixa Econômica Federal ou com o Banco Nacional de Desenvolvimento Econômico e Social (BNDES).[23]

As garantias são prestadas de forma proporcional às participações dos cotistas, não recaindo sobre eles nenhuma obrigação do FGP, exceto quanto à integralização das cotas que subscreverem.[24]

Em caso de não pagamento pelo parceiro público da obrigação assumida, o parceiro privado poderá acionar a garantia de crédito líquido e certo, constante de título aceito, a partir do 45º dia depois de vencido. No caso de débitos não expressamente aceitos ou motivadamente rejeitados, o parceiro privado poderá acionar a garantia depois de transcorridos 90 dias.[25]

---

apetecesse, o que seria rematado disparate" (FERREIRA, Luiz Tarcísio Teixeira. *Parcerias Público-Privadas*: aspectos constitucionais. p. 182).

[22] Art. 1º da Resolução nº 1, de 5 de agosto de 2005, do Comitê Gestor de Parcerias Público-Privadas Federal. "Art. 1º A Secretaria do Tesouro Nacional – STN submeterá, em conformidade com o **art. 5º do Decreto nº 5.411, de 6 de abril de 2005**, à aprovação do Comitê Gestor de Parceria Público-Privada – CGP minuta do regulamento do Fundo Garantidor de Parcerias Público Privadas – FGP, a ser criado, administrado, gerido e representado judicial e extrajudicialmente pelo Banco do Brasil S.A. ou subsidiária, consoante o **art. 17 da Lei nº 11.079, de 30 de dezembro de 2004**."

[23] "Art. 3º Fica a STN autorizada a contratar junto à Caixa Econômica Federal e ao Banco Nacional de Desenvolvimento Econômico e Social fundos da mesma natureza do mencionado no art. 1º.

Parágrafo único. As minutas de regulamento dos fundos mencionados no *caput* deverão ser submetidas pela STN à aprovação do CGP, no prazo de 120 (cento e vinte) dias após a criação do Fundo mencionado no art. 1º".

Tal previsão serviu como solução de alta viabilidade frente à proibição legal de que o Fundo Garantidor preste garantia em operação de PPP em que sua instituição gestora atue como financiadora do objeto da parceria.

[24] Art. 16. Ficam a União, suas autarquias e fundações públicas autorizadas a participar, no limite global de R$ 6.000.000.000,00 (seis bilhões de reais), em Fundo Garantidor de Parcerias Público-Privadas – FGP, que terá por finalidade prestar garantia de pagamento de obrigações pecuniárias assumidas pelos parceiros públicos federais em virtude das parcerias de que trata esta Lei. (Vide Decreto nº 7.070, de 2010)

[...]

§ 5º O FGP responderá por suas obrigações com os bens e direitos integrantes de seu patrimônio, não respondendo os cotistas por qualquer obrigação do Fundo, salvo pela integralização das cotas que subscreverem. [...]

[25] Art. 18. As garantias do FGP serão prestadas proporcionalmente ao valor da participação de cada cotista, sendo vedada a concessão de garantia cujo valor presente líquido, somado ao das garantias anteriormente prestadas e demais obrigações, supere o ativo total do FGP.

[...]

§ 4º No caso de crédito líquido e certo, constante de título exigível aceito e não pago pelo parceiro público, a garantia poderá ser acionada pelo parceiro privado a partir do 45º (quadragésimo quinto) dia do seu vencimento.

§ 5º O parceiro privado poderá acionar a garantia relativa a débitos constantes de faturas emitidas e ainda não aceitas pelo parceiro público, desde que, transcorridos mais de 90 (noventa) dias de seu vencimento, não tenha havido sua rejeição expressa por ato motivado. [...]."

De uma forma geral, a maioria dos autores[26] considera o FGP como um importante instrumento de segurança aos investidores privados nas PPP, no entanto, os fundos garantidores e a forma de instituição na Lei nº 11.079/04 são objetos de algumas críticas. José dos Santos Carvalho Filho observa que:

> *É de se reconhecer, contudo, que o fundo ora referido constitui figura de certo modo anômala, já que tem natureza privada e responde com seus bens e direitos pelas obrigações que venha a contrair (art. 16, §§ 1º e 5º, da lei). Entretanto, é despido de personalidade jurídica própria e se configura como verdadeira universalidade jurídica de bens e direitos ou, se se preferir, de patrimônio de afetação. O intento da lei, no entanto, ficou claro: em virtude do sistema de parceria, deve conferir-se ao credor maior facilidade no recebimento de seu crédito, o que não ocorre nos contratos comuns da Administração.*[27]

Na crítica de José dos Santos Carvalho Filho, merece nossa atenção a seguinte questão: existiria preferência de crédito nos mencionados fundos em contrapartida a outros créditos da Administração? E, em caso positivo, seria inconstitucional tal prioridade?

Provavelmente, haverá um pagamento antecipado em relação aos demais credores da Administração Pública, mas, não nos parece haver uma inconstitucionalidade nessa preferência.

Como se sabe, o histórico da Administração Pública, principalmente a brasileira, é a de superendividamento dos cofres estatais, assim como dos famosos "calotes", resultado da execução de dívidas públicas que são pagas através do regime de precatórios, quitados por ordem de apresentação e que costumam se arrastar durante anos até serem devidamente adimplidos.

Dessa forma, os credores da Administração assegurados pelos fundos garantidores não se submetem ao regime dos precatórios, podendo executar, depois do lapso temporal previsto na lei, as suas garantias. Isso se deve ao fato de o FGP possuir patrimônio próprio e natureza privada, sendo regido, portanto, pelo direito privado e não pelas regras protecionistas do patrimônio público.

Para além disso, tal garantia é prevista diante da importância das contratações realizadas por meio das PPP. Assim, considerando ser uma garantia regida pelas regras de direito privado, com afetação de patrimônio próprio, não há, *in casu*, uma inconstitucionalidade nessa excepcional execução de débitos públicos.[28]

---

[26] Dentre os autores que são favoráveis aos Fundos Garantidores de Parcerias Público-Privadas destacam-se: Pedro Augusto da Cruz Nunes, Felipe de Queiroz Batista, Juliana Araújo de Oliveira, Bárbara Moreira Barbosa Brito, Antônio Henrique Pinheiro Silveira, dentre outros.

[27] CARVALHO FILHO, José dos Santos. *Manual de Direito Administrativo*. 16. ed. São Paulo: Lumen Juris, 2006. p. 355.

[28] Tal previsão acerca dos Fundos Garantidores de Parcerias não parece estar em desacordo com o princípio da imparcialidade, também, pois além de os credores não estarem diante de situação de igualdade nas relações com a Administração, como explica Juarez Freitas, sobre o princípio da imparcialidade, não há violação quando

Apesar de todas as benesses apresentadas pelos fundos garantidores de parcerias, os empresários brasileiros – interessados em contratar com a Administração através de PPPs – criticam que o FGP não traria a almejada garantia dos contratos. Essas críticas ocorrem em virtude de não haver um liame entre o patrimônio do fundo e o projeto que vai receber a sua proteção, e, ainda, em razão das outras garantias existentes serem insuficientes, deixando a iniciativa privada temerosa sobre os riscos dos projetos.[29]

As críticas, apesar de plausíveis, acabam por ser exageradas em certa medida, já que o FGP se apresenta como um dos mecanismos de garantia mais sólidos para os parceiros privados, além de ter um limite global de seis bilhões de reais, valor relativamente elevado, e que garantirá dívida vencida do parceiro público. Ademais, caso o inadimplemento persista, o parceiro privado terá de se socorrer de ação judicial para rescisão do contrato.[30]

Como afirma Marcos Barbosa Pinto e Marcos Vinicius Pulino:

> *Para que esse modelo seja viável, é preciso que o parceiro privado e seus financiadores tenham segurança de que as obrigações da Administração Pública serão pagas, independentemente da vontade dos ocupantes de cargos públicos à época do pagamento. É nesse contexto que se insere o FGP.*[31]

Percebe-se então que, por suas características flexíveis e a segurança que transparece aos investidores privados, o FGP – na forma da Lei nº 11.079/2004, ou os fundos equiparados – será a forma de garantia e de contragarantia mais utilizada pela Administração Pública Federal e que deve ser estendida aos Estados que copiarem esse modelo.[32]

---

estamos a nos referir à diferenciação positiva e não a caprichos lesivos e prejudiciais: "A 'blindagem' das PPPs pode ser harmônica com o princípio da imparcialidade ou da impessoalidade, se operar como prática de diferenciação positiva. De fato, segundo o princípio da imparcialidade, apenas não se mostram legítimos os subjetivismos injustificáveis, os caprichos lesivos e prejudiciais" (FREITAS, Juarez. Parcerias Público-Privadas [...]. Em Interesse Público – *Revista Bimestral de Direito Público*, v. 29. p. 46).

[29] Ver mais sobre o assunto em: MILESKI, Helio Saul. Parcerias público-privadas: fundamentos, aplicação e alcance da lei, elementos definidores, princípios, regras específicas para licitações e contratos, aspectos controvertidos, controle e perspectivas de aplicação da Lei nº 11.079, de 30-12-2004. *Interesse Público – Administrativo, Constitucional e Previdenciário* – Especial PPPs, nº 29, p. 87 ss.

[30] Sobre a rescisão dos contratos públicos, Hely Lopes Meirelles ensina que: "A ação para rescisão do contrato é de rito ordinário e admite pedidos cumulados de indenização, retenção, compensação e demais efeitos decorrentes das relações contratuais em discussão, processando-se sempre no juízo privativo da Administração interessada" (*Licitação...* Ob. cit. 15. ed. p. 357).

[31] PINTO, Marcos Barbosa; PULINO, Marcos Vinicius. O Fundo... *Revista de Direito Mercantil – industrial, econômico e financeiro*, v. 144. p. 208 e 209.

[32] Citamos como exemplos os Estados de Minas Gerais e Pernambuco, que instituíram fundos específicos para garantir parcerias. No caso de Minas Gerais, é a Lei Estadual nº 14.869, de 16 de dezembro de 2003, que cria o Fundo de Parcerias Público-Privadas de Minas Gerais. Na lei mineira, há peculiaridades interessantes, como a expressa ausência de personalidade jurídica do Fundo (art. 1º), bem como a possibilidade deste operar a liberação de recursos para o parceiro privado (art. 5º). Já a lei pernambucana parece se assemelhar mais ao modelo Federal, e foi criada através da Lei Estadual nº 12.976, de 28 de dezembro de 2005.

4 Conclusões

Nos contratos de PPP, os parceiros privados realizam investimentos de grande porte com capital próprio ou de terceiro, sendo amortizados na medida em que recebem o pagamento dos usuários e/ou, principalmente, o pagamento do parceiro público, o que pode ocorrer ao longo de muitos anos.

Nesse sentido, as garantias têm papel fundamental para os parceiros privados, nomeadamente frente aos riscos que são assumidos em contratos de tamanha relevância e monta.

Entretanto, apesar de objetivarem garantir segurança jurídica ao parceiro privado e, com isso, poder atrair mais investidores interessados em contratar com a Administração Pública, as garantias devem estar de acordo com os limites constitucionais e, em especial, ao princípio da legalidade, igualdade e moralidade.[33]

E isso porque, como bem afirma Helio Saul Mileski: "estes benefícios ao parceiro privado também têm de redundar em benefícios ao cidadão, com bons resultados para a sociedade, quais sejam: obras e serviços públicos que sejam necessários e produzam bem-estar ao cidadão".[34]

---

[33] Nesse mesmo sentido, Juarez Freitas: "A despeito disso, se a meta foi oferecer a segurança jurídica possível, não se pode, *a priori*, vê-la como inconstitucional, desde que se tomem cautelas de delimitação do alcance das peculiaridades, de maneira a não prejudicar "contratados comuns" e credores públicos" (Parcerias Público--Privadas... *Interesse Público* – Revista bimestral de Direito Público, v. 29. p. 24.

[34] MILESKI, Helio Saul. Ob. cit., p. 87.

18

Impenhorabilidade dos Bens Públicos

Marcela de Lima Altale[1]

1 Breves noções

Uma das características da personalidade jurídica do Estado é a sua capacidade para adquirir direitos e contrair obrigações, que se expressa também pela possibilidade de possuir patrimônio próprio.[2]

A noção de que certos bens integram conjuntos patrimoniais que não são idênticos aos dos particulares já vem do direito romano[3] e até os dias atuais não encontramos uma posição unânime quanto ao tratamento dado a esses bens. Na realidade, Marques Neto[4] indica que a própria expressão *bens públicos* traz em si uma aparente contradição, pois as concepções de "bem" e "público", *per se*, são um paradoxo.

---

[1] Advogada e mestranda em Direito do Estado pela Faculdade de Direito da Universidade de São Paulo.

[2] ARAUJO, Edmir Netto de. *Curso de direito administrativo*. São Paulo: Saraiva, 2005. p. 1054.

[3] Di Pietro afirma que já no direito romano se fazia referência aos bens públicos, quando se falava em *res nullius* como coisas *extra commercium*, que incluíam as *res communes*, *res publicae* e *res universitatis*. Na Idade Média, os bens passaram a ser do Rei e não do povo, como no direito romano. Acrescenta que enquanto o bem foi considerado como propriedade da Coroa, não houve distinção das espécies de bens. Apenas quando se passou à segunda teoria, relacionada ao poder de polícia do rei, é que foram dados os primeiros passos em torno de uma classificação. Nos séculos XVII e XVIII é que se encontram duas categorias de bens, sendo as coisas públicas e os bens integrados ao domínio da coroa. No Código de Napoleão, de 1804, se verifica que determinados bens, como rios, estradas etc., eram insuscetíveis de propriedade privada. Pardessus trouxe a primeira classificação, onde, de um lado, existe o domínio nacional, suscetível de apropriação privada, e de outro, o domínio público, consagrado ao uso de todos e insuscetível de apropriação privada. Para finalizar, mencionamos a classificação de Proudhon, que divide os bens em duas formas até hoje utilizadas pelo direito francês, os bens do domínio público e os bens do domínio privado do Estado. DI PIETRO, Maria Sylvia. *Direito Administrativo*. 25. ed. São Paulo: Atlas, 2012.

[4] MARQUES NETO, Floriano de Azevedo. *Bens Públicos*: função social e exploração econômica. Belo Horizonte: Fórum, 2008. p. 35.

Diferentemente das disposições referentes aos bens privados, por razões de interesse público, recaem sobre os bens públicos uma série de restrições impostas pelo direito público, que visam a proteção e o direito de propriedade do Estado. Ao lado da impenhorabilidade, destacam-se na doutrina outras características próprias do regime jurídico dos bens públicos, como a inalienabilidade, impossibilidade de oneração e imprescritibilidade. Odete Medauar[5] destaca, ainda, outras duas características dos bens públicos, como a imunidade de imposto e a chamada polícia dos bens públicos, que basicamente consiste no conjunto de prerrogativas e ônus para a preservação de tais bens, para que o interesse público não seja prejudicado.

O que se pretende, por meio do presente artigo, é delimitar o conceito de bens públicos, ou seja, fornecer o embasamento necessário para a definição e extensão do conceito de bem público, para assim ser possível delimitar a característica própria da impenhorabilidade desses bens. Para isso, vamos iniciar o presente estudo com a definição de bens públicos, passar pelo conceito de domínio público e suas nuances, para posteriormente tratarmos especificamente sobre a regra da impenhorabilidade destes, discutindo, inclusive, se podemos falar em penhorabilidade de bens públicos e o tratamento dado pela jurisprudência brasileira.

2 Bem público. Domínio público e privado do Estado

2.1 Conceito e classificação de bens públicos

Não encontramos na doutrina um conceito uniforme de bens públicos. Na realidade, encontramos uma verdadeira miscelânea de definições. Cada autor apresenta um enfoque diferente, de acordo com a característica que presente ressaltar.

Para Cretella Júnior,[6] bens públicos

> são todas as coisas materiais ou imateriais, assim como as prestações, pertencentes às pessoas jurídicas públicas, objetivando fins públicos e sujeitas a regime jurídico especial, derrogatório e exorbitante do direito comum.

Para Hely Lopes Meirelles,[7] bens públicos são

> todas as coisas, corpóreas ou incorpóreas, imóveis, móveis e semoventes, créditos, direitos e ações, que pertençam, a qualquer título, às entidades estatais, autárquicas, fundacionais e empresas governamentais.[8]

---

[5] MEDAUAR, Odete. *Direito Administrativo Moderno*. 16. ed. São Paulo: Revista dos Tribunais, 2012. p. 275.
[6] CRETELLA JR., José. *Tratado do domínio*. Rio de Janeiro: Forense, 1984. p. 23.
[7] MEIRELLES, Hely Lopes. *Direito Administrativo Brasileiro*. 38. ed. São Paulo: Malheiros, 2011. p. 576.
[8] No tocante à conceituação de Hely Lopes Meirelles, Thiago Marrara traz que *"nesta concepção ampliada, o conjunto de bens públicos se confundiria com o patrimônio público, uma vez que incluiria não somente coisas, ou*

Para Odete Medauar,

> bens públicos é expressão que designa os bens pertencentes aos entes estatais, para que sirvam de meios ao atendimento imediato e mediato do interesse público, sobre os quais incidem normas especiais, diferentes das normas que regem os bens privados.

Já para Celso Antônio Bandeira de Mello,[9] bens públicos seriam *"os pertencentes às pessoas jurídicas de direito público e quaisquer outros afetados à prestação de um serviço público ou à administração pública"*.[10]

De maneira a se coadunar com as definições encontradas na doutrina, Thiago Marrara[11] identifica cinco critérios fundamentais de classificação dos bens públicos,[12] que podem coexistir entre eles, sendo eles:

a) a *titularidade*, que separa os bens de acordo com o seu titular, sendo públicos os bens pertencentes às pessoas jurídicas de direito público (inclusive distinguindo entre federais, estaduais e municipais) e particulares os das pessoas jurídicas de direito privado;

b) o *regime jurídico*, que separa os bens de acordo com o regime jurídico adotado, público ou predominantemente privado;

c) a *utilidade pública*, que separa os bens conforme as utilidades que produzam, sendo públicos todos os bens que produzem benefícios à coletividade e privados os que geram utilidades de interesse restrito ou benefícios particulares;

d) a *afetação*, em que seriam públicos os bens destinados, de maneira tácita ou expressa, ao uso comum do povo ou a serviços públicos próprios de execução

---

objetos tangíveis (perceptíveis pelos sentidos humanos), mas também direitos imateriais e obrigações estatais pelo polo ativo ou passivo. Isso decorre do fato de se ter aplicado unicamente o critério da titularidade, ignorando-se as funções diversas de cada um desses objetos patrimoniais. MARRARA, Thiago. *Bens Públicos*: domínio urbano: infraestruturas. Belo Horizonte: Fórum, 2007.

[9] BANDEIRA DE MELLO, Celso Antônio. *Curso de direito administrativo*. São Paulo: Malheiros, 2004. p. 803.

[10] Na concepção do autor, destaca-se o entendimento que os bens públicos sob propriedade de pessoas jurídicas de direito privado, tal como ocorre com concessionários ou permissionárias de serviços públicos ou com as empresas estatais delegatárias desse tipo de serviço, seriam bens públicos.

[11] MARRARA, ob. cit., p. 89.

[12] Marques Neto expressa seu cuidado com a taxonomia jurídica e acrescenta que é sempre uma atividade perigosa, na medida em que é possível classificar os conceitos jurídicos a partir de infinitos critérios, e traz que *"a classificação dos bens em geral e dos bens públicos em particular tem dupla utilidade: (i) serve para fins didáticos, na medida em que facilita a compreensão dos diversos aspectos envolvidos no tema e (ii) é útil para escalonar os bens para fins de demonstrar que sobre eles não incide um único regime jurídico, mas sim vários regimes, com nuanças e gradações proporcionais às características de cada bem e à utilidade deles em relação à coletividade. [...] não é mais possível se sustentar existir um mesmo regime jurídico para todos os bens públicos. A incidência maior ou menor de regras derrogatórias do Direito Privado sobre os bens dependerá do tipo de bem do qual se está tratando* (Ob. cit., p. 151).

direta ou indireta pelo poder público e privados, os bens desafetados a esse uso; e

e) os *beneficiários*, em que seriam públicos os bens utilizados por qualquer um do povo indistintamente ou por beneficiários de serviços públicos. O autor entende que essa teoria não se sustenta, uma vez que não é fácil definir os beneficiários diretos ou indiretos de um ou outro bem público.

Floriano de Azevedo Marques Neto[13] traz outra forma de distinção dos bens públicos, assentada em dois critérios-chave, sendo um civilista, de caráter subjetivo, e o outro funcionalista, de caráter objetivo. Para o autor, de maneira genérica, o primeiro critério tem foco na titularidade (domínio), de cunho principalmente civilista, que se preocupa com o titular dos bens, ao passo que o segundo mira a função, o emprego do bem no cumprimento de uma finalidade do Estado. Aduz que os critérios subjetivo e objetivo não são excludentes e sim complementares e que a dificuldade está em empregar o tratamento positivo do Código Civil (concebido para resolver a questão privada de saber quem é o titular do domínio) para desenvolver o regime jurídico-administrativo (relacionado à gestão do bem).

Maria Sylvia Zanella Di Pietro[14] aponta, ainda, a divisão trazida pelo antigo Regulamento do Código de Contabilidade Pública da União, revogado em 1991, mas que trazia uma distinção inspirada no direito italiano, que separava os bens em patrimoniais indisponíveis e patrimoniais disponíveis, destacando, assim, a natureza alienável dos bens dominicais e a inalienabilidade e afetação dos demais.

O ordenamento jurídico brasileiro, desde o Código Civil de 1916, adota uma divisão tripartite dos bens públicos, separando-os entre bens de uso comum do povo, bens de uso especial e bens dominicais. O Código Civil de 2002, em seu art. 99,[15] mantém essa divisão tripartite e apenas esclarece, no art. 98,[16] que são bens públicos os pertencentes às pessoas de direito público e privados os demais.

Conforme verificamos pelo texto legal, o critério para distinção dos bens públicos é o da afetação, pelo qual o bem de uso comum está afetado, por lei ou por sua natureza, ao uso coletivo, enquanto os bens de uso especial encontram-se afetados ao uso da Administração; os bens dominicais não estão afetados, em princípio, a um fim público. O

---

[13] MARQUES NETO. Ob. cit., p. 116.

[14] DI PIETRO. Ob. cit., p. 727.

[15] Art. 99. São bens públicos: I – os de uso comum do povo, tais como rios, mares, estradas, ruas e praças; II – os de uso especial, tais como edifícios ou terrenos destinados a serviço ou estabelecimento da administração federal, estadual, territorial ou municipal, inclusive os de suas autarquias; III – os dominicais, que constituem o patrimônio das pessoas jurídicas de direito público, como objeto de direito pessoal, ou real, de cada uma dessas entidades. Parágrafo único. Não dispondo a lei em contrário, consideram-se dominicais os bens pertencentes às pessoas jurídicas de direito público a que se tenha dado estrutura de direito privado.

[16] Art. 98. São públicos os bens do domínio nacional pertencentes às pessoas jurídicas de direito público interno; todos os outros são particulares, seja qual for a pessoa a que pertencerem.

mesmo texto legal também faz a separação entre bens públicos e privados pelo critério da titularidade, do qual decorre um enfoque fortemente personalista ou patrimonialista.[17]

De maneira prática, os critérios adotados pelo Código Civil, sob uma ótica funcional, nem sempre produzem os resultados esperados dos bens públicos. Pela análise estrita das regras civis, todos os bens das empresas estatais seriam privados, a despeito de vinculados ou não a um serviço público.

Thiago Marrara,[18] ao observar que não há como imputar aos bens públicos em geral um corpo de normas básicas, apresenta a teoria do domínio público, que deve superar a tripartição dos bens públicos e a separação entre públicos e privados, passando a discriminar os bens apenas de acordo com um regime jurídico funcional, centrado no princípio da indisponibilidade e conformado pelas regras de inalienabilidade, impenhorabilidade e imprescritibilidade.

2.2 Domínio público. Escala de dominialidade

Talvez a única unanimidade que encontramos na doutrina seja a afirmação de que a expressão *domínio público* não tem sentido único.[19]

Di Pietro[20] aponta três significados para o domínio público:

---

[17] Marques Neto observa que as prescrições do CCB são absolutamente impróprias, *in verbis*: "Primeiro, pela má técnica das definições exemplificativas. Ao invés de dizer quais os predicados que levam o bem a ser de uso comum ou especial, o Código, notadamente para os de uso comum, limita-se a caracterizá-los pelos exemplos, como se isso fosse suficiente para que todos entendam de que tipo de bem (e de uso) se trata. Segundo, pelas generalizações, que desconsideram, a **exemplo** da definição dos bens de uso comum, que o termo **'vias'** pode se referir às vias férreas que, sem deixar de serem vias, caracterizam-se como bens de uso especial. Terceiro, pela insuficiência da classificação, pois ao mesmo tempo em que limita os bens de uso especial a espécies de bens imóveis (edifícios e terrenos), nada falando sobre bens móveis que são afetados ao uso especial (por exemplo, a frota de ônibus empregada no transporte escolar dos munícipes), dá a entender que os bens das autarquias haveriam de ser bens de uso especial, olvidando-se que uma autarquia territorial possa deter bens de uso comum. Por fim, a infeliz construção do artigo 99 peca por induzir à contradição. Ao definir os bens dominicais como aqueles '**que constituem o patrimônio das pessoas jurídicas de direito público**', permite um entendimento segundo o qual só estes bens, dominicais, teriam natureza patrimonial, colidindo com a própria definição de bens públicos do artigo 98, que nos remete à ideia de que patrimoniais são todos os bens pertencentes ao patrimônio das pessoas Jurídicas de direito público interno. Na verdade, o que o inciso III do artigo 99 está firmando (o que se depreende já do cotejo com os dois incisos anteriores) é que os bens dominicais são aqueles não afetados a um uso comum nem a um uso especial e, portanto, integram o acervo de bens da pessoa de direito público exclusivamente pelo aspecto patrimonial" (Ob. cit., p. 125).

[18] MARRARA. Ob. cit., p. 94.

[19] Meirelles aponta algumas teorias que procuram conceituar o domínio público, como a afetação do serviço publico, de Duguit; a do uso público, de Barthélemy; a da submissão ao Poder Público, de Jèze; a da propriedade administrativa, de Hauriou; a da propriedade de Direito Público, de Mayer; a do patrimônio fiscal, de Fleiner, dentre outras. MEIRELLES. Ob. cit., p. 573.

[20] DI PIETRO. Ob. cit., p. 728.

1) em sentido muito amplo, é utilizada para designar o conjunto de bens pertencentes às pessoas jurídicas de direito público interno, *políticas e administrativas (União, estados, Municípios, Distrito Federal, Territórios e autarquias); 2) em sentido menos amplo, utilizado na referida classificação do direito francês, designa os bens afetados a um fim público, os quais, no direito brasileiro, compreendem os de uso comum do povo e os de uso especial; e 3) em sentido estrito, fala-se em bens do domínio público para designar apenas os destinados ao uso comum do povo, correspondendo ao demanio do direito italiano; como não eram considerados, por alguns autores, como pertencentes ao poder público, dizia-se que estavam no domínio público; o seu titular seria, na realidade, o povo.*

Meirelles[21] ainda aponta dois desdobramentos para o conceito de domínio público, sendo, em sentido político, o domínio eminente, e em sentido jurídico, o domínio patrimonial.

Marrara[22] traz um enfoque mais conceitual acerca do domínio público e afirma que o domínio público pretende viabilizar um enfoque funcional dos bens, expressando um critério do regime jurídico e se afastando da feição patrimonialista do Código Civil, acrescentando que *"a única possibilidade de se empregá-lo de forma útil e criativa na doutrina administrativa brasileira consiste em considerá-lo, a princípio como uma categoria que envolve os bens públicos de uso comum e de uso especial"*. De modo excepcional, o domínio público também deve englobar bens particulares que exerçam funções análogas a esses bens públicos, mas, nessas situações, melhor será chamá-lo de "domínio público impróprio".[23]

2.2.1 Escala de dominialidade

Marrara[24] sugere uma revisão na dualidade domínio público e privado, mediante a criação de uma escala de dominialidade, assentada em dois pressupostos, sendo o primeiro o de que nem todos os bens públicos estão em regime publicístico puro, uma vez que alguns deles entram teoricamente em um regime privado, apenas em parte derrogado pelo direito público; e o segundo é o de que nem todos os bens particulares, pertencentes a pessoas jurídicas de direito privado, estão imunes à incidência de um regime mais publicístico que afasta o regime privado natural.

O autor analisa a natureza do bem diante de suas funções ou vinculações a determinado tipo de atividade, a saber, a prestação de serviços públicos ou o exercício de atividades econômicas em sentido estrito, e daí resulta um conjunto de regimes jurídicos funcionais. Esses regimes correspondem aos domínios e, juntos, formam uma escala de dominialidade

---

[21] MEIRELLES. Ob. cit., p. 573.
[22] MARRARA. Ob. cit., p. 94.
[23] Marques Neto identifica os bens do domínio público impróprio do Estado como bens públicos em sentido impróprio. Ob. cit., p. 188.
[24] MARRARA. Ob. cit., p. 95.

típica do direito brasileiro, que correspondem a domínio público estatal, domínio público impróprio, domínio privado estatal e domínio particular.

2.2.1.1 Domínio público estatal

De acordo com a escala de dominialidade proposta por Marrara,[25] os bens do domínio público estatal seguem um regime publicístico rígido, no qual são excluídos os poderes de disposição, uso e fruição que ao Estado caberia exercer em razão de seu direito de propriedade e incluiriam os bens de uso comum do povo e os bens de uso especial, tanto os de propriedade da Administração direta da União, Estados, Distrito Federal e Municípios brasileiros, quanto os que estão no patrimônio das autarquias e das demais pessoas jurídicas de direito público interno.

2.2.1.2 Domínio público impróprio

Para Marrara,[26] os bens do domínio público impróprio seriam basicamente os bens privados empregados na Administração Pública, como os imóveis alugados para o funcionamento de repartições e os bens reversíveis, indicados em contratos de concessão e permissão entre os bens das delegatárias (concessionárias e permissionárias de serviços públicos), e que devem reverter ao patrimônio público ao término do contrato. Por extensão, nessa categoria se incluem os bens de terceiros, efetivamente utilizados por concessionárias ou permissionárias de serviços públicos, ou seja, o domínio público impróprio seria composto por bens que são verdadeiramente aplicados ou **empregados** na prestação desses serviços, sem os quais, portanto, estariam em risco os princípios da adequação **e** da continuidade.

Afirma, ainda, o autor não haver problemas na inclusão de bens particulares na concepção de domínio público, já que o critério subjacente ao domínio público é o regime jurídico, funcionalista, e de modo que esses bens são imprescindíveis à prestação do serviço público.

Para finalizar, Marrara acrescenta que, em razão de esses bens de propriedade particular estarem vinculados a um serviço público de competência privativa estatal, eles também exercem, por assim dizer, a "função do domínio público". Isso faz com que se submetam, ainda que temporariamente, a um regime jurídico publicístico, muito próximo ao dos bens do domínio público; em virtude disso, estão sujeitos a um princípio de indisponibilidade mitigada. Assim, não se lhes aplicam plenamente as regras da inalienabilidade, imprescritibilidade e impenhorabilidade.

---

[25] MARRARA. Ob. cit., p. 96.
[26] MARRARA. Ob. cit., p. 98.

Também Alice Maria Gonzalez Borges[27] entende que, se os bens das concessionárias e permissionárias são afetados a um serviço público, eles têm que se submeter ao mesmo regime jurídico a que se submetem os bens pertencentes à União, Estados e Municípios, também afetados à realização de serviços públicos.

A prestação de serviço público ou atividade administrativa por particulares não altera a natureza dos bens; o que se verifica apenas é uma atração de normas jurídicas de direito público, derrogatórias do direito comum, colocando-os, temporariamente, sob um regime novo e mais fechado.

2.2.1.3 Domínio privado estatal

No terceiro item da escala de dominialidade proposta por Marrara,[28] aparece o domínio privado estatal, o qual compreende fundamentalmente os bens dominicais, em tese regidos por regras e princípios de direito privado. Esses bens têm natureza jurídica de direito público, são bens públicos, mas exercem ou deveriam exercer funções privadas, atendendo principalmente aos interesses secundários do Estado.[29]

2.2.1.4 Domínio particular

Na quarta e última classe da escala de dominialidade, Marrara[30] inclui os bens particulares ou privados em sentido estrito, descrevendo-os como o conjunto de bens de propriedade das pessoas jurídicas de direito privado, incluindo as empresas estatais. Tais bens subordinam-se ao regime jurídico geral de direito privado e não obsta que o regime privado natural seja alterado, excepcionalmente, por normas de direito público.

Com esse arcabouço doutrinário apresentado, passaremos à característica própria do regime jurídico dos bens públicos, qual seja, a impenhorabilidade, objeto de nosso estudo.

3 Impenhorabilidade dos bens públicos

Antes de tecermos nossas considerações sobre a característica da impenhorabilidade que recai sobre os bens públicos, inicialmente se faz necessário entender qual o sentido

---

[27] BORGES, Alice Maria Gonzalez. Parecer. Impenhorabilidade de bens. Sociedade de economia mista concessionária de serviços portuários. Bens afetados à prestação de serviço público. *Revista Diálogo Jurídico*, Salvador: CAJ – Centro de Atualização Jurídica, nº 10, jan. 2002. Disponível em: <http://www.direitopublico.com.br>. Acesso em: 10 nov. 2012.

[28] MARRARA. Ob. cit., p. 101.

[29] Encontramos na doutrina autores que defendem não haver grandes distinções entre os bens do domínio público e do domínio privado no direito brasileiro, em virtude da aplicação prática das mesmas regras.

[30] MARRARA. Ob. cit., p. 101.

e a extensão do termo *impenhorabilidade*.[31] José dos Santos Carvalho Filho,[32] acerca da penhora, esclarece que "*a penhora é o ato de natureza constritiva que, no processo, recai sobre bens do devedor para propiciar a satisfação do credor no caso de não cumprimento da obrigação. O bem sob penhora pode ser alienado a terceiros para que o produto da alienação satisfaça o interesse do credor*", de maneira que a impenhorabilidade deve ser entendida como a impossibilidade de recair a penhora sobre determinado bem.

3.1 Fundamentos para a impenhorabilidade dos bens públicos

Encontramos na doutrina alguns fundamentos para a impenhorabilidade dos bens públicos, como o fundamento constitucional, derivado da regra de procedimento próprio para pagamento devido pela Fazenda Pública em virtude de sentença judicial, o fundamento decorrente da regra de inalienabilidade dos bens públicos e também o fundamento da falta de competência do Poder Judiciário para dispor de bens públicos.

3.1.1 Regime especial de execução contra a Fazenda Pública

O regime especial de execução contra a Fazenda Pública, previsto no art. 100 da Constituição Federal,[33] significa que os créditos detidos por terceiros contra a Fazenda Pública, em virtude de sentença judicial, são pagos por meio do sistema de precatórios, como exceção à regra da execução geral dos débitos civis. Desse regime especial de execução decorre a impossibilidade de ocorrência de um ato que advém do processo executivo comum, *in casu*, a penhora de bens públicos pertencentes à União, Estados, Municípios e respectivas autarquias e fundações públicas.[34]

---

[31] Marrara, apesar de diferenciar o verbo "penhorar" do verbo "empenhar", destaca que, ainda que se admita a separação entre impenhorabilidade (penhora) e impossibilidade de oneração, conforme entendimento de Celso Antônio Bandeira de Mello, no direito administrativo, costuma-se empregar o primeiro verbo para indicar tanto a impossibilidade de penhora, quanto a impossibilidade de uso de garantias reais em relação aos bens de domínio público (Ob. cit., p. 119).

[32] CARVALHO FILHO, José dos Santos. *Manual de Direito Administrativo*. 21. ed. Rio de Janeiro: Lumen Juris, 2009. p. 1086.

[33] O art. 100, *caput*, determina que "os pagamentos devidos pelas Fazendas Públicas Federal, Estaduais, Distrital e Municipais, em virtude de sentença judiciária, far-se-ão exclusivamente na ordem cronológica de apresentação dos precatórios e à conta dos créditos respectivos, proibida a designação de casos ou de pessoas nas dotações orçamentárias e nos créditos adicionais abertos para este fim".

[34] É entendimento pacífico do STJ que os bens das autarquias e fundações públicas são impenhoráveis. AGRAVO DE INSTRUMENTO. PROCESSUAL CIVIL. PROCEDIMENTO EXECUTIVO. FDRH – FUNDAÇÃO PARA O DESENVOLVIMENTO DE RECURSOS HUMANOS. Correta a determinação de alteração do rito processual para cumprimento de sentença proferida contra fundação estadual. Em que pese pessoa jurídica de direito privado, os bens que compõem a FDRH, provêm, em parte, da Secretaria de Coordenação e Planejamento, e evidenciam-se resguardados ao Estado quando de sua eventual extinção (arts. 3º e 9º da Lei nº 6.464/72). Estabelecimento de especial procedimento executivo contra a Fazenda Pública do regime especial dos bens do domínio nacional e do patrimônio administrativo. Impenhorabilidade dos bens da FDRH. DECISÃO MANTIDA. RECURSO DES-

O Código de Processo Civil possui uma seção especial para a execução contra a Fazenda Pública (arts. 730 e 731),[35] estabelecendo as regras para o pagamento das requisições judiciais, na ordem de apresentação do precatório e à conta do respectivo crédito. Hely Lopes Meirelles[36] observa que caberá ao Poder Público providenciar os recursos necessários à execução, que se realiza sem penhora de qualquer bem público. Admite, no entanto, o sequestro da quantia necessária à satisfação do débito, desde que ocorram determinadas condições processuais, previstas no artigo 100, § 2º, da Constituição Federal. O autor menciona entendimento do STJ pelo qual se admite também o sequestro de verbas públicas.[37]

Outra exceção ao regime dos precatórios está inserida no § 3º do art. 100 da Constituição Federal, o qual admite que créditos de pequeno valor possam ser exigíveis fora do sistema dos precatórios. Nesse sentido, Carvalho Filho diz que *"de qualquer modo, em nada interfere no que toca à garantia da impenhorabilidade dos bens públicos"*.[38]

Floriano de Azevedo Marques Neto traz um interessante ponto de vista quando afirma que a impenhorabilidade dos bens públicos não deve ser entendida como absoluta.[39] O primeiro argumento[40] diz respeito aos bens públicos desafetados ou passíveis de alienação, que poderiam, em tese, ser objeto de penhora, desde que possível que um débito contra o seu titular fosse objeto de execução comum. O autor também menciona as exceções à regra do sistema dos precatórios e acrescenta a exceção para a hipótese de operações de crédito externo, com base no art. 52, VIII, da Constituição Federal.

Nesse sentido, o que observamos é que, em se tratando de bens públicos do domínio do Estado, a regra de precatórios realmente não é absoluta, de acordo com as exceções acima expostas, entretanto, não se aceita que, em virtude das apontadas exceções, a penhora possa recair sobre algum bem de titularidade da União, Estados, Municípios e respectivas autarquias e fundações públicas.

PROVIDO" *(Agravo de Instrumento nº 70020535696, Terceira Câmara Cível, Tribunal de Justiça do RS, Relator: Paulo de Tarso Vieira Sanseverino, Julgado em 11-10-2007).

[35] Art. 730. Na execução por quantia certa contra a Fazenda Pública, citar-se-á a devedora para opor embargos em 10 (dez) dias; se esta não os opuser, no prazo legal, observar-se-ão as seguintes regras: I – o juiz requisitará o pagamento por intermédio do presidente do tribunal competente;

II – far-se-á o pagamento na ordem de apresentação do precatório e à conta do respectivo crédito.

Art. 731. Se o credor for preterido no seu direito de preferência, o presidente do tribunal, que expediu a ordem, poderá, depois de ouvido o chefe do Ministério Público, ordenar o sequestro da quantia necessária para satisfazer o débito.

[36] MEIRELLES. Ob. cit., p. 601.

[37] MEIRELLES. Ob. cit., p. 601.

[38] CARVALHO FILHO. Ob. cit., p. 1086.

[39] MARQUES NETO. Ob. cit., p. 357.

[40] O autor traz outro argumento para a relatividade da impenhorabilidade dos bens públicos, a ser tratada no tópico seguinte.

Nesse ponto, Carvalho Filho,[41] acerca da penhorabilidade de bens do domínio privado do Estado, afirma, com razão:

> *é bem verdade que há alguma doutrina que advoga a penhorabilidade de bens dominicais ou do domínio privado, quando estiverem sendo utilizados em caráter privado. Semelhante posição, contudo, além de minoritária, não encontra ressonância no ordenamento jurídico vigente; ao contrário, esbarra no princípio da garantia dos bens públicos, independente da categoria a que pertençam. O fato de serem objeto de uso por particulares, por se caracterizarem como bens dominicais, não elide a sua garantia, já que esse tipo de uso se insere na gestão normal dos bens públicos levada a efeito pelos entes titulares.*

Com relação ao assunto, Di Pietro[42] observa, *de lege ferenda*:

> *Comparando os bens do domínio público com os bens do domínio privado, pode-se traçar a seguinte regra básica quanto ao regime jurídico a que se submetem: os primeiros, ao direito público, e os segundos, no silêncio da lei, ao direito privado. Se nenhuma lei houvesse estabelecido normas especiais sobre essa categoria de bens, seu regime jurídico seria o mesmo que decorre do Código Civil para os bens pertencentes aos particulares. Sendo alienáveis, estariam inteiramente no comércio jurídico de direito privado (art. 101); em consequência, poderiam ser objeto de usucapião e direitos reais, inclusive os de garantia (art. 1.420); como também poderiam ser objeto de penhora e de contratos como os de locação, comodato, permuta, arrendamento.*

Para finalizar, Marques Neto[43] ressalta que

> *mais do que um regramento específico de execução (mesmo que de âmbito constitucional), o que parece arrimar a restrição à penhora do bem público é a impossibilidade de, mesmo por ordem judicial, se suprimir um bem consagrado a uma finalidade pública, submetendo-o ao regime da praça e leilão sem a preocupação com a continuidade da atividade à qual ele se encontra consagrado. E isso independe do devedor se submeter ou não à regra dos precatórios.*

3.1.2 Inalienabilidade dos bens públicos

Outro argumento para a impenhorabilidade dos bens públicos reside na inalienabilidade dos bens públicos. Se o bem público não pode ser alienado pela Administração Pública, menos ainda poderia ser alienado por imposição judicial para satisfazer credor privado.[44]

---

[41] CARVALHO FILHO. Ob. cit., p. 1086.
[42] DI PIETRO. Ob. cit., p. 734.
[43] MARQUES NETO. Ob. cit., p. 365.
[44] MARQUES NETO. Ob. cit., p. 360.

Corrobora esse entendimento da impenhorabilidade dos bens públicos o disposto nos arts. 648 e 649, I, do Código de Processo Civil,[45] posto que, por tais dispositivos, os bens inalienáveis e impenhoráveis são imunes ao procedimento judicial de execução por dívida.[46]

Questão relevante é a que diz respeito aos bens de sociedades de economia mista, empresas públicas e empresas privadas prestadoras de serviços públicos (como as concessionárias e permissionárias), cujos bens estão afetados a determinado serviço público (os chamados *bens do domínio público impróprio*). Apesar de estar adstrito primordialmente ao direito privado, o regime jurídico dos bens afetados a um serviço público tem de ser analisado com cautela, pois o fato de os mesmos terem essa afetação implica a aplicação parcial do regime jurídico de direito público, especificamente no que diz respeito a essa parcela de bens destinados exclusivamente à prestação do serviço público.

A esse respeito, Marques Neto[47] ensina que

> *ter-se-á que verificar em que medida o interesse do credor (satisfação de seu crédito) é suficiente para justificar a penhora de um bem serviente a uma utilidade pública (ainda que este bem seja privado, de titularidade de quem explora esta utilidade – bem ou serviço – ou mesmo do domínio de um particular que meramente cede o bem. São nestas situações que ficam mais evidentes as acepções dos bens públicos pelo prisma subjetivo – dominialidade e o objetivo – funcionalidade – a diferença dos regimes jurídicos atribuídos aos bens públicos.*

Carvalho Filho[48] observa que a impenhorabilidade tem o escopo de salvaguardar os bens públicos desse processo de alienação previsto no direito privado e continua argumentando que admitir-se a penhora de bens públicos seria o mesmo que admitir sua alienabilidade nos moldes dos particulares em geral; para o autor, essa característica tem intuito eminentemente protetivo.

3.1.3 Harmonia dos Poderes

Do argumento acima se extrai outro: Marrara, citando Dromi, lembra que falta competência legal aos membros do Judiciário para alterar a destinação dos bens do domínio público sob o risco de tomar o papel da Administração *Pública*; daí não se poder penhorá-los em execução judicial.[49] O autor observa que, se o Judiciário pudesse penhorar bens de uso comum do povo e bens de uso especial, estaria extrapolando a sua esfera de atuação,

---

[45] Art. 648. Não estão sujeitos à execução os bens que a lei considera impenhoráveis ou inalienáveis. Art. 649. São absolutamente impenhoráveis: I – os bens inalienáveis e os declarados, por ato voluntário, não sujeitos à execução.

[46] MARRARA. Ob. cit., p. 119.

[47] MARQUES NETO. Ob. cit., p. 363.

[48] CARVALHO FILHO. Ob. cit., p. 1086.

[49] MARRARA. Ob. cit., p. 120.

interferindo no papel da autoridade administrativa competente para desafetar tal bem, ocorrendo em uma extrapolação à regra da harmonia entre os Poderes, previsto no art. 2º da Constituição Federal.[50]

Nesse ponto, é salutar discutirmos o tratamento jurisprudencial acerca do tema e sua extensão.

3.2 *Tratamento jurisprudencial*

Como não poderia ser diferente, a jurisprudência massiva aponta para a impenhorabilidade dos bens públicos em geral. A maior divergência encontrada reside na extensão da impenhorabilidade dos bens chamados do domínio público quando a sua titularidade se encontra em mãos de pessoas jurídicas de direito privado. Em alguns julgados aceita-se a tese de que tais bens são penhoráveis; entretanto, tem a jurisprudência dominante asseverado que são impenhoráveis. A dificuldade está em definir quais são os bens de uma pessoa jurídica de direito privado que estão afetados ao serviço público e quais os que não estão afetados e, portanto, sujeitos às disposições da lei civil e ao regime privatístico. Indicamos, a seguir, algumas das principais decisões judiciais encontradas.

> COMPANHIA DO METROPOLITANO DE SÃO PAULO – METRÔ. ADV. (A/S): SÉRGIO HENRIQUE PASSOS AVELLEDA E OUTRO(A/S). REQDO. (A/S): CETENCO ENGENHARIA S/A. ADV. (A/S): ALFREDO JORGE ACHÔA MELLO E OUTRO(A/S). EMENTA: CONSTITUCIONAL E PROCESSO CIVIL. SOCIEDADE DE ECONOMIA MISTA, PRESTADORA DE SERVIÇO PÚBLICO. SISTEMA METROVIÁRIO DE TRANSPORTES. EXECUÇÃO DE TÍTULO JUDICIAL. PENHORA INCIDENTE SOBRE RECEITA DE BILHETERIAS. RECURSO EXTRAORDINÁRIO COM ALEGAÇÃO DE OFENSA AO INCISO II DO § 1º DO ARTIGO 173 DA MAGNA CARTA. MEDIDA CAUTELAR. Até o julgamento do respectivo recurso extraordinário, fica sem efeito a decisão do Juízo da execução, que determinou o bloqueio de vultosa quantia nas contas bancárias da executada, Companhia do Metropolitano de São Paulo – METRÔ. Adota-se esse entendimento sobretudo em homenagem ao princípio da continuidade do serviço público, sobre o qual, a princípio, não pode prevalecer o interesse creditício de terceiros. Conclusão que se reforça, no caso, ante o caráter essencial do transporte coletivo, assim considerado pelo inciso V do artigo 30 da Lei Maior. Nesse entretempo, restaura-se o esquema de pagamento concebido na forma do artigo 678 do CPC. Medida cautelar deferida.[51]

> RECURSO EXTRAORDINÁRIO. CONSTITUCIONAL. EMPRESA BRASILEIRA DE CORREIOS E TELÉGRAFOS. IMPENHORABILIDADE DE SEUS BENS. RENDAS E

---

[50] Art. 2º São Poderes da União, independentes e harmônicos entre si, o Legislativo, o Executivo e o Judiciário.

[51] Admite-se a penhora de valores da bilheteria do metrô. Um dos argumentos trazidos na decisão, citada pelo requerente, é que o valor da penhora não atrapalha a prestação dos serviços públicos.

SERVIÇOS. RECEPÇÃO DO ARTIGO 12 DO DECRETO-LEI Nº 509/69. EXECUÇÃO. OBSERVÂNCIA DO REGIME DE PRECATÓRIO. APLICAÇÃO DO ARTIGO 100 DA CONSTITUIÇÃO FEDERAL. 1. A empresa Brasileira de Correios e Telégrafos, pessoa jurídica equiparada a Fazenda Publica, *é aplicável o privilégio da impenhorabilidade de seus bens*, rendas e serviços. Recepção do artigo 12 do Decreto-Lei nº 509/69 e não incidência da restrição contida no artigo 173, 1º da Constituição Federal, que submete a empresa pública, a sociedade de economia mista e outras entidades que explorem atividade econômica ao regime próprio das empresas privadas, inclusive quanto às obrigações trabalhistas e tributárias. 2. Empresa pública que não exerce atividade econômica e presta serviço público da competência da União Federal e por ela mantido. Execução. Observância ao regime de precatório sob pena de vulneração do disposto no artigo 100 da Constituição Federal. Recurso extraordinário conhecido e provido (Relator Ministro Maurício Correa; julgamento: 16-11-2000; órgão julgador: Tribunal Pleno; publicação *DJ* 14-11-2002, p. 15; Ement., v. 2091-03, p. 430; Reclamante Empresa Brasileira de Correios e Telégrafos; Recdo.: Ismar Jose da Costa).[52]

Recurso extraordinário. 2. Empresa Brasileira de Correios e Telégrafos – ECT. Penhora. 3. Recepção, pela Constituição Federal de 1988, do Decreto-lei nº 509/69. Extensão à ECT dos privilégios da Fazenda Pública. Constituição Federal 5.094. Impenhorabilidade dos bens. Execução por meio de precatório. 5. Precedente: RE nº 220.906, Relator Ministro MAURÍCIO CORRÊA, Plenário, sessão de 17.11.2000. 6. Agravo regimental a que se nega provimento (230161 CE, Relator: NÉRI DA SILVEIRA, Data de Julgamento: 16-4-2001, 2ª Turma, Data de Publicação: *DJ* 10-8-2001, p. 15, EMENT., v. 2038-03, p. 581).

RECURSO EXTRAORDINÁRIO. CONSTITUCIONAL. EMPRESA BRASILEIRA DE CORREIOS E TELÉGRAFOS. IMPENHORABILIDADE DE SEUS BENS, RENDAS E SERVIÇOS. RECEPÇÃO DO ARTIGO 12 DO DECRETO-LEI Nº 509/69. EXECUÇÃO. OBSERVÂNCIA DO REGIME DE PRECATÓRIO. APLICAÇÃO DO ARTIGO 100 DA CONSTITUIÇÃO FEDERAL. 12509100 CONSTITUIÇÃO FEDERAL 1. À empresa Brasileira de Correios e Telégrafos, pessoa jurídica equiparada à Fazenda Pública, *é aplicável o privilégio da impenhorabilidade de seus bens*, rendas e serviços. Recepção do artigo 12 do Decreto-lei nº 509/69 e não-incidência da restrição contida no artigo 173, § 1º, da Constituição Federal, que submete a empresa pública, a sociedade de economia mista e outras entidades que explorem atividade econômica ao regime próprio das empresas privadas, inclusive quanto às obrigações trabalhistas e tributárias. 12509173 § 1º Constituição Federal 2. Empresa pública que não exerce atividade econômica e presta serviço público da competência da União Federal e por ela mantido. Execução. Observância ao regime de precatório, sob

---

[52] A discussão nesse acórdão, que decide pela impenhorabilidade dos bens dos Correios, deixa patentes as diferenças entre as noções subjetiva e funcionalista de bens públicos, ora sendo abordada uma noção, ora a outra, ora combinando ambas.

pena de vulneração do disposto no artigo 100 da Constituição Federal. Recurso extraordinário conhecido e provido. 100 Constituição Federal (225011 MG, Relator: MARCO AURÉLIO, Data de Julgamento: 16-11-2000, Tribunal Pleno, Data de Publicação: *DJ* 19-12-2002, p. 73, EMENT., v. 2096-05, p. 928).

DECISÃO: Discute-se neste recurso extraordinário a impenhorabilidade dos bens da Empresa Baiana de Desenvolvimento Agrícola S/A. 2. O Tribunal Regional Federal da 1ª Região assentou que a "empresa agravante pode sofrer Constrição Judicial sobre seus bens, não se aplicando o disposto nos arts. 730 e 731 do CPC, pois conforme se depreende do art. 1º do seu Estatuto Social cuida-se de empresa pública com personalidade de direito privado (fls. 42). Sujeita-se, assim, às regras da Lei 6.830/80" [fl. 90]. 3. A recorrente sustenta que o provimento judicial violou o disposto nos artigos 100 e parágrafos e 173, § 1º, da Constituição do Brasil. 4. O recurso há de ser provido. Isso porque a recorrente não exerce atividade econômica em sentido estrito, porém serviço público, o que se verifica da leitura do artigo 4º do seu estatuto social [fls. 41/55]. Não exerce atividade em área própria de atuação do setor privado. 5. O artigo 173 da Constituição do Brasil aplica-se às empresas estatais que atuam no chamado domínio econômico, não incidindo sobre as prestadoras de serviço público. Neste sentido, o RE nº 229.696, *DJ* de 19.2.02, o RE nº 220.906, *DJ* de 14.11.02, o RE nº 225.011, *DJ* de 19.12.02 e o RE nº 354.897, *DJ* de 3.9.04, além do RE nº 230.161-AgR, *DJ* de 10.8.01 e a AC nº 669, *DJ* de 26.5.06. 6. Esta Corte, no julgamento do RE nº 407.099, Relator o Ministro Carlos Velloso, afirmou que "o artigo 173 da CF está cuidando da hipótese em que o Estado esteja na condição de agente empresarial, isto é, esteja explorando, diretamente, atividade econômica em concorrência com a iniciativa privada. Os parágrafos, então, do citado art. 173, aplicam-se com observância do comando constante do *caput*. Se não houver concorrência – existindo monopólio, CF, art. 177 – não haverá aplicação do disposto no § 1º do mencionado art. 173". 7. No mesmo sentido, o RE nº 172.816, Relator o Ministro Paulo Brossard, *DJ* de 13.5.94: "O artigo 173, § 1º, nada tem a ver com a desapropriabilidade ou indesapropriabilidade de bens de empresas públicas ou sociedades de economia mista; seu endereço é outro; visa a assegurar a livre concorrência, de modo que as entidades públicas que exercem ou venham a exercer atividade econômica não se beneficiem de tratamento privilegiado em relação a entidades privadas que se dediquem a atividade econômica na mesma área ou em área semelhante." Dou provimento ao recurso extraordinário com fundamento no disposto no artigo 557, § 1º-A, do Código de Processo Civil (392555 BA, Relator: Min. EROS GRAU, Data de Julgamento: 6-10-2009, Data de Publicação: *DJe*-207, Divulg. 4-11-2009, Public. 5-11-2009).

DECISÃO: Discute-se neste recurso extraordinário a impenhorabilidade dos bens da Empresa Baiana de Desenvolvimento Agrícola S/A. 2. O Tribunal Regional Federal da 1ª Região assentou que a *"empresa agravante pode sofrer Constrição Judicial sobre seus bens, não se aplicando o disposto nos arts. 730 e 731 do CPC, pois conforme se depreende do art. 1º do seu Estatuto Social cuida-se de empresa pública com personalidade de direito privado (fls. 42). Sujeita-se, assim, às regras da Lei 6.830/80"* [fl. 90]. 3. A recorrente sustenta que o provimento judicial violou o disposto nos artigos 100 e parágrafos e 173, § 1º, da Constituição do Brasil. 4. O recurso há de ser provido. Isso porque a recorrente não exerce atividade econômica em sentido estrito, porém serviço público, o que se verifica da leitura do artigo 4º do seu estatuto social [fls. 41/55]. Não exerce atividade em área própria de atuação do setor privado. 5. O artigo 173 da Constituição do Brasil aplica-se às empresas estatais que atuam no chamado domínio econômico, não incidindo sobre as prestadoras de serviço público. Neste sentido, o RE nº 229.696, *DJ* de 19.2.02, o RE nº 220.906, *DJ* de 14.11.02, o RE nº 225.011, *DJ* de 19.12.02 e o RE nº 354.897, *DJ* de 3.9.04, além do RE nº 230.161-AgR, *DJ* de 10.8.01 e a AC nº 669, *DJ* de 26.5.06. 6. Esta Corte, no julgamento do RE nº 407.099, Relator o Ministro Carlos Velloso, afirmou que "o artigo 173 da CF está cuidando da hipótese em que o Estado esteja na condição de agente empresarial, isto é, esteja explorando, diretamente, atividade econômica em concorrência com a iniciativa privada. Os parágrafos, então, do citado art. 173, aplicam-se com observância do comando constante do *caput*. Se não houver concorrência – existindo monopólio, CF, art. 177 – não haverá aplicação do disposto no § 1º do mencionado art. 173". 7. No mesmo sentido, o RE nº 172.816, Relator o Ministro Paulo Brossard, *DJ* de 13.5.94: "*O artigo 173, § 1º, nada tem a ver com a desapropriabilidade ou indesapropriabilidade de bens de empresas públicas ou sociedades de economia mista; seu endereço é outro; visa a assegurar a livre concorrência, de modo que as entidades públicas que exercem ou venham a exercer atividade econômica não se beneficiem de tratamento privilegiado em relação a entidades privadas que se dediquem a atividade econômica na mesma área ou em área semelhante.*" Dou provimento ao recurso extraordinário com fundamento no disposto no artigo 557, § 1º-A, do Código de Processo Civil. Publique-se. Brasília, 6 de outubro de 2009. Ministro Eros Grau – Relator (392555 BA, Relator: Min. EROS GRAU, Data de Publicação: *DJe*-207, Divulg. 4-11-20009, Public. 5-11-2009).

4 Considerações finais

Conforme verificamos ao longo do presente artigo, o tema dos bens públicos não é dos mais fáceis, pois, além de ser tratado dentro de um código que regimenta as relações de direito privado e não contempla as necessárias funções e necessidades aplicáveis aos bens públicos, não existem na doutrina conceitos uniformes quanto ao próprio conceito de bem público, seus critérios de sistematização e domínio público.

Em virtude de um critério predominantemente personalista e muitas vezes insuficiente, preferiu-se adotar um critério objetivo, funcionalista, baseado na escala de dominialidade, que considera como *bens do domínio público impróprio* os bens particulares afetados a serviços públicos.

Não se procurou, neste trabalho, esgotar o assunto, que é por demais vasto e inconcluso, mas sim apresentar os conceitos necessários à abordagem sobre a impenhorabilidade dos bens públicos.

O que se observa é que, se a jurisprudência fosse adotar os critérios apresentados somente pelo ordenamento jurídico brasileiro, não haveria como cogitar da impenhorabilidade dos bens privados, mesmo que afetados a um serviço público, dada a divisão tripartite adotada pelo Código Civil. De igual forma que, se a jurisprudência não observasse o ordenamento legal, poder-se-ia falar em penhorabilidade dos bens dominicais, sem a observância do regramento especial dos precatórios.

A lição que fica é que sim, ainda temos um longo caminho a percorrer quando tratamos de bens públicos, entretanto, a ideia de combinação de critérios análise dos bens públicos, se bem exercitada, parece bastante promissora.

19 Fundações Governamentais na Dicotomia Direito Público e Direito Privado

Marina Fontão Zago[1]

1 Introdução

Tal como ocorre com diversos outros temas estudados no âmbito do direito administrativo – como contratos, bens, prestação de serviços, organização administrativa –, nas fundações governamentais (assim consideradas as fundações criadas por entes públicos) o embate entre direito público e direito privado apresenta-se com grande intensidade.

Essa dicotomia está presente desde a criação desses entes – momento em que nasce a discussão sobre a natureza pública ou privada das fundações governamentais – e permanece durante toda a sua vida, com questões relacionadas ao plexo de normas (se públicas, privadas ou ambas) a que devem obedecer.

Percebem-se muitos entraves no que concerne às fundações governamentais, gerados especialmente por uma legislação pouco esclarecedora, que enseja diversas discussões doutrinárias e que reflete na jurisprudência.

O presente artigo propõe-se a abordar as inúmeras dificuldades que esse instituto ainda apresenta, mostrando a atualidade do tema e a necessidade de seu estudo. De fato, no caso das fundações, a dicotomia público/privada está presente sob dois enfoques: (i) fundações privadas *versus* fundações governamentais e, (ii) no âmbito específico das fundações governamentais, as fundações de direito público *versus* as fundações de direito privado. Este artigo tem por objetivo analisar ambas as dicotomias, mas sempre focando nas características concernentes às fundações governamentais. Dessa forma, ele não tem a pretensão de expor todas as características das fundações governamentais, mas, sim,

---

[1] Mestranda em Direito do Estado pela Faculdade de Direito da Universidade de São Paulo. Mestre em Gestão e Políticas Públicas pela Escola de Administração de Empresas de São Paulo – FGV (2011). Bacharel em Direito pela Pontifícia Universidade Católica – PUC/SP (2007). Advogada em São Paulo, com experiência em Direito Administrativo.

apresentar as principais questões que desafiam e continuam gerando indefinições quanto ao seu regime jurídico.

Para isso, o artigo foi dividido nos seguintes itens: apresentação inicial das dificuldades do tema, a partir do enfoque terminológico (Tópico 2); análise das dificuldades decorrentes das duas normas basilares que regulam as fundações governamentais (Constituição Federal de 1988 e Decreto-lei nº 200/67), narrando o processo de alterações dessas normas e as imprecisões que decorrem desse processo, bem como as disposições sobre fundações constantes do Código Civil (Tópico 3); discussões sobre as principais questões atuais concernentes às fundações governamentais, a partir da dicotomia público/privado (Tópico 4); análise de duas propostas legislativas relevantes concernentes às fundações governamentais – o PLP nº 92 (que tem por fim regular o art. 37, XIX, da Constituição Federal) e o Anteprojeto de Lei Orgânica da Administração Pública (Tópico 5). Percorrido esse caminho, serão tecidas as principais conclusões quanto ao tema das fundações governamentais, especialmente sob o enfoque da dicotomia público/privado (Tópico 6).

2 Nota prévia: dificuldades terminológicas

As fundações governamentais surgem para trazer maior autonomia a determinados serviços prestados pelo Estado, tornando-os mais ágeis, flexíveis e especializados.

A análise das fundações governamentais deve ser contextualizada no âmbito das inúmeras transformações pelas quais vem passando o Estado – e, por conseguinte, o direito administrativo.[2] É nesse contexto que se insere o tema da organização administrativa – originalmente calcada numa estrutura hierarquizada, mas que pouco a pouco passou a se descentralizar em entidades com personalidade jurídica própria e, pois, com autonomia para contrair deveres e deter direitos, ainda que sujeitas a uma supervisão ou tutela pela entidade criadora.

Eis então que as fundações, instituto típico do direito privado, passam a ser utilizadas pelo Estado como instrumento de descentralização administrativa, visando a maior independência, flexibilidade e especialidade técnica na atuação estatal. Miguel Seabra Fagundes narra como o Poder Público, num momento em que o direito administrativo era ainda incipiente, utilizou-se do direito civil – e, mais especificamente, do instituto de fundações lá previsto – para a criação das autarquias e, posteriormente, das fundações governamentais. De acordo com o autor, as fundações do Código Civil foram a origem das autarquias, que originalmente se constituiriam sob a forma de direito privado. A forma privada visava ao alcance da autonomia, ainda que, em contrapartida, certos privilégios

---

[2] Nesse sentido: ARAGÃO, Alexandre Santos de. Fundações públicas de direito privado. *Revista de Direito Administrativo*, Rio de Janeiro, nº 247, jan./abr. 2008, p. 32.

fossem perdidos – "[e]ra o preço, em sacrífico, das vantagens ganhas com a autonomia".[3] Posteriormente, o Poder Público utilizou-se novamente das fundações do Código Civil:

> E fundações se têm constituído, a serviço do Estado ou por ele estimuladas (Fundação Getúlio Vargas, Fundação Brasil Central, Fundação da Casa Popular etc.), já não pela insuficiência dos princípios do Direito Administrativo para a personalização de serviços, mas sim para a utilização do sistema de patrimônios personalizados do Direito Civil, quase na pureza da sua forma originária, porque assim conveniente a certos tipos de atividade estatal.[4]

Desde o início de seu uso, contudo, há dificuldades relacionadas à terminologia a ser adotada para as fundações governamentais. Primeiramente, tem-se o próprio termo a ser utilizado para designá-las. São vários: fundação (apenas), entidade fundacional, fundação instituída pelo poder público, fundação instituída e mantida pelo poder público, fundação governamental, fundação supervisionada, fundação pública e administração fundacional.

No mais, a expressão *fundação pública* pode trazer confusão com a natureza jurídica da entidade, remetendo à personalidade jurídica de direito público – correspondência que, conforme será visto, não necessariamente ocorrerá.

A discussão terminológica, por mais formal que possa parecer, não é vã. O uso de termos diversos pode dar ensejo a questionamentos sobre se determinado ente é ou não equivalente a outro que possua denominação um pouco diferente, especialmente quando um mesmo diploma legislativo traz expressões diversas.

Essa discussão, aliás, de fato ocorre tanto com o Decreto-lei nº 200/67, como com a própria Constituição Federal de 1988. A evolução desses diplomas no tema das fundações governamentais será vista no tópico seguinte. No entanto, apenas para exemplificar, a própria Constituição Federal usa diferentes termos para denominar as fundações governamentais: (i) fundação (art. 37, XVII e XIX; art. 39, § 7º; art. 40; art. 163, II); (ii) fundação pública (redação original do art. 39; art. 19 ADCT); (iii) fundação instituída e mantida pelo poder público (art. 71, I e II; art. 157, I); e (iv) administração fundacional (art. 22, XXVII; art. 37, XI). Embora não haja maiores dúvidas de que todas essas expressões referem-se às fundações governamentais, a cada termo diferenciado discute-se sobre a natureza jurídica e as características do ente abrangido por aquela menção específica.

---

[3] FAGUNDES, Miguel Seabra. Da Contribuição do Código Civil para o Direito Administrativo. *Revista de Direito Administrativo – RDA*, Fundação Getulio Vargas, v. 78, out./dez. 1964, p. 7. Sobre o "empréstimo" das fundações do Código Civil pelo Poder Público, também se pronuncia Adilson Abreu Dallari: "Cabe apenas registrar que Código Civil cuida precipuamente de relações jurídicas entre particulares e, assim, nada estipulou no tocante a fundações instituídas pelo Poder Público. Entretanto, num passado recente, quando a Administração Pública, procurando atuar com maior agilidade e maior eficácia, foi buscar no Direito Privado algumas formas organizacionais, tomou de empréstimo, também, a figura da fundação" (DALLARI, Adilson Abreu. Fundações privadas instituídas pelo Poder Público. *Revista de Direito Público*, São Paulo: Revista dos Tribunais, nº 96, out./dez. 1990, p. 53).

[4] FAGUNDES, Miguel Seabra. Da Contribuição do Código Civil para o Direito Administrativo. *Revista de Direito Administrativo – RDA*, Fundação Getulio Vargas, v. 78, out./dez. 1964, p. 8.

Assim, o termo *fundação* abrangeria o mesmo rol de entidades que a expressão *fundação instituída e mantida pelo poder público*? E tendo em vista a utilização apenas do termo *fundação*, a expressão *fundação pública* significaria, em contraposição, apenas as fundações governamentais de direito público? A referência à "administração fundacional", em separado à "administração indireta", significa que as fundações governamentais estariam sujeitas a regras diversas das aplicáveis às demais entidades da administração indireta?

Vê-se, assim, que as discussões quanto às fundações governamentais nascem já na própria terminologia usada para designá-las. No presente artigo, será utilizada a expressão *fundações governamentais* para as fundações instituídas por ente público (independentemente da personalidade jurídica adotada para o ente), em contraposição às fundações privadas, instituídas por pessoas jurídicas privadas. A opção por "fundação governamental" justifica-se pela ausência de referência, no nome, quanto à personalidade jurídica do ente. Dessa forma, quando se pretender mencionar a personalidade jurídica, isso será feito em seguida à expressão adotada – *fundação governamental pública* e *fundação governamental privada*.

3 Breve histórico legislativo: as origens das imprecisões

O histórico legislativo das fundações governamentais é bastante impreciso. Tal imprecisão refere-se tanto ao uso de expressões diversas para designar as fundações governamentais, conforme abordado acima, como também ao processo de alterações legislativas por vezes contraditórias e pouco compreensíveis.

Conforme será visto neste tópico, as principais normas que regulam as fundações governamentais foram modificadas várias vezes, de forma pouco clara e precisa. Algumas definições foram revogadas e depois reincluídas; outras excepcionaram para em seguida equiparar; outras incluíram para em seguida excluir. Afora o uso de termos diferentes, que levanta a discussão sobre se se trata ou não do mesmo ente.

Esses fatores, combinados, geram diversas discussões sobre a natureza jurídica, as características e o regime jurídico aplicável às fundações governamentais.

Não se pretende, aqui, fazer uma análise da história legislativa das fundações governamentais, no sentido de identificar as normas passadas que regularam a matéria. O que se busca é tecer um histórico das modificações implementadas nos dois principais diplomas normativos que atualmente regem as fundações governamentais: o *Decreto-lei nº 200/67* (DL 200) e a *Constituição Federal de 1988* (CF/88). Ademais, serão também abordadas, de forma sintética, as dificuldades ensejadas por algumas normas do *Código Civil* (Lei nº 10.406/02). Entende-se que as imprecisões desses diplomas alimentaram e continuam alimentando as divergências sobre o tema.

Essas normas – e suas alterações – serão apresentadas em ordem cronológica, que se entende que é a forma mais clara para demonstrar a evolução – e as dificuldades – do tema no ordenamento jurídico brasileiro.

3.1 O Decreto-lei nº 200/67 e suas alterações

O DL 200 estabeleceu regras para a organização administrativa federal, prevendo cinco princípios fundamentais a serem observados nessa estruturação: planejamento, coordenação, descentralização, delegação de competência e controle da Administração (art. 6º).

No que tange à organização administrativa, o DL 200 trouxe normas para a Administração Direta e Indireta, prevendo características dos entes que compõem a Administração. Especificamente em relação às fundações governamentais, destaquem-se ainda três diplomas que alteraram a redação do DL 200: o Decreto-lei nº 900/69 (DL 900), o Decreto-lei nº 2.299/86 (DL 2.299) e a Lei nº 7.596/87.

Na *redação original* do DL 200, as fundações governamentais não foram expressamente previstas como entes da Administração Indireta, que, por sua vez, era composta por autarquias, empresas públicas e sociedades de economia mista (art. 4º, II).

Em seguida, no entanto, o DL 200 determina a equiparação, para os fins da norma, das "fundações instituídas em virtude de lei federal e de cujos recursos participe a União, quaisquer que sejam suas finalidades" às empresas públicas. Destaque-se o termo utilizado pelo diploma, que apresenta dois critérios para a identificação da fundação: (i) a instituição por lei e (ii) a participação do ente público com recursos públicos na fundação.

Veja-se ainda que o DL não faz qualquer referência à personalidade jurídica da fundação. Ainda assim, houve entendimento no sentido de que a equiparação às empresas públicas (entidades dotadas de personalidade jurídica de direito privado) tornava clara a personalidade privada dessas fundações.

A opção do DL 200 em não incluir as fundações governamentais como Administração Indireta, mas em seguida equipará-las às empresas públicas (entidades pertencentes à Administração Indireta), causa, não sem motivos, confusões e dificuldades de interpretação. Inicia-se aí a discussão: tendo em vista a equiparação, pertenceriam ou não as fundações governamentais à Administração Indireta? Em caso negativo, qual seria a diferença entre as fundações governamentais e as demais entidades da Administração Indireta? Interpretação que ganhou força seria a de que a retirada das fundações governamentais da Administração Indireta teria por objetivo viabilizar a criação de uma Administração paralela, não sujeita aos controles públicos.[5]

---

[5] O jurista Adilson Abreu Dallari tece fortes críticas à redação original do DL 200: para ele, a exclusão da Administração Indireta tinha por objetivo afastar a submissão dessas fundações aos mecanismos de controle e permitir a acumulação de cargos. Seriam, então, "fundações governamentais de fato, que procuram passar por fundações privadas particulares" (DALLARI, Adilson Abreu. Fundações privadas instituídas pelo Poder Público. *Revista de Direito Público*, São Paulo: Revista dos Tribunais, nº 96, out./dez. 1990, p. 59). Essa suspeita da possibilidade de criação de uma "Administração paralela" também é narrada por: SUNDFELD, Carlos Ari; CAMPOS, Rodrigo Pinto; PINTO, Henrique Motta. Regime Jurídico das Fundações Governamentais. In: SUNDFELD, Carlos Ari; MONTEIRO, Vera (Coord.). *Direito Administrativo*: Introdução ao Direito Administrativo. São Paulo: Saraiva, 2008. p. 274.

Dois anos depois da promulgação do DL 200, a redação dos dispositivos referentes às fundações governamentais foi alterada pelo DL 900. O elenco das entidades pertencentes à Administração Indireta não foi alterado, mas o DL 900, no art. 8º, revogou a equiparação das fundações governamentais às empresas públicas. Além de revogar a equiparação, o DL 900 previu ainda, expressamente, que as "fundações instituídas em virtude de lei federal" *não pertencem à Administração Indireta* (art. 3º). Parece então que o objetivo do DL 900 foi deixar claro que essas fundações instituídas pelo Poder Público não se incluíam dentro da Administração Indireta.

No entanto, após dizer expressamente que as fundações não se incluíam na Administração Indireta, o DL 900 determinou sua equiparação para fins de supervisão ministerial, caso recebessem transferências orçamentárias da União (art. 3º). Ou seja: o DL 900 revogou a equiparação às empresas públicas, expressamente previu que não se incluíam na Administração Indireta, mas, em seguida, submeteu as fundações governamentais que recebessem recursos orçamentários ao controle típico das entidades da Administração Indireta.

Quase dez anos após sua promulgação, o DL 200, no que tange às fundações governamentais, foi novamente alterado pelo DL 2.299. Assim como o DL 900, o DL 2.299 manteve o elenco de entidades da Administração Indireta – autarquias, empresas públicas e sociedades de economia mista. No entanto, determinou que as *fundações instituídas em virtude de lei federal ou de cujos recursos participe a União* integram a Administração Indireta para fins de controle e plano de cargo e empregos (art. 4º, § 2º). Assim como fez o DL 900, o DL 2.299 excluiu as fundações da Administração Indireta para, em seguida, equipará--las a essas entidades para determinados fins (no caso, supervisão e plano de carreiras).

Cumpre ressaltar as características mencionadas pelo DL 2.299 para a incidência do disposto por ele: são fundações (i) instituídas em razão de lei federal *ou* (ii) com recursos de que participe a União. Presente qualquer uma dessas características, estar-se-á diante de fundação governamental tratada pelo DL 2.299. Assim, por exemplo, ainda que a fundação não tenha sido instituída por lei federal, mas dependa, para sua manutenção, dos recursos orçamentários, então se trataria de fundação regulada pelo Decreto-lei – disposição diversa da contida no art. 3º do DL 900, que impunha a supervisão ministerial para as fundações que, cumulativamente, fossem criadas por lei e com participação de recursos públicos. Por sua vez, reitere-se que não há, nessas características, qualquer referência à personalidade jurídica dessas fundações.

Mencione-se ainda que o DL 2.299 trouxe as seguintes modificações: (i) revogou o dispositivo do DL nº 900 que previa a submissão à supervisão ministerial das fundações que recebem repasses orçamentários (art. 3º); e (ii) excluiu da previsão de submissão das fundações governamentais às normas da Administração Indireta, especificamente para fins de plano de cargos e empregos, as "fundações universitárias e as destinadas à pesquisa, ao ensino e às atividades culturais" (art. 4º, § 3º).

O DL 200 foi alterado, por fim, pela Lei nº 7.596/87, que trouxe sua *redação atual* e promoveu modificações importantes.

Inicialmente, a lei incluiu entre as entidades da Administração Indireta as "fundações públicas", que então, pela primeira vez, passaram expressamente a fazer parte desse rol, ao lado das autarquias, empresas públicas e sociedades de economia mista.

Tal como ocorria com as demais entidades elencadas como Administração Indireta, a lei inclui também a definição de fundação pública, nos seguintes termos:

> Art. 5º, IV – Fundação Pública – a entidade dotada de *personalidade jurídica de direito privado, sem fins lucrativos*, criada em virtude de *autorização legislativa*, para o desenvolvimento de atividades que não exijam execução por órgãos ou entidades de direito público, com *autonomia administrativa, patrimônio próprio gerido pelos respectivos órgãos de direção*, e *funcionamento custeado por recursos da União e de outras fontes*.

Nessa definição, as seguintes características de fundação pública podem ser destacadas: (i) escolha da expressão *fundação pública*, que até então não havia sido utilizada; (ii) *personalidade jurídica de direito privado*, sendo que pela primeira vez fez-se referência à personalidade jurídica das fundações reguladas pelo DL 200 desde sua redação original; (iii) *sem fins lucrativos*, característica que também passou a ser apontada pela primeira vez; ressalte-se, aliás, que o DL 200, em sua redação original, equiparava as fundações às empresas públicas, entidades com fins lucrativos; (iv) existência de *autorização legislativa* para sua criação; (v) os *fins da fundação* não devem demandar sua execução por órgãos ou entidades de direito público – característica que complementa a personalidade jurídica de direito privado determinada pela lei; (vi) a fundação deve ter autonomia administrativa e patrimônio próprio – o que lhe garante maior agilidade e flexibilidade na execução de suas atividades; e (vii) seu funcionamento pode ser *custeado com recursos da União ou outras fontes*. Com relação a essa última característica, ressalte-se que, tendo em vista a existência de patrimônio próprio e a previsão de recursos de "outras fontes", deve-se indagar se o custeio das atividades das fundações por meio de repasses não seria uma faculdade, e não uma característica obrigatória para o enquadramento da fundação.

A Lei nº 7.596/87 inclui, ainda, o art. 5º, § 3º, que determinou a necessidade de inscrição das fundações públicas no Registro Civil de Pessoas Jurídicas para aquisição de personalidade jurídica – tal como ocorre com qualquer outra entidade de personalidade jurídica privada.

Entretanto, esse dispositivo expressamente previu a *não aplicação das disposições do Código Civil* concernentes às fundações privadas. Ao mesmo tempo em que a lei determinou a personalidade jurídica privada das fundações públicas, ela especificou que o Código Civil não incidiria sobre elas. Assim, o DL 200 não previu um rol de regras próprias aplicáveis às fundações governamentais, como também determinou que as regras específicas do Código Civil não incidiriam sobre elas. Diante dessas disposições, as fundações governamentais passaram a ser regidas especialmente por suas leis criadoras – que deveriam então estabelecer as regras que lhe seriam especificamente aplicáveis –, além de outras normas incidentes sobre a Administração Pública.

A Lei nº 7.596/87 contém também dois dispositivos novos que, embora não tenham alterado o DL 200, trataram de fundações governamentais e, por isso, devem ser aqui brevemente mencionados.

O primeiro é o art. 2º da Lei, que enquadra como fundações públicas as "fundações que passaram a integrar a Administração Federal Indireta, por força do disposto no § 2º do art. 4º do Decreto-lei nº 200, de 25-2-67, na redação dada pelo Decreto-lei nº 2.299, de 21-11-86". Conforme visto, o DL 2.299 trouxe regras aplicáveis às fundações instituídas por lei *ou* mantidas com recursos públicos. Presume-se que o objetivo da lei estava especialmente voltado para essas últimas entidades – ou seja, fundações que, independentemente de terem sido, ou não, instituídas por lei, eram mantidas com recursos públicos.

O segundo dispositivo é o art. 3º da lei, que trata das instituições de ensino superior estruturadas sob a forma de autarquia ou fundação pública. O artigo especifica normas para os cargos e empregos dessas entidades.[6]

A Tabela 1 – Evolução do DL 200 em relação às fundações governamentais compila esse percurso de modificações do DL 200, no que tange às fundações governamentais.

Tabela 1 – Evolução do DL 200 em relação às fundações governamentais.

DL 200/67 – redação original	DL 200/67 – redação dada pelo DL 900/69	DL 200/67 – redação dada pelo DL 2.299/86	DL 200/67 – redação dada pela Lei nº 7.596/87
Art. 4º, II – A Administração Indireta, que compreende as seguintes categorias de entidades, dotadas de personalidade jurídica própria: a) Autarquias; b) Empresas Públicas; c) Sociedades de Economia Mista.	Igual	Igual	Art. 4º, II – [...] d) **fundações públicas**.

---

[6] Art. 3º As universidades e demais instituições federais de ensino superior, estruturadas sob a forma de autarquia ou de fundação pública, terão um Plano Único de Classificação e Retribuição de Cargos e Empregos para o pessoal docente e para os servidores técnicos e administrativos, aprovado, em regulamento, pelo Poder Executivo, assegurada a observância do princípio da isonomia salarial e a uniformidade de critérios tanto para ingresso mediante concurso público de provas, ou de provas e títulos, quanto para a promoção e ascensão funcional, com valorização do desempenho e da titulação do servidor.

DL 200/67 – redação original	DL 200/67 – redação dada pelo DL 900/69	DL 200/67 – redação dada pelo DL 2.299/86	DL 200/67 – redação dada pela Lei nº 7.596/87
Art. 4º, § 2º Equiparam-se às Empresas Públicas, para os efeitos desta lei, as **Fundações instituídas em virtude de lei federal e de cujos recursos participe a União**, quaisquer que sejam suas finalidades.	Revogado[7] (art. 8º)	Art. 4º, § 2º As **fundações instituídas em virtude de lei federal ou de cujos recursos participe a União integram também a Administração Federal indireta**, para os efeitos de: a) subordinação aos mecanismos e normas de fiscalização, controle e gestão financeira; b) inclusão de seus cargos, empregos, funções e respectivos titulares no Plano de Classificação de Cargos instituído pela Lei nº 5.645, de 10 de dezembro de 1970.[8]	Revogado
Art. 5º Para os fins desta lei, considera-se: I – Autarquia [...] II – Empresa Pública [...] III – Sociedade de Economia Mista [...]	Igual	Igual	Art. 5º [...] IV – **Fundação Pública** – a entidade dotada de personalidade jurídica de direito privado [...] e funcionamento custeado por recursos da União e de outras fontes.
–	–	–	Art. 5º, § 3º As entidades de que trata o inciso IV deste artigo adquirem personalidade jurídica com a inscrição da escritura pública de sua constituição no Registro Civil de Pessoas Jurídicas, não se lhes aplicando as demais disposições do Código Civil concernentes às fundações.

---

[7] O DL nº 900 previu ainda o seguinte: "Art. 3º *Não constituem entidades da Administração Indireta as fundações instituídas em virtude de lei federal*, aplicando-se-lhes entretanto, quando recebam subvenções ou transferências à conta do orçamento da União, a supervisão ministerial de que tratam os artigos 19 e 26 do Decreto-lei número 200, de 25 de fevereiro de 1967". Essa disposição foi revogada pela Decreto-lei nº 2.299/86.

[8] O art. 4º passou a prever, ainda, o § 3º, com a seguinte redação: "§ 3º Excetuam-se do disposto na alínea *b* do parágrafo anterior as fundações universitárias e as destinadas à pesquisa, ao ensino e às atividades culturais."

3.2 A Constituição Federal de 1988 e a EC nº 19/98

Conforme apontado no tópico anterior, a CF/88 utilizou termos diferentes para se referir às fundações governamentais – discutindo-se se, a cada termo diverso adotado, estar-se-ia referindo-se a fundações governamentais com características diferentes.

De todo modo, cumpre aqui destacar que, no que tange às fundações governamentais, devem ser destacados dois momentos principais: a redação original da CF/88 e a Emenda Constitucional nº 19, de 4-6-1998 (EC 19/98). No cotejo entre as redações desses dois momentos, há cinco dispositivos que se referem às fundações governamentais e que devem ser destacados: art. 22, XXVII; art. 37, *caput*; art. 37, XVII; art. 37, XIX; e art. 39, *caput*. Ressalte-se, contudo, que a CF/88 ainda menciona as fundações governamentais em diversos outros dispositivos que tratam especialmente de cargos, empregos, controle e orçamento.[9]

(i) O art. 22, XXVII, trata da competência legislativa privativa da União para instituir normas gerais sobre licitações e contratações públicas. Em sua redação original, o dispositivo determinava a aplicação dessas normas gerais à administração indireta, "incluídas as fundações instituídas e mantidas pelo Poder Público". Por um lado, não havia menção à personalidade jurídica dessas fundações. Por outro, o dispositivo mencionava duas características concomitantes desses entes: instituição e manutenção pelo Poder Público.

Na redação trazida pela EC nº 19/98, a norma passou a prever tratamento diferenciado para dois grupos diversos. De acordo com o dispositivo, a União deveria estabelecer normas gerais para (i) a administração direta, autárquica e fundacional, observado o art. 37, XXI, da CF/88, e para (ii) as empresas públicas e sociedades de economia mista, observado o art. 173, § 1º, III, da CF/88. Assim, devem ser estabelecidas normas gerais para licitações e contratações públicas, observadas, contudo, as peculiaridades de cada um desses "grupos".

Na nova redação, há três pontos interessantes de serem observados. Primeiro, a escolha da expressão *administração fundacional*: ela fora utilizada na redação original do *caput* do art. 37 e, posteriormente, excluída pela EC nº 19/98; no entanto, a EC nº 19/98 utilizou essa mesma expressão no art. 22, XXVII. Segundo, a aproximação da administração fundacional com a administração direta e autarquias – em contraposição com as empresas estatais. Terceiro, observe-se que o dispositivo não fala em natureza jurídica da administração fundacional. Ainda assim, há quem diga que justamente essa aproximação com a administração direta e autarquias implicaria na personalidade jurídica pública da administração fundacional.

(ii) O *caput* do art. 37 delimita o âmbito de incidência das regras e dos princípios trazidos pelo próprio *caput* e pelos incisos do referido artigo. Em sua redação original, fazia-

---

[9] Os dispositivos que fazem referência às fundações governamentais são os seguintes: art. 40; art. 71; art. 150, § 2º; art. 157, I; art. 158, I; art. 163, II; art. 165, § 5º, I e III; art. 167, VIII; art. 169, § 1º; art. 202, §§ 3º e 4º. Também o Ato de Disposições Constitucionais Transitórias (ADCT) refere-se às fundações governamentais, nos seguintes artigos: art. 8º, § 5º; art. 18; art. 19; art. 35, § 1º, V; art. 61; art. 64; art. 72, I.

-se referência à administração direta, à administração indireta e à administração fundacional. Essa apartação entre administração indireta e fundacional ensejava dúvida sobre se as fundações governamentais teriam um regime jurídico diverso das demais entidades da administração indireta. Essa questão – por que teria a norma constitucional tratado esses entes de forma apartada – gerou, de fato, muita discussão sobre o regime jurídico das fundações governamentais.

Talvez em razão das divergências geradas pela redação original, a EC nº 19/98 extinguiu essa apartação, referindo-se apenas à administração pública direta e administração indireta. Por consequência, no *caput* do art. 37 não há mais qualquer referência às fundações governamentais. Interessante notar que, conforme mencionado acima, enquanto a EC nº 19/98 excluiu a expressão *administração fundacional* do *caput* do art. 37, ela incluiu justamente essa expressão no art. 22, XXVII.

(iii) O art. 37, XVII, estende a vedação de acumulação de cargos e empregos contida no inciso anterior (inciso XVI)[10] também para as entidades descentralizadas da Administração. No texto original, o dispositivo mencionava as empresas públicas, sociedades de economia mista e *fundações mantidas pelo Poder Público*. Ressalte-se que, quanto às fundações governamentais, a característica central para o dispositivo era a manutenção pelo Poder Público – não se referindo a sua instituição. Aqui, discussão cabível era a de que, sendo o mote do artigo constitucional a manutenção pelo Poder Público, se tal vedação aplica-se às fundações governamentais autônomas, que não dependiam de repasses públicos para sua manutenção.

Com a EC nº 19/98, a expressão *fundações mantidas pelo Poder Público* foi substituída pelo termo *fundações* – talvez para eliminar qualquer dúvida de que a vedação seria aplicável a qualquer fundação governamental, independentemente de ter personalidade jurídica pública ou privada ou de receber ou não repasses públicos.

(iv) Nesse sentido também caminhou a alteração promovida no art. 37, XIX, que trata da necessidade de lei para a instituição de entidades descentralizadas. Originalmente, a norma previa a obrigatoriedade de criação, por lei, de "empresa pública, sociedade de economia mista, autarquia ou *fundação pública*". Com base nessa redação, retomou-se a discussão sobre se o "público" possuía alguma relação com a personalidade jurídica de direito público. De fato, o dispositivo pode ser interpretado de três formas distintas: (i) o "público" refere-se à personalidade jurídica, sendo que a CF/88 apenas teria autorizado a criação, pelo Poder Público, de fundações governamentais de direito público; (ii) o "público" refere-se à personalidade jurídica, sendo que a CF/88 teria exigido a criação por lei somente para as fundações governamentais de direito público (e não para as de direito privado); (iii) o "público" não se refere à personalidade jurídica mas, tão somente,

---

[10] Eis a redação atualmente vigente do inciso: "Art. 37, XVI – é vedada a acumulação remunerada de cargos públicos, exceto, quando houver compatibilidade de horários, observado em qualquer caso o disposto no inciso XI: a) a de dois cargos de professor; b) a de um cargo de professor com outro técnico ou científico; c) a de dois cargos ou empregos privativos de profissionais de saúde, com profissões regulamentadas."

à sua criação por ente público (em contraposição à fundação privada), tal como ocorre com a empresa pública.

Nesse intenso embate, a EC nº 19/98 suprimiu o termo *público*, prevendo então a exigência de autorização legislativa para a criação de fundações. Ocorre que tal alteração não apagou as discussões existentes. Alguns aplicadores do Direito passaram a interpretar a exclusão da palavra *públicas* como uma vedação constitucional de instituição de fundações governamentais de direito público e, por conseguinte, a limitação da aplicação dos dispositivos constitucionais apenas às fundações governamentais de direito privado.[11] Em sentido diametralmente oposto, outros passaram a ler a nova redação como uma autorização para que o Estado constituísse suas fundações também sob a forma do direito privado – o que antes, com a adjetivação do "público", estaria vedado.

(v) Por fim, mencione-se o *caput* do art. 39, que trata do regime único de carreiras para "os servidores da administração pública direta, das autarquias e das *fundações públicas*". As discussões acima mencionadas quanto ao art. 37, XIX, também foram feitas aqui, diante da expressão escolhida pelo constituinte originário.

A EC nº 19/98 alterou a redação, excluindo as referências específicas aos entes e ao regime jurídico único.[12] Nesse ponto, ingressou-se com a Ação Direta de Inconstitucionalidade contra a EC nº 19/98, sob o argumento de vício formal, que foi aceito pelo Supremo Tribunal Federal em sede de medida cautelar.[13] Dessa forma, suspendeu-se a eficácia da redação conferida ao art. 39 pela EC nº 19/98, retornando-se a sua redação original.

A comparação entre o texto original e o texto alterado dos dispositivos constitucionais acima comentados encontra-se compilada na Tabela 2 – CF/88: redação original e redação pós EC nº 19/98.

---

[11] Nesse sentido, por exemplo, é o entendimento de Sergio de Andréa Ferreira: "Diante da eliminação do qualitativo 'públicas', para fundações, em alguns dispositivos constitucionais; e da manutenção da designação 'administração fundacional', em outros, pode concluir-se que esses preceitos, na nova versão constitucional, hão de ser interpretados como abrangentes, exclusivamente, das de direito privado, na linha, em face do exposto, da interpretação que a adjetivação conturbava, e que sua exclusão confirma" (FERREIRA, Sergio de Andréa. As fundações estatais e as fundações com participação estatal. In: MODESTO, Paulo Modesto (Coord.). *Nova Organização Administrativa Brasileira*. 2. ed. Belo Horizonte: Fórum, 2010. p. 82).

[12] A redação do *caput* do art. 39, com a redação conferida pela EC nº 19/98: "Art. 39. A União, os Estados, o Distrito Federal e os Municípios instituirão conselho de política de administração e remuneração de pessoal, integrado por servidores designados pelos respectivos Poderes."

[13] ADI 2135 MC/DF, Tribunal Pleno, Relator Min. Néri da Silveira, j. 2-8-2007.

Tabela 2 – CF/88: redação original e redação pós EC nº 19/98.

CF/88 – redação original	CF/88 pós EC nº 19/98
Art. 22, XXVII – normas gerais de licitação e contratação, em todas as modalidades, para a administração pública, direta e **indireta, incluídas as fundações instituídas e mantidas pelo Poder Público**, nas diversas esferas de governo, e empresas sob seu controle;	Art. 22, XXVII – normas gerais de licitação e contratação, em todas as modalidades, para as administrações públicas diretas, autárquicas e **fundacionais** da União, Estados, Distrito Federal e Municípios, obedecido o disposto no art. 37, XXI, e para as empresas públicas e sociedades de economia mista, nos termos do art. 173, § 1º, III;
Art. 37. **A administração pública direta, indireta ou fundacional**, de qualquer dos Poderes da União, dos Estados, do Distrito Federal e dos Municípios obedecerá aos princípios de legalidade, impessoalidade, moralidade, publicidade e, também, ao seguinte:	Art. 37. **A administração pública direta e indireta** de qualquer dos Poderes da União, dos Estados, do Distrito Federal e dos Municípios obedecerá aos princípios de legalidade, impessoalidade, moralidade, publicidade e eficiência e, também, ao seguinte:
Art. 37, XVII – a proibição de acumular estende-se a empregos e funções e abrange autarquias, empresas públicas, sociedades de economia mista e **fundações mantidas pelo Poder Público**;	Art. 37, XVII – a proibição de acumular estende-se a empregos e funções e abrange autarquias, **fundações**, empresas públicas, sociedades de economia mista, suas subsidiárias, e sociedades controladas, direta ou indiretamente, pelo poder público;
Art. 37, XIX – somente por lei específica poderão ser criadas empresa pública, sociedade de economia mista, autarquia ou **fundação pública**;	Art. 37, XIX – somente por lei específica poderá ser criada autarquia e autorizada a instituição de empresa pública, de sociedade de economia mista e de **fundação**, cabendo à lei complementar, neste último caso, definir as áreas de sua atuação;
Art. 39. A União, os Estados, o Distrito Federal e os Municípios instituirão, no âmbito de sua competência, regime jurídico único e planos de carreira para os servidores da administração pública direta, das autarquias e das **fundações públicas**.	Art. 39. A União, os Estados, o Distrito Federal e os Municípios instituirão conselho de política de administração e remuneração de pessoal, integrado por servidores designados pelos respectivos Poderes.[14]

Fonte: Elaboração própria.[14]

3.3 O Código Civil

O estudo do novo Código Civil, no que tange às fundações governamentais, deve ser feito sob dois enfoques: saber (i) se ele limita a escolha da natureza jurídica desses entes e (ii) se suas disposições se aplicam às fundações governamentais de direito privado.

Quanto à análise sobre a natureza jurídica das fundações governamentais, por um lado o Código, em seu art. 41, não arrola expressamente as fundações dentre as pessoas jurídicas de direito público – elenco no qual se faz menção direta às autarquias. Ainda assim, o

---

[14] Redação declarada inconstitucional em sede de medida cautelar pela ADI 2.135-MC.

Código Civil refere-se às "demais entidades de caráter público criadas por lei" (inciso V).[15] Por outro, o art. 44, III, cita as fundações dentre as pessoas jurídicas de direito privado.

Diante dessas disposições, é possível indagar se o Código teria vetado a criação de fundações governamentais de direito público. Entende-se, contudo, que tal inferência não é possível, vez que o art. 41, V, faz menção às "demais entidades de caráter público criadas por lei". É justamente esse o caso de lei que cria ou autoriza a criação da fundação governamental e determina sua natureza jurídica de direito público.

Quanto ao estudo sobre se as disposições do Código Civil se aplicam ou não às fundações governamentais privadas, a principal dificuldade está na precisa compreensão do parágrafo único, art. 41, do Código que estabelece o seguinte:

> Art. 41, parágrafo único. Salvo disposição em contrário, *as pessoas jurídicas de direito público, a que se tenha dado estrutura de direito privado*, regem-se, no que couber, quanto ao seu funcionamento, pelas normas deste Código.

Conforme se verifica a partir do texto citado, é difícil compreender, ao certo, o que significaria o trecho que diz "a que se tenha dado estrutura de direito privado". Especificamente em relação às fundações governamentais de direito privado, estariam elas abrangidas pelo dispositivo citado? Teriam elas "estrutura de direito privado"? Caso a resposta seja positiva, isso ensejaria a incidência das regras do Código Civil para essas fundações – o que contrariaria o previsto na atual redação do DL 200, que determina que não se aplicam as demais disposições do Código Civil concernentes às fundações (conforme art. 5º, § 3º, DL 200). É importante frisar, contudo, a parte inicial do dispositivo citado – "salvo disposição em contrário" –, considerando esse trecho concomitantemente com a previsão contida no art. 5º, § 3º, DL 200.

4 Principais questões

Conforme visto, o caminho percorrido pelo ordenamento jurídico, no que tange às fundações governamentais, foi bastante tortuoso e continua gerando controvérsias. As imprecisões, as modificações, as inclusões e exclusões de termos, a escolha de um termo em detrimento doutro – o fato é que cada um desses movimentos legislativos é interpretado pela jurisprudência, doutrina e demais aplicadores do direito de formas diferentes, chegando-se a conclusões bastante distintas.

Nesse contexto, não são poucas as dificuldades que o tema das fundações governamentais enseja. No presente tópico, serão abordadas algumas dessas questões – sem qualquer pretensão, contudo, de tecer conclusões definitivas sobre o tema, mas sim com o objetivo de expor as dificuldades que devem ser enfrentadas por aqueles que se deparam com as fundações governamentais.

---

[15] Art. 41. São pessoas jurídicas de direito público interno: I – a União; II – os Estados, o Distrito Federal e os Territórios; III – os Municípios; IV – as autarquias, inclusive as associações públicas; V – as demais entidades de caráter público criadas por lei.

4.1 O público/privado na natureza jurídica

O primeiro ponto de dificuldade diz respeito à *natureza jurídica das fundações governamentais* – se de *direito público* ou *direito privado*.

Essa discussão, contudo, deve ser tecida diante de três ressalvas, que dizem respeito à evolução normativa das fundações. A primeira é a expressa previsão, atualmente vigente, do DL 200, que define as fundações governamentais como "pessoas de direito privado" – embora, até a alteração da Lei nº 7.596/87, não houvesse qualquer referência à natureza jurídica das fundações. Segunda, ainda a previsão do DL 200 de que as fundações governamentais têm por finalidade o desenvolvimento de atividades que não exijam execução por órgãos ou entidades de direito público. Por fim, também é importante contextualizar a discussão diante das alterações promovidas na Constituição Federal pela EC nº 19/98, que caminham no sentido de excluir o termo *público* nas referências às fundações.

Há, em suma, três correntes quanto à natureza jurídica das fundações instituídas pelo Poder Público. A primeira defende que as fundações governamentais têm, necessariamente, *natureza privada*. Para Hely Lopes Meirelles, a fundação governamental deveria ser sempre aquela prevista no Código Civil – e, portanto, de natureza privada.[16]

Noutra ponta, há a corrente que entende que a natureza das fundações governamentais há de ser *necessariamente pública*, tendo em vista as atribuições públicas que lhe são outorgadas.[17]

A terceira corrente entende que *ambas as personalidades jurídicas* podem ser adotadas pelas fundações governamentais. Cabe ao legislador, quando autoriza a criação da fundação, definir qual regime jurídico mais se adequa aos fins a serem buscados pela fundação, sendo que tal previsão legislativa, por ser mais específica, prevalece sobre a disposição do DL nº 200.[18] Conforme afirma Maria Sylvia Di Pietro:

---

[16] MEIRELLES, Hely Lopes. *Direito Administrativo Brasileiro*. 17. ed. São Paulo: Malheiros, 1992. p. 316-317. Ressalte-se, no entanto, que o jurista entende que, com a CF/88 (antes mesmo da EC nº 19/98), apenas passou-se a admitir a criação de fundação governamental pública, o que é criticado pelo autor. Já Sergio de Andréa Ferreira entende que, tendo em vista a redação do DL 200, as fundações governamentais deverão, sempre, constituir-se sob a forma de direito privado (As fundações estatais e as fundações com participação estatal. MODESTO, Paulo Modesto (Coord.). *Nova Organização Administrativa Brasileira*. 2. ed. Belo Horizonte: Fórum, 2010. p. 74).

[17] Esse é o atual entendimento de Celso Antônio Bandeira de Mello (*Curso de Direito Administrativo*. 28. ed. São Paulo: Malheiros, 2011. p. 184-187).

[18] Esse é o posicionamento de Maria Sylvia Zanella Di Pietro (*Direito Administrativo*. 25. ed. São Paulo: Atlas, 2012. p. 491); Odete Medauar (*O Direito Administrativo em Evolução*. 2. ed. São Paulo: Revista dos Tribunais, 2003. p. 78); Carlos Ari Sundfeld, Rodrigo Pinto Campos e Henrique Motta Pinto (Regime Jurídico das Fundações Governamentais. In: SUNDFELD, Carlos Ari; MONTEIRO, Vera (Coord.). *Direito Administrativo*: Introdução ao Direito Administrativo. São Paulo: Saraiva, 2008. p. 272); e Adilson Abreu Dallari (Fundações privadas instituídas pelo Poder Público. *Revista de Direito Público*, Revista dos Tribunais, nº 96, out./dez. 1990, p. 54). Era esse, também, o entendimento anterior de Celso Antônio Bandeira de Mello (*Prestação de serviços públicos e Administração Indireta*. 2. ed. São Paulo: Revista dos Tribunais, 1987. p. 147).

Quando o Estado institui pessoa jurídica sob a forma de fundação, ele pode atribuir a ela regime jurídico administrativo, com todas as prerrogativas e sujeições que lhe são próprias, ou subordiná-la ao Código Civil, neste último caso, com derrogações por normas de direito público. Em um ou outro caso se enquadram na noção categorial do instituto da fundação, como patrimônio personalizado para a consecução de fins que ultrapassam o âmbito da própria entidade.[19]

Nessa terceira corrente – isto é, no entendimento de que é possível a escolha entre uma ou outra personalidade jurídica –, outra discussão possível é *se haveria liberdade absoluta para escolha do regime jurídico*. Há parâmetros para a escolha entre regime público ou regime privado? A depender do tipo de atividade exercida, a fundação deve ser de direito público?

Exemplo dessas indagações dá-se quando a finalidade das fundações vincula-se com atividades que exigem o manejo do poder extroverso do Estado. Veja-se que, de acordo com o DL nº 200, a fundação governamental é a pessoa jurídica de direito privado que executa atividades que não necessitam da forma de direito público. Assim, nos casos em que tal forma faz-se imprescindível – como no caso de fundações que prestam atividades relacionadas ao poder de polícia –, ainda assim teria o legislador liberdade de escolha?

Diante dessas perguntas, em geral entende-se que há liberdade para o legislador escolher o regime – desde que, é claro, essa escolha esteja fundamentada na atividade a ser exercida pela fundação –, exceto nas situações em que a fundação exercerá poder de polícia ou manejará algum poder estatal extroverso, quando a forma de direito privado não seria possível.[20]

No entanto, a jurisprudência do Supremo Tribunal Federal (STF) e do Superior Tribunal de Justiça (STJ), embora reconheça a possibilidade de ambos os regimes jurídicos, determina que serão fundações governamentais públicas todas aquelas que (i) sejam instituídas por lei, (ii) mantidas com recursos públicos e que (iii) prestem serviços "essencialmente públicos" ou estatais.[21] Veja-se que esta última característica – prestação de serviços públicos – é *muito mais ampla de que a característica do exercício de função pública*, mormente arrolada pela doutrina como único requisito que impõe o uso da forma de direito público. Assim, *o entendimento da jurisprudência tende a alargar a caracterização de fundações governamentais públicas, diminuindo o campo de atuação das fundações governamentais privadas*.

---

[19] DI PIETRO, Maria Sylvia Zanella. *Direito Administrativo*. Ob. cit., p. 491.

[20] Nesse sentido: DI PIETRO, Maria Sylvia Zanella. *Direito Administrativo*. Ob. cit., p. 499; e SUNDFELD, Carlos Ari; CAMPOS, Rodrigo Pinto; PINTO, Henrique Motta. Regime Jurídico das Fundações Governamentais. In: SUNDFELD, Carlos Ari; MONTEIRO, Vera (Coord.). *Direito Administrativo*: Introdução ao Direito Administrativo. São Paulo: Saraiva, 2008. p. 279.

[21] Exemplificativamente: STF – RE 101126/RJ – Plenário – j. 24-10-1984; STF – ADI 191 – Plenário – j. 29-11-2007; STF – RE 127489 – Plenário – j. 25-11-1997; STJ – Resp 480632 – 2ª T. – j. 21-8-2003; STJ – Resp 207767 – 2ª T. – j. 20-11-2008; STJ – AGREsp 337475 – 5ª T. – j. 21-3-2002; STJ – REsp 92406 – 2ª T. – j. 1º-6-1999; STJ – Resp 148521 – 2ª T. – j. 16-6-1998.

É interessante notar que no passado, quando o uso das fundações pelo Estado era ainda iniciante, a discussão então travada era se o Estado poderia criar *fundações públicas* – talvez tendo em vista que a origem desses entes estava no Código Civil. Tanto é assim que Celso Antônio Bandeira de Mello, quando, na década de 80, escreveu sua obra sobre a Administração Indireta, dedicou o primeiro item do tópico sobre as fundações governamentais para defender ser possível o uso da forma pública quando o Estado cria suas fundações.[22] Atualmente, contudo, a discussão parece ter se invertido e estar mais centrada na possibilidade da existência de fundações governamentais privadas, regidas por um regime jurídico privado, ainda que mitigado por algumas normas de direito público. Por detrás dessa discussão está, quiçá, o receio de que a forma de direito privado permita a criação de uma "Administração paralela", não submetida a controles públicos no exercício de suas atividades.

Outro ponto interessante relacionado à discussão sobre a natureza jurídica das fundações governamentais diz respeito à sua *equiparação com as autarquias*, no caso da adoção da forma de direito público: haveria diferença entre o regime jurídico das fundações governamentais de direito público e das autarquias? Em ambos os casos, trata-se de pessoas jurídicas pertencentes à Administração Pública (Administração Indireta), isto é, tanto as fundações governamentais de direito público como as autarquias são criadas pelo Poder Público, mas, embora adquiram personalidade jurídica própria, permanecem como entes da Administração. Os motivos e fins que embasam a criação desses entes são também semelhantes: busca de maior autonomia, flexibilidade e especialidade. E, característica mais importante: ambas possuem natureza jurídica de direito público.

Nesse contexto, alguns entendem que as fundações governamentais de direito público e as autarquias possuem o mesmo regime jurídico.[23] Outros, por sua vez, entendem que, uma vez que se trata de entes diferentes, seu regime jurídico não poderia ser idên-

---

[22] BANDEIRA DE MELLO, Celso Antônio. *Prestação de serviços públicos e Administração Indireta*. 2. ed. São Paulo: Revista dos Tribunais, 1987. p. 157 ss.

[23] DI PIETRO, Maria Sylvia Zanella. Ob. cit., p. 490 ss; MEIRELLES, Hely Lopes. *Direito Administrativo Brasileiro*. 17. ed. São Paulo: Malheiros, 1992. p. 317; FERREIRA, Sergio de Andréa. As fundações estatais e as fundações com participação estatal. In: MODESTO, Paulo Modesto (Coord.). *Nova Organização Administrativa Brasileira*. 2. ed. Belo Horizonte: Fórum, 2010. p. 82; SUNDFELD, Carlos Ari; CAMPOS, Rodrigo Pinto; PINTO, Henrique Motta. Regime Jurídico das Fundações Governamentais. In: SUNDFELD, Carlos Ari; MONTEIRO, Vera (Coord.). *Direito Administrativo*: Introdução ao Direito Administrativo. São Paulo: Saraiva, 2008. p. 273. Também foi essa a opção adotada pelo Anteprojeto de Lei Orgânica da Administração, conforme será visto no item 5.2. Cite-se, por fim, trecho da ementa de acórdão do STJ, que também considera fundações governamentais públicas e autarquias como entes equivalentes: "EMENTA: ADMINISTRATIVO. FUNDAÇÃO PÚBLICA E LEGIÃO BRASILEIRA DE ASSISTÊNCIA. NATUREZA JURÍDICA. PROCURADORES DA LBA. APLICAÇÃO A ESTES DO DISPOSTO NO DECRETO-LEI 2.333/87 E DECRETO-LEI Nº 2.365/87, ALTERADO PELO DECRETO-LEI Nº 2.366/87. 1. As fundações públicas por possuírem capacidade exclusivamente administrativa, são autarquias, aplicando-se a elas todo o regime jurídico das autarquias. Doutrina e precedentes. 2. A natureza jurídica da Legião Brasileira de Assistência é de fundação pública que, em razão da definição antes apontada, classifica-se como espécie do gênero autarquia. Precedentes. [...]" (STJ – REsp 204822 – 6ª T. – j. 26-6-2007).

tico – do contrário, não teria a Constituição Federal se referido, separadamente, tanto às autarquias, quanto às fundações.[24]

Destarte, a discussão sobre a natureza jurídica possível das fundações governamentais ainda não se assentou. Embora não seja dito expressamente, parece que o principal motivo da discussão seria a consequência da definição da personalidade, qual seja, o regime jurídico aplicável. O principal receio da aplicação do direito privado seria então a fuga integral do direito público – o que, conforme será visto no item 4.3, não ocorre.

4.2 O público/privado na caracterização das fundações governamentais: o caso das fundações de apoio

Questão bastante relevante – e que é pouco enfrentada pela doutrina – diz respeito aos *critérios para identificar se uma fundação deve ser caracterizada como governamental ou como fundação privada*. Essa discussão é em geral apenas travada, indiretamente, nas discussões referentes às fundações de apoio.

A dúvida se coloca pelo fato de que pode haver – como de fato há – fundações que, embora não tenham sido formalmente instituídas pelo Poder Público, (i) são mantidas com repasses de recursos públicos ou mesmo com contratações de prestação de serviços para o Poder Público, (ii) exercem atividades de relevante interesse público ou ainda (iii) possuem servidores públicos como instituidores ou dirigentes. Questiona-se, então, se essas entidades seriam fundações governamentais de direito privado – pertencentes, pois, à Administração Indireta e sujeitas, ainda que com mitigações, a um regime de direito público – ou se seriam fundações privadas, sujeitas a um regime exclusivamente privado – ainda que sobre os recursos públicos por elas geridos incidam mecanismos de controle estatal.

Doutro bordo, várias normas constitucionais, especialmente as referentes a controle e contabilidade, mencionam as fundações *criadas e mantidas* pelo Poder Público – surgindo daí a dúvida sobre se o critério de instituição seria ou não suficiente para a caracterização da fundação governamental. Exemplificativamente, quando a CF/88 regula o controle externo da Administração pelo Tribunal de Contas, ela refere-se às "fundações instituídas e mantidas pelo Poder Público" (art. 71, II e III). Também quando menciona a extensão da imunidade tributária recíproca, fala em "fundações instituídas e mantidas pelo Poder Público" (art. 150, § 2º). Nesses casos, a dúvida é se tais regras seriam aplicáveis apenas às fundações governamentais que satisfaçam um critério adicional além do requisito de instituição estatal: serem elas mantidas pelo Poder Público. De fato, esse questionamento surge especialmente pelo uso de termos diferenciados pela CF/88 que, conforme já apontado, gera dúvidas sobre a exata abrangência de um ou outro termo.

---

[24] MEDAUAR, Odete. *O Direito Administrativo em Evolução*. 2. ed. São Paulo: Revista dos Tribunais, 2003. p. 79; ARAGÃO, Alexandre Santos de. Fundações públicas de direito privado. *Revista de Direito Administrativo*, Rio de Janeiro, nº 247, jan./abr. 2008, p. 35.

Diante disso, deve-se definir *quais critérios podem ser utilizados para estabelecer a fronteira entre o público e o privado*, isto é, para identificar quando se está diante de uma fundação governamental privada ou uma fundação privada (ainda que utilizadora de recursos públicos). Tanto (i) a instituição pelo Poder Público, (ii) a eleição dos dirigentes pelo Poder Público, (iii) o exercício de atividade pública ou (iv) a manutenção por meio de repasse de recursos são critérios indicados pela CF/88 ou mesmo pela jurisprudência para delimitar tal fronteira.

Exemplificativamente, Mário Engler Pinto Júnior entende que uma fundação apenas pode ser considerada como governamental se: (i) instituída pelo Poder Público, característica que "não se esgota no ato de criação da entidade, mas pressupõe que o poder público instituidor preserve a capacidade de influir decisivamente na condução das atividades fundacionais";[25] e (ii) mantida pelo Poder Público, por meio de repasses governamentais, por meio de subvenção econômica. Se o ente perder uma dessas características, deixará de pertencer à Administração.

Já a jurisprudência citada no item anterior identifica a existência de fundação governamental (nos casos, fundação governamental de direito púbico) a partir de três critérios (instituição por lei, manutenção com recursos públicos e execução de serviços estatais). Um pouco nesse sentido também é o entendimento de Adilson Abreu Dallari, que estabelece passos para a identificação de uma fundação governamental: quem instituiu, quem efetivamente controla a fundação e se ela depende de recursos públicos para seu funcionamento.[26]

Veja-se que é justamente essa discussão que é travada – ainda que de forma indireta – acerca das *fundações de apoio*. Esses entes são fundações privadas, instituídas por pessoas privadas e com recursos privados. No entanto, elas dependem, muitas vezes, de contratos de prestação de serviços celebrados com entes públicos. Assim, a existência dessas fundações é viabilizada por repasses de recursos públicos, ainda que decorrentes da prestação de serviços (isto é, não é simples subvenção, mas sim contraprestação por serviços prestados). Por vezes, o auxílio a outras entidades públicas é um dos principais fins da fundação. Ademais, elas se utilizam de bens e servidores – aliás, muitas vezes quem institui a fundação são servidores públicos, sendo que a fundação é criada para auxiliar o ente em que trabalham.

Criticando esses entes, Maria Sylvia Zanella Di Pietro ressalta que as fundações de apoio podem ser utilizadas para driblar as regras quanto à percepção de remuneração pelos servidores públicos, bem como normas de licitação e contratação. Para a jurista, a relação de dependência das fundações de apoio em relação ao ente público é tanta que "[é] difí-

---

[25] PINTO JÚNIOR, Mário Engler. A estrutura da administração pública indireta e o relacionamento do Estado com a companhia controlada. *Revista de Direito Público da Econômica – RDPE*, Belo Horizonte, nº 28, out./dez. 2009, p. 46.

[26] DALLARI, Adilson Abreu. Fundações privadas instituídas pelo Poder Público. *Revista de Direito Público*, São Paulo: Revista dos Tribunais, nº 96, out./dez. 1990, p. 59.

cil saber onde termina uma e começa outra".[27] A autora questiona, ainda, a possibilidade de extinção desses entes, vez que sua manutenção não é possível com recursos próprios.

Abordando a natureza jurídica das fundações de apoio, Sergio de Andréa Ferreira compara-as a quaisquer outros entes que colaboram e prestam serviços ao Poder Público, tais como as concessionárias de serviços públicos. De acordo com o jurista, "o colaborador da administração pública não tem sua natureza atingida, modificada, por assumir essa posição jurídica; assim, um particular concessionário ou permissionário de serviço público mantém sua qualidade jurídica, seu *status* de particular, não obstante ocupar aquela posição".[28]

De fato, parece não haver fundamento para querer converter a natureza jurídica dessas fundações privadas em fundações governamentais. No entanto, deve-se assegurar que essas fundações (i) satisfaçam os requisitos estabelecidos pelo Código Civil para sua criação e permanência, notadamente a existência de *patrimônio suficiente* para garantir seu funcionamento; (ii) estejam submetidas aos *controles* devidos quando utilizam recursos públicos (repasses orçamentários ou mesmo bens e servidores públicos); (iii) não usufruam de quaisquer *privilégios* que não possam ser igualmente percebidos por outras fundações ou entidades privadas que possuam as mesmas características quanto aos fins e à capacitação. A partir da observância dessas regras basilares, são resguardados tanto a eficiência gerada pelo uso desses entes, como a isonomia e o bom uso dos recursos públicos – evitando-se, de outra ponta, que as fundações de apoio sejam utilizadas apenas para fugir dos mecanismos de controle trazidos pelo direito público.

4.3 O público/privado no regime jurídico das fundações governamentais: o "regime jurídico administrativo mínimo" e o "regime jurídico privado mínimo"

Conforme abordado, as fundações governamentais foram criadas como estruturas que permitissem maior autonomia e flexibilização de atuação. Trata-se de um histórico bastante semelhante ao das autarquias, que igualmente surgem com o objetivo de conferir maior flexibilidade e especialização por meio da criação de uma pessoa jurídica autônoma. No caso das autarquias, no entanto, verificou-se, com o tempo, que o regime jurídico incidente sobre elas em muito não se diferenciava daquele aplicável para toda a Administração Pública – o que se justificava especialmente pelo fato de as autarquias serem pessoas jurídicas de direito público.

Foi talvez para satisfazer a objetivos que não puderam ser alcançados com as autarquias que se passou a apostar nas fundações governamentais – especialmente naquelas

---

[27] DI PIETRO, Maria Sylvia Zanella. *Parcerias na Administração Pública*: Concessão, Permissão, Franquia, Terceirização, Parceria Público-Privada e Outras Formas. 8. ed. São Paulo: Atlas, 2011. p. 281.

[28] FERREIRA, Sergio de Andréa. As fundações estatais e as fundações com participação estatal. In: MODESTO, Paulo Modesto (Coord.). *Nova Organização Administrativa Brasileira*. 2. ed. Belo Horizonte: Fórum, 2010. p. 110.

constituídas sob a forma privada. Visava-se, com isso, finalmente alcançar a tão almejada flexibilidade e desburocratização da gestão pública.

No entanto, o receio da "fuga" desmensurada do regime público e da criação de uma "Administração paralela" – que, temia-se, não estaria vinculada aos princípios da Administração Pública e não seria submetida a controles que visassem a assegurar os interesses públicos – ensejou reações ao regime de maior flexibilidade para as fundações governamentais privadas. Disso decorreu um fenômeno da "autarquização" das fundações governamentais – processo bastante semelhante, aliás, ao que vem ocorrendo com as empresas estatais.[29]

Nesse contexto, indaga-se qual o âmbito de liberdade que a lei de instituição da fundação governamental tem para regular o regime jurídico a ser aplicado a ela. Essa questão deve ser analisada sob dois enfoques. De um lado, se haveria um regime jurídico administrativo mínimo a ser observado pelo simples fato de a fundação governamental (ainda que privada) pertencer à Administração Indireta. Doutro, a necessidade de preservar um regime jurídico privado mínimo para as fundações governamentais privadas.

Quanto ao primeiro ponto, entende-se que as fundações governamentais, independentemente da personalidade que adotem, estariam submetidas a um regime jurídico administrativo mínimo pelo fato de pertencerem ao Estado. Dessa forma, o *pertencimento ao Estado* é característica relevante e que traz a incidência de regras diferenciadas, aplicáveis a qualquer ente governamental, independentemente de sua personalidade jurídica.[30]

No caso das fundações governamentais, será então esse o regime público que necessariamente incidirá sobre elas – independentemente de possuírem personalidade jurídica pública ou privada. Mais especificamente, ainda que sejam fundações governamentais de direito privado, sobre elas incidirão feixes de direito público, que derrogarão (parcialmente) as normas de direito privado. Assim, elas não se identificam integralmente com as fundações privadas, uma vez que as fundações governamentais não apenas pertencem ao Estado, como também são instrumentos de ação governamental.

---

[29] Para uma análise crítica do processo de "autarquização" das empresas estatais em decorrência da jurisprudência do Supremo Tribunal Federal, ver: PINTO, Henrique Motta. A autarquização das empresas estatais na jurisprudência do Supremo Tribunal Federal: um obstáculo para as reformas na administração pública. *Cadernos Gestão Pública e Cidadania*, São Paulo, v. 15, nº 57, 2010. Disponível em: <http://www.eaesp.fgvsp.br/subportais/ceapg/Acervo%20Virtual/Cadernos/Cadernos/Cadernos%2057%20numerado.pdf>. Acesso em: 25 nov. 2012.

[30] É esse o entendimento de Carlos Ari Sundfeld, Rodrigo Pinto Campos e Henrique Motta Pinto: "A verdade, porém, é que, no Direito brasileiro contemporâneo, os controles realmente essenciais estão ligados, não à personalidade jurídica de direito público, mas à personalidade governamental. É esta, e não aquela, que determina a incidência do *regime administrativo mínimo*, incluindo os deveres de licitar e de fazer concurso público, por exemplo; tanto licitam entes públicos (autarquias) como pessoas governamentais privadas (sociedades de economia mista). Assim, é equivocada a suspeita de que a criação, pelo Estado, de entes sob estrutura privada seja uma tentativa de fuga da moralidade e de outros valores públicos. Trata-se, em verdade, de uma busca da estrutura que melhor se ajuste à função específica da entidade, sem prejuízo da aplicação de um *regime administrativo mínimo*" (SUNDFELD, Carlos Ari; CAMPOS, Rodrigo Pinto; PINTO, Henrique Motta. Regime Jurídico das Fundações Governamentais. In: SUNDFELD, Carlos Ari; MONTEIRO, Vera (Coord.). *Direito Administrativo*: Introdução ao Direito Administrativo. São Paulo: Saraiva, 2008. p. 272).

Dessa forma, incidem sobre fundações governamentais, em qualquer de suas espécies, as normas que se aplicam à Administração Pública (como um todo) e à Administra Indireta (especificamente), tais como regras referentes à licitação, contratação de pessoal, regime de previdência, tributário, contabilidade, privilégios processuais, submissão a controles (tutela administrativa ou supervisão ministerial, Tribunal de Contas e Ministério Público).

Nesse sentido, a lei criadora de uma fundação governamental privada não pode prever que a fundação não precisa licitar – uma vez que se trata de obrigação constitucional que incide sobre toda a Administração. Mas a obrigação de licitar pode ser modulada caso a caso pela lei instituidora da fundação, conforme as características e peculiaridades de seus fins.

O segundo ponto é referente especificamente às fundações governamentais privadas. Trata-se de determinar, no caso de escolha da natureza privada, quais são *os limites das derrogações do direito privado pelo direito público*. A preocupação, aqui, é a de não tornar inócua a própria natureza privada, escolhida pelo instituidor como o regime jurídico mais apto a alcançar os objetivos da fundação.

Conforme visto, ainda que submetidas ao regime privado, parece haver certa tendência em afirmar que as fundações governamentais privadas devem observar todas as regras aplicáveis aos demais entes da Administração Indireta – sendo que, nesse regime público mínimo, em nada se diferenciam das fundações governamentais de direito público. Parece ser então consenso que as fundações governamentais privadas não se submetem inteiramente ou exclusivamente ao direito privado.

No entanto, as regras aplicáveis indistintamente a qualquer ente da Administração Pública são abundantes, uma vez que a CF/88 destinou regras detalhadas e pormenorizadas a serem observadas pela Administração Pública.[31] Como garantir, então, o regime privado – ou melhor, os fins visados pela escolha desse regime?

Uma vez que a maioria das regras constitucionais atinge a todos os entes públicos, a solução encontrada por Alexandre Santos de Aragão para a gestão mais eficiente e flexível seria combinar personalidade de direito privado, autonomia financeira efetiva e contrato de gestão.[32] A distinção entre fundação dependente e não dependente, bem como a celebração de contrato de gestão, foi, aliás, a solução adotada no Anteprojeto de Lei Orgânica da Administração para conferir maior liberdade à atuação das fundações governamentais, conforme será abordado no capítulo seguinte.

A construção dos limites de incidência de um e de outro regime é um dos maiores desafios no que toca às fundações governamentais. Trata-se de investigar e construir onde se encontra a fronteira entre o público e o privado – tanto na aplicação do direito público

---

[31] As normas públicas que incidem sobre as fundações são de tal modo relevantes que Odete Medauar chega a afirmar que todas as fundações governamentais se submetem a um regime *precipuamente* público: "Desse modo, sua atuação é regida precipuamente pelo direito público, devendo observar os princípios arrolados no *caput* do art. 37 da CF e os preceitos contidos nos incisos desse artigo" (MEDAUAR, Odete. *O Direito Administrativo em Evolução*. 2. ed. revista, ampliada e atualizada. São Paulo: Revista dos Tribunais, 2003. p. 81-82).

[32] ARAGÃO, Alexandre Santos de. Fundações públicas de direito privado. *Revista de Direito Administrativo*, Rio de Janeiro, nº 247, jan./abr. 2008, p. 37.

nas fundações governamentais de direito privado, como na aplicação do direito privado em relação às fundações governamentais de direito público.

Esse desafio está essencialmente pautado pela preocupação, extremamente relevante, de evitar desvios no uso de recursos públicos. No entanto, é essencial que esse desafio seja enfrentado a partir de duas premissas. Primeira, a premissa de que essa fronteira não precisa ser igual para todas as fundações governamentais (e nem para as duas "espécies" de fundações governamentais). O estabelecimento de um "regime único" não necessariamente será a solução para os desafios enfrentados por esses entes. Segundo, a fixação desse limite deve garantir eficiência e flexibilidade às fundações governamentais e, especialmente no caso das fundações governamentais privadas, assegurar a incidência do regime jurídico privado, escolhido como aquele que melhor seria capaz de alcançar os fins da fundação.

5 As propostas de alterações legislativas

Nos tópicos anteriores, foi observado que as imprecisões do direito positivo vigente trazem (ou ao menos não extinguem) diversas questões jurídicas referentes às fundações governamentais.

Passa-se, nesse item, a olhar para o futuro desse instituto, a partir de duas importantes proposições de alterações legislativas referentes às fundações governamentais: o *PLP nº 92*, projeto de lei complementar que tem por objeto regulamentar o art. 37, XIX, da Constituição Federal, e o *Anteprojeto de Lei Orgânica da Administração Pública*, que tem por objeto instituir normas gerais para a Administração Pública Direta e Indireta.

5.1 PLP nº 92/2007

O art. 37, XIX, da CF/88, ao disciplinar a instituição de entidades da Administração Indireta, determinou que, no caso das fundações, caberia à lei complementar definir as áreas *de sua atuação*.

Nessa esteira, o Poder Executivo Federal (por meio do Ministério de Planejamento, Orçamento e Gestão) apresentou à Câmara dos Deputados, em 13-7-2007, Projeto de Lei Complementar para regulamentar o disposto no dispositivo constitucional (PLP nº 92).[33]

A versão proposta pelo governo continha apenas dois artigos, sendo que o segundo tratava da vigência da lei.

---

[33] Para análise comparativa do texto original e dos substitutos propostas, ver tabela comparativa elaborada por Juliana Bonacorsi de Palma. Fundações estatais de direito privado: viabilidade jurídica do PLP nº 92/2007. *Revista de Direito Sanitário*, v. 10, p. 136-169, 2009.

O termo escolhido pelo projeto original foi *"fundação estatal"*, definida como ente integrante da Administração Indireta para o desempenho de atividades nas áreas delimitadas pelo projeto.[34]

Ademais, o projeto expressamente prevê que a fundação poderá ter *personalidade jurídica pública ou privada*, conforme definido pela lei autorizadora. Entretanto, no caso da fundação estatal de direito privado, o projeto determina que esta somente poderá ser instituída para desempenho de atividades estatais que não sejam exclusivas de Estado, de forma a vedar a criação de entidade de direito privado para o exercício de atividades em áreas em que seja necessário o uso do poder de polícia.

O projeto de lei foi encaminhado para duas Comissões Permanentes (Comissão de Trabalho, de Administração e Serviço Público e Comissão de Constituição e Justiça e de Cidadania), sendo designado para relator o Deputado Pedro Henry.

Em 1-11-2007, o relator emitiu *parecer pela aprovação*, por entender que as áreas definidas pelo PLP seriam adequadas e se encontrariam em conformidade com o que a doutrina diz sobre esses entes. Posteriormente, em 28-5-2008, o relator alterou o parecer, requerendo a *aprovação do projeto substitutivo*.

O objetivo do projeto substitutivo, bem mais extenso do que o original (11 artigos no total), seria trazer mais diretrizes a serem observadas pelas leis específicas instituidoras de fundações estatais.

Inicialmente, note-se que o substitutivo ora utilizava a expressão *fundação instituída pelo poder público* (art. 1º, § 1º), ora *fundação pública* (art. 1º, § 2º e outros[35]) – ou seja, não definiu uma só expressão para essas entidades, *não resolvendo, assim, o problema terminológico das fundações governamentais*.

O substitutivo, assim como o projeto original, possibilitou a escolha de ambas as personalidades jurídicas para as fundações. No entanto, determinou que as fundações estatais de direito privado não poderiam ter por finalidade a execução de atividades exclusivas do Estado, assim entendidas como (i) o exercício do poder de autoridade do Estado ou (ii) atividades em que, pela relevância e interesse público, o Estado atue sem a presença complementar ou concomitante da iniciativa privada (art. 1º, § 3º). Note-se, então, que *essa segunda característica de "atividades exclusivas" é bastante fluida e pode ser bem expansiva, o que pode vir a limitar o campo das fundações estatais de direito privado*.

Quanto às áreas possíveis de atuação, o substitutivo acrescentou três áreas: ensino e pesquisa, formação profissional e cooperação técnica internacional.

---

[34] O art. 1º definiu as seguintes áreas de atuação: "I – saúde; II – assistência social; III – cultura; IV – desporto; V – ciência e tecnologia; VI – meio ambiente; VII – previdência complementar do servidor público, de que trata o art. 40, §§ 14 e 15, da Constituição Federal; VIII – comunicação social; e IX – promoção do turismo nacional."

[35] Nesse caso, em alguns artigos havia a expressão (claramente incompleta) de "fundação pública com personalidade jurídica" (arts. 5º a 8º). Em 10-6-2008, houve aprovação do Parecer com Complementação de Voto, corrigindo essas referências para "fundação pública com personalidade jurídica *de direito privado*".

O substituto também expressou a *imposição de concurso público*, independentemente da personalidade jurídica (art. 3º, § 5º), definiu *regras sobre contabilidade* (art. 5º e 6º), possibilitou a *cessão de servidores* das fundações estatais para outros entes públicos (art. 10), bem como estabeleceu regras para a *celebração de contratos* com entes públicos e privados, de acordo com o campo de atuação da fundação (por exemplo, arts. 5º e 7º). Foi ainda prevista a possibilidade de *ampliação da autonomia gerencial, orçamentária ou financeira*, por meio da celebração de contrato com o ente público supervisor (art. 4º).

Pouco tempo após a apresentação do substitutivo, foi apresentado, em 18-6-2008, *voto em separado da Deputada Alice Portugal*. Em seu voto, a deputada tece fortes críticas ao modelo de gestão por Organizações Sociais, instituído especialmente na área da saúde, sendo que essas entidades não se submeteriam a nenhum tipo de controle. De acordo com a deputada, o projeto de lei das fundações padeceria dos mesmos erros.

A deputada ressalta ainda que o projeto de lei extrapola o poder regulamentar determinado pela CF/88, por dois motivos. Um, porque o artigo constitucional refere-se à *regulamentação das áreas de atuação*, e nada mais. Dois, porque permitiria que uma fundação criada pelo Estado tivesse *natureza jurídica privada* – o que, no entender da deputada, *seria algo inédito*. Cite-se trecho de seu voto:

> A proposta apresentada vai além, tratando de definir um novo tipo de entidade fundacional que, *apesar de sua natureza pública, teria a prerrogativa inédita de assumir personalidade de direito privado. Mesmo sem discutir a possibilidade constitucional da existência de tal criação teratológica e biface*, é evidente que a proposição extrapola do poder de regulamentar que lhe foi outorgado pelo dispositivo constitucional.

O novo substituto exclui também as áreas de ensino e saúde dentre as finalidades possíveis de atuação das fundações, porque a possibilidade de atuação nessas áreas "não encontra respaldo nas próprias justificativas apresentadas pelo Poder Executivo quando da apresentação do projeto de lei complementar". Ressalte-se, contudo, que – coincidentemente ou não – são nessas duas áreas que a deputada tece duras críticas quanto à atuação das OSs.

Quanto às fundações estatais privadas, cumpre observar que, apesar da crítica mencionada acima, não foi pedida a exclusão da possibilidade de sua criação. A proposta da deputada apenas excetua a possibilidade de atuação dessas entidades das áreas de ensino e pesquisa e formação profissional (art. 2º, parágrafo único). Ademais, determina que as fundações estatais de direito privado serão regidas pelo Código Civil e pela legislação pertinente, ressalvado o disposto na lei (art. 1º, § 2º).

A proposta da deputada Alice Portugal não foi aprovada. Na Comissão de Constituição e Justiça e de Cidadania, tanto o projeto original quanto o substitutivo foram aprovados sem qualquer condicionamento em 15-7-2008.

Incluído diversas vezes na pauta de votação do plenário, a apreciação do PLP nº 92 teve várias interrupções (tanto por travamento de pauta para votação de medida provisória, como por acordo de líderes para retirada de pauta), sendo que atualmente encontra-se fora de pauta.[36]

5.2 Anteprojeto de Lei Orgânica da Administração Pública

O Anteprojeto de Lei Orgânica da Administração Pública, elaborado por uma comissão de juristas constituída pelo Ministério de Planejamento, Orçamento e Gestão, traz normas gerais para a Administração Pública Direta e Indireta, entidades paraestatais e entidades de colaboração.[37]

Especificamente em relação às fundações governamentais, destaque inicial é para a terminologia adotada: *fundações estatais*, de modo a ressaltar o ente criador mas, ao mesmo tempo, evitar qualquer confusão com sua personalidade jurídica.

O Anteprojeto define as fundações estatais como a "pessoa jurídica de direito privado sem fins lucrativos, instituída e mantida por entidade ou entidades estatais, em conjunto ou não com particulares" (art. 19, *caput*). Ressaltem-se os dois requisitos utilizados para caracterizar as fundações estatais: *instituição e manutenção* pelo Poder Público. Surge então a dúvida: o que pode ser considerado como "manutenção pelo Poder Público"? Especificamente: as fundações estatais não dependentes, nos termos do art. 22, § 3º, do Anteprojeto,[38] seriam ou não consideradas como fundações estatais, uma vez que não dependeriam de repasses para o custeio de pessoal, de capital ou geral?

Quanto à natureza jurídica, o Anteprojeto definiu que as fundações governamentais são *pessoas jurídicas de direito privado* (art. 19, *caput*). Eventuais "fundações de direito público" devem ser consideradas como autarquias, tendo em vista que terão o mesmo regime jurídico.

Quanto ao regime jurídico aplicável, o objetivo foi definir, com clareza, as regras aplicáveis, de modo a acabar com as dúvidas jurídicas referentes a esses entes. Conforme a Exposição de Motivos, tal definição se deu a partir de duas principais balizas: de um lado, assegurar a observância de um *regime jurídico administrativo mínimo* (tal como as empresas estatais); doutro, garantir a *flexibilização da gestão* dessas entidades. Com isso, busca-se *recuperar a figura da fundação governamental privada, revertendo o processo de autarquização*, mas, ao mesmo tempo, assegurar mecanismos de controles sobre tais atividades.

O Anteprojeto ressalta a submissão das entidades governamentais privadas – incluídas aí as fundações estatais – ao "*regime jurídico próprio das pessoas jurídicas de direito*

---

[36] A última movimentação do processo ocorreu em 24-6-2009. Disponível em: <http://www.camara.gov.br/proposicoesWeb/fichadetramitacao?idProposicao=3600>. Acesso em: 2 dez. 2012.

[37] Disponível em: <http://www.gespublica.gov.br/anteprojeto-de-lei-organica/Lei%20Organica%20%28Comissao%20de%20Juristas_a_01%20set%2009%29.pdf/view>. Acesso em: 25 nov. 2012.

[38] Art. 22, § 3º Entidade estatal dependente é a empresa estatal ou a fundação estatal que recebe diretamente do orçamento público recursos financeiros para pagamento das despesas com pessoal ou de custeio em geral ou de capital, salvo, no último caso, os provenientes de aumento de participação acionária em empresa estatal.

privado, inclusive quanto à remuneração do pessoal; quanto ao pagamento e execução de seus créditos e débitos; e, ainda, quanto aos direitos e obrigações civis, comerciais, trabalhistas e tributários" (art. 21, *caput*).

Além da expressa determinação de aplicação do regime privado, o Anteprojeto, para assegurar a flexibilidade de gestão, prevê ainda dois principais mecanismos: (i) a celebração de *contrato de autonomia* para as fundações estatais dependentes, como forma de aumentar a autonomia gerencial, orçamentária e financeira (art. 27 ss); (ii) *normas próprias de contratação* pelas fundações não dependentes ou que tenham celebrado contrato de autonomia, conforme regulamento aprovado por decreto.

Como se verifica, o Anteprojeto, por um lado, busca estabelecer as definições essenciais (e que são as que, em geral, geram maior contradição) de forma precisa e, por outro, possibilita que a atuação de cada fundação seja flexibilizada por meio da celebração de contrato de autonomia, que leve em conta as peculiaridades de cada ente.

Em que pesem seus avanços, o andamento do Anteprojeto está paralisado, sendo que ele ainda não foi nem mesmo encaminhado pelo Poder Executivo para o Congresso Nacional.

6 Conclusões

O direito positivo ainda não trabalhou bem o tema das fundações governamentais. Conforme visto, as principais normas existentes sobre as fundações (DL nº 200, CF/88 e Código Civil) trazem imprecisões e dificuldades de interpretação quanto à natureza jurídica e ao regime jurídico aplicável a elas. O processo de alterações dessas normas tampouco trouxe maior clareza, dificultando ainda mais a compreensão quanto ao tema das fundações governamentais.

Isso enseja, por óbvio, consequências na interpretação e aplicação dessas normas às fundações governamentais. Doutrina e jurisprudência se esforçam para compreendê-las levando em conta seu contexto, o que, diante do processo legislativo confuso, enseja inúmeras divergências.

Gera-se, então, insegurança jurídica no uso dessas entidades – vez que, a depender do caso concreto, pode-se impor uma ou outra consequência, independentemente do que expressa a lei instituidora. Essas indefinições podem trazer ainda óbices ao alcance das finalidades visadas pelas fundações governamentais – e que justificam a criação de um ente autônomo, ora de direito público, ora de direito privado.

Principal exemplo dessas dificuldades está nas fundações governamentais de direito privado, cuja personalidade privada pode ser desconsiderada pela jurisprudência pelo fato de exercerem "atividade essencialmente pública" – como se a personalidade jurídica de direito público fosse essencial para a execução de atividades públicas relevantes, ou mesmo se o exercício dessas atividades implicasse numa necessária transmutação da personalidade jurídica de direito privado em direito público. Entende-se, contudo, que a origem desse problema está nas indefinições do direito positivo, que não trata com precisão e clareza o regime jurídico que deve ser aplicado às fundações governamentais.

Destarte, o que se buscou demonstrar é tanto a existência de diversas questões jurídicas relevantes no tocante às fundações governamentais – o que já se percebeu há tempos – mas, especialmente, que *a causa dessas dificuldades está intrinsecamente relacionada com as imprecisões do direito positivo vigente*. É necessário conferir um tratamento normativo mais claro e preciso para as fundações governamentais, de modo a trazer maior segurança jurídica para a criação e o funcionamento dessas entidades e, especialmente, para viabilizar o alcance dos fins públicos relevantes que devem perseguir.

A perspectiva legislativa também não é muito favorável, não pelo mérito das propostas, mas especialmente pela ausência de expectativa de avanço desses projetos num curto prazo. O PLP nº 92 tem por ponto positivo expressar a possibilidade de escolha da natureza jurídica desses entes, definir suas áreas de atuação e prever expressamente a possibilidade de celebração do contrato de autonomia – embora não avance mais na delimitação do regime jurídico desses entes e nem resolva a questão terminológica. Já o Anteprojeto de Lei Orgânica da Administração Pública traz significativo avanço, ao abordar de frente e com precisão a questão da natureza jurídica e regime jurídico aplicável às fundações governamentais. Ademais, apesar de trazer definições gerais quanto ao regime jurídico, o Anteprojeto permite flexibilizações a serem aplicadas a cada caso – viabilizando assim maior autonomia nos casos em que isso se mostre necessário e possível. No entanto, a definição de fundação como a entidade *instituída e mantida* por ente público, adotada pelo Anteprojeto, pode trazer dúvidas quanto à fronteira entre público e privado na identificação de fundação governamental em contraposição com fundação privada.

Em que se pese o mérito desses projetos, contudo, não há perspectivas de que sejam aprovados e transformados em lei – o processo legislativo do PLP nº 92 está paralisado desde 2009 e, tendo vista os andamentos passados, presume-se que não será retomado tão em breve. E o Anteprojeto, apresentado pela comissão de juristas em 16-7-2009, até hoje não foi encaminhado ao Congresso pelo Governo Federal.

Enquanto não houver um tratamento mais preciso e adequado das fundações governamentais pelo direito positivo, entende-se que as diversas questões jurídicas ensejadas na sua criação e no seu funcionamento continuarão existindo e desafiando a jurisprudência, a doutrina e os demais aplicadores do Direito.

20 Vedação da Renovação Compulsória Locatícia de Bens Públicos e sua Atual Extensão para as Empresas Estatais: Sobrevivência do Princípio da Supremacia do Interesse Público Aplicado ao Patrimônio Imobiliário

Otávio Henrique Simão e Cucinelli[1]

1 Introdução

Essas linhas são escritas a propósito da disciplina "utilização do direito privado pela Administração Pública", regida pela Professora Titular de Direito Administrativo da Faculdade de Direito da Universidade de São Paulo – Maria Sylvia Zanella Di Pietro – no curso de pós-graduação daquela instituição de ensino superior, ministrado no 2º semestre de 2012.

O tema desenvolvido neste trabalho destina-se a analisar a real e majorante extensão da influência do regime jurídico administrativo sobre os bens públicos, no tocante à vedação do direito de renovação compulsória do contrato de locação de bem imóvel, a fim de comprovar a evolução de tal proibição, não só do ponto de vista histórico, como também, presentemente, para além dos próprios bens públicos em sentido estrito e, assim, comprovar a presença do princípio da supremacia do interesse público aplicado ao patrimônio imobiliário.

Para cumprir o propósito a que se destina, em primeiro lugar, será consignado um panorama histórico-legislativo do tema até os dias hodiernos e, posteriormente, a questão será analisada à luz da jurisprudência pátria que, não só tem dado cumprimento à legislação, como ainda tem estendido tal proibição para além dos próprios bens públicos, a fim de publicizar relações jurídicas patrimoniais de empresas estatais, apesar da sua personalidade jurídica indiscutivelmente privada.

2 Histórico legislativo da questão

Desde a primeira oportunidade em que o legislador brasileiro se preocupou em disciplinar expressamente a questão da possibilidade, ou não, de particulares locatários de

---

[1] Procurador do Município de São Paulo. Mestrando em direito administrativo na Faculdade de Direito da USP.

bens públicos imóveis poderem, eventualmente, deduzir o pleito de renovação compulsória, a negativa já veio expressa, nos termos do art. 32 do Decreto nº 24.150, de 20-4-1932 (antiga Lei de Luvas), a saber:

> Art. 32. As regras da presente lei não se aplicam às locações em que a União Federal, os Estados e os Municípios forem partes.

Posteriormente, a norma acima não foi revogada pelo Decreto-lei nº 9.669/46 (lei de locações superveniente), mas, pelo contrário, em seu art. 28, teve o raio de alcance da vedação nela contida ainda mais dilatado para também incluir os bens imóveis autárquicos:

> Art. 28. O art. 32 do Decreto-lei nº 24.150, de 20-4-1934, passa a vigorar com a seguinte redação: As regras da presente lei não se aplicam às locações em que a União Federal, os Estados, os Municípios e as autarquias forem partes.

Referida normação permaneceu assim estabelecida até a edição da nova lei de locações – a Lei nº 8.245, de 18-10-1991, a qual, apesar de revogar expressamente o Decreto nº 24.150/32 (antiga lei de luvas),[2] manteve a orientação podadora da renovação compulsória de contratos locatícios de bens imóveis públicos, não só determinando a incidência da legislação especial para os imóveis de propriedade da União, dos Estados, dos Municípios, de suas autarquias, como também estendendo a mesma excepcionalidade proscritiva para os imóveis das fundações públicas, nos seguintes termos:

> Art. 1º A locação de imóvel urbano regula-se pelo disposto nesta lei:
>
> Parágrafo único. Continuam regulados pelo Código Civil e pelas leis especiais:
>
> a) as locações:
>
> *1. de imóveis de propriedade da União, dos Estados e dos Municípios, de suas autarquias e fundações públicas;*

Doutrinariamente, José Carlos de Moraes Salles comenta a mudança legislativa operada da seguinte forma:

> **1.** A renovação dos contratos de locação de imóveis destinados a fins comerciais regulados, desde 1934, pelo Dec. 24.150, de 20 de abril do referido ano.
>
> Todavia, a *Lei de Luvas* – como era conhecido o mencionado decreto, nos meios jurídicos – foi expressamente revogada pelo art. 90, I, da Lei 8.245 de 18-10-1991,

---

[2] **Art. 90, Lei nº 8.245/91.** Revogam-se as disposições em contrário, especialmente:
I – o Decreto nº 24.150, de 20 de abril de 1934;
[...].

que dispôs sobre as locações dos *imóveis urbanos* e os procedimentos às mesmas pertinentes.[3]

3 Considerações gerais sobre a ação renovatória

A Lei nº 8.245/91 passou a disciplinar a ação renovatória nos seus arts. 71 a 75.[4] Porém, a par de tais normas especificamente dirigidas à renovação compulsória dos contratos de locação de imóveis urbanos, destinados ao comércio, indústria e sociedades quaisquer

---

[3] SALLES, José Carlos de Moraes. *Ação renovatória de locação empresarial*: locações comerciais, industriais e para sociedades civis com fins lucrativos. 2. ed. São Paulo: Revista dos Tribunais, 2002. p. 32.

[4] Art. 71. Além dos demais requisitos exigidos no art. 282 do Código de Processo Civil, a petição inicial da ação renovatória deverá ser instruída com:

I – prova do preenchimento dos requisitos dos incisos I, II e III do art. 51;

II – prova do exato cumprimento do contrato em curso;

III – prova da quitação dos impostos e taxas que incidiram sobre o imóvel e cujo pagamento lhe incumbia;

IV – indicação clara e precisa das condições oferecidas para a renovação da locação;

V – indicação do fiador quando houver no contrato a renovar e, quando não for o mesmo, com indicação do nome ou denominação completa, número de sua inscrição no Ministério da Fazenda, endereço e, tratando-se de pessoa natural, a nacionalidade, o estado civil, a profissão e o número da carteira de identidade, comprovando, desde logo, mesmo que não haja alteração do fiador, a atual idoneidade financeira;

VI – prova de que o fiador do contrato ou o que o substituir na renovação aceita os encargos da fiança, autorizado por seu cônjuge, se casado for;

VII – prova, quando for o caso, de ser cessionário ou sucessor, em virtude de título oponível ao proprietário.

Parágrafo único. Proposta a ação pelo sublocatário do imóvel ou de parte dele, serão citados o sublocador e o locador, como litisconsortes, salvo se, em virtude de locação originária ou renovada, o sublocador dispuser de prazo que admita renovar a sublocação; na primeira hipótese, procedente a ação, o proprietário ficará diretamente obrigado à renovação.

Art. 72. A contestação do locador, além da defesa de direito que possa caber, ficará adstrita, quanto à matéria de fato, ao seguinte:

I – não preencher o autor os requisitos estabelecidos nesta lei;

II – não atender, a proposta do locatário, o valor locativo real do imóvel na época da renovação, excluída a valorização trazida por aquele ao ponto ou lugar;

III – ter proposta de terceiro para a locação, em condições melhores;

IV – não estar obrigado a renovar a locação (incisos I e II do art. 52).

1º No caso do inciso II, o locador deverá apresentar, em contraproposta, as condições de locação que repute compatíveis com o valor locativo real e atual do imóvel.

2º No caso do inciso III, o locador deverá juntar prova documental da proposta do terceiro, subscrita por este e por duas testemunhas, com clara indicação do ramo a ser explorado, que não poderá ser o mesmo do locatário. Nessa hipótese, o locatário poderá, em réplica, aceitar tais condições para obter a renovação pretendida.

3º No caso do inciso I do art. 52, a contestação deverá trazer prova da determinação do Poder Público ou relatório pormenorizado das obras a serem realizadas e da estimativa de valorização que sofrerá o imóvel, assinado por engenheiro devidamente habilitado.

com fins lucrativos, desde que regularmente constituídas (art. 51, § 4º, Lei nº 8.245/91), os pressupostos fático-jurídicos de direito processual e comercial são os seguintes:

i) que o contrato renovando tenha sido estabelecido por escrito (art. 51, I);

ii) que o contrato a renovar venha a ser firmado com prazo determinado (art. 51, I);

iii) que o contrato em tela tenha tido o prazo mínimo de cinco anos ou que a esse total de anos conduza o somatório dos prazos ininterruptos dos contratos escritos anteriormente, firmados pelas partes (art. 51, II);

iv) que o locatário tenha estado explorando atividade comercial, industrial ou de sociedade civil com fim lucrativo, sempre no mesmo ramo de atividade empresarial, pelo prazo mínimo e ininterrupto de três anos (art. 51, III);

v) que a ação renovatória tenha sido proposta no interregno de um ano, no máximo, até seis meses, no mínimo, anterior à data da finalização do prazo do contrato em vigor, sob pena de decadência (art. 51, § 5º).

Sobre a legitimidade ativa para intentar a referida ação, além do locatário, tal demanda também pode ser ajuizada: (a) pelos cessionários ou sucessores da locação em curso (art. 51, § 1º, Lei nº 8.245/91); (b) pelo sublocatário (e somente por ele), nos casos em que tiver havido sublocação total do imóvel (art. 52, § 1º); (c) pelo locatário ou pela sociedade quando, firmado o contrato por aquele, houver na avença autorização para que o imóvel venha a ser utilizado pela sociedade de que faça parte, tendo o fundo de comércio passado a pertencer a este (art. 51, § 2º); ou, ainda, (d) pelo sócio sobrevivente, o qual fica sub-rogado no direito à renovação, desde que continue no mesmo ramo, nos casos de dissolução da sociedade (seja comercial, industrial ou civil com fim lucrativo), por morte de um dos sócios (art. 51, § 3º).

Ocorre, todavia, que o direito à renovação compulsória do contrato de locação de imóvel urbano, para fins comerciais, não é absoluto, pois o locador demandado não estará jungido a essa renovação nos seguintes casos:

4º Na contestação, o locador, ou sublocador, poderá pedir, ainda, a fixação de aluguel provisório, para vigorar a partir do primeiro mês do prazo do contrato a ser renovado, não excedente a oitenta por cento do pedido, desde que apresentados elementos hábeis para aferição do justo valor do aluguel.

5º Se pedido pelo locador, ou sublocador, a sentença poderá estabelecer periodicidade de reajustamento do aluguel diversa daquela prevista no contrato renovando, bem como adotar outro indexador para reajustamento do aluguel.

Art. 73. Renovada a locação, as diferenças dos aluguéis vencidos serão executadas nos próprios autos da ação e pagas de uma só vez.

Art. 74. Não sendo renovada a locação, o juiz determinará a expedição de mandado de despejo, que conterá o prazo de 30 (trinta) dias para a desocupação voluntária, se houver pedido na contestação.

Art. 75. Na hipótese do inciso III do art. 72, a sentença fixará desde logo a indenização devida ao locatário em consequência da não prorrogação da locação, solidariamente devida pelo locador e o proponente.

i) se, por ordem do Poder Público, tiver de implementar obras no imóvel que acarretem sua radical modificação (art. 52, I);

ii) se tiver de realizar no imóvel obras que impliquem uma alteração de tamanha monta no imóvel que majore significativamente o valor do negócio ou da propriedade imobiliária (art. 52, I);

iii) se houver intenção de retomada para uso próprio do imóvel (art. 52, II);

iv) se pretender retomar o imóvel para transferir o fundo de comércio lá existente há mais de um ano, sendo ele próprio, seu cônjuge, ascendente ou descendente o titular da maioria do capital social (art. 52, II). Porém, vale excepcionar que o retomante não poderá destinar o imóvel ao mesmo ramo de atividade do locatário, salvo se a locação também abrangia o fundo de comércio, com as instalações e pertences (art. 52, § 1º).

Contudo, a teor do art. 52, § 2º, da Lei nº 8.245/91, nas locações de espaço em *shopping centers*, o locador não poderá recusar a renovação do contrato com base nos itens iii e iv (art. 52, II).

E, encerrando essas considerações sobre aspectos gerais da ação de renovação compulsória, merece notar que, se a renovação não sobrevier por força de melhor proposta de terceiro ou, se o locador, no prazo de três meses da entrega do imóvel, não lhe imprimir as características e finalidades alegadas ou, ainda, não deflagrar as obras determinadas pelo Poder Público ou as declaradas por ele (locador), o locatário passará a fazer jus ao direito à indenização para ressarcimento dos prejuízos e dos lucros cessantes decorrentes dessa mudança, somado aos valores devidos pela perda do lugar e desvalorização do fundo de comércio (art. 52, § 3º).

4 Da locação de bens públicos

Ocorre, contudo, que, como bem frisado anteriormente, essas regras incidentes sobre a renovação de locações de imóveis urbanos em geral não tem aplicação sobre os bens públicos.

Então, o Poder Público não pode alugar seus próprios bens públicos? Em outras palavras, indaga-se: não existem contratos de locação de bens públicos? A Administração Pública não pode alugar para terceiros os seus próprios bens imóveis, por mais vantajoso e justificado que seja e esteja o entabulamento, frente o interesse público considerado? Hely Lopes Meirelles afirmava exatamente isso. Para ele, o que a lei especial – o Decreto-lei nº 9.760, de 5-9-1946 – chama de locação nada mais seria do que uma concessão remunerada de uso dos bens do domínio público patrimonial, instituto integralmente regido por normas afetadas ao regime jurídico-administrativo, tendo havido exclusiva atecnia legislativa dos redatores do referido decreto-lei. Eis a sua fundamentação para tanto:

A locação é contrato típico de direito privado, onde as partes devem manter equivalência de situações nos direitos e obrigações que reciprocamente assumirem. Por isso se conceitua a locação como um contrato bilateral perfeito, oneroso, comutativo e consensual. Ora, no direito administrativo jamais se poderá transpassar o uso e gozo do bem público com as características da locação civil, porque implicaria renúncia de poderes *irrenunciáveis* da Administração, para que ela viesse a se colocar em igualdade com o particular, como é da essência desse contrato no campo do direito privado. O só fato de uma lei administrativa, primando pela falta de técnica, referir-se erroneamente a um instituto civil, não é o bastante para implantá-lo em nosso direito público.

[...] O mesmo diploma federal desvirtua o que denomina de "locação dos próprios nacionais", quando declara que ela "se fará mediante contrato, não ficando sujeita a disposições de outras leis concernentes à locação" (art. 87). Como se poderá entender uma *locação* que não se subordina às normas da locação?[5]

Particularmente, essa visão merece certos reparos, até mesmo porque afirmar que o Poder Público não pode vincular-se contratualmente como locatário de qualquer de seus bens imóveis seria ignorar a realidade do cotidiano jurídico e a própria chancela jurisprudencial.

Em verdade, o foco para melhor analisar essa questão perpassa pela classificação dos bens públicos quanto à sua destinação, bem como ao seu regime jurídico.

5 Dos bens públicos quanto à sua destinação e características

A classificação legal dos bens públicos quanto à sua destinação, hoje em dia, parte do art. 99 da Lei nº 10.406, de 10-1-2002 (novo Código Civil), o qual elenca três categorias de bens públicos: os de uso comum do povo, os de uso especial e os dominicais. *In verbis*:

Art. 99. São bens públicos:

I – os de uso comum do povo, tais como rios, mares estradas, ruas e praças;

II – os de uso especial, tais como edifícios ou terrenos destinados a serviço ou estabelecimento da administração federal, estadual, territorial ou municipal, inclusive os de suas autarquias;

III – os dominicais, que constituem o patrimônio das pessoas jurídicas de direito público, como objeto de direito pessoal, ou real, de cada uma dessas entidades.

Parágrafo único. Não dispondo a lei em contrário, consideram-se dominicais os bens pertencentes às pessoas jurídicas de direito público a que se tenha dado estrutura de direito privado.

---

[5] MEIRELLES, Hely Lopes. *Direito administrativo brasileiro*. 35. ed. São Paulo: Malheiros, 2009. p. 304.

Os bens de uso comum do povo são todos aqueles de utilização concorrente de toda a comunidade,[6] usados livremente pela população, o que não significa gratuidade, mas, sim, prescindibilidade de prévia autorização do Poder Público para sua utilização, como, por exemplo, rios, mares, ruas, praças.

Já os bens de uso especial são aqueles destinados ao cumprimento das funções públicas e, por isso mesmo, devem ter uma utilização mais restrita, não podendo ser utilizados livremente pela população, sejam eles bens móveis ou imóveis, tais como repartições públicas, veículos oficiais, museus, cemitérios, entre outros.

Já os bens dominicais são aqueles pertencentes ao patrimônio da Administração Pública (federal, estadual, distrital ou municipal), patrimônio esse utilizado com fins econômicos, como imóveis desocupados, que não possuem destinação pública previamente vinculada. Assim, são bens que a Administração Pública utiliza, inclusive, para obter renda sobre eles. Por exclusão, os bens dominicais são aqueles que não se enquadram nem sob o título de "bens de uso especial do povo" e tampouco sob o de "bens de uso especial".

Essa diferenciação, apesar de fundamental, não é suficiente para abranger todas as espécies de bens públicos. Segundo Celso Antônio Bandeira de Mello, bens públicos "são todos os bens que pertencem às pessoas jurídicas de direito público", e acrescenta, ainda, aqueles que, "embora não pertencentes a tais pessoas, estejam afetados à prestação de um serviço público".[7]

Na mesma toada, Marçal Justen Filho enxerga a Administração pública como um conjunto de instituições, implicando estruturas organizacionais conjugadas com a atuação de pessoas para a satisfação de valores, sendo certo que o *desempenho* de funções institucionais depende de um conjunto de bens que se constituem nos instrumentos materiais de promoção dos fins buscados, bens esses indicados, no caso da Administração Pública, como bens públicos.[8]

Ao referir-se à Administração Pública como "conjunto de instituições", subtendem-se como bens públicos aqueles pertencentes tanto à Administração Pública Direta (União, Estados, Distrito Federal e Municípios), quanto a Indireta (autarquias, fundações públicas, sociedades de economia mista e empresas públicas). Mas, para afirmar-se que um determinado bem seja público, faz-se necessário definir, em primeiro lugar, o regime jurídico a ele aplicável para saber à qual legislação estará subordinado o bem: se ao regime jurídico público ou privado.

O problema é que, com a complexidade sócio-político-jurídica atual, é incogitável falar-se em unicidade de regime jurídico, aplicável a todos os bens públicos indistintamente. Afinal, hoje, o que existem são variáveis derivadas das características dos bens e

---

[6] JUSTEN FILHO, Marçal. *Curso de direito administrativo*. São Paulo: Saraiva, 2005. p. 704.

[7] BANDEIRA DE MELLO, Celso Antônio. *Curso de direito administrativo*. 25. ed. São Paulo: Malheiros, 2008. p. 895.

[8] JUSTEN FILHO, Marçal. *Curso de direito administrativo*. São Paulo: Saraiva, 2005. p. 704.

dos escopos a que se destinam a satisfazer e, por isso, sobredita análise só tem cabimento a partir da destinação do bem, ou seja, de sua finalidade.

Afetar, segundo Marcus Vinícius Corrêa Bittencourt, significa "conferir uma destinação pública a um determinado bem, caracterizando-o como bem de uso comum do povo ou bem de uso especial, por meio de lei ou ato administrativo".[9] No escólio de Marçal Justen Filho, afetação "é a destinação do bem público à satisfação das necessidades coletivas e estatais, do que deriva sua inalienabilidade, decorrendo ou da própria natureza do bem ou de um ato estatal unilateral".[10]

Dessa maneira, um bem privado, destinado à satisfação de necessidades coletivas, será submetido ao regime de direito público, mesmo não sendo um bem público. Por óbvio, quando um bem particular tem destinação pública, o Estado pode valer-se de seu poder extroverso para afetar esse bem particular, transformando-o em público, seja em decorrência de lei, ato ou contrato administrativo como, por exemplo, os bens das concessionárias prestadores de serviços públicos, jungidos ao princípio da continuidade do serviço público.

Esse poder extroverso, próprio do Estado, advém de sua imperatividade, "atributo pelo qual os atos administrativos se impõem a terceiros, independentemente de sua concordância".[11] Quando o Estado investe-se dessa qualidade é porque ele age baseado em seu poder de império, permitindo-se constituir unilateralmente obrigações em relação a terceiros. Exemplificativamente, um serviço terceirizado de transporte, contratado pela Administração Pública, terá o bem utilizado (veículo), considerado bem público, sujeitando-se às regras do direito público durante todo o período em que estiver prestando serviço público, ou seja, durante a vigência do contrato.

Sujeitar-se às regras de direito público significa que esse bem será inalienável, impenhorável e imprescritível, por questão de segurança jurídica e pela preservação do patrimônio público, o que não significa transferência de propriedade do bem à Administração Pública, mas, mera transferência de domínio.

Logo, bens públicos não são apenas aqueles elencados no art. 99 do novo Código Civil, a eles devendo-se somar uma quarta categoria, qual seja, a dos bens particulares afetados à prestação de serviço público. Nesse sentido, inclusive, foi editado o Enunciado nº 287 do CJF/STJ, na *IV Jornada de Direito Civil*, cuja redação é a seguinte:

> O critério da classificação de bens indicado no art. 98 do Código Civil não exaure a enumeração dos bens públicos, podendo ainda ser classificado como tal o bem pertencente à pessoa jurídica de direito privado que esteja afetado à prestação de serviços públicos.

---

[9] BITTENCOURT, Marcus Vinícius Corrêa. *Manual de direito administrativo*. Belo Horizonte: Fórum, 2006. p. 263.
[10] JUSTEN FILHO, Marçal. *Curso de direito administrativo*. São Paulo: Saraiva, 2005. p. 706.
[11] DI PIETRO, Maria Sylvia Zanella. *Direito administrativo*. 12. ed. São Paulo: Atlas, 2000. p. 184.

6 Como e quando o Estado sujeita os bens públicos a contratações com os particulares sob regime jurídico privado?

Se, por um lado, a aplicação pura e simples de contratos de direito civil aos bens patrimoniais disponíveis poderia significar uma espécie de renúncia do Estado à sua posição de supremacia, para nivelar-se à altura jurídica do particular, sem poder alterar ou rescindir a respectiva contratação, unilateralmente, por motivo de mérito (conveniência e oportunidade), por outro, também dizer que o Estado sempre, inequivocamente, assim atua, seria fechar os olhos para as situações em que os bens públicos acabam servindo muito mais ao interesse do particular do que ao interesse do Estado. Então, quando e como o Estado atua de uma maneira ou de outra? E mais: a atuação estatal pode reduzir-se ao mesmo nível jurídico de poderes do particular?

Quem bem responde a essas indagações é a Professora Maria Sylvia Zanella Di Pietro, em sua obra *Uso privativo de bem público por particular*, ao atentar para as seguintes minúcias, diferenciadoras das hipóteses apropriadas para cada situação, mas sempre sem renúncia absoluta às regras do regime jurídico-administrativo:

> O que se verifica, portanto, é que, enquanto a utilização privativa de bens de uso comum do povo e de bens de uso especial só pode ser consentida por títulos de direito público (autorização, permissão e concessão), a utilização de bens dominicais pode ser outorgada quer por instrumentos públicos como os assinalados, quer por institutos de direito civil, aplicados com observância de derrogações impostas por normas publicísticas, que asseguram à pessoa jurídica de direito público a sua posição de supremacia, com a possibilidade de rescindir, a qualquer momento, o acordo, quando motivos de mérito determinem a subtração do bem ao comércio jurídico privado, para sua afetação a fim de interesse público.
>
> Os institutos do direito público são aplicados quando a utilização tem finalidade predominantemente pública, ou seja, quando se destina ao exercício de atividade de interesse geral, como ocorre na concessão de uso de águas para fins de abastecimento da população; ao contrário, os institutos próprios do direito privado (como locação, arrendamento e enfiteuse) são aplicados quando a utilização tem por finalidade direta e imediata atender ao interesse privado do particular, como ocorre na locação para fins residenciais e no arrendamento para exploração agrícola; mas essa aplicação do direito privado nunca se dá em sua pureza, porque têm que ser observadas as derrogações, maiores ou menores, feitas por normas de direito público. Nesses casos, o interesse público é apenas indireto, assegurando a obtenção de renda ao Estado e permitindo a adequada exploração do patrimônio público, no interesse de todos, porém sem impedir que o Poder Público se utilize de suas prerrogativas, especialmente do poder de revogar o ato ou rescindir o contrato por motivo de interesse público devidamente motivado.[12]

---

[12] DI PIETRO, Maria Sylvia Zanella. *Uso Privativo de Bem Público por Particular*. 2. ed. São Paulo: Atlas, 2010. p. 146-147.

7 Retomando a questão relativa à extensão da proscrição de renovação compulsória de bens públicos

Portanto, a essa altura já é possível concluir que, dentre as três modalidades de bens públicos, somente os bens dominicais são passíveis de inserção no comércio jurídico privado, podendo tais bens ser objeto de relações jurídicas próprias do direito comum (por exemplo, podendo ser objeto de contratos de locação celebrados por particulares com o Poder Público), o que não elide a necessidade de, mesmo em tais contratações, envolvendo esse tipo de bem público, ainda assim, haver a incidência de normas próprias do regime jurídico-administrativo.

Já as outras duas modalidades de bens públicos – bens de uso comum do povo e bens de uso especial – encontram-se inseridas apenas e integralmente dentro do espectro do regime jurídico administrativo e, como tais, são regidas, exclusivamente, por normas de direito público, à vista da necessidade de garantir, com rigidez, as finalidades a que se destinam tais bens.

Melhor explicando, traz-se novamente à leitura a lição de Maria Sylvia Zanella Di Pietro:

> Conclui-se, portanto, que, dentre as três modalidades de bens públicos, uma está no comércio jurídico privado: trata-se dos bens dominicais, que podem ser objeto de relações próprias do direito comum, o que não afasta, em determinadas circunstâncias, a necessidade de lhes serem estendidas normas publicísticas; as outras duas modalidades – bens de uso comum e de uso especial – estão no *comércio jurídico de direito público* e as relações que sobre eles incidem regem-se por normas de direito público, pela necessidade de assegurar fiel observância dos fins a que esses bens estão destinados. **O mesmo ocorre com os bens das entidades de direito privado que estejam vinculados à prestação de serviço público.**[13] (g.n.)

Agora, é justamente a partir do trecho destacado acima que deve ser retomada a questão da extensão da proibição da renovação compulsória de contratos de locação de imóveis urbanos públicos, deduzida por particulares em face da respectiva pessoa jurídica titular do bem e, em especial, o tamanho da influência do regime jurídico-administrativo, sobre essa temática, a ponto de a própria jurisprudência extravasar essa vedação para além dos limites legalmente estabelecidos e preconizados no art. 1º, parágrafo único, *a*, 1, da Lei nº 8.245/91, açambarcando nessa vedação outros bens que não somente aqueles formalmente declinados no rol legal do art. 99 do novo Código Civil, em especial, os bens das empresas estatais prestadoras de serviço público, malgrado sejam, inequivocamente, pessoas jurídicas de direito privado, ignorando-se a própria determinação constitucional de equiparação preceituada pelo art. 173, § 1º, II, da Constituição Federal.[14]

---

[13] DI PIETRO, Maria Sylvia Zanella. *Uso Privativo de Bem Público por Particular*. 2. ed. São Paulo: Atlas, 2010. p. 11-12.

[14] Art. 173. Ressalvados os casos previstos nesta Constituição, a exploração direta de atividade econômica pelo Estado só será permitida quando necessária aos imperativos da segurança nacional ou a relevante interes-

A rigor, pela clareza da redação legal do art. 1º, parágrafo único, *a*, 1, da Lei de Locações, somente os bens de propriedade da União, dos Estados, dos Municípios, de suas autarquias e fundações públicas teriam as suas respectivas locações subtraídas do âmbito normativo da Lei nº 8.245/91 e, em especial, as questões relativas à renovação compulsória e demais assuntos afetos aos contratos de locação de bens imóveis pertencentes àquelas pessoas jurídicas de direito público deveriam ser regidas pelas leis especiais, destacadamente o Decreto-lei nº 9.760/46. Nesse sentido:

> ADMINISTRATIVO – BENS PÚBLICOS – IMÓVEL – CESSÃO DE USO – REGIME JURÍDICO – NORMAS DE DIREITO PRIVADO – INAPLICABILIDADE.
>
> O bem público não está sujeito à legislação civil, não se aplicando aos contratos de locação firmados pela Administração Pública federal, estadual e municipal a Lei de Luvas. Recurso improvido (STJ, RESP – RECURSO ESPECIAL – 59.448, Processo nº 1995/0002978-2, 1ª Turma, Relator Ministro Garcia Vieira, j. 11-4-2000, *DJ* 8-5-2000, p. 60, *RJADCOAS*, v. 9, p. 91).

O julgado acima cuidou de um caso de contrato de locação entre a então Empresa Municipal de Desenvolvimento de Paraguaçu Paulista-SP (locadora), com aquiescência da pessoa política do respectivo Município, e o locatário-particular, com vigência a partir de 1º-2-1983 e duração de oito anos, até o seu termo *ad quem*, em 31-1-1991, tendo por objeto um prédio público, no qual o particular-locatário instalou um empreendimento hoteleiro, no centro do Município de Paraguaçu Paulista-SP. Pelo contrato, superado o prazo contratualmente estabelecido, a locadora ou sua sucessora legal deveria abrir nova concorrência para locação do imóvel e, em igualdade de condições das propostas, o presente locatário até teria preferência pela renovação. O voto do Ministro Relator, acompanhado por toda a Primeira Turma, baseou-se na inaplicabilidade das regras do Decreto nº 24.150/34 (antiga lei de luvas) e, sobretudo, do direito à renovação compulsória da locação, contra as pessoas jurídicas de direito público e, portanto, contra o Município de Paraguaçu Paulista-SP, sucessor da já então extinta empresa pública municipal, outrora contratante-locadora, pois o art. 32 do Decreto nº 24.150/34 já ressalvava e impedia a

---

se coletivo, conforme definidos em lei.

§ 1º A lei estabelecerá o estatuto jurídico da empresa pública, da sociedade de economia mista e de suas subsidiárias que explorem atividade econômica de produção ou comercialização de bens ou de prestação de serviços, dispondo sobre:

I – sua função social e formas de fiscalização pelo Estado e pela sociedade;

II – a sujeição ao regime jurídico próprio das empresas privadas, inclusive quanto aos direitos e obrigações civis, comerciais, trabalhistas e tributários;

III – licitação e contratação de obras, serviços, compras e alienações, observados os princípios da administração pública;

IV – a constituição e o funcionamento dos conselhos de administração e fiscal, com a participação de acionistas minoritários;

V – os mandatos, a avaliação de desempenho e a responsabilidade dos administradores. (g.n.)

renovação compulsória de locações contra pessoas políticas, o que não só foi mantido, como ampliado pelas legislações posteriores.

Não bastasse o fundamento legal, houve também um argumento sistemático do Relator no sentido de que o contrato de locação do prédio, firmado pela Administração Pública, seria um contrato administrativo e não um contrato de locação comum, justamente por envolver em seu objeto um bem público, insuscetível de ser regido pela legislação civil.

Bem, de toda forma, nesse caso concreto, quando do fim do contrato, a empresa pública municipal, então locadora, já havia sido extinta e sucedida pelo próprio Município, com o retorno do imóvel à propriedade da pessoa política do Município de Paraguaçu Paulista e, desse modo, na época do julgamento, o r. *decisum* subsumiu-se com perfeição à determinação legal de inaplicabilidade da lei de locações do direito comum.

Ocorre que a jurisprudência pátria veio avançando para muito além dos limites legais, obstando a renovação compulsória de contratos de locação de imóveis pertencentes a empresas estatais prestadoras de serviço público, a despeito de sua personalidade indiscutível de direito privado. Confira-se, a propósito:

> ADMINISTRATIVO. **BEM IMÓVEL DA UNIÃO ADMINISTRADO PELA INFRAERO.** CESSÃO DE USO. INSTITUTO DE DIREITO ADMINISTRATIVO. CONSOANTE DISPÕE A LEI (DECRETO-LEI Nº 9.760/46), A CESSÃO DE USO DE BEM IMÓVEL DA UNIÃO, MEDIANTE CONTRATO ONEROSO, SEJA QUAL FOR A DENOMINAÇÃO DESSA AVENÇA, DEVE SER REGIDA PELAS NORMAS DE DIREITO PÚBLICO, JÁ QUE TEM A NATUREZA JURÍDICA DE CONTRATO ADMINISTRATIVO. **AS NORMAS DE DIREITO PRIVADO NÃO PODEM DISCIPLINAR A CESSÃO DE USO DE BEM PÚBLICO, AINDA QUE ESTE ESTEJA SOB A ADMINISTRAÇÃO DE EMPRESA PÚBLICA, PORQUANTO, TENDO EM VISTA O INTERESSE E AS CONVENIÊNCIAS DA ADMINISTRAÇÃO, A UNIÃO PODE, A QUALQUER TEMPO E UNILATERALMENTE, REAVER O SEU IMÓVEL, TORNANDO SEM EFEITO QUALQUER CONTRATO ENTRE O CESSIONÁRIO E O CEDENTE.** RECURSO A QUE SE NEGA PROVIMENTO. DECISÃO POR MAIORIA DE VOTOS" (g.n.) (STJ, RESP – RECURSO ESPECIAL – 55.275, Processo nº 1994/0030705-5, 1ª Turma, Relator Ministro Demócrito Reinaldo, j. 17-5-1995, *DJ* 21-8-1995, p. 25353, *RDA*, v. 202, p. 242, *RSTJ*, v. 79, p. 78).

> PROCESSUAL CIVIL E ADMINISTRATIVO – INEXISTÊNCIA DE NEGATIVA DE PRESTAÇÃO JURISDICIONAL – USO DE BEM DE EMPRESA PÚBLICA: REGIME JURÍDICO DE DIREITO ADMINISTRATIVO.
>
> 1. Inexistência omissão no acórdão recorrido, se busca a parte em embargos de declaração inovar seus argumentos.
>
> **2. Os bens de empresa pública afetados à sua finalidade não podem ser utilizados senão dentro das regras de Direito Público.**
>
> **3. Bens da INFRAERO na área das atividades aeroportuárias não seguem as regras de locação (precedentes desta Corte).**

4. Recurso especial parcialmente conhecido e, nesta parte, improvido (g.n.) (STJ, RESP – RECURSO ESPECIAL – 447867, Processo nº 200200460374, 2ª Turma, Relatora Ministra Eliana Calmon, j. 2-10-2003, *DJe* 28-10-2003, p. 262).

Administrativo. Empresa Pública e Empresa Privada. Locação de Imóvel. C.F., arts. 37 e 173, § 1º Lei nº 8.666/93 (arts. 1º e 54). Decreto-lei nº 200/67.

1. A empresa pública, de finalidade e características próprias, cujos bens são considerados públicos, sujeita-se aos princípios da Administração Pública, que são aplicáveis para as suas atividades fins, bem distanciado do Direito Privado. A rigor, a sua função administrativa consiste no dever do Estado, com regime jurídico-administrativo, com regras próprias e prevalecentemente de Direito Público. Os contratos que celebra têm por pressuposto lógico o exercício de função pública. Soma-se que a empresa pública está inserida no capítulo apropriado à Administração Pública (art. 37, C.F.).

2. A remuneração pelo uso de bem público não configura aluguel e o disciplinamento do ajuste, firmado entre a empresa pública e a particular, não se submetem às normas ditadas à locação comum, e sim do Direito Público. Forçando, caso admitida a locação, mesmo assim, não escaparia dos preceitos de Direito Público (arts. 1º e 54, Lei 8.666/93).

3. Recurso provido (g.n.) (STJ, RESP – RECURSO ESPECIAL – 206044, Processo nº 199900189388, 1ª Turma, Relator Ministro Humberto Gomes de Barros, j. 2-5-2000, *DJe* 3-6-2002, p. 143).

Veja-se que essa orientação pretoriana permanece de pé até os dias atuais, tendo sido aplicada para outras ações locatícias, além da ação renovatória, segundo o precedente abaixo ementado pelo Ministro Luiz Fux:

PROCESSUAL CIVIL. ADMINISTRATIVO. BEM PÚBLICO. CONTRATO DE LOCAÇÃO, ARRENDAMENTO OU CESSÃO DE USO. IMÓVEL NO ENTORNO DA ÁREA AEROPORTUÁRIA. INCIDÊNCIA DAS NORMAS DE DIREITO PÚBLICO. NATUREZA E FINALIDADE DO CONTRATO. AÇÃO DE CONSIGNAÇÃO. DESCABIMENTO. AUSÊNCIA DE PREQUESTIONAMENTO. SÚMULAS 282 E 356/STF. INOVAÇÃO EM SEDE DE EMBARGOS DE DECLARAÇÃO. IMPOSSIBILIDADE. VIOLAÇÃO DO ART. 535, II, CPC. INOCORRÊNCIA. DIVERGÊNCIA INDEMONSTRADA. APLICAÇÃO. ART. 538, PARÁGRAFO ÚNICO, CPC. IMPOSIÇÃO DE MULTA. SÚMULA 98/STJ. RECURSO ESPECIAL. QUESTÃO DE ORDEM PÚBLICA. COISA JULGADA. AUSÊNCIA DE PREQUESTIONAMENTO.

1. A ausência de manifestação acerca de matéria não abordada em nenhum momento no *iter* processual, salvo em embargos de declaração, não configura violação ao art. 535, do CPC. Precedentes do STJ: EDcl no AgRg no Ag 691.757/SC, DJ de 6.3.2006 e EDcl no REsp 446.889/SC, DJ de 22.8.2005.

2. *In casu*, o Tribunal de origem decidiu, de maneira fundamentada, as questões relevantes ao deslinde da controvérsia, apresentados nas razões dos Embargos Infringentes, inexistindo ponto omisso sobre o qual se devesse pronunciar em sede de embargos declaratórios, máxime porque o julgamento, em sede de Embargos Infringentes, deve ficar adstrito à matéria articulada no voto dissidente, *in casu*, cabimento de ação de consignação em pagamento de aluguéis de imóvel de propriedade da INFRAERO, em razão da inaplicabilidade das regras de locação do direito privado ao caso concreto.

3. Ademais, a *questio iuris* relativa à exegese dos arts. 267, § 3º e 301, § 4º, do CPC não foi abordada em nenhum momento no iter processual, salvo em embargos de declaração, opostos em face do acórdão dos Embargos Infringentes, que em nada omitiu, posto não suscitada a questão.

4. A simples indicação dos dispositivos legais tidos por violados (arts. 267, § 3º e 301, § 4º, do CPC), sem referência com o disposto no acórdão confrontado, obsta o conhecimento do recurso especial. Incidência dos verbetes das Súmula 282 e 356 do STF.

5. A admissão do Recurso Especial pela alínea *c* exige a comprovação do dissídio na forma prevista pelo RISTJ, com a demonstração das circunstâncias que assemelham os casos confrontados, não bastando, para tanto, a simples transcrição das ementas dos paradigmas. Precedente desta Corte: AgRg nos EREsp 554.402/RS, CORTE ESPECIAL, *DJ* 1-8-2006.

6. *Ad argumentandum tantum*, ainda que superado o óbice da ausência de prequestionamento e da demonstração da divergência, nos moldes exigidos pelo RISTJ, melhor sorte não assiste à parte, ora recorrente, em razão da consonância do acórdão recorrido com a hodierna jurisprudência desta Corte (art. 557, *caput*, do CPC) no sentido de que "A remuneração pelo uso de bem público não configura aluguel e o disciplinamento do ajuste, firmado entre a empresa pública e a particular, não se submetem às normas ditadas à locação comum, e sim do Direito Público. Forçando, caso admitida alocação, mesmo assim, não escaparia dos preceitos de Direito Público (arts. 1º e 54, Lei 8.666/93) (REsp 206044/ES, 1ª Turma, *DJ* 3-6-2002).

7. A exclusão da multa, imposta com base no art. 538, parágrafo único, do CPC, é medida que se impõe quando opostos os embargos para fins de prequestionamento, ante a *ratio essendi* da Súmula 98 do STJ.

8. As matérias de ordem pública, conquanto cognoscíveis de ofício pelo juiz ou Tribunal em qualquer tempo e grau de jurisdição (art. 267, § 3º, do CPC), carecem de prequestionamento em sede de Recurso Especial. Precedentes do STJ: EDcl no AgRg no REsp 962.007/SP, Primeira Turma, *DJ* de 28/05/2008; EDcl nos EDcl no AgRg nos EDcl no Ag 1009546/RS, Terceira Turma, *DJ* de 12/12/2008; AgRg nos EDcl no Ag 1027378/SP, Terceira Turma, *DJ* de 18/11/2008 e AgRg no Ag 781.322/RS, Quarta Turma, *DJ* de 24/11/2008.

9. Agravo Regimental desprovido." (g.n.) (STJ, ADRESP – AGRAVO REGIMENTAL NOS EMBARGOS DE DECLARAÇÃO NO RECURSO ESPECIAL – 1099034, Processo nº 200802274892, 1ª Turma, Relator Ministro Luiz Fux, j. 9-2-2010, *DJe* 2-3-2010).

Conquanto as argumentações sejam as mais variadas, sinteticamente elas podem ser condensadas no ponto objetivo de que o bem, malgrado seja de propriedade da empresa estatal, em caso de eventual extinção da mesma, retornaria naturalmente à propriedade do ente político (União, Estado ou Município) controlador da empresa extinta, em função da reversão do patrimônio – inclusive os bens imóveis – à propriedade da pessoa política detentora da maioria do capital social da empresa extinta.

Partindo desse raciocínio, inequivocamente, as decisões judiciais têm atribuído toda a caracterização publicística corolária, qual seja, entabulamento de direito público, firmado sob as regras do império estatal, via contrato administrativo (arts. 1º e 54, ambos da Lei nº 8.666/93), com necessidade de licitação para uma nova e futura contratação que tenha por objeto o mesmo imóvel, com aplicação das prerrogativas típicas do Poder Público, sobretudo, as cláusulas exorbitantes que forem necessárias para resguardar o interesse público subjacente ao patrimônio imobiliário envolvido.

Assim, em meio aos fundamentos orientadores dessas decisões, encontra-se uma forma explícita de defesa do interesse público, presentemente marcado e ainda muito arraigado em tema de patrimônio imobiliário, cujas regras garantistas não só foram mantidas para os bens das pessoas jurídicas declinadas na lei (no caso, no art. 1º, parágrafo único, *a*, 1, da Lei nº 8.245/91), como também até mesmo estendidas para os imóveis das empresas estatais prestadoras de serviço público, apesar de sua personalidade jurídica indiscutivelmente privada.

Sinteticamente, a jurisprudência ainda assim atua por manter a plena sobrevivência do princípio da supremacia do interesse público, seja o interesse público reconhecido no bem em si, seja o interesse público subjacente à função administrativa do serviço público, que depende do bem para a sua prestação, conforme o princípio da continuidade prestacional, a teor do art. 6º, § 1º, da Lei nº 8.987/95:

> Art. 6º Toda concessão ou permissão pressupõe a prestação de serviço adequado ao pleno atendimento dos usuários, conforme estabelecido nesta Lei, nas normas pertinentes e no respectivo contrato.
>
> **§ 1º Serviço adequado é o que satisfaz as condições de regularidade, continuidade**, eficiência, segurança, atualidade, generalidade, cortesia na sua prestação e modicidade das tarifas.
>
> [...] (g.n.)

Por fim, acerca da sobrevivente presença do princípio do interesse público nos dias atuais, predica Maria Sylvia Zanella Di Pietro:

O mesmo ocorre com o princípio do interesse público. Ele está na base de todas as funções do Estado e não só da função administrativa. Por isso mesmo, ele constitui fundamento essencial de todos os ramos do direito público. Para ficarmos apenas com o direito administrativo, podemos dizer que o princípio da supremacia do interesse público está na base dos quatro tipos de atividade que se compreendem no conceito de *função administrativa* do Estado: *serviço público, fomento, intervenção e polícia administrativa.* [...][15]

Conclusivamente, o princípio da supremacia do interesse público é a pedra de toque subjacente à orientação da determinação legislativa de insubmissão dos bens imóveis pertencentes à União, Estados, Municípios, suas autarquias e fundações públicas aos ditames da Lei de Locações (Lei nº 8.245/91), porquanto norma privatística e de pressuposto de igualdade entre as partes envolvidas na relação jurídica, como também serviu de inspiração para a extensão que a jurisprudência adotou para efetuar tal proscrição para os bens das empresas estatais prestadoras de serviços públicos, malgrado a sua personalidade jurídica de direito privado e a própria determinação constitucional do art. 173, § 1º, II, da CF-88.

---

[15] DI PIETRO, Maria Sylvia Zanella. O princípio da Supremacia do Interesse Público: Sobrevivência diante dos Ideais do Neoliberalismo. In: DI PIETRO, Maria Sylvia Zanella; RIBEIRO, Carlos Vinícius Alves (Coord.). *Supremacia do interesse público e outros temas relevantes do direito administrativo*. São Paulo: Atlas, 2010. p. 95.

21 O Artigo 187 do Código Civil e a Responsabilidade Civil Extracontratual do Estado

Patrícia Regina Mendes Mattos Corrêa Gomes[1]

1 Delimitação do tema: o abuso de Direito e a responsabilidade civil extracontratual do Estado

O direito privado e o direito público muitas vezes seguem caminhos paralelos, mas em dados momentos nota-se a intersecção entre ambos. E as regras de um e de outro se aplicam reciprocamente, o que compele os estudiosos a promoverem a investigação de um instituto nas duas áreas para a melhor solução da problemática apresentada e para a correta aplicação do direito em cada caso concreto.

Tal fenômeno é inevitável. E o desafio deste estudo é analisar a existência ou não dessa "intersecção" quanto às questões da responsabilidade civil extracontratual do Estado e o instituto do abuso de direito, previsto agora, expressamente, no art. 187 do Código Civil.

Para tanto, serão analisados os tópicos pertinentes em ambas as áreas do Direito, civil e administrativo, procurando a harmonização dos dois sistemas.

Importante destacar que a aplicação de regras de direito civil no âmbito do direito administrativo já foi objeto de estudo da Professora Maria Sylvia Zanella Di Pietro, a qual afirma a existência dessa "transposição" de um para o outro:

> *E, com efeito, foi dentro do direito civil que se desenvolveu, durante muitos séculos, a ciência jurídica; desse modo, era a partir dele que se iam elaborando institutos pertinentes hoje a outros ramos.*[2]
>
> *É verdade que, a justificar a primeira posição, existe o fato de que o Código Civil realmente contempla inúmeros institutos pertinentes à teoria geral do direito; mas é preciso*

---

[1] Advogada em São Paulo. Especialista em Direito Civil, Processo Civil e Empresarial pela Faculdade Damásio de Jesus e Mestranda em Direito Civil pela Faculdade de Direito da Universidade de São Paulo. USP nº 7020562.
[2] DI PIETRO, Maria Sylvia Zanella. *Do direito privado na Administração Pública*. São Paulo: Atlas, 1989. p. 84.

deles extrair os traços próprios do direito privado para encontrar a forma genérica a partir da qual se acrescentarão as conotações peculiares ao direito administrativo.[3]

Essa é a pretensão deste estudo, analisar o instituto do abuso do direito, extrair dele os traços próprios do direito privado e provar que a forma genérica se aplica às necessidades do direito administrativo, demonstrando a íntima relação entre o referido instituto e as disposições da responsabilidade civil objetiva do Estado.

2 A responsabilidade civil extracontratual do Estado no ordenamento jurídico brasileiro

A responsabilidade civil do Estado no ordenamento jurídico brasileiro funda-se na teoria objetiva, ou seja, a culpa ou o dolo são mitigados, bastando a ocorrência do ato danoso, do nexo causal entre ele e o dano, o dano propriamente dito, para que haja a obrigação de indenizar.

Essa é a regra contida no art. 37, § 6º, da Constituição Federal[4] de 1988, mas nem sempre foi assim.

Analisando-se a matéria com base nas disposições constitucionais desde a proclamação da independência, temos que as Constituições de 1824 e 1891 não continham disposições expressas sobre a responsabilidade civil do Estado.

Em ambas as cartas constitucionais previu-se tão somente a responsabilização do funcionário e, em alguns casos, a responsabilidade solidária do Estado, como acontecia com os acidentes em estradas de ferro.[5]

Já a Constituição de 1934 passou a adotar a teoria subjetiva da responsabilidade civil, incluindo o Estado e o funcionário como obrigados solidários ao ressarcimento do dano; é o que se extrai da regra contida no art. 171.[6] Por sua vez, a Constituição de 1937 manteve a mesma disposição, só que no art. 158.[7]

---

[3] Ob. cit., p. 85.

[4] Art. 37, § 6º, da Constituição Federal de 1988: § 6º As pessoas jurídicas de direito público e as de direito privado prestadoras de serviços públicos responderão pelos danos que seus agentes, nessa qualidade, causarem a terceiros, assegurado o direito de regresso contra o responsável nos casos de dolo ou culpa.

[5] Decreto nº 2.681/1912.

[6] Art. 171 da Constituição de 1934: Os funcionários públicos são responsáveis solidariamente com a Fazenda nacional, estadual ou municipal, por quaisquer prejuízos decorrentes de negligência, omissão ou abuso no exercício dos seus cargos.

[7] Art. 158 da Constituição de 1937: Os funcionários públicos são responsáveis solidariamente com a Fazenda nacional, estadual ou municipal por quaisquer prejuízos decorrentes de negligência, omissão ou abuso no exercício dos seu cargos.

Em âmbito constitucional, a teoria da responsabilidade objetiva do Estado surgiu com a Constituição de 1946, especialmente com a regra constante do art. 194.[8]

A partir de então se estabeleceu que a responsabilidade fosse desvinculada da figura do funcionário, passando o Estado a assumir o ato praticado por seu representante em relação ao terceiro que sofreu o dano. Mas a lei assegurou o direito de regresso contra o faltante, podendo este ser acionado para o ressarcimento do dano, que o primeiro foi obrigado a ressarcir em relação ao terceiro, restituindo ao Erário os valores gastos.

A regra repete-se na Constituição de 1967 e na respectiva Emenda nº 1 de 1969, nos arts. 105[9] e 107,[10] respectivamente. E, por fim, como dito anteriormente, essa é a regra vigente na Constituição Federal de 1988, aplicável aos casos em que o Estado, através de seus agentes, cometa atos danosos, passíveis de ressarcimento.

Segundo os ensinamentos da Professora Maria Sylvia Zanella Di Pietro, a Constituição Federal de 1988 adotou a regra da

> responsabilidade objetiva do Estado e da responsabilidade subjetiva do agente público, destacando que estes são os requisitos para que o Estado responda: *(a) que o ato lesivo seja praticado por agentes de pessoa jurídica de direito público ou pessoa jurídica de direito privado prestadora de serviço público; (b) que o dano seja causado a terceiros; (c) que o dano seja causado por agente das aludidas pessoas jurídicas; (d) que o agente, ao causar o dano, esteja agindo nessa qualidade.*[11]

A teoria objetiva da responsabilidade do Estado caracteriza-se não só pela ausência do elemento subjetivo, como também pelo pressuposto de que a atuação estatal envolve um risco de dano para o administrado.

Dessa forma, basta que o dano ocorra para que haja a obrigação do Estado em ressarci-lo; é o que a melhor doutrina denomina como a teoria do risco.

E a teoria do risco subdivide-se em teoria do risco administrativo e teoria do risco integral. A primeira admite as excludentes de responsabilidade do Estado, quais sejam: a culpa concorrente ou exclusiva da vítima, a culpa de terceiros e a força-maior.

---

[8] Art. 194 da Constituição de 1946: As pessoas jurídicas de direito público interno são civilmente responsáveis pelos danos que os seus funcionários, nessa qualidade, causem a terceiros. Parágrafo único. Caber-lhes-á ação regressiva contra os funcionários causadores do dano, quando tiver havido culpa destes.

[9] Art. 105 da Constituição de 1969: As pessoas jurídicas de direito público respondem pelos danos que os seus funcionários, nessa qualidade, causem a terceiros. Parágrafo único. Caberá ação regressiva contra o funcionário responsável, nos casos de culpa ou dolo.

[10] Art. 107 da Emenda Constitucional nº 1 de 1969: As pessoas jurídicas de direito público responderão pelos danos que seus funcionários, nessa qualidade, causarem a terceiros. Parágrafo único. Caberá ação regressiva contra o funcionário responsável, nos casos de culpa ou dolo.

[11] DI PIETRO, Maria Sylvia Zanella. Responsabilidade Civil do Estado. In: RODRIGUES JÚNIOR, Otavio Luiz; MAMEDE, Gladston; ROCHA, Maria Vital da (Coord.). *Responsabilidade Civil Contemporânea em Homenagem a Sílvio de Salvo Venosa*. São Paulo: Atlas, 2011. p. 403.

Para teoria do risco integral, o Estado responde, independentemente da ocorrência das mencionadas excludentes, pois basta a existência da atividade de risco e o dano para que o Estado seja obrigado a ressarci-lo.[12]

Importante destacar que a posição retroindicada não é pacífica na doutrina e há o embate entre juristas renomados acerca da existência dessa subdivisão ou não e se a questão da diferenciação é de ordem semântica.

Destarte, essa é a posição adotada neste estudo e que servirá de base para a comprovação da inequívoca "intersecção" entre o direito público e o direito privado com a edição do Código Civil de 2002, no tocante ao instituto do abuso de direito, regra que consta expressamente no *Codex* indicado.

3 As regras da responsabilidade civil no direito privado

É sabido que no Brasil a edição do Código Civil foi tardia se comparada com as outras nações do mundo, na época em que se deu o movimento de codificação. Os Códigos da Prússia, França, Portugal, Itália e Alemanha, por exemplo, entraram em vigor no século XIX, enquanto que o nosso se deu somente no início do século XX.

A preocupação com a edição de um Código eminentemente nacional já estava presente na Constituição de 1824, indicando a necessidade e a ordem de se confeccionar a legislação civil, por meio de um código.[13]

No entanto, somente no ano de 1916, com a aceitação do Projeto apresentado por Clóvis Beviláqua, após inúmeros ajustes que geraram o atraso de dez anos desde a apresentação do referido projeto, é que se concretizou a primeira legislação civil codificada brasileira.

Até então aqui vigoraram as Ordenações Filipinas,[14] que tomaram um fôlego considerável com o trabalho extraordinário desenvolvido por Teixeira de Freitas, qual seja, a Consolidação das Leis Civis, que, antes mesmo da edição do Código Alemão, já apresentou a divisão da estrutura em Parte Geral e Parte Especial.

E essa estrutura foi abarcada por Clóvis Beviláqua no Código de 1916 e mantida posteriormente no Código de 2002. Por se tratar de um código confeccionado no século XIX e que entrou em vigor no século XX, certamente ele refletia as aspirações da época, quando

---

[12] É o que ocorre com os ataques terroristas, danos ambientais, ou em casos de atividades de extremo risco como usinas nucleares, por exemplo, o que pode se verificar na legislação, especialmente no art. 14 da Lei nº 6.938/81 e nos arts. 21, XXIII, *d*, e 225, § 3º, ambos da Constituição Federal.

[13] Art. 179, inciso XVIII, da Constituição de 1824: Organizar-se-ha quanto antes um Código Civil, e Criminal, fundado nas solidas bases da Justiça, e Equidade.

[14] As Ordenações Filipinas, ou Código Filipino, são uma compilação jurídica que resultou da reforma do código manuelino, por Filipe II de Espanha (Felipe I de Portugal), durante o domínio castelhano. Ao fim da União Ibérica (1580-1640), o Código Filipino foi confirmado para continuar vigindo em Portugal por D. João IV. Disponível em: <http://pt.wikipedia.org/wiki/Ordena%C3%A7%C3%B5es_Filipinas>.

a sociedade ainda buscava a supremacia do seu direito em relação ao Estado e aos outros, permeando as regras nele contidas pelo individualismo.

Foi o que aconteceu com os dispositivos acerca da responsabilidade civil, os quais se encontram,[15] como regra geral, no art. 159 e, especificamente no tocante à responsabilidade civil do Estado, no art. 15.

Com a entrada em vigor do Código de 1916, com a regra constante do art. 15, várias controvérsias doutrinárias instalaram-se na época em relação à responsabilidade do Estado, questionando-se se seria subjetiva ou objetiva; essas controvérsias foram dirimidas por completo com a Constituição de 1946, onde restou estabelecida a teoria da responsabilidade objetiva do ente público.[16]

O Código Civil de 2002 manteve a sistemática do Código revogado, inclusive a regra da responsabilidade objetiva do Estado, mas apresentou algumas significativas alterações, dentre as quais será objeto deste estudo a previsão expressa do instituto do abuso de direito.

No art. 43 consta a norma da responsabilidade civil do Estado, seguindo a teoria objetiva constante da Constituição de 1988.[17] Houve a introdução do instituto do abuso de direito, no art. 187, objeto do estudo ora apresentado, como se verifica pela tabela a seguir:

Código Civil de 1916	Código Civil de 2002
Art. 15. As pessoas jurídicas de direito publico são civilmente responsáveis por atos dos seus representantes que nessa qualidade causem danos a terceiros, procedendo de modo contrario ao direito ou faltando a dever prescrito por lei, salvo o direito regressivo contra os causadores do dano.	Art. 43. As pessoas jurídicas de direito público interno são civilmente responsáveis por atos dos seus agentes que nessa qualidade causem danos a terceiros, ressalvado direito regressivo contra os causadores do dano, se houver, por parte destes, culpa ou dolo.
Art. 159. Aquele que, por ação ou omissão voluntária, negligência, ou imprudência, violar direito, ou causar prejuízo a outrem, fica obrigado a reparar o dano.	Art. 186. Aquele que, por ação ou omissão voluntária, negligência ou imprudência, violar direito e causar dano a outrem, ainda que exclusivamente moral, comete ato ilícito.

---

[15] Lei nº 3.071, de 1 de janeiro de 1916, que entrou em vigor um ano após a sua publicação.

[16] GONÇALVES, Carlos Roberto. *Responsabilidade Civil*. 13 ed. São Paulo: Saraiva, 2011, p. 207: "O artigo 15 do Código Civil brasileiro de 1916, pertence à fase civilística da responsabilidade do Estado pelos atos de seus representantes, condicionava-a à prova de que estes houvessem procedido de modo contrário ao direito [...]".

[17] PEREIRA, Caio Mário da Silva. *Instituições de Direito Civil*. Contratos. 16. ed. revista e atualizada por Regis Fichtner. Rio de Janeiro: Forense, 2012. v. III, p. 544: "A responsabilidade objetiva do Estado, que tinha sede legislativa apenas na Constituição Federal, em seu artigo 37, § 6º, foi incorporada pelo Código Civil de 2002, em seu artigo 43".

Código Civil de 1916	Código Civil de 2002
SEM CORRESPONDENTE	Art. 187. Também comete ato ilícito o titular de um direito que, ao exercê-lo, excede manifestamente os limites impostos pelo seu fim econômico ou social, pela boa-fé ou pelos bons costumes.

Feitas as breves considerações a respeito, passemos a analisar o instituto do abuso de direito e a sua evolução no ordenamento jurídico pátrio.

4 O abuso de direito no ordenamento jurídico pátrio

A questão da existência e aplicação do abuso de direito no ordenamento jurídico anterior ao Código Civil de 2002 não é pacífica na doutrina.

Sabe-se que ele não foi previsto no Código Civil de 1916 de maneira expressa, mas o próprio Clóvis Beviláqua, autor do anteprojeto, afirma a existência do instituto na legislação civil, por meio da interpretação do art. 160, inciso I, do *Codex*:

> 6. – *Abuso de Direito. Estatue o art. 160, I, que não constitue acto illicito o praticado no exercicio regular de um direito reconhecido. A* contrario sensu, *o praticado em exercício não regular de um direito, é illícito. Eis ahi a condemnação do abuso de direito, como bem notou o Deputado Mello Franco (Diário do Congresso, de 21 de novembro de 1915).*[18]

Para Daniel M. Boulos, o Código Civil de 1916 não previa a figura do abuso de direito, destacando que, assim como os demais Códigos que entraram em vigor no século XIX, havia pouca limitação ao exercício das prerrogativas em geral, até mesmo pelo cunho individualista da época.[19]

Para Keila Pacheco Ferreira, o instituto do abuso de direito não era estranho ao Código Civil de 1916, mas em sua obra há uma defesa acanhada de que a regra estaria delineada no artigo retromencionado.[20]

Certamente, com a mudança da mentalidade jurídica, a fase individualista presente no século XIX e início do século XX dá lugar à fase em que se busca a funcionalidade do direito e a solidariedade social. Decreta-se a morte do absolutismo dos direitos individuais, que

---

[18] *Código Civil dos Estados Unidos do Brasil.* Comentado por Clóvis Beviláqua. Edição Histórica. Rio de Janeiro: Editora Rio, 1973.

[19] BOULOS, Daniel M. *Abuso do direito no novo Código Civil.* São Paulo: Método, 2006. p. 85.

[20] FERREIRA, Keila Pacheco Ferreira. *Abuso do direito nas relações obrigacionais.* Belo Horizonte: Del Rey, 2007. p. 139.

se encontravam esculpidos no Código Civil de 1916, dando lugar à harmonização social em todos os seus estamentos.

Essa alteração passou a ser sentida com a edição da Lei de Introdução ao Código Civil, Decreto-lei nº 4.707, de 1942,[21] a qual previu, em seu art. 5º, que o magistrado, na aplicação da lei, "atenderá aos fins sociais a que ela se dirige e às exigências do bem comum".

Quanto a essa alteração, o próprio Clóvis Beviláqua defendeu que o direito possui função social, a qual deve ser exercida de sua forma plena, sob pena da caracterização do abuso de direito, como citado na obra de Keila Pacheco Ferreira:[22]

> *A evolução do direito tem operado no sentido do maior desenvolvimento e acentuação de seus institutos éticos, e correspondendo-o como força moral destinada a manter equilíbrio das energias sociais em ação contribui fortemente para a solução do problema do abuso do direito. Se a função do direito é manter em equilíbrio os elementos sociais colidentes, desvirtuar-se-á, mentirá o seu destino, quando se exagerar, no seu exercício, a ponto de se tornar um princípio de desarmonia.*

A regra constante do artigo da Lei de Introdução ao Código Civil já demonstrava de forma clara os fundamentos do instituto do abuso do direito, diante da finalidade social, que será cristalizado posteriormente na Constituição Federal de 1988 e constará expressamente do Código Civil de 2002, no art. 187.

No entanto, permanecem certas dúvidas, na medida em que, em nossa opinião, o instituto em si não está tão óbvio na legislação, levando à necessidade de interpretação da regra, como acontecia com o art. 160, I, do Código Civil de 1916.

O instituto do abuso de direito foi expressamente previsto no art. 187 do Código Civil de 2002, resultado do amadurecimento das interpretações até então existentes das regras do nosso ordenamento jurídico.

Nota-se que a inclusão do instituto deu-se na Parte Geral do Código, figurando então, como cláusula geral, obedecendo às diretrizes fundamentais que norteiam o novo Código, quais sejam: eticidade e a socialidade.

O Código Civil de 2002 optou por distribuir a essência do antigo art. 159 do Código Civil de 1916, posicionando o ato ilícito e o ato abusivo na parte geral e a responsabilidade civil extracontratual na Parte Especial, no art. 927.

Pode-se afirmar que o novo Código previu que a responsabilidade civil pode ser originada de um ato ilícito, de um ato abusivo e de um ato lícito, este último com as regras constantes no art. 188.

---

[21] Atualmente é chamada de Lei de introdução às normas do direito brasileiro, em decorrência da redação dada pela Lei nº 12.376, de 2010.

[22] PACHECO, Keila. Ob. cit., fls. 140.

De fato, o dano passou a ser o elemento primordial para a caracterização da responsabilidade civil extracontratual, passando a ser irrelevante a intenção daquele que o cometeu ou então a licitude ou não do ato.

5 O abuso de direito – ato lícito ou ato ilícito ou uma nova espécie?

Os atos lícitos e ilícitos estão previstos, substancialmente, em três artigos do Código Civil de 2002, essencialmente, os arts. 186, 187 e 188. Notadamente, o ato abusivo, segundo o texto da lei, encontra-se classificado como ato ilícito.

Contudo, a doutrina é dissonante a respeito, ora entendendo o abuso de direito como ato ilícito, ora como ato lícito e ora como um instituto autônomo e paralelo ao ato ilícito.

O Professor Álvaro Villaça filia-se à posição dos que entendem que o ato abusivo é um ato ilícito:

> *O atual Código Civil, no art. 187, soube reconhecer, na discussão doutrinária, de caráter internacional, a necessidade de fazer expressa, na lei, a presença do instituto do abuso de direito, e como ato ilícito.*

Para Keila Pacheco Ferreira, os atos ilícitos e os atos abusivos são figuras equivalentes e o legislador, ao tratá-lo como ato ilícito, não teve a intenção de igualar os institutos. E, ao defender a tese mencionada, afirma:

> *Tanto é verdade que, não houvesse distinções, não existiria a previsão dos dois institutos com distintos elementos de caracterização: o primeiro, descrito no artigo 186 do Código Civil de 2002, exigindo, para a sua confirmação, a violação de direito por meio de uma conduta culposa que, por um nexo de causalidade, liga-se a um dano; o segundo, inserido no artigo 187, traçando limites de conteúdo valorativo para o exercício de direitos. Portanto, a cada categoria, ato ilícito e ato abusivo, o ordenamento jurídico positivo confere uma particular construção, com âmbitos de incidência diversos.*[23]

Inobstante, Daniel M. Boulos[24] afirma que o abuso de direito ocorre no momento em que

> *alguém ultrapasse o limite existente entre a licitude e a ilicitude por qualquer dos meios definidos pelo Código como hábeis a fazer esta transição de um plano a outro; passando, então a conduta ou omissão do agente a fazer parte deste último plano, a pessoa assumirá o ônus de não causar danos a quem quer que seja, a fim de evitar o surgimento, para ela, do dever de indenizar.*[25]

---

[23] Ob. cit., p. 138.
[24] Ob. cit., p. 103.
[25] BOULOS, Daniel M. fls. 103-104.

Sendo considerado como uma espécie de ato ilícito ou como uma figura autônoma, o ato abusivo é um veículo por meio do qual se conduz a ação ou omissão de uma pessoa ao campo da ilicitude e, na hipótese da ultrapassagem dos limites legais, gerará danos que deverão ser ressarcidos e indenizados.

Os limites para o abuso do direito, segundo consta da sistemática do Código Civil de 2002, são a boa-fé, os bons costumes, o fim econômico e social do direito, que, se ultrapassados, caracterizam e consagram o abuso do direito.

Para fins deste estudo a teoria seguida é de que o ato abusivo é uma categoria autônoma e paralela ao ato ilícito, tanto é verdade que foi colocado em artigo diverso do que classifica os atos ilícitos, devendo ser reconhecido como tal.

6 Abuso de direito – responsabilidade objetiva ou responsabilidade subjetiva?

Há doutrinadores que se filiam à posição de que o instituto do abuso de direito remonta à teoria subjetiva da responsabilidade civil, enquanto outros afirmam tratar-se de responsabilidade objetiva.

Para aqueles que defendem a teoria subjetiva, basta a culpa do agente para caracterizar o ato abusivo, não havendo necessidade de haver dolo.

Para Inácio de Carvalho Neto,[26] há uma classificação diversa:

> *para as teorias subjetivas, há abuso de direito quando o titular exerce seu direito sem necessidade, com intenção de prejudicar. De acordo com essa teoria, que tem raízes na doutrina da emulação, três são os elementos do abuso de direito: exercício de um direito, intenção de causar dano e inexistência de interesse econômico.*

Para a teoria subjetiva, o ato ilícito é o centro e o dever de indenizar se fundamenta na análise da transgressão da conduta que constitui o ato ilícito.

Segundo Daniel M. Boulos, *"a ilicitude subjetiva é aquela que leva em contra um juízo de valor acerca do comportamento do sujeito que se pressupõe livre e consciente, ao passo que a ilicitude objetiva deriva da análise tão somente do comportamento do sujeito em comparação com a determinação contida no comando normativo".*[27]

Já para aqueles que defendem tratar-se de forma objetiva de responsabilidade civil, basta, para a sua configuração, a antijuridicidade da conduta, dispensando-se os elementos subjetivos de dolo e culpa. Dentre eles coloca-se Daniel M. Boulos.[28]

---

[26] CARVALHO NETO, Inácio de. *Abuso de Direito*. Curitiba: Juruá, 2001.
[27] Ob. cit., p. 107.
[28] Ob. cit., p. 108: "Como se verá em momento oportuno, o Código Civil Brasileiro adotou a concepção subjetiva e objetiva da ilicitude, respectivamente nos artigos 186 e 187."

Há uma nítida diferença entre a figura eminentemente de responsabilidade subjetiva constante no art. 186 do Código Civil em contrapartida com o instituto do art. 187, pois, no primeiro, exige-se para a configuração do ilícito os pressupostos subjetivos clássicos da responsabilidade extracontratual objetiva, conduta culposa (culpa ou dolo), o nexo de causalidade e o dano.

No art. 187, a responsabilidade é objetiva, uma vez que dispensa o dolo e a culpa. A conduta, por si só, seja omissiva ou comissiva, afasta-se dos limites impostos pelo próprio artigo – ferindo de forma concreta a função social, a boa-fé e os bons costumes, acarretando dano que deve ser ressarcido.

Certamente, para que seja necessária a reparação do dano, ele deve existir e somente ocorrerá, quanto ao abuso do direito, diante do cometimento de um excesso, pois é no excesso que se verifica a abusividade.

Para Keila Pacheco Ferreira,

> o legislador do Código Civil de 2002 optou pela concepção objetiva ou finalista, do abuso do direito, pois não exige culpa para a sua configuração, mas sim, que no exercício dos direitos, o titular exceda os limites impostos pela sua finalidade ou missão social, pelo padrão de comportamento dado pela boa-fé ou pela consciência jurídica dominante, proclamada pelos bons costumes. Portanto, não é necessário que o agente possua a intenção de lesar ou tenha consciência de que esteja atingindo em contrariedade aos critérios limitadores descritos no artigo 187, sendo suficiente a sua ocorrência fática.

Ainda segundo a autora,

> há de se atentar, ainda, na redação do referido artigo, para a presença da locução excede manifestamente. Pois bem, se o exercício dos direitos é realizado de forma moderada, em consonância com os limites impostos pelos valores recepcionados pelo ordenamento jurídico-social, o abuso jamais se manifestará. O abuso é, pois, uma conduta excessiva, merecedora de reprovação pelo sistema jurídico.[29]

E, para Daniel M. Boulos,

> ao contrário do que alguns autores brasileiros de renome vêm defendendo, a norma contida no artigo ora comentado (187) traz a concepção objetiva do abuso do direito. Trata-se da consagração legislativa da teoria objetiva da ilicitude que, como visto, defende que o juízo de valor que redunda na antijuridicidade ao ato não leve em conta o espírito e sequer a consciência do sujeito que a praticou. A fim, portanto, de caracterizar o abuso de direito ou, mais amplamente, o exercício abusivo de posições jurídicas subjetivas, não é necessária a comprovação da intenção e sequer da consciência do agente que está ultrapassando os limites impostos pela lei. Não há que se

---

[29] Ob. cit., p. 109.

falar, nesta sede, quer em dolo, quer em culpa stricto sensu em qualquer das suas modalidades (isto é negligência, imprudência e imperícia).[30]

Ou seja, uma vez verificado o ato abusivo, como definido no art. 187 do Código, e desde que dele resultem danos, incidirá a responsabilidade civil que é, de forma incontroversa, objetiva.

De fato, não há na regra constante do mencionado artigo a forma como se dá a prática do abuso de direito, pois isso não importa para a configuração do ato lesivo, desde que o ato ultrapasse os limites impostos pela lei, quais sejam, o fim econômico e social do respectivo direito, a boa-fé ou os bons costumes, gerando danos a serem ressarcidos.

Com efeito, estamos efetivamente convencidos de que o abuso de direito demonstra a aplicação da teoria objetiva da responsabilidade civil e esse posicionamento indica que atualmente o direito caminha para a inversão do fundamento da responsabilidade civil.

Hoje a regra é a da responsabilidade sem culpa e, por sua vez, o Código Civil de 2002 não fica imune a esse desenvolvimento quando prevê, no art. 927, parágrafo único, uma cláusula geral de responsabilidade objetiva aplicável para a reparação do dano, sem questionamentos acerca da culpa. Basta que a atividade normalmente desenvolvida pelo autor do dano implique, por sua natureza, risco para os direitos de outrem, incide a responsabilidade objetiva do Estado pela teoria do risco integral.

7 O abuso de direito e a responsabilidade objetiva do Estado

Após as considerações feitas nos itens anteriores, é possível afirmar que o instituto do abuso de direito, constante do art. 187 do Código Civil de 2002, não é apenas uma espécie de ato ilícito, inobstante assim constar na letra da lei. Ao contrário, o ato abusivo é um gênero, paralelo ao ato ilícito, e como tal deve ser tratado.

Ademais, a sistemática constante do referido Código permite afirmar que no art. 186 consta a regra subjetiva para a responsabilidade civil e, no art. 187, a teoria objetiva da responsabilidade civil.

E, por ser o abuso de direito decorrente da teoria objetiva da responsabilidade civil, ele prescinde da existência do dolo ou da culpa, bastando o cometimento do ato e o excesso na conduta para gerar o dano e a obrigação de indenizar.

A Professora Maria Sylvia Zanella Di Pietro afirma, em seu manual, promovendo uma comparação do direito público com o direito privado, que a teoria do risco foi acolhida no Código Civil de 2002, no art. 927, parágrafo único.

Pois bem. Através das digressões feitas até agora é possível afirmar também que o Código Civil de 2002, com a regra do art. 187, acolheu a teoria do risco administrativo,

---

[30] Ob. cit., p. 140.

podendo ser livremente aplicada aos casos que envolvem o Estado e terceiros, pois a responsabilidade prescinde da verificação da culpa ou do dolo.

A Professora Maria Sylvia Zanella Di Pietro continua afirmando que

> *ao contrário do direito privado, em que a responsabilidade exige sempre um ato ilícito (contrário à lei), no direito administrativo ela pode decorrer de atos ou de comportamentos que, embora lícitos, causem a pessoas determinadas ônus maior do que o imposto aos demais membros da coletividade.*

E efetivamente, no direito administrativo, a responsabilidade pode decorrer de um ato que não seja necessariamente ilícito, mas de comportamentos que causem ônus maiores do que para os demais membros da coletividade.

Estamos diante da configuração do ato abusivo, paralelo ao ato ilícito e que a ele não se iguala, porque prescinde de verificação dos requisitos objetivos, bastando o seu exercício com excesso para causar o dano a ser ressarcido.

Uma questão de extrema relevância é a de que somente comete abuso de direito quem invoca um poder que tem ou que lhe é atribuído, agindo com excesso e contrário à função social, bons costumes e à eticidade, encaixando-se perfeitamente nas hipóteses de responsabilidade civil do Estado.

8 Conclusão

A questão envolvendo a responsabilidade civil extracontratual do Estado, apesar de expressamente prevista na Constituição Federal, socorre-se dos dispositivos do Código Civil para a solução dos casos concretos em que se envolve em eventos danos praticados contra terceiros.

Dessa forma, nítida está a "intersecção" existente entre esses dois ramos do Direito, em termos de responsabilidade extracontratual. O que antes os afastava, haja vista que a regra constante do art. 159 do Código Civil de 1916 indica uma responsabilidade subjetiva, hoje desapareceu, com o Código Civil de 2002, já que este levou a uma proximidade não existente anteriormente.

No art. 187 existe a expressa previsão do abuso do direito, com o conteúdo de responsabilidade objetiva, ou seja, mitigando a responsabilidade com a análise da culpa. E o art. 188 do mesmo *Codex* permite identificar a presença de similitude entre a responsabilidade objetiva contida na regra civil e a responsabilidade objetiva do direito administrativo identificada como risco administrativo integral.

A vinculação está posta. Certamente, quanto à aplicação do art. 187, mais precisamente do instituto do abuso de direito na esfera administrativa, falta o amadurecimento da doutrina e da jurisprudência, que se dará com o tempo, com a análise de casos concretos que venham a exigir a aplicação do dispositivo.

22 A Incidência do Direito Público sobre as Organizações da Sociedade Civil sem Fins Lucrativos

Paula Raccanello Storto[1]

1 Introdução

As discussões acerca da dicotomia entre o público e o privado se renovam a cada dia, mas nos últimos anos ganharam especial destaque na área do Direito.

Neste artigo pretendemos apresentar algumas informações acerca do impacto dessas mudanças sobre as organizações da sociedade civil, a partir da análise de sua natureza jurídica de direito privado e da incidência do direito público sobre essas organizações, decorrente das diversas formas de interação entre essas entidades e o Estado. Trataremos, ainda, de estudos recentes que trazem propostas de alteração legislativa relacionadas à matéria, no sentido de demonstrar a fundamental importância do estudo da incidência do direito público na regulamentação das relações entre Estado e entidades privadas sem fins lucrativos.

2 Dicotomia entre direito público e direito privado

O sempre impreciso limite entre o público e o privado não se torna mais claro quando utilizamos a tutela do interesse em questão como critério de separação entre essas esferas. Isso porque o Estado Democrático de Direito visa proteger simultaneamente todos os direitos e interesses, fazendo com que a chamada ascendência da esfera social seja determinante para as recentes mudanças na dicotomia público-privada, na medida em que o "interesse social" representaria a junção dos interesses individuais e coletivos, construindo

---

[1] Advogada em São Paulo. Mestranda pela Faculdade de Direito da Universidade de São Paulo. Professora de Direito nos cursos de especialização em Gestão de Projetos Sociais do COGEAE-PUC/SP e do SENAC-SP. Pesquisadora do NEATS/PUC-SP – Núcleo de Estudos Avançados em Terceiro Setor da Pontifícia Universidade Católica de São Paulo.

objetivos comuns ao Estado e à sociedade, com a adoção de condutas e políticas participativas para a concretização do interesse público.

A privatização do direito público e a constitucionalização do direito privado também são fenômenos que corroboram a dificuldade da distinção entre o público e o privado e a tendência à diminuição dos limites entre esses domínios, valorizando-se a concretização de direitos garantidos em que as esferas do público e do privado sejam complementares.

Essa concepção dialoga também com a proposta de um Estado Social de Direito voltado à implementação dos direitos humanos de seus cidadãos, direitos estes indivisíveis, interdependentes e inter-relacionados.

Na visão de Maria Sylvia Zanella Di Pietro,[2] a

> Constituição Federal de 1988 adota os princípios do Estado Social de Direito, fundado na dignidade da pessoa humana e nos valores sociais do trabalho e da livre iniciativa e confirmado no artigo 3º, que atribui à República, entre outros objetivos, o de garantir o desenvolvimento nacional, erradicar a pobreza e a marginalização e reduzir as desigualdades sociais e regionais, promover o bem de todos, sem preconceitos de origem, raça, sexo, cor, idade, e quaisquer outras formas de discriminação [...].

Segundo João Antunes dos Santos, ao analisar os impactos dos direitos fundamentais no direito administrativo,[3] essa concepção faz nascer em cada indivíduo o direito subjetivo à satisfação de seus direitos fundamentais, bem como a obrigação do Estado de implementar políticas públicas voltadas à sua universalização, para toda a coletividade; e esse direito administrativo diretamente impactado pelos direitos fundamentais é marcado pela importância atribuída a determinados princípios, como os da boa administração e da organização, entre outros.

Essa aparente mudança de paradigma tem provocado – e vai continuar provocando – mudanças na forma como o Estado se relaciona com a sociedade civil e suas organizações, com especial destaque para o intercâmbio entre normas de direito público e de direito privado aplicáveis a essas relações.

3 A natureza jurídica de direito privado das organizações da sociedade civil

As organizações da sociedade civil costumam ser identificadas como aquelas que integram o chamado terceiro setor. Terceiro setor é uma expressão que define um setor da

---

[2] DI PIETRO, Maria Sylvia Zanella. O princípio da supremacia do interesse público: sobrevivência diante dos ideais do neoliberalismo. In: DI PIETRO, Maria Sylvia Zanella. RIBEIRO, Carlos Vinícius Alves (Coord.). *Supremacia do interesse público e outros temas relevantes do direito administrativo*. São Paulo: Atlas, 2010.

[3] SANTOS NETO, João Antunes dos. *O impacto dos direitos humanos fundamentais no direito administrativo*. Belo Horizonte: Fórum, 2008.

economia a partir do resultado da interação de *agentes* em razão dos *interesses* que perseguem, normalmente caracterizado na doutrina como a *atuação de agentes privados (particulares), para alcance de finalidade pública (coletiva)*.

Assim, o conceito de terceiro setor necessariamente passa pela sua oposição com relação ao setor público (o primeiro setor, ou Estado, no qual agentes públicos atuam em prol do interesse público) e ao setor privado (segundo setor, ou *mercado*, formado por agentes privados que atuam para satisfação de interesses privados).

Para o sociólogo Rubem César Fernandes,[4] o conceito de terceiro setor é uma das combinações resultantes da conjunção entre o universo público e o privado: *"Ou seja, o conceito denota um conjunto de organizações e iniciativas privadas que visam à produção de bens e serviços públicos [...] não geram lucros e respondem a necessidades coletivas."*

Terceiro setor este que, na opinião de Rubens Naves,[5] desempenha *"atividades espontâneas, não governamentais e não lucrativas, de interesse público, realizadas em benefício geral da sociedade e que se desenvolvem independentemente dos demais setores, embora deles possa (ou deva) receber colaboração"*.

Nesse ponto é importante frisar o caráter privado das entidades do terceiro setor e a sua atuação independente de qualquer colaboração do Estado, como entidades típicas de uma sociedade civil organizada que atua de forma crítica e independente, fazendo pressão pública e exercendo o controle social sobre as atividades governamentais.

Por essa razão, existe corrente que prefere utilizar a terminologia *organizações da sociedade civil*, na medida em que a expressão *terceiro setor* (embora já consolidada na área do Direito e da Administração) estaria excessivamente associada ao processo da Reforma do Estado, passando a percepção de que essas entidades necessariamente atuam como um braço do Estado, ou que tenham sido criadas para o fim de servir como instrumento de transferência, delegação ou "terceirização" de atividades da Administração Pública.

Há ainda quem entenda que a expressão *terceiro setor* abarque a ideia de que nesse segmento da economia haveria uma espécie de competência residual, segundo a qual ao terceiro setor caberia atuar nas questões sociais e nas políticas públicas, quando as empresas e o Estado não o façam (ou não se interessem em fazê-lo) de forma satisfatória.

A expressão *organizações da sociedade civil* foi adotada por um conjunto de entidades e movimentos bastante representativos do segmento, numa articulação criada no ano de 2010 em torno de um novo marco regulatório para essas entidades: a Plataforma por um Novo Marco Regulatório para as Organizações da Sociedade Civil.[6] De igual forma, a Secretaria Geral da Presidência da República utilizou-se da expressão ao formalizar o Grupo de Trabalho instituído pelo Decreto nº 7.568/2011, formado por representantes de órgãos

---

[4] FERNANDES, Rubem César. Privado, porém público: o terceiro setor na América Latina. 3. ed. *CIVICUS*, 2002. Versão em português S/i: Prol, 1995, p. 33.

[5] NAVES, Rubens. Terceiro Setor e suas Perspectivas, *Cadernos de Pesquisa*, v. 7, nº 2, Universidade de Caxias do Sul, 1999.

[6] Sobre a Plataforma há mais informações em <http://www.plataformaosc.org.br/>. Acesso em: 1º dez. 2012.

públicos e organizações da sociedade civil, destinado a propor alterações legislativas ao denominado "Marco Regulatório das Organizações da Sociedade Civil".

Assim, apesar de não ser nossa pretensão neste trabalho fixar um entendimento sobre a expressão mais adequada para se referir a essas entidades, optamos por utilizar a designação de "organizações da sociedade civil". O fizemos em razão de sua abrangência, capaz de abarcar toda a diversidade e heterogeneidade do segmento, inclusive, aquelas entidades que não estabelecem, e nem pretendem estabelecer, qualquer tipo de relação ou atuação conjunta com o Estado.

Ao buscar delimitar o universo das organizações da sociedade civil, a FASFIL – Fundações Privadas e Associações sem Fins Lucrativos –, última grande pesquisa nacional sobre o segmento, realizada em 2005[7] em parceria entre IBGE, IPEA, ABONG e GIFE, utilizou-se dos seguintes critérios, propostos pela *COPNI – Classification of the Purpose of Non-Profit Institutions Serving Householdes,* da ONU: (i) privadas; (ii) sem fins lucrativos; (iii) institucionalizadas; (iv) autoadministradas; e (v) voluntárias.

Sobre os critérios acima elencados é interessante destacar que o caráter essencialmente privado dessas entidades tem como premissa o fato de serem voluntárias e autoadministradas.

Reconhecendo a importância da livre manifestação e auto-organização da vontade dos instituidores de uma pessoa jurídica para caracterizá-la como uma organização da sociedade civil, excluímos desse conjunto quaisquer entidades criadas por lei ou controladas pelo Poder Público. Em nossa opinião, as entidades do chamado "Sistema S", apesar de sua natureza jurídica de direito privado, não se enquadrariam como organizações da sociedade civil, já que o foram com autorização legislativa. Já a verificação da denominada autoadministração merecerá um estudo mais cuidadoso no caso concreto, pois, caso se verifique que determinada entidade foi constituída para o propósito específico de servir ao Estado, ou caso o Estado venha a assumir o controle de gestão de uma organização da sociedade civil, como mero braço governamental na execução de políticas públicas, provavelmente estaremos diante de uma situação de ilegalidade, em que agentes públicos e privados poderão ter agido com excesso e desvio de finalidade. Eis aí mais uma situação em que apenas a combinação da adequada utilização de elementos do direito público e de direito privado seria capaz de resolver.

As organizações da sociedade civil, uma vez institucionalizadas, ou seja, juridicamente constituídas por meio do registro dos respectivos atos constitutivos, são reguladas pelo Código Civil, podendo assumir a forma de associação[8] ou fundação.[9] Quando constituídas como associação, a Constituição Federal lhes garante a liberdade de auto-organização, vedando a interferência estatal em seu funcionamento, como veremos adiante.

---

[7] Essa pesquisa está atualmente sendo reeditada e seu lançamento está anunciado para o dia 6-12-2012, pelo IPEA.

[8] Art. 53. Constituem-se as associações pela união de pessoas que se organizam para fins não econômicos.

[9] Art. 62. Para criar uma fundação, o seu instituidor fará, por escritura pública ou testamento, dotação especial de bens livres, especificando o fim a que se destina, e declarando, se quiser, a maneira de administrá-la. Parágrafo único. A fundação somente poderá constituir-se para fins religiosos, morais, culturais ou de assistência.

Antes, todavia, cabem alguns esclarecimentos sobre o atributo "sem fins lucrativos" dessas organizações, a fim de evitar equívocos relativamente comuns na compreensão de seu conteúdo jurídico.

O principal aspecto que determinará a finalidade não lucrativa de uma pessoa jurídica é a obrigatoriedade de destinar seu eventual lucro ou superávit para a sua finalidade social. Assim, uma associação pode ter superávit, mas deverá invariavelmente reaplicá-lo no desenvolvimento de seus objetivos institucionais; ao contrário das empresas, cuja finalidade lucrativa autoriza a distribuição dos lucros aos sócios.

O Código Tributário Nacional (CTN) – Lei nº 5.172, de 15-10-1966, ao estabelecer os requisitos necessários para o gozo de imunidades por instituições de educação e de assistência social, sem fins lucrativos, assim dispõe:

> Art. 14. O disposto na alínea c do inciso IV do artigo 9º é subordinado à observância dos seguintes requisitos pelas entidades nele referidas:
>
> I – não distribuírem qualquer parcela de seu patrimônio ou de suas rendas, a qualquer título; (Redação dada pela Lcp nº 104, de 10-1-2001)
>
> II – aplicarem integralmente, no País, os seus recursos na manutenção dos seus objetivos institucionais;
>
> III – manterem escrituração de suas receitas e despesas em livros revestidos de formalidades capazes de assegurar sua exatidão.
>
> § 1º [...].
>
> § 2º Os serviços a que se refere a alínea c do inciso IV do artigo 9º são exclusivamente, os diretamente relacionados com os objetivos institucionais das entidades de que trata este artigo, previstos nos respectivos estatutos ou atos constitutivos.

Além disso, o § 3º do art. 12 da Lei nº 9.532, de 10-12-1997, estabelece que "considera-se entidade sem fins lucrativos a que não apresente superávit em suas contas ou, caso o apresente em determinado exercício, destine referido resultado, integralmente, à manutenção e ao desenvolvimento dos seus objetivos sociais".

No mesmo sentido posiciona-se a doutrina, como preleciona Hugo de Brito Machado, para quem

> Instituição sem fins lucrativos é aquela que não se presta como instrumento de lucro para seus instituidores ou dirigentes. A instituição pode, e deve, lucrar. Lucrar para aumentar seu patrimônio e assim prestar serviços cada vez a maior número de pessoas, e cada vez mais de melhor qualidade. O que não pode é distribuir lucros. Tem de investir os que obtiver, na execução de seus objetivos.[10]

---

[10] MACHADO, Hugo de Brito. Imunidade Tributária das Instituições de Educação e de Assistência Social e a Lei 9.532/97. In: ROCHA, Valdir de Oliveira (Coord.). *Imposto de Renda – Alterações Fundamentais*. São Paulo: Dialética, 1998. v. 2, p. 69.

O Poder Judiciário e a própria Receita Federal já reconheceram em diversas oportunidades que a não lucratividade da entidade se caracteriza unicamente pela ausência de distribuição de seus recursos financeiros e pela sua aplicação integral, inclusive, de eventual superávit, em suas atividades fins.[11]

A despeito da aparente simplicidade do conceito, o ônus de comprovar o caráter não lucrativo de uma instituição passa por demonstrar que todas as receitas e despesas da entidade são aplicadas em conformidade com seu objetivo disposto no Estatuto Social. Assim, é obrigação indissociável ao caráter de entidade "sem fins lucrativos" o dever de comprovar a aplicação de receitas e despesas na consecução de sua finalidade social.

Nesse particular aspecto é de se ressaltar a questão da remuneração de dirigentes que, na equivocada opinião de alguns, caracterizaria uma forma de distribuição "disfarçada" de lucros.

Em que pese a existência de normas esparsas que condicionam a manutenção de determinados títulos[12] e benefícios[13] conferidos pelo Estado à comprovação de que a entidade não remunere dirigentes, é fato que a lei não poderia criar um determinado tipo jurídico baseado na imposição obrigatória do trabalho voluntário a um grupo de pessoas. Assim, não se sustenta a afirmação de que a remuneração de dirigentes, por si, seria elemento capaz de afastar o caráter sem fins lucrativos de determinada entidade.

Nas palavras de Tomáz de Aquino Resende, especialista na matéria e Promotor de Justiça Coordenador do Centro de Apoio Operacional ao Terceiro Setor do Ministério Público do Estado de Minas Gerais, *"caso existam fraudes, há formas, até mesmo previstas em Lei, capazes de coibir abusos. Só não é razoável considerar que pessoas capacitadas, profissionais muitas vezes especializados, tenham de trabalhar 'de graça' dada a existência da presunção de desonestidade"*.[14]

4 Apontamentos sobre a liberdade de associação e de auto-organização das associações como direito fundamental

Superada a caracterização das organizações da sociedade civil como pessoas jurídicas de direito privado, cumpre situar o tema na Declaração Universal dos Direitos Humanos, que estabelece, em seu art. XX, o direito *de liberdade de reunião e de associação pacíficas*.

---

[11] Recente Solução de Consulta nº 58, de 10-8-2011, da Secretaria da Receita Federal do Ministério da Fazenda reconhece que a isenção alcança o eventual ganho de capital decorrente de alienação de participação societária contabilizada em conta do ativo permanente, subgrupo investimentos, e a receita advinda de serviços prestados ao grupo a que se destina, nos termos de seu Estatuto Social.

[12] Lei nº 91/35, que cria o título de Utilidade Pública Federal.

[13] Art. 12 da Lei nº 9.532/97.

[14] RESENDE, Tomáz de Aquino. *Associações e fundações* – Roteiro do Terceiro Setor. 4. ed. Com a colaboração de Paula Raccanello Storto, Bianca Monteiro da Silva e Eduardo Marcondes Filinto da Silva. Belo Horizonte: Prax, 2012. p. 109.

No plano dos direitos individuais, elencados no art. 5º, a Constituição Federal brasileira garante a plena liberdade de associação para fins lícitos (vedada a finalidade de caráter paramilitar); a liberdade de auto-organização das associações,[15] proibindo a interferência estatal em seu funcionamento; e a legitimidade das entidades associativas para representarem seus filiados judicial ou extrajudicialmente, inclusive por meio da impetração de mandado de segurança.

Os direitos de participação política, direta e indireta, estão previstos no art. 25 do Pacto Internacional dos Direitos Civis e Políticos (Decreto nº 592, 6-7-1992) e no art. 23 da Convenção Americana de Direitos Humanos (Decreto nº 678, 6-11-1992); pela cláusula de abertura do art. 5º, § 2º, da Constituição Federal, são reconhecidos também como direitos fundamentais.

Vale destacar que, em setembro de 2010, foi criada uma Relatoria Especial, pelo Conselho de Direitos Humanos na ONU, para estudar e o tema das liberdades de reunião pacífica e associação.

O primeiro relatório[16] foi apresentado pelo relator Sr. Maina Kiai, em 20-6-2012, durante a vigésima sessão do Conselho em Genebra, e trouxe as seguintes constatações que se relacionam com este trabalho: (a) reconhece que o direito de liberdade de associação abrange a análise do tratamento que os países conferem às organizações da sociedade civil, objeto de nosso estudo, mas também aos partidos políticos, sindicatos, entidades religiosas, entre outras organizações privadas e independentes do Estado; (b) menciona que a principal dificuldade enfrentada por essas organizações em diferentes países do mundo é o controle estatal anterior à sua criação, com a necessidade de "autorizações" públicas como condição para sua instalação e funcionamento; (c) reafirma que os direitos à liberdade de reunião pacífica e de associação desempenham um papel decisivo no surgimento e existência de eficazes sistemas democráticos, uma vez que são favoráveis ao diálogo, tolerância, pluralismo e abertura de espírito, nos quais grupos minoritários e opiniões divergentes são respeitadas; e constata também que o direito à liberdade de associação está ligado à capacidade das associações de acessarem fundos e recursos, pois, nos termos do relatório, *"sem a capacidade de acesso a financiamento, a partir de fontes locais, regionais ou internacionais, este direito torna-se nulo"*.

Também em junho de 2012, foi publicada a segunda edição do Relatório Protegendo a Sociedade Civil,[17] em coautoria entre o *International Center for not-for Provit Law* – INCL e o *World Movement for Democracy Secretariat at the National Endowment for Democracy* (NED). Nesse documento, as organizações autoras relatam que um expressivo número de governos, não exclusivamente autoritários, estão usando medidas legais e regulamentares para restringir a sociedade civil, medidas estas classificadas em seis categorias: (1) bar-

---

[15] Tivemos a oportunidade de analisar a matéria por ocasião da edição da Lei nº 11.127, de 28-6-2005, que alterou o Código Civil. In: LOPES, Laís de Figueirêdo; STORTO, Paula Raccanello. *Alterações no Código Civil flexibilizam regras para instituições do Terceiro Setor*. Disponível em: <http://www.gife.org.br/artigo-alteracoes-no-codigo-civil-flexibilizam-regras-para-instituicoes-do-terceiro-setor-11533.asp>. Acesso em: 1º dez. 2012.

[16] Disponível em: <http://www.icnl.org/research/library/files/Transnational/HRC%20STATEMENT%20Maina%20Kiai%20SR%20peaceful%20assembly.pdf>. Acesso em: 25 jun. 2012.

[17] Disponível em: <http://www.icnl.org/research/resources/dcs/DCS_Report_Second_Edition_English.pdf>.

reiras à entrada; (2) barreiras ao funcionamento; (3) barreiras à expressão e defesa; (4) barreiras à comunicação; (5) barreiras à criação; e (6) barreiras aos recursos.

Ainda segundo o Relatório, o impacto de medidas restritivas legais ultrapassa as organizações e indivíduos imediatamente a elas sujeitos, levando a um arrefecimento da sociedade civil de forma mais ampla e mais difícil de medir.

Por fim, estabelece uma tendência prevalente nos regimes autoritários e semiautoritários a uma regulamentação mais dura e punitiva das organizações da sociedade civil, havendo, todavia, razões para preocupação nas democracias desenvolvidas ou consolidadas, como são os casos de Argentina, por exemplo, onde a lei permite dissolução de uma ONG quando "necessário" ou quando for por motivo de "relevante interesse público", e dos Estados Unidos, onde grupos de liberdades civis têm noticiado o fechamento de instituições de caridade supostamente associadas a terroristas, bem como violação de sigilo telefônico e de correspondência.

Com relação à barreira aos recursos, o Relatório afirma que a lei pode ser usada para restringir a capacidade das ONGs de garantir os recursos necessários, consistindo em verdadeiros entraves para o financiamento e apresentando um rol ilustrativo de normas que estabelecem essas barreiras em diversos países, autoritários e democráticos, que vão desde Venezuela, Egito, Zimbábue, até Argentina e Estados Unidos.

Na última Assembleia Geral do Conselho de Direitos Humanos da ONU, de 27-9-2012,[18] foi editada Resolução que reconhece a fundamental importância de uma sociedade civil global livre e auto-organizada e a liberdade de associação como elemento para sua conformação. Salienta que o respeito aos direitos à liberdade de reunião pacífica e de associação, em relação à sociedade civil, contribui para enfrentar e resolver desafios e questões que são importantes para a sociedade, tais como o ambiente, o desenvolvimento sustentável, a prevenção da criminalidade, o tráfico humano, a capacitação de mulheres, a justiça social, a defesa do consumidor, bem como para a realização de todos os direitos humanos.

Verifica-se, portanto, a existência de uma preocupação em âmbito internacional de que a regulamentação dos países sobre as organizações da sociedade civil não se constitua numa barreira ao desenvolvimento desse segmento, devendo respeitar a liberdade de atuação e auto-organização dessas entidades, inclusive como forma de garantia e preservação da democracia, num mundo cujos desafios a serem enfrentados dependem de uma melhor interação entre governo e sociedade.

5 Histórico recente da interação entre as organizações da sociedade civil e o Estado

É fato que, desde a redemocratização, o Estado brasileiro ampliou a esfera de interação com as organizações da sociedade civil, sendo possível destacar três fases evolutivas dessa crescente interface, sob o ponto de vista da criação de instrumentos jurídicos voltados à sua implementação: (i) redemocratização; (ii) participação cidadã; e (iii) contratualização.

---

[18] Disponível em: <http://www.icnl.org/news/2012/20-Nov-AHRC2116.pdf?OpenElement>. Acesso em: 1º dez. 2012.

A fase da **redemocratização**, ocorrida durante as décadas de 80 e 90, consistiu na efetivação da garantia dos direito à liberdade de criação e de atuação das organizações da sociedade civil. Para assegurar a necessária liberdade de reunião pacífica e liberdade de associação, o texto da Constituição Federal de 1988 previu, em seu art. 5º, XVIII, a não interferência estatal na criação, funcionamento e auto-organização dessas entidades, verdadeiras garantias ao livre exercício de direitos civis e políticos, em que o bem jurídico tutelado é o direito público subjetivo de cada cidadão de participar de atividades lícitas, voltadas à finalidade que bem lhe entender. Trata-se da liberdade de associação, equiparável à liberdade de pensamento, de expressão e de informação.

Já a fase que denominamos de **participação cidadã** inicia-se com a previsão constitucional[19] de participação e controle social de representantes de organizações da sociedade civil no processo de elaboração, implementação e avaliação de políticas públicas no ano de 1988 e tem continuidade na previsão legal de referida participação em diferentes políticas públicas regulamentadas especialmente na década de 90.[20] Referida participação da sociedade civil no controle social de políticas públicas está relacionada ao caráter cidadão e participativo da Constituição de 1988 e traduz-se no direito da sociedade civil de buscar efetivar essa participação e em dever do Estado em implementá-la. Essa implementação tem-se dado com a crescente presença e atuação da sociedade civil em Conselhos de Políticas Públicas e, mesmo com todos os desafios de uma efetiva participação, apresenta-se como mecanismo de grande importância no controle social das políticas de gestão pública, proporcionando a democratização do conhecimento de tais políticas e a difusão de informação pública pretendida pela Constituição Federal. Essa faceta da interação entre entidades da organização da sociedade civil diz respeito à implementação de uma garantia constitucional de direito político de liberdade de participação, traduzido no dever do Estado de implementar a criação e regulamentação desses espaços de participação.

Por seu turno, a fase da **contratualização** caracteriza-se a partir do investimento legislativo na regulamentação das relações jurídicas revestidas de forma contratual entre organizações da sociedade civil e o Estado. Tem seu termo inicial em meados da década de 90, com a Reforma do Estado[21] que, ao estabelecer a transferência, para entidades sem fins lucrativos, de atividades não exclusivas do Estado, como saúde e educação, estimulou a "parceirização" com entidades da sociedade civil para a prestação de serviços públicos,

---

[19] Ao dispor sobre planejamento municipal (art. 29, XII), usuários dos serviços públicos (art. 37, § 3º); seguridade social (art. 194, parágrafo único, VII); saúde (art. 198, III – CF); educação, (art. 205); proteção do patrimônio cultural brasileiro (art. 216, § 1º); e do meio ambiente (art. 225); assistência social (art. 204), criança e do adolescente (art. 227, § 7º), entre outros.

[20] Lei de Recursos Hídricos (Lei nº 9.433/97); telecomunicações (Lei Nacional de Telecomunicações – Lei nº 9.472/97); Estatuto da Criança e do Adolescente (Lei nº 8.069/90), LOAS – Lei Orgânica da Assistência Social (Lei nº 8.742/93); Lei Rouanet (Lei nº 8.313/91), para citar algumas.

[21] PEREIRA, Luiz Carlos Bresser; GRAU, Nuria Cunill. *O público não estatal na reforma do Estado*. Rio de Janeiro: FGV, 1999.

ou de relevância pública.[22] Nas palavras de José Eduardo Sabo Paes,[23] "[a] *ampliação das funções do Estado, a complexidade, a falta de estrutura e de condições para, com eficácia, cumprir suas atribuições fizeram com que o próprio Estado estabelecesse novas formas de e meios de prestação eficiente de seus serviços e atribuições*". Nesse contexto foram editadas a Lei nº 9.637/98 (Lei das Organizações Sociais – OS) e a Lei nº 9.790/99 (Lei das Organizações da Sociedade Civil de Interesse Público – OSCIPs), criando instrumentos jurídicos de contratualização talhados para as referidas relações de cooperação entre o Estado e as organizações da sociedade civil – o contrato de gestão e o termo de parceira, respectivamente. Essa fase da contratualização parece caracterizar-se pela preocupação em criar instrumentos para implementação de direitos econômicos, sociais e culturais pelo Estado, em conjunto com organizações da sociedade civil.

Como consequência da regulamentação dos instrumentos de contratualização, as relações de repasse de verbas e execução de políticas têm sido objeto de forte regulamentação pelo Poder Executivo nos últimos anos no Brasil, especialmente no que concerne às normas para seleção, execução financeira e prestação de contas dos valores que administram. Desde a recomendação formulada pelo Tribunal de Contas da União (Acórdão 1070/2003), e consequente alteração do art. 27 da IN 1/97 (que passou a obrigar entidades privadas a realizar licitação nos termos da Lei nº 8.666/93 para utilizar os recursos repassados por convênios), temos observado alta produção normativa no sentido de impor maior controle aos recursos públicos repassados por meio desses instrumentos. Todavia, a aparente urgência moralizadora que envolve a matéria talvez não permita o seu adequado tratamento jurídico sob a perspectiva de direito privado que envolve, gerando algumas normas e entendimentos equivocados. Exemplo desse tipo de situação é o Decreto nº 5.504, de 5-8-2005, que reafirmou a obrigatoriedade de que essas entidades privadas realizassem licitação nos termos da Lei nº 8.666/93, preferencialmente na modalidade de pregão eletrônico, estendendo a exigência também para as OSCIPs e OSs (entidade para as quais a lei prevê a utilização de regulamentos próprios de compras e contratações). Dois anos depois, o Decreto nº 6.170, de 25-7-2007, estabelece o mecanismo de cotação prévia para contratação de produtos e serviços por entidades privadas no âmbito do convênio, bem como a criação do SICONV – Sistema de Gestão de Convênios, no âmbito do MPOG – Ministério do Planejamento, Orçamento e Gestão.

6 O desafio de regulamentar as relações de contratualização

Diante da liberdade de auto-organização das associações e da obrigação do Estado de respeitar o direito ao desenvolvimento da sociedade civil, a incidência das normas de

---

[22] Para usar terminologia utilizada no Anteprojeto da Lei Orgânica da Administração Pública proposto pela Comissão de Juristas constituída pela Portaria nº 426, de 6-12-2007, do Ministério do Planejamento, Orçamento e Gestão.

[23] PAES, José Eduardo Sabo. *Fundações, Associações e Entidades de Interesse Social*. Aspectos jurídicos, administrativos, contábeis, trabalhistas e tributários. 6. ed. Brasília: Brasília Jurídica, 2006. p. 686-687.

direito público sobre essas entidades deve ser sempre o mínimo necessário para garantir a atividade de relevância pública ou o bem público tutelado, devendo respeitar a característica privada das entidades e os princípios aplicáveis ao uso do recurso público e à boa administração.

Nas palavras de Maria Sylvia Zanella Di Pietro[24] sobre as parcerias com entidades do terceiro setor:

> *Em todas essas entidades do terceiro setor estão presentes os mesmos traços: entidades privadas, instituídas por particulares; desempenham serviços não exclusivos do Estado, porém em colaboração com ele; se recebem ajuda ou incentivo sujeitam-se a controle pela Administração Pública e pelo Tribunal de Contas. Seu regime jurídico é predominantemente de direito privado, porém parcialmente derrogado por normas de direito público.*

O grande desafio é, portanto, buscar esse equilíbrio entre o público e o privado nas relações de cooperação, pois, ao formalizá-las, é comum que o Estado imponha às organizações da Sociedade Civil normas e condutas típicas de entes públicos, que impõem à entidade privada o cumprimento de obrigações por vezes inexequíveis (como no caso citado, de realizar licitação nos termos da Lei nº 8.666/93), gerando equívocos, distorções e violação de direitos.

Em que pese o reconhecimento constitucional da participação das organizações da sociedade civil, inclusive com financiamento público, na implementação de determinadas políticas, existem recorrentes discussões sobre as condições e limites dessa atuação.

Na dúvida, é comum que o servidor público aplique as mesmas normas de direito público, já conhecidas na execução de políticas públicas, para os instrumentos de cooperação com entidades da sociedade civil.

No Colóquio organizado no Departamento de Direito do Estado da Faculdade de Direito da USP, em outubro de 2011, sobre "Convênios com o Terceiro Setor: Inovações do Decreto nº 7.568/2011 e Perspectivas", o Professor Gustavo Justino de Oliveira atribuiu como causa principal das atuais dificuldades envolvendo a execução e prestação de contas de convênios o fato de esse instrumento ter sido "emprestado" das relações entre entes públicos e privados sem fins lucrativos, gerando equívocos quando da aplicação de determinadas normas às entidade privadas.

Sublinhe-se o Anteprojeto da Lei Geral da Administração Pública proposto pela Comissão de Juristas constituída pela Portaria nº 426, de 6-12-2007, do Ministério do Planejamento, Orçamento e Gestão, que traz um regramento geral capaz de abarcar convênios, ajustes, contratos de gestão e termos de parceria, como espécies do chamado *contrato público de colaboração*, gênero apto a albergar as relações de contratualização. Essa proposta mostra-se alinhada à necessidade de elaboração normativa para os vínculos de con-

---

[24] DI PIETRO, Maria Sylvia Zanella. *Parcerias na Administração Pública*: concessão, permissão, franquia, terceirização, parceria público-privada e outras formas. 9. ed. São Paulo: Atlas, 2012. p. 257.

tratualização entre Estado e organizações da sociedade civil, com caráter de norma geral, de âmbito nacional, portanto.

Referido anteprojeto prevê ainda, com igual acerto, que o chamamento público seja precedido de regulamentação pelo Estado. Nesse particular aspecto, é de se destacar a relevância da proposta do anteprojeto ao priorizar a necessidade de planejamento anterior da política pública e processo de chamamento público para a seleção da entidade, sem, todavia, impor às relações de cooperação a rigidez e complexidade do processo de seleção de empresas para celebração de contratos administrativos disciplinados na lei de licitações.

Recente estudo sobre a Modernização do Sistema de Convênios da Administração Pública com a Sociedade Civil[25] (realizado pelo Núcleo de Estudos Avançados em Terceiro Setor da PUC-SP para o projeto *Pensando o Direito*, da Secretaria de Assuntos Legislativos do Ministério da Justiça, em parceria com o PNUD) identificou a origem histórica do convênio como instrumento típico da regulamentação de acordos entre entes federativos, apontando como uma das principais causas de problemas na execução desses instrumentos a aplicação, feita inadvertidamente, de normas típicas do regime jurídico de direito público a organizações privadas sem fins lucrativos que atuam em cooperação com o Estado.

Ainda de acordo com referida pesquisa, os seguintes fatores são determinantes para a utilização de analogias indevidas, gerando insegurança jurídica e um reforço da lógica meramente procedimental na execução e prestação de contas dos convênios: ausência de regulamentação do convênio com a sociedade civil em nível legal; ocorrência de sucessivas alterações nas normas regulamentadoras; multiplicidade de objetos dos convênios; dissenso doutrinário sobre a natureza do instrumento e das normas incidentes; e planejamento público insatisfatório para celebração desses instrumentos.

Dentre as principais sugestões trazidas na pesquisa,[26] para a regulamentação das relações de cooperação entre Estado e organizações da sociedade civil, destaca-se que a legislação deverá assegurar a

> expressa autorização de que os trabalhadores não voluntários, inclusive dirigentes, das entidades que atuem na prestação de serviços no âmbito dos Projetos com habitualidade, pessoalidade, subordinação sejam contratados no regime celetista

---

[25] Participamos do referido Projeto na condição de membro da equipe de pesquisa do grupo interdisciplinar da PUC de São Paulo – Núcleo de Estudos Avançados em Terceiro Setor da PUC-SP (NEATS/PUC-SP), formada também pelos pesquisadores Márcia Golfieri, Stella Reicher, Konstantin Gerber, José Alberto Tozzi e Áureo Gaspar, sob a coordenação dos Profs. Drs. da PUC-SP Marcelo Figueiredo e Luciano Prates Junqueira.

[26] O Relatório integral da pesquisa e a sua versão resumida para publicação estão disponíveis para consulta e *download* no *site* da Secretaria de Assuntos Legislativos do Ministério da Justiça: <http://www.mj.gov.br/sal>. O documento contém detalhada coletânea da legislação; jurisprudência do TCU sobre Convênios e parcerias; documentação e registro da metodologia e das atividades de ampliação de escuta (Oficinas, Entrevistas, Estudos de Caso e Seminário); informações adicionais sobre convênios; além de planilha com 28 propostas práticas de alterações para modernização do SICONV, organizadas a partir de suas etapas (Chamamento Público, Credenciamento, Cadastramento do proponente, Cadastramento de proposta, Abertura da Conta Bancária, Contratação de Bens e Serviços, Realização de Pagamentos e Prestação de Contas).

– desde que o Plano de Trabalho e Orçamento do Projeto contemplem recursos para o pagamento de salário, verbas rescisórias limitadas ao período e valor relativos ao período de vigência do instrumento de colaboração.

Essa proposta visa afastar a aplicação da vedação de que o instrumento de convênio seja utilizado para custear o quadro de servidores de um determinado ente público, o que absolutamente não se aplica aos empregados contratados por organizações da sociedade civil para desempenho de atividade de relevância pública previstas em instrumentos de cooperação. Essa interpretação tem causado a precarização dos direitos sociais de inúmeros trabalhadores de organizações da sociedade civil, diante da postura de determinados órgãos públicos que simplesmente vedam a realização de despesas no âmbito de convênios com a contratação de empregados no regime jurídico da CLT.

O estudo propõe também uma classificação taxonômica dos instrumentos de colaboração com a sociedade civil, que considere a existência de pelo menos três tipos específicos de relações formalizadas por esses instrumentos, distintas entre si e que merecem regramento próprio, proporcional e razoável, adequados às suas características: (i) **parceria na implementação de programa estatal**, para fins de implementação de política pública; normalmente envolve a prestação de serviços públicos, cuja classificação, método e custo são previamente conhecidos e padronizados pelos órgãos públicos responsáveis pela política pública; (ii) **participação das entidades da sociedade civil no processo de formulação e desenvolvimento de política pública**, que normalmente ocorre em caráter experimental, para fins de inovação e aquisição conjunta de conhecimento entre Estado e Sociedade, em área em que não há classificação, método ou custo previamente estabelecido; e (iii) **apoio estatal à manutenção de entidades e organizações comunitárias de interesse público**, via de regra constituídas na forma de associação e que atuam em atendimento ao objetivo constitucional de redução das desigualdades na sua região de atuação.

Considerando a extensa gama de relações jurídicas passíveis de cooperação entre as organizações da sociedade civil e o Estado, em todos os níveis federativos, parece-nos que uma proposta para a regulamentação da matéria deva prever normas gerais, com a edição de uma lei nacional que valorize a etapa de planejamento estatal da política pública, evitando o mau uso das parcerias como instrumento de sua implantação. Referida lei ajudaria muito também se enfrentasse a questão da aplicação do direito público e do direito privado sobre determinadas matérias, o que poderia ser feito pelo estabelecimento de uma classificação gradativa que orientasse a derrogação das normas de direito privado pelo direito público, a partir da característica do objeto da relação estabelecida entre ente público e a organização da sociedade civil.

7 Considerações finais

A discussão acerca da dicotomia entre direito público e direito privado ganha ainda maior impulso quando analisamos a regulamentação das organizações da sociedade ci-

vii. É certo que essas entidades possuem natureza jurídica de direito privado e que a liberdade de associação e de auto-organização das associações é reconhecida como direito fundamental no âmbito internacional e no âmbito nacional, pelo texto da Constituição Federal de 1988, e pela incorporação, pelo Brasil, de tratados internacionais que tratam da matéria. O histórico recente da interação entre as organizações da sociedade civil e o Estado, assim como a avaliação geral de estudiosos da matéria, aponta para a necessidade de aperfeiçoamento na regulamentação dessas relações de colaboração, cujo desafio passa pelo amplo rol de relações jurídicas passíveis de cooperação em todos os níveis federativos e pela necessidade de se realizar uma adequada derrogação das normas de direito privado, com respeito à liberdade de auto-organização dessas entidades. Esses elementos indicam que uma proposta para a regulamentação da matéria priorize a edição de uma lei nacional, prevendo a etapa de planejamento estatal da política pública e orientando a derrogação gradativa das normas de direito privado pelo direito público, a partir da característica do objeto da relação estabelecida entre ente público e a organização da sociedade civil. É oportuno frisar que referida lei, para além da análise dos instrumentos de colaboração, mesmo que criada como norma federal, apenas aplicável à União, certamente inspiraria a edição de regramentos específicos nos Estados e Municípios, reforçando a importância de que o tema seja tratado com caráter de norma geral.

23 Bens Privados Afetados à Prestação de Serviços Públicos: Conceitos, Regimes, Modulações e Funções

Pedro do Carmo Baumgratz de Paula[1]

1 Introdução

Ao longo dos últimos anos algumas provisões legais e decisões judiciais de relevância fizeram os juristas questionar a sustentabilidade de uma divisão entre o regime jurídico dos bens de titularidade pública e o regime jurídico dos bens de titularidade privada.

A decisão do Supremo Tribunal Federal que conferiu proteções típicas do que se convencionou chamar de regime jurídico dos bens públicos aos bens da Empresa de Correios e Telégrafos é um exemplo desses casos.

Muito se indaga sobre os contornos desse regime e sobre os critérios de identificação dos bens que são abarcados por este. Daí surge o problema central deste estudo: o critério da titularidade é bastante para identificar as coisas sujeitas a um regime jurídico diferenciado? Desse problema central decorrem outras perguntas: quais os contornos desse regime? Há, de fato, um regime jurídico único dos bens públicos em oposição a um regime, também supostamente monolítico, dos bens privados?

A esses problemas se adiciona mais uma questão: teria a noção de serviço público concretude suficiente para se prestar a modular alguns casos que fogem ao esquema de separação estanque público-privado?

A título de hipóteses, supõe-se que: assim como há fortes evidências de que a noção de serviço público já não mais é algo tão concreto e bem definido como outrora se sustentou, a ideia de regime jurídico dos bens públicos em contraposição ao regime jurídico dos bens privados, como sistema binário de determinação de consequências jurídicas claras e gerais, já não mais se mantém firme. Também há relevantes indícios de que um critério

---

[1] Mestrando em direito econômico pela Faculdade de Direito da Universidade de São Paulo. Pesquisador da Fundação Getulio Vargas (FGV/SP). Advogado.

mais palatável para a determinação de regimes jurídicos diferenciados (frisa-se, múltiplos regimes, não só dois) seja a afetação e não a titularidade e/ou o domínio.

A partir da análise das questões acima levantadas e do teste das hipóteses aventadas, tem-se como objetivos deste trabalho: abordar a temática da afetação de bens privados a serviços públicos como uma realidade multifacetada, ao contrário de uma simples adequação em um regime predeterminado e geral; questionar a tradicional concepção de serviço público; tangenciar a natureza jurídica da ideia de "afetação" dentro de um contexto de oposição entre direitos reais e direitos pessoais; delimitar as formas pelas quais a afetação determinará os diversos regimes jurídicos dos bens privados, salientando questões referentes às faculdades inerentes ao domínio e aos atributos do direito de propriedade; e, por fim, aplicar as premissas e debates teóricos apontados a casos concretos da realidade jurídica brasileira.

Como o intuito deste artigo é o de avaliar as consequências jurídicas da afetação de bens privados a serviços públicos, primeiramente se abordará a noção de serviço público e sua atual configuração; em seguida, será abordada a ideia de bens públicos em contraposição a bens privados e suas características e conceitos jurídico-positivos; após, será feita uma breve exposição sobre o termo *afetação*, sua natureza jurídica e as questões atinentes à teoria dos direitos reais que se referem ao tema aqui estudado. Por fim, o debate teórico apresentado e as conclusões dele extraídas serão ilustradas por meio de sucintas exposições sobre duas decisões judiciais e dois instrumentos legais que corroboram o argumento de que há múltiplos regimes e diversas conformações jurídicas em oposição à ideia de sistemas binários, como "serviço público – atividade econômica" e "regime de direito público – regime de direito privado", supostamente denotadores de consequências unívocas para todos os casos que neles se encaixassem.

2 O conceito jurídico de serviço público na atualidade – o que é e para que serve?

2.1 *O conceito tradicional e as origens da doutrina clássica*[2]

A noção de serviço público, desde sua elaboração original, sempre suscitou intensos debates doutrinários acerca da sua conformação e conteúdo. Ainda que se atribua ao direito administrativo francês a titularidade da elaboração de uma doutrina do serviço público conforme foi aplicado e discutido no Brasil ao longo do século XX, nem naquele país houve consenso acerca do conceito e conteúdo jurídico de serviço público. Todavia, uma noção geral sempre permeou o debate jurídico e a aplicação da ideia de serviço pú-

---

[2] O objetivo deste breve estudo não é realizar uma análise histórica do conceito de serviço público, daí por que neste tópico alguns temas serão mencionados de forma bastante simplificada, de modo a permitir a abordagem do conceito nos dias de hoje e sua aplicação ao campo específico da afetação de bens públicos em maior detalhe.

blico na doutrina e na jurisprudência brasileiras, qual seja, a ideia de oposição de serviço público a atividade econômica em sentido estrito.

A separação das atividades econômicas (em sentido amplo) em serviço público e atividade econômica em sentido estrito traça uma linha divisória entre as diversas atividades econômicas e utilidades oferecidas aos particulares de modo a delinear o que está abrangido pelo regime de direito público e o que está fora deste. Portanto, de acordo com a doutrina clássica, ao se constatar que determinada atividade se enquadrava nos parâmetros escolhidos para elegê-la como serviço público,[3] este seria de titularidade estatal e sua prestação por particulares se daria mediante concessão, com fixação de tarifas, equilíbrio econômico-financeiro do contrato, obrigação de continuidade etc. Logo, ao se definir algo como serviço público, a consequência seria a aplicação do regime de direito público (Eros Grau, 2008) e não o inverso (embora haja doutrina e decisões também nesse sentido, o que, em grande medida, mostra uma dificuldade da caracterização e delineamento das consequências da configuração de determinada atividade como serviço público).

A tarefa do administrativista, portanto, se resumiria em elaborar e/ou utilizar métodos de identificação das atividades que se enquadrariam como serviço público para, assim, poder aplicar o "regime jurídico administrativo". As inúmeras realidades sociais da aviação civil, do transporte público urbano, da iluminação pública, do fornecimento de energia elétrica aos cidadãos, da telefonia, entre outras, uma vez enquadradas na categoria de serviço público, estariam sujeitas a um regime supostamente monolítico.

Frisa-se que, ao se fazer menção à concepção "tradicional" ou "clássica" de serviço público, não se supõe que o conceito e suas consequências tenham se mantido estanques. Tem-se em mente a Escola do Serviço Público, de origem francesa, mas não necessariamente um conceito preciso – amplo, restrito, definido subjetiva, formal ou materialmente – do tema. A concepção "clássica" de serviço público, nos termos utilizados neste estudo, presta-se muito mais a representar a ideia de que às atividades consideradas "serviço público" aplica-se um regime jurídico único, ou pouco modulável, do que a um conceito de uma corrente doutrinária específica.

Não se nega, contudo, que o que se chama de "concepção clássica" ou "tradicional" de serviço público neste estudo seja muito mais próximo da ideia da Escola do Serviço Público do início do século XX do que de doutrinas estrangeiras e nacionais mais recentes. Tampouco se desconhece que a "crise do serviço público" tenha suas raízes no período do pós Segunda Guerra Mundial. Contudo, mesmo após essas mudanças, entre elas a emergência dos "serviços de interesse econômico geral", no âmbito da União Europeia, ainda há uma suposição doutrinária de que a classificação de determinada atividade como serviço público implica na aplicação de um regime jurídico público único supostamente bem definido (conforme se verá no caso da ECT).

A questão central a ser colocada aqui é a que segue: o simples fato de se caracterizar uma atividade como serviço público não faz – *per se* – com que se aplique um regime jurí-

---

[3] Quaisquer que sejam tais parâmetros, haja vista a existência de diversas teorias acerca da caracterização de determinada atividade como serviço público: essencialista, legalista etc.

dico unívoco; esse regime será necessariamente modulado em virtude das finalidades da atividade. Portanto, ainda que se reconheça a constante evolução doutrinária e jurisprudencial do conceito, o ponto a ser destacado é que sua utilidade não é mais a que outrora se supunha ser verdadeira, qualquer que seja seu conteúdo.

Em primorosa tese defendida na faculdade de Direito da Universidade de São Paulo em 2011, Schirato (2011)[4] sintetiza a posição que vai posteriormente justificar (e que aqui é adotada) da seguinte maneira:

> Em vista do disposto nas normas regentes de tal serviço no Brasil, desde o artigo 175 da Constituição Federal, até as normas infralegais que se aplicam às diversas atividades consideradas serviço público, é possível constatar que a noção de serviço público não mais corresponde àquela apresentada pela doutrina mais tradicional. Em primeiro lugar, porque os serviços públicos devem ser vistos como direitos dos cidadãos e não como atividades pertencentes ao Estado. E, em segundo lugar, porque a forma de prestação desses serviços passou e vem passando por uma série de reestruturações (SCHIRATO, 2011, p. 1).

Ainda que existam diversos exemplos de como essa separação nunca foi tão estanque e de que o suposto regime administrativo monolítico não se aplicava indistinta e identicamente sempre, pode-se afirmar que durante algum tempo a teoria clássica foi útil. Sua utilidade se deu pela facilidade operacional proporcionada para a aplicação do regime jurídico administrativo às atividades tidas por serviços públicos, o que simplifica sobremaneira a prática jurídica e administrativa no tocante aos mesmos. Todavia, as generalizações e aplicações que decorriam dessa sujeição ao regime jurídico administrativo tornaram-se demasiadamente anacrônicas em determinados setores, especialmente por não se fundar na necessidade de apartação da jurisdição administrativa da comum, como ocorria na França,[5] criando, por vezes, esforços hermenêuticos e adaptações dos textos constitucional e legal carentes de qualquer razoabilidade. Ou seja, a classificação – cuja importância estava em sua utilidade – passou a ter mais importância que a operacionalidade do sistema, criando a necessidade de se elaborar contornos interpretativos insustentáveis simplesmente para validar sua existência.

De acordo com Schirato (2011), isso ocorreu muito em virtude do processo de desmonopolização (comumente chamado de "privatização") da década de 90. Contudo, indícios desses problemas no direito brasileiro são encontrados em momentos anteriores, como, por exemplo, quando do julgamento do Recurso Extraordinário nº 89.217-SC, pelo STF, em 1979. Nessa ocasião, a ideia de serviço público e sua oposição à atividade econômica

---

[4] Os argumentos apresentados nesta tese estão inseridos ao longo de toda a exposição sobre serviços públicos que se fará neste capítulo do artigo; ainda que não se faça referência expressa ao autor a todo momento, muitos dos tópicos aqui abordados foram fortemente influenciados pela referida tese.

[5] Para uma visão detalhada dos anacronismos da inspiração francesa do direito administrativo brasileiro e mesmo dos paradoxos inerentes ao próprio nascimento da teoria administrativista francesa, vide, por todos: BINENBOJM (2008).

em sentido estrito eram essenciais na determinação da natureza jurídica de um contrato celebrado pela Administração Pública, o que a sua vez determinaria consequências jurídicas distintas, a depender de seu regime jurídico. Culminou-se por decidir, com base em uma visão de que o direito administrativo obedece a padrões estanques claramente definidos em dois regimes, que um contrato que abarcava exploração de hotel juntamente com lavra de fonte de água mineral era um arrendamento complexo e não concessão de serviço público, o que impedia a utilização da prerrogativa de rescisão unilateral.

As dificuldades argumentativas encontradas pelos Ministros no mencionado julgado já evidenciavam que a complexidade do tema não mais se solucionaria com distinções claras e gerais entre dois regimes totalmente apartados, conforme se verá adiante.

2.2 As limitações do modelo clássico e a nova realidade

Qual a utilidade de se buscar separar serviços públicos e atividades econômicas em sentido estrito quando tanto estes quanto aqueles podem ser prestados em regime de concorrência? Quais as consequências dessa suposta apartação? Como operá-la?

Qual é o suporte jurídico-positivo para uma possível distinção entre serviços sociais e serviços públicos? Quais consequências jurídicas para a efetiva prestação dos serviços a manutenção da teoria clássica confere?

Como sustentar uma teoria de serviços públicos justificada, economicamente, em monopólios naturais, quando avanços tecnológicos e operacionais mitigam esses monopólios?

Essas, entres outras, são questões que a nova realidade das atividades econômicas (*lato sensu*) põem à teoria tradicional e para as quais os instrumentos por esta fornecidos são incapazes de gerar respostas convincentes e, mais importante, úteis.

Diante desse quadro de aumento da complexidade das relações sociais, das atividades prestadas para a sociedade e por ela demandadas, do regramento jurídico específico de cada uma dessas atividades, entre outros aspectos, a dualidade que outrora conferia operabilidade ao direito administrativo passa a criar obstáculos ao alcance do interesse social de viabilizar a existência de mais e melhores utilidades sociais.

Nesse sentido, é possível afirmar que a noção de serviço público, tradicionalmente utilizada, e com supostas linhas demarcatórias claras e jurídico-positivas, ruiu, dando ensejo à percepção de que a "publicização" de uma atividade se opera de forma mais fluída, gradual e pontual do que dois blocos apartados. Atualmente, mais importante do que se falar em sujeição a um regime de direito público ou a um regime de direito privado, é se estabelecer "graus de intervenção estatal" (ou "graus de atuação") em determinado ramo de atividade econômica.[6] Quanto mais intervenção e determinismo estatal estiverem envolvidos, mais próximo estar-se-á da clássica concepção de serviço público, ao passo que

---

[6] É flagrante, nesse ponto, a influência da teoria europeia de serviços econômicos de interesse geral, que assevera que as atividades são inicialmente privadas e que o Estado intervém na medida das necessidades e interesses públicos envolvidos; ainda que não se adote explícita e completamente tal teoria, haja vista que em alguns

quanto menos intervenção houver, mais próximo estar-se-á da ideia tradicional de atividade econômica em sentido estrito. Tais afirmações são feitas com base no fato de que determinados setores sofrem forte regulação estatal quanto à entrada de novos atores, mas possuem determinação de tarifas quase totalmente livre; já outros têm concessão para algumas atividades e livre exercício de outras sem que a finalidade alcançada se difira de forma substantiva. Enfim, a complexidade da sociedade atual não permite que o direito se limite a traçar duas categorias gerais de atividades econômicas e supor que todos os contornos da sociedade se enquadrem perfeitamente em tais molduras.

É importante destacar que o maior ou menor grau de intervenção em certa atividade será determinado por diversos fatores: possibilidade de atuação monopolística (e todas suas consequências econômicas), necessidade de intervenção para promover metas de universalização, necessidade de atuação pública em setores deficitários, mas cuja existência e continuidade do serviço são socialmente desejáveis, entre outros. Mas é possível perceber que subjaz à ideia de graus de intervenção a noção de graus ou importância do interesse público envolvido, pois, em muitos casos, será esse o fator determinante para uma maior intervenção estatal e, consequentemente, uma maior e mais ampla aplicação do que já foi denominado como regime jurídico administrativo.

Sendo assim, é possível constatar que o conceito de serviço público não representa um divisor de águas e um instrumental autônomo e central na operação do direito administrativo, mas sua existência pode ainda ser considerada de grande importância, pois atua como norte a definir em qual medida a atuação estatal encontra-se respaldada pelo direito. Ademais, quando o próprio texto constitucional ou legal estabelecem que determinada atividade é serviço público (*v. g.*, que o art. 30, V, da Constituição Federal de 1988, ainda que não se refira a serviço público, fala em serviço de interesse local e caráter essencial), é possível daí extrair: a necessidade de provimento privado ou público do mesmo; o interesse público subjacente a esse provimento; a necessidade de se licitar quando da delegação e outras características que anteriormente se enquadravam no regime jurídico administrativo. Em outros termos, quando o próprio texto jurídico-positivo estabelece a essencialidade da atividade por meio da menção à expressão *serviço público* ou correlato, é possível aferir um elevado grau de interesse público na existência do serviço, na efetiva prestação e na continuidade do mesmo; o que não implica necessariamente em alto grau de intervenção.

Nesse sentido, pode-se concluir que a noção de serviço público atualmente não representa um marco para facilitar a atuação do jurista, mas sim um norte interpretativo e de aplicação do direito que, por vezes, pode denotar simbolicamente os anseios políticos de uma sociedade em certa época. Frisa-se que essa função simbólica – muitas vezes – se presta a justificar política e juridicamente uma atuação mais presente do Estado em determinada atividade.

Portanto, levando em conta que a própria noção de serviço público como algo denotador de um sistema jurídico completo e geral não mais subsiste, a afetação de bens privados a

---

casos as atividades serão verdadeiramente públicas e não privadas com "intervenção". Para maiores detalhes acerca dessa teoria, vide: ARAGÃO (2009, p. 109-117).

serviços públicos acarretará consequências distintas, a depender da função que esses bens prestam, das necessidades decorrentes dessa sujeição específica, entre outros aspectos.

3 Bens públicos e bens privados: critérios legais de distinção, regimes jurídicos e a noção de afetação

3.1 Critérios legais de distinção e regimes jurídicos

Alexandre Aragão expõe de forma clara e direta os principais temas relacionados aos bens públicos e sua concepção de regime jurídico público:

> O Estado exerce uma relação de sujeição geral, através do poder de polícia administrativa e demais modalidades de intervenção do Estado sobre a propriedade privada, sobre todos os bens que se encontram sobre o seu território, seja os que são de sua propriedade, da propriedade de particulares ou mesmo os inapropriáveis (*res nullius*).
>
> Mas esses bens normalmente não integram o patrimônio das pessoas jurídicas estatais. Apenas os bens que o integram são bens públicos.
>
> Pelo domínio eminente se estabeleceriam as limitações administrativas ao direito de propriedade, as servidões administrativas, a desapropriação, medidas de polícia e o regime especial de certos bens particulares de interesse público (ex.: florestas).
>
> Já o domínio patrimonial é direito verdadeiramente de propriedade que o Estado exerce sobre os seus bens, sobre os integrantes do seu patrimônio. Trata-se, no entanto, de um direito de propriedade pública: **aos bens do Estado, como bens públicos que são, aplica-se o regime jurídico de direito público, aplicando-se-lhes as regras da propriedade privada apenas subsidiariamente**, na omissão das leis administrativas.
>
> Assim, **os bens públicos são os bens integrantes do patrimônio do Estado** [...] (ARAGÃO, 2012, p. 469-470. Grifo nosso).

Desse trecho surgem duas dúvidas: quais seriam os bens integrantes do patrimônio do Estado? E qual seria o conteúdo do "regime jurídico de direito público" a eles aplicado?

De acordo com o art. 98 do Código Civil de 2002 "são públicos os bens do domínio nacional pertencentes às pessoas jurídicas de direito público interno; todos os outros são particulares, seja qual for a pessoa a que pertencem".

Esse dispositivo legal esclarece dois pontos, a saber: o critério de definição dos bens públicos é a titularidade; os bens privados são definidos de forma residual.

A segunda dúvida é sanada pela leitura dos arts. 100 a 102 do Código Civil; 100, 183, § 3º, e 191 da Constituição Federal de 1988; e 17 a 19 da Lei nº 8.666/93. Desses dispositivos legais e constitucionais extrai-se o escopo do chamado "regime jurídico de direito público" que, segundo Aragão (2012), compreende quatro características centrais: relativa inalienabilidade (depende do cumprimento de exigências legais), insuscetibilidade à usucapião, impenhorabilidade e impossibilidade de oneração.

Já os bens privados, como regra, estariam regidos por um regime de livre alienação e oneração, e também sujeitos à usucapião e à penhora.

Dessa distinção de regimes fica claro que o regime diferenciado dos bens públicos visa a proteger os interesses públicos a eles inerentes. Sobre o tema, Gaspar Ariño Ortiz assevera:

> É uma eterna afirmação a de que o bem da comunidade é primário e superior ao bem individual. Mas é também uma afirmação de difícil concreção e de ainda mais difícil realização, porque está semeada de conflitos entre utilidade pública e utilidade privada. Esta luta entre interesses públicos e privados é a história e a trama do direito administrativo e, em geral, de todo o direito.
>
> A afetação de bens ao serviço público é um exemplo altamente expressivo dessa luta, na qual se trata de determinar em que consiste e quais são os efeitos que produz, no marco jurídico de uma titularidade e de um regime jurídico de direito privado, a vinculação de alguns bens a um serviço público. De uma parte, está o título de intervenção administrativa, que é o serviço público; de outra, a existência de direitos reais e de crédito dos particulares e, fundamentalmente, o direito de propriedade (ORTIZ, 2011, p. 12).

Para o autor espanhol, portanto, a existência de um regime jurídico privilegiado pautado na titularidade é expressão de uma suposta sobreposição do interesse público ao interesse privado que precisa ser mais bem detalhada. Traz a ideia de afetação de bens a um serviço público como exemplo da limitação dessa suposição.

No mesmo sentido de conferir um "regime privilegiado" a bens afetados à prestação de serviços públicos, Alexandre Aragão:

> Nota-se que a afetação do bem a um interesse público, e mais especificamente a um serviço público, necessariamente o torna de certa maneira sujeito ao direito público, ainda que pertencente a uma pessoa jurídica de direito privado, integrante ou não da Administração Indireta, inclusive concessionárias de serviços públicos (ARAGÃO, 2012, p. 471).

Desse modo, torna-se imperioso perquirir em que consiste a afetação de um bem à prestação de serviços públicos.

3.2 Afetação: natureza e consequências jurídicas

A afetação de que se trata neste tópico é a vinculação de determinado bem a um fim, é a função a que se presta tal bem, seja ele de titularidade pública ou privada; não se está a discutir a questão da "afetação e desafetação" de bens públicos, cuja utilidade se encontra na delimitação do que pode ou não ser considerado bem dominical.

A discussão sobre a afetação dos bens e a escala de intervenções administrativas nos bens privados elaborada por Gaspar Ariño Ortiz mostra-se coerente com o raciocínio desenvolvido no presente trabalho, *in verbis*:

> [...] se pode lembrar que talvez em direito público seja mais importante a "função", isto é, a ideia do destino e do fim das coisas, do que sua titularidade formal; e isso por uma razão simples, vinculada ao próprio sentido do direito administrativo como direito para a ordenação dos interesses coletivos: a referência ao sujeito "Estado" das coisas não é tanto "patrimonial", mas de "potestade" sobre elas.
>
> [...] A partir desse enfoque não há nenhuma dificuldade para afirmar, ao mesmo tempo, a titularidade privada de uma coisa e o caráter público desta, não há nenhum obstáculo para a titularidade privada de coisas públicas. Com isso não se afirma a possibilidade de domínio público em mãos privadas, mas se afirma a existência de outro modo de *publicatio* das coisas, que se produz não pelo dado de sua titularidade, mas pelo fato de sua *funcionalidade* ou, se se preferir, pelo fato de sua afetação ao serviço público. *Afetação* que funcionaria não como título de propriedade, mas como título de potestade sobre elas.
>
> [...] Resumindo o que poderia ser uma longa dissertação, direi só a solução a que cheguei, e esta é que na escala de intervenção administrativa sobre os bens e direitos privados que costuma ser estabelecida (determinação de conteúdo normal dos direitos, limitações, servidões, obrigações positivas de fazer, expropriação plena e inspeção), encontramos que a afetação se insere entre os deveres de *facere* ou *praestare*, é uma vinculação de conteúdo positivo que tem, além disso, natureza não só de obrigação, mas de **sujeição** (é o grau mais intenso de vinculação: **alguém** não **poder deixar de acatar a atuação alheia,** semelhante nesse sentido à **exprepropriação**). E isso porque, como veremos adiante, a afetação não é só uma obrigação pessoal do dono ou um 'fardo', mas uma autêntica *vinculação real* (da coisa).
>
> **A questão que tem de ser respondida é esta: em que consiste esse poder da administração sobre os bens afetados? E a resposta é: em tudo aquilo que seja necessário para garantir o destino da coisa ao fim a que está destinada. A afetação é a vinculação de alguns bens a uma finalidade: a obra ou o serviço que descansa sobre eles, que impõe a seu titular determinados comportamentos.** Tal vinculação implica não só uma obrigação pessoal (de seu titular), mas uma vinculação geral que se dirige à própria coisa e que se mantém em face de qualquer titular civil, *erga omnes*: em face do credor hipotecário, do arrendador [...] A afetação é um direito real, que se dirige diretamente à coisa (ORTIZ, 2011, p. 15-17. Grifos nossos).

Nesse sentido, a afetação, enquanto direito real,[7] terá seu conteúdo determinado a partir da função a que aquele bem se presta na obtenção de determinadas utilidades de interesse social. A sujeição a que os proprietários se veem submetidos terá seus contornos determinados com base no interesse público em questão. Ou seja, as faculdades inerentes ao domínio,[8] quais sejam: usar, gozar, dispor e reaver, serão em maior ou menor medida conformadas à função a que aquele bem se encontra destinado.

Ousa-se concluir que uma delimitação dos inúmeros regimes (posto que existem inúmeras funções a serem exercidas por diversos bens) por intermédio da ideia de afetação e não exclusivamente por meio da noção de titularidade faz com que haja uma relativização da determinação de regimes jurídicos por meio de critérios legais ligados à personalidade jurídica do titular, havendo indícios de um movimento da titularidade à funcionalidade (que também está presente na nova conformação dos serviços públicos).

Essas premissas teóricas serão, a seguir, analisadas à luz de duas decisões judiciais e também ilustradas por meio de dois exemplos de novos institutos legais que mitigam a clássica distinção estanque entre "regime jurídico de direito público" e "regime jurídico de direito privado".

4 Análises de casos

4.1 A aplicação do "regime jurídico de direito público" à ECT

Em 16-11-2000, o Supremo Tribunal Federal, julgando recurso extraordinário (RE nº 220.906-9/DF) sobre a penhorabilidade dos bens da ECT (Empresa Brasileira de Correios e Telégrafos), decidiu da seguinte maneira, *in verbis*:

> 1. À empresa Brasileira de Correios e Telégrafos, pessoa jurídica equiparada à Fazenda Pública, é aplicável o privilégio da impenhorabilidade de seus bens, rendas e serviços. Recepção do artigo 12 do Decreto-lei nº 509/69 e não incidência da restrição contida no artigo 173, par. 1º, da Constituição Federal, que submete a empresa pública, a sociedade de economia mista e outras entidades que explorem atividade econômica ao regime próprio das empresas privadas, inclusive quanto às obrigações trabalhistas e tributárias. 2. Empresa pública que não exerce atividade econômica e presta serviço público da competência da União Federal e por ela mantido. Execução. Observância ao regime de precatório, sob pena de vulneração do disposto no artigo 100 da Constituição Federal. Recurso extraordinário conhecido e provido.

---

[7] Para maiores detalhes acerca das diferenças entre direitos pessoais e reais, vide: FARIAS; ROSENVALD (2012).

[8] Lembra-se, nesse ponto, que o domínio é elástico, compreendendo expansões e restrições de seus atributos.

A decisão ora em comento, interpretando o art. 12 do Decreto-lei nº 509/69 juntamente com o art. 21, X, da Constituição Federal, culminou por aplicar, em bloco, a totalidade do "regime jurídico de direito público" aos Correios.

Significa dizer que, com base na ideia de que a mencionada empresa pública presta serviços monopolizados pela União, a ela não se aplicaria o disposto no art. 173, *caput* e parágrafos.

Ocorre, contudo, que tal aplicação em bloco, desvinculada de uma modelagem específica que a relacione com a função dos bens protegidos, culminou por afrontar diversos princípios constitucionais, como a livre iniciativa, a isonomia, a concorrência, entre outros.

A ECT é responsável e monopolista do serviço postal, mas também opera serviços de transporte e entrega de mercadorias, compra e venda de bens, opera serviços bancários mais simples, entre tantos outros.

Portanto, a aplicação aos Correios, em bloco, do "regime jurídico de direito público", desatenta da função que deveriam cumprir determinados bens afetados a finalidades públicas específicas, é um exemplo flagrante de como uma divisão binária de regimes não mais se sustenta e pode culminar com afrontas gravíssimas à Constituição Federal.[9]

4.2 A penhorabilidade de bens não diretamente destinados à prestação do serviço público – MetroSP

O Superior Tribunal de Justiça, à sua vez, em 5-2-2002, julgou recurso especial interposto pela Companhia do Metropolitano de São Paulo (METRO-SP), Resp nº 343.968/SP, em que a mencionada sociedade de economia mista buscava assegurar a impenhorabilidade da receita de suas bilheterias, sob o argumento de que eram essenciais à continuidade da prestação do serviço.

O STJ decidiu da seguinte maneira:

> A receita das bilheterias que não inviabilizam o funcionamento da devedora sociedade de economia mista estadual pode ser objeto de penhora, na falta de vedação legal, e desde que não alcance os próprios bens destinados especificamente ao serviço público prestado, hipótese que é diversa daquela da ECT – Empresa Brasileira de Correio e Telégrafos, amparada pelo Decreto-lei 509/69.

O voto do relator, que foi seguido unanimemente pela Turma, deixou claro que: "não havendo penhora de bens da empresa concessionária de serviço público relacionados dire-

---

[9] Do ponto de vista de uma análise consequencialista, a decisão do RE nº 220.909-9/DF do STF gerou o problema de fornecer precedente para que diversas empresas públicas que prestam serviços públicos de forma exclusiva intentem pela via judicial obter também os privilégios da "fazenda pública", mormente as garantias do precatório e a imunidade tributária federativa.

tamente com a prestação de serviços públicos, é viável a penhora, por exemplo, de receita tarifária, sem que torne inviável o funcionamento da concessionária."

Não obstante ser o serviço de transporte público urbano de natureza essencial (conforme disposto no art. 30, V, da Constituição Federal), a penhora das receitas de bilheterias de sociedade de economia mista prestadora desse serviço é plenamente viável. Isso porque tal penhora não compromete a continuidade do serviço. Sendo assim, eventual penhora dos bens utilizados diretamente na prestação e que pudesse comprometer sua função de atender às necessidades sociais seria, ao revés, inviabilizada pelo direito.

Esse caso é um bom exemplo de como a noção de afetação deve ser interpretada de forma flexível, adaptando-se à situação a que está submetida, sempre tendo em vista a função a que o bem supostamente carecedor de um regime jurídico mais protetivo está destinado.

4.3 O compartilhamento obrigatório de redes – Lei Geral de Telecomunicações

A Lei nº 9.472/97 (Lei Geral de Telecomunicações), em seu art. 73, fornece mais um bom exemplo de como o "regime jurídico" dos bens privados afetados à prestação de serviços públicos pode ser modulado de forma a abranger diferentes atributos do domínio.

> Art. 73. As prestadoras de serviços de telecomunicações de interesse coletivo terão direito à utilização de postes, dutos, condutos e servidões pertencentes ou controlados por prestadora de serviços de telecomunicações ou de outros serviços de interesse público, de forma não discriminatória e a preços e condições justos e razoáveis. Parágrafo único. Caberá ao órgão regulador do cessionário dos meios a serem utilizados definir as condições para adequado atendimento do disposto no *caput*.

Trata-se do compartilhamento obrigatório de redes. Essa determinação imposta pela lei decorre da *essential facilities doctrine*, pela qual os incumbentes titulares de redes de serviços públicos que constituam monopólios naturais (ou seja, sua duplicação ou potencial criação de concorrência é impossível ou tão custosa que inviabilizaria a prestação do serviço)[10] devem permitir aos concorrentes na prestação do serviço, quando possível, o acesso a tais redes.

Nesse caso, a afetação da rede, de titularidade do concessionário (incumbente), faz com que lhe seja restringida a plena liberdade de fruição da coisa. Em outras palavras, a fruição, em determinadas condições, é impositiva e não depende de efetiva manifestação de vontade do concessionário.

Portanto, nesse caso, a afetação do bem a um serviço público, consideradas as características e o regime desse serviço específico, bem como a função a que se presta esse bem,

---

[10] Maiores detalhes sobre *essential facilities doctrine* e compartilhamento de redes, vide, por todos: ARAGÃO (2008).

tem contornos completamente diversos do que se teria caso se imaginasse uma aplicação de "regime jurídico de direito público" no sentido tradicional.

4.4 Fundo garantidor e garantias públicas na lei de PPPs

Por fim, o caso das garantias públicas e do fundo garantidor da lei de Parcerias Público-Privadas, Lei nº 11.079/04. Em seus arts. 8º e 16 a lei dispõe:

> Art. 8º As obrigações pecuniárias contraídas pela Administração Pública em contrato de parceria público-privada poderão ser garantidas mediante:
>
> I – vinculação de receitas, observado o disposto no inciso IV do art. 167 da Constituição Federal
>
> II – instituição ou utilização de fundos especiais previstos em lei;
>
> III – contratação de seguro-garantia com as companhias seguradoras que não sejam controladas pelo Poder Público;
>
> IV – garantia prestada por organismos internacionais ou instituições financeiras que não sejam controladas pelo Poder Público;
>
> V – garantias prestadas por fundo garantidor ou empresa estatal criada para essa finalidade;
>
> VI – outros mecanismos admitidos em lei.
>
> [...]
>
> Art. 16. Ficam a União, seus fundos especiais, suas autarquias, suas fundações públicas e suas empresas estatais dependentes autorizadas a participar, no limite global de R$ 6.000.000.000, 00 (seis bilhões de reais), em Fundo Garantidor de Parcerias Público-Privadas – FGP, que terá por finalidade prestar garantia de pagamento de obrigações pecuniárias assumidas pelos parceiros públicos federais em virtude das parcerias de que trata esta Lei.
>
> § 1º O FGP terá natureza privada e patrimônio próprio separado do patrimônio dos cotistas, e será sujeito a direitos e obrigações próprios.
>
> § 2º O patrimônio do Fundo será formado pelo aporte de bens e direitos realizado pelos cotistas, por meio da integralização de cotas e pelos rendimentos obtidos com sua administração.
>
> § 3º Os bens e direitos transferidos ao Fundo serão avaliados por empresa especializada, que deverá apresentar laudo fundamentado, com indicação dos critérios de avaliação adotados e instruído com os documentos relativos aos bens avaliados.
>
> § 4º A integralização das cotas poderá ser realizada em dinheiro, títulos da dívida pública, bens imóveis dominicais, bens móveis, inclusive ações de sociedade de economia mista federal excedentes ao necessário para manutenção de seu controle pela União, ou outros direitos com valor patrimonial.

§ 5º O FGP responderá por suas obrigações com os bens e direitos integrantes de seu patrimônio, não respondendo os cotistas por qualquer obrigação do Fundo, salvo pela integralização das cotas que subscreverem.

§ 6º A integralização com bens a que se refere o § 4º deste artigo será feita independentemente de licitação, mediante prévia avaliação e autorização específica do Presidente da República, por proposta do Ministro da Fazenda.

§ 7º O aporte de bens de uso especial ou de uso comum no FGP será condicionado a sua desafetação de forma individualizada.

§ 8º A capitalização do FGP, quando realizada por meio de recursos orçamentários, dar-se-á por ação orçamentária específica para esta finalidade, no âmbito de Encargos Financeiros da União.

A nosso ver, esses são dois casos extremamente ilustrativos da necessidade e da possibilidade de diferentes modulações jurídicas dos regimes jurídicos de bens afetados à prestação de serviços públicos.

Primeiramente, no que tange às garantias que permaneçam de titularidade do poder público (penhor, alienação fiduciária, hipoteca, entre outros; conforme explicitados por Vítor Schirato, 2011), uma das quatro características centrais do "regime jurídico de direito público", a saber, impossibilidade de oneração, já é de pronto afastada. Além disso, a execução das garantias de forma direta também constitui uma exceção à ideia de impenhorabilidade dos bens públicos, uma vez que a lógica de existência das garantias é afastar o regime dos precatórios para esses casos.

No entanto, mais curiosa é a situação criada pelo Fundo Garantidor de PPP, ou FGP (e pela possibilidade de existência de diversos fundos garantidores na Federação). Este é definido por Carlos Ari Sundfeld da seguinte maneira:

> O FGP, cuja criação foi autorizada pelos arts. 16 a 20 da lei das PPPs, é um ente dotado de personalidade jurídica própria, de natureza privada. Como tal, assume direitos e obrigações em nome próprio (art. 16, par. 1º) e tem seu próprio patrimônio, formado pelos valores, bens e direitos integralizados pelos quotistas (art. 16, pars. 2º e 4º). Como é um sujeito de direitos e obrigações, responde autonomamente por elas, com seu patrimônio (art. 16, par. 5º), sujeitando-se, como pessoa de direito privado, à execução judicial de seus débitos pelo regime comum do Código de Processo Civil.
>
> [...] Em suma, o FGP é uma nova espécie de pessoa jurídica governamental federal, concebida para fins específicos, mas enquadrada no gênero "empresa pública", pois seu capital é inteiramente público, subscrito pela União, suas autarquias e fundações públicas, no limite expressamente previsto pela lei (art. 16, *caput*) (SUNDFELD, 2011, p. 44-45).

Nesse sentido, o FGP é uma empresa pública, que se reveste de personalidade jurídica privada, mas cuja origem dos recursos está em patrimônio público. Sendo assim, consiste em patrimônio público que sofre desafetação (sentido estrito e não amplo, como exposto por Gaspar Ariño Ortiz, 2011) para poder compor patrimônio privado cuja afetação exclusiva é a prestação de serviço público ou prestação de serviço público aliado a obra pública. Em tese, por estar sempre afetado, portanto, a serviço público, se se tomasse a ideia de que a afetação implicaria em aplicação em "bloco" do regime de direito público aos bens privados nesta condição, os bens da empresa pública do FGP se tornariam (como, por exemplo, os da ECT) impenhoráveis e insuscetíveis de oneração. Operar-se-ia o caminho inverso do que a lei desejou traçar, caso se entendesse que a ideia de regimes jurídicos devesse ser binária e não multifaceta.

Ao que tudo indica, o FGP é um expressivo exemplo de como a ideia de "função" deve ser o norte interpretativo da modulação dos regimes jurídicos de bens, públicos ou privados, afetados ou não à prestação de serviços públicos. Isso porque, não obstante ser composto por bens privados (na definição do Código Civil de 2002) e afetado à prestação de serviços públicos, a aplicação de um regime jurídico de direito público no sentido tradicional retirar-lhe-ia qualquer utilidade.

5 Conclusões

Ao longo do presente estudo buscou-se demonstrar que a tarefa do jurista moderno se mostra muito mais complexa do que fora outrora. O próprio aumento da complexidade das relações sociais faz com que o direito se torne, igualmente, mais intricado.

Algumas conclusões a que se chegou ao longo deste estudo são de que a noção de serviço público como algo claramente apartado das atividades econômicas em sentido estrito não mais se sustenta face à realidade social. Isso gera reflexos na própria delimitação de regimes jurídicos de bens afetados a tais serviços, que, em maior ou menor medida, passam a ter modulações diversas do que se pensava anteriormente. E, também, que as ideias de função dos bens e utilidade do serviço devem ser os critérios identificadores das necessidades do regime a ser conformado.

Sabe-se que as reflexões realizadas neste estudo são ainda incipientes e de cunho geral. Acredita-se que, a partir do que foi exposto aqui, cujos fundamentos não são pioneiros (já que se sustentam em diversas pesquisas com as quais se compartilham objetivos), há grande espaço para uma série de estudos de caso a serem realizados de forma a relatar e explicitar os pormenores daquilo que foi aqui chamado de "multiplicidade de regimes" em cada situação específica.

Não se tem a pretensão, com as ideias delineadas neste trabalho, de reformular a teoria do direito administrativo nem de estabelecer parâmetros gerais para regimes jurídicos de serviços públicos, de bens privados ou de bens públicos, mas sim de incitar a pesquisa inserida em contextos e casos específicos e que não tome como axioma a ideia de dualidade de regimes predeterminados, ainda que estes possam vir a se mostrar úteis em determinados casos.

24

O Regime da Concorrência no Serviço Público: Exceção ou Regra?

Rafael Dias Côrtes[1]

1 Introdução

Falar sobre serviço público na atualidade é daquelas tarefas que exigem do jurista certa dose de desapego emocional a concepções dogmáticas que ajudaram a compreender e definir o instituto no passado. Essa afirmação longe está de sugerir que o administrativista seja um sujeito dotado de embotamento afetivo. Também não se sugere o total desprezo às construções dogmáticas que contribuíram para a formação de uma doutrina sistematizadora tal como hoje se conhece. Quer-se dizer apenas que é preciso ter a capacidade de abstrair, das construções dogmáticas, a sua verdadeira utilidade temporal, evitando que conceitos, classificações, pré-compreensões e paradigmas tidos como intocáveis impeçam a busca pela solução dos problemas que resultam da práxis social. Os lírios, bem observou Carlos Drummond de Andrade, não nascem das leis. São as leis que nascem e têm de evoluir a partir dos lírios...

A noção de que os paradigmas do direito devem ser analisados funcionalmente, sempre com o objetivo de abrir novas interpretações para solução das demandas sociais, não é nova. Já há algumas décadas, Jürgen Habermas, seguramente um dos maiores jusfilósofos de nossos tempos, vem reconhecendo a função instrumental dos paradigmas, afirmando que:

> Os paradigmas do direito permitem diagnosticar a situação e servem de guias para a ação. Eles iluminam o horizonte de determinada sociedade, tendo em vista a realização do sistema de direitos. Nesta medida, sua função primordial consiste em abrir portas para o mundo. Paradigmas abrem perspectivas de interpretação nas quais é possível referir os princípios do Estado de direito ao contexto da so-

---

[1] Mestrando em Direito do Estado na Universidade de São Paulo – USP. MBA pela Estação Business School. Pesquisador do Núcleo de Estudo e Pesquisa de Direito Administrativo Democrático – NEPAD/USP. Advogado e Professor de Direito Administrativo em Curitiba-PR.

ciedade como um todo. Eles lançam luz sobre restrições e as possibilidades para a realização de direitos fundamentais [...].[2]

Partindo dessa ideia funcional a respeito dos paradigmas do direito, e sempre com o objetivo de buscar novas interpretações que melhor resolvam os problemas e as demandas identificadas na sociedade, o presente texto tem por objetivo analisar alguns dogmas que envolvem a noção atual de serviço público, em especial em relação à concepção de que o Estado **é** o detentor exclusivo[3] da prerrogativa de prestar ou delegar a prestação dessas atividades.

A ideia **é**, inicialmente, fazer um breve diagnóstico de concepções tradicionais envolvendo a noção de serviço público para, num segundo momento, lançar algumas dúvidas sobre a atualidade funcional dessas concepções à luz de novos vetores hermenêuticos, como os direitos fundamentais e a dignidade da pessoa humana. Ao final, além da resposta ao questionamento proposto no título deste texto, são trazidas algumas questões para reflexão, em especial sobre o objeto de estudo dos serviços públicos na atualidade.

2 A noção de serviço público no direito brasileiro

2.1 A imprecisão do conceito e a noção adotada no presente estudo

Como se sabe, a Constituição Federal utiliza a expressão *serviços públicos* para ilustrar diferentes tipos de atividades, o que afasta a possibilidade de se precisar um conceito único.[4] Para Floriano Peixoto de Azevedo Marques Neto,[5] essas atividades podem ser dividas em dois grandes grupos.

---

[2] HABERMAS, Jürgen. *Direito e democracia*: entre factividade e validade. Rio de Janeiro: Tempo Brasileiro, 1997. v. II, p. 181.

[3] A noção de exclusividade empregada no presente texto está ligada à ideia de que algumas atividades são, *a priori*, infensas à livre atuação do particular, que somente as poderá desenvolver a partir de uma delegação conferida pelo Estado, *quando* e *se* este assim o decidir fazer. Trata-se, portanto, de verdadeira restrição à livre iniciativa, algo que parte da doutrina convencionou chamar de *publicatio*, vista por Vitor Rhein Schirato como "*uma atividade exclusiva do Estado, de tal forma que a titularidade estatal associada aos serviços públicos predique, de forma necessária, a sujeição da atividade a um regime de exclusividade estatal*" (*Livre iniciativa nos serviços públicos*. Belo Horizonte: Fórum, 2012. p. 89. No mesmo sentido, confira-se: ARAGÃO, Alexandre Santos de. *Agências reguladoras e a evolução do direito administrativo econômico*. Rio de Janeiro: Forense, 2002. p. 151-153).

[4] A imprecisão do conceito de serviço público não é uma realidade apenas no ordenamento jurídico brasileiro. O direito italiano, por exemplo, também não possui um conceito único de serviço público, circunstância que, segundo Luigi Delpino e Federico del Giudice, é piorada pelo fato de que "*ao longo do tempo, o legislador utilizou-se inúmeras vezes da locução 'serviço público' sem fornecer, se não uma definição para o instituto, ao menos indicações apropriadas que permitam uma reconstrução sistemática em termos de direito positivo*" (*Diritto Amministrativo*. 28. ed. Napoli: Esselibri, 2011. p. 662-663).

[5] MARQUES NETO, Floriano Peixoto de Azevedo. Concessão de Serviço Público sem Ônus para o Usuário. In: WAGNER JUNIOR, Luiz Guilherme da Costa (Org.). *Direito Público* – Estudos em Homenagem ao Professor Adilson Abreu Dallari. Belo Horizonte: Del Rey, 2004. p. 331-351.

No primeiro deles, serviço público é o termo utilizado para representar as atividades que, inobstante oferecerem determinadas comodidades aos particulares, não têm caráter de atividade econômica, sendo inviável, consequentemente, a transferência de sua prestação à iniciativa privada. Nessa acepção, o serviço público seria quase que um sinônimo de *função pública*. É o caso, por exemplo, do art. 61, § 1º, inciso II, *b*, da Carta Magna, que dispõe serem de iniciativa privativa do Presidente da República as leis que disponham sobre "*serviços públicos e pessoal da Administração dos territórios*".

Já o segundo grupo refere-se ao serviço público para designar atividades econômicas. Segundo o autor, esse grupo pode ser subdividido em quatro outros: (i) os serviços públicos que podem ser delegados aos particulares, nos termos do art. 175 da Constituição Federal (serviços de transporte rodoviário interestadual de passageiros, por exemplo); (ii) os serviços públicos que, ao menos parcialmente, têm de ser delegados aos particulares (serviços de radiodifusão sonora de sons e imagens, previsto no art. 223 da Constituição Federal); (iii) serviços públicos que podem ser explorados em caráter suplementar pelo particular (serviços públicos na área da saúde, por exemplo); e (iv) serviços públicos que podem ser livremente prestados por particulares juntamente com o Estado (serviços de educação).

No presente estudo, toda a construção terá por base apenas os serviços públicos que, de acordo com a doutrina tradicional, podem ser delegados aos particulares, por força da autorização contida no art. 175 da Constituição Federal. Trata-se, enfim, do que boa parte da doutrina denomina de *serviço público em sentido estrito*.[6]

2.2 O surgimento da ideia de exclusividade estatal

A atual noção de serviço público no Brasil é fortemente influenciada pela doutrina francesa. Desde meados do século passado, o direito brasileiro distanciou-se do modelo americano, centrado na regulação da atuação privada sobre os *serviços de utilidade pública* (*public utilities*),[7] e passou a entender que atividades essenciais à coletividade, os *serviços públicos*, deveriam ser prestadas pelo próprio Estado.

---

[6] Sobre o tema, conferir, por todos: DI PIETRO, Maria Sylvia Zanella. *Direito Administrativo*. 24. ed. São Paulo: Atlas, 2011. p. 100.

[7] O modelo americano de *public utilities*, em que o Estado, ao invés de chamar para si a titularidade de atividades de utilidade pública, atua apenas intervindo e disciplinando a atuação dos particulares nessas atividades, influenciou fortemente a doutrina brasileira no início do século passado. Essa influência pode ser conferida em diversas obras e artigos, especialmente da década de 40. José Horácio Meirelles Teixeira, por exemplo, em obra publicada em 1941 pelo Departamento Jurídico da Prefeitura do Município de São Paulo sob o título *O problema das tarifas nos serviços públicos concedidos: ainda a revisão das tarifas telefônicas e a propósito de um livro recente*, trata do conceito de serviços públicos utilizando-se a doutrina americana das *public utilities*. No mesmo sentido: FRANCO SOBRINHO, Manoel de Oliveira. *Serviços de utilidade pública*. Curitiba: Empreza Gráfica Paranaense, 1940; MELLO, Luiz Ignacio Romeiro de Anhaia. *Problema econômico dos serviços de utilidade pública*. São Paulo: Prefeitura do Município de São Paulo, 1940; PINTO, Olavo Bilac. *Regulamentação efetiva dos serviços de utilidade pública*. Rio de Janeiro: Forense, 1941.

Fixada a premissa de que incumbiria ao Estado prestar os serviços públicos, era necessário estabelecer um regime jurídico especial que submetesse essas atividades a regras diversas das estabelecidas para as prestadas pela iniciativa privada. Construiu-se, então, a ideia de que os serviços públicos se submeteriam a um *regime jurídico de direito público*, que conferiria ao Estado ou ao prestador por ele indicado uma plêiade de prerrogativas inexistentes no regime jurídico "comum". A justificativa era a de que, se o Estado era incumbido de satisfazer necessidades coletivas, o interesse por ele defendido seria sempre preponderante em relação aos interesses privados, motivando a sua submissão a um regime de regras especiais. Essa é a ideia que, posteriormente, deu origem ao princípio da supremacia do interesse público sobre o particular, que orienta não só o direito dos serviços públicos, mas todo o direito administrativo brasileiro.

Uma das consequências dessa construção doutrinária foi a criação de algumas prerrogativas que até hoje são aceitas como uma espécie de dogma em grande parte da doutrina. A principal delas talvez seja a que atribui ao Estado a *exclusividade* de titularidade dos serviços públicos. De acordo com essa concepção, a elevação de uma atividade à condição de serviço público (*publicatio*) automaticamente inibiria a participação de agentes privados naquela atividade, que ficaria excluída do campo de incidência dos princípios da livre iniciativa e livre concorrência. A *publicatio*, então, passou a ser vista como um privilégio do Estado, e não como um dever de prestação.

Esse entendimento pode ser conferido na lição de Celso Antônio Bandeira de Mello, para quem as atividades assumidas como serviços públicos,

> *salvo algumas exceções ao diante referidas (educação, previdência social e assistência social), estão excluídas da esfera do comércio privado. De conseguintes, as atividades em questão não pertencem à esfera da livre iniciativa, sendo estranhas, então, ao campo da "exploração da atividade econômica".*[8]

No mesmo sentido, Dinorá Musetti Grotti afirma que os serviços públicos "*referem-se ao espaço público e não ao espaço privado, e sua qualificação como público supõe excluir uma atividade das regras de mercado*".[9]

O mesmo entendimento é adotado pelo português Marcelo Caetano, para quem

> *o serviço público, para ser concedido, tem de estar legalmente subtraído à livre concorrência. A actividade só pode ser concedida a certa pessoa se não for livre o seu exercício por qualquer pessoa. Por isso é pressuposto da concessão que tal actividade constitua objecto das atribuições da entidade concedente com exclusão de qualquer outra entidade pública ou particular.*[10]

---

[8] BANDEIRA DE MELLO, Celso Antônio. *Curso de direito administrativo*. 22. ed. São Paulo: Malheiros, 2007. p. 655.

[9] GROTTI, Dinorá Musetti. *O serviço público na Constituição Brasileira de 1988*. São Paulo: Malheiros, 2003. p. 138.

[10] CAETANO, Marcelo. *Manual de direito administrativo*. 10. ed. Coimbra: Almedina, 1999. v. II, p. 1100.

Por outro lado, a doutrina também cuidou de estabelecer distinções para posicionar o serviço público dentro do direito administrativo e diferenciá-lo das demais funções administrativas (fomento, poder de polícia e intervenção, na classificação de Maria Zylvia Zanella Di Pietro).[11] Uma construção razoavelmente aceita é a de que os serviços públicos distinguem-se das demais funções administrativas em razão de serem atividades essenciais prestadas diretamente a usuários determináveis, o que os aproximaria do conceito de *serviços uti singuli*, tradicionalmente utilizado no direito tributário. O serviço público é visto, sob esse prisma, a partir de seu caráter prestacional, ou, nas palavras de Celso Antônio Bandeira de Mello, de *prestação administrativa*.[12]

Em resumo, é possível concluir que a construção clássica sobre a noção de serviço público no direito brasileiro é fundada, entre outras, em duas premissas basilares: (i) a de que o serviço público é uma atividade de *titularidade exclusiva do Estado*, sendo interditada aos particulares, que só poderão executar essas atividades se e quando autorizados pelo Estado, por meio de delegação; e (ii) a de que o serviço público tem como condição distintiva o seu *caráter prestacional*, sendo considerado serviço público a atividade que, a par de ser de titularidade do Estado, seja fruível individual e singularmente pelos cidadãos.

3 Serviço público e concorrência

Feita uma brevíssima radiografia da concepção tradicional em torno da noção de serviço público no direito brasileiro, é chegada a hora de avaliar a validade e a atualidade das premissas identificadas no final do capítulo anterior. Nos tópicos seguintes, pretende-se demonstrar que essas premissas já não são mais suficientes para sustentar a disciplina dos serviços públicos na atualidade.

3.1 *O serviço público com foco no usuário e não na própria prestação: a busca pela satisfação dos direitos fundamentais*

A primeira questão a ser analisada tem a ver com o foco das discussões relacionadas ao serviço público. Essas discussões, como visto, são classicamente centradas na análise

---

[11] DI PIETRO, *Direito Administrativo*..., Ob. cit., p. 55.

[12] O caráter prestacional do conceito de serviço público é muito claro no conceito de Celso Antônio Bandeira de Mello, para quem os serviços públicos seriam atividades *"de oferecimento de utilidade ou comodidade fruível singularmente pelos administrados"* (BANDEIRA DE MELLO, Curso... Ob. cit., p. 650). Mais adiante, o próprio autor explica que *"restringiu-se a noção de serviço público aos chamados serviços* uti singuli*, ou seja, individual e singularmente fruíveis pela pessoa de cada um (postergando o sentido amplo do serviço público, que abrigaria também os serviços* uti universi*) para enquadrar seu exame no âmbito da teoria das chamadas prestações administrativas da Administração aos Administrados"* (Ibidem, p. 654). Para uma análise mais aprofundada sobre a relação entre os conceitos de serviço público e serviços *uti singuli*, conferir GUIMARÃES PEREIRA, Cesar Augusto. *Usuários de Serviços Públicos*: usuários, consumidores e os aspectos econômicos dos serviços públicos. São Paulo: Saraiva, 2006. p. 24 ss.

da *prestação administrativa* e do regime jurídico a que ela se submete. A dúvida que se coloca atualmente é a seguinte: é possível continuar enxergando e estudando o serviço público com maior foco em aspectos da própria prestação administrativa? Ou há outro vetor a ser considerado?

A resposta aos questionamentos nos remete inicialmente a uma discussão que ultrapassa os limites do próprio direito administrativo, indo desaguar no campo da ciência política. Lá, já não é tão recente a constatação de que o Estado moderno não pode se limitar a garantir o gozo das liberdades pelos cidadãos. O Estado tem também a função de atuar proativamente na realização dos interesses coletivos, garantindo a todos os cidadãos uma vida digna, com respeito aos valores e direitos fundamentais consagrados na Constituição Federal. Trata-se de uma visão praticamente consolidada e que, por isso, prescinde de maior aprofundamento no presente estudo.

A constatação de que o Estado tem o dever de atuar proativamente para a garantia dos direitos fundamentais tem reflexos diretos sobre a própria atividade administrativa e sua disciplina jurídica. Essa nova realidade vem fazendo com que o direito administrativo passe a tratar os indivíduos e os direitos fundamentais como o critério central de seu estudo, e não apenas como um fim programático a ser observado. Afinal, as estruturas burocráticas estatais não têm justificativa de existência em si mesmas, de modo que a atuação do direito administrativo deve sempre ter por objetivo valorizar os indivíduos e garantir uma vida digna aos cidadãos.

Justificando a necessidade de tratamento central dos indivíduos pelo Direito Administrativo, José Ortiz Díaz afirma que:

> a clássica, indeterminada e universalista função dos fins estatais como o bem comum, o "interesse público", as necessidades públicas, concretiza-se na atualidade (em sua grande maioria) na satisfação dos direitos humanos e nas liberdades positivas da pessoa. Objetivo primordial das Administrações Públicas em nosso tempo deve ser precisamente a satisfação dos direitos e liberdades fundamentais, sendo missão do Direito Administrativo garantir efetivamente essa satisfação.[13]

O serviço público, como área de estudo do direito administrativo, não é apenas atingido por esse novo enfoque. Ele é o campo central para sua implementação, exatamente por envolver a execução de atividades essenciais à concretização dos direitos fundamentais.

Como corolário, não é mais possível compreender o serviço público apenas a partir de seu viés prestacional. A prestação administrativa não pode ser vista como um fim em

---

[13] DÍAZ, José Ortiz. El horizonte de las administraciones públicas en el cambio de siglo: algunas consideraciones de cara al año 2000. In: SOSA WAGNER, Francisco (Coord.). *El derecho administrativo en el umbral del siglo XXI*: homenaje al profesor Ramón Martín Mateo. Valencia: Tirant lo Blanch, 2000. p. 70. Em sentido similar, Eberhard Schmidt-Assmann pontua que "*o reconhecimento constitucional dos direitos fundamentais permitiu ao Direito Administrativo introduzir uma marcada dimensão individual, uma maior atenção aos interesses do indivíduo*" (SCHMIDT-ASSMANN, Eberhard. *La Teoría General del Derecho Administrativo como Sistema*. Madrid: Marcial Pons, 2003. p. 89).

si mesmo. O fim deve ser sempre o de buscar a satisfação dos direitos fundamentais e a concretização do princípio da dignidade da pessoa humana. E é sob esse novo enfoque que deve ser estudado o direito dos serviços públicos.

3.2 O serviço público como obrigação, e não como prerrogativa do Estado

Outra premissa que deve ter sua validade reexaminada é a de que o serviço público representa sempre uma atividade exclusiva do Estado, sendo, consequentemente, infensa aos princípios da livre iniciativa e concorrência.

As discussões modernas em relação ao tema ganharam ares constitucionais. Aqueles que defendem a exclusividade não o fazem mais apenas invocando argumentos econômicos ou sociológicos. A defesa da exclusividade hoje é feita partindo-se da premissa de que o próprio texto constitucional prevê essa exclusividade.

A obra de Eros Roberto Grau é representativa dessa construção. Em seu livro *A Ordem Econômica na Constituição de 1988*, o professor defende a ideia de que a Constituição Federal criou dois regimes jurídicos distintos, um, consagrado no art. 175, destinado aos serviços públicos, e outro, previsto no art. 173, abrangendo as atividades econômicas sujeitas à atuação privada, as chamadas atividades econômicas em sentido estrito.[14]

Segundo o autor, uma das principais distinções entre os regimes estaria na questão da *exclusividade* de prestação. Para ele, o art. 175 conferiria ao Estado o *privilégio* de prestar os serviços públicos em *regime de exclusividade*, enquanto, para as atividades econômicas, sua atuação deveria ser subsidiária, restrita aos casos em que ficasse demonstrado que a intervenção é necessária para garantia da segurança nacional e de relevantes interesses coletivos.

Eis os argumentos usados pelo autor para justificar a atribuição de exclusividade ao Poder Público ou ao particular que ele escolha para prestar os serviços sob regime de concessão ou permissão:

> Os regimes jurídicos sob os quais são prestados os serviços públicos importam em que seja sua prestação desenvolvida *sob privilégios*, inclusive, em regra, o da exclusividade na exploração da atividade econômica em sentido amplo a que correspondente a sua prestação. É justamente a virtualidade desse privilégio de exclusividade na sua prestação, aliás, que torna atrativo para o setor privado a sua

---

[14] De acordo com a tese, "*a Constituição de 1988 aparta, a ambos conferindo tratamento peculiar,* atividade econômica e serviço público. *No art. 173 enuncia as hipóteses em que é permitida a exploração direta de 'atividade econômica' pelo Estado, além de, no § 1º, deste mesmo art. 173, indicar regime jurídico a que se sujeitam empresa pública, sociedade de economia mista e suas subsidiárias que explorem 'atividade econômica de produção ou comercialização de bens ou de prestação de serviços'. No art. 175 define incumbir ao Poder Público a prestação de 'serviços públicos'. [...] A necessidade de distinguirmos* atividade econômica e serviço público *é, assim, no quadro da Constituição de 1988, inquestionável*" (GRAU, Eros Roberto. *A ordem econômica na Constituição de 1988*: interpretação e crítica. 14. ed. São Paulo: Malheiros, 2010. p. 100).

exploração, em situação de concessão ou permissão. Nesse sentido, a concessão de serviço público é um *privilégio* que envolve *exclusividade na prestação do serviço*.[15]

Essa posição longe está de ser isolada, sendo seguida por grande parte da doutrina, como já demonstrado no tópico 2.2 deste texto. Alguns doutrinadores chegam até mesmo a sustentar que a exclusividade de determinados serviços públicos seria de tal ordem que a própria prestação dos serviços por particulares, por meio de concessões e permissões, estaria proibida pela Constituição. É o caso, por exemplo, de Celso Antônio Bandeira de Mello, para quem *"há duas espécies de serviços que só podem ser prestados pelo próprio Estado, isto é, não podem ser prestados por concessão, permissão ou autorização. São eles o serviço postal e o correio aéreo nacional, como resulta do art. 21, X [da Constituição Federal]"*.[16]

Ainda que se reconheça a importância sistemática dessa construção, o raciocínio, a nosso ver, falha em dois aspectos centrais.

3.2.1 A ausência de norma constitucional prevendo exclusividade

Em primeiro lugar, não nos parece correta a premissa de que o texto constitucional teria atribuído exclusividade ao Estado ou a quem lhe faça as vezes na prestação dos serviços públicos. Não há, nem no art. 175, nem em qualquer outro dispositivo constitucional, qualquer norma prevendo exclusividade genérica e prévia na prestação de todo e qualquer serviço público.

O fato de o art. 175 prever que "incumbe ao Poder Público" a prestação dos serviços públicos de forma alguma pode ser interpretado como uma forma de exclusão dessas atividades da livre iniciativa e da livre concorrência. "Incumbir" é locução que revela uma imposição de dever de agir e não um direito ao gozo de qualquer prerrogativa.

Essa é também a posição de Vitor Rhein Schirato, um dos primeiros a defender não apenas essa afirmação, mas toda a ideia que norteia o presente trabalho. Para ele:

> Diante da locução tão clara do artigo 175 da Constituição Federal, parece-nos evidente que não há, no bojo do texto constitucional, qualquer disposição que determine que os serviços públicos tenham de ser prestados em regime de exclusividade, seja estatal, seja de um delegatário privado. Portanto, o que será necessário para a qualificação de uma determinada atividade como serviço público é a *existência de uma obrigação*, imposta pelo ordenamento jurídico, ao Estado de exercício dessa atividade, por ser destinada à satisfação de um direito fundamental [...].[17]

---

[15] GRAU, *A ordem econômica...* Ob. cit., p. 140.

[16] BANDEIRA DE MELLO, Celso Antônio. Serviço Público e Atividade Econômica: Serviço Postal. *Grandes Temas de Direito Administrativo*. São Paulo: Malheiros, 2009. p. 312.

[17] SCHIRATO, *Livre iniciativa...* Ob. cit., p. 183.

No mesmo sentido foi a interpretação adotada pelo Ministro Marco Aurélio de Mello quando do julgamento da ADPF nº 46, em que o Supremo Tribunal Federal enfrentou a questão da exclusividade na prestação dos serviços postais. Ao comentar a locução constitucional que diz caber à União "manter" esses serviços, o Ministro entendeu que a norma não traz um *privilégio* ao Estado, e sim uma *obrigação de garantir o serviço* caso nenhum particular se disponha a fazê-lo. Apesar de essa posição ter restado vencida, os argumentos apresentados por Sua Excelência, a nosso ver, são irrefutáveis:

> Somente o intérprete mais criativo poderia concluir que o verbo "manter", a compelir a União a assumir os ônus relativos aos serviços postais, significa na verdade "prestação direta ou mediante delegação a empresa pública, em regime de reserva de mercado". A prevalecer esse entendimento, é dado imaginar uma interpretação extensiva, no sentido de dizer que, onde na Constituição se lê "manter", leia-se "monopólio", o que é absolutamente risível.
>
> No caso e ante as peculiaridades envolvidas, "manter", na verdade, significa um conjunto de serviços que devam ser garantidos necessariamente pela União, o que abrangeria, inclusive, eventual exigência de prestá-los diretamente, quando não houver interesse econômico suficiente à implementação da atividade em determinados pontos do território nacional. Funciona como uma espécie de aval que a União concede aos cidadãos, obedecidos os princípios da continuidade e de universalização dos serviços.[18]

Logo, parece claro que, ao estabelecer que "incumbe" ao Estado prestar ou "manter" os serviços públicos, a Constituição Federal nada mais fez do que instituir uma *obrigação de prestação*, e não uma prerrogativa de exclusividade, que possa ser invocada como argumento para excepcionar os princípios da livre iniciativa e livre concorrência.

3.2.2 A atribuição de exclusividade genérica e automática é incompatível com a busca pela concretização dos direitos fundamentais

A segunda ponderação que se faz acerca do raciocínio que enxerga uma exclusividade automática do Estado está relacionada com a pretensão de interpretar os serviços públicos sob seu enfoque prestacional, e não sob o prisma dos direitos fundamentais, que, como visto, deve ser o principal vetor hermenêutico para qualquer análise sobre o tema.

Como relata Alexandre Santos de Aragão, a exclusividade dos serviços públicos sempre foi defendida invocando-se dois argumentos centrais. Segundo ele,

> as razões ideológicas, técnicas e econômicas para essa conclusão são, basicamente, de duas ordens: (i) a circunstância de os serviços públicos constituírem, inclusive

---

[18] STF, ADPF nº 46, Plenário, Relator para o Acórdão Ministro Eros Grau, acórdão publicado no *DOU* de 26-2-2010, p. 46-47.

por razões tecnológicas, monopólios naturais, de forma que a presença de mais de um prestador seria tecnicamente impossível, economicamente inviável ou pelo menos inconveniente diante dos interesses públicos curados. Isso se daria, por exemplo, se a existência de mais de um prestador, ao invés de diminuir os preços, os aumentasse em função da menor economia de escala; e (ii) a concepção de que estas atividades, ainda que possuíssem conteúdo econômico, não poderiam, em face do estreito liame com os direitos fundamentais e com a solidariedade social, ser submetidas à lógica do lucro e do mercado.[19]

Atualmente, a nosso ver, nenhuma das premissas que amparam esses dois argumentos se sustenta.

Em relação à existência de monopólios naturais, já se foi o tempo em que os serviços públicos exigiam quase sempre a execução por um único prestador (Estado ou delegatário), sob pena de inviabilização da própria atividade. A tecnologia empregada nos meios de produção e a universalização do acesso aos serviços públicos, com o consequente aumento da demanda e a introdução de mecanismos de economia de escala, acabaram por inverter a lógica econômica existente anteriormente.

Atualmente, não apenas há, em regra, espaço para a existência de múltiplos prestadores, como essa possibilidade é um elemento essencial para a concretização dos direitos fundamentais.

A introdução da concorrência em setores como o de telecomunicações, energia elétrica e transporte aéreo de passageiros, longe de inviabilizar a prestação dos serviços, resultou na ampliação da abrangência da prestação (maior universalização), na medida em que possibilitou a redução dos custos de transação e dos preços cobrados dos usuários. Com isso, os serviços tornaram-se mais acessíveis a uma grande parcela da população antes economicamente marginalizada. Isso sem falar na melhoria na qualidade dos serviços, efeito que, se não pode ser imputado exclusivamente à abertura dos serviços públicos à concorrência, certamente teve nesse fenômeno uma de suas grandes causas.

Por isso, é possível dizer que a inserção da concorrência em campos anteriormente sujeitos ao regime de exclusividade estatal mostrou-se mais benéfica aos usuários, seja porque um maior número deles passou a ter acesso aos serviços, seja porque houve expressiva melhora na qualidade das facilidades oferecidas pelos prestadores. Logo, defender a exclusividade no contexto atual seria adotar interpretação prejudicial aos usuários e não a interpretação centrada na dignidade da pessoa humana e nos direitos fundamentais, o que é inconcebível.

Não se pode olvidar, também, que a previsão de exclusividade implica uma restrição à livre iniciativa, que, no direito brasileiro, possui não apenas *status* de direito fundamental, mas também de próprio fundamento da República (art. 1º, IV, da Constituição Federal). Por isso, também sob esse enfoque, é preciso reconhecer que a exclusividade, enquanto

---

[19] ARAGÃO, Alexandre Santos de. Serviços públicos e Concorrência. *Revista de Direito Público da Economia*, nº 2. Belo Horizonte: Fórum, 2003, p. 59.

restrição a um direito fundamental, deve ser excepcional, somente podendo ocorrer quando for necessária à satisfação de outro direito fundamental.

Esse fato foi reconhecido pelo Ministro Marco Aurélio de Mello no já citado voto proferido na ADPF nº 46. Para ele, "*a liberdade de iniciativa constitui-se em uma manifestação dos direitos fundamentais do homem, na medida em que garante o direito que todos têm de se lançar ao mercado de produção de bens e serviços por conta e risco próprios, bem como o direito de fazer cessar tal atividade*".[20] Por isso, conclui sua Excelência mais adiante, "*fez--se e ainda faz-se necessária a devolução das atividades que ainda são prestadas pelo Poder Público à iniciativa privada*", pois "*o Estado brasileiro encontra-se incapaz de prestar zelosa e eficientemente os serviços públicos e desenvolver as atividades econômicas*".[21]

Não se sustenta, é importante frisar, que todos os serviços públicos devam sempre ser submetidos ao regime concorrencial, até porque, de fato, ainda pode haver casos em que, por questões conjunturais e inerentes ao próprio serviço, a prestação por múltiplos atores seja inviável técnica ou economicamente.[22] A incidência dos novos vetores hermenêuticos, porém, faz com que a lógica anterior seja invertida.

A livre iniciativa nos serviços públicos, a nosso ver, deve ser vista como regra e não como exceção. Seu afastamento somente poderá ocorrer quando ficar demonstrado que a exclusividade é de fato essencial para viabilizar a prestação do serviço ou a satisfação de um direito fundamental. Essa análise deverá ser realizada sopesando-se os diversos valores fundamentais envolvidos, sempre com apoio nos princípios da proporcionalidade e razoabilidade. Nesse ponto, concordamos, mais uma vez, com Vitor Rhein Schirato, para quem:

> Dada a estrutura dos direitos fundamentais, formada por um suporte fático amplo, a realização de um direito fundamental por meio da prestação de um serviço público poderá implicar restrições ao direito fundamental da livre iniciativa. No entanto, essas restrições não são automáticas e somente poderão ocorrer de acordo com as características dos casos concretos específicos, sempre de forma proporcional à realização do direito fundamental garantido pela prestação de um serviço público.[23]

Em relação à segunda justificativa clássica identificada por Alexandre Santos Aragão, no sentido de que a exclusividade seria uma espécie de instrumento de proteção dos serviços públicos contra a lógica do lucro e do mercado, também entendemos que o argumento não é mais defensável.

Antes de mais nada, não podemos deixar de pontuar o nítido caráter ideológico do discurso, que parece guardar resquícios da época em que o lucro era tido como um peca-

---

[20] STF, ADPF 46, p. 27.

[21] Ibidem, p. 30.

[22] Algo que parece ocorrer, por exemplo, com alguns aspectos dos serviços de saneamento básico, como o abastecimento de água potável e a captação de esgoto.

[23] SCHIRATO, *Livre iniciativa...* Ob. cit., p. 328.

do e da ideia marxista de que o lucro é fruto de uma *extorsão* do sistema pelo capitalista. Essa ideia pejorativa em torno do lucro e do mercado já não é mais concebível na sociedade brasileira, em que a própria Constituição Federal adotou a livre iniciativa e o direito de propriedade como pilares da República. A discussão sobre o tema, porém, é complexa, infindável e fugiria ao escopo do presente estudo.

Abstraída essa questão ideológica, é preciso lembrar que o conflito entre os interesses coletivos que se busca concretizar por meio dos serviços públicos e o interesse privado de lucrar com a exploração dessas atividades não é uma realidade exclusiva do pretendido regime de concorrência nos serviços públicos. A constante tensão entre lucro e interesses como modicidade tarifária, universalização, entre outros, existe também no regime de exclusividade, onde há muito já é sentida no campo das concessões de serviços públicos.

Logo, a tensão entre os interesses coletivos e os interesses econômicos do particular que explora o serviço público não está presente apenas no regime de exploração concorrencial dos serviços públicos, mas em todo e qualquer regime de exploração que envolva algum tipo de parceria entre o Poder Público e a iniciativa privada. Por isso, o argumento não é suficiente para afastar de forma automática o regime concorrencial nos serviços públicos.

Por outro lado, é preciso lembrar que a experiência de abertura de alguns serviços públicos ao regime de concorrência não criou distorções no sistema, muito menos levou à pilhagem arbitrária de lucros pelos prestadores. Basta ver o que ocorreu nos mercados de telefonia móvel e energia elétrica, em que, apesar de sujeitos ao regime de concorrência regulada, não se pode dizer que o interesse lucrativo tenha prejudicado a expansão e a universalização dos serviços.

É importante considerar, também, que a ideia de concorrência não sugere atuação livre e descomprometida do particular. O regime de concorrência das atividades levadas à condição de serviço público é um *regime de concorrência regulado*, não apenas pelos próprios instrumentos do mercado, mas também pelo próprio Estado.[24]

Nesse ponto, aliás, é interessante notar que a regulação e fiscalização da prestação de serviços públicos pelo Estado parecem ser mais eficientes quando o prestador é uma empresa privada e não uma empresa estatal. Essa é também a visão de Juan Carlos Cassagne, para quem:

> O fenômeno da privatização, ao abarcar a transferência ao setor privado da gestão dos serviços públicos, que antes eram prestados por empresas estatais, trouxe a correlata necessidade de regular essas atividades para proteger devidamente os interesses da comunidade. No campo do Direito Administrativo, não é comum que o Estado regule suas próprias entidades e articule o controle na proteção dos

---

[24] Basta ver a atuação das agências reguladoras e de órgãos como o Conselho Administrativo de Defesa Econômica – CADE, que tem se mostrado suficiente para impedir a concorrência desleal e a percepção abusiva de lucros nos serviços públicos abertos à concorrência.

usuários, e dificilmente o Estado exige de suas empresas que os serviços públicos por ela prestados sejam disponibilizados com a maior eficiência possível.[25]

Em razão disso, entendemos que também não se sustenta a justificativa de que a exclusividade estaria a proteger os usuários do mercado e o aumento arbitrário de lucros. A experiência colhida nos setores em que já houve quebra da exclusividade mostra exatamente o contrário: a concorrência tende a ser benéfica, já que, em regra, viabiliza a ampliação do serviço, a redução dos preços das tarifas e o aumento da qualidade dos serviços.

4 Considerações finais

Ao longo do texto, já foram expostas algumas opiniões do autor a respeito das questões discutidas no presente estudo. Mas resta ainda responder objetivamente o questionamento inicialmente proposto: a prestação dos serviços públicos em regime de concorrência é exceção ou regra?

Antes de indicar a resposta, é preciso fazer uma advertência prévia: qualquer tentativa de definir um regime único de prestação de um fenômeno tão complexo, multifacetário e dinâmico como o serviço público sempre correrá o risco de incorrer em excessivo reducionismo. Por isso, a resposta ao questionamento tem mais o propósito de indicar um vetor hermenêutico para o estudo das várias questões que surgem do tema do que propriamente fornecer uma solução dogmática para a problemática posta.

Nessa linha, entendemos que o serviço público deve ser visto como *um instrumento por meio do qual o Estado, atuando isoladamente ou em parceria com a iniciativa privada, preferencialmente em regime de concorrência, oferece ou garante o fornecimento de serviços e facilidades com o objetivo de promover a dignidade da pessoa humana e a satisfação dos direitos fundamentais dos cidadãos.*

Dessa premissa maior decorrem outras tantas, sendo possível destacar as seguintes conclusões:

(i) o serviço público possui *caráter instrumental* e não pode mais ser estudado como se fosse um fim em si mesmo. Objetivamente, isso implica alterar a forma de abordagem de sua análise, que deve ser focada na *promoção da dignidade da pessoa humana* e *dos direitos fundamentais*, e não mais na própria *prestação administrativa*. O vetor hermenêutico fundamental, portanto, deve ser o usuário e o exercício do *direito ao digno serviço público*, e não a prestação administrativa e a prerrogativa de exercê-la;

(ii) se o vetor hermenêutico central deve ser o usuário e não a prestação administrativa e a prerrogativa de exercê-la, nada mais justifica, do ponto de vista sociológico ou jurídico, a interpretação segundo a qual o serviço público

---

[25] CASSAGNE, Juan Carlos. *La Intervención Administrativa*. 2. ed. Buenos Aires: Abeledo Perrot, 1994. p. 150.

é sempre uma atividade exclusiva do Estado. No atual contexto do Estado brasileiro, em que já não se tem mais dúvida acerca da maior capacidade da iniciativa privada de prestar com maior eficiência os serviços de grande relevância social, a atribuição de exclusividade prévia e irrestrita ao Estado seria incompatível com o direito à *digna prestação do serviço público*, pois implicaria quase sempre submeter o usuário a uma prestação menos eficiente e mais onerosa, interpretação que seria contrária aos princípios informadores mencionados no item anterior;

(iii) a constatação de que nem sempre o Estado terá exclusividade para prestar os serviços públicos não significa, obviamente, que ela nunca poderá ocorrer. Significa, apenas, que a exclusividade não é natural e automática, só podendo existir quando restar demonstrada a sua necessidade e essencialidade para a satisfação dos direitos fundamentais e do princípio da dignidade da pessoa humana. Vista sob outro ângulo, isso significa enxergar a concorrência nos serviços públicos como regra e a exclusividade como exceção;

(iv) de igual forma, não se está a defender que o serviço público seja prestado à revelia do Estado e dos interesses por ele defendidos. Defende-se apenas que o Estado tenha atuação mais *reguladora* e menos *executora*, assim como já ocorre em outras atividades econômicas indubitavelmente atribuídas à iniciativa privada. Nesse ponto, então, defende-se uma reaproximação ao modelo das *public utilities* do direito norte-americano, com a diferença de que, no caso brasileiro, o Estado ainda mantém o dever de prestar o serviço caso os particulares não o façam de forma digna e eficiente.

25 Contratos da Administração entre os Regimes de Direito Público e de Direito Privado

Wassila Caleiro Abbud[1]

1 Introdução

Em razão da precedência histórica civilista, o direito administrativo sofreu influência do direito privado, ramo em que se desenvolveu durante muitos séculos a ciência jurídica. Por tal motivo, muitos institutos foram simplesmente transpostos ao direito administrativo.[2] Da mesma maneira, os contratos, inicialmente concebidos nos quadrantes do direito privado, foram transpostos para o direito administrativo, com características próprias. As críticas que existem em relação aos contratos da Administração devem-se ao fato de alguns doutrinadores negarem sua existência, pois, além da presença das chamadas cláusulas exorbitantes, estariam ausentes as características sagradas do contrato civil, tais como a autonomia da vontade, a igualdade entre as partes, a obrigatoriedade entre as partes (*pacta sunt servanda*).

Tal entendimento não deve prosperar. O instituto do contrato deve ser compreendido como uma categoria jurídica da teoria geral do direito e não especificamente do direito civil, motivo pelo qual não há que se falar em inexistência de contratos no direito administrativo.

---

[1] Advogada formada pela Universidade Estadual Paulista – UNESP, com habilitação em Estado, Direito e Sociedade.

[2] "Desde as suas origens, o direito administrativo sofreu influência do direito privado. Muitos dos institutos do direito privado foram transpostos para o direito administrativo, até pela precedência histórica daquele ramo. No livro *Do direito privado na administração pública*, analisamos o método da transposição, socorrendo-nos da lição de André Hauriou. O autor indica três fases no processo de transposição: (a) transposição pura e simples para o direito administrativo de uma teoria ou de uma regra de direito privado; (b) o movimento de reação provocado por uma consciência mais nítida das necessidades administrativas; e (c) as adaptações da regra de direito privado, vistas como necessárias no regime jurídico a que se submete a Administração Pública" (DI PIETRO, Maria Sylvia Zanella. Ainda existem os chamados contratos administrativos? In: DI PIETRO, Maria Sylvia Zanella; RIBEIRO, Carlos Vinícius Alves. *Supremacia do interesse público e outros temas relevantes do direito administrativo*. São Paulo: Atlas, 2010. p. 398-399).

Dentro desta metodologia, é impossível deixar de considerar que cada ramo do direito tem, como objeto de estudo, a sua própria realidade, o conjunto de situações, fatos e coisas que, apresentando homogeneidade, permitem a formulação de conceitos gerais, referentes às várias formas do mesmo instituto. Se o direito civil pode elaborar um conceito geral de contrato, que abrange as suas várias modalidades, o direito administrativo também pode formular um conceito geral de contrato administrativo, que compreenda todas as espécies.[3]

No que se refere ao direito brasileiro,[4] cabe destacar o papel do Estado em matéria de atividade contratual. A Constituição Federal de 1988, que consagra o Estado Democrático de Direito, assegurou direitos e garantias individuais, resguardando as prerrogativas públicas estatais, e regulou a atividade econômica, dispondo sobre atuação estatal e de particulares nas contratações e prestações de serviços públicos.

A partir da década de 1990, várias transformações ocorreram. Como a exploração direta da atividade econômica pelo Estado somente é permitida quando necessária aos imperativos da segurança nacional ou relevante interesse coletivo (art. 173 da Constituição Federal), os particulares passam a atuar diretamente ou através de parceira com o Poder Público na prestação de serviços e atividades econômicas. O Estado delegou atribuições, permitindo a gestão privada de serviços públicos.

Se por um lado houve incremento na atividade contratual do Poder Público com o particular, por outro há uma ampliação do direito privado na Administração, embora o regime de direito público sempre permaneça em certa medida; isso porque a União tem competência privativa para legislar sobre normas gerais de licitação e contratação, em todas as modalidades, para as administrações públicas diretas, autárquicas e fundacionais da União, Estados, Distrito Federal e Municípios, obedecido o disposto no art. 37, XXI, e para as empresas públicas e sociedades de economia mista, nos termos do art. 173, § 1º, III (art. 22, inciso XXVII, da Constituição).

A expressão *contratos da administração* no presente artigo é utilizada em sentido amplo, conforme a doutrina, abrangendo todos os contratos celebrados pela Administração Pública, tanto no regime de direito público quanto no regime de direito privado.[5]

Quer-nos parecer que a diferenciação dos contratos da administração tem um caráter prático, sendo que, conforme o regime a que se submete (público ou regime privado), pode haver consequências quanto às cláusulas contratuais, forma de cumprimento e outros aspectos.

---

[3] DI PIETRO, Maria Sylvia Zanella. Ainda existem os chamados contratos administrativos? In: DI PIETRO, Maria Sylvia Zanella; RIBEIRO, Carlos Vinícius Alves. *Supremacia do interesse público e outros temas relevantes do direito administrativo*. São Paulo: Atlas, 2010. p. 400.

[4] "O Direito administrativo brasileiro, no sentido que se lhe dá no Estado brasileiro atual, é aquele que surge na Europa continental, em fins do século XVIII, mais especificamente após a Revolução Francesa" (ALMEIDA, Fernando Dias Menezes de. *Teoria do Contrato Administrativo. Uma abordagem histórico-evolutiva com foco no Direito brasileiro*. 2010. Tese. São Paulo).

[5] DI PIETRO, Maria Sylvia Zanella. *Direito administrativo*. 24. ed. São Paulo: Atlas, 2011. p. 254.

Por fim, ainda que o contrato da administração esteja sujeito a regime de direito privado, não estará completamente isento do regime publicístico, devendo passar por critérios prévios de contratação que observem os princípios que norteiam a Administração Pública, em especial os que estão dispostos no art. 37 da Constituição Federal.

2 O instituto do contrato no direito privado: breves considerações

A teoria clássica dos contratos foi produto jurídico do contexto histórico da "Era da Codificação" (Código de Napoleão de 1804, BGB Alemão de 1896 e Código Civil brasileiro de 1916), desenvolvendo-se nos quadrantes do direito privado.[6] O Código Civil, saudado como verdadeiro baluarte da liberdade, regulamentava o contrato, que por sua vez possibilitava o acesso à propriedade de todos. A autonomia da vontade, confundida com a liberdade, era corolário da igualdade formal.[7]

A visão da teoria civilista insere-se no contexto do Estado de Direito, com influência ideológica do liberalismo, em que se prestigiou a liberdade individual (separação de poderes, isonomia, legalidade, controle judicial) e em que o Estado cumpria um papel essencialmente abstencionista, na missão de proteger a propriedade e liberdade.[8]

Podemos dizer que, no direito privado, o contrato é regulado pelo princípio da autonomia da vontade, que confere aos contratantes a prerrogativa de estabelecerem relações jurídicas na esfera contratual, tornando-se perfeito e obrigatório para as partes ou, por outras palavras, fazendo lei entre as partes, com força vinculante. É o chamado *pacta sunt servanda*.[9] As declarações de vontade das partes, portanto, estavam regidas pelo direito civil.

3 O instituto do contrato no direito público: evolução doutrinária no sistema de base romano-germânica

O direito administrativo clássico, inicialmente, não admitia a figura do contrato administrativo. Isso não significa dizer que não se reconhecessem hipóteses de relações bilaterais consensuais entre entes públicos ou entes públicos e privados.

---

[6] BACELLAR FILHO, Romeu Felipe. *Direito administrativo e o novo código Civil*. Belo Horizonte: Fórum, 2007. p. 166.

[7] BACELLAR FILHO, Romeu Felipe. Ob. cit., p. 166.

[8] DI PIETRO, Maria Sylvia Zanella. Do princípio da legalidade e do controle judicial diante da constitucionalização do direito administrativo. In: DI PIETRO, Maria Sylvia Zanella; RIBEIRO, Carlos Vinícius Alves. *Supremacia do interesse público e outros temas relevantes do direito administrativo*. São Paulo: Atlas, 2010. p. 173-196.

[9] DI PIETRO, Maria Sylvia Zanella. *Ainda existem os chamados contratos administrativos?* In: DI PIETRO, Maria Sylvia Zanella; RIBEIRO, Carlos Vinícius Alves. *Supremacia do interesse público e outros temas relevantes do direito administrativo*. São Paulo: Atlas, 2010. p. 385.

Na doutrina alemã, o responsável pela teorização do contrato de direito público como espécie da categoria geral do contrato foi Laband, com a publicação do livro *Das Staactsrecht des Deutschen Reiches*,[10] em 1876.

O autor compreendia as relações entre autoridade e particular sob bases paritárias e contratualistas, estendendo a figura do contrato ao direito público para fundamentar os atos consensuais. Até então o particular encontrava-se na posição de súdito e não de parte.[11]

Mas o pensamento que se firmou foi a posição anticontratualista, que entendia não ser possível a atividade contratual entre autoridade e particular, pois, não havendo igualdade entre as partes, não poderia existir o contrato.

Para Otto Mayer, a compreensão das relações autoridade-particular dava-se sob o enfoque supremacia do Estado, que não se igualava ao particular. Sua teoria estava inserida no contexto do Estado de Direito, que contava com a presença de uma Administração repressiva e uma autoridade concebida para limitar a liberdade individual na legalidade. Sendo assim, havia incompatibilidade entre direito público e módulos contratuais do direito civil pelo fato de inexistir paridade entre as partes.

A inadequação do contrato para a Administração Pública constituía um ponto central, porque Otto Mayer entendia que a consolidação de um verdadeiro Estado de Direito dependia da construção de um direito especificamente público, emancipado do arbítrio do soberano e das formas jusprivatísticas, dominantes no Estado de Polícia; sendo assim, um verdadeiro contrato entre Administração e particular não seria possível porque o Estado não poderia se colocar no mesmo plano do particular. Nesse contexto, a relação jurídica tomava a forma de ato administrativo.[12]

Após a Primeira Guerra Mundial, a realidade que se sucedeu foi a de uma Administração cada vez mais comprometida com a prestação de serviços à comunidade. Nesse contexto, o alemão Apelt publicou uma monografia, propondo que o contrato de direito público passasse da perspectiva de supremacia-sujeição para ser compreendido como *meio de regulação* de interesses recíprocos. Essa concepção radicou a obrigatoriedade do contrato ao princípio do *pacta sunt servanda* limitado, no direito público interno, à cláusula *rebus sic stantibus* para salvaguardar interesses públicos.[13]

Somente após a Segunda Guerra Mundial a discussão sobre contrato de direito público ganhou impulso, com doutrina favorável à sua admissão. Cabe destacar a teoria de Ipsen (em obra de 1956), que criou a figura da *Zweistufentheorie* para explicar a relação jurídica entre a Administração Pública e os particulares: ela seria um módulo composto, porque instaurada por um ato administrativo unilateral e regulada, nos aspectos ligados ao seu desenvolvimento, por um contrato de direito privado. O interesse público estava salva-

---

[10] *Direito constitucional do Estado alemão*, em tradução livre.
[11] BACELLAR FILHO, Romeu Felipe. Ob. cit., p. 167.
[12] BACELLAR FILHO, Romeu Felipe. Ob. cit., p. 167-170.
[13] BACELLAR FILHO, Romeu Felipe. Ob. cit., p. 170.

guardado porque o ato administrativo unilateral tem primazia sobre o contrato de direito privado; tratava-se de um contrato de direito privado ligado a um ato administrativo.[14]

Ao contrário da doutrina favorável à admissão do contrato de direito público, nos anos de 1960, Bullinger defendeu que a autoridade administrativa deveria atuar no âmbito da atividade comercial e empresarial segundo as regras do direito privado, excluindo nitidamente o recurso ao módulo contratual na atividade de direito público (a justificativa se encontrava na exigência própria do Estado de Direito de reforçar o vínculo da Administração Pública à lei).[15]

Mais recentemente, cabe destaque à "teoria das modulações", de Eduardo García de Enterría, que contribuiu para a construção teórica do contrato administrativo, cuja premissa básica é a de que as instituições do direito administrativo não precisam ser substancialmente equivalentes àquelas do direito civil e firma um postulado básico: "a presença da Administração Pública implica modulação geral em toda classe de contratos no tocante ao seu procedimento de formação: habilitação prévia, aprovação do contrato, modos de conclusão, elaboração das cláusulas contratuais, formação da vontade administrativa". Ainda tratando das modulações, Enterría distingue as derrogações das normas contratuais comuns da diferente função que cumpre a noção de ordem pública como limite à licitude dos pactos e às prerrogativas do Poder Público – as chamadas cláusulas exorbitantes, "consectárias do formidável privilégio da decisão unilateral e execução prévia anterior ao conhecimento judicial impondo ao particular contratado o ônus da impugnação judicial".[16]

Na doutrina francesa do século XIX, a edificação dos elementos que formaram a teoria do contrato administrativo foi jurisprudencial, sobretudo pela atuação do Conselho de Estado. O direito reconhecia a certos contratos uma "incontestável especificidade", dando-lhes tratamento de direito público. Posteriormente, foi estendido pela prática contratual e pela jurisprudência a outros contratos ditos administrativos.[17]

A primeira doutrina da teoria do contrato administrativo se deve, no plano doutrinário, a Gaston Jèze. Antes disso, a doutrina francesa, no início do século XX, não dava ênfase a uma teoria do contrato administrativo; por outro lado, das decisões do Conselho de Estado foi possível edificar-se uma teoria reconhecendo um regime especial aos contratos administrativos.[18]

Procurar uma distinção entre os contratos de direito público e os de direito privado foi um dos primeiros problemas teóricos a serem enfrentados pelos administrativistas franceses. Firmou-se inicialmente uma distinção de ordem processual: os contratos privados

---

14   BACELLAR FILHO, Romeu Felipe. Ob. cit., p. 171.
15   BACELLAR FILHO, Romeu Felipe. Ob. cit., p. 171.
16   BACELLAR FILHO, Romeu Felipe. Ob. cit., p. 172.
17   ALMEIDA, Fernando Dias Menezes de. *Teoria do Contrato Administrativo. Uma abordagem histórico-evolutiva com foco no Direito brasileiro*, p. 122-123.
18   ALMEIDA, Fernando Dias Menezes de. *Teoria do Contrato Administrativo. Uma abordagem histórico-evolutiva com foco no Direito brasileiro*, p. 125-129.

da Administração seriam apreciados pela justiça comum e os contratos públicos da Administração seriam apreciados pelo sistema do contencioso administrativo. Essa distinção levava em conta o contrato administrativo como *ato de gestão* (aquele praticado pela Administração na administração de seus bens, como se fosse um particular), em oposição ao ato de império (aquele praticado com prerrogativas próprias de poder público). Assim, por razões pragmáticas, atribuiu-se o conhecimento de alguns contratos que a Administração celebra à jurisdição contenciosa administrativa, com o propósito de subtrair as questões administrativas à justiça comum, consoante leitura francesa do princípio da separação dos poderes do Estado.[19]

A autora portuguesa Maria João Estorninho aponta que, enquanto figuras de "fronteira", os contratos da Administração Pública sempre suscitaram o problema da relação entre o direito privado e o direito público e implicaram em delimitar aquilo que é próprio e específico do direito administrativo.[20] Há associação da delimitação da competência jurisdicional ao problema do direito aplicável à solução do litígio. A todo e qualquer litígio em que a Administração estava interessada subtraía-se a competência judicial, aplicando-se a jurisdição administrativa.[21]

A partir de meados do século XIX, inicia-se um processo em sentido inverso de restituição ao foro civil de uma série de conflitos em que a Administração é parte. O primeiro critério utilizado para orientar a devolução ao foro civil de parcelas da atividade administrativa foi o da distinção entre os atos de autoridade e os atos de gestão da Administração Pública. Essa teoria é considerada como sendo a primeira sistematização do direito administrativo.[22]

Por esse critério distintivo, a Administração Pública somente se sujeita ao direito público quando pratica atos de autoridade (munida de *ius imperri*); em relação a todos os outros atos, está sujeita ao direito privado. Nesse sentido, defende a doutrina que se há um ato que tipicamente não é de autoridade, trata-se certamente do caso do contrato. Segundo Enterría, para essa teoria o contrato é um protótipo de ato de gestão. Assim, estariam submetidos às regras de direito privado, escapando à aplicação do regime exorbitante de direito administrativo. Portanto, pela lógica da teoria dos atos de autoridade e atos de gestão, os contratos eram atos de gestão, sujeitos assim ao direito privado e tribunais judiciais.[23]

Sobreveio na doutrina o entendimento de que os contratos da Administração, sendo atos de gestão, estavam, contudo, sujeitos aos tribunais administrativos. Aparece pela primeira vez a distinção entre contratos privados da Administração e os contratos admi-

---

[19] MOREIRA NETO, Diogo de Figueiredo. O futuro das cláusulas exorbitantes nos contratos administrativos. In: ARAGÃO, Alexandre Santos de; MARQUES NETO, Floriano de Azevedo (Coord.). *Direito administrativo e seus novos paradigmas:* Belo Horizonte: Fórum, 2008. p. 577.

[20] ESTORNINHO, Maria João. *Réquiem pelo contrato administrativo*. Coimbra: Almedina, 1990.

[21] ESTORNINHO, Maria João. Ob. cit., p. 22-26.

[22] ESTORNINHO, Maria João. Ob. cit., p. 28.

[23] ESTORNINHO, Maria João. Ob. cit., p. 30-31.

nistrativos. Essa distinção começou por ser uma distinção apenas no plano processual, sem relevância quanto ao nível material ou substantivo.[24]

Em uma segunda fase, ocorreu o processo de substantivação da figura dos contratos administrativos. A doutrina concluiu que a jurisdição contenciosa administrativa não seria casual, mas sim uma diferenciação inerente à própria natureza jurídica dos dois tipos de contratos. O segundo critério distintivo é o de serviço público. O surgimento da teoria do serviço público justificou-se pelas próprias transformações da vida social e a administrativa. A doutrina passa ao entendimento de que os contratos possuem natureza de atos de autoridade, nos quais a Administração contrataria como poder público e não como pessoa jurídica, mantendo-se, assim, a dualidade de jurisdições.[25]

Essa mudança para o critério material do serviço público ocorreu no início do século XX, e foi incentivada pela doutrina da Escola de Bordéus, sendo que quem a criou realmente foi o Conselho de Estado Francês, com o caso Terrier, de 6-2-1903.[26]

Gaston Jèze foi o grande teórico da desigualdade das partes nos contratos administrativos, o que se justificaria apenas pela presença do interesse público na relação: exatamente o fato que a substantivaria. E essa desigualdade das partes é que viria a definir a singularidade do contrato administrativo, retomando o critério romano das "cláusulas exorbitantes do direito comum".[27]

A terceira fase foi marcada pela revisão da doutrina substantivadora do contrato administrativo, que se desmerece, juntamente com a doutrina do serviço público, ante a demonstração de que não só é possível, como também mais eficiente, a *gestão privada* de serviços públicos.[28]

O contrato administrativo é instituído com contornos próprios, que os tornam distinto das figuras de direito privado. A concepção de contrato regido pelo direito administrativo acabou por firmar-se, separando-o dos preceitos tradicionais da teoria do contrato privado (igualdade entre as partes e intangibilidade da vontade inicial das partes).

Firmou-se a teoria de um contrato administrativo, em que a Administração dispõe de certas prerrogativas para assegurar o atendimento ao interesse geral: as chamadas cláusulas exorbitantes, assim denominadas na concepção francesa porque se distanciavam dos preceitos vigentes para os contratos privados.

Pelas cláusulas exorbitantes, permitia-se à Administração a modificação unilateral do contrato, desde que assegurada sua equação financeira, a possibilidade de rescisão unilateral, o amplo controle e acompanhamento da execução do contrato; e, por fim, o direito

---

[24] ESTORNINHO, Maria João. Ob. cit., p. 32-34.

[25] ESTORNINHO, Maria João. Ob. cit., p. 36-37.

[26] MOREIRA NETO, Diogo de Figueiredo. O futuro das cláusulas exorbitantes nos contratos administrativos. In: ARAGÃO, Alexandre Santos de; MARQUES NETO, Floriano de Azevedo (Coord.). *Direito administrativo e seus novos paradigmas:* Belo Horizonte: Fórum, 2008. p. 579.

[27] MOREIRA NETO, Diogo de Figueiredo. Ob. cit., p. 578.

[28] Idem, p. 578.

de impor sanções ao particular contratado; além disso, ficava o particular impedido de invocar a *exceptio non adimpleti contractus* a seu favor.

4 Contratos da administração no direito brasileiro

Adotou-se no direito brasileiro a teoria dos contratos administrativos elaborada no direito francês, que abrange a presença das cláusulas exorbitantes, que se constituem em prerrogativas que asseguram à Administração uma posição de supremacia sobre o particular, bem como as teorias ligadas ao equilíbrio econômico financeiro do contrato (teoria da imprevisão, teoria do fato do príncipe, teoria do fato da Administração).[29]

Em sentido amplo, contrato administrativo é o acordo de vontades destinado a criar, modificar ou extinguir direitos e obrigações, tal como facultado pela lei e em que pelo menos uma das partes atua no exercício da função administrativa. Na lição de Maria Sylvia Zanella Di Pietro, *contrato administrativo* é expressão que abrange todos os contratos celebrados pela Administração Pública, seja sob regime de direito público, seja sob regime de direito privado.[30]

Quanto ao regime jurídico, os contratos celebrados pela Administração compreendem duas modalidades. A primeira refere-se a contratos de direito privado, como compra e venda, doação, comodato, regidos pelo Código Civil e parcialmente derrogados por normas publicistas. A segunda modalidade compreende os contratos administrativos, dentre os quais se incluem os contratos tipicamente administrativos, regidos inteiramente pelo direito público, e os contratos que têm paralelo no direito privado, mas são regidos pelo direito público (mandato, empréstimo, depósito, empreitada etc.).[31]

Portanto, de se admitir que é gênero que comporta várias espécies: (i) os acordos de vontade da Administração Pública; (ii) os contratos administrativos em sentido restrito; e (iii) os contratos de direito privado praticados pela Administração.

Os acordos de vontade da Administração (i) são aqueles em que pelo menos uma das partes integra a Administração Pública. Envolvem o exercício de competências estatais; são um instrumento para assegurar a realização de interesses coletivos, conjugando esforços e recursos da Administração e de particulares. Como regra, não dependem de licitação, ainda que a sua participação possa estar sujeita a alguma espécie de procedimento seletivo.

São acordos de vontade da Administração, conforme o direito positivo brasileiro: os convênios públicos (avenças em que os sujeitos se comprometem a atuar de modo conjugado para a satisfação de necessidades de interesse coletivo, sem intento de cunho

---

[29] DI PIETRO, Maria Sylvia Zanella. Ainda existem os chamados contratos administrativos? In: DI PIETRO, Maria Sylvia Zanella; RIBEIRO, Carlos Vinícius Alves. *Supremacia do interesse público e outros temas relevantes do direito administrativo*. São Paulo: Atlas, 2010. p. 402.

[30] DI PIETRO, Maria Sylvia Zanella. *Direito Administrativo*. 24. ed. São Paulo: Atlas, 2011. p. 254.

[31] DI PIETRO, Maria Sylvia Zanella. *Direito Administrativo*, p. 258-259.

lucrativo); os contratos de gestão, disciplinados pela Lei nº 9.637/1998; os termos de parceria da Lei nº 9.790/1999; os consórcios públicos (acordo de vontade entre pessoas políticas, visando à conjugação de esforços e recursos para a satisfação de necessidades comuns, inclusive a gestão integrada de serviços públicos; resulta no surgimento de nova pessoa jurídica, disciplinada pela Lei nº 11.105/2005); os contratos de fomento (acordo de vontades entre Administração e um agente econômico privado, destinado a disciplinar a atuação empresarial dele e a dispor sobre benefícios assegurados pelo Poder Público como incentivo à adoção de práticas socialmente desejáveis); Termo de Ajustamento de Conduta – TAC (destinado a eliminar controvérsia relativamente à prática de condutas reputadas como inconvenientes de um particular).[32]

Os contratos administrativos em sentido restrito (ii) são os acordos de vontades em que uma das partes integra a Administração Pública, orientado a constituir relação jurídica submetida ao regime de direito público e destinada ou a satisfazer de modo direto a necessidades da Administração Pública ou a constituir uma delegação, a um particular, da prestação de serviço público. Caracteriza-se pelo regime publicístico que atribui à Administração um conjunto de competências diferenciadas (prerrogativas extraordinárias) – as chamadas cláusulas exorbitantes.[33]

Constituem contrato administrativo em sentido restrito os contratos de delegação, que são aqueles que versam sobre a delegação, a particulares, do exercício de competências administrativas. O objeto da contratação consiste na atribuição de título jurídico para que um terceiro desempenhe funções tipicamente estatais, desencadeando relações jurídicas de direito público perante os administrados. Compreende concessões de serviço público, regidas preponderantemente pela Lei nº 8.987/95. Também são contratos em sentido restrito os contratos de colaboração, cujo objeto reside em prestações realizadas por particulares para a Administração Pública, sujeitos a regime jurídico de direito público próprio, com prerrogativas extraordinárias em prol do ente estatal, regidos pela Lei nº 8.666/93.[34]

Por fim, o contrato de direito privado (iii) caracteriza-se como um contrato entre a Administração Pública e um particular, sujeito à disciplina preponderante do direto privado. Aplica-se o regime de direito público de modo acessório, limitado e subsidiário, ainda que a sua avença dependa, usualmente, de licitação. Estão sujeitos à disciplina das normas de direito privado e são referidos no art. 62, § 3º, I, da Lei nº 8.666/93.

A incidência do direito civil nas contratações da Administração Pública encontra guarida no direito positivo brasileiro, mais especificamente no art. 54 da Lei nº 8.666/93, o qual estipula que "os contratos administrativos de que trata esta Lei regulam-se pelas suas cláusulas e pelos preceitos de Direito Público, aplicando-se lhes, supletivamente, os princípios da teoria geral dos contratos e as disposições de Direito Privado". Em que pese essa disposição, há de se levar em conta que a extensão de sua aplicação está adstrita à

---

[32] JUSTEN FILHO, Marçal. *Comentários à lei de licitações e contratos administrativos*. São Paulo: Dialética, 2012. p. 803-805.

[33] JUSTEN FILHO, Marçal. Ob. cit., p. 803-805.

[34] JUSTEN FILHO, Marçal. Ob. cit., p. 806.

aplicação dos princípios contratuais, pois a disciplina legal das normas gerais de contratação da Administração Pública é de competência privativa da União.[35]

Bacellar Filho alerta que, ainda que tenha o contrato nascido nos quadrantes do direito privado, a sua aplicação na esfera administrativa possui contornos próprios. Assim, tratar de princípios *subsidiários* do direito civil não significa interpretar institutos próprios do direito administrativo à luz do direito privado.

Os traços característicos do contrato administrativo na doutrina brasileira podem ser assim resumidos: o desnivelamento das partes frente à Administração; a presença da autonomia da vontade somente perante o particular; a incidência da cláusula *rebus sic stantibus*, oposta à *pacta sunt servanda*; a presença da competência de instabilizar o vínculo para adequar a prestação do serviço, tendo em vista a indisponibilidade do interesse público; e por fim, a competência administrativa de sancionar e fiscalizar a execução do contrato.[36]

Possuem, portanto, lógica específica em relação àqueles regulados exclusivamente pelo direito privado. A despeito dessas peculiaridades, ao tratar das recentes alterações do novo Código Civil, Bacellar Filho[37] aponta que, se na vigência do antigo Código Civil os contratos de direito privado estavam alicerçados em princípios opostos aos contratos administrativos, as alterações do novo Código Civil caminham num sentido de aproximação, sobretudo pela inserção da função social do contrato e o chamado movimento de constitucionalização do direito.

5 Conclusão

A precedência histórica da teoria clássica dos contratos não impediu que o instituto fosse transposto para o direito administrativo, assumindo características próprias.

Não há que se falar em inexistência dos contratos administrativos, posto que devem ser compreendidos como modalidade da categoria dos contratos, própria da teoria geral do direito e não do direito civil.

O direito positivo brasileiro abarcou a teoria dos contratos administrativos, sujeitos a regime jurídico publicístico, com a existência de prerrogativas próprias do Poder Público – as chamadas cláusulas exorbitantes, que colocam as partes em posição de desigualdade na relação contratual.

---

[35] Art. 22, XXVII – Compete privativamente à União legislar sobre: XXVII – normas gerais de licitação e contratação, em todas as modalidades, para as administrações públicas diretas, autárquicas e fundacionais da União, Estados, Distrito Federal e Municípios, obedecido o disposto no art. 37, XXI, e para as empresas públicas e sociedades de economia mista.

[36] FIGUEIREDO, Lúcia Valle, apud BACELLAR FILHO, Romeu Felipe. *Direito administrativo e o novo Código Civil*. Belo Horizonte: Fórum, 2007. p. 177

[37] BACELLAR FILHO, Romeu Felipe. Ob. cit., p. 178-179.

Ainda, tendo em vista as relações contratuais com os particulares, também encontra guarida na legislação a incidência do direito privado em contratos da administração. Contudo, sua aplicação nunca será regida totalmente pelo direito privado, já que este é sempre derrogado parcialmente por normas de direito público.

Bibliografia

Capítulo 1

ALESSI, Renato. *Instituciones de derecho administrativo*. Barcelona: Bosch, 1970. t. 1.

BACELLAR FILHO, Romeu Felipe. *Direito administrativo e o novo Código Civil*. Belo Horizonte: Fórum, 2007.

CRETELLA JÚNIOR, José. Reflexos do direito privado no direito administrativo. *Revista de Direito Civil, Imobiliário, Agrário e Empresarial*, v. 2.

DI PIETRO, Maria Sylvia Zanella. *Do direito privado na Administração Pública*. São Paulo: Atlas, 1989.

_____. *Parcerias na Administração Pública*. Concessão, permissão, franquia, terceirização, parceria público-privada e outras formas. 9. ed. São Paulo: Atlas, 2012.

_____. Inovações no direito administrativo brasileiro. *Revista Interesse Público*. Porto Alegre: Notadez, ano VI, mar./abr. 2005, p. 38-58.

ESTORNINHO, Maria João. *A fuga para o direito privado*. Contributo para o estudo da actividade de direito privado da Administração Pública. Coimbra: Almedina, 1999.

FAGUNDES, Miguel Seabra. *O controle dos atos administrativos pelo poder judiciário*. São Paulo: Saraiva, 1984.

FALLA, Fernando Garrido. *Las transformaciones del régimen administrativo*. Madri: Instituto de Estudios Políticos, 1962.

_____. *Tratado de derecho administrativo*. Madri: Instituto de Estudios Políticos, 1962.

FARIA, Anacleto de Oliveira. *Atualidade do direito civil*. 1965. Tese apresentada na Faculdade de Direito da USP, São Paulo.

LAMARQUE, Jean. *Recherches sur l'application du droit privé aux services publics administratifs*. Paris: Librairie Générale de Droit et de Jurisprudence, 1960.

LAUBADÈRE, André de. *Traité de droit administratif*. Paris: Librairie Générale de Droit et de Jurisprudence, 1973.

MAYER, Otto. *Derecho administrativo alemán*. Buenos Aires: Depalma, 1949.

REALE, Miguel. *Lições preliminares de direito*. São Paulo: Bushatsky, 1974.

RETORTILLO, Sebastian. Il diritto civile nella genesi del diritto amministrativo e dei suoi instituti. *Rivista Trimestrale di Diritto Pubblico*, 1959, v. 9, p. 698-735.

Capítulo 2

BACELLAR FILHO, Romeu Felipe. *Direito administrativo*. São Paulo: Saraiva, 2005.

BANDEIRA DE MELLO, Celso Antônio. *Curso de direito administrativo*. 21. ed. São Paulo: Malheiros, 2006.

BARROSO, Luís Roberto. Sociedade de economia mista prestadora de serviço público. Cláusula arbitral inserida em contrato administrativo sem prévia autorização legal. Invalidade. *Temas de direito constitucional*. Rio de Janeiro: Renovar, 2003. t. II.

BITTENCOURT, Sidney. A cláusula de arbitragem nos contratos administrativos. *Direito administrativo, contabilidade e Administração Pública – DCAP*. Rio de Janeiro, nº 9, p. 5-12, set. 2000.

CÂMARA, Alexandre de Freitas. Arbitragem nos conflitos envolvendo agências reguladoras. *Revista de Direito da Associação dos Procuradores do Novo Estado do Rio de Janeiro*, nº 11, 2002.

_____. *Arbitragem*: Lei nº 9.307/96. 4. ed. Rio de Janeiro: Lumen Juris, 2005.

CARMONA, Carlos Alberto. *Arbitragem e processo*. 2. ed. São Paulo: Atlas, 2006.

CARVALHO FILHO, José dos Santos. *Manual de direito administrativo*. 18. ed. Rio de Janeiro: Lumen Juris, 2007.

CASTRO, Andréa Rabelo de. *Fundamentos constitucionais da arbitragem no setor público*. 2008. Monografia apresentada ao Instituto Brasiliense de Direito Público – IDP como exigência parcial para a obtenção do título de especialista em Direito Público. Brasília. No prelo.

CRETELLA JÚNIOR, José. *Curso de direito administrativo*. 17. ed. Rio de Janeiro: Forense, 2001.

DALLARI, Adilson Abreu. Arbitragem na concessão de serviço público. *Revista Trimestral de Direito Público*, nº 13. jan./mar. 1996.

DELGADO, José Augusto. *A arbitragem no Brasil* – Evolução histórica e conceitual. Disponível em: <http://www.escolamp.org.br/arquivos/22_05.pdf>. Acesso em: 23 nov. 2012.

DI PIETRO, Maria Sylvia Zanella. *Direito administrativo*. 23. ed. São Paulo: Atlas, 2010.

_____. *Direito administrativo*. 15. ed. São Paulo: Atlas, 2003.

_____. *Discricionariedade administrativa na Constituição Federal de 1988*. 2. ed. São Paulo: Atlas, 2001.

_____. *Parcerias na Administração Pública*: concessão, permissão, franquia, terceirização e outras formas. 5. ed. São Paulo: Atlas, 2006.

FERREIRA, Sérgio de Andréa. A arbitragem e a disponibilidade de direitos no *ius publicum* interno. In: MARTINS, Pedro A. Batista; GARCEZ, José Maria Rossani (Coord.). *Reflexões sobre arbitragem*. São Paulo: LTr, 2002.

FIGUEIREDO, Lúcia Valle. *Curso de direito administrativo*. 8. ed. São Paulo: Malheiros, 2006.

GASPARINI, Diogenes. *Direito administrativo*. 9. ed. São Paulo: Saraiva, 2004.

GRAU, Eros Roberto. Arbitragem e contrato administrativo. *Revista Trimestral de Direito Público*, nº 32, p. 20.

JUNIOR, Luiz Antonio Scavone. *Manual de arbitragem*. 2. ed. São Paulo: Revista dos Tribunais, 2008.

JUSTEN FILHO, Marçal. *Comentários à lei de licitações e contratos administrativos*. 9. ed. São Paulo: Dialética, 2002.

KLEIN, Aline Lúcia. Arbitragem nas concessões de serviço público. In: PEREIRA, Cesar Augusto Guimarães; TALAMINI, Eduardo (Coord.). *Arbitragem e Poder Público*. São Paulo: Saraiva, 2010.

LEMES, Selma Maria Ferreira. A arbitragem na concessão de serviço público – perspectivas. *Revista de Direito Bancário do Mercado de Capitais e da Arbitragem*. São Paulo: Revista dos Tribunais, ano 5, p. 342, jul./set. 2002.

_____. A arbitragem e os novos rumos empreendidos na Administração Pública: a empresa estatal, o Estado e a concessão de serviço público. In: MARTINS, Pedro Batista; LEMES, Selma M. Ferrreira; CARMONA, Carlos Alberto. *Aspectos fundamentais da lei de arbitragem*. Rio de Janeiro: Forense, 1999.

_____. *Arbitragem na Administração Pública*: Fundamentos jurídicos e eficiência econômica. São Paulo: Quartier Latin, 2007.

MARTINS, Pedro Batista. O Poder Judiciário e a Arbitragem. Quatro anos da Lei nº 9.307/96 (3ª Parte). *Revista Forense*, Rio de Janeiro: Forense, v. 359, p. 165.

_____. *Apontamentos sobre a Lei de Arbitragem*. Rio de Janeiro: Forense, 2008.

MATTOS, Mauro Roberto Gomes. *Contrato administrativo e a lei da arbitragem*. Disponível em: <http://www.gomesdemattos.com.br/artigos/o_contrato_administrativo_e_a_lei_de_arbitragem.pdf>. Acesso em: 26 nov. 2012.

MEDEIROS, Suzana Domingues. Arbitragem envolvendo o Estado no direito brasileiro. *Revista de Direito Administrativo* – RDA, Rio de Janeiro: Renovar, v. 233, p. 71-101, jul./set. 2003.

MEIRELLES, Hely Lopes. *Direito administrativo brasileiro*. 32. ed. São Paulo: Malheiros, 2006.

OLIVEIRA, Gustavo Justino de. *A arbitragem e a parceria público-privada*. Disponível em: <http://www.justinodeoliveira.com.br/wp-content/uploads/2011/11/18_ArtigoArbitraPPP.pdf>. Acesso em: 16 nov. 2012.

SUNDFELD, Carlos Ari; CÂMARA, Jacintho Arruda. O cabimento da arbitragem nos contratos administrativos. In: CARLIN, Volnei Ivo (Org.). *Grandes temas de direito administrativo*. Campinas: Millennium, 2009.

TÁCITO, Caio. A arbitragem nos litígios administrativos. *Revista de Direito Administrativo*, v. 210, out./dez. 1997, p. 111-115.

TEIXEIRA, Sálvio de Figueiredo. A arbitragem no sistema jurídico brasileiro. *A arbitragem na era da globalização*. 2. ed. Rio de Janeiro: Forense, 1999.

WOLANIUK, Sílvia de Lima Hilst. *Arbitragem, Administração Pública e parcerias público--privada*: uma análise sob a perspectiva do direito administrativo econômico. 2009. Dissertação de Mestrado apresentada como exigência parcial para a obtenção do título de Mestre em Direito do Estado pela Universidade Federal do Paraná, Curitiba. No prelo.

Capítulo 3

ARAUJO, Edmir Netto de. *Curso de direito administrativo*. 5. ed. São Paulo: Saraiva, 2010.

ARAÚJO, Florivaldo Dutra de. *Negociação coletiva dos servidores públicos*. Belo Horizonte: Fórum, 2011.

BANDEIRA DE MELLO, Celso Antônio. *Curso de direito administrativo*. 22. ed. São Paulo: Malheiros, 2007.

CANOTILHO, José Joaquim Gomes. *Direito constitucional e teoria da constituição*. 7. ed. Coimbra: Almedina, 2003.

CARVALHO FILHO, José dos Santos. *Manual de direito administrativo*. 18. ed. Rio de Janeiro: Lumen Juris, 2007.

DI PIETRO, Maria Sylvia Zanella. *Direito administrativo*. 25. ed. São Paulo: Atlas, 2012.

FARAH, Elias. Greve nos serviços públicos essenciais: direito ou violência. *Revista do Instituto dos Advogados de São Paulo*, ano 7, nº 14, jul./dez. 2004, São Paulo: Revista dos Tribunais, p. 180-196.

FIGUEIREDO, Lucia Valle. *Curso de direito administrativo*. 3. ed. São Paulo: Malheiros, 1988.

FRAGOSO, Christiano. *Repressão penal da greve*: uma experiência antidemocrática. São Paulo: IBCCRIM, 2009.

GASPARINI, Diogenes. *Direito administrativo*. 5. ed. São Paulo: Saraiva, 2000.

GROTTI, Dinorá Adelaide Musetti. A greve no serviço público. *Revista Interesse Público*, ano 10, nº 49, Belo Horizonte: Fórum, maio/jun. 2008, p. 29-52.

GUIMARÃES, Geraldo Luís Spagno. Servidores Públicos: os nortes constitucionais da greve, da sindicalização e da negociação coletiva. In: FORTINI, Cristiana (Org.). *Servidor Público*: estudos em homenagem ao Professor Pedro Paulo de Almeida Dutra. Belo Horizonte: Fórum, 2009.

MADEIRA, José Maria Pinheiro. *Servidor público na atualidade*. 8. ed. Rio de Janeiro: Elsevier, 2010.

MARTINS, Sergio Pinto. *Direito do trabalho*. 27. ed. São Paulo: Atlas, 2011.

_____. *Greve do servidor público*. São Paulo: Atlas, 2001.

MENDONÇA, Euclydes José Marchi. Greve – Serviço público e atividades essenciais – Necessidade urgente de regulamentação. *Revista do Instituto dos Advogados de São Paulo*, ano 7, nº 14, São Paulo: Revista dos Tribunais, jul./dez. 2004, p. 262-267.

NASCIMENTO, Amauri Mascaro. *Curso de direito do trabalho*. 25. ed. São Paulo: Saraiva, 2010.

PEREIRA JUNIOR, Jessé Torres. *Da reforma administrativa constitucional*. Rio de Janeiro: Renovar, 1999.

PIERRI, Deborah; GUIMARÃES JÚNIOR, João Lopes; PAULINO, Maria Ângela Lopes. Greve. Serviços públicos prestados diretamente por órgãos públicos, concessionários e permissionários. Inexigibilidade. *Revista de Direito do Consumidor*, ano 16, nº 62, São Paulo: Revista dos Tribunais, abr./jun. 2007, p. 357-366.

ROCHA, Cármen Lúcia Antunes. *Princípios constitucionais dos servidores públicos*. São Paulo: Saraiva, 1999.

SANTOS, Fernanda Marinela de Sousa. *Servidores públicos*. Niterói: Impetus, 2010.

SARLET, Ingo Wolfgang. *Proibição de retrocesso, dignidade da pessoa humana e direitos sociais*: manifestação de um constitucionalismo dirigente possível. Disponível em: <www.direitodoestado.com/revista/RERE-15-SETEMBRO-2008-INGO SARLET.PDF>. Acesso em: 10 abr. 2012.

SILVA, José Afonso da. *Aplicabilidade das normas constitucionais*. 3. ed. São Paulo: Malheiros, 1998.

_____. *Curso de direito constitucional positivo*. 33. ed. São Paulo: Malheiros, 2010.

SÜSSEKIND, Arnaldo. *Curso de direito do trabalho*. 3. ed. Rio de Janeiro: Renovar, 2010.

_____. Responsabilidade pelo abuso do direito de greve. *Revista da Academia Nacional de Direito do Trabalho*, ano I, nº 1, 1993, p. 37.

Capítulo 4

ANDRADE, Ricardo Barretto de; VELOSO, Vitor Lanza. Uma visão geral sobre o regime diferenciado de contratações públicas: objeto, objetivos, definições, princípios e diretrizes. *Informativo Justen, Pereira, Oliveira e Talamini,* Curitiba, nº 60, fev. 2012.

BATISTA DOS SANTOS, Márcia Walquiria. Escolha da modalidade de licitação. Abertura dos envelopes-proposta. Valores que ultrapassam a modalidade escolhida. In: DI PIETRO, Maria Sylvia Zanella; RAMOS, Dora Maria de Oliveira; BATISTA DOS SANTOS, Márcia Walquiria; D'AVILA, Vera Lúcia Machado. *Temas polêmicos sobre licitações e contratos*. 5. ed. São Paulo: Malheiros, 2000.

CARDOSO, André Guskow. O regime diferenciado de contratações públicas: a questão da publicidade do orçamento estimado. *Informativo Justen, Pereira, Oliveira e Talamini,* Curitiba, nº 58, dez. 2011.

COSTA, André Lucirton. *Sistema de compras*: a lei de licitação e a função compras da empresa privada. 1994. Dissertação apresentada na Escola de Administração de Empresas de São Paulo da Fundação Getúlio Vargas, São Paulo.

CRETELLA JÚNIOR, José. As categorias e o direito público. *Revista da Faculdade de Direito da USP,* ano LXII, fase II, 1967.

_____. *Das licitações* públicas. 18. ed. Rio de Janeiro: Forense, 2006.

DI PIETRO, Maria Sylvia Zanella. Ainda existem os contratos administrativos? In: DI PIETRO, Maria Sylvia Zanella; RIBEIRO, Carlos Vinícius Alves (Coord.). *Supremacia do interesse público e outros temas relevantes do direito administrativo*. São Paulo: Atlas, 2010.

_____. *Direito administrativo*. 24. ed. São Paulo: Atlas, 2011; 25. ed. São Paulo: Atlas, 2012.

ESTORNINHO, Maria João. *A fuga para o direito privado*: contributo para o estudo da actividade de direito privado da Administração Pública. Coimbra: Almedina, 1999.

FORGIONI, Paula A. *Os fundamentos do antitruste*. 5. ed. São Paulo: Revista dos Tribunais, 2012.

GUSMÃO, Rossana Malta de Souza. A tipificação na Lei Antitruste da prática de cartel em licitação pública. *Jus Navigandi*, Teresina, ano 17, nº 3274, 18 jun. 2012.

HEINRITZ, S. F., FARRELL, P. V. *Compras*: princípios e aplicações. Tradução de Augusto Reis. São Paulo: Atlas, 1983. Tradução de Purchasing.

JUSTEN FILHO, Marçal. *Comentários à lei de licitações e contratos administrativos*. 11. ed. São Paulo: Dialética, 2006.

_____. *Curso de direito administrativo*. 8. ed. Belo Horizonte: Fórum, 2012.

MACHADO, Fernanda Garcia. *Cartéis em licitações* – formas de prevenção a cartéis aplicáveis ao desenho de licitações na modalidade concorrência. Artigo científico apresentado ao Programa de Educação Continuada e Especialização GVLaw, da Fundação Getúlio Vargas. 2011.

MACHLINE, Claude et al. *Manual de administração da produção*. São Paulo: FGV, 1954.

MÔNACO, Gabriel Santana. Mecanismos da Lei nº 8.666/93 para combater a prática de cartéis e preços excessivos em procedimentos licitatórios. *Jus Navigandi*, Teresina, ano 12, nº 1558, 7 out. 2007.

MONTEIRO, Vitor Trigo. Comentários sobre o regime diferenciado de contratações públicas. *Jus Navigandi*, Teresina, ano 17, nº 3152, 17-2-12.

ORGANIZAÇÃO PARA COOPERAÇÃO E DESENVOLVIMENTO ECONÔMICO (OCDE). *Guidelines for fighting bid rigging in public procurement* (Diretrizes para combater o conluio entre concorrentes em contratações públicas). Disponível em: <http://www.oecd.org/competition/cartelsandanti-competitiveagreements/42851044.pdf>.

REIS, Paulo Sérgio Monteiro. *O regime diferenciado de contratações públicas*. JML Consultoria, 2011.

RIGOLIN, Ivan Barbosa. Regime diferenciado de contratações públicas. *Revista Zênite de Licitações e Contratos*, ano XVIII, nº 214, dez. 2011.

SALOMÃO FILHO, Calixto. *Direito concorrencial* – as condutas. São Paulo: Malheiros, 2003.

Secretaria de Direito Econômico (SDE). Cartilha *Combate a cartéis em licitação*. Guia prático para pregoeiros e membros de comissões de licitação. Coleção SDE/DPDE 2/2008.

Capítulo 5

ALMEIDA, Fernando Dias Menezes de. *Contrato administrativo*. São Paulo: Quartier Latin, 2012.

BEVILÁQUA, Clóvis. *Código Civil anotado*. Rio de Janeiro: Francisco Alves, 1916. v. 4.

BINENBOJM, Gustavo. *Uma teoria do direito administrativo*: direitos fundamentais, democracia e constitucionalização. Rio de Janeiro: Renovar, 2006.

CABRAL DE MONCADA, L. S. *A relação jurídica administrativa*: para um novo paradigma de compreensão da actividade, da organização e do contencioso administrativo. Coimbra: Coimbra Editora, 2009.

CAVALCANTI, Themístocles Brandão. *Curso de direito administrativo*. 6. ed. Rio de Janeiro: Freitas Bastos, 1961.

_____. *Tratado de direito administrativo*. 4. ed. Rio de Janeiro: Freitas Bastos, 1960. v. I.

COUTO E SILVA, C. D. *A obrigação como um processo*. São Paulo: Bushatsky, 1979.

DI PIETRO, Maria Sylvia Zanella. *A discricionariedade administrativa na Constituição de 1988*. 3. ed. São Paulo: Atlas, 2012.

_____. *Privatização e o novo exercício de funções públicas por particulares. Uma avaliação das tendências contemporâneas do direito administrativo*. Coord.: Diogo de Figueiredo Moreira Neto. Rio de Janeiro: Renovar, 2003.

ESTORNINHO, Maria João. *A fuga para o direito privado*: contributo para o estudo da actividade de direito privado da Administração Pública. Coimbra: Almedina, 2009.

GORDILLO, Agostín. *Tratado de derecho administrativo*. 7. ed. Belo Horizonte: Del Rey, 2003. v. II.

JUSTEN FILHO, Marçal. *Comentários à lei de licitações e contratos administrativos*. 11. ed. São Paulo: Dialética, 2005.

MEDAUAR, Odete. *O direito administrativo em evolução*. São Paulo: Revista dos Tribunais, 1992.

MOREIRA NETO, Diogo de Figueiredo. *Mutações do direito administrativo*. Rio de Janeiro: Renovar, 2000.

_____. Novos institutos consensuais da Administração Pública. *Revista de Direito da Administração Pública*, v. 231, Rio de Janeiro: Renovar, jan./mar. 2003.

_____. Políticas públicas e parcerias: juridicidade, flexibilidade negocial e tipicidade na administração consensual. *Revista de Direito do Estado*, ano 1, nº 1, jan./mar. 2006.

NERY, Ana Rita de Figueiredo. *A causa do contrato administrativo*: análise do conteúdo contratual como parâmetro de aplicação do princípio da eficiência. Rio de Janeiro: Lumen Juris, 2010.

NOBRE JÚNIOR, Edilson Pereira. N. *O princípio da boa-fé e sua aplicação no direito administrativo brasileiro*. Porto Alegre: Sergio Antonio Fabris Editor, 2002.

PEREIRA JUNIOR, Jessé Torres. Notas acerca das repercussões no novo Código Civil sobre os contratos administrativos. *Revista da EMERJ*, v. 7, nº 27, Rio de Janeiro, 2004.

SOUTO, M. J. V. *Direito administrativo da economia*: planejamento econômico, fomento, empresas estatais e privatização, defesa da concorrência do consumidor e do usuário de serviços públicos, responsabilidade fiscal. 3. ed. Rio de Janeiro: Lumen Juris, 2003.

_____. Serviços Públicos Concedidos. *Boletim de Direito Administrativo*, out. 2005.

TÁCITO, Caio. Contrato administrativo – alteração quantitativa e qualitativa: limites de valor. *Boletim de Licitações e Contratos*, São Paulo: NDJ, mar. 1997.

TAVARES NETO, J. Q.; LOPES, A. F. Legitimidade do Direito e do Estado: do contrato consensual ao consenso não contratual. *Revista da Faculdade de Direito da Universidade Federal de Goiânia* – UFG, Goiânia, v. 32, p. 47-60, jan./jun. 2008.

TEPEDINO, G. Premissas metodológicas para a constitucionalização do Direito Civil . Temas de Direito Civil. 3. ed. Rio de Janeiro: Renovar, 2004.

Capítulo 6

AGUILLAR, Fernando Herren. *Direito econômico*: do direito nacional ao direito supranacional. 3. ed. São Paulo: Atlas, 2012.

AMARAL, Antônio Carlos Cintra do. *Concessão de serviço público*. 2. ed. São Paulo: Malheiros, 2002.

ARAGÃO, Alexandre Santos de. Serviços públicos e direito do consumidor: possibilidades e limites da aplicação do CDC. In: LANDAU, Elena (Coord.). *Regulação jurídica do setor elétrico*. Rio de Janeiro: Lumen Juris, 2006.

_____. Delegações de serviços públicos. *Revista do Direito da Energia*, ano IV, nº 6, nov. 2007, p. 79-149.

_____. *Direito dos serviços públicos*. 2. ed. Rio de Janeiro: Forense, 2008.

ARAUJO, Edmir Netto de. *Curso de direito administrativo*. 5. ed. São Paulo: Saraiva, 2010.

BORGES, Alice Gonzalez. Ação civil pública e defesa do consumidor de serviços públicos. *Revista Interesse Público*, ano 5, nº 27, p. 13-24, set./out. 2004.

CÂMARA, Jacintho Arruda. Concessões de serviços públicos e as parcerias público-privadas. In: SUNDFELD, Carlos Ari (Coord.). *Parcerias público-privadas*. São Paulo: Malheiros, 2007.

CAMPOS, Clever Mazzoni. *Curso básico de direito de energia elétrica*. Rio de Janeiro: Synergia, 2010.

CARVALHO, Vinícius Marques de. Regulação econômica e serviços públicos. In: SCHAPIRO, Mario Gomes (Coord.). *Direito econômico*: direito econômico regulatório. São Paulo: Saraiva, 2010.

CORRÊA, Alexandre; SCIASCIA, Gaetano. *Manual de direito romano*. 6. ed. São Paulo: Revista dos Tribunais, 1988.

DERANI, Cristiane. *Privatização e serviços públicos*: as ações do Estado na produção econômica. São Paulo: Max Limonad, 2002.

DI PIETRO, Maria Sylvia Zanella. *Do direito privado na administração pública*. São Paulo: Atlas, 1989.

_____. *Direito administrativo*. 25. ed. São Paulo: Atlas, 2012.

_____. *Parcerias na administração pública*. 9. ed. São Paulo: Atlas, 2012.

_____. *Discricionariedade administrativa na Constituição de 1988*. 3. ed. São Paulo: Atlas, 2012.

DOMINGUEZ, Guilherme Diniz de Figueiredo. A interrupção no fornecimento dos serviços públicos de energia elétrica e água, por inadimplência dos usuários, à luz da jurisprudência dos tribunais superiores (STJ e STF). *Revista de Direito Público da Economia*, Belo Horizonte, ano 6, nº 24, p. 219-236, out./dez. 2008.

FORBES, Carlos Suplicy de Figueiredo; PAJOLA, Desire Tamberlini Campiotti. O poder judiciário e o direito da energia elétrica: principais decisões. *Revista do Direito da Energia*, ano VII, nº 10, dez. 2010, p. 77-100.

GARCIA, Armando Suárez. *Consumo de energia elétrica*: aspectos técnicos, institucionais e jurídicos. Curitiba: Juruá, 2011.

GILISSEN, John. *Introdução histórica ao direito*. Trad. de A. M. Hespanha e L. M. Macaísta Malheiros. Lisboa: Fundação Calouste Gulbenkian, 1986.

GRAU, Eros Roberto. *A ordem econômica na constituição de 1988:* interpretação e crítica. São Paulo: Revista dos Tribunais, 1990.

GROTTI, Dinorá Adelaide Musetti. A experiência brasileira nas concessões de serviços públicos. In: SUNDFELD, Carlos Ari (Coord.). *Parcerias público-privadas*. São Paulo: Malheiros, 2007.

_____. *O serviço público e a Constituição Federal de 1988*. São Paulo: Malheiros, 2003.

JUSTEN FILHO, Marçal. *Teoria geral das concessões de serviço público*. São Paulo: Dialética, 2003.

LOPES, José Reinaldo de Lima. *O direito na história*: lições introdutórias. 3. ed. São Paulo: Atlas, 2011.

MEDAUAR, Odete. *Direito administrativo moderno*. 14. ed. São Paulo: Revista dos Tribunais, 2010.

MEIRELLES, Hely Lopes. *Direito administrativo brasileiro*. 29. ed. São Paulo: Malheiros, 2004.

MELLO, Celso Antônio Bandeira de. *Grandes temas de direito administrativo*. São Paulo: Malheiros, 2010.

ROBERTS, J. M. *O livro de ouro da história do mundo*. 4. ed. Tradução de Laura Alves e Aurélio Rebello. Rio de Janeiro: Ediouro, 2001.

ROLIM, Maria João C. Pereira. *Direito econômico da energia elétrica*. Rio de Janeiro: Forense, 2002.

SALOMÃO FILHO, Calixto. Regulação e desenvolvimento. In: SALOMÃO FILHO, Calixto (Coord.) *Regulação e desenvolvimento*. São Paulo: Malheiros, 2002.

SANCHES, Luiz Antonio Ugeda. *Curso de direito de energia*: da história. São Paulo: Instituto Geodireito Editora, 2011. t. I.

SILVA, José Afonso da. *Curso de direito constitucional positivo*. 23. ed. São Paulo: Malheiros, 2004.

Capítulo 7

AZZARITI, Antonella. *I principi generali in materia di affidamento dei contratti pubblici*. 2007. Tese (Doutorado em Direito Público). Orient.: Prof. Girolamo Sciullo. Bolonha: Università degli Studi di Bologna.

BACELLAR FILHO, Romeu Felipe. *Direito administrativo e o novo Código Civil*. Belo Horizonte: Forum, 2007.

BENETAZZO, Cristiana. *Gli effeti dell'annullamento dell'aggiudicazione sul contratto medio tempore stipulato*. 2008. Tese (Doutorado em Comparação Jurídica – Orient.: Prof. Leopoldo Coen). Ferrara: Università degli Studi di Ferrara.

BIELSA, Rafael. *Los conceptos jurídicos y su terminología*. Buenos Aires: DePalma, 1954.

CARVALHAES NETO, Eduardo Hayden. *Contratos privados da Administração Pública*: uma análise do regime jurídico aplicável. 2011. Tese. São Paulo: Faculdade de Direito Universidade de São Paulo.

CRETELLA JÚNIOR, José. *Dos contratos administrativos*. Rio de Janeiro: Forense, 1997.

DI PIETRO, Maria Sylvia Zanella. *Do Direito privado na Administração Pública*. São Paulo: Atlas, 1989.

_____. Ainda existem os chamados contratos administrativos? In: DI PIETRO, Maria Sylvia Zanella; RIBEIRO, Carlos Vinícius Alves (Coord.). *Supremacia do interesse público e outros temas relevantes do Direito administrativo*. São Paulo: Atlas, 2010.

_____. *Direito administrativo*. 24. ed. São Paulo: Atlas, 2011.

EISENMANN, Charles. *Cours de droit administratif*: année 1952-1953. Editado por S. Rials. Paris: LGDJ, 1982.

ENDICOTT, Timothy. Linguistic indeterminacy. In: MORAWETZ, Thomas. *Law and language*. Vermont: Ashgate, 2000.

_____. *Administrative Law*. Oxford: Oxford University Press, 2008.

ESTORNINHO, Maria João. *Fuga para o Direito privado*: contributo para o estudo da atividade de direito privado da Administração Pública. Coimbra: Almedina, 1999.

FRANCO SOBRINHO, Manoel de Oliveira. *Contratos administrativos*. São Paulo: Saraiva, 1981.

GIACOMUZZI, José Guilherme. *Estado e contrato*: supremacia do interesse público *versus* igualdade. São Paulo: Malheiros, 2011.

GRANZIERA, Maria Luiza Machado. *Contratos Administrativos*. São Paulo: Atlas, 2002.

GÜECHÁ MEDINA, Ciro Norberto. Falacia de las cláusulas exorbitantes antes en la contratación estatal. *Opinión Jurídica*, Medellín, p. 33-47, v. 5, nº 10, jul./dic. 2006.

JUSTEN FILHO, Marçal. *Comentários à lei de licitações e contratos administrativos*. São Paulo: Dialética, 2010.

LANDOWSKI, Eric. *A sociedade refletida*: ensaios de sociossemiótica. São Paulo: EDUC/Pontes, 1992.

MABBOTT, J. D. *The State and the Citizen*: an introduction to political philosophy. Londres: Hutchinson, 1965.

MEIRELLES, Hely Lopes. *Licitação e contrato administrativo*. São Paulo: Malheiros, 1990.

_____. *Direito administrativo brasileiro*. São Paulo: Malheiros, 2003.

MELLINKOFF, David. *The language of the Law*. Boston/Toronto: Little, Brown, 1963.

MELLO, Celso Antônio Bandeira de. *Curso de Direito administrativo*. São Paulo: Malheiros, 1999.

MELLO, Oswaldo Aranha Bandeira de. *Princípios gerais de direito administrativo*. Rio de Janeiro: Forense, 1969.

MENEZES DE ALMEIDA, Fernando Dias. *Teoria do contrato administrativo*: uma abordagem histórico-evolutiva com foco no Direito Brasileiro. São Paulo: FDUSP, 2010.

MERRYMAN, John Henry; PÉREZ-PERDOMO, Rogelio. *The civil law tradition*: an introduction to the legal systems of Europe and Latin America. Stanford: Stanford University Press, 2007.

PENNASILICO, Mauro. Il ruolo della buona fede nell'interpretazione e nell'esecuzione dei contratti della pubblica amministrazione. *Rassegna di diritto* civile, Roma, p. 1052-1092, apr. 2007.

POGGI, Gianfranco. *The development of the modern State*: a sociological introduction. Stanford: Stanford University Press, 1978.

RICHER, Laurant. *Les contrats administratifs*. Paris: Dalloz, 1991.

ROCHA, Leonel Severo. Teoria do Direito no século XXI: da semiótica à autopoiese. *Sequência,* Florianópolis, nº 62, p. 193-222, jul. 2011.

RODRÍGUEZ-AGUILERA, Cesáreo. *El lenguaje jurídico*. Barcelona: Bosch, 1969.

SANTOS, Márcia Walquiria Batista dos. Contrato. Alteração unilateral. Obrigatoriedade para o contratado. In: DI PIETRO, Maria Sylvia Zanella et. al. *Temas polêmicos sobre licitações e contratos*. São Paulo: Malheiros, 2000.

SCHNAID, David. *Filosofia do Direito e interpretação*. São Paulo: Revista dos Tribunais, 2004.

SOURIOUX, Jean-Louis. *Le langage du droit*. Paris: Presses Universitaires de France, 1975.

STRECK, Lênio. L. *Hermenêutica jurídica e(m) crise*: uma exploração hermenêutica da construção do Direito. Porto Alegre: Livraria do Advogado, 2009.

TÁCITO, Caio. *Direito administrativo*. São Paulo: Saraiva, 1975.

VEDEL, Georges. *Droit administratif*. Paris: Presses Universitaires de France, 1984.

WARAT, Luis Alberto. *Semiótica y Derecho*. Buenos Aires: Eikon, [s.d.].

Capítulo 8

ARAGÃO, Alexandre Santos. *Direito dos serviços públicos*. Rio de Janeiro: Forense, 2012.

BRASIL. *ADI MC nº 1.923/DF.* Supremo Tribunal Federal, Plenário, Rel. Ministro Ilmar Galvão, julgamento em 1-8-2007.

BRASIL. *ADI nº 1.923/DF*. Supremo Tribunal Federal, Plenário, Rel. Ministro Ayres Britto, pendente de julgamento.

_____. *Processo 3.395/2010-3*. Tribunal de Contas da União, Segunda Câmara, rel. André de Carvalho. Disponível em: <https://contas.tcu.gov.br/juris/SvlHighLight?key=ACORDAO--LEGADO-96347&texto=3030332e333935253246323031302d332b2b2b2b2b&sort=RELEVANCIA&ordem=DESC&bases=ACORDAO-LEGADO;DECISAO-LEGADO;RELACAO-

-LEGADO;ACORDAO-RELACAO-LEGADO;&highlight=3030332e333935253246323031 302d332b2b2b2b2b&posicaoDocumento=0>. Acesso em 28-11-2012.

BRESSER-PEREIRA, Luiz Carlos. Reforma do Estado nos Anos 90: Lógica e Mecanismos de Controle. 1997. Brasília: Ministério da Administração Federal e Reforma do Estado. *Cadernos MARE da Reforma do Estado*, nº 1, jul. 1997. Texto apresentado à segunda conferência do Círculo de Montevidéu, Barcelona, maio 1997.

_____; GRAU, Nuria Cunill. Entre o Estado e o Mercado: o Público Não-Estatal. In: BRESSER-PEREIRA, L. C.; GRAU, Nuria Cunill (Org.). *O Público Não-Estatal na Reforma do Estado*. Rio de Janeiro: FGV, 1999.

DI PIETRO, Maria Sylvia Zanella. Das entidades paraestatais e das entidades de colaboração. In: MODESTO, Paulo (Coord.). *Nova organização administrativa brasileira*. 2. ed. Belo Horizonte: Fórum, 2010a.

_____. *Direito administrativo*. 25. ed. São Paulo: Atlas, 2012.

_____. *Parcerias na Administração Pública*: concessão, permissão, franquia, terceirização, parceria público-privada e outras formas. 8. ed. São Paulo: Atlas, 2011.

_____. Responsabilidade civil das entidades paraestatais. In: BENACCHIO, Marcelo; GUERRA, Alexandre Dartanhan de Mello; PIRES, Luis Manuel Fonseca (Coord.). *Responsabilidade Civil do Estado*: desafios contemporâneos. São Paulo: Quartier Latin do Brasil, 2010b.

MARQUES NETO, Floriano de Azevedo. Os grandes desafios do controle da Administração Pública. In: MODESTO, Paulo (Coord.). *Nova organização administrativa brasileira*. 2. ed. Belo Horizonte: Fórum, 2010.

MEDAUAR, Odete. *Controle da Administração Pública*. 2. ed. São Paulo: Revista dos Tribunais, 2012.

_____. *O Direito administrativo em evolução*. 2. ed. São Paulo: Revista dos Tribunais, 2003.

MELLO, Celso Antônio Bandeira de. *Grandes temas de direito administrativo*. São Paulo: Malheiros, 2010.

MODESTO, Paulo Eduardo Garrido. Reforma do marco legal do terceiro setor no Brasil. *Revista Eletrônica sobre Reforma do Estado*, Salvador, nº 5, mar./abr./maio 2006. Disponível em: <http://www.direitodoestado.com.br>. Acesso em 5-11-2012.

MOREIRA NETO, Diogo de Figueiredo. *Mutações do direito público*. Rio de Janeiro: Renovar, 2006.

_____. *Quatro paradigmas do direito administrativo pós-moderno*: legitimidade, finalidade, eficiência, resultados. Belo Horizonte: Fórum, 2008.

ROCHA, Sílvio Luís Ferreira da. *Terceiro setor*. São Paulo: Malheiros, 2006.

OLIVEIRA, Gustavo Justino de. Constitucionalidade da Lei Federal nº 9.637/98, das Organizações Sociais. *Revista de Direito do Terceiro Setor – RTDS*, ano 1, nº 1, Belo Horizonte: Fórum, jul./dez. 2007a, p. 177-210.

_____. Direito do terceiro setor. *Revista de Direito do Terceiro Setor – RTDS*, ano 1, nº 1, Belo Horizonte: Fórum, jan./jun. 2007b, p. 11-38.

TOURINHO, Rita. Terceiro setor no ordenamento jurídico brasileiro: constatações e expectativas. In: MODESTO, Paulo (Coord.). *Nova organização administrativa brasileira*. 2. ed. Belo Horizonte: Fórum, 2010.

Capítulo 9

ALMEIDA, Fernando Dias Menezes de. *Contrato administrativo*. São Paulo: Quartier Latin, 2012.

ARAGÃO, Alexandre Santos de. *Direito dos serviços públicos*. 2. ed. Rio de Janeiro: Forense, 2008.

CHEVALLIER, Jacques. *L'État post-moderne*. Paris: LGDJ, 2003.

CORTÊS, Rafael Dias. *Investimento privado em infraestrutura aeroportuária*. Palestra proferida no Seminário Direito administrativo e investimento. São Paulo, USP, 7-11-2012.

DI PIETRO, Maria Sylvia Zanella. *Uso privado de bem público por particular*. 2. ed. São Paulo: Atlas, 2010.

GRAU, Eros Roberto. Constituição e serviços públicos. *Direito constitucional*: estudos em homenagem a Paulo Bonavides. São Paulo: Malheiros, 2003.

MARQUES NETO, Floriano de Azevedo. *Bens públicos. Função social e exploração econômica. O regime jurídico das utilidades públicas*. São Paulo: Fórum, 2009.

_____. Algumas notas sobre a concessão de rodovias. *Boletim de Direito Administrativo – BDA*, 2001.

MOREIRA NETO, Diogo de Figueiredo. *Curso de direito administrativo*. Rio de Janeiro: Forense, 2005.

Capítulo 10

BANDEIRA DE MELLO, Celso Antônio. *Curso de direito administrativo*. 15. ed. São Paulo: Malheiros, 2003.

BASTOS, Celso Ribeiro. *Curso de direito administrativo*. São Paulo: Saraiva, 1994.

DI PIETRO, Maria Sylvia Zanella. *Direito administrativo*. 25. ed. São Paulo: Atlas, 2012.

_____. *Da aplicação do direito privado na Administração Pública*. São Paulo: Atlas, 1989.

GRANZIERA, Maria Luiza Machado. *Contratos administrativos*. São Paulo: Atlas, 2002.

JUSTEN FILHO, Marçal. *Concessões de serviços públicos*: comentários às Leis nos 8.987 e 9.074, de 1995. São Paulo: Dialética, 1997.

_____. *Curso de direito administrativo*. São Paulo: Saraiva, 2010.

MEIRELLES, Hely Lopes. *Direito administrativo brasileiro*. São Paulo: Malheiros, 2007.

Capítulo 11

ASCARELLI, Tullio. *Problemas das sociedades anônimas e direito comparado*. São Paulo: Saraiva, 1945.

CARVALHO DE MENDONÇA, José Xavier. *Tratado de direito comercial brasileiro*. 4. ed. Rio de Janeiro: Freitas Bastos, 1945.

COMPARATO, Fábio Konder. *Ensaios e pareceres de direito empresarial*. Rio de Janeiro: Forense, 1978.

DI PIETRO, Maria Sylvia Zanella. *Direito administrativo*. 18. ed. São Paulo: Atlas, 2005.

FAGUNDES, Miguel Seabra. *O controle dos atos administrativos pelo Poder Judiciário*. 8. ed. Rio de Janeiro: Forense, 2010.

FRANÇA, Erasmo Valladão Azevedo e Novaes. *Direito Societário Contemporâneo I*. São Paulo: Quartier Latin, 2009.

_____. *Invalidade das deliberações de assembleia das S. A*. São Paulo: Malheiros, 1999.

GARRIGUES, Joaquín. *Curso de Derecho Mercantil*. 7 ed. Bogotá: Temis, 1987. t. II.

GONÇALVES NETO, Alfredo de Assis. *Manual das companhias ou sociedades anônimas*. 2. ed. São Paulo: Revista dos Tribunais, 2010.

HORBACH, Carlos Bastide. *Teoria das nulidades do ato administrativo*. 2. ed. São Paulo: Revista dos Tribunais, 2010.

JUSTEN FILHO, Marçal. *Curso de direito administrativo*. 8. ed. Belo Horizonte: Fórum, 2012.

LOBO XAVIER, Vasco da Gama. *Anulação de deliberação social e deliberações conexas*. Coimbra: Almedina, 1998.

MELLO, Celso Antônio Bandeira de. *Curso de direito administrativo*. 27. ed. São Paulo: Malheiros, 2010.

PONTES DE MIRANDA, Francisco Cavalcanti. *Tratado de direito privado*. 3. ed. Rio de Janeiro: Borsoi, 1972. t. LI.

TEPEDINO, Gustavo; BARBOSA, Heloisa Helena; MORAES, Maria Celina Bodin de. *Código Civil interpretado conforme à Constituição da República*. 2. ed. Rio de Janeiro: Renovar, 2010. v. 1.

VALVERDE, Trajano de Miranda. *Sociedades por ações*. 2. ed. Rio de Janeiro: Forense, 1953. v. III.

Capítulo 12

BANDEIRA DE MELLO, Celso Antônio. *Curso de direito administrativo*. 22. ed. São Paulo: Malheiros, 2007.

BONAVIDES, Paulo. *Curso de direito constitucional*. 20. ed. São Paulo: Malheiros, 2007.

DELGADO, Maurício Godinho. *Direito coletivo do trabalho*. 3. ed. São Paulo: LTr, 2008.

DI PIETRO, Maria Sylvia Zanella. *Direito administrativo*. 25. ed. São Paulo: Atlas, 2012.

GROTTI, Dinorá Adelaide Musetti. A greve no serviço público. *Revista Interesse Público*, ano 10, nº 49, Belo Horizonte: Fórum, maio/jun. 2008, p. 29-52.

LEITE, Carlos Henrique Bezerra. *Curso de direito do trabalho*: direito coletivo e direito internacional do trabalho. 3. ed. Curitiba: Juruá, 2008.

NASCIMENTO, Amauri Mascaro. *Curso de direito do trabalho*: história e teoria do direito do trabalho: relações individuais e coletivas do trabalho. 24. ed. São Paulo: Saraiva, 2009.

PIOVESAN, Flávia. *Proteção judicial contra omissões legislativas*: ação direta de inconstitucionalidade por omissão e mandado de injunção. 2. ed. São Paulo: Revista dos Tribunais, 2003.

RUSSOMANO, Mozart Victor. *Princípios gerais de direito sindical*. 2. ed. Rio de Janeiro: Forense, 1997.

SANTOS, Ronaldo Lima dos. *Sindicatos e ações coletivas*: acesso à justiça coletiva e tutela dos interesses difusos, coletivos e individuais homogêneos. 2. ed. São Paulo: LTr, 2008.

SILVA, José Afonso da. *Aplicabilidade das normas constitucionais*. 3. ed. São Paulo: Malheiros, 1999.

Capítulo 13

ALMEIDA, Fernando Dias Menezes de. *Teoria do contrato administrativo. Uma abordagem histórico-evolutiva com foco no direito brasileiro*. 2010. Tese. São Paulo.

ARAUJO, Edmir Netto de. *Curso de direito administrativo*. São Paulo: Saraiva, 2009.

BACELLAR FILHO, Romeu Felipe. *Direito administrativo e o novo Código Civil*. Belo Horizonte: Fórum, 2007.

BORGES, Alice Gonzales. A responsabilidade civil do Estado à luz do Código Civil: um toque de direito público. In: FREITAS, Juarez (Org.). *Responsabilidade civil do Estado*. São Paulo: Malheiros, 2007.

CARVALHO FILHO, José dos Santos. *Manual de direito administrativo*. Rio de Janeiro: Lumen Juris, 2007.

DI PIETRO, Maria Sylvia Zanella. *Do Direito privado na Administração Pública*. São Paulo: Atlas, 1989.

_____. *Uso privativo de bem público por particular*. 2. ed. São Paulo: Atlas, 2010.

_____. *Direito administrativo*. 24. ed. São Paulo: Atlas, 2011.

GOMES, Orlando. *Contratos*. Rio de Janeiro: Forense, 2001.

JUSTEN FILHO, Marçal. *Curso de direito administrativo*. Belo Horizonte: Fórum, 2011.

LOUREIRO, Luiz Guilherme. *Contratos*: teoria geral e contratos em espécie. São Paulo: Método, 2008.

MEIRELLES, Hely Lopes. *Direito administrativo brasileiro*. São Paulo: Malheiros, 2010.

MOREIRA NETO, Diogo de Figueiredo. *Curso de direito administrativo*. Rio de Janeiro: Forense, 2009.

Capítulo 14

ARENDT, Hannah. *A Condição Humana*. 10. ed. Traduzida por Roberto Raposo, a partir da edição, em inglês, de 1958. Rio de Janeiro: Forense Universitária, 2008.

BACELLAR FILHO, Romeu Felipe. *Direito Administrativo e o Novo Código Civil*. Belo Horizonte: Fórum, 2007.

BANDEIRA DE MELLO, Celso Antônio. *Curso de Direito Administrativo*. 27. ed. São Paulo: Malheiros, 2010.

CARVALHO FILHO, José dos Santos. *Manual de Direito Administrativo*. 23. ed. Rio de Janeiro: Lumen Juris, 2010.

CASSESE, Sabino. Quattro Paradossi sui Rapporti tra Poteri Pubblici ed Autonomie Private. *Rivista Trimestrale di Diritto Pubblico*, Milano: Giuffrè, 2000. fasc. 2.

CIRNE LIMA, Ruy. *Princípios de Direito Administrativo*. 7. ed. revista e reelaborada por Paulo Alberto Pasqualini, a partir da edição de 1964. São Paulo: Malheiros, 2007.

DI PIETRO, Maria Sylvia Zanella. *Direito administrativo*. 25. ed. São Paulo: Atlas, 2012.

DUGUIT, Léon. *Manuel de Droit Constitutionnel*. Paris: Éditions Panthéon Assas, 2007. (Edição facsimilar de Paris: Fontemoing, 4. ed., 1923).

DUVERGER, Maurice. *Élements de Droit public*. 13. ed. Paris: Presses Universitaires de France, 1995.

FERRAZ JUNIOR, Tércio Sampaio. *Introdução ao Estudo do Direito*. 5. ed. São Paulo: Atlas, 2007.

GARCIA, Maria. A Cidade e o Estado. Políticas Públicas e o Espaço Urbano. In: GARCIA, Maria (Coord.). *A Cidade e seu Estatuto*. São Paulo: Juarez de Oliveira, 2005.

GOMES, Orlando. *Contratos*. 12. ed. Rio de Janeiro: Forense, 1990.

HAURIOU, Maurice. *Précis de Droit Administratif et de Droit Public*. Paris: Dalloz, 2002 (Edição facsimilar de Paris: Sirey, 12. ed., 1933).

JUSTEN FILHO, Marçal. *Curso de Direito Administrativo*. 5. ed. São Paulo: Saraiva, 2010.

KELSEN, Hans. *General Theory of Law and State*. Traduzida por Anders Wedberg. New York: Russell & Russell, 1961.

_____. La Théorie Juridique de la Convention. *Archives de Philosophie du Droit et de Sociologie Juridique*, nº 1-4, 10e année, Paris: Recueil Sirey, 1940.

LAFER, Celso. *A Reconstrução dos Direitos Humanos*: um Diálogo com o Pensamento de Hannah Arendt. São Paulo: Companhia das Letras, 2006.

MEDAUAR, Odete. *Direito Administrativo Moderno*. 14. ed. São Paulo: Revista dos Tribunais, 2010.

MENEZES DE ALMEIDA, Fernando Dias. *Contrato Administrativo*. São Paulo: Quartier Latin, 2012.

Capítulo 15

ABE, Nilma de Castro Rita. Notas sobre a inaplicabilidade da função social da propriedade pública. *Revista Eletrônica de Direito Administrativo Econômico (REDAE)*, Salvador, Instituto Brasileiro de Direito Público, nº 9, fev./mar./abr. 2007. Disponível em: <http://www.direitodoestado.com.br/redae.asp>. Acesso em: 5 nov. 2012.

AGUIAR, Carlos; BORBA, Tereza. Regularização fundiária e procedimentos administrativos. *Regularização fundiária de assentamentos informais urbanos*. Belo Horizonte: PUC Minas Virtual, 2006. p. 163.

ALFONSIN, Betânia de Moraes. *Instrumentos e experiências de regularização fundiária nas cidades brasileiras*. Rio de Janeiro: Observatório de Políticas Urbanas; IPPUR; FASE, 1997.

CARVALHO FILHO, José dos Santos. Regularização fundiária: direito fundamental na política urbana. *RDA – Revista de Direito Administrativo*. Belo Horizonte, ano 2008, nº 247, jan./abr. 2008.

CUSTÓDIO, Helita Barreira. Estatuto da Cidade e incompatibilidades constitucionais, urbanísticas e ambientais. *Fórum de Direito Urbano e Ambiental – FDUA*, Belo Horizonte, n. 3, maio/jun. 2002.

DALLARI, Adilson Abreu; FERRAZ, Sérgio (Coord.). *Estatuto da Cidade, comentários à Lei Federal 10.257/2001*. São Paulo: Malheiros, 2002.

DI PIETRO, Maria Sylvia Zanella. *Uso privativo de bem público por particular*. 2. ed. São Paulo: Atlas, 2010.

MUKAI, Sylvio Toshiro. *Constitucionalidade da concessão especial para fins de moradia*. Fórum de Direito Urbano e Ambiental – FDUA, Belo Horizonte, nº 13, jan./fev. 2004, p. 1361 a 1374.

POLIS – Instituto de Estudos, Formação e Assessoria em Políticas Sociais. *Parecer Jurídico: Regularização Fundiária em áreas públicas municipais ocupadas por população de baixa renda*. Disponível em: <http://www.cidades.gov.br/images/stories/ArquivosSNPU/Biblioteca/RegularizacaoFundiaria/Parecer_Juridico_Baixa_Renda.pdf>. Acesso em: 10 nov. 2012.

ROCHA, Sílvio Luís Ferreira da. *Função social da propriedade pública*. São Paulo: Malheiros, 2005.

XAVIER, Vanilza Ribeiro. *Novas perspectivas para o direito à moradia. A concessão de uso especial para moradia*. Fórum de Direito Urbano e Ambiental – FDUA, Belo Horizonte, nº 8, mar./abr. 2003.

Capítulo 16

BRASIL. Sítio do Superior Tribunal de Justiça. Disponível em: <http://www.stj.jus.br>. Acesso em: 15 out. 2012.

CARVALHO FILHO, José dos Santos. *Manual de Direito Administrativo*. 17. ed. Rio de Janeiro: Lumen Juris, 2007.

CUNHA, Leonardo José Carneiro da. *A Fazenda Pública em Juízo*. 6. ed. São Paulo: Dialética, 2008.

DI PIETRO, Maria Sylvia Zanella. *Direito administrativo*. 25. ed. São Paulo: Atlas, 2012.

_____. *Do Direito Privado na Administração Pública*. São Paulo: Atlas, 1989.

DINIZ, Maria Helena. *Curso de Direito Civil brasileiro*. 17. ed. São Paulo: Saraiva, 2001. v. I.

_____. *Manual de Direito Civil*. São Paulo: Saraiva, 2011.

GAGLIANO, Pablo Stolze; PAMPLONA FILHO, Rodolfo. *Novo Curso de Direito Civil* – Parte Geral. 12. ed. São Paulo: Saraiva, 2010. v. I.

GASPARINI, Diógenes. *Direito Administrativo*. 15. ed. São Paulo: Saraiva, 2010.

GOMES, Mário Soares Caymmi. O Novo Código Civil e os prazos de prescrição administrativa em caso de responsabilidade do Estado e de apossamento administrativo – um estudo a partir da jurisprudência do STF e do STJ. *A&C Revista de Direito Administrativo e Constitucional*. Belo Horizonte, ano 11, nº 46, p. 161-178, out./dez. 2011.

JUSTEN FILHO, Marçal. *Curso de Direito Administrativo*. 8. ed. Belo Horizonte: Fórum, 2010.

LEAL, Antônio Luís da Câmara. *Da prescrição e da decadência*. 4. ed. Rio de Janeiro: Forense, 1982.

MARINELA, Fernanda. *Direito administrativo*. 4. ed. Niterói: Impetus, 2010.

MEDAUAR, Odete. *Direito administrativo moderno*. 14. ed. São Paulo: Revista dos Tribunais, 2010.

MELLO, Celso Antônio Bandeira de. *Curso de Direito Administrativo*. 25. ed. São Paulo: Malheiros, 2008.

PEREIRA, Caio Mário da Silva. *Instituições de Direito Civil*. 21. ed. Rio de Janeiro: Forense, 2005. v. I.

REALE, Miguel. *Lições Preliminares de Direito*. 25. ed. São Paulo: Saraiva, 2001.

RODRIGUES, Silvio. *Direito Civil*. São Paulo: Saraiva, 1988. v. I.

THEODORO Júnior, Humberto. *Curso de Direito Processual Civil*. 47. ed. Rio de Janeiro: Forense, 2007. v. I.

TOMASEVICIUS FILHO, Eduardo. A prescrição quinquenal para cobrança de dívidas no Código Civil de 2002. *RT*, São Paulo: Revista dos Tribunais, ano 100, v. 907, p. 31-58, maio 2011.

TORRANO, Luiz Antônio Alves. *Prescrição e Decadência*: de acordo com o novo Código Civil de 2002. Franca: Lemos e Cruz, 2011.

Capítulo 17

CARVALHO FILHO, José dos Santos. *Manual de Direito Administrativo*. 16. ed. São Paulo: Lumen Juris, 2006.

CHAVES, Maria Bernadete. *As Parcerias Público-Privadas no Direito Brasileiro*: uma abordagem jurídica com destaque ao fundo garantidor. Florianópolis: Conceitual, 2007.

DI PIETRO, Maria Sylvia Zanella. *Direito administrativo*. 18. e 19. ed. São Paulo: Atlas, 2006.

_____. *Parcerias na Administração Pública* – concessão, permissão, franquia, terceirização, parceria público-privada e outras formas. 5. ed. São Paulo: Atlas, 2006.

FERREIRA, Luiz Tarcísio Teixeira. *Parcerias Público-Privadas* – aspectos constitucionais. Belo Horizonte: Fórum. 2006.

FREITAS, Juarez. Parcerias Público-Privadas (PPPs): características, regulação e princípios. *Interesse Público*, Editora Notadez, v. 29, jan./fev. 2005.

GUIMARÃES, Fernando Vernalha. *A constitucionalidade do sistema de garantias ao parceiro privado previsto pela Lei Geral de Parceria Público-Privada* – em especial, da hipótese dos fundos garantidores. Disponível em: <http://www.bnb.gov.br/content/aplicacao/desenvolvimento_em_acao/projeto_ppp/docs/artigo_a_constitucionalidade_sistema_garantias_ppp.pdf>.

HARADA, Kiyoshi. Parcerias Público-Privadas: inconstitucionalidade do Fundo Garantidor. In: PAVANI, Sergio Augusto Zampol; ANDRADE, Rogério Emilio de (Coord.). *Parcerias Público-Privadas*. São Paulo: MP, 2006.

MARQUES NETO, Floriano de Azevedo. Bens Públicos. *Função Social e exploração econômica. O regime das utilidades públicas*. Belo Horizonte: Fórum, 2009.

MEIRELLES, Hely Lopes Meirelles. *Direito Administrativo Brasileiro*. 20. ed. atualizada por Eurico de Andrade Azevedo, Délcio Balestero Aleixo e José Emmanuel Burle Filho. São Paulo: Malheiros, 1995.

_____. *Licitação e contrato administrativo*. 15. ed. São Paulo: Malheiros, 2010.

MILESKI, Helio Saul. Parcerias Público-Privadas: Fundamentos, Aplicação e Alcance da Lei, Elementos Definidores, Princípios, Regras Específicas para Licitações e Contratos, Aspectos Controvertidos, Controle e Perspectivas de Aplicação da Lei nº 11.079, de 30.12.2004. *Interesse Público*, Notadez, v. 29, jan./fev. 2005.

PINTO, Marcos Barbosa; PULINO, Marcos Vinicius. O Fundo Garantidor das Parcerias Público-Privadas. *Revista de Direito Mercantil – industrial, econômico e financeiro*, São Paulo: Malheiros, v. 144, ano XLV, out./dez. 2006.

RIBEIRO, Mauricio Portugal. *Concessões e PPPs* – melhores práticas em Licitações e Contratos. São Paulo: Atlas, 2011.

SCHIRATO, Vitor Rhein. Os sistemas de garantias nas Parcerias Público-Privadas. In: Marques Neto, Floriano de Azevedo; SCHIRATO, Vitor Rhein (Coord.). *Estudos sobre as a Lei das Parcerias Público-Privadas*. Belo Horizonte: Fórum, 2011.

VALLE, Vanice Lírio do. *Parcerias Público-Privadas e Responsabilidade Fiscal*: uma conciliação possível. Rio de Janeiro: Lumen Juris, 2005.

Capítulo 18

ARAUJO, Edmir Netto de. *Curso de Direito Administrativo*. São Paulo: Saraiva, 2005.

BANDEIRA DE MELLO. Celso Antônio. *Curso de direito administrativo*. São Paulo: Malheiros, 2004.

BORGES, Alice Maria Gonzalez. Parecer. Impenhorabilidade de bens. Sociedade de economia mista concessionária de serviços portuários. Bens afetados à prestação de serviço público. *Revista Diálogo Jurídico*, Salvador, CAJ – Centro de Atualização Jurídica, nº 10, jan. 2002. Disponível em: <http://www.direitopublico.com.br>. Acesso em: 10 nov. 2012.

CARVALHO FILHO, José dos Santos. *Manual de Direito Administrativo*. 21. ed. Rio de Janeiro: Lumen Juris, 2009.

CRETELLA JR., José. *Tratado do domínio*. Rio de Janeiro: Forense, 1984.

DI PIETRO, Maria Sylvia Zanella. *Direito administrativo*. 25. ed. São Paulo: Atlas, 2012.

_____. Natureza jurídica dos bens das empresas estatais. *Revista da Procuradoria Geral do Estado,* nº 30, dez. 1988.

GASPARINI, Diogenes. *Direito Administrativo*. São Paulo: Saraiva, 1995.

JUSTEN FILHO, Marcal. *Concessão de Serviços Públicos*. São Paulo: Dialética, 1997.

MARQUES NETO, Floriano de Azevedo. *Bens Públicos*: função social e exploração econômica. Belo Horizonte: Fórum, 2008.

MARRARA, Thiago. *Bens Públicos*: domínio urbano: infraestruturas. Belo Horizonte: Fórum, 2007.

MEDAUAR, Odete. *Direito Administrativo Moderno*. 16. ed. São Paulo: Revista dos Tribunais, 2012.

MEIRELLES, Hely Lopes. *Direito Administrativo Brasileiro*. 38. ed. São Paulo: Malheiros, 2011.

SUNDFELD, Carlos Ari. A submissão das empresas estatais ao direito privado: uma definição histórica do STF. *Boletim de Direito Administrativo*, nº 5, maio 1995.

Capítulo 19

ANASTASIA, Antônio Augusto Junho. Natureza Jurídica das Fundações de Apoio. In: FERRAZ, Luciano; MOTTA, Fabrício (Coord.). *Direito Público Moderno* – Homenagem especial ao Professor Paulo Neves de Carvalho. Belo Horizonte: Del Rey, 2003.

ARAGÃO, Alexandre Santos de. Fundações públicas de direito privado. *Revista de Direito Administrativo*, Rio de Janeiro, nº 247, p. 31-37, jan./abr. 2008.

BANDEIRA DE MELLO, Celso Antônio. *Curso de Direito Administrativo*. 29. ed. São Paulo: Malheiros, 2012.

_____. *Prestação de serviços públicos e Administração Indireta*. 2. ed. São Paulo: Revista dos Tribunais, 1987.

DALLARI, Adilson Abreu. Fundações privadas instituídas pelo Poder Público. *Revista de Direito Público*, São Paulo: Revista dos Tribunais, nº 96, p. 51-60, out./dez. 1990.

DI PIETRO, Maria Sylvia Zanella. *Direito administrativo*. 25. ed. São Paulo: Atlas, 2012.

_____. *Parcerias na administração pública*: concessão, permissão, franquia, terceirização, parceria público-privada e outras formas. 8. ed. São Paulo: Atlas, 2011.

_____. Fundações públicas. *Revista de Informação Legislativa*, Brasília, v. 26, p. 173-182, jan./mar. 1989.

_____. *Do direito privado na administração pública*. São Paulo: Atlas, 1989.

FAGUNDES, Miguel Seabra. Da Contribuição do Código Civil para o Direito Administrativo. *Revista de Direito Administrativo – RDA*, Fundação Getulio Vargas, v. 78, p. 1-25, out./dez. 1964.

FERREIRA, Sergio de Andréa. As fundações estatais e as fundações com participação estatal. In: MODESTO, Paulo Modesto (Coord.). *Nova Organização Administrativa Brasileira*. 2. ed. Belo Horizonte: Fórum, 2010.

MEIRELLES, Hely Lopes. *Direito Administrativo Brasileiro*. 14. ed. São Paulo: Revista dos Tribunais, 1989.

MODESTO, Paulo. Convênio entre entidades públicas executado por Fundação de Apoio – serviço de saúde – conceito de serviço público e serviço de relevância pública. *Revista Trimestral de Direito Público*. Salvador: Malheiros, 1999, v. 28.

PAES, José Eduardo Sabo. *Fundações, Associações e Entidades de Interesse Social* – aspectos jurídicos, administrativos, contábeis, trabalhistas e tributários. 7. ed. São Paulo: Forense, 2010.

PALMA, Juliana Bonacorsi de. Fundações estatais de direito privado: viabilidade jurídica do PLP nº 92/2007. *Revista de Direito Sanitário*, v. 10, p. 136-169, 2009.

PINTO JÚNIOR, Mário Engler. A estrutura da administração pública indireta e o relacionamento do Estado com a companhia controlada. *Revista de Direito Público da Econômica – RDPE*, Belo Horizonte, nº 28, p. 43-63, out./dez. 2009.

SUNDFELD, Carlos Ari; CAMPOS, Rodrigo Pinto; PINTO, Henrique Motta. Regime Jurídico das Fundações Governamentais. In: SUNDFELD, Carlos Ari; MONTEIRO, Vera (Coord.). *Direito Administrativo*: Introdução ao Direito Administrativo. São Paulo: Saraiva, 2008. p. 270-296.

Capítulo 20

BANDEIRA DE MELLO, Celso Antônio. *Curso de direito administrativo*. 25. ed. São Paulo: Malheiros, 2008.

BARCHET, Gustavo; MOTTA FILHO, Sylvio Clemente da. *Curso de direito constitucional*. 2. ed. Rio de Janeiro: Elsevier, 2009.

BARROS, Francisco Carlos Rocha de. *Comentários à Lei do Inquilinato*. 2. ed. São Paulo: Saraiva, 1997.

BITTENCOURT, Marcus Vinícius Corrêa. *Manual de direito administrativo*. Belo Horizonte: Fórum, 2006.

BONAVIDES, Paulo. *Curso de direito constitucional*. 21. ed. São Paulo: Malheiros, 2007.

DI PIETRO, Maria Sylvia Zanella. *Direito administrativo*. 12 ed. São Paulo: Atlas, 2000.

_____. *Uso Privativo de Bem Público por Particular*. 2. ed. São Paulo: Atlas, 2010.

_____. O princípio da Supremacia do Interesse Público: Sobrevivência diante dos Ideais do Neoliberalismo. In: DI PIETRO, Maria Sylvia Zanella; RIBEIRO, Carlos Vinícius Alves (Coord.). *Supremacia do interesse público e outros temas relevantes do direito administrativo*. São Paulo: Atlas, 2010.

JUSTEN FILHO, Marçal. *Curso de direito administrativo*. São Paulo: Saraiva, 2005.

MEIRELLES, Hely Lopes. *Direito administrativo brasileiro*. 35. ed. São Paulo: Malheiros, 2009.

MOTTA FILHO, Sylvio Clemente da; BARCHET, Gustavo. *Curso de direito constitucional*. 2. ed. Rio de Janeiro: Elsevier, 2009.

SALLES, José Carlos de Moraes. *Ação renovatória de locação empresarial*: locações comerciais, industriais e para sociedades civis com fins lucrativos. 2. ed. São Paulo: Revista dos Tribunais, 2002.

TARTUCE, Flávio. *Direito civil*. Lei de introdução e parte geral. 4. ed. São Paulo: Método, 2008. v. 1.

Capítulo 21

AZEVEDO, Álvaro Villaça de. Conceito de ato ilícito e o abuso de Direito. In: RODRIGUES JÚNIOR, Otavio Luiz; MAMEDE, Gladston; ROCHA, Maria Vital da (Coord.). *Responsabilidade Civil Contemporânea*, em homenagem a Sílvio de Salvo Venosa. São Paulo: Atlas, 2011.

BEVILÁQUA, Clóvis. *Código Civil dos Estados Unidos do Brasil Comentado*. Edição Histórica. Rio de Janeiro: Editora Rio, 1973.

BOULOS, Daniel M. *Abuso de Direito no novo Código Civil*. São Paulo: Método, 2006.

CARVALHO NETO, Inácio de. *Abuso de Direito*. Curitiba: Juruá, 2001.

DI PIETRO, Maria Sylvia Zanella. Responsabilidade Civil do Estado. In: RODRIGUES JÚNIOR, Otavio Luiz; MAMEDE, Gladston; ROCHA, Maria Vital da (Coord.). *Responsabilidade Civil Contemporânea*, em homenagem a Sílvio de Salvo Venosa. São Paulo: Atlas, 2011.

_____. *Direito administrativo*. 25. ed. São Paulo: Atlas, 2012.

_____. *Do Direito privado na Administração Pública*. São Paulo: Atlas, 1989.

FERREIRA, Keila Pacheco Ferreira. *Abuso do direito nas relações obrigacionais*. Belo Horizonte: Del Rey, 2007.

GONÇALVES, Carlos Roberto. *Responsabilidade civil*. 13. ed. São Paulo: Saraiva, 2011.

MIRANDA, Pontes de. *Tratado de Direito Privado*. Parte especial. 3. ed. São Paulo: Revista dos Tribunais, 1974. t. LIII.

PEREIRA, Caio Mário da Silva. *Instituições de Direito Civil*. Contratos. 16. ed. revista e atualizada por Regis Fichtner. Rio de Janeiro: Forense, 2012. v. III.

PERES, Tatiana Bonatti. Abuso do direito. *Revista de Direito Privado*. São Paulo, ano 11, nº 43, jul./set. 2010.

VENOSA, Sílvio de Salvo. *Responsabilidade Civil*. 12. ed. São Paulo: Atlas, 2012.

Capítulo 22

BORGES, Alice Gonzalez. Democracia participativa. Reflexões sobre a natureza e a atuação dos conselhos representativos da sociedade civil. *Revista Eletrônica sobre a Reforma do Estado (RERE)*, Salvador: Instituto Brasileiro de Direito Público, nº 14, jun./jul./ago. 2008. Disponível em: <http://www.direitodoestado.com.br/rere.asp>. Acesso em: 1º dez. 2012.

DI PIETRO, Maria Sylvia Zanella. O princípio da supremacia do interesse público: sobrevivência diante dos ideais do neoliberalismo. In: DI PIETRO, Maria Sylvia Zanella; RIBEIRO, Carlos Vinícius Alves (Coord.). *Supremacia do interesse público e outros temas relevantes do direito administrativo*. São Paulo: Atlas, 2010.

_____. *Direito Administrativo*. 25. ed. São Paulo: Atlas, 2012.

DI PIETRO, Maria Sylvia Zanella. *Parcerias na Administração Pública*: concessão, permissão, franquia, terceirização, parceria público-privada e outras formas. 9. ed. São Paulo: Atlas, 2012.

FERNANDES, Rubem César. Privado, porém público: o terceiro setor na América Latina. 3. ed. Rio de Janeiro: CIVICUS, 2002. Versão em português S/i: Prol, 1995, p. 33.

Guia prático para Entidades Sociais. Departamento de Justiça, Classificação, Títulos e Qualificação. Elaboração, redação e organização: Andrea Aiolfi, Genário Viana Filho, Oscar Apolônio Nascimento Filho e Rodrigo Silva Machado. Brasília: Secretaria Nacional de Justiça, 2009.

INTERNATIONAL CENTER FOR NOT-FOR-PROFIT LAW (ICNL) & WORLD MOVEMENT FOR DEMOCRACY SECRETARIAT AT THE NATIONAL ENDOWMENT FOR DEMOCRACY (NED). Defending Civil Society Report. Washington, DC, 2012.

LINS BARBOSA, Maria Nazaré. Os termos de parceria como alternativa aos convênios – aspectos jurídicos. In: SZASI, Eduardo (Org.). *Terceiro Setor*. Temas Polêmicos. São Paulo: Peirópolis, 2005. v. 1.

LOPES, Laís de Figueirêdo; STORTO, Paula Raccanello. *Alterações no Código Civil flexibilizam regras para instituições do Terceiro Setor.* Disponível em: <http://www.gife.org.br/artigo-alteracoes-no-codigo-civil-flexibilizam-regras-para-instituicoes-do-terceiro--setor-11533.asp>. Acesso em: 1º dez. 2012.

MACHADO, Hugo de Brito. Imunidade Tributária das Instituições de Educação e de Assistência Social e a Lei 9.532/97. In: ROCHA, Valdir de Oliveira (Coord.). *Imposto de Renda – Alterações Fundamentais*. São Paulo: Dialética, 1998. v. 2, p. 69.

MODESTO, Paulo Eduardo Garrido. Reforma do Marco Legal do Terceiro Setor no Brasil. *Revista Eletrônica sobre a Reforma do Estado*, Salvador, nº 5, mar./abr./maio 2006. Disponível em: <www.direitodoestado.com.br>. Acesso em: 23 ago. 2012.

MODESTO, Paulo Eduardo Garrido (Coord.). *Nova Organização Administrativa Brasileira*. 2. ed. rev. e ampl. Belo Horizonte: Fórum, 2010.

NAVES, Rubens. Terceiro Setor e suas Perspectivas. *Cadernos de Pesquisa*, Universidade de Caxias do Sul, v. 7, nº 2, 1999.

OLIVEIRA, Gustavo Justino de. Direito do Terceiro Setor. *Revista de Direito do Terceiro Setor – RTDS*, ano 1, nº 1, Belo Horizonte: Fórum, jan./jun. 2007.

PAES, José Eduardo Sabo. *Fundações e Entidades de Interesse Social*: Aspectos Jurídicos, Administrativos e Tributários. 7. ed. Brasília: Brasília Jurídica, 2006.

PEREIRA, Luiz Carlos Bresser; GRAU, Nuria Cunill. *O público não-estatal na reforma do Estado*. Rio de Janeiro: FGV, 1999.

RESENDE, Tomáz de Aquino. ASSOCIAÇÕES E FUNDAÇÕES – Roteiro do Terceiro Setor – com colaboração de Paula Raccanello Storto, Bianca Monteiro da Silva e Eduardo Marcondes Filinto da Silva. 4. ed. revista, atualizada e ampliada. Belo Horizonte: Prax, 2012.

ROCHA, Silvio Luís Ferreira da. *Terceiro Setor*. São Paulo: Malheiros, 2003.

SANTOS NETO, João Antunes dos. *O Impacto dos Direitos Humanos Fundamentais no Direito Administrativo*. Belo Horizonte: Fórum, 2008.

SEN, Amartya. *Desenvolvimento como liberdade*. São Paulo: Companhia das Letras, 2000.

SZAZI, Eduardo. *Terceiro Setor* – Regulação no Brasil. 4. ed. São Paulo: Peirópolis, 2006.

Capítulo 23

ARAGÃO, Alexandre S. *Curso de direito administrativo*. Rio de Janeiro: Forense, 2012.

_____. *Direito dos Serviços Públicos*. 2. ed. Rio de Janeiro: Forense, 2008.

BACELAR FILHO, Romeu Felipe. *Direito administrativo e o novo Código Civil*. Belo Horizonte: Fórum, 2007.

BIACHI, Fernanda. A (im)penhorabilidade dos bens privados das concessionárias prestadoras de serviço público em face do princípio da continuidade do Serviço Público. *Revista Eletrônica de Direito do Estado*, Salvador: Instituto Brasileiro de Direito Público, nº 23, jul./ago./set. 2010. Disponível em: <http://www.direitodoestado.com/revista/REDE-23--JULHO-2010-FERNANDA-BIACHI.pdf>. Acesso em: 5 nov. 2012.

BINENBOJM, Gustavo. *Uma teoria do direito administrativo*: direitos fundamentais, democracia e constitucionalização. 2. ed. Rio de Janeiro: Renovar, 2008.

FARIAS, Cristiano Chaves de; ROSENVALD, Nelson. *Curso de direito civil*. Direitos Reais. 8. ed. Salvador: JusPodivm, 2012. v. 5.

GRAU, Eros Roberto. *A ordem econômica na Constituição de 1988*: interpretação e crítica. 13. ed. São Paulo: Malheiros, 2008.

MARQUES NETO, Floriano de Azevedo. A Nova Regulamentação dos Serviços Publicos. *Revista Eletrônica de Direito Administrativo Econômico*, Salvador: Instituto de Direito Público da Bahia, nº 1, fev. 2005. Disponível em: <http://www.direitodoestado.com.br>. Acesso em: 19 jun. 2012.

_____; SCHIRATO, Vitor Rhein (Org.). *Estudos sobre a lei das parcerias público-privadas*. Belo Horizonte: Fórum, 2011.

ORTIZ, Gaspar Ariño. A afetação de bens ao serviço público. O caso das redes. *Revista de Direito Administrativo*, v. 258, p. 11-25, Rio de Janeiro, set./dez. 2011.

RIBEIRO, Mauricio P.; PRADO, Lucas N. *Comentários à lei de PPP*. São Paulo: Malheiros, 2010.

SCHIRATO, Vitor R. *A noção de serviço público em regime de competição*. 2011. Tese. Faculdade de Direito da USP, São Paulo.

SUNDFELD, Carlos Ari. Estudo jurídico sobre o preço de compartilhamento de infraestrutura de energia elétrica. *Revista Diálogo Jurídico*, Salvador: Centro de Atualização Jurídica, v. I, nº 7, out. 2001. Disponível em: <http://www.direitopublico.com.br>. Acesso em: 5 nov. 2012.

SUNDFELD, Carlos Ari (Coord.). *Parcerias públicos privadas*. 2. ed. São Paulo: Malheiros, 2011.

Capítulo 24

ARAGÃO. Alexandre Santos de. *Direito dos Serviços Públicos*. 2. ed. Rio de Janeiro: Forense, 2008.

_____. Serviços públicos e concorrência. *Revista de Direito Público da Economia*, nº 2. Belo Horizonte: Fórum, 2003.

_____. *Agências reguladoras e a evolução do direito administrativo econômico*. Rio de Janeiro: Forense, 2002.

BANDEIRA DE MELLO, Celso Antônio. *Curso de direito administrativo*. 22. ed. São Paulo: Malheiros, 2007.

_____. Serviço Público e Atividade Econômica: Serviço Postal. *Grandes Temas de Direito Administrativo*. São Paulo: Malheiros, 2009.

CAETANO, Marcelo. *Manual de direito administrativo*. 10. ed. Coimbra: Almedina, 1999. v. II.

CASSAGNE, Juan Carlos. *La Intervención Administrativa*. 2. ed. Buenos Aires: Abeledo Perrot, 1994.

DELPINO, Luigi; DEL GIUDICE, Frederico. *Diritto amministrativo*. 28. ed. Napoli: Esselibri, 2011.

DI PIETRO, Maria Sylvia Zanella. *Direito administrativo*. 24. ed. São Paulo: Atlas, 2011.

DÍAZ, José Ortiz. El horizonte de las administraciones públicas en el cambio de siglo: algunas consideraciones de cara al año 2000. In: SOSA WAGNER, Francisco (Coord.). *El derecho administrativo en el umbral del siglo XXI*: homenaje al profesor Ramón Martín Mateo. Valencia: Tirant lo Blanch, 2000.

FRANCO SOBRINHO, Manoel de Oliveira. *Serviços de utilidade pública*. Curitiba: Empreza Gráfica Paranaense, 1940.

GUIMARÃES PEREIRA, Cesar Augusto. *Usuários de Serviços Públicos*: usuários, consumidores e os aspectos econômicos dos serviços públicos. São Paulo: Saraiva, 2006.

GRAU, Eros Roberto. *A ordem econômica na Constituição de 1988*: interpretação e crítica. 14. ed. São Paulo: Malheiros, 2010.

GROTTI, Dinorá Musetti. *O serviço público na Constituição Brasileira de 1988*. São Paulo: Malheiros, 2003.

HABERMAS, Jürgen. *Direito e democracia*: entre factividade e validade. Rio de Janeiro: Tempo Brasileiro, 1997. v. II.

MARQUES NETO, Floriano Peixoto de Azevedo. Concessão de Serviço Público sem Ônus para o Usuário. In: WAGNER JUNIOR, Luiz Guilherme da Costa (Org.). *Direito Público* – Estudos em Homenagem ao Professor Adilson Abreu Dallari. Belo Horizonte: Del Rey, 2004. p. 331-351.

MELLO, Luiz Ignacio Romeiro de Anhaia. *Problema econômico dos serviços de utilidade pública*. São Paulo: Prefeitura do Município de São Paulo, 1940.

PINTO, Olavo Bilac. *Regulamentação efetiva dos serviços de utilidade pública*. Rio de Janeiro: Forense, 1941.

SCHIRATO, Vitor Rhein. *Livre iniciativa nos serviços públicos*. Belo Horizonte: Fórum, 2012.

SCHMIDT-ASSMANN, Eberhard. *La Teoría General del Derecho Administrativo como Sistema*. Madrid: Marcial Pons, 2003.

TEIXEIRA, José Horácio Meirelles. *O problema das tarifas nos serviços públicos concedidos*: ainda a revisão das tarifas telefônicas e a propósito de um livro recente. São Paulo: Departamento Jurídico da Prefeitura do Município de São Paulo, 1941.

Capítulo 25

ALMEIDA, Fernando Dias Menezes de. *Teoria do contrato administrativo*: uma abordagem histórico-evolutiva com foco no direito brasileiro. 2010. Tese. São Paulo: FDUSP.

_____. Mecanismos de consenso no direito administrativo. In: ARAGÃO, Alexandre dos Santos, MARQUES NETO, Floriano de Azevedo (Coord.). *Direito administrativo e seus novos paradigmas*. Belo Horizonte: Fórum, 2008.

BACELLAR FILHO, Romeu Felipe. *Direito administrativo e o novo Código Civil*. Belo Horizonte: Fórum, 2007.

CARVALHAES NETO, Eduardo Hayden. *Contratos privados da administração pública*: uma análise do regime jurídico aplicável. 2011. Tese. São Paulo: FDUSP.

DI PIETRO, Maria Sylvia Zanella. *Direito administrativo*. 24. ed. São Paulo: Atlas, 2011.

_____; RIBEIRO, Carlos Vinícius Alves (Coord.). *Supremacia do interesse público e outros temas relevantes do direito administrativo*. São Paulo: Atlas, 2010.

ESTORNINHO, Maria João. *Réquiem pelo contrato administrativo*. Coimbra: Almedina, 1990.

GORDILLO, Augustín. *Tratado de derecho administrativo*. Belo Horizonte: Del Rey e Fundación de Derecho Administrativo, 2003. t. 1.

JUSTEN FILHO, Marçal. *Comentários à lei de licitações e contratos administrativos*. São Paulo: Dialética, 2012.

MOREIRA NETO, Diogo de Figueiredo. O futuro das cláusulas exorbitantes nos contratos administrativos. In: ARAGÃO, Alexandre dos Santos; MARQUES NETO, Floriano de Azevedo (Coord.). *Direito administrativo e seus novos paradigmas*. Belo Horizonte: Fórum, 2008.

Formato	17 x 24 cm
Tipografia	Charter 10/13
Papel	Primapress 63 g/m² (miolo)
	Supremo 250 g/m² (capa)
Número de páginas	464
Impressão	Geográfica Editora